संस्कृतं नाम दैवी वागन्वाख्याता महर्षिभिः

Übungssatz 1436

Bücher von Ulrich Stiehl

Einführung in die Semantik, Bern 1970

Dictionary of Book Publishing, München 1977

Die Buchkalkulation, Wiesbaden 1980

Der Verlagsbuchhändler, Hamburg 1980

Apple Assembler, Heidelberg 1984

Apple DOS 3.3, Heidelberg 1984

ProDOS, Band 1, Heidelberg 1984

ProDOS, Band 2, Heidelberg 1985

Sanskrit-Kompendium, Heidelberg 1990

Conjunct Consonants in Sanskrit, 2003

Verlagswesen in Schaubildern, 2004

Ulrich Stiehl

Sanskrit-Kompendium

Ein Lehr-, Übungs- und Nachschlagewerk

Gekürzte Paperback-Ausgabe für Studenten

Sanskritweb: http://www.sanskritweb.net

Mein Sanskritweb enthält kostenlose Zusatzmaterialien zum Sanskrit-Kompendium, z.B. Schablonen für Devanagari-Schreibübungen, Originalmanuskript-Leseübungen, Lektüre-Texte (z.B. Nala-Erzählung, Yoga-Texte usw.), sowie Devanagari-Fonts u.a.

Bibliografische Information der Deutschen Nationalbibliothek:

Die Deutsche Nationalbibliothek verzeichnet diese Publikation in der Deutschen Nationalbibliografie; detaillierte bibliografische Daten sind im Internet über http://dnb.dnb.de abrufbar.

Herstellung und Verlag:

BoD – Books on Demand, Norderstedt

ISBN 978-3-7431-7304-0

Vorwort zur Paperback-Ausgabe 2017

Im Anschluß an den 512seitigen BoD-Reprint 2017 der 5. Auflage 2011 als gebundenes Buch im Großformat 21 cm x 29,7 cm (Hardcover) erscheint eine auf 75% verkleinerte und um die Seiten 396 bis 512 gekürzte Paperback-Ausgabe im Kleinformat 15,5 cm x 22 cm (Softcover) zu einem stark reduzierten Ladenpreis. Auf den letzten Seiten konnte noch die Pañcatantra-Textanalyse aus der 5. Auflage 2011 untergebracht werden, aber auf die Gita-Textanalyse mußte zur Erreichung der starken Reduzierung des Ladenpreises verzichtet werden.

Vorwort zur 5. Auflage 2011

Diese Neuauflage wurde – neben einigen kleineren Verbesserungen – im letzten Teil durch eine zusätzliche Textanalyse erweitert (Originaltext aus einem Pañcatantra-Manuskript). Der Gesamtumfang von 512 Seiten blieb erhalten, weil die Register kleiner gesetzt wurden.

Vorwort zur 4. Auflage 2007

Für die 4. Auflage mußten alle Druckplatten komplett neu hergestellt werden. Ich nutzte die Gelegenheit, um das Lehrbuch erneut einer vollständigen Durchsicht zu unterziehen. Neben diversen kleineren Verbesserungen wurden auch ganze Abschnitte neugeschrieben (z.B. Seite 307), doch blieb die Seiteneinteilung erhalten, so daß die 2. und 3. und 4. Auflage nebeneinander verwendet werden können – mit Ausnahme des neuen letzten Teils, denn die 4. Auflage wurde um einen 32-seitigen »Teil 8: Textanalyse: Bhagavad-Gītā« erweitert, der eine komplette grammatikalische Textanalyse der Anfangskapitel der Bhagavad-Gītā mit detaillierten Erläuterungen sämtlicher Feinheiten der Formen- und Satzlehre enthält, um Lernenden den Übergang vom Lehrbuch zur Lektüre von Originaltexten zu erleichtern.

Vorwort zur 3. Auflage 2004

Nach Erscheinen der 2. Auflage des Sanskrit-Kompendiums im Mai 2002 schrieb ich ein linguistisches Buch über »Konsonantenverbindungen in Sanskrit«. Dieses Buch diente ein Jahr später als Grundlage für die Entwickung von »Sanskrit 2003«, der ersten Devanagari-Druckschrift in der Geschichte der Typographie, die nur echte Ligaturen enthält (s. S. 301). Demgemäß wurde in dieser 3. Auflage der »Teil 2: Schriftlehre« vollständig überarbeitet.

Vorwort zur 2. Auflage 2002

In dieser 2. Auflage des Sanskrit-Kompendiums wurden alle Sanskrit-Übungssätze nicht nur in Umschrift, sondern auch in Devanagari-Schrift wiedergegeben. Das war bei der ersten Auflage 1990 technisch noch nicht möglich (siehe auch das neue Kapitel über Schriftlehre). Anläßlich der Neuauflage wurde das Kompendium stark erweitert und gründlich überprüft, wobei zur Ermittlung des tatsächlichen Sprachgebrauchs auch Dateien durchforstet wurden (Mahabharata, Ramayana usw.), die Anfang 1990 noch nicht elektronisch verfügbar waren. Die frühere Kurzgrammatik wurde zu einer umfassenden Paradigmengrammatik erweitert.

Einleitung und didaktische Hinweise

Dieses Lehrbuch ermöglichst erstmals ein zeitminimierendes und erfolgsmaximierendes Sanskritstudium, wobei mindestens eine Verdoppelung der Effizienz erreicht wurde, weil man die Zeit, die man bei allen anderen sogenannten »Lehrbüchern« durch das Rätselraten und Nachschlagen verloren hatte, jetzt auf das eigentliche Lernen verwenden kann.

1. Dieses Lehrbuch enthält erstmals eine wirklich umfassende Sammlung lernmethodisch aufbereiteter Übungssätze, die nach streng didaktischen Kriterien angeordnet sind.
2. Dieses Lehrbuch enthält erstmals zu jedem einzelnen Übungssatz grammatikalische Erläuterungen, so daß auch ein autodidaktisches Selbststudium problemlos möglich ist.
3. Dieses Lehrbuch enthält erstmals zu jedem Sanskritsatz eine deutsche Übersetzung, damit man die Anfangshürden dieser sehr schweren Sprache mühelos überwinden kann und später als Fortgeschrittener über eine Fülle von Rückübersetzungsvorlagen verfügt.
4. Dieses Lehrbuch gliedert erstmals das gesamte Übungsmaterial gleichgewichtig nach den Gebieten der Formenlehre und den Gebieten der Satzlehre.
5. Dieses Lehrbuch enthält erstmals ein Register mit sämtlichen Belegstellen zu allen grammatikalischen Besonderheiten aller Übungssätze zum späteren Nachschlagen.
6. Dieses Lehrbuch enthält erstmals einen lernmethodisch kontrollierten Grundwortschatz mit laufender Wiederholung (»immanenter Repetition«) der Vokabeln.
7. Dieses Lehrbuch enthält erstmals ein nach Wortarten gegliedertes Wortschatzregister zum systematischen Einüben des Grundwortschatzes nach den einzelnen Wortarten.

Alle diese didaktischen Hilfen vermißt man in sämtlichen anderen Sanskrit-Lehrbüchern. Dagegen wurden in diesem Sanskrit-Kompendium alle Register der Sprachdidaktik gezogen, um Studenten in kürzestmöglicher Zeit zu einem größtmöglichen Lernerfolg zu verhelfen. Keine Mühe wurde gescheut, um Lernenden das Lernen so leicht wie möglich zu machen.

Das didaktische Konzept dieses Kompendiums teilt den Stoff auf in **»häufig und selten«**. Das Häufige muß man üben und auswendiglernen, das Seltene muß man nur kennenlernen.

1. Die häufigen und aktiv zu beherrschenden Grammatikkonstruktionen werden in den »Sanskrit-Lektionen« umfassend geübt und eingeschliffen. Dazu zählen folgende Bereiche:

a) alle Satzsandhiregeln (einschließlich der meisten Wortsandhiregeln)
b) alle Satzbaupläne, d.h. die gesamte Syntax bzw. Satzlehre
c) alle Deklinationen (Substantive, Adjektive, Pronomen, Zahlwörter)
d) alle Verbalnomen (Partizipien, Infinitive, Gerundive, Absolutive)
e) alle thematischen Konjugationen (Präsens, Imperfekt, Imperativ, Optativ)
f) alle anderen Konjugationen mit Themavokal (Passiv, Futur usw.)

Die Satzlehre bzw. Syntax wird in einem Umfang vermittelt, wie dies noch nie der Fall war, denn noch nie gab es ein Sanskritlehrbuch, in dem Präpositionen, Adjektive, Adverbien, Fragesätze, Korrelativsätze usw. in eigenen Lektionen behandelt und geübt wurden.

2. Die seltenen Grammatikkonstruktionen, die man nur kennenlernen, aber nicht auswendig lernen soll, betreffen nur drei Bereiche: 1. Athematische Konjugationen, 2. Perfekt, 3. Aorist.

In der athematischen Konjugation kommen manche Verben fast nie vor (siehe Seite 383 ff.) und andere Verben nur in vereinzelten Formen (z.B. ādhvam, P131, nur 1mal im Ramayana und 0mal im Mahabharata). Bei den athematischen Verben muß man aber die Möglichkeit des Nachschlagens haben, weil sie in Originaltexten in vereinzelten Formen auftauchen. Daher enthält unser Kompendium über 100 athematische Verben, deren Konjugation man in anderen Lehrbüchern vergeblich sucht, in vollständig konjugierter Form zum Nachschlagen, wobei entsprechende Übungssätze direkt in die Sanskrit-Grammatik integriert wurden.

Da man bei den bisherigen Lehrbüchern die meiste Zeit im Wörterbuch blätterte und mit Rätselraten beschäftigt war, sind in diesem Kompendium bei jedem der 2200 Übungssätze alle Vokabeln und grammatikalischen Hinweise beigefügt, so daß man beim Durcharbeiten der Lektionen niemals die Register im Anhang bemühen muß und damit viel Zeit einspart.

Die sehr sparsame Verwendung von Nominalkomposita in den Sanskrit-Lektionen erfolgte aus didaktischen Gründen, weil man die Deklinationen nur dann erlernt, wenn die Nomen durch deklinierte Simplizia geübt und nicht als endungslose Wortstämme gelehrt werden.

Schließlich wurde großes Gewicht auf einen ausgewogenen und statistisch wohlverteilten Wortschatz gelegt. Die 2200 Übungssätze enthalten 10.200 Wortgleichungen mit insgesamt 3.600 verschiedenen Wortpaaren, von denen 1800 mehr als zweimal und immerhin noch 1000 Vokabeln mehr als dreimal vorkommen. Wegen der semantischen Nuancierungen reduziert sich jedoch der effektive Wortschatz auf 2.700 Vokabeln, die rund 300 Partizipien, Infinitive und Absolutive einschließen, so daß jedes Wort im statistischen Durchschnitt fast fünfmal vorkommt und damit jeder Übungssatz im Mittel nur eine neue Vokabel einführt. Zum Aneignen eines Grundwortschatzes eignet sich vorzüglich das nach Wortarten gegliederte Wortschatzregister, das deshalb auch in einem größeren Schriftgrad gesetzt ist als die übrigen Register, die als Konkordanzen nur zum Nachschlagen gedacht sind.

Systematische Benutzung

1. Grundsätzlich gehe man alle Sanskrit-Lektionen in chronologischer Reihenfolge durch, denn der Fall, daß die n-te Lektion ein grammatikalisches Gebilde enthält, das erst in der n+x-ten Lektion erläutert wird, kommt in diesem streng didaktischen Lehrbuch nie vor.
2. Bevor man eine neue Lektion in Angriff nimmt, studiere man den entsprechenden Abschnitt der Sanskrit-Grammatik. Parallel dazu muß man die Satzsandhiregeln immer wieder durcharbeiten, bis man die Regeln vollständig beherrscht. Ebenfalls parallel dazu sollte man die Schriftlehre solange studieren, bis man die Grundzeichen beherrscht.
3. Dann arbeite man die Sätze der jeweiligen Sanskrit-Lektion (Sanskritsatz, deutsche Übersetzung, Vokabel- und Grammatikkommentar) systematisch durch. In den Lektionen werden alle Übungssätze mit Dual-Endungen in gesonderten Abschnitten aufgeführt. Diese Dual-Abschnitte kann man ganz (oder zumindest vorab) überspringen, womit ein Drittel aller Deklinations- und Konjugationsendungen (vorab) nicht gelernt werden muß. Ferner kann Lektion 30 (Aphorismen) ganz entfallen, weil sie nicht zum Lernstoff gehört.
4. Sobald eine Lektion auf diese Weise studiert worden ist, lese man noch einmal nur die Sanskritmustersätze der Lektion, indem man die deutschen Übersetzungen abdeckt.
5. Damit sich die Deklinations- und Konjugationsformen wirklich einprägen, sollte man nun versuchen, eine Anzahl der deutschen Übersetzungen ins Sanskrit zurückzuübersetzen. Dazu eignen sich alle Sätze außer den mit FÜ. (= freie Übersetzung) markierten Sätzen.
6. Der Konjugation der athematischen Verben (außer as und kṛ), dem Perfekt und Aorist und der Kompositionslehre widme man sich erst nach Lektüre aller Sanskrit-Lektionen, d.h. die Grammatik ab 8.16.2. ff., d.h. Seiten 365–395, lese man erst nach allen Lektionen.
7. Erst ganz zum Schluß arbeite man den letzten Teil »Textanalyse: Bhagavad-Gītā« durch.

Kursorische Benutzung

Wer Sanskrit nur kennenlernen, aber nicht wirklich erlernen möchte, kann dies mit diesem Lehrbuch ebenfalls tun, denn welche Seite er auch immer aufschlägt, zu jedem Satz wird eine deutsche Übersetzung und ein Kommentar geliefert. Der kursorische Benutzer beachte, daß die wörtlichen deutschen Übersetzungen nicht stilistisch ansprechend sind, weil sie als eindeutig interpretierbare Rückübersetzungsvorlagen gedacht sind. Aus Platzgründen war es leider nicht möglich, zusätzlich jeweils auch noch eine freie Übersetzung abzudrucken.

Abkürzungsverzeichnis

Abl.	Ablativ	**Konj.**	Konjunktion
Abs.	Absolutiv	**Kons.**	Konsonant
abs.	absolutus	**Korr.**	Korrelativ
Adj.	Adjektiv	**Lok.**	Lokativ
Adv.	Adverb	**Lok. abs.**	Locativus absolutus
Akk.	Akkusativ	**m.**	maskulin
Akt.	Aktiv	**n.**	neutral
Anm.	Anmerkung	**Nom.**	Nominativ
Aor.	Aorist	**Num.**	Numerale
App.	Apposition	**Opt.**	Optativ
Atm.	Atmanepada	**Par.**	Parasmaipada
Aug.	Augment	**Part.**	Partizip
Dat.	Dativ	**Pass.**	Passiv
deikt.	deiktisch(es Pronomen)	**Perf.**	Perfekt
Du.	Dual	**Pl.**	Plural
Eig.	Eigenname	**PrDu.**	Präsens Dual
erg.	ergänze	**Pron.**	Pronomen
f.	feminin	**PrPl.**	Präsens Plural
FÜ.	freie Übersetzung	**PrSg.**	Präsens Singular
Fut.	Futur	**Präf.**	Präfix
Gen.	Genitiv	**Präp.**	Präposition
Gen abs.	Genitivus absolutus	**Präs.**	Präsens
Ger.	Gerundiv	**redupl.**	redupliziert(es Perfekt)
Imp.	Imperativ	**Sa.**	Sandhi
Impf.	Imperfekt	**Sg.**	Singular
Ind.	Indeklinabile	**Subst.**	Substantiv
Inf.	Infinitiv	**Superl.**	Superlativ
Instr.	Instrumental	**unpers.**	unpersönlich(es Passiv)
Interj.	Interjektion	**usw.**	und so weiter
Interr.	Interrogativ	**vgl.**	vergleiche
irr.	irregulär	**Vok.**	Vokativ
Kaus.	Kausativ	**WÜ.**	wörtliche Übersetzung
Komp.	Kompositum	**Wz.**	Wurzel
Kompar.	Komparativ	**z.B.**	zum Beispiel
Kond.	Konditional	**1. ... 10.**	Verbklasse 1 bis Verbklasse 10

In der Sanskrit-Grammatik werden bei den Paradigmen weitere Abkürzungen verwendet, z.B. NVA. = Nom. Vok. Akk., die sich aus dem tabellarischen Zusammenhang verstehen.

Inhaltsverzeichnis

Teil 1: **Sanskrit-Lektionen** 12

1. Präsens 12
2. Vokalische a-Substantive 16
3. Vokalische i-Substantive 44
4. Vokalische u-Substantive 59
5. Vokalische ṛ-Substantive 65
6. Präpositionen 67
7. Konsonantische Substantive 72
8. Adjektive 81
9. Pronomen 92
10. Adverbien 104
11. Imperfekt [und Perfekt] 113
12. Imperativ 136
13. Optativ 150
14. Futur und Konditional 156
15. »as, asti = sein, haben« 160
16. »kṛ, karoti = machen« 164
17. Passiv 167
18. Partizipien 184
19. Infinitive 200
20. Gerundive 203
21. Absolutive 206
22. Locativus absolutus 211
23. Unpersönliche Konstruktionen 214
24. Fragesätze 218
25. Korrelativsätze 232
26. Steigerungsformen 245
27. Zahlwörter 253
28. Das Wort »iti« 259
29. Unregelmäßige Nomen 265
30. Aphorismen 283

Teil 2: **Schriftlehre** 299

Teil 3: **Sanskrit-Grammatik** 305

1. Allgemeines 305
2. Lautlehre 307
3. Sandhiregeln 310
4. Deklination der Nomen 326
5. Steigerungsformen 343
6. Deklination der Pronomen 344
7. Deklination der Zahlwörter 350
8. Konjugation der Verben 352
9. Kompositionslehre 393

Teil 4: **Grammatik-Register** ..... (nicht in Paperback) 396

Teil 5: **Wortarten-Register** ..... (nicht in Paperback) 404

Teil 6: **Sanskrit-Deutsch-Register** ..... (nicht in Paperback) 433

Teil 7: **Deutsch-Sanskrit-Register** ..... (nicht in Paperback) 457

Teil 8: **Textanalyse: Bhagavad-Gītā** ..... (nicht in Paperback) 479

Detailgliederung der Lektionen mit Angabe der Paradigmen

1. Präsens
P37–P38 (themat. Verben)
1.1. Parasmaipada
1.2. Atmanepada
1.3. Exkurs: Verbalpräfixe

2. Vokalische a-Substantive
P01 (m., f., n.)
2.1. Mit Nom.
2.1.1. Singular
2.1.2. Plural
2.1.3. »und« und »oder«
2.1.4. Doppelter Nom.
2.2. Mit Akk.
2.2.1. Ohne Nom.
2.2.2. Exkurs: Nominalpräfixe
2.2.3. Mit Nom.
2.2.4. »Wohin? Wie lange?«
2.2.5. Doppelter Akk.
2.2.6. Satzgefüge
2.3. Mit Instr.
2.3.1. »Mit welchem Gerät?«
2.3.2. »Mit welcher Person?«
2.3.3. »Wodurch? Weswegen?«
2.3.4. »Wie? Auf welche Weise?«
2.3.5. »genug« (»alam, kṛtam«)
2.4. Mit Abl.
2.4.1. »Aus welchem Grund?«
2.4.2. »Von woher?«
2.4.3. »beschützen vor«
2.5. Mit Lok.
2.5.1. »Wo?«
2.5.2. »Wohin?«
2.5.3. »Wobei?«, »Worüber?«
2.5.4. »Wann?«
2.6. Mit Gen.
2.6.1. Definitionssätze
2.6.2. Kompositum-Ersatz
2.6.3. Genitivus objectivus
2.6.4. Gen. statt Dat.
2.7. Mit Dat.
2.7.1. Ohne Akk.
2.7.2. Mit Akk.
2.7.3. »Zu welchem Zweck?«
2.7.4. Dat. statt Akk.
2.7.5. »jemandem gefallen«
2.8. Dualformen
2.8.1. Nur Substantiv im Dual
2.8.2. Nur Verb im Dual
2.8.3. Subst. und Verb im Dual

3. Vokalische i-Substantive
P03, P07
3.1. i-Deklination
3.1.1. Mit Nom.
3.1.2. Mit Akk.
3.1.3. Mit Instr.
3.1.4. Mit Abl.
3.1.5. Mit Lok.
3.1.6. Mit Gen.
3.1.7. Mit Dat.
3.1.8. Mit Dual
3.2. ī-Deklination
3.2.1. Mit Nom.
3.2.2. Mit Akk.
3.2.3. Mit Instr.
3.2.4. Mit Abl.
3.2.5. Mit Lok.
3.2.6. Mit Gen.
3.2.7. Mit Dat.
3.2.8. Mit Dual

4. Vokalische u-Substantive
P05, P07
4.1. u-Deklination
4.1.1. Mit Nom.
4.1.2. Mit Akk.
4.1.3. Mit Instr.
4.1.4. Mit Abl.
4.1.5. Mit Lok.
4.1.6. Mit Dat.
4.1.7. Mit Gen.
4.1.8. Mit Dual
4.2. ū-Deklination

5. Vokalische ṛ-Substantive
P09
5.1. Nomina agentis
5.2. Verwandtschaftsnamen
5.3. Mit Dual

6. Präpositionen
6.1. Mit Akk.
6.2. Mit Instr.
6.3. Mit Abl.
6.4. Mit Gen.
6.5. Mit Dual

7. Konsonantische Subst.
P10–P11, P14, P16
7.1. Einstämmige Mask./Fem.
7.2. Einstämmige Neutra
7.3. Neutra auf as, is, us
7.4. Mask. und Fem. auf as
7.5. Mask. und Fem. auf is, us
7.6. Mask. auf in
7.7. Mask. und Fem. auf an
7.8. Neutra auf an
7.9. Mit Dual

8. Adjektive
P02, P04, P06-P07, P10, P12
8.1. Attributives Adjektiv
8.1.1. Mit Nom.
8.1.2. Mit Gen.
8.1.3. Mit Akk.
8.1.4. Mit Instr.
8.1.5. Mit Abl.
8.1.6. Mit Lok.
8.1.7. Mit Dat.
8.2. Prädikatives Adjektiv
8.2.1. Mit Nom.
8.2.2. Mit Gen.
8.2.3. Mit Instr.
8.2.4. Mit Lok.
8.3. Kons. Adj. auf mat, vat
8.4. »mahat = groß«
8.5. Einstämmige Adjektive
8.6. Mit Dual

9. Pronomen
P23–P31
9.1. »sarva«
9.2. Demonstrativpronomen
9.3. Personalpronomen
9.4. Deiktische Pronomen
9.5. Sonstige Pronomen
9.6. Mit Dual
9.7. Kongruenzprobleme

10. Adverbien
10.1. Mit Nom.
10.2. Mit Gen.
10.3. Mit Akk.
10.4. Mit Instr.
10.5. Mit Abl.
10.6. Mit Lok.
10.7. Mit Dual

11. Imperfekt [und Perfekt]
P37–P38 (themat. Verben)
11.1. Mit Akk.
11.1.1. Akk. + Akk.
11.2. Mit Instr.
11.2.1. Instr. + Akk.
11.3. Mit Gen.
11.4. Mit Abl.
11.4.1. Abl. + Akk.
11.5. Mit Lok.
11.5.1. Akk. + Lok.
11.6. Mit Dat.
11.7. Imperfekt-Ersatz »sma«
11.8. Mit Dual
11.8.1. Substantiv im Dual
11.8.2. Imperfekt im Dual

12. Imperativ
P37–P38 (themat. Verben)
12.1. Erste Person
12.1.1. Parasmaipada
12.1.2. Atmanepada
12.2. Zweite Person
12.2.1. Parasmaipada
12.2.2. Atmanepada
12.3. Dritte Person
12.3.1. Parasmaipada
12.3.2. Atmanepada
12.4. »Sie/Herr«
12.5. Mit »mā = nicht!«
12.6. Mit Dual
12.6.1. Erste Person
12.6.2. Zweite Person
12.6.3. Dritte Person

13. Optativ
P37–P38 (themat. Verben)
13.1. Erste Person
13.2. Zweite Person
13.3. Dritte Person
13.4. Konjunktiv
13.5. Mit Dual

14. Futur und Konditional
P39–P40, P46
14.1. Einfaches Futur
14.2. Periphrastisches Futur
14.3. Konditional

15. »as, asti = sein, haben«
P45
15.1. Präsens von »sein«
15.2. Präsens von »haben«
15.3. Imperf., Imp. und Opt.

16. »kṛ, karoti = machen«
P47–P48
16.1. Lok.-Anwendungen mit kṛ

17. Passiv
P39–P40
17.1. Präsens Passiv
17.1.1. Mit Nom. ohne Instr.
17.1.2. Mit Nom. und Instr.
17.1.3. Mit Nom. und Dat.
17.1.4. Streckverb »kriyate«
17.1.5. »Es-gibt«-Verben
17.2. Imperfekt Passiv
17.3. Imperativ Passiv
17.4. Optativ Passiv
17.5. Futur Passiv
17.6. Passiv Dual
17.6.1. Präsens Passiv Dual
17.6.2. Imperfekt Passiv Dual
17.6.3. Imperativ Passiv Dual
17.6.4. Optativ Passiv Dual

18. Partizipien
P02, P07, P12–P13
18.1. Partizip Perfekt Passiv
18.1.1. »naraḥ jitaḥ«
18.1.2. »naraḥ āgataḥ«
18.1.3. »jitaḥ naraḥ«
18.1.4. »āgataḥ naraḥ«
18.2. Partizip Präsens Aktiv
18.2.1. Parasmaipada »jaran naraḥ«
18.2.2. Atmanepada »vijayamānaḥ naraḥ«
18.3. Partizip Präsens Passiv »jīyamānaḥ naraḥ«
18.4. Partizip Perfekt Aktiv
18.4.1. »naraḥ jitavān«
18.4.2. »jitavān naraḥ«
18.5. Partizip Futur Aktiv »jeṣyan naraḥ«
18.6. Kongruenzprobleme
18.7. Partizipien mit Dual

19. Infinitive
19.1. Infinitiv Aktiv
19.1.1. Mit Dual
19.2. Infinitiv Passiv

20. Gerundive
P02
20.1. Attributives Gerundiv
20.2. Prädikatives Gerundiv
20.3. Mit Dual

21. Absolutive
21.1. Vorzeitigkeit
21.2. Gleichzeitigkeit
21.3. Spezialkonstruktionen

22. Locativus absolutus
22.1. Konditional als Lok. abs.
22.2. Temporal als Lok. abs.
22.3. Konzessiv als Lok. abs.
22.4. Konzessiv als Gen. abs.

23. Unpers. Konstruktionen
23.1. Unpersönliches Passiv
23.2. Unpersönliches Partizip
23.3. Unpersönliches Gerundiv

24. Fragesätze
24.1. Entscheidungsfrage
24.2. Interrogativadverb
24.3. Interrogativpron. als Subst.
24.3.1. Personen
24.3.2. Sachen
24.4. Interrogativpron. als Adj.
24.5. Doppelfrage
24.6. Mit Dual

25. Korrelativsätze
25.1. »yathā - tathā«
25.2. »yatra - tatra«
25.2.1. »yatra« ohne »tatra«
25.3. »yavat - tavat«
25.3.1. »yavat - tavat«
25.3.2. »yati - tati«
25.4. »yadi - tarhi/tadā«
25.4.1. »yadi« ohne »tarhi«
25.5. »yadā - tadā«
25.5.1. »yadā - tadā«
25.6. »yatas - tatas«
25.7. »yad - tad«
25.7.1. »yad - tad« mit Akk.
25.7.2. »yad - tad« mit and. Kasus
25.8. »yad« = »daß, so daß«
25.9. Doppelkorrelative
25.10. Korrelative mit Dual

26. Steigerungsformen
P02, P15
26.1. Superlativ
26.1.1. »der größte von/unter«
26.2. Komparativ
26.2.1. »größer als«
26.2.2. »atiricyate = übertreffen«

27. Zahlwörter
P02, P32–P36
27.1. Kardinalzahlen
27.2. Ordinalzahlen

28. Das Wort »iti«
28.1. Direkte Rede
28.1.1. Aussagesätze
28.1.2. Ausrufesätze
28.1.3. Fragesätze
28.2. »Indirekte Rede«
28.3. Satzzitat
28.4. Wortzitat
28.5. Erläuterung
28.6. Sonstige Konstruktionen
28.7. Mit Dual

29. Unregelmäßige Nomen
P08, P13, P15–P22
29.1. Vokalische Deklination (10 Teilkapitel)
29.2. Konsonantische Deklination (12 Teilkapitel)
29.3. Reduplizierte Partizipien (2 Teilkapitel)
29.4. Das Wort »sat«

30. Aphorismen
30.1. Geflügelte Worte
30.2. Geflügelte Sätze

Teil 1: Sanskrit-Lektionen

1. Präsens

१ स्वागतम्

1 Willkommen!

1 svāgatam!

[svāgatam, Interj. = Willkommen! (su + āgatam = »gutes Kommen«, Anm. 1: Zu den indeklinablen Wortarten gehören Interj., Adv., Konj., Präp., Abs. und Inf. und die mit »Ind.« bezeichneten Füllwörter bzw. Enklitika sowie der Marker »iti« und die Negation »na«)]

1.1. Parasmaipada

२ गच्छति

2 Er geht

2 gacchati

[gam, gacchati, 1. = gehen (PrSg. Par., Anm.: Man lese vor Beginn der jeweiligen Lektion den entsprechenden Abschnitt der Sanskrit-Grammatik und erlerne eines der Paradigmen. Ferner lese man den jeweiligen Abschnitt im Wortarten-Register. Für diese 1. Lektion gilt: Man lese bzw. überfliege die Seiten 352-356 der Grammatik und erlerne dann das Präsens der Paradigmen P37 und P38. Zum Exkurs Verbalpräfixe lese man im Wortarten-Register Seite 412 die Liste der Präfixe. Damit man jeweils schnell für jede Lektion die jeweiligen Grammatik-Abschnitte findet, sollte man sich jetzt vorab durch komplettes Durchblättern der Grammatik und des Wortarten-Registers einen ersten Gesamtüberblick verschaffen. Überdies kann man auch die Detailgliederung auf den Seiten 10-11 konsultieren. Ferner sei auf das Paradigmen-Register im Sanskrit-Deutsch-Register ab Seite 433 verwiesen.)]

३ खादामि । हससि । क्रन्दति

3 Ich esse. Du lachst. Er jammert

3 khādāmi. hasasi. krandati

[khād, khādati, 1. = essen (PrSg. Par., Anm. 1: Die Pron. »ich«, »du« usw. von »ich esse«, »du lachst« usw. bleiben im Sanskrit meist unübersetzt, und die dritte Person kann neben »er« auch »sie« oder »es« bedeuten, also z.B. »sie jammert«, Anm. 2: Der ursprüngliche Vriddhi-Vokal »ā«, z.B. von khād, wird nicht in den Guna-Vokal »a« zurückverwandelt); has, hasati, 1. = lachen (PrSg. Par., Anm.: Der Vokal »a«, z.B. von »has«, gilt bereits als Guna und bleibt daher unverändert); krand, krandati, 1. = jammern (PrSg. Par.)]

४ क्रीडामः । गायथ । चुम्बन्ति

4 Wir spielen. Ihr singt. Sie küssen

4 krīḍāmaḥ. gāyatha. cumbanti

[krīḍ, krīḍati, 1. = spielen (PrPl., Klasse 1 hier ohne Guna, da langer Vokal vor einem einzigen Konsonanten = geschlossene Silbe); gai, gāyati, 1. = singen (PrPl.); cumb, cumbati, 1. = küssen (PrPl., Klasse 1 ohne Guna, da hier kurzer Vokal vor zwei Konsonanten = geschlossene Silbe)]

५ तर्जयामि । काङ्क्षसि । अवति

5 Ich bedrohe. Du begehrst. Er erquickt

5 tarjayāmi. kāṅkṣasi. avati

[tarj, tarjayati, 10. = bedrohen (PrSg., Kaus. von tarj, tarjati, 1. = drohen, Anm.: Verben mit

»ay«- oder »āy«-Suffix, also Kaus. und Denominative, werden von uns zur Mischklasse 10 zusammengefaßt); kāṅkṣ, kāṅkṣati, 1. = begehren (PrSg.); av, avati, 1. = erquicken (PrSg.)]

६ वाञ्छामः । गोपायथ । क्षाम्यन्ति
6 Wir wünschen. Ihr beschützt. Sie gedulden sich
6 vāñchāmaḥ. gopāyatha. kṣāmyanti
[vāñch, vāñchati, 1. = wünschen (PrPl.); gup, gopāyati, 10. = beschützen (PrPl.); kṣam, kṣāmyati, 4. = gedulden (= sich gedulden, PrPl., Reflexive Verben gibt es nicht im Sanskrit)]

७ नमामि । जल्पसि । तरति
7 Ich grüße. Du murmelst. Er überquert
7 namāmi. jalpasi. tarati
[nam, namati, 1. = grüßen (PrSg.); jalp, jalpati, 1. = murmeln (PrSg.); tṝ, tarati, 1. = überqueren (PrSg.)]

८ क्रामामः । धावथ । तिष्ठन्ति
8 Wir schreiten. Ihr rennt. Sie stehen
8 krāmāmaḥ. dhāvatha. tiṣṭhanti
[kram, krāmati, 1. = schreiten (PrPl.); dhāv, dhāvati, 1. = rennen (PrPl.); sthā, tiṣṭhati, 1. = stehen (PrPl.)]

९ अस्यामि । उञ्छसि । किरति
9 Ich werfe. Du sammelst. Er zerstreut
9 asyāmi. uñchasi. kirati
[as, asyati, 4. = werfen (PrSg.); uñch, uñchati, 6. = sammeln (PrSg.); kṝ, kirati, 6. = zerstreuen (PrSg.)]

१० गलामः । तपथ । दाम्यन्ति
10 Wir träufeln. Ihr verbrennt. Sie zähmen
10 galāmaḥ. tapatha. dāmyanti
[gal, galati, 1. = träufeln (PrPl.); tap, tapati, 1. = verbrennen (PrPl.); dam, dāmyati, 4. = zähmen (PrPl.)]

११ मज्जामि । सजसि । भरति
11 Ich versinke. Du haftest. Er trägt
11 majjāmi. sajasi. bharati
[majj, majjati, 1. = versinken (PrSg.); saj, sajati, 1. = haften (PrSg., Anm.: Die Schreibweise sajjati ist nicht korrekt); bhṛ, bharati, 1. = tragen (PrSg.)]

१२ नुदामः । स्फोटथ । नदन्ति
12 Wir stoßen. Ihr sprießt. Sie tönen
12 nudāmaḥ. sphoṭatha. nadanti
[nud, nudati, 6. = stoßen (PrPl.); sphuṭ, sphoṭati, 1. = sprießen (PrPl.); nad, nadati, 1. = tönen (PrPl.)]

1.2. Atmanepada

१३ गाहे । प्लवसे । जृम्भते
13 Ich tauche. Du schwimmst. Er gähnt
13 gāhe. plavase. jṛmbhate
[gāh, gāhate, 1. = tauchen (PrSg. Atm.); plu, plavate, 1. = schwimmen (PrSg. Atm.); jṛmbh, jṛmbhate, 1. = gähnen (PrSg. Atm., Anm.: Die Verwendung der Atm.-Endungen hat meist keinen Einfluß auf die Bedeutung eines Verbs)]

१४ शपामहे । गल्भध्वे । याचन्ते
14 Wir schwören. Ihr prahlt. Sie betteln
14 śapāmahe. galbhadhve. yācante
[śap, śapate, 1. = schwören (śapate, Atm. = schwören, śapati, Par. = verfluchen, Beispiel für Bedeutungswandel); galbh, galbhate, 1. = prahlen (PrPl.); yāc, yācate, 1. = betteln (PrPl.)]

१५ गर्हे । सेवसे । युध्यते
15 Ich tadele. Du verehrst. Er bekämpft
15 garhe. sevase. yudhyate
[garh, garhate, 1. = tadeln (PrSg.); sev, sevate, 1. = verehren (PrSg.); yudh, yudhyate, 4. = bekämpfen (PrSg.)]

१६ कृष्णायामहे । भाषध्वे । काशन्ते
16 Wir schwärzen. Ihr sprecht. Sie scheinen
16 kṛṣṇāyāmahe. bhāṣadhve. kāśante
[kṛṣṇāy, kṛṣṇāyate, 10. = schwärzen (PrPl., Denominativ von kṛṣṇa = schwarz); bhāṣ, bhāṣate, 1. = sprechen (PrPl.); kāś, kāśate, 1. = scheinen (PrPl.)]

१७ त्वरे । टीकसे । भिक्षते
17 Ich eile. Du trippelst. Er bittet
17 tvare. ṭīkase. bhikṣate
[tvar, tvarate, 1. = eilen (PrSg.); ṭīk, ṭīkate, 1. = trippeln (PrSg.); bhikṣ, bhikṣate, 1. = bitten (oder betteln, PrSg.)]

१८ मृगयामहे । भजध्वे । द्योतन्ते
18 Wir begehren. Ihr verehrt. Sie glänzen
18 mṛgayāmahe. bhajadhve. dyotante
[mṛg, mṛgayate, 10. = begehren (PrPl.); bhaj, bhajate, 1. = verehren (PrPl.); dyut, dyotate, 1. = glänzen (PrPl.)]

1.3. Exkurs: Verbalpräfixe

१९ अवगच्छामि
19 Ich verstehe
19 ava-gacchāmi
[ava, Präf. = herab (Verbalpräfix: von - herab, herunter, Anm.: Die Bedeutungen von Verben mit Präf. müssen im Sanskrit wie im Deutschen gesondert gelernt werden, da sie von der Urbedeutung meist völlig abweichen, vgl. »stehen« und »ver-stehen«, »gacchati« und »ava-gacchati«); gam, ava-gacchati, 1. = verstehen (PrSg.)]

२० अभिधावामि । अधिक्षिपसि । अनुभवति
20 Ich greife an. Du beschimpfst. Er genießt
20 abhi-dhāvāmi. adhi-kṣipasi. anu-bhavati
[abhi, Präf. = gegen (Verbalpräfix: gegen, hin - zu); dhāv, abhi-dhāvati, 1. = angreifen (PrSg.); adhi, Präf. = zu (Verbalpräfix: zu, darüber, auf, hinein); kṣip, adhi-kṣipati, 6. = beschimpfen (PrSg.); anu, Präf. = nach (Verbalpräfix: nach, entlang, gegen, an); bhū, anu-bhavati, 1. = genießen (PrSg.)]

२१ अपहरामः । अतिक्रामथ । अवतरन्ति
21 Wir vertreiben. Ihr überquert. Sie schreiten herab
21 apa-harāmaḥ. ati-krāmatha. ava-taranti
[apa, Präf. = weg (Verbalpräfix: weg, fort); hṛ, apa-harati, 1. = vertreiben (PrPl.); ati, Präf. = über (Verbalpräfix: über - hinaus, hinweg); kram, ati-krāmati, 1. = überqueren (PrPl.); ava, Präf. = herab (Verbalpräfix: von - herab, herunter); tṝ, ava-tarati, 1. = herabschreiten (PrPl.)]

२२ निषीदामि । परिश्राम्यसि । प्रतिगच्छति
22 Ich setze mich. Du mühst dich ab. Er kehrt zurück
22 ni-ṣīdāmi. pari-śrāmyasi. prati-gacchati
[ni, Präf. = nieder (Verbalpräfix: nieder, hinein); sad, ni-ṣīdati, 1. = setzen (PrSg., Sa.: ni + sad = ni-ṣad); pari, Präf. = herum (Verbalpräfix: um - herum); śram, pari-śrāmyati, 4. = abmühen (PrSg.); prati, Präf. = gegen (Verbalpräfix: gegen, entgegen, zurück, wieder); gam, prati-gacchati, 1. = zurückkehren (PrSg.)]

२३ उपसीदामः । उत्तिष्ठथ । आश्लिष्यन्ति
23 Wir setzen uns hinzu. Ihr erhebt euch. Sie umarmen sich
23 upa-sīdāmaḥ. ut-tiṣṭhatha. ā-śliṣyanti
[upa, Präf. = hin (Verbalpräfix: hin - zu, gegen, nieder); sad, upa-sīdati, 1. = hinzusetzen (heranrücken, PrPl.); ud, Präf. = auf (Verbalpräfix: auf, herauf, empor, aus, heraus); sthā, ut-tiṣṭhati, 1. = erheben (PrPl.); ā, Präf. = zu (Verbalpräfix: hin - zu, herbei, heran, her); śliṣ, ā-śliṣyati, 4. = umarmen (= sich umarmen, PrPl.)]

२४ अभ्यर्थये । अतिरिच्यसे । अवगाहते
24 Ich bitte. Du übertriffst. Er taucht hinein
24 abhy-arthaye. ati-ricyase. ava-gāhate
[arth, abhy-arthayate, 10. = bitten (PrSg., Sa.: abhi + arthay = abhy-arthay); ric, ati-ricyate, 4. = übertreffen (PrSg.); gāh, ava-gāhate, 1. = hineintauchen (PrSg.)]

२५ निषूदयामहे । पराजयध्वे । प्रगल्भन्ते
25 Wir vernichten. Ihr besiegt. Sie erkühnen sich
25 ni-ṣūdayāmahe. parā-jayadhve. pra-galbhante
[sūd, ni-ṣūdayate, 10. = vernichten (PrPl., Sa.: ni + sūd = ni-ṣūd); parā, Präf. = weg (parā ist extrem rar!); ji, parā-jayate, 1. = besiegen (oder das Gegenteil: unterliegen!); pra, Präf. = vor (Verbalpräfix: vor, vorwärts, hervor); galbh, pra-galbhate, 1. = erkühnen (PrPl.)]

२६ प्रेक्षे । प्रतीक्षसे । संभाषते
26 Ich erblicke. Du erwartest. Er unterhält sich
26 prekṣe. pratīkṣase. saṃ-bhāṣate
[īkṣ, pra-īkṣate, 1. = erblicken (PrSg., Sa.: pra + īkṣ = prekṣ); īkṣ, prati-īkṣate, 1. = erwarten (PrSg., Sa.: prati + īkṣ = pratīkṣ); sam, Präf. = mit (Verbalpräfix: mit, zusammen); bhāṣ, saṃ-bhāṣate, 1. = unterhalten (PrSg., Sa.: »sam« vor Vokalen: »sam«, vor Konsonanten: »saṃ«, vor Labialen bisweilen auch »sam«)]

२७ उपेक्षामहे । विपद्यध्वे । आशङ्कन्ते
27 Wir mißachten. Ihr mißratet. Sie sorgen sich
27 upekṣāmahe. vi-padyadhve. ā-śaṅkante
[īkṣ, upa-īkṣate, 1. = mißachten (PrPl., Sa.: upa + īkṣ = upekṣ); vi, Präf. = weg (Verbalpräfix: weg, auseinander); pad, vi-padyate, 4. = mißraten (PrPl.); śaṅk, ā-śaṅkate, 1. = sorgen (PrPl.)]

२८ परिणयामि । प्रणमसि । विस्मयते
28 Ich heirate. Du verneigst dich. Er bestaunt
28 pari-ṇayāmi. pra-ṇamasi. vi-smayate
[nī, pari-ṇayati, 1. = heiraten (PrSg., Sa.: pari + nī = pari-ṇī); nam, pra-ṇamati, 1. = verneigen (PrSg., Sa.: pra + nam = pra-ṇam, Anm.: Präfixe mit »r«, und zwar »pra, pari, parā«, zerebralisieren »n« zu »ṇ«, nicht jedoch »prati« wegen Dental »t« nach »pra«); smi, vi-smayate, 1. = bestaunen (PrSg., Sa. nicht »vi-ṣmi«, vgl. ni-ṣad)]

२९ निस्तरामः । निष्क्रामथ । निष्पद्यन्ते
29 Wir entrinnen. Ihr geht hinaus. Sie entstehen

29 nis-tarāmaḥ. niṣ-krāmatha. niṣ-padyante
[nis, Präf. = aus (Verbalpräfix »nis«: aus, heraus, hinaus, vgl. Nominalpräfix »nis« = »nicht«); tṝ, nis-tarati, 1. = entrinnen (PrPl., Sa. nicht »niṣ-tṝ, vgl. niṣ-kram, niṣ-pad); kram, niṣ-krāmati, 1. = hinausgehen (PrPl., Sa.: nis + kram = niṣ-kram); pad, niṣ-padyate, 4. = entstehen (PrPl., Sa.: nis + pad = niṣ-pad, Sa.: »nis« wird vor Wurzeln, die mit den gutturalen Tenues k, kh und labialen Tenues p, ph anlauten, meist in »niṣ« verwandelt)]

2. Vokalische a-Substantive

2.1. Mit Nominativ

2.1.1. Nominativ Singular

३० सूर्यः काशते
30 Die Sonne scheint
30 sūryaḥ kāśate
[sūryaḥ = Sonne (m. Nom., Sa.: Der Visarga ḥ bleibt vor den gutturalen Tenues k, kh unverändert); kāś, kāśate, 1. = scheinen (PrSg. Atm.)]

३१ शिष्यः पठति
31 Der Schüler liest
31 śiṣyaḥ paṭhati
[śiṣyaḥ = Schüler (m. Nom., Sa.: Der Visarga ḥ bleibt vor den labialen Tenues p, ph unverändert); paṭh, paṭhati, 1. = lesen (PrSg. Par., Anm.: Auf Par. und Atm. weisen wir ab sofort nur noch in Sonderfällen hin)]

३२ समुद्रः शाम्यति
32 Das Meer beruhigt sich
32 samudraḥ śāmyati
[samudraḥ = Meer (m. Nom., Sa.: Der Visarga ḥ bleibt vor Zischlauten ś, ṣ, s unverändert); śam, śāmyati, 4. = beruhigen (= sich beruhigen, PrSg., Sanskrit hat keine reflexiven Verben)]

३३ सर्पः सर्पति । कूर्मः सरति
33 Die Schlange kriecht. Die Schildkröte bewegt sich fort
33 sarpaḥ sarpati. kūrmaḥ sarati
[sarpaḥ = Schlange (m. Nom.); sṛp, sarpati, 1. = kriechen (PrSg.); kūrmaḥ = Schildkröte (m. Nom.); sṛ, sarati, 1. = fortbewegen (PrSg.)]

३४ व्याघ्रो म्रियते
34 Der Tiger stirbt
34 vyāghro mriyate
[vyāghraḥ = Tiger (m. Nom., Sa.: vyāghraḥ mriyate = vyāghro mriyate, also »o« statt »aḥ« vor tönenden Konsonanten, Anm.: ḥ-Sandhis = Visarga-Sandhis muß man beherrschen, da sie ständig vorkommen); mṛ, mriyate, 6. = sterben (PrSg.)]

३५ पान्थो जल्पति
35 Der Wanderer murmelt = Ein Wanderer murmelt = Wanderer murmeln
35 pāntho jalpati
[pānthaḥ = Wanderer (m. Nom., Anm.: Die bestimmten Artikel »der, die, das« und der unbestimmte Artikel »ein« bleiben im Sanskrit unübersetzt, soweit nicht bestimmte Pron. verwendet werden, Sa.: pānthaḥ jalpati); jalp, jalpati, 1. = murmeln (PrSg.)]

३६ अन्नं नश्यति
36 Die Speise verdirbt
36 annaṃ naśyati
[annam = Speise (n. Nom.); naś, naśyati, 4. = verderben (PrSg., Sa.: annam naśyati, also stets »ṃ« statt »m« vor sämtlichen Konsonanten, Anm.: ṃ-Sandhis = Anusvara-Sandhis muß man beherrschen, da sie ständig vorkommen)]

३७ चक्रं परिवर्तते
37 Das Rad dreht sich
37 cakraṃ parivartate
[cakram = Rad (n. Nom.); vṛt, pari-vartate, 1. = drehen (= sich drehen, PrSg., Anm.: Reflexive Verben gibt es nicht im Sanskrit)]

३८ आर्या तृप्यति
38 Die Edelfrau ist zufrieden
38 āryā tṛpyati
[āryā = Edelfrau (f. Nom.); tṛp, tṛpyati, 4. = zufrieden sein (PrSg.)]

३९ स्नुषा लालयति
39 Die Schwiegertochter hätschelt
39 snuṣā lālayati
[snuṣā = Schwiegertochter (f. Nom.); lal, lālayati, 10. = hätscheln (PrSg. Kaus. von lalati = ausgelassen sein)]

४० भाषा विस्माययति
40 Die Sprache verwundert
40 bhāṣā vismāyayati
[bhāṣā = Sprache (f. Nom.); smi, vi-smāyayati, 10. = verwundern (erstaunen, PrSg., Kaus. von vi-smayati = erstaunt sein)]

४१ संध्यागच्छति
41 Die Dämmerung kommt
41 saṃdhyāgacchati
[saṃdhyā = Dämmerung (f. Nom., Sa.: saṃdhyā āgacchati, Anm. 1: Vokal-Sandhis werden immer aufgelöst, da die Endungen sonst nicht klar erkennbar sind, Anm. 2: Der Nom. wird ab sofort nur noch bei Adj. und in Zweifelsfällen angegeben, so daß man aus der fehlenden Kasusangabe stets auf den Nom. schließen kann); gam, ā-gacchati, 1. = kommen (PrSg.)]

४२ धनं नश्यति । शरीरं ध्वंसते
42 Der Reichtum vergeht. Der Körper vergeht
42 dhanaṃ naśyati. śarīraṃ dhvaṃsate
[dhanam = Reichtum; naś, naśyati, 4. = vergehen (PrSg.); śarīram = Körper (Sa.: śarīram dhvaṃsate); dhvaṃs, dhvaṃsate, 1. = vergehen (PrSg., Anm.: Atm. und Par. verändern fast nie die Bedeutung eines Verbs)]

४३ हृदयं स्फुरति । हृदयं वेपते
43 Das Herz klopft. Das Herz zittert
43 hṛdayaṃ sphurati. hṛdayaṃ vepate
[hṛdayam = Herz; sphur, sphurati, 6. = klopfen (zucken, PrSg.); vip, vepate, 1. = klopfen (zittern, PrSg., Anm.: Atm. und Par. verändern fast nie die Bedeutung eines Verbs)]

४४ जलं द्रवति । उदकं शुष्यति
44 Das Wasser fließt. Das Wasser vertrocknet
44 jalaṃ dravati. udakaṃ śuṣyati

[jalam = Wasser; dru, dravati, 1. = fließen (PrSg.); udakam = Wasser (Anm.: Synonyme kommen im Sanskrit laufend vor, doch sind sie hier auf ein Minimum beschränkt); śuṣ, śuṣyati, 4. = vertrocknen (PrSg.)]

2.1.2. Nominativ Plural

४५ मेघाः सरन्ति
45 Die Wolken ziehen
45 meghāḥ saranti
[meghaḥ = Wolke; sṛ, sarati, 1. = bewegen (sich bewegen = ziehen, PrPl.)]

४६ देवास्तरन्ति
46 Die Götter retten
46 devās_taranti
[devaḥ = Gott (Sa.: devāḥ taranti, also ḥ vor tonlosem Dental); tṝ, tarati, 1. = retten (PrPl.)]

४७ जनाश्चलन्ति
47 Die Leute bewegen sich fort
47 janāś_calanti
[janaḥ = Mensch (Sg. = Mensch, Pl. = Leute, Sa.: janāḥ calanti, also ḥ vor tonlosem Palatal, Merke: ḥ + t = s + t, ḥ + c = ś + c, ḥ + ṭ = ṣ + ṭ usw.); cal, calati, 1. = fortbewegen (PrPl.)]

४८ महिषा धावन्ति
48 Die Büffel rennen
48 mahiṣā dhāvanti
[mahiṣaḥ = Büffel (Sa.: mahiṣāḥ dhāvanti); dhāv, dhāvati, 1. = rennen (PrPl.)]

४९ हरिणा अटन्ति
49 Die Gazellen streifen herum
49 hariṇā aṭanti
[hariṇaḥ = Gazelle (männliche, Sa.: hariṇāḥ aṭanti); aṭ, aṭati, 1. = herumstreifen (PrPl.)]

५० पत्त्राणि भ्रश्यन्ति
50 Die Blätter fallen
50 pattrāṇi bhraśyanti
[pattram = Blatt (Sa.: pattrāṇi, nicht pattrāni); bhraṃś, bhraśyati, 4. = fallen (PrPl.)]

५१ मित्राणि कथयन्ति
51 Die Freunde erzählen
51 mitrāṇi kathayanti
[mitram = Freund (Sa.: mitrāṇi, nicht mitrāni); kath, kathayati, 10. = erzählen (PrPl.)]

2.1.3. »und« und »oder«

५२ रामष्टीकते सीता च स्कन्दति
52 Rama trippelt und Sita hüpft
52 rāmaṣ_ṭīkate sītā ca skandati
[rāmaḥ, m. Eig. = Rama (Sa.: rāmaḥ ṭīkate); ṭīk, ṭīkate, 1. = trippeln (PrSg.); sītā, f. Eig. = Sita; ca, Konj. = und (Anm. 1: Viele Konj., z. B. »ca« und »vā«, werden nachgestellt, Anm. 2: Konj. sind stets indeklinabel); skand, skandati, 1. = hüpfen (PrSg.)]

५३ शोचति माद्यति वा
53 Er ist traurig oder fröhlich
53 śocati mādyati vā

[śuc, śocati, 1. = traurig sein (PrSg.); mad, mādyati, 4. = fröhlich sein (PrSg.); vā, Konj. = oder (»vā« wird immer nachgestellt)]

2.1.4. Doppelter Nominativ

५४ पुत्रा वीरा भवन्ति
54 Söhne werden zu Helden
54 putrā vīrā bhavanti
[putraḥ = Sohn (putrāḥ, Nom. Pl.); vīraḥ = Held (vīrāḥ, Nom. Pl.); bhū, bhavati, 1. = werden (+ Nom. + Nom., PrPl.)]

५५ अश्वो गर्दभो न भवति
55 Das Pferd wird nicht zum Esel
55 aśvo gardabho na bhavati
[aśvaḥ = Pferd (Nom.); gardabhaḥ = Esel (Nom.); na, Ind. = nicht (Anm.: Die Negation »na« steht vor dem Verb); bhū, bhavati, 1. = werden (+ Nom. + Nom., PrSg.)]

2.2. Mit Akkusativ

2.2.1. Akkusativ ohne Nominativ

५६ मित्रं ह्वयामि
56 Ich rufe den Freund
56 mitraṃ hvayāmi
[mitram = Freund (Akk., Person als Neutrum ist Ausnahme); hve, hvayati, 1. = rufen (PrSg.)]

५७ देवं वन्दे
57 Ich verehre Gott
57 devaṃ vande
[devaḥ = Gott (Akk.); vand, vandate, 1. = verehren (PrSg.)]

५८ शीर्षं नमसि
58 Du neigst den Kopf
58 śīrṣaṃ namasi
[śīrṣaḥ = Kopf (Akk.); nam, namati, 1. = neigen (senken, PrSg.)]

५९ पात्रं गूहसि
59 Du versteckst das Gefäß
59 pātraṃ gūhasi
[pātram = Gefäß (Akk., pā-tra, pā = trinken); guh, gūhati, 1. = verstecken (PrSg.)]

६० पत्त्रं लिखसि
60 Du schreibst den Brief
60 pattraṃ likhasi
[pattram = Brief (oder Blatt, Akk., pat-tra, pat = fallen); likh, likhati, 6. = schreiben (PrSg.)]

६१ दरिद्रतां शङ्कसे
61 Du fürchtest die Armut
61 daridratāṃ śaṅkase
[daridratā = Armut (Akk.); śaṅk, śaṅkate, 1. = fürchten (PrSg.)]

६२ पुस्तकानि मृगयसे
62 Du suchst die Bücher
62 pustakāni mṛgayase

[pustakam = Buch (Akk.); mṛg, mṛgayate, 10. = suchen (PrSg.)]

६३ शालां प्रविशामः
63 Wir betreten das Zimmer
63 śālāṃ praviśāmaḥ
[śālā = Zimmer (Akk.); viś, pra-viśati, 6. = betreten (PrPl.)]

६४ मोदकान् स्वादामहे
64 Wir kosten die Bonbons
64 modakān svādāmahe
[modakaḥ = Bonbon (Süßigkeiten, Akk. Pl.); svad, svādate, 1. = kosten (probieren, PrPl.)]

2.2.2. Exkurs: Nominalpräfixe

६५ सचिवः सहजः
65 Der Minister ist ein Zwilling
65 sacivaḥ sahajaḥ
[sa, Präf. = mit (Nominalpräfix, Anm.: »sa« kommt nur als erstes Glied eines adjektivischen Komp. vor und ist oft nicht leicht zu erkennen, denn »saciva« muß in »saci-va« zerlegt werden, dagegen echtes Adj. mit »sa«: sa-phala = mit Frucht oder Gewinn = erfolgreich); sacivaḥ = Minister (Nom.); saha, Präf. = mit (Nominalpräfix, Anm.: »saha« kommt neben »sam« als erstes Glied eines Komp. vor: saha-ja = mit-geboren); sahajaḥ = Zwilling (Nom.)]

६६ सुवर्णं तोलयथ
66 Ihr wiegt das Gold
66 suvarṇaṃ tolayatha
[su, Präf. = gut (Nominalpräfix, Anm.: »su« kommt nur als erstes Glied eines Komp. vor und ersetzt die Adj. »gut, schön«: su-gandhaḥ = schöner Geruch, Wohlgeruch, su-janaḥ = guter Mensch, su-kanyā = hübsches Mädchen, su-śiṣyaḥ = guter Schüler usw.); suvarṇam = Gold (Akk., Komp.: »su = gut« + »varṇaḥ = Farbe«); tul, tolayati, 10. = wiegen (PrPl.)]

६७ दुर्जनान् निन्दथ
67 Ihr tadelt die schlechten Menschen
67 durjanān nindatha
[dus, Präf. = schlecht (Nominalpräfix, Anm.: »dus« kommt nur als erstes Glied eines Komp. vor und ersetzt die Adj. »schlecht, häßlich« usw. Das Präfix »dus«, das vor »t« unverändert bleibt, wird vor Vokalen und stimmhaften Konsonanten zu »dur«, vor Zischlauten zu »duḥ«, vor »k«, »p« zu »duṣ« und vor »c« zu »ś«, Beispiele: duḥ-śiṣyaḥ = schlechter Schüler, dur-nṛpaḥ = böser König, dur-mukha, Adj. = ein häßliches Gesicht habend = häßlich, duś-caritam = schlechter Lebenswandel, dus-tara, Adj. = schwer zu überqueren usw.); durjanaḥ = schlechter Mensch (Akk. Pl.); nind, nindati, 1. = tadeln (PrPl.)]

६८ कुशिष्यान् गर्हध्वे
68 Ihr tadelt die schlechten Schüler
68 kuśiṣyān garhadhve
[ku, Präf. = schlecht (Nominalpräfix, Anm.: »ku« wird manchmal anstelle von »dus« verwendet, z. B. ku-caritam = duś-caritam = schlechter Lebenswandel, ku-śiṣyaḥ = duḥ-śiṣyaḥ = schlechter Schüler, ku-darśanam = falsche Ansicht = Irrlehre usw.); kuśiṣyaḥ = schlechter Schüler (Akk. Pl.); garh, garhate, 1. = tadeln (PrPl.)]

६९ सुखमिच्छथ
69 Ihr sehnt euch nach dem Glück
69 sukham_icchatha
[sukham = Glück (Akk., Anm.: Bei »su-kham = Glück« und »duḥ-kham = Unglück« ist die

Etymologie von »kha« umstritten, Mayrhofer deutet in seinem Etymologischen Wörterbuch des Altindischen: »su-kha« = ursprünglich »mit guten Nabenlöchern«, also »leicht laufend« als Wagen, mithin »kha« = Loch/Radnabe, und demzufolge »duḥ-kha« = »schwer laufend« als eine spätere Analogiebildung); iṣ, icchati, 6. = sehnen (nach + Akk., PrPl.)]

७० असत्यं भाषध्वे
70 Ihr sprecht die Unwahrheit
70 asatyaṃ bhāṣadhve
[a, Präf. = nicht (Nominalpräfix, Anm.: Subst. und Adj. können mit »a« = »nicht« negiert werden, doch kommt »a« nur als erstes Glied eines Komp. vor, Sandhi: Vor Vokalen wird »a« durch »an« ersetzt, Beispiel: a + ṛtam = an-ṛtam); asatyam = Unwahrheit (Akk., »a = nicht« + »satyam = Wahrheit«); bhāṣ, bhāṣate, 1. = sprechen (PrPl.)]

७१ सत्यमेव जयते नानृतम्
71 Nur die Wahrheit siegt, nicht die Unwahrheit
71 satyam_eva jayate, nānṛtam
[satyam = Wahrheit; eva, Ind. = nur (Anm. 1: Hervorhebende Ind. wie »eva« und »api« werden immer nachgestellt = echte Enklitika, Anm. 2: Ebenso stehen die indeklinablen Konj., Präp. und Abs. nach dem Bezugswort, Anm. 3: Dagegen steht das Adv. vor dem Verb und die Interj. am Satzanfang); ji, jayati, 1. = siegen (PrSg., im Original jayate Atm., sonst jayati Par.); na, Ind. = nicht; an, Präf. = nicht (»a« vor Vokal = »an«); anṛtam = Unwahrheit (Sa.: na + an-ṛtam = nānṛtam)]

७२ निर्वाणमधिगच्छामः
72 Wir erlangen das Nirvana
72 nirvāṇam_adhigacchāmaḥ
[nis, Präf. = nicht (Nominalpräfix, Anm.: Subst. und besonders Adj. können mit »nis« = »nicht« negiert werden, doch kommt »nis« nur als erstes Glied eines Komp. vor, wobei dieselben Sandhis wie für »dus« gelten, Beispiele: nir-arthaḥ = Nicht-Nutzen = Schaden, niṣ-phala, Adj. = ohne Frucht = fruchtlos, unnütz, niḥ-śeṣa, Adj. = ohne Rest, restlos, niś-chidra, Adj. = ohne Blöße = unverletzt); nirvāṇam = Nirvana (Akk., »Nicht-Wehen« = »Windstille« = Erlösung); gam, adhi-gacchati, 1. = erlangen (PrPl.)]

2.2.3. Akkusativ mit Nominativ

७३ जरा रूपं हरति
73 Das Alter raubt die Schönheit
73 jarā rūpaṃ harati
[jarā = Alter, n.; rūpam = Schönheit (Akk.); hṛ, harati, 1. = rauben (PrSg.)]

७४ सुखं दुःखं जयति
74 Die Freude besiegt den Schmerz
74 sukhaṃ duḥkhaṃ jayati
[sukham = Freude; duḥkham = Schmerz (Akk.); ji, jayati, 1. = besiegen (PrSg.)]

७५ आचारः सुखं सृजति
75 Gutes Benehmen bringt Glück
75 ācāraḥ sukhaṃ sṛjati
[ācāraḥ = Verhalten (gutes); sukham = Glück (Akk.); sṛj, sṛjati, 6. = erzeugen (PrSg.)]

७६ असुरः पूजां नार्हति
76 Der Dämon verdient keine Verehrung
76 asuraḥ pūjāṃ nārhati
[asuraḥ = Dämon (»suraḥ = Gott« entstand volkseymologisch, denn asura zerlegt sich nicht

in a-sura, sondern in asu-ra, vgl. Ahura Mazda); pūjā = Verehrung (Akk.); na, Ind. = nicht (»na« steht meist vor dem Verb); arh, arhati, 1. = verdienen (+ Akk., PrSg., Sa.: na + arhati)]

७७ कामो वचनीयं नेक्षते
77 Liebe sieht keine Kritik
77 kāmo vacanīyaṃ nekṣate
[kāmaḥ = Liebe; vacanīyam = Kritik (Akk.); na, Ind. = nicht; īkṣ, īkṣate, 1. = sehen (na īkṣate, PrSg.)]

७८ जनकः पुत्रान् नयति
78 Der Vater führt die Söhne
78 janakaḥ putrān nayati
[janakaḥ = Vater; putraḥ = Sohn (Akk.); nī, nayati, 1. = führen (+ Akk., PrSg.)]

७९ पान्थः प्रवासं वर्णयति
79 Der Wanderer schildert die Reise
79 pānthaḥ pravāsaṃ varṇayati
[pānthaḥ = Wanderer; pravāsaḥ = Reise (Akk.); varṇ, varṇayati, 10. = schildern (PrSg.)]

८० काकः फलानि खादति
80 Die Krähe frißt die Früchte
80 kākaḥ phalāni khādati
[kākaḥ = Krähe; phalam = Frucht (Akk.); khād, khādati, 1. = fressen (PrSg.)]

८१ नृप आचारं शंसति
81 Der König preist das Verhalten
81 nṛpa ācāraṃ śaṃsati
[nṛpaḥ = König (Nom., Sa.: nṛpaḥ ācāram); ācāraḥ = Verhalten (Akk.); śaṃs, śaṃsati, 1. = preisen (PrSg.)]

८२ नर इन्धनं वहति
82 Der Mann trägt das Brennholz
82 nara indhanaṃ vahati
[naraḥ = Mann (Nom.); indhanam = Brennholz (Akk.); vah, vahati, 1. = tragen (PrSg.)]

८३ सूदो ऽन्नानि पचति
83 Ein Koch kocht Speisen
83 sūdo 'nnāni pacati
[sūdaḥ = Koch; annam = Speise (Akk., Sa.: sūdaḥ annāni); pac, pacati, 1. = kochen (PrSg.)]

८४ अश्वास्तृणं खादन्ति
84 Pferde fressen Gras
84 aśvās_tṛṇaṃ khādanti
[aśvaḥ = Pferd; tṛṇam = Gras (Akk.); khād, khādati, 1. = fressen (PrPl.)]

८५ कृषीवलस्तृणं वपति
85 Der Landmann sät das Gras
85 kṛṣīvalas_tṛṇaṃ vapati
[kṛṣīvalaḥ = Landmann; tṛṇam = Gras (Akk.); vap, vapati, 1. = säen (PrSg.)]

८६ मालिक आरामं खनति
86 Der Gärtner pflügt den Garten um
86 mālika ārāmaṃ khanati
[mālikaḥ = Gärtner (Nom.); ārāmaḥ = Garten (Akk.); khan, khanati, 1. = umpflügen (graben

im + Akk., PrSg.)]

८७ दासो गजं पुष्यति
87 Der Sklave pflegt den Elefanten
87 dāso gajaṃ puṣyati
[dāsaḥ = Sklave; gajaḥ = Elefant (Akk.); puṣ, puṣyati, 4. = pflegen (und hegen, PrSg.)]

८८ नृपो दासान् न क्षाम्यति
88 Der König erträgt keine Sklaven
88 nṛpo dāsān na kṣāmyati
[nṛpaḥ = König; dāsaḥ = Sklave (Akk.); na, Ind. = nicht; kṣam, kṣāmyati, 4. = ertragen (Geduld haben mit + Akk., PrSg.)]

८९ तृणं करं विध्यति
89 Das Gras verwundet die Hand
89 tṛṇaṃ karaṃ vidhyati
[tṛṇam = Gras; karaḥ = Hand (Akk.); vyadh, vidhyati, 4. = verwunden (durchbohren, PrSg.)]

९० क्षत्रियः कुन्तमस्यति
90 Der Krieger wirft den Speer
90 kṣatriyaḥ kuntam_asyati
[kṣatriyaḥ = Krieger; kuntaḥ = Speer (Akk.); as, asyati, 4. = werfen (PrSg.)]

९१ अनिलो वृक्षांल्लुम्पति ॥ वृक्षाँल्लुम्पति
91 Der Wind bricht die Bäume
91 anilo vṛkṣāṃl_lumpati
[anilaḥ = Wind; vṛkṣaḥ = Baum (Akk., Sa.: vṛkṣān + l = vṛkṣāṃl_l, Anm.: In Devanarari gibt es für ṃl_l zwei Schreibweisen, siehe oben); lup, lumpati, 6. = brechen (beschädigen, PrSg.)]

९२ मेघो जलं सिञ्चति
92 Die Wolke gießt Wasser
92 megho jalaṃ siñcati
[meghaḥ = Wolke; jalam = Wasser (Akk.); sic, siñcati, 6. = gießen (PrSg.)]

९३ सूदो घटं स्पृशति
93 Der Koch berührt den Topf
93 sūdo ghaṭaṃ spṛśati
[sūdaḥ = Koch; ghaṭaḥ = Topf (Akk.); spṛś, spṛśati, 6. = berühren (PrSg.)]

९४ किंकरो बिडालं दण्डयति
94 Der Diener schlägt die Katze
94 kiṃkaro biḍālaṃ daṇḍayati
[kiṃkaraḥ = Diener; biḍālaḥ = Katze (Akk.); daṇḍ, daṇḍayati, 10. = bestrafen (mit dem Stock = daṇḍena, PrSg.)]

९५ चौरो धान्यं चोरयति
95 Der Dieb stiehlt das Getreide
95 cauro dhānyaṃ corayati
[cauraḥ = Dieb; dhānyam = Getreide (Korn, Akk.); cur, corayati, 10. = stehlen (PrSg.)]

९६ किंकरः कुम्भं वहति
96 Der Diener trägt den Topf
96 kiṃkaraḥ kumbhaṃ vahati
[kiṃkaraḥ = Diener; kumbhaḥ = Topf (Akk.); vah, vahati, 1. = tragen (PrSg.)]

९७ नलः कलाः शिक्षते
97 Nala lernt die Künste
97 nalaḥ kalāḥ śikṣate
[nalaḥ, m. Eig. = Nala; kalā = Kunst (Akk.); śikṣ, śikṣate, 1. = lernen (PrSg.)]

2.2.4. »Wohin? Wie lange? Wie weit?«

९८ हयो दिवं गच्छति
98 Das Roß gelangt in den Himmel
98 hayo divaṃ gacchati
[hayaḥ = Roß (Pferd); divam = Himmel (Akk. = in den Himmel, wohin? = Akk.); gam, gacchati, 1. = gelangen (in + Akk., PrSg.)]

९९ दासः कूपं गच्छति
99 Der Sklave geht zum Brunnen
99 dāsaḥ kūpaṃ gacchati
[dāsaḥ = Sklave; kūpaḥ = Brunnen (Akk. = zum Brunnen, wohin? = Akk.); gam, gacchati, 1. = gehen (+ Akk., PrSg.)]

१०० द्विजो होरां पठति
100 Der Zweitgeborene liest eine Stunde lang vor
100 dvijo horāṃ paṭhati
[dvijaḥ = Zweitgeborene (= Brahmane); horā = Stunde (Akk., wie lange? = Akk., Anm. 1: Der Akk. auf die Fragen »Wie lange? Wie weit?« steht meist in Verbindung mit Zahlwörtern, die erst später behandelt werden, Anm. 2: »horā« ist ein griechisches Lehnwort, denn im Sanskrit gibt es kein exaktes Äquivalent für »Stunde«); paṭh, paṭhati, 1. = vorlesen (PrSg.)]

१०१ कन्या मुहूर्तमेव क्रन्दति
101 Das Mädchen weint nur einen Augenblick lang
101 kanyā muhūrtam_eva krandati
[kanyā = Mädchen; muhūrtaḥ = Augenblick (Akk., Anm.: »muhūrtaḥ« steht auch für einen Zeitraum von knapp einer Stunde); eva, Ind. = nur; krand, krandati, 1. = weinen (PrSg.)]

१०२ कृषीवलो योजनं व्रजति
102 Der Landmann geht eine Meile weit
102 kṛṣīvalo yojanaṃ vrajati
[kṛṣīvalaḥ = Landmann; yojanam = Meile (Akk., wie weit? = Akk.); vraj, vrajati, 1. = gehen (PrSg.)]

2.2.5. Doppelter Akkusativ

१०३ क्षत्रियं कापुरुषं बोधामः
103 Wir halten den Krieger für einen Feigling
103 kṣatriyaṃ kāpuruṣaṃ bodhāmaḥ
[kṣatriyaḥ = Krieger (Akk.); kāpuruṣaḥ = Feigling (Akk., kā = ku = dus = schlecht); budh, bodhati, 1. = halten (für + Akk. + Akk., PrPl.)]

१०४ सहचरा रामं वीरं चिन्तयन्ति
104 Die Gefährten halten Rama für einen Helden
104 sahacarā rāmaṃ vīraṃ cintayanti
[sahacaraḥ = Gefährte (Nom. Pl.); rāmaḥ, m. Eig. = Rama (Akk.); vīraḥ = Held (Akk.); cint, cintayati, 10. = halten (für + Akk. + Akk., PrPl.)]

१०५ द्विजो जनकं वेदमध्यापयति
105 Der Zweitgeborene lehrt den Vater den Veda
105 dvijo janakaṃ vedam_adhyāpayati
[dvijaḥ = Zweitgeborene (= nach Empfang der heiligen Schnur); janakaḥ = Vater (Akk.); vedaḥ = Veda (Akk. Sg. = die Veden, Pl.); i, adhy-āpayati, 10. = lehren (+ Akk. + Akk., PrSg.)]

१०६ नरा देवान् भोगान् भिक्षन्ते
106 Die Menschen bitten die Götter um Genüsse
106 narā devān bhogān bhikṣante
[naraḥ = Mensch; devaḥ = Gott (Akk.); bhogaḥ = Genuß (Vorteil, Akk.); bhikṣ, bhikṣate, 1. = bitten (um + Akk. + Akk., PrPl.)]

१०७ बुद्धं शरणं गच्छामि
107 Ich suche Buddha als Zuflucht auf
107 buddhaṃ śaraṇaṃ gacchāmi
[buddhaḥ, m. Eig. = Buddha (Akk.); śaraṇam = Zuflucht (Akk.); gam, gacchati, 1. = aufsuchen (als + Akk. + Akk., PrSg.)]

१०८ बर्बरं म्लेच्छमनार्यं वा वदन्ति
108 Man bezeichnet den Barbaren als Fremden oder Ausländer
108 barbaraṃ mleccham_anāryaṃ vā vadanti
[barbaraḥ = Barbar (Akk.); mlecchaḥ = Fremde (Akk.); anāryaḥ = Ausländer (Nicht-Arier = an-āryam, Akk.); vā, Konj. = oder (»vā« wird immer nachgestellt); vad, vadati, 1. = bezeichnen (als + Akk. + Akk., PrPl. = »man«)]

2.2.6. Satzgefüge

१०९ योधः शरान् कुन्तांश्च क्षिपति
109 Der Soldat wirft Pfeile und Speere
109 yodhaḥ śarān kuntāṃś_ca kṣipati
[yodhaḥ = Soldat; śaraḥ = Pfeil (Akk.); kuntaḥ = Speer (kuntān, Akk.); ca, Konj. = und; kṣip, kṣipati, 6. = werfen (PrSg.)]

११० पथिकः श्राम्यति पानं च पिबति
110 Der Wanderer ist müde und trinkt ein Getränk
110 pathikaḥ śrāmyati pānaṃ ca pibati
[pathikaḥ = Wanderer; śram, śrāmyati, 4. = müde sein (ermüden, PrSg.); pānam = Getränk (Akk.); ca, Konj. = und; pā, pibati, 1. = trinken (PrSg.)]

१११ उलूकश्चन्द्रं पश्यति तुष्यति च
111 Die Eule sieht den Mond und freut sich
111 ulūkaś_candraṃ paśyati tuṣyati ca
[ulūkaḥ = Eule (Nom.); candraḥ = Mond (Akk.); paś, paśyati, 4. = sehen (PrSg.); tuṣ, tuṣyati, 4. = freuen (PrSg.)]

११२ हयं यच्छामि हयश्च शाम्यति
112 Ich zügele das Roß, und das Roß beruhigt sich
112 hayaṃ yacchāmi hayaś_ca śāmyati
[hayaḥ = Roß (Akk., Nom.); yam, yacchati, 1. = zügeln (PrSg.); ca, Konj. = und; śam, śāmyati, 4. = beruhigen (PrSg.)]

११३ कपोतः करं त्यजति कुसुमं च हरति
113 Die Taube verläßt die Hand und schnappt die Blume
113 kapotaḥ karaṃ tyajati kusumaṃ ca harati

[kapotaḥ = Taube; karaḥ = Hand (Akk.); tyaj, tyajati, 1. = verlassen (PrSg.); kusumam = Blume (Akk.); ca, Konj. = und; hṛ, harati, 1. = schnappen (PrSg.)]

११४ मक्षिका व्रणं काङ्क्षन्ति पार्थिवाः कनकमिच्छन्ति
114 Die Fliegen streben zur Wunde, die Fürsten streben zum Gold
114 makṣikā vraṇam kāṅkṣanti, pārthivāḥ kanakam_icchanti
[makṣikā = Fliege (makṣikāḥ, f. Nom. Pl.); vraṇaḥ = Wunde (Akk.); kāṅkṣ, kāṅkṣati, 1. = streben (zum + Akk., PrPl.); pārthivaḥ = Fürst; kanakam = Gold (Akk.); iṣ, icchati, 6. = streben (zum + Akk., PrPl.)]

११५ यमः प्राणान् हरति वैद्यस्तु प्राणान् धनानि च
115 Der Tod raubt das Leben, der Arzt dagegen das Leben und das Geld
115 yamaḥ prāṇān harati, vaidyas_tu prāṇān dhanāni ca
[yamaḥ = Tod (Todesgott, Freund Hein); prāṇaḥ = Leben, n. (Akk. Pl.); hṛ, harati, 1. = rauben (PrSg.); vaidyaḥ = Arzt; tu, Konj. = dagegen; dhanam = Geld (Akk. Pl.); ca, Konj. = und]

११६ कालो भूतानि सृजति कालो भूतानि संहरति
116 Die Zeit erzeugt die Geschöpfe, die Zeit vernichtet die Geschöpfe
116 kālo bhūtāni sṛjati, kālo bhūtāni saṃharati
[kālaḥ = Zeit; bhūtam = Geschöpf (Akk.); sṛj, sṛjati, 6. = erzeugen (PrSg.); hṛ, saṃ-harati, 1. = vernichten (PrSg.)]

2.3. Mit Instrumental

2.3.1. »Womit? Mit welchem Gerät?«

११७ दण्डेन कुक्कुरं तुदसि
117 Du schlägst den Hund mit dem Stock
117 daṇḍena kukkuraṃ tudasi
[daṇḍaḥ = Stock (Instr.; Anm.: Der Trennstrich zwischen Sätzen und Halbversen heißt auch daṇḍa = Danda); kukkuraḥ = Hund (Akk.); tud, tudati, 6. = schlagen (+ Instr. + Akk., PrSg.)]

११८ जलेन कुसुमानि सिञ्चामः
118 Wir gießen die Blumen mit Wasser
118 jalena kusumāni siñcāmaḥ
[jalam = Wasser (Instr.); kusumam = Blume (Akk.); sic, siñcati, 6. = gießen (+ Instr. + Akk., PrPl.)]

११९ क्षीरेण मार्जारान् पुष्यामि
119 Ich füttere die Katzen mit Milch
119 kṣīreṇa mārjārān puṣyāmi
[kṣīram = Milch (Instr.); mārjāraḥ = Katze (Akk.); puṣ, puṣyati, 4. = füttern (+ Instr. + Akk., PrSg.)]

१२० करेण पत्त्रं लिखामि
120 Ich schreibe einen Brief mit der Hand
120 kareṇa pattraṃ likhāmi
[karaḥ = Hand (Instr.); pattram = Brief (Akk.); likh, likhati, 6. = schreiben (+ Instr. + Akk., PrSg., Anm.: likh = eigentlich »kratzen«, weil die Schrift in das Palmblatt eingeritzt wurde. Die so entstandenen vertieften Konturen der Schrift wurden dann mit Ruß aufgefüllt.)]

१२१ हस्तेन व्रणं स्पृशसि
121 Du berührst die Wunde mit der Hand
121 hastena vraṇaṃ spṛśasi

[hastaḥ = Hand (Instr.); vraṇaḥ = Wunde (Akk.); spṛś, spṛśati, 6. = berühren (PrSg.)]

१२२ पत्त्रैर्मालिकः फलानि च्छादयति
122 Der Gärtner bedeckt die Früchte mit Blättern
122 pattrair_mālikaḥ phalāni cchādayati
[pattram = Blatt (Instr.); mālikaḥ = Gärtner; phalam = Frucht (Akk.); chad, chādayati, 10. = bedecken (+ Instr. + Akk., PrSg., Sa.: kurzer Vokal + ch = Vokal + cch, getrennt geschrieben)]

१२३ लाङ्गलैः कृषकाः क्षेत्राणि कृषन्ति
123 Mit Pflügen pflügen die Bauern die Felder
123 lāṅgalaiḥ kṛṣakāḥ kṣetrāṇi kṛṣanti
[lāṅgalam = Pflug (Instr.); kṛṣakaḥ = Bauer; kṣetram = Feld (Akk.); kṛṣ, kṛṣati, 6. = pflügen (+ Instr. + Akk., PrPl.)]

१२४ विषेण खलः शरांल्लिम्पति
124 Der Bösewicht reibt die Pfeile mit Gift ein
124 viṣeṇa khalaḥ śarāṃl_limpati
[viṣam = Gift (Instr.); khalaḥ = Bösewicht; śaraḥ = Pfeil (Akk.); lip, limpati, 6. = einreiben (+ Instr. + Akk., PrSg., Sa.: śarān + l = śarāṃl_l)]

१२५ दण्डेन पुरुषः स्तेनं ताडयति
125 Der Mann schlägt den Dieb mit dem Stock
125 daṇḍena puruṣaḥ stenaṃ tāḍayati
[daṇḍaḥ = Stock (Instr.); puruṣaḥ = Mann; stenaḥ = Dieb (Akk.); taḍ, tāḍayati, 10. = schlagen (+ Instr. + Akk., PrSg.)]

१२६ नखैः सिंहो गजान् दारयति
126 Mit den Klauen reißt der Löwe die Elefanten
126 nakhaiḥ siṃho gajān dārayati
[nakhaḥ = Klaue (m. Instr., auch nakham, n.); siṃhaḥ = Löwe; gajaḥ = Elefant (Akk.); dṝ, dārayati, 10. = reißen (+ Instr. + Akk., PrSg.)]

१२७ करेण नलश्छात्त्रमाह्वयति
127 Mit der Hand ruft Nala den Schüler herbei
127 kareṇa nalaś_chāttram_āhvayati
[karaḥ = Hand (Instr.); nalaḥ, m. Eig. = Nala; chāttraḥ = Schüler (Akk.); hve, ā-hvayati, 1. = herbeirufen (+ Instr. + Akk., PrSg.)]

१२८ इन्धनैः सूद ओदनं पचति
128 Der Koch kocht den Reisbrei mit Brennholz
128 indhanaiḥ sūda odanaṃ pacati
[indhanam = Brennholz (Instr.); sūdaḥ = Koch (Nom.); odanaḥ = Reisbrei (gekochter Reis); pac, pacati, 1. = kochen (+ Instr. + Akk., PrSg.)]

2.3.2. »Mit wem? Mit welcher Person?«

१२९ नृपः सैन्येन लङ्कां प्रतिष्ठति
129 Der König bricht mit seinem Heer nach Sri Lanka auf
129 nṛpaḥ sainyena laṅkāṃ pratiṣṭhati
[nṛpaḥ = König; sainyam = Heer (Instr.); laṅkā, f. Eig. = Ceylon (Akk. = nach, Anm.: Bis 1972 Ceylon, seitdem wieder Sri Lanka); sthā, pra-tiṣṭhati, 1. = aufbrechen (nach + Akk., PrSg.)]

१३० रत्नं रत्नेन संगच्छते
130 Gleich und gleich gesellt sich gern (FÜ.)

130 ratnaṃ ratnena saṃgacchate
[ratnam = Juwel (Nom., Instr.); gam, saṃ-gacchate, 1. = vereinigen (mit + Instr., PrSg.)]

१३१ भृत्यं भृत्येन वा कटं कारयति
131 Er läßt den Knecht oder vom Knecht die Matte machen
131 bhṛtyaṃ bhṛtyena vā kaṭaṃ kārayati
[bhṛtyaḥ = Knecht (Akk., Instr.); vā, Konj. = oder; kaṭaḥ = Matte (Akk.); kṛ, kārayati, 10. = machen lassen (Kaus. + Akk. + Akk. oder + Instr. + Akk., PrSg., Anm.: Bei Kausativen steht die Person im Akk. oder auch im Instr.)]

2.3.3. »Wodurch? Weswegen? Warum?«

१३२ वृत्तेन ह्यार्यो भवति न धनेन न विद्यया
132 Denn durch Gesittung entsteht der Edelmann, nicht durch Reichtum, nicht durch Wissen
132 vṛttena hy_āryo bhavati, na dhanena, na vidyayā
[vṛttam = Gesittung (Instr.); hi, Konj. = denn (»hi« wird immer nachgestellt); āryaḥ = Edelmann; bhū, bhavati, 1. = entstehen (PrSg.); na, Ind. = nicht; dhanam = Reichtum (Instr.); vidyā = Wissen, n. (Instr.)]

१३३ शास्त्रैश्छात्त्रस्तत्त्वमवगच्छति
133 Durch Lehrbücher versteht der Schüler die Wirklichkeit
133 śāstraiś_chāttras_tattvam_avagacchati
[śāstram = Lehrbuch (Instr.); chāttraḥ = Schüler; tattvam = Wirklichkeit (Sein, Wahrheit, Akk.); gam, ava-gacchati, 1. = verstehen (PrSg.)]

१३४ उद्यमेन हि कार्याणि सिध्यन्ति न मनोरथैः
134 Denn durch Anstrengung gelingen die Vorhaben, nicht durch Wunschträume
134 udyamena hi kāryāṇi sidhyanti, na mano-rathaiḥ
[udyamaḥ = Anstrengung (Instr.); hi, Konj. = denn; kāryam = Vorhaben; sidh, sidhyati, 4. = gelingen (PrPl.); na, Ind. = nicht; mano-rathaḥ = Wunschtraum (Instr., manas-rathaḥ, Komp.: »manas = Geist, Herz«, »rathaḥ = Wagen oder Freude«, umstrittene Etymologie, entweder: »Wagen des Geistes« wegen rathaḥ = Wagen, oder »Freude des Herzens«, rathaḥ = Freude, Wz. ram, ramate, weiteres siehe bei M. Mayrhofer, Etymologisches Wtb. des Altindischen)]

१३५ विनोदेन निद्रया च कालो गच्छति
135 Durch Vergnügen und Schlaf verstreicht die Zeit
135 vinodena nidrayā ca kālo gacchati
[vinodaḥ = Vergnügen, n. (Instr.); nidrā = Schlaf (Instr.); ca, Konj. = und; kālaḥ = Zeit; gam, gacchati, 1. = verstreichen (PrSg.)]

१३६ धनेन नराः सुखमिच्छन्ति
136 Durch Geld suchen die Menschen das Glück
136 dhanena narāḥ sukham_icchanti
[dhanam = Geld (Instr.); naraḥ = Mensch; sukham = Glück (Akk.); iṣ, icchati, 6. = suchen (streben nach + Akk., PrPl.)]

१३७ सदाचारेण मनुष्यः स्वास्थ्यं लभते
137 Wohlbefinden kommt vom Wohlverhalten (FÜ.)
137 sad-ācāreṇa manuṣyaḥ svāsthyaṃ labhate
[sad-ācāraḥ = Wohlverhalten (Instr., Komp., sat = gut, ācāraḥ = Anstand); manuṣyaḥ = Mensch; svāsthyam = Wohlbefinden (Akk.); labh, labhate, 1. = erlangen (PrSg.)]

१३८ विप्रयोगेण स्नेहो वर्धते
138 Die Liebe wächst mit die Trennung
138 viprayogeṇa sneho vardhate
[viprayogaḥ = Trennung (Instr.); snehaḥ = Liebe; vṛdh, vardhate, 1. = wachsen (PrSg.)]

१३९ आचारेण बालं निन्दथ
139 Wegen des Verhaltens tadelt ihr den Jungen
139 ācāreṇa bālaṃ nindatha
[ācāraḥ = Verhalten (Instr.); bālaḥ = Junge (Akk.); nind, nindati, 1. = tadeln (PrPl.)]

१४० भारेण दासः श्राम्यति
140 Der Sklave ermüdet unter der Last
140 bhāreṇa dāsaḥ śrāmyati
[bhāraḥ = Last (Instr.); dāsaḥ = Sklave; śram, śrāmyati, 4. = ermüden (PrSg.)]

2.3.4. »Wie? Auf welche Weise?«

१४१ स्वभावेन रामो वीरो भवति
141 Von Natur aus ist Rama ein Held
141 svabhāvena rāmo vīro bhavati
[svabhāvaḥ = Natur (Wesen, Charakter, Instr.); rāmaḥ, m. Eig. = Rama; vīraḥ = Held; bhū, bhavati, 1. = sein (+ Nom. + Nom., PrSg.)]

१४२ सुखेन नरो नृत्यति
142 Der Mann tanzt vor Freude
142 sukhena naro nṛtyati
[sukham = Freude (Instr.); naraḥ = Mann; nṛt, nṛtyati, 4. = tanzen (PrSg.)]

१४३ नदेन नाविकाः समुद्रं प्रविशन्ति
143 Auf dem Flußweg gelangen die Seeleute zum Meer
143 nadena nāvikāḥ samudraṃ praviśanti
[nadaḥ = Fluß (Instr. = auf dem Flußweg); nāvikaḥ = Seemann (Pl. = Seeleute); samudraḥ = Meer (Akk. = zum); viś, pra-viśati, 6. = gelangen (zum + Akk., PrPl.)]

2.3.5. »genug mit« (»alam, kṛtam«)

१४४ अलं विनोदेन
144 Genug des Zeitvertreibs!
144 alaṃ vinodena!
[alam, Interj. = genug! (+ Instr., Anm. 1: Interj. sind indeklinabel, Anm. 2: »alam/kṛtam« + Instr. = »genug mit/Schluß mit« treten syntaktisch an die Stelle von »mā + Imperativ«, vgl. die Übungssätze 1112 ff. mit den Übungssätzen 144 ff.); vinodaḥ = Vergnügen, n. (Instr.)]

१४५ अलं भयेन
145 Keine Angst! (WÜ.: Genug mit der Angst)
145 alaṃ bhayena!
[alam, Interj. = genug! (+ Instr.); bhayam = Angst (Instr.)]

१४६ अलं धनेन। अलं दुःखेन
146 Genug des Geldes! Genug des Leides!
146 alaṃ dhanena! alaṃ duḥkhena!
[alam, Interj. = genug! (+ Instr.); dhanam = Geld (Instr.); duḥkham = Leid (Instr.)]

१४७ कृतं संदेहेन
147 Genug des Zweifels!
147 kṛtaṃ saṃdehena!
[kṛtam, Interj. = genug! (+ Instr.); saṃdehaḥ = Zweifel (Instr.)]

१४८ कृतं कुतूहलेन
148 Sei nicht so neugierig! (WÜ.: Genug der Neugier!)
148 kṛtaṃ kutūhalena!
[kṛtam, Interj. = genug! (+ Instr.); kutūhalam = Neugier (Instr.)]

2.4. Mit Ablativ

2.4.1. »Aus welchem Grund? Woraus?«

१४९ क्रोधान्मोहः प्रभवति
149 Aus Zorn entsteht Verblendung
149 krodhān_mohaḥ prabhavati
[krodhaḥ = Zorn (krodhāt, Abl., Sa.: t + m = n + m); mohaḥ = Verblendung; bhū, pra-bhavati, 1. = entstehen (PrSg.)]

१५० लोभात् क्रोधः प्रवर्तते
150 Aus Gier entsteht Zorn
150 lobhāt krodhaḥ pravartate
[lobhaḥ = Gier (Abl.); krodhaḥ = Zorn; vṛt, pra-vartate, 1. = entstehen (PrSg.)]

१५१ भयाद्धृदयं वेपते
151 Vor Angst zittert das Herz
151 bhayād_dhṛdayaṃ vepate
[bhayam = Angst (Abl., Sa.: bhayāt + hṛdayam = bhayād_dhṛdayam. »dh« ist EIN Laut, also NICHT d + h); hṛdayam = Herz; vip, vepate, 1. = zittern (PrSg.)]

१५२ धनाद्दुःखमुद्भवति
152 Durch Reichtum entsteht Unglück
152 dhanād_duḥkham_udbhavati
[dhanam = Reichtum (Abl.); duḥkham = Unglück (Nom.); bhū, ud-bhavati, 1. = entstehen (PrSg.)]

१५३ ज्ञानाद्विनयो जायते
153 Wissen macht bescheiden (WÜ.: Aus Wissen entsteht Bescheidenheit)
153 jñānād_vinayo jāyate
[jñānam = Wissen, n. (Abl.); vinayaḥ = Bescheidenheit; jan, jāyate, 4. = entstehen (aus + Abl., PrSg.)]

१५४ उद्योगाद्द्रव्यं लभध्वे
154 Durch Fleiß erlangt ihr Güter (FÜ.)
154 udyogād_dravyaṃ labhadhve
[udyogaḥ = Fleiß (Abl.); dravyam = Gut, n. (Akk. Sg.); labh, labhate, 1. = erlangen (PrPl.)]

2.4.2. »Von woher?«

१५५ नगरात् क्षेत्रिक आगच्छति
155 Der Bauer kommt von der Stadt
155 nagarāt kṣetrika āgacchati
[nagaram = Stadt (Abl.); kṣetrikaḥ = Bauer (Nom.); gam, ā-gacchati, 1. = kommen (PrSg.)]

१५६ खरात् कापुरुषः पतति
156 Der Feigling fällt vom Esel
156 kharāt kāpuruṣaḥ patati
[kharaḥ = Esel (Abl.); kāpuruṣaḥ = Feigling (kā/ku = schlecht); pat, patati, 1. = fallen (PrSg.)]

१५७ प्रासादान्नृपो जनं पश्यति
157 Vom Palast aus sieht der König das Volk
157 prāsādān_nṛpo janaṃ paśyati
[prāsādaḥ = Palast (prāsādāt, Abl., Sa.: t + n = n + n); nṛpaḥ = König; janaḥ = Volk (Akk.); paś, paśyati, 4. = sehen (PrSg.)]

१५८ नगरं वनाद्योजनम्
158 Die Stadt ist eine Meile vom Wald entfernt
158 nagaraṃ vanād_yojanam
[nagaram = Stadt; vanam = Wald (Abl.); yojanam = Meile (Akk., wie weit? = Akk., erg. dūram, n. Nom. = entfernt)]

१५९ पल्वलेभ्यो वराहा उत्तिष्ठन्ति
159 Die Eber erheben sich von den Suhlen
159 palvalebhyo varāhā uttiṣṭhanti
[palvalam = Pfütze (Abl.); varāhaḥ = Eber; sthā, ut-tiṣṭhati, 1. = erheben (von + Abl., PrPl.)]

१६० मुम्बाया दूतो निवर्तते
160 Der Bote kommt von Bombay zurück
160 mumbāyā dūto nivartate
[mumbā, f. Eig. = Bombay (heute wieder Mumbai genannt, mumbāyāḥ, Abl.); dūtaḥ = Bote; vṛt, ni-vartate, 1. = zurückkehren (PrSg.)]

१६१ हिमालयाद्गङ्गा प्रभवति
161 Der Ganges entspringt im Himalaya
161 himālayād_gaṅgā prabhavati
[himālayaḥ, m. Eig. = Himalaya (Abl.); gaṅgā, f. Eig. = Ganges; bhū, pra-bhavati, 1. = entstehen (aus = entspringen in + Abl., PrSg.)]

१६२ द्वीपाद्द्वीपं सार्थो ऽटति
162 Die Karawane zieht von Kontinent zu Kontinent
162 dvīpād_dvīpaṃ sārtho 'ṭati
[dvīpaḥ = Kontinent (Abl., Akk.); sārthaḥ = Karawane; aṭ, aṭati, 1. = ziehen (von - zu, + Abl. + Akk., PrSg.)]

2.4.3. »beschützen vor«, »befreien von«

१६३ ईश्वरो नरान् दुःखाद्रक्षति
163 Gott beschützt die Menschen vor dem Leid
163 īśvaro narān duḥkhād_rakṣati
[īśvaraḥ = Gott; naraḥ = Mensch (Akk.); duḥkham = Leid (Abl.); rakṣ, rakṣati, 1. = beschützen (vor + Abl. + Akk., PrSg.)]

१६४ देवा जनान् पापान्मुञ्चन्ति
164 Die Götter befreien die Menschen vom Bösen
164 devā janān pāpān_muñcanti
[devaḥ = Gott; janaḥ = Mensch (Akk.); pāpam = Böse, n. (pāpāt, Abl., Sa.: t + m = n + m); muc, muñcati, 6. = befreien (von + Abl. + Akk., PrPl.)]

१६५ ईश्वरो मनुष्यान् दुःखात् तरति
165 Gott rettet die Menschen vor dem Unglück
165 īśvaro manuṣyān duḥkhāt tarati
[īśvaraḥ = Gott; manuṣyaḥ = Mensch (Akk.); duḥkham = Unglück (Abl.); tṝ, tarati, 1. = retten (vor + Abl. + Akk., PrSg.)]

2.5. Mit Lokativ

2.5.1. »Wo?«

१६६ ह्रदे हंसा दीव्यन्ति
166 Im Teich spielen die Schwäne
166 hrade haṃsā dīvyanti
[hradaḥ = Teich (Lok.); haṃsaḥ = Schwan (haṃsāḥ, Pl.); div, dīvyati, 4. = spielen (PrPl.)]

१६७ देशे वीरान् पूजयामः
167 Im Land verehren wir die Helden
167 deśe vīrān pūjayāmaḥ
[deśaḥ = Land (Lok.); vīraḥ = Held (Akk.); pūj, pūjayati, 10. = verehren (PrPl.)]

१६८ पात्रेषु कमलानि भवन्ति
168 In den Gefäßen sind Lotusblumen
168 pātreṣu kamalāni bhavanti
[pātram = Gefäß (Lok.); kamalam = Lotus (Pl. Lotusblumen); bhū, bhavati, 1. = sein (PrPl.)]

१६९ उद्याने जपा जिघ्रामि
169 Im Garten rieche ich die Rosen
169 udyāne japā jighrāmi
[udyānam = Garten (Lok.); japā = Rose (japāḥ, Akk. Pl.); ghrā, jighrati, 1. = riechen (PrSg.)]

१७० वने मित्रैरटामि
170 Mit den Freunden streife ich im Wald herum
170 vane mitrair_aṭāmi
[vanam = Wald (Lok.); mitram = Freund (Instr.); aṭ, aṭati, 1. = herumstreifen (PrSg.)]

१७१ गृहेषु धनानि गूहथ
171 In den Häusern versteckt ihr Reichtümer
171 gṛheṣu dhanāni gūhatha
[gṛham = Haus (Lok.); dhanam = Reichtum (Akk.); guh, gūhati, 1. = verstecken (PrPl.)]

१७२ गृहे रत्नान्यन्विष्यसि विन्दसि च
172 Du sucht und findest die Juwelen im Haus
172 gṛhe ratnāny_anviṣyasi vindasi ca
[gṛham = Haus (Lok.); ratnam = Juwel (Akk.); iṣ, anv-iṣyati, 4. = suchen (PrSg.); vid, vindati, 6. = finden (PrSg.); ca, Konj. = und]

१७३ क्षेत्रेषु जलं शुष्यति
173 Auf den Feldern vertrocknet das Wasser
173 kṣetreṣu jalaṃ śuṣyati
[kṣetram = Feld (Lok.); jalam = Wasser; śuṣ, śuṣyati, 4. = vertrocknen (PrSg.)]

१७४ अरण्ये वृकमीक्षामहे
174 Im Wald erblicken wir einen Wolf
174 araṇye vṛkam_īkṣāmahe

[araṇyam = Wald (Lok.); vṛkaḥ = Wolf (Akk.); īkṣ, īkṣate, 1. = sehen (PrPl.)]

१७५ कासारे कमलान्युद्भवन्ति
175 Im See entstehen die Lotusblumen
175 kāsāre kamalāny_udbhavanti
[kāsāraḥ = See (Lok.); kamalam = Lotus (Nom. Pl.); bhū, ud-bhavati, 1. = entstehen (PrPl.)]

१७६ केदारेषु कुसुमानि वर्तन्ते
176 Auf den Wiesen sind Blumen
176 kedāreṣu kusumāni vartante
[kedāraḥ = Wiese (Sumpfwiese, Lok.); kusumam = Blume; vṛt, vartate, 1. = sein (PrPl.)]

१७७ आकाशे विहगा डीयन्ते
177 Am Himmel fliegen die Vögel
177 ākāśe vihagā ḍīyante
[ākāśaḥ = Himmel (Lok.); vihagaḥ = Vogel (Nom. Pl.); ḍī, ḍīyate, 4. = fliegen (PrPl.)]

१७८ आसनेषूपविशामः
178 Wir lassen uns auf den Sitzen nieder (FÜ.: Wir setzen uns)
178 āsaneṣūpaviśāmaḥ
[āsanam = Sitz (āsaneṣu, Lok. Pl.); viś, upa-viśati, 6. = niederlassen (PrPl.)]

१७९ बाला नृत्यन्ति जनकश्च कटे सीदति
179 Die Kinder tanzen, und der Vater sitzt auf der Matte
179 bālā nṛtyanti janakaś_ca kaṭe sīdati
[bālaḥ = Kind; nṛt, nṛtyati, 4. = tanzen (PrPl.); janakaḥ = Vater; ca, Konj. = und; kaṭaḥ = Matte (Lok.); sad, sīdati, 1. = sitzen (PrSg.)]

2.5.2. »Wohin?«

१८० घटस्तले पतति
180 Der Topf fällt auf den Boden
180 ghaṭas_tale patati
[ghaṭaḥ = Topf; talam = Boden (Lok.); pat, patati, 1. = fallen (auf + Lok., PrSg.)]

१८१ म्लेच्छः कुन्तमार्ये ऽस्यति
181 Der Barbar schleudert den Speer auf den Arier
181 mlecchaḥ kuntam_ārye 'syati
[mlecchaḥ = Barbar; kuntaḥ = Speer (Akk.); āryaḥ = Arier (Lok.) ;as, asyati, 4. = werfen (+ Akk. + Lok., PrSg.)]

2.5.3. »Wobei?«, »Worüber?«, »In bezug worauf?«

१८२ छिद्रेष्वनर्था बहुलीभवन्ति
182 Ein Unglück kommt selten allein (FÜ.)
182 chidreṣv_anarthā bahulī-bhavanti
[chidram = Schaden, m. (Lok. Pl., konkret: Loch, Riß); anarthaḥ = Schaden, m. (Nom. Pl.); bhū, bahulī-bhavati, 1. = vervielfachen (PrPl., bahula = zahlreich + bhū = sein, Komp., Anm.: Adjektive, die dem Verb bhū als Komp. vorangestellt werden, erhalten den Bindevokal »ī«)]

१८३ व्याकरणे विवदामहे
183 Wir streiten uns über die Grammatik
183 vyākaraṇe vivadāmahe
[vyākaraṇam = Grammatik (Lok.); vad, vi-vadate, 1. = streiten (über + Lok., PrPl.)]

१८४ विद्या मित्रं प्रवासे
184 Das Wissen ist der Freund auf der Reise
184 vidyā mitraṃ pravāse
[vidyā = Wissen, n.; mitram = Freund; pravāsaḥ = Reise (Lok. = in bezug auf)]

2.5.4. »Wann?«

१८५ वसन्ते पुष्पाणि स्फोटन्ति
185 Im Frühling sprießen die Blumen
185 vasante puṣpāṇi sphoṭanti
[vasantaḥ = Frühling (Lok.); puṣpam = Blume; sphuṭ, sphoṭati, 1. = sprießen (PrPl.)]

१८६ ग्रीष्मे सीदाम उद्याने हेमन्ते तिष्ठामो गृहे
186 Im Sommer sitzen wir im Garten, im Winter sind wir im Haus
186 grīṣme sīdāma udyāne, hemante tiṣṭhāmo gṛhe
[grīṣmaḥ = Sommer (Lok.); sad, sīdati, 1. = sitzen (sīdāmaḥ, PrPl.); udyānam = Garten (Lok.); hemantaḥ = Winter (Lok.); sthā, tiṣṭhati, 1. = sein (aufhalten, PrPl.); gṛham = Haus (Lok.)]

2.6. Mit Genitiv

१८७ पद्मस्य पत्त्रेषु जलं न सजति
187 An den Blättern des Lotus haftet kein Wasser
187 padmasya pattreṣu jalaṃ na sajati
[padmam = Lotus (Gen.); pattram = Blatt (Lok.); jalam = Wasser; na, Ind. = kein (na + Subst. = das Wasser haftet nicht = kein Wasser haftet); saj, sajati, 1. = haften (an + Lok., PrSg.)]

१८८ चन्द्रस्यालोके पद्मं न विकसति
188 Im Schein des Mondes öffnet sich nicht der Lotus
188 candrasyāloke padmaṃ na vikasati
[candraḥ = Mond (candrasya, Gen.); ālokaḥ = Lichtschein (Lok.); padmam = Lotus (Taglotus-Blume); na, Ind. = nicht; kas, vi-kasati, 1. = aufblühen (sich öffnen, PrSg.)]

१८९ भृत्यस्योद्यमं श्लाघे
189 Ich lobe die Anstrengung des Dieners
189 bhṛtyasyodyamaṃ ślāghe
[bhṛtyaḥ = Diener (Gen.); udyamaḥ = Anstrengung (Fleiß, Akk.); ślāgh, ślāghate, 1. = loben (PrSg.)]

१९० मित्राणामभ्युदये नरा मोदन्ते
190 Über den Erfolg der Freunde freuen sich die Menschen
190 mitrāṇām_abhyudaye narā modante
[mitram = Freund (Gen.); abhyudayaḥ = Erfolg (Lok., Wz. abhi-ut-i = aufgehen); naraḥ = Mensch; mud, modate, 1. = freuen (sich freuen über + Lok., PrPl.)]

१९१ प्रियः प्रियाया मुखं चुम्बति
191 Der Geliebte küßt den Mund der Geliebten
191 priyaḥ priyāyā mukhaṃ cumbati
[priyaḥ = Geliebter; priyā = Geliebte (priyāyāḥ, m. Gen.); mukham = Mund (oder Gesicht, Akk.); cumb, cumbati, 1. = küssen (PrSg.)]

१९२ मूर्खाणां वैयात्यं न सहामहे
192 Wir ertragen nicht die Unverschämtheit der Toren

192 mūrkhāṇāṃ vaiyātyaṃ na sahāmahe
[mūrkhaḥ = Tor (Gen.); vaiyātyam = Unverschämtheit (Akk., Wz. vi-yā = ab-gehen, d.h. vom rechten Weg, Partizip: vi-yā-ta, Abstraktum: vai-yā-tyam mit Vriddhi des Anfangsvokals); na, Ind. = nicht; sah, sahate, 1. = ertragen (PrPl.)]

१९३ म्लेच्छा आर्याणां भाषां नावगच्छन्ति
193 Die Barbaren verstehen nicht die Sprache der Arier
193 mlecchā āryāṇāṃ bhāṣāṃ nāvagacchanti
[mlecchaḥ = Barbar (mlecchāḥ, Pl.); āryaḥ = Arier (Gen.); bhāṣā = Sprache (Akk.); na, Ind. = nicht; gam, ava-gacchati, 1. = verstehen (PrPl.)]

१९४ भृत्यानामपराधान् क्षमामहे
194 Wir verzeihen die Vergehen der Untergebenen
194 bhṛtyānām_aparādhān kṣamāmahe
[bhṛtyaḥ = Untergebene (Gen.); aparādhaḥ = Vergehen, n. (Akk.); kṣam, kṣamate 1. = verzeihen (dulden + Akk., PrPl.)]

१९५ उपवनस्य शोभामीक्षामहे
195 Wir nehmen die Schönheit des Wäldchens wahr
195 upavanasya śobhām_īkṣāmahe
[upavanam = Wäldchen (Hain, Gen.); śobhā = Schönheit (Akk.); īkṣ, īkṣate, 1. = wahrnehmen (PrPl.)]

१९६ ललनाः प्रासादस्य तलमारोहन्ति
196 Die Tändlerinnen besteigen die Terrasse des Palastes
196 lalanāḥ prāsādasya talam_ārohanti
[lalanā = Tändlerin (Gespielin); prāsādaḥ = Palast (Gen.); talam = Terrasse (Akk.); ruh, ā-rohati, 1. = besteigen (PrPl.)]

१९७ चित्तस्य व्यथया स्निग्धो मुह्यति
197 Durch Seelenpein wird der Geliebte ohnmächtig
197 cittasya vyathayā snigdho muhyati
[cittam = Seele (Gen.); vyathā = Pein (Instr., Wz. vyath = zittern, nicht etwa vi-ath); snigdhaḥ = Geliebter; muh, muhyati, 4. = ohnmächtig werden (PrSg., Aktiv)]

१९८ वृक्षाणां छायासु गायकः शिलायामुपविशति
198 Unter den Schatten der Bäume setzt sich der Sänger auf einen Stein
198 vṛkṣāṇāṃ chāyāsu gāyakaḥ śilāyām_upaviśati
[vṛkṣaḥ = Baum (Gen.); chāyā = Schatten (Lok.); gāyakaḥ = Sänger; śilā = Stein (Lok.); viś, upa-viśati, 6. = setzen (auf + Lok., PrSg.)]

१९९ सौनिको जायाया विनयं शंसति
199 Der Metzger preist die Bescheidenheit der Ehefrau
199 sauniko jāyāyā vinayaṃ śaṃsati
[saunikaḥ = Metzger; jāyā = Ehefrau (jāyāyāḥ, Gen.); vinayaḥ = Bescheidenheit (Akk.); śaṃs, śaṃsati, 1. = preisen (PrSg.)]

२०० जरायामपि मनुष्याणां तृष्णा न शाम्यति
200 Auch im Alter beruhigt sich nicht der Lebensdurst der Menschen
200 jarāyām_api manuṣyāṇāṃ tṛṣṇā na śāmyati
[jarā = Alter, n. (Lok.); api, Ind. = auch (das hervorhebende »api« wird immer nachgestellt); manuṣyaḥ = Mensch (Gen.); tṛṣṇā = Lebensdurst (etymologisch verwandt mit Pali »taṇhā«, dem Schlüsselbegriff im Buddhismus); na, Ind. = nicht; śam, śāmyati, 4. = beruhigen (PrSg.)]

२०१ पर्वतस्य कैलासस्य शिखरे शिवो वसति
201 Shiva wohnt auf dem Gipfel des Berges Kailas
201 parvatasya kailāsasya śikhare śivo vasati
[parvataḥ = Berg (Gen. als App.); kailāsaḥ, m. Eig. = Kailas (Gen., Berg im Himalaya); śikharaḥ = Gipfel (Lok.); śivaḥ, m. Eig. = Shiva; vas, vasati, 1. = wohnen (PrSg.)]

२०२ देवस्य प्रसादेन जीवामः । पुण्येन देवं पश्यामः
202 Wir leben durch Gottes Gnaden. Durch Verdienst schauen wir Gott
202 devasya prasādena jīvāmaḥ. puṇyena devaṃ paśyāmaḥ
[devaḥ = Gott (Gen., Akk.); prasādaḥ = Gnade (Instr.); jīv, jīvati, 1. = leben (PrPl.); puṇyam = Verdienst (Tugend, Instr.); paś, paśyati, 4. = sehen (PrPl.)]

2.6.1. Definitionssätze

२०३ चन्द्रो निशायाः सहचरः
203 Der Mond ist der Gefährte der Nacht
203 candro niśāyāḥ sahacaraḥ
[candraḥ = Mond; niśā = Nacht (Gen. + Nom. + Nom. = »Der Nacht Gefährte ist der Mond«); sahacaraḥ = Gefährte]

२०४ नृपो नराणां पालकः
204 Der König ist der Beschützer der Menschen
204 nṛpo narāṇāṃ pālakaḥ
[nṛpaḥ = König (nṛ = naraḥ, pa = pālakaḥ); naraḥ = Mensch (Gen. + Nom. + Nom.); pālakaḥ = Beschützer]

२०५ लोभः पापस्य कारणम्
205 Die Gier ist die Ursache des Bösen
205 lobhaḥ pāpasya kāraṇam
[lobhaḥ = Gier; pāpam = Böse, n. (Gen. + Nom. + Nom.); kāraṇam = Ursache]

२०६ शीलं नरस्य भूषणम्
206 Der Charakter ist die Zierde des Menschen
206 śīlaṃ narasya bhūṣaṇam
[śīlam = Charakter; naraḥ = Mensch (Gen. + Nom. + Nom.); bhūṣaṇam = Zierde]

2.6.2. Kompositum-Ersatz

२०७ ललना लतानां मण्डपं प्रविशन्ति
207 Die Tändlerinnen betreten die Laube der Lianen (= die Lianenlaube)
207 lalanā latānāṃ maṇḍapaṃ praviśanti
[lalanā = Tändlerin (Nom. Pl.); latā = Liane (Gen.); maṇḍapaḥ = Laube (Pavillon, Akk.); viś, pra-viśati, 6. = betreten (PrPl.)]

२०८ उष्ट्राणां यूथं चरति
208 Die Herde der Kamele (= die Kamelherde = die Karawane) zieht weiter
208 uṣṭrāṇāṃ yūthaṃ carati
[uṣṭraḥ = Kamel (Gen.); yūtham = Herde; car, carati, 1. = weiterziehen (PrSg.)]

२०९ मेघानां रेखाकाशं भूषयति
209 Das Wolkenband (= Band der Wolken) schmückt den Himmel
209 meghānāṃ rekhākāśaṃ bhūṣayati
[meghaḥ = Wolke (Gen. Pl.); rekhā = Linie (Nom., megha-rekhā, Komp. = Wolkenband); ākāśaḥ = Himmel (Akk.); bhūṣ, bhūṣayati, 10. = schmücken (PrSg.)]

2.6.3. Genitivus objectivus

२१० पाठशालानां प्रतिष्ठापनेन जनेषु ज्ञानं वर्धते
210 Durch Gründung von Schulen wächst das Wissen unter den Menschen
210 pāṭha-śālānāṃ pratiṣṭhāpanena janeṣu jñānaṃ vardhate
[pāṭha-śālā = Schule (Gen., »Lese-Saal«, Komp.); pratiṣṭhāpanam = Gründung (Instr.); janaḥ = Mensch (Lok.: unter, betreffs); jñānam = Wissen, n.; vṛdh, vardhate, 1. = wachsen (PrSg.)]

२११ देवानामर्चनमारभे
211 Ich beginne mit der Verehrung der Götter
211 devānām_arcanam_ārabhe
[devaḥ = Gott (Gen.); arcanam = Verehrung (Gottesdienst, Akk.); rabh, ā-rabhate, 1. = beginnen (PrSg.)]

२१२ देवतानां पूजया नराणां कामाः फलन्ति
212 Durch die Verehrung der Götter erfüllen sich die Wünsche der Menschen
212 devatānāṃ pūjayā narāṇāṃ kāmāḥ phalanti
[devatā = Gottheit (Gen.); pūjā = Verehrung (Instr.); naraḥ = Mensch (Gen.); kāmaḥ = Wunsch; phal, phalati, 1. = reifen (Früchte tragen, sich erfüllen, PrPl.)]

२१३ देवस्य पूजाया हितमुद्भवति
213 Aus der Verehrung Gottes erwächst Glück
213 devasya pūjāyā hitam_udbhavati
[devaḥ = Gott (Gen.); pūjā = Verehrung (pūjāyāḥ, Abl.); hitam = Glück (Wohl); bhū, ud-bhavati, 1. = entstehen (PrSg.)]

२१४ ईश्वरस्य ध्याने रमे
214 Ich finde Genügen an religiöser Meditation (FÜ.)
214 īśvarasya dhyāne rame
[īśvaraḥ = Gott (Gen.); dhyānam = Meditation (Lok.); ram, ramate, 1. = freuen (sich freuen über oder Genügen finden an + Lok., PrSg.)]

२१५ शास्त्राणां विनोदेन कालो गच्छति
215 Durch Beschäftigung mit Lehrbüchern verstreicht die Zeit
215 śāstrāṇāṃ vinodena kālo gacchati
[śāstram = Lehrbuch (Gen.); vinodaḥ = Beschäftigung (Zeitvertreib, Instr.); kālaḥ = Zeit; gam, gacchati, 1. = verstreichen (vergehen, PrSg.)]

2.6.4. Genitiv statt Dativ

२१६ रजकस्य वस्त्रं यच्छामि । रजकस्य वस्त्रं सौनिकाय यच्छामि
216 Ich gebe dem Wäscher das Kleid. Ich gebe dem Metzger das Kleid des Wäschers
216 rajakasya vastraṃ yacchāmi. rajakasya vastraṃ saunikāya yacchāmi
[rajakaḥ = Wäscher (Gen. statt Dativ, daher mehrdeutig); vastram = Kleid (Akk.); yam, yacchati, 1. = geben (+ Dat. + Akk., selten + Gen. + Akk., PrSg.); saunikaḥ = Metzger (Dat.)]

२१७ नापितस्य क्षुरिकां प्रयच्छामि
217 Ich reiche dem Barbier das Messer (oder Ich reiche das Rasiermesser)
217 nāpitasya kṣurikāṃ prayacchāmi
[nāpitaḥ = Barbier (Gen. statt Dativ, daher mehrdeutig); kṣurikā = Messer (Akk.); yam, pra-yacchati, 1. = reichen (+ Gen., PrSg.)]

२१८ आचार्यः शिष्याणां धर्मं कथयति
218 Der Lehrer schildert den Schülern das Gesetz (oder schildert das Schulgesetz)

218 ācāryaḥ śiṣyāṇāṃ dharmaṃ kathayati
[ācāryaḥ = Lehrer; śiṣyaḥ = Schüler (Gen. statt Dativ, daher mehrdeutig); dharmaḥ = Gesetz (Akk.); kath, kathayati, 10. = schildern (+ Gen., PrSg.)]

2.7. Mit Dativ

2.7.1. Dativ ohne Akkusativ

२१९ नृपाय स्वस्ति
219 Heil dem König!
219 nṛpāya svasti!
[nṛpaḥ = König (Dat.); svasti, Interj. = Heil! (+ Dat., Ind. aus »su = gut« + »asti = ist«)]

२२० विनयः सुखाय भवति
220 Bescheidenheit gereicht zum Glück
220 vinayaḥ sukhāya bhavati
[vinayaḥ = Bescheidenheit; sukham = Glück (Dat.); bhū, bhavati, 1. = gereichen (+ Dat., PrSg.)]

२२१ जनकः पुत्राय कुप्यति
221 Der Vater zürnt dem Sohn
221 janakaḥ putrāya kupyati
[janakaḥ = Vater; putraḥ = Sohn (Dat.); kup, kupyati, 4. = zürnen (+ Dat., PrSg.)]

२२२ स्तेनो रत्नेभ्यो लुभ्यति
222 Der Dieb begehrt Juwelen
222 steno ratnebhyo lubhyati
[stenaḥ = Dieb; ratnam = Juwel (Dat.); lubh, lubhyati, 4. = begehren (+ Dat., PrSg.)]

२२३ बाला मोदकेभ्यः स्पृहयन्ति
223 Kinder verlangen nach Süßigkeiten
223 bālā modakebhyaḥ spṛhayanti
[bālaḥ = Kind; modakaḥ = Süßigkeit (Bonbon, Dat. Pl.); spṛh, spṛhayati, 10. = verlangen (nach + Dat., PrPl.)]

२२४ न राज्याय स्पृहये
224 Ich begehre für mich kein Königreich
224 na rājyāya spṛhaye
[na, Ind. = nicht; rājyam = Königreich (Dat.); spṛh, spṛhayate, 10. = begehren (+ Dat., PrSg., Atm. = für mich, normalerweise jedoch Par.)]

२२५ मनोरथाय नाशंसे
225 Ich erwarte keinen Wunschtraum (FÜ.: Ich mache mir keine Illusionen)
225 mano-rathāya nāśaṃse
[mano-rathaḥ = Wunschtraum (Dat., manas + rathaḥ, Komp.); na, Ind. = nicht; śaṃs, ā-śaṃsate, 1. = erwarten (hoffen auf + Dat., PrSg.)]

२२६ बुधो मोक्षमिच्छति च मोक्षाय यतते च मोक्षं विन्दति च
226 Der Weise wünscht, erstrebt und findet die Erlösung
226 budho mokṣam_icchati ca mokṣāya yatate ca mokṣaṃ vindati ca
[budhaḥ = Weise; mokṣaḥ = Erlösung (Akk., Dat., Akk.); iṣ, icchati, 6. = wünschen (+ Akk., PrSg.); ca, Konj. = und; yat, yatate, 1. = streben (nach + Dat, PrSg.); vid, vindati, 6. = finden (+ Akk., PrSg.)]

2.7.2. Dativ mit Akkusativ

२२७ रामः सीतायै निष्कान् धारयति
227 Rama schuldet Sita Geld
227 rāmaḥ sītāyai niṣkān dhārayati
[rāmaḥ, m. Eig. = Rama; sītā, f. Eig. = Sita (Dat.); niṣkaḥ = Münze (Akk.); dhṛ, dhārayati, 10. = schulden (+ Dat. + Akk., PrSg., schulden = verdanken = wörtlich: für jemanden »tragen«)]

२२८ रमणाः कन्याभ्यो मौक्तिकानां मालाः प्रयच्छन्ति
228 Die Buhlen reichen den Mädchen Halsketten aus Perlen
228 ramaṇāḥ kanyābhyo mauktikānāṃ mālāḥ prayacchanti
[ramaṇaḥ = Buhle; kanyā = Mädchen (Dat.); mauktikam = Perle (Gen.); mālā = Halskette (Akk.); yam, pra-yacchati, 1. = reichen (+ Dat. + Akk., PrPl.)]

२२९ तिलेभ्यो माषान् प्रतियच्छति
229 Für Sesamkörner tauscht er Bohnen ein
229 tilebhyo māṣān pratiyacchati
[tilaḥ = Sesam (Sesamkorn und -pflanze, Dat., Anm.: Das »sesamgroße« Farbzeichen auf der Stirn indischer Frauen heißt tilakaḥ oder tilakam, Hindi: tilak); māṣaḥ = Bohne (als Gewicht oder Geld, Akk.); yam, prati-yacchati, 1. = tauschen (aufwiegen + Dat. + Akk., PrSg.)]

2.7.3. »Zu welchem Zweck?«

२३० देवानामाराधनाय गानमारभामहे
230 Zur Huldigung der Götter beginnen wir ein Lied
230 devānām_ārādhanāya gānam_ārabhāmahe
[devaḥ = Gott (Gen.); ārādhanam = Besänftigung (Huldigung, Dat.); gānam = Lied (Akk.); rabh, ā-rabhate, 1. = beginnen (PrPl., Der Zweck-Dativ vertritt syntaktisch den Infinitivsatz, z.B. »Ich beginne zu singen« = »ārabhe gātum, Inf.«, vgl. die Infinitiv-Übungssätze 1528 ff.)]

२३१ क्रीडायै शालां प्रविशामः
231 Zum Spielen betreten wir das Zimmer
231 krīḍāyai śālāṃ praviśāmaḥ
[krīḍā = Spiel (Dat. = um zu spielen); śālā = Zimmer (Akk.); viś, pra-viśati, 6. = betreten (gehen in + Akk., PrPl.)]

२३२ देशाय वीरः कुलं त्यजति
232 Um des Landes willen verläßt der Held die Familie
232 deśāya vīraḥ kulaṃ tyajati
[deśaḥ = Land (Dat. = für das Land); vīraḥ = Held; kulam = Familie (Akk.); tyaj, tyajati, 1. = verlassen (PrSg.)]

२३३ क्षत्रिया युद्धाय गच्छन्ति
233 Die Krieger gehen in den Kampf
233 kṣatriyā yuddhāya gacchanti
[kṣatriyaḥ = Krieger; yuddham = Kampf (Dat. = um der Schlacht willen); gam, gacchati, 1. = gehen (PrPl.)]

२३४ अन्नाय गृहं प्रतिनिवर्ते
234 Zum Essen kehre ich nach Hause zurück
234 annāya gṛhaṃ pratinivarte
[annam = Essen, n. (Dat. = um des Essens willen); gṛham = Haus (Akk. = nach Hause); vṛt, prati-ni-vartate, 1. = zurückkehren (+ Akk., PrSg.)]

२३५ इन्धनाय क्षेत्रिका वृक्षान् कृन्तन्ति
235 Wegen des Brennholzes schneiden die Bauern die Bäume
235 indhanāya kṣetrikā vṛkṣān kṛntanti
[indhanam = Brennholz (Dat.); kṣetrikaḥ = Bauer (Feldmann); vṛkṣaḥ = Baum (Akk.); kṛt, kṛntati, 6. = schneiden (PrPl.)]

२३६ कल्याणाय शिवं भजध्वे
236 Ihr betet Shiva an, um Glück zu erlangen (FÜ.)
236 kalyāṇāya śivaṃ bhajadhve
[kalyāṇam = Glück (Dat. = um des Glückes willen); śivaḥ, m. Eig. = Shiva (Akk.); bhaj, bhajate, 1. = anbeten (PrPl.)]

२३७ फलेभ्य उद्यानं गच्छामि
237 Ich gehe wegen der Früchte in den Garten
237 phalebhya udyānaṃ gacchāmi
[phalam = Frucht (phalebhyaḥ, Dat. = um der Früchte willen); udyānam = Garten (Akk.); gam, gacchati, 1. = gehen (in + Akk., PrSg.)]

2.7.4. Dativ statt Akkusativ

२३८ दासो ग्रामाय प्रतिनिवर्तते
238 Der Sklave kehrt ins Dorf zurück
238 dāso grāmāya pratinivartate
[dāsaḥ = Sklave; grāmaḥ = Dorf (Dat. = »um des Dorfes willen«, selten »ins Dorf«, dafür sonst Akk.); vṛt, prati-ni-vartate, 1. = zurückkehren (PrSg.)]

2.7.5. »jemandem gefallen«

२३९ युद्धं योधाय रोचते
239 Der Kampf gefällt dem Soldaten
239 yuddhaṃ yodhāya rocate
[yuddham = Kampf (Nom.); yodhaḥ = Soldat (Dat.); ruc, rocate, 1. = gefallen (+ Nom. + Dat., PrSg.)]

२४० प्रवासः पथिकेभ्यो रोचते
240 Die Reise gefällt den Wanderern
240 pravāsaḥ pathikebhyo rocate
[pravāsaḥ = Reise (Nom.); pathikaḥ = Wanderer (Dat.); ruc, rocate, 1. = gefallen (+ Nom. + Dat., PrSg.)]

२४१ मोदका बालकाय रोचन्ते
241 Die Bonbons gefallen dem Jungen
241 modakā bālakāya rocante
[modakaḥ = Bonbon (Nom.); bālakaḥ = Junge (Dat.); ruc, rocate, 1. = gefallen (+ Nom. + Dat., PrPl.)]

२४२ पूजा शिवाय रोचते
242 Die Verehrung gefällt Shiva
242 pūjā śivāya rocate
[pūjā = Verehrung (Nom.); śivaḥ, m. Eig. = Shiva (Gott, Dat.); ruc, rocate, 1. = gefallen (+ Nom. + Dat., PrSg.)]

2.8. Dualformen

2.8.1. Nur Substantiv im Dual

२४३ लोभो धनं च सहजे
243 Gier und Reichtum sind Zwillinge
243 lobho dhanaṃ ca sahaje
[lobhaḥ = Gier (m.); dhanam = Reichtum (n.); ca, Konj. = und; sahajaḥ = Zwilling (n. Nom. Du., Kongruenz: m. + n. = n., Kongruenz: m. + f. = m., z.B. rāmaḥ sītā ca dvijau = Rama, m., und Sita, f., sind Zweitgeborene, m. Nom. Dual. Die Kongruenz-Regel lautet damit wie folgt: »n. geht m. vor, m. geht f. vor, n. geht m. und f. vor«)]

२४४ फले भक्षयामि
244 Ich esse zwei Früchte
244 phale bhakṣayāmi
[phalam = Frucht (Akk. Du.); bhakṣ, bhakṣayati, 10. = essen (PrSg.)]

२४५ करौ प्रक्षालयामः
245 Wir waschen die Hände
245 karau prakṣālayāmaḥ
[karaḥ = Hand (Akk. Du., Anm.: Es werden mindestens zwei Paar Hände gewaschen, aber ein Dual hat keinen Plural. Wenn der Paar-Begriff im Vordergrund steht, was bei Händen, Füßen, Augen, Ohren meistens der Fall ist, dann darf bei einem Satz wie dem vorliegenden der Dual nicht durch den Plural ersetzt werden); kṣal, pra-kṣālayati, 10. = waschen (PrPl.)]

२४६ तीर्थे करौ मुखं च क्षालयामि
246 Am Badeplatz wasche ich Hände und Gesicht
246 tīrthe karau mukhaṃ ca kṣālayāmi
[tīrtham = Badeplatz (Furt, Lok.); karaḥ = Hand (Akk. Du.); mukham = Gesicht (Akk.); ca, Konj. = und; kṣal, kṣālayati, 10. = waschen (PrSg.)]

२४७ हस्ताभ्यां बालका मुखं गूहन्ति
247 Die Jungen verbergen das Gesicht mit den Händen
247 hastābhyāṃ bālakā mukhaṃ gūhanti
[hastaḥ = Hand (Instr. Du.); bālakaḥ = Junge (Nom. Pl.); mukham = Gesicht (Akk.); guh, gūhati, 1. = verstecken (PrPl.)]

२४८ पादाभ्यां बलाका धावन्ति
248 Die Kraniche laufen mit den Beinen
248 pādābhyāṃ balākā dhāvanti
[pādaḥ = Bein (Instr. Du. = mit den Beinen); balākaḥ = Kranich (Nom. Pl.); dhāv, dhāvati, 1. = laufen (PrPl.)]

२४९ हस्ताभ्यां कुन्तान् क्षिपामः
249 Wir werfen die Speere mit beiden Händen
249 hastābhyāṃ kuntān kṣipāmaḥ
[hastaḥ = Hand (Instr. Du.); kuntaḥ = Speer (Akk.); kṣip, kṣipati, 6. = werfen (+ Instr. + Akk., PrPl.)]

२५० अलंकारैः कर्णौ भूषयसि
250 Du schmückst die Ohren mit Schmuckstücken
250 alaṃ-kāraiḥ karṇau bhūṣayasi
[alaṃ-kāraḥ = Schmuck (Instr., Komp.: »alam = genug«); karṇaḥ = Ohr (Akk. Du.); bhūṣ, bhūṣayati, 10. = schmücken (+ Instr. + Akk., PrSg.)]

२५१ चक्राभ्यां रथश्चलति
251 Der Wagen bewegt sich auf zwei Rädern vorwärts
251 cakrābhyāṃ rathaś_calati
[cakram = Rad (Instr. Du.); rathaḥ = Wagen (Nom.); cal, calati, 1. = fortbewegen (PrSg.)]

2.8.2. Nur Verb im Dual

२५२ नृत्यथो गायथश्च
252 Ihr beide tanzt und singt
252 nṛtyatho gāyathaś_ca
[nṛt, nṛtyati, 4. = tanzen (nṛtyathaḥ, PrDu., Sa. wie üblich); gai, gāyati, 1. = singen (PrDu.); ca, Konj. = und]

२५३ प्लवेथे अवगाहेथे च
253 Ihr beide schwimmt und taucht ein
253 plavethe avagāhethe ca
[plu, plavate, 1. = schwimmen (PrDu., kein Sa. nach Du.-Endung auf »e«); gāh, ava-gāhate, 1. = eintauchen (PrDu.); ca, Konj. = und]

२५४ हर्म्यं त्यजावः
254 Wir zwei verlassen die Burg
254 harmyaṃ tyajāvaḥ
[harmyam = Burg (Akk.); tyaj, tyajati, 1. = verlassen (PrDu.)]

२५५ अजां ग्रामं वहावः
255 Wir beide treiben die Ziege ins Dorf
255 ajāṃ grāmaṃ vahāvaḥ
[ajā = Ziege (Akk.); grāmaḥ = Dorf (Akk. = in das Dorf); vah, vahati, 1. = treiben (wohin? = Akk., PrDu.)]

२५६ खनित्रेणावटं खनथः
256 Mit der Schaufel grabt ihr beide eine Grube
256 khanitreṇāvaṭaṃ khanathaḥ
[khanitram = Schaufel (khanitreṇa, Instr.); avaṭaḥ = Grube (Akk.); khan, khanati, 1. = graben (PrDu.)]

२५७ तैलेन शरीरं लिम्पथः
257 Ihr zwei reibt den Körper mit Öl ein
257 tailena śarīraṃ limpathaḥ
[tailam = Öl (Instr.); śarīram = Körper (Akk.); lip, limpati, 6. = einreiben (salben, PrDu.)]

२५८ गायकात् संगीतं शिक्षावहे
258 Von dem Sänger lernen wir beide den Gesang
258 gāyakāt saṃgītaṃ śikṣāvahe
[gāyakaḥ = Sänger (Abl.); saṃgītam = Gesang (Chorgesang, Akk.); śikṣ, śikṣate, 1. = lernen (+ Abl. + Akk., PrDu.)]

२५९ क्षीरेण देवं यजतः
259 Die beiden opfern dem Gott mit Milch (= bringen dem Gott ein Milchopfer dar)
259 kṣīreṇa devaṃ yajataḥ
[kṣīram = Milch (Instr.); devaḥ = Gott (Akk.); yaj, yajati, 1. = opfern (+ Instr. + Akk., PrDu.)]

२६० रथ्यया ग्रामं गच्छावः। मार्गेण ह्रदं धावथः
260 Wir beide gehen auf der Straße zum Dorf. Ihr beide lauft auf dem Weg zum Teich

260 rathyayā grāmaṃ gacchāvaḥ. mārgeṇa hradaṃ dhāvathaḥ
[rathyā = Straße (Instr. = auf der Straße); grāmaḥ = Dorf (Akk.); gam, gacchati, 1. = gehen (zum + Akk., PrDu.); mārgaḥ = Weg, m. (Instr. = auf dem Weg); hradaḥ = Teich (Akk.); dhāv, dhāvati, 1. = laufen (zum + Akk., PrDu.)]

2.8.3. Substantiv und Verb im Dual

२६१ बर्बरौ शूद्रौ भवतः
261 Die zwei Barbaren werden zu Dienern
261 barbarau śūdrau bhavataḥ
[barbaraḥ = Barbar (Nom. Du.); śūdraḥ = Diener (Nom. Du.); bhū, bhavati, 1. = werden (+ Nom. + Nom., PrDu.)]

२६२ मित्रे अङ्गारानानयतः
262 Die beiden Freunde holen die Kohlen
262 mitre aṅgārān_ānayataḥ
[mitram = Freund (Du., kein Sa. nach Du.-Endung auf »e«); aṅgāraḥ = Kohle (Holzkohle, Akk. Pl.); nī, ā-nayati, 1. = holen (PrDu.)]

२६३ ब्राह्मणौ टीकां पठतः
263 Die zwei Brahmanen lesen einen Kommentar
263 brāhmaṇau ṭīkāṃ paṭhataḥ
[brāhmaṇaḥ = Brahmane (Du.); ṭīkā = Kommentar (Akk.); paṭh, paṭhati, 1. = lesen (PrDu.)]

२६४ मूषिके बिलं पश्यतः
264 Die zwei Mäuse sehen das Loch
264 mūṣike bilaṃ paśyataḥ
[mūṣikā = Maus (weibliche, Nom. Du.); bilam = Loch (Akk.); paś, paśyati, 4. = sehen (PrDu.)]

२६५ सुते जनकं सान्त्वयतः
265 Die beiden Töchter beruhigen den Vater
265 sute janakaṃ sāntvayataḥ
[sutā = Tochter (Du.); janakaḥ = Vater (Akk.); sāntv, sāntvayati, 10. = besänftigen (PrDu.)]

२६६ स्तेनौ मुद्रा हरतः
266 Die zwei Diebe rauben die Münzen
266 stenau mudrā harataḥ
[stenaḥ = Dieb (Du.); mudrā = Münze (mudrāḥ, Akk. Pl.); hṛ, harati, 1. = rauben (PrDu.)]

२६७ हंसौ ह्रदं विशतः
267 Die zwei Schwäne dringen in den Teich ein
267 haṃsau hradaṃ viśataḥ
[haṃsaḥ = Schwan (Du.); hradaḥ = Teich (Akk.); viś, viśati, 6. = eindringen (+ Akk., PrDu.)]

२६८ बालिके कुसुमानि मृगयेते
268 Die beiden Mädchen suchen Blumen
268 bālike kusumāni mṛgayete
[bālikā = Mädchen (Nom. Du.); kusumam = Blume (Akk.); mṛg, mṛgayate, 10. = suchen (PrDu.)]

२६९ भिक्षुकौ धनिकं द्रव्यं याचेते
269 Die beiden Bettler bitten den Reichen um Geld
269 bhikṣukau dhanikaṃ dravyaṃ yācete

[bhikṣukaḥ = Bettler (Du.); dhanikaḥ = Reiche (Akk.); dravyam = Gut, n. (Geld, Akk.); yāc, yācate, 1. = bitten (um + Akk. + Akk., PrDu.)]

२७० नेत्रे पश्यतः । नेत्राभ्यां पश्यामः
270 Augen sehen. Wir sehen mit den Augen
270 netre paśyataḥ. netrābhyāṃ paśyāmaḥ
[netram = Auge (Nom. Du., Instr. Du.); paś, paśyati, 4. = sehen (PrDu., PrPl.)]

२७१ रामस्य नयने स्पन्देते
271 Ramas Augen zucken
271 rāmasya nayane spandete
[rāmaḥ, m. Eig. = Rama (Gen.); nayanam = Auge (Du.); spand, spandate, 1. = zucken (PrDu.)]

२७२ बालाभ्यां कुसुमे यच्छावः
272 Den beiden Mädchen geben wir beide zwei Blumen
272 bālābhyāṃ kusume yacchāvaḥ
[bālā = Mädchen (f. Dat. Du., formgleich mit m. Dat. Du. von bālaḥ = Junge); kusumam = Blume (Akk. Du.); yam, yacchati, 1. = geben (+ Dat. + Akk., PrDu.)]

२७३ नरौ पथिकाय मार्गं दिशतः
273 Die beiden Männer zeigen dem Wanderer den Weg
273 narau pathikāya mārgaṃ diśataḥ
[naraḥ = Mann (Du.); pathikaḥ = Wanderer (Dat.); mārgaḥ = Weg, m. (Akk.); diś, diśati, 6. = zeigen (+ Dat. + Akk., PrDu.)]

२७४ ताले काकौ परिपततः
274 In der Palme fliegen zwei Krähen herum
274 tāle kākau paripatataḥ
[tālaḥ = Palme (Lok.); kākaḥ = Krähe (Du.); pat, pari-patati, 1. = herumfliegen (PrDu.)]

२७५ उपवने नृपस्य कन्ये रमेते
275 Im Wäldchen vergnügen sich die beiden Töchter des Königs
275 upavane nṛpasya kanye ramete
[upavanam = Wäldchen (Hain, Lok.); nṛpaḥ = König (Gen.); kanyā = Tochter (Du.); ram, ramate, 1. = vergnügen (PrDu.)]

२७६ गङ्गायां बालकौ गाहेते बालिके च प्लवेते
276 Die zwei Jungen tauchen und die zwei Mädchen schwimmen im Ganges
276 gaṅgāyāṃ bālakau gāhete bālike ca plavete
[gaṅgā, f. Eig. = Ganges (Lok.); bālakaḥ = Junge (Du.); gāh, gāhate, 1. = tauchen (PrDu.); bālikā = Mädchen (Du.); plu, plavate, 1. = schwimmen (PrDu.)]

3. Vokalische i-Substantive

3.1. i-Deklination

२७७ ॐ मणि पद्मे हूम्
277 Oh Kleinod im Lotus! (FÜ.)
277 oṃ maṇi padme hūm!
[om, Interj. = Om! (Hierfür gibt es ein eigenes Devanagari-Zeichen, dessen Aussprache om und aum ist); maṇiḥ, m. = Edelstein (maṇi = maṇe, m. Vok., oder maṇi = maṇiḥ, m. Nom, Anm.: Dieses Mantra ist kein reines Sanskrit); padmam = Lotus (Lok.); hūm, Interj. = Hum!]

3.1.1. Mit Nominativ

२७८ अहो रूपमहो ध्वनिः
278 Eigenlob stinkt! (FÜ.)
278 aho rūpam_aho dhvaniḥ!
[aho, Interj. = ach!; rūpam = Gestalt; dhvaniḥ, m. = Stimme (»Welch schöne Gestalt«, sagt der Esel zum Kamel - »Welch schöne Stimme«, antwortet das Kamel)]

२७९ उदधिः क्षुभ्यति
279 Das Meer ist aufgewühlt
279 udadhiḥ kṣubhyati
[udadhiḥ, m. = Meer; kṣubh, kṣubhyati, 4. = aufgewühlt sein (PrSg.)]

२८० कपयः क्षुभ्यन्ति
280 Die Affen sind erregt
280 kapayaḥ kṣubhyanti
[kapiḥ, m. = Affe; kṣubh, kṣubhyati, 4. = erregt sein (PrPl.)]

२८१ अग्निर्दहति
281 Das Feuer brennt
281 agnir_dahati
[agniḥ, m. = Feuer; dah, dahati, 1. = brennen (PrSg.)]

२८२ पविः पतति
282 Der Donnerkeil fällt
282 paviḥ patati
[paviḥ, m. = Donnerkeil (= durch Blitz erzeugtes Steinbeil); pat, patati, 1. = fallen (PrSg.)]

२८३ व्याधयो ध्वंसन्ते
283 Krankheiten gehen vorüber
283 vyādhayo dhvaṃsante
[vyādhiḥ, m. = Krankheit; dhvaṃs, dhvaṃsate, 1. = vergehen (PrPl.)]

२८४ यतिर्न स्पृहयति
284 Ein Büßer begehrt nicht
284 yatir_na spṛhayati
[yatiḥ, m. = Büßer (Strebender); na, Ind. = nicht; spṛh, spṛhayati, 10. = begehren (PrSg.)]

3.1.2. Mit Akkusativ

२८५ नीतिं निन्दन्ति प्रशंसन्ति वा
285 Man tadelt oder lobt die Politik
285 nītiṃ nindanti praśaṃsanti vā
[nītiḥ, f. = Politik (Akk.); nind, nindati, 1. = tadeln (PrPl.); śaṃs, pra-śaṃsati, 1. = loben (PrPl. = man); vā, Konj. = oder]

२८६ गृहपतिः पतिगृहं व्रजति
286 Der Hausherr schreitet zum Herrenhaus
286 gṛha-patiḥ pati-gṛhaṃ vrajati
[gṛha-patiḥ, m. = Hausherr (Komp.); pati-gṛham = Herrenhaus (Akk., Komp.); vraj, vrajati, 1. = schreiten (zum + Akk., PrSg.)]

२८७ विप्रो बलिं हरति
287 Der Priester empfängt das Geschenk

287 vipro baliṃ harati
[vipraḥ = Priester; baliḥ, m. = Geschenk (Spende, Akk.); hṛ, harati, 1. = empfangen (PrSg.)]

२८८ पद्मान्यलीन् प्रीणयन्ति
288 Die Lotusblumen erfreuen die Bienen
288 padmāny_alīn prīṇayanti
[padmam = Lotus; aliḥ, m. = Biene (Akk.); prī, prīṇayati, 10. = erfreuen (+ Akk., PrPl.)]

२८९ ऋषयः सत्यं वदन्ति
289 Die Seher sagen die Wahrheit
289 ṛṣayaḥ satyaṃ vadanti
[ṛṣiḥ, m. = Seher; satyam = Wahrheit (Akk.); vad, vadati, 1. = sagen (PrPl.)]

२९० महर्षी रविं नमति
290 Der große Seher begrüßt die Sonne
290 maharṣī raviṃ namati
[maharṣiḥ, m. = großer Seher (mahā + ṛṣiḥ, Komp., Sa.: ṛṣiḥ + r = ṛṣī + r); raviḥ, m. = Sonne (Akk.); nam, namati, 1. = begrüßen (PrSg.)]

२९१ योधा असीन् वहन्ति
291 Die Soldaten tragen die Schwerter
291 yodhā asīn vahanti
[yodhaḥ = Soldat (yodhāḥ, Nom. Pl.); asiḥ, m. = Schwert (Akk.); vah, vahati, 1. = tragen (PrPl.)]

२९२ यतय ईश्वरं पूजयन्ति
292 Die Büßer verehren Gott
292 yataya īśvaraṃ pūjayanti
[yatiḥ, m. = Büßer (yatayaḥ, Nom. Pl.); īśvaraḥ = Gott (Akk.); pūj, pūjayati, 10. = verehren (PrPl.)]

२९३ व्याधयो नरान् पीडयन्ति
293 Krankheiten quälen die Menschen
293 vyādhayo narān pīḍayanti
[vyādhiḥ, m. = Krankheit; naraḥ = Mensch (Akk.); pīḍ, pīḍayati, 10. = quälen (PrPl.)]

२९४ व्याधीन् न गणयामि
294 Krankheiten machen mir nichts aus (FÜ.)
294 vyādhīn na gaṇayāmi
[vyādhiḥ, m. = Krankheit (Akk.); na, Ind. = nicht; gaṇ, gaṇayati, 10. = zählen (na gaṇ = nicht zählen = nicht beachten, PrSg.)]

२९५ मुनिर्दासं न पीडयति
295 Der Weise quält nicht den Sklaven
295 munir_dāsaṃ na pīḍayati
[muniḥ, m. = Weise; dāsaḥ = Sklave (Akk.); na, Ind. = nicht; pīḍ, pīḍayati, 10. = quälen (PrSg.)]

२९६ कपिमृक्षं वा मुञ्चामि
296 Ich lasse den Affen oder den Bären frei
296 kapim_ṛkṣaṃ vā muñcāmi
[kapiḥ, m. = Affe (Akk.); ṛkṣaḥ = Bär (Akk.); vā, Konj. = oder; muc, muñcati, 6. = freilassen (PrSg.)]

२९७ स्तेनो मणिं चोरयति
297 Der Dieb stiehlt den Edelstein
297 steno maṇiṃ corayati
[stenaḥ = Dieb; maṇiḥ, m. = Edelstein (Akk.); cur, corayati, 10. = stehlen (PrSg.)]

२९८ किंकरा अधिपतीननुसरन्ति
298 Die Diener folgen den Herrschern
298 kiṃkarā adhipatīn_anusaranti
[kiṃkaraḥ = Diener (Nom. Pl.); adhipatiḥ, m. = Herrscher (Akk., »Oberherr«, Komp.); sṛ, anusarati, 1. = folgen (+ Akk., PrPl.)]

२९९ व्याघ्राः किरीन् खादन्ति
299 Tiger fressen Schweine
299 vyāghrāḥ kirīn khādanti
[vyāghraḥ = Tiger; kiriḥ, m. = Schwein (Wildschwein, auch kiṭiḥ, Akk., Anm.: Häufiger ist sūkaraḥ und śūkaraḥ = Schwein, Eber sowie sūkarī = Sau); khād, khādati, 1. = essen (PrPl.)]

३०० सारथीनाह्वयामः
300 Wir rufen die Wagenlenker herbei
300 sārathīn_āhvayāmaḥ
[sārathiḥ, m. = Wagenlenker (»Autofahrer«, Akk.); hve, ā-hvayati, 1. = herbeirufen (PrPl.)]

३०१ ईश्वरो विधिं जयति
301 Gott besiegt das Schicksal
301 īśvaro vidhiṃ jayati
[īśvaraḥ = Gott; vidhiḥ, m. = Schicksal (Akk.); ji, jayati, 1. = besiegen (+ Akk., PrSg.)]

३०२ कृषीवलो व्रीहीनुञ्छति
302 Der Bauer sammelt die Reiskörner
302 kṛṣīvalo vrīhīn_uñchati
[kṛṣīvalaḥ = Bauer; vrīhiḥ, m. = Reiskorn (Akk.); uñch, uñchati, 6. = sammeln (lesen, PrSg.)]

३०३ वीरो ऽरिं निषूदयते
303 Der Held vernichtet den Feind
303 vīro 'riṃ niṣūdayate
[vīraḥ = Held; ariḥ, m. = Feind (Akk., vīraḥ arim); sūd, ni-ṣūdayate, 10. = vernichten (PrSg.)]

३०४ मणिकारो मणीन् परीक्षते
304 Der Juwelier prüft die Edelsteine
304 maṇi-kāro maṇīn parīkṣate
[maṇi-kāraḥ = Juwelier (»Edelstein-Macher«, Komp.); maṇiḥ, m. = Edelstein (Akk.); īkṣ, pari-īkṣate, 1. = prüfen (PrSg.)]

३०५ ब्राह्मणा अतिथीन् पूजयन्ति
305 Die Brahmanen verehren die Gäste
305 brāhmaṇā atithīn pūjayanti
[brāhmaṇaḥ = Brahmane (Nom. Pl.); atithiḥ, m. = Gast (Akk.); pūj, pūjayati, 10. = verehren (PrPl.)]

३०६ बुधः कलीन् नाभिनन्दति
306 Der Weise kümmert sich nicht um Streitereien
306 budhaḥ kalīn nābhinandati
[budhaḥ = Weise; kaliḥ, m. = Streiterei (Akk.); na, Ind. = nicht; nand, abhi-nandati, 1. = kümmern (um + Akk., PrSg.)]

३०७ कविस्तारा गणयति प्रकाशकश्च रूपकान्
307 Der Dichter zählt die Sterne und der Verleger die Rupien
307 kavis_tārā gaṇayati prakāśakaś_ca rūpakān
[kaviḥ, m. = Dichter; tārā = Stern (tārāḥ, Akk. Pl.); gaṇ, gaṇayati, 10. = zählen (PrSg.); prakāśakaḥ = Verleger; ca, Konj. = und; rūpakaḥ = Rupie (Akk.)]

३०८ कविर्नृपं वीरं घोषयति
308 Der Dichter verkündet den König als Helden
308 kavir_nṛpaṃ vīraṃ ghoṣayati
[kaviḥ, m. = Dichter; nṛpaḥ = König (Akk.); vīraḥ = Held (Akk.); ghuṣ, ghoṣayati, 10. = verkünden (+ Akk. + Akk., öffentlich preisen, PrSg.)]

3.1.3. Mit Instrumental

३०९ वारिणा घटमापूरयामः
309 Wir füllen den Topf mit Wasser
309 vāriṇā ghaṭam_āpūrayāmaḥ
[vāri, n. = Wasser (Instr., Anm.: Neutra auf i spielen nur als Adj. eine Rolle, denn vāri ist das einzig Subst. n.); ghaṭaḥ = Topf (Akk.); pṝ, ā-pūrayati, 10. = füllen (mit + Instr. + Akk., PrPl.)]

३१० काव्यैः कवयः सृष्टिं शंसन्ति
310 Die Dichter preisen die Schöpfung mit Gedichten
310 kāvyaiḥ kavayaḥ sṛṣṭiṃ śaṃsanti
[kāvyam = Gedicht (Instr.); kaviḥ, m. = Dichter; sṛṣṭiḥ, f. = Schöpfung (Akk.); śaṃs, śaṃsati, 1. = preisen (+ Instr. + Akk., PrPl.)]

३११ श्लोकैः कविराजाः पतञ्जलिं वर्णयन्ति
311 Mit Versen preisen die Dichterfürsten den Patandschali
311 ślokaiḥ kavi-rājāḥ patañjaliṃ varṇayanti
[ślokaḥ = Vers (Instr., Anm.: Der Schloka besteht aus 2 Zeilen, jede Zeile aus 2 Halbzeilen, jede Halbzeile aus 8 Silben, also 2 x 2 x 8 = 32 Silben); kavi-rājaḥ = Dichterfürst (Nom. Pl.); patañjaliḥ, m. Eig. = Patandschali (Patanjali, Akk.); varṇ, varṇayati, 10. = preisen (PrPl.)]

३१२ भूमिपतयो ऽक्षैर्दीव्यन्ति
312 Die Könige spielen mit Würfeln
312 bhūmi-patayo 'kṣair_dīvyanti
[bhūmi-patiḥ, m. = König (Nom. Pl., Komp.: bhūmiḥ, f. = Erde, patiḥ, m. = Herr); akṣaḥ = Würfel (Instr., Sa.: patayaḥ akṣaiḥ); div, dīvyati, 4. = spielen (PrPl.)]

३१३ दिष्ट्या वर्धसे कृष्या
313 Ich gratuliere dir zum Ackerbau (WÜ.: Du wächst Gott sei Dank durch Ackerbau)
313 diṣṭyā vardhase kṛṣyā
[vṛdh, diṣṭyā vardhate, 1. = gratulieren (zum + Instr., PrSg.); kṛṣiḥ, f. = Ackerbau (Instr.)]

3.1.4. Mit Ablativ

३१४ गिरेर्ग्रामं गच्छामि
314 Vom Berg aus gehe ich in das Dorf
314 girer_grāmaṃ gacchāmi
[giriḥ, m. = Berg (Abl.); grāmaḥ = Dorf (Akk.); gam, gacchati, 1. = gehen (+ Abl. + Akk. = von - zu, PrSg.)]

३१५ मुनिर्नगरादाश्रमं गच्छति
315 Der Asket geht von der Stadt in die Einsiedelei

315 munir_nagarād_āśramaṃ gacchati
[muniḥ, m. = Weise; nagaram = Stadt (Abl.); āśramaḥ = Einsiedelei (Akk.); gam, gacchati, 1. = gehen (+ Abl. + Akk. = von - nach, PrSg.)]

३१६ कुसुमात् कुसुममलिर्डीयते
316 Die Biene fliegt von Blume zu Blume
316 kusumāt kusumam_alir_ḍīyate
[kusumam = Blume (Abl., Akk.); aliḥ, m. = Biene; ḍī, ḍīyate, 4. = fliegen (+ Abl. + Akk. = von - zu, PrSg.)]

३१७ लताया लतां कपिः स्कन्दति
317 Der Affe hüpft von Liane zu Liane
317 latāyā latāṃ kapiḥ skandati
[latā = Liane (Abl., Akk.); kapiḥ, m. = Affe; skand, skandati, 1. = hüpfen (+ Abl. + Akk. = von - zu, PrSg.)]

३१८ पाणिना भृतो वारि कूपादुद्धरति
318 Mit der Hand schöpft der Knecht Wasser aus dem Brunnen
318 pāṇinā bhṛto vāri kūpād_uddharati
[pāṇiḥ, m. = Hand (Instr.); bhṛtaḥ = Knecht; vāri, n. = Wasser (Akk.); kūpaḥ = Brunnen (Abl.); hṛ, ud-dharati, 1. = schöpfen (aus + Abl., PrSg., Beachte: »ud + Wz. hṛ« = ud-dharati = hochziehen, vgl. »ud + Wz. dhṛ« = ud-dharati = hochhalten)]

३१९ रवेर्लोको जीवितमधिगच्छति
319 Von der Sonne erlangt die Welt das Leben
319 raver_loko jīvitam_adhigacchati
[raviḥ, m. = Sonne (Abl., Anm.: Die Zeichenfolge »rav« ähnelt in Devanagari dem Laut »kh«); lokaḥ = Welt; jīvitam = Leben, n. (Akk.); gam, adhi-gacchati, 1. = erlangen (PrSg.)]

३२० कलिभ्यो दुःखान्युद्भवन्ति
320 Aus Streit entsteht Unglück (FÜ.)
320 kalibhyo duḥkhāny_udbhavanti
[kaliḥ, m. = Streit (Abl. Pl.); duḥkham = Unglück (Nom. Pl.); bhū, ud-bhavati, 1. = entstehen (aus + Abl., PrPl.)]

३२१ दुष्कृतिभ्यो दुःखमुत्पद्यते
321 Aus Missetaten entsteht Unglück
321 duṣkṛtibhyo duḥkham_utpadyate
[duṣkṛtiḥ, f. = schlechte Tat (Abl.); duḥkham = Unglück (Nom.); pad, ut-padyate, 4. = entstehen (aus + Abl., PrSg.)]

3.1.5. Mit Lokativ

३२२ रात्र्यां स्वप्नं न लभामहे
322 In der Nacht finden wir keinen Schlaf
322 rātryāṃ svapnaṃ na labhāmahe
[rātriḥ, f. = Nacht (rātryām oder rātrau, Lok.); svapnaḥ = Schlaf (Akk.); na, Ind. = nicht; labh, labhate, 1. = erlangen (PrPl.)]

३२३ संध्यायां नृपतिररीन् पराजयते
323 In der Dämmerung besiegt der König die Feinde
323 saṃdhyāyāṃ nṛpatir_arīn parājayate
[saṃdhyā = Dämmerung (Lok.); nṛpatiḥ, m. = König (nṛ-patiḥ, Komp. = »Menschen-Herr«); ariḥ, m. = Feind (Akk.); ji, parā-jayate, 1. = besiegen (PrSg.)]

३२४ भूमिपतयो धने लुभ्यन्ति
324 Könige begehren Reichtum
324 bhūmi-patayo dhane lubhyanti
[bhūmi-patiḥ, m. = König (Komp., »Herr der Erde«); dhanam = Reichtum (Lok.); lubh, lubhyati, 4. = begehren (+ Lok., PrPl.)]

३२५ नाग्निरग्नौ प्रवर्तते
325 Feuer wendet sich nicht gegen das Feuer (FÜ.: Eine Krähe hackt der andern ...)
325 nāgnir_agnau pravartate
[na, Ind. = nicht; agniḥ, m. = Feuer (Nom., Lok.); vṛt, pra-vartate, 1. = erheben (sich erheben oder wenden gegen + Lok., PrSg.)]

३२६ उदधावग्निस्तिष्ठति
326 Im Meer ist das Feuer (mythologisch)
326 udadhāv_agnis_tiṣṭhati
[udadhiḥ, m. = Meer (udadhau, Lok.); agniḥ, m. = Feuer; sthā, tiṣṭhati, 1. = sein (PrSg.)]

३२७ गिरिष्वृक्षा वृकाश्च वसन्ति
327 In den Bergen hausen Bären und Wölfe
327 giriṣv_ṛkṣā vṛkāś_ca vasanti
[giriḥ, m. = Berg (Lok.); ṛkṣaḥ = Bär (ṛkṣāḥ, Nom. Pl.); vṛkaḥ = Wolf; ca, Konj. = und; vas, vasati, 1. = hausen (PrPl.)]

३२८ भूमौ कटे वा निषीदथ
328 Ihr setzt euch auf den Boden oder auf die Matte
328 bhūmau kaṭe vā niṣīdatha
[bhūmiḥ, f. = Erdboden (bhūmau oder bhūmyām, Lok.); kaṭaḥ = Matte (Lok.); vā, Konj. = oder; sad, ni-ṣīdati, 1. = setzen (sich setzen auf + Lok., PrPl.)]

३२९ यन्त्रं भूमौ स्थापयामः
329 Wir stellen die Maschine auf den Boden
329 yantraṃ bhūmau sthāpayāmaḥ
[yantram = Maschine (Akk.); bhūmiḥ, f. = Erdboden (bhūmau oder bhūmyām, Lok.); sthā, sthāpayati, 10. = stellen (+ Akk. + Lok., PrSg., Kaus. von sthā, tiṣṭhati = stehen)]

3.1.6. Mit Genitiv

३३० मदनो रतेर्वल्लभः
330 Amor ist der Freund der Liebe
330 madano rater_vallabhaḥ
[madanaḥ = Amor (Liebesgott, wie bei uns vorgestellt mit madana-bāṇaḥ = Liebespfeil, z.B. »madana-bāṇa-hato 'smi« = »Ich bin vom Liebespfeil getroffen« = »Ich habe mich verliebt«, Shakuntala, 3. Akt, Vers 17); ratiḥ, f. = Liebe (rateḥ oder ratyāḥ, Gen.); vallabhaḥ = Freund]

३३१ ईश्वरः सृष्ट्याः पालकः
331 Gott ist der Hüter der Schöpfung
331 īśvaraḥ sṛṣṭyāḥ pālakaḥ
[īśvaraḥ = Gott; sṛṣṭiḥ, f. = Schöpfung (sṛṣṭyāḥ oder sṛṣṭeḥ, Gen.); pālakaḥ = Hüter]

३३२ उदधिर्वारीणां निधिः
332 Das Meer ist das Behältnis der Wasser
332 udadhir_vārīṇāṃ nidhiḥ
[udadhiḥ, m. = Meer; vāri, n. = Wasser (Gen. Pl.); nidhiḥ, m. = Behälter]

३३३ मुनिरीश्वरस्य सृष्टिं ध्यायति
333 Der Asket meditiert über die Schöpfung Gottes
333 munir_īśvarasya sṛṣṭiṃ dhyāyati
[muniḥ, m. = Asket; īśvaraḥ = Gott (Gen.); sṛṣṭiḥ, f. = Schöpfung (Akk.); dhyai, dhyāyati, 1. = meditieren (über + Akk., PrSg.)]

३३४ सुकृतीनां फलमनुभवामः
334 Wir genießen die Frucht der guten Taten
334 sukṛtīnāṃ phalam_anubhavāmaḥ
[sukṛtiḥ, f. = gute Tat (Gen.); phalam = Frucht (Akk.); bhū, anu-bhavati, 1. = genießen (PrPl.)]

३३५ भूमौ तृणस्य राशयो वर्तन्ते
335 Auf dem Erdboden sind Haufen von Gras
335 bhūmau tṛṇasya rāśayo vartante
[bhūmiḥ, f. = Erdboden (bhūmau oder bhūmyām, Lok.); tṛṇam = Gras (Gen.); rāśiḥ, m. = Haufen; vṛt, vartate, 1. = sein (sich befinden, PrPl.)]

३३६ मणीनां प्रभाभिः प्रासादो द्योतते
336 Durch die Lichter der Edelsteine glänzt der Palast
336 maṇīnāṃ prabhābhiḥ prāsādo dyotate
[maṇiḥ, m. = Edelstein (Gen.); prabhā = Licht (Instr. Pl.); prāsādaḥ = Palast; dyut, dyotate, 1. = glänzen (PrSg.)]

३३७ अगदेन मनुष्याणां व्याधयो नश्यन्ति
337 Durch Arznei vergehen die Krankheiten der Menschen
337 agadena manuṣyāṇāṃ vyādhayo naśyanti
[agadaḥ = Arznei (Instr., a-gadaḥ = Nicht-Krankheit); manuṣyaḥ = Mensch (Gen.); vyādhiḥ, m. = Krankheit; naś, naśyati, 4. = vergehen (PrPl.)]

३३८ कवयो वीराणां पराक्रमान् प्रथयन्ति
338 Die Dichter verbreiten die Taten der Helden
338 kavayo vīrāṇāṃ parākramān prathayanti
[kaviḥ, m. = Dichter; vīraḥ = Held (Gen.); parākramaḥ = Heldentat (Akk.); prath, prathayati, 10. = verbreiten (+ Akk., PrPl.)]

३३९ सुजनस्य कीर्तिर्लोके प्रसरति
339 Der Ruhm des guten Menschen verbreitet sich in der Welt
339 sujanasya kīrtir_loke prasarati
[sujanaḥ = guter Mensch (Gen.); kīrtiḥ, f. = Ruhm; lokaḥ = Welt (Lok.); sṛ, pra-sarati, 1. = verbreiten (sich ausbreiten, PrSg.)]

३४० बुधा मूर्खाणां स्तुतीर्निन्दा वा न गणयन्ति
340 Die Weisen beachten nicht Lob oder Tadel der Toren
340 budhā mūrkhāṇāṃ stutīr_nindā vā na gaṇayanti
[budhaḥ = Weise; mūrkhaḥ = Tor (Gen.); stutiḥ, f. = Lob (stutīḥ, Akk. Pl.); nindā = Tadel (nindāḥ, Akk. Pl.); vā, Konj. = oder; na, Ind. = nicht; gaṇ, gaṇayati, 10. = beachten (PrSg.)]

३४१ रामस्य सारथिः सुमन्त्रो रथं वनं नयति
341 Ramas Wagenlenker Sumantra bringt den Wagen in den Wald
341 rāmasya sārathiḥ sumantro rathaṃ vanaṃ nayati
[rāmaḥ, m. Eig. = Rama (Gen.); sārathiḥ, m. = Wagenlenker (Nom. als App.); sumantraḥ, m. Eig. = Sumantra (Nom.); rathaḥ = Wagen (Akk.); vanam = Wald (Akk.); nī, nayati, 1. = bringen (+ Akk. + Akk., PrSg.)]

३४२ गिरेः शिखरादजा पतति

342 Die Ziege fällt vom Gipfel des Berges
342 gireḥ śikharād_ajā patati
[giriḥ, m. = Berg (Gen.); śikharaḥ = Gipfel (Abl.); ajā = Ziege; pat, patati, 1. = fallen (PrSg.)]

३४३ गद्यं कवीनां निकषं वदन्ति

343 Man bezeichnet die Prosa als den Prüfstein der Dichter
343 gadyaṃ kavīnāṃ nikaṣaṃ vadanti
[gadyam = Prosa (Akk.); kaviḥ, m. = Dichter (Gen.); nikaṣaḥ = Prüfstein (Akk.); vad, vadati, 1. = bezeichnen (+ Akk. + Akk., PrPl. = man bezeichnet)]

३४४ कपेः कौशलेन जना विस्मयन्ते

344 Wegen der Geschicklichkeit des Affen wundern sich die Leute
344 kapeḥ kauśalena janā vismayante
[kapiḥ, m. = Affe (Gen.); kauśalam = Geschicklichkeit (Instr.); janaḥ = Leute (Sg. = Mensch, Pl. = Leute); smi, vi-smayate, 1. = wundern (sich wundern wegen + Instr., PrPl.)]

३४५ नृपतयः शासनस्य भङ्गं न क्षमन्ते

345 Könige dulden keine Mißachtung der Weisung
345 nṛpatayaḥ śāsanasya bhaṅgaṃ na kṣamante
[nṛpatiḥ, m. = König; śāsanam = Vorschrift (Weisung, Gen.); bhaṅgaḥ = Bruch (Mißachtung, Akk.); na, Ind. = kein (+ Subst.); kṣam, kṣamate 1. = dulden (PrPl.)]

३४६ दैवमेव संपत्तेश्च विपत्तेश्च कारणम्

346 Das Schicksal fürwahr ist die Ursache sowohl des Glücks als auch des Unglücks
346 daivam_eva saṃpatteś_ca vipatteś_ca kāraṇam
[daivam = Schicksal; eva, Ind. = fürwahr; saṃpattiḥ, f. = Glück (saṃpatteḥ oder saṃpattyāḥ, Gen.); ca - ca, Konj. = sowohl - als auch; vipattiḥ, f. = Unglück (Gen.); kāraṇam = Ursache]

३४७ वह्निः केवलं वह्नेर्भेषजम्

347 Allein das Feuer ist ein Gegenmittel für das Feuer
347 vahniḥ kevalaṃ vahner_bheṣajam
[vahniḥ, m. = Feuer (Nom., Gen.); kevalam, Ind. = allein (nur); bheṣajam = Gegenmittel]

३४८ कवी रात्र्याः शोभां शंसति

348 Der Dichter preist die Schönheit der Nacht
348 kavī rātryāḥ śobhāṃ śaṃsati
[kaviḥ, m. = Dichter (Sa.: kaviḥ + r = kavī + r); rātriḥ, f. = Nacht (rātryāḥ oder rātreḥ, Gen.); śobhā = Schönheit (Akk.); śaṃs, śaṃsati, 1. = preisen (PrSg.)]

३४९ कविर्मुनेर्वचनानि संक्षिपति

349 Der Dichter faßt die Worte des Weisen zusammen
349 kavir_muner_vacanāni saṃkṣipati
[kaviḥ, m. = Dichter; muniḥ, m. = Weise (Gen.); vacanam = Wort (Akk.); kṣip, saṃ-kṣipati, 6. = zusammenfassen (PrSg.)]

३५० अलेरसिरवेररिः

350 Das Schwert der Biene ist der Feind des Schafes (Wortspiel)
350 aler_asir_aver_ariḥ
[aliḥ, m. = Biene (Gen.); asiḥ, m. = Schwert; aviḥ, m. = Schaf (Gen.); ariḥ, m. = Feind)]

3.1.7. Mit Dativ

३५१ हरये स्वस्ति
351 Heil dem Hari!
351 haraye svasti!
[hariḥ, m. Eig. = Hari (Dat.); svasti, Interj. = Heil! (+ Dat., Ind. aus »su = gut« + »asti = ist«)]

३५२ फलानि कपिभ्यो रोचन्ते
352 Früchte gefallen den Affen
352 phalāni kapibhyo rocante
[phalam = Frucht (Nom.); kapiḥ, m. = Affe (Dat.); ruc, rocate, 1. = gefallen (+ Nom. + Dat., PrPl.)]

३५३ भृतको वीरायासिं यच्छति
353 Der Diener reicht dem Helden das Schwert
353 bhṛtako vīrāyāsiṃ yacchati
[bhṛtakaḥ = Diener; vīraḥ = Held (vīrāya, Dat.); asiḥ, m. = Schwert (Akk.); yam, yacchati, 1. = reichen (+ Dat. + Akk., PrSg.)]

३५४ अतिथिभ्यो ऽङ्कुटं यच्छामि
354 Ich gebe den Gästen den Schlüssel
354 atithibhyo 'ṅkuṭaṃ yacchāmi
[atithiḥ, m. = Gast (Dat.); aṅkuṭaḥ = Schlüssel (Akk.); yam, yacchati, 1. = geben (+ Dat. + Akk., PrSg.)]

३५५ अधिपतयो ऽरिभ्यः कुप्यन्ति
355 Die Herrscher zürnen den Feinden
355 adhipatayo 'ribhyaḥ kupyanti
[adhipatiḥ, m. = Herrscher (adhipatayaḥ, Nom. Pl.); ariḥ, m. = Feind (aribhyaḥ, Dat.); kup, kupyati, 4. = zürnen (+ Dat., PrPl.)]

३५६ बुद्धेः प्रकर्षः कीर्तये भवति
356 Die Überlegenheit des Geistes gereicht zum Ruhm
356 buddheḥ prakarṣaḥ kīrtaye bhavati
[buddhiḥ, f. = Verstand (buddheḥ oder buddhyāḥ, Gen.); prakarṣaḥ = Überlegenheit; kīrtiḥ, f. = Ruhm (kīrtaye oder kīrtyai, Dat.); bhū, bhavati, 1. = gereichen (zu + Dat., PrSg.)]

३५७ धर्मो भूत्यै कल्पते
357 Das Gesetz gereicht zum Wohl (FÜ.: Das Gesetz ist ein Segen)
357 dharmo bhūtyai kalpate
[dharmaḥ = Gesetz; bhūtiḥ, f. = Wohl, n. (bhūtyai oder bhūtaye, Segen, Dat.); kḷp, kalpate, 1. = gereichen (+ Dat., PrSg.)]

३५८ मूर्खाणामुपदेशः शान्त्यै न कल्पते
358 Die Belehrung der Toren führt nicht zur Beruhigung
358 mūrkhāṇām_upadeśaḥ śāntyai na kalpate
[mūrkhaḥ = Tor (Gen.); upadeśaḥ = Belehrung; śāntiḥ, f. = Beruhigung (śāntyai oder śāntaye, Dat.); na, Ind. = nicht; kḷp, kalpate, 1. = gereichen (führen zu + Dat., PrSg.)]

३५९ नृपतेः पौत्राय विप्रस्तक्रेण देवतां यजति
359 Für den Enkelsohn des Königs opfert der Priester mit Buttermilch der Gottheit
359 nṛpateḥ pautrāya vipras_takreṇa devatāṃ yajati
[nṛpatiḥ, m. = König (Gen.); pautraḥ = Enkelsohn (Dat. = um des Enkels willen); vipraḥ = Priester (Nom.); takram = Buttermilch (Instr.); devatā = Gottheit (Akk.); yaj, yajati, 1. =

opfern (+ Instr. + Akk., PrSg. Par. = für einen anderen opfern)]

3.1.8. Mit Dual

३६० ऋषी अगतिं चिन्तयतः
360 Die zwei Seher denken über den Ausweg (oder über die Ausweglosigkeit) nach
360 ṛṣī agatiṃ cintayataḥ
[ṛṣiḥ, m. = Seher (Du., kein Sa. nach Du.-Endung auf »ī«); agatiḥ, f. = Ausweg (Akk., a-gatiḥ = griechisch A-porie = »Nicht-Weg«); cint, cintayati, 10. = nachdenken (über + Akk., PrDu.)]

३६१ ऋषी आश्रमे नमावः
361 Wir beide begrüßen die beiden Seher in der Einsiedelei
361 ṛṣī āśrame namāvaḥ
[ṛṣiḥ, m. = Seher (Akk. Du.); āśramaḥ = Einsiedelei (Lok., kein Sa. nach Du.-Endung auf »ī«); nam, namati, 1. = begrüßen (PrDu.)]

३६२ कव्योः काव्ये पठामः
362 Wir lesen die beiden Gedichte der beiden Dichter vor
362 kavyoḥ kāvye paṭhāmaḥ
[kaviḥ, m. = Dichter (Gen. Du.); kāvyam = Gedicht (Akk. Du.); paṭh, paṭhati, 1. = vorlesen (PrPl.)]

३६३ सेनापती नगरं विशतः
363 Die zwei Feldherren dringen in die Stadt ein
363 senā-patī nagaraṃ viśataḥ
[senā-patiḥ, m. = Heerführer (Du., Komp.); nagaram = Stadt (Akk.); viś, viśati, 6. = eindringen (in + Akk., PrDu.)]

३६४ कराभ्यामग्निं स्पृशसि
364 Du berührst das Feuer mit den Händen
364 karābhyām_agniṃ spṛśasi
[karaḥ = Hand (Instr. Du.); agniḥ, m. = Feuer (Akk.); spṛś, spṛśati, 6. = berühren (+ Instr. + Akk., PrSg.)]

३६५ पाणिभ्यां शीर्षं धावध्वे
365 Ihr wascht mit den Händen den Kopf
365 pāṇibhyāṃ śīrṣaṃ dhāvadhve
[pāṇiḥ, m. = Hand (Instr. Du.); śīrṣaḥ = Kopf (Akk.); dhāv, dhāvate, 1. = waschen (+ Instr. + Akk., PrPl.)]

३६६ शूरो ऽसिनारेः पाणी कृन्तति
366 Der Held hackt mit dem Schwert die beiden Hände des Feindes ab
366 śūro 'sināreḥ pāṇī kṛntati
[śūraḥ = Held; asiḥ, m. = Schwert (asinā, Instr.); ariḥ, m. = Feind (areḥ, Gen.); pāṇiḥ, m. = Hand (Akk. Du.); kṛt, kṛntati, 6. = abhacken (+ Instr. + Akk., PrSg.)]

3.2. ī-Deklination

3.2.1. Mit Nominativ

३६७ गोपी गायति
367 Die Hirtin singt
367 gopī gāyati
[gopī = Hirtin; gai, gāyati, 1. = singen (PrSg.)]

३६८ कबरी स्रंसते
368 Der Zopf löst sich
368 kabarī sraṃsate
[kabarī = Zopf (Haarflechte); sraṃs, sraṃsate, 1. = lösen (PrSg.)]

3.2.2. Mit Akkusativ

३६९ नदी कूलानि रुजति
369 Der Fluß zerstört die Ufer
369 nadī kūlāni rujati
[nadī = Fluß; kūlam = Ufer (Akk.); ruj, rujati, 6. = zerstören (PrSg.)]

३७० गृहिणी मुद्रा गणयति
370 Die Hausfrau zählt die Münzen
370 gṛhiṇī mudrā gaṇayati
[gṛhiṇī = Hausfrau; mudrā = Münze (mudrāḥ, Akk. Pl.); gaṇ, gaṇayati, 10. = zählen (PrSg.)]

३७१ जननी वस्त्राणि धावते
371 Die Mutter wäscht die Kleider
371 jananī vastrāṇi dhāvate
[jananī = Mutter; vastram = Kleid (Akk.); dhāv, dhāvate, 1. = waschen (PrSg.)]

३७२ जनको जननीमाह्वयति
372 Der Vater ruft die Mutter herbei
372 janako jananīm_āhvayati
[janakaḥ = Vater; jananī = Mutter (Akk.); hve, ā-hvayati, 1. = herbeirufen (PrSg.)]

३७३ पुत्रो जनकं जननीं चाद्रियते
373 Der Sohn ehrt Vater und Mutter
373 putro janakaṃ jananīṃ cādriyate
[putraḥ = Sohn; janakaḥ = Vater (Akk.); jananī = Mutter (Akk.); ca, Konj. = und; ādṛ, ādriyate, 6. = ehren (= Rücksicht nehmen + Akk., PrSg., ā-dṛ von Wz. dṛ, die nur mit Präf. vorkommt, dazu das Nomen ā-daraḥ = Rücksichtnahme)]

३७४ उष्ट्रा महीमटन्ति
374 Die Kamele durchstreifen die Erde
374 uṣṭrā mahīm_aṭanti
[uṣṭraḥ = Kamel (Nom. Pl.); mahī = Erde (Akk.); aṭ, aṭati, 1. = durchstreifen (PrPl.)]

३७५ वराहाः सहचरीः शोचन्ति
375 Die Eber trauern um die Gefährtinnen
375 varāhāḥ sahacarīḥ śocanti
[varāhaḥ = Eber; sahacarī = Gefährtin (Akk. Pl.); śuc, śocati, 1. = trauern (um + Akk., PrPl.)]

३७६ मदिरां काफ़ीं वा पिबामः ॥ फ़ - क़ - ज़
376 Wir trinken Wein oder Kaffee
376 madirāṃ kāphīṃ vā pibāmaḥ. f – q – z
[madirā = Wein (Akk., echtes Sanskritwort für Branntwein); kāphī = Kaffee (Akk., kāphī nāma peyam = ein Getränk namens »kāphī«, sprich: kāfī mit »f«. Anm.: Bei Fremdwörtern kann »ph« den in Sanskrit fehlenden f-Laut vertreten, wenn in Devanagari-Schrift das »ph« mit Unterpunkt versehen wird. Andere fehlende Laute sind z.B. das »q«, das in Devanagari mit »k« + Unterpunkt, und das stimmhafte »z«, das in Devanagari mit »j« + Unterpunkt dargestellt werden. Dies gilt auch für Hindi); vā, Konj. = oder; pā, pibati, 1. = trinken (PrPl.)]

3.2.3. Mit Instrumental

३७७ लेखन्या लिखथ
377 Ihr schreibt mit einem Stift
377 lekhanyā likhatha
[lekhanī = Stift (Instr.); likh, likhati, 6. = schreiben (PrPl.)]

३७८ रत्नेन तरुणी कर्णं भूषयति
378 Das Mädchen schmückt das Ohr mit einem Juwel
378 ratnena taruṇī karṇaṃ bhūṣayati
[ratnam = Juwel (Instr.); taruṇī = Mädchen; karṇaḥ = Ohr (Akk.); bhūṣ, bhūṣayati, 10. = schmücken (+ Instr. + Akk., PrSg.)]

३७९ अङ्गुल्या सखीं तर्जयामि
379 Ich drohe der Freundin mit dem Zeigefinger
379 aṅgulyā sakhīṃ tarjayāmi
[aṅgulī = Finger (Instr.); sakhī = Freundin (Akk.); tarj, tarjayati, 10. = drohen (+ Instr. + Akk., PrSg., tarjanī = »Droh-Finger« = Zeigefinger)]

३८० प्रीत्या जनकः पौत्रीमाश्लिष्यति
380 Vor Freude umarmt der Vater die Enkeltochter
380 prītyā janakaḥ pautrīm_āśliṣyati
[prītiḥ, f. = Freude (Instr.); janakaḥ = Vater; pautrī = Enkeltochter (Enkelin, Akk.); śliṣ, ā-śliṣyati, 4. = umarmen (PrSg.)]

३८१ भूषणैर्नार्यस्तुष्यन्ति
381 Frauen freuen sich über Schmucksachen
381 bhūṣaṇair_nāryas_tuṣyanti
[bhūṣaṇam = Schmuck (Instr. Pl.); nārī = Frau; tuṣ, tuṣyati, 4. = freuen (über + Instr., PrPl.)]

३८२ लज्जया कुमारी हर्म्यं प्रविशति
382 Vor Scham geht die Jungfrau in die Villa
382 lajjayā kumārī harmyaṃ praviśati
[lajjā = Scham (Instr. = vor Scham oder voller Scham); kumārī = Jungfrau (junges Mädchen); harmyam = Villa (Akk.); viś, pra-viśati, 6. = betreten (gehen in + Akk., PrSg.)]

३८३ कौमुद्या रजनी शोभते
383 Durch den Mondschein glänzt die Nacht
383 kaumudyā rajanī śobhate
[kaumudī = Mondschein (Instr.); rajanī = Nacht; śubh, śobhate, 1. = glänzen (PrSg.)]

3.2.4. Mit Ablativ

३८४ शीर्षान्नारी भारं निक्षिपति
384 Die Frau nimmt die Last vom Kopf herunter
384 śīrṣān_nārī bhāraṃ nikṣipati
[śīrṣaḥ = Kopf (śīrṣāt, Abl.); nārī = Frau; bhāraḥ = Last (Akk.); kṣip, ni-kṣipati, 6. = herunternehmen (von + Abl., PrSg.)]

३८५ वापीभ्यो गोष्ठं जलं वहामः
385 Wir tragen Wasser von den Zisternen zum Kuhstall
385 vāpībhyo goṣṭhaṃ jalaṃ vahāmaḥ
[vāpī = Zisterne (Abl.); goṣṭhaḥ = Kuhstall (Akk., Komp.: go + stha); jalam = Wasser (Akk.); vah, vahati, 1. = tragen (PrPl.)]

३८६ अण्डेभ्यः कुक्कुट्यो जायन्ते कुक्कुटीभ्यो ऽण्डानि च
386 Die Hennen entstehen aus den Eiern und die Eier aus den Hennen
386 aṇḍebhyaḥ kukkuṭyo jāyante kukkuṭībhyo 'ṇḍāni ca
[aṇḍam = Ei (Abl. und Nom. Pl); kukkuṭī = Henne (Nom. und Abl. Pl.); jan, jāyate, 4. = entstehen (aus + Abl., PrPl.); ca, Konj. = und]

3.2.5. Mit Lokativ

३८७ वाप्यां मण्डूका घोषन्ति
387 In der Zisterne lärmen Frösche
387 vāpyāṃ maṇḍūkā ghoṣanti
[vāpī = Zisterne (Lok.); maṇḍūkaḥ = Frosch (Pl.); ghuṣ, ghoṣati, 1. = lärmen (PrPl.)]

३८८ पुर्यां प्रकाशको वसति
388 Der Verleger wohnt in der Stadt
388 puryāṃ prakāśako vasati
[purī = Stadt (Lok.); prakāśakaḥ = Verleger (Neologismus); vas, vasati, 1. = wohnen (PrSg.)]

3.2.6. Mit Genitiv

३८९ तरुणी विषं वृद्धस्य
389 Ein Mädchen ist Gift für den Greis
389 taruṇī viṣaṃ vṛddhasya
[taruṇī = Mädchen; viṣam = Gift; vṛddhaḥ = Greis (Gen. = für den Greis)]

३९० नटी सूत्रधारस्य भार्या
390 Die Schauspielerin ist die Frau des Intendanten
390 naṭī sūtra-dhārasya bhāryā
[naṭī = Schauspielerin; sūtra-dhāraḥ = Spielleiter (Intendant, »Fäden-Halter«, Komp., Gen., Anm.: Dies ist kein Neologismus, sondern ein altes Sanskrit-Wort); bhāryā = Ehefrau]

३९१ काश्यां शिवस्य पूजासु नार्यो नृत्यन्ति
391 In Benares tanzen die Frauen bei den Verehrungen Shivas
391 kāśyāṃ śivasya pūjāsu nāryo nṛtyanti
[kāśī, f. Eig. = Benares (Varanasi, Lok.); śivaḥ, m. Eig. = Shiva (Gen.); pūjā = Verehrung (Lok. Pl.); nārī = Frau; nṛt, nṛtyati, 4. = tanzen (PrPl.)]

३९२ कौमुद्याः शोभा चित्तं हरति
392 Die Schönheit des Mondscheins raubt den Verstand
392 kaumudyāḥ śobhā cittaṃ harati
[kaumudī = Mondschein (Gen.); śobhā = Schönheit; cittam = Verstand (Akk.); hṛ, harati, 1. = rauben (PrSg., »raubt den Verstand« = »nimmt die Seele gefangen«)]

३९३ नार्यो हर्म्याणां वातायनेभ्यः पश्यन्ति
393 Die Frauen schauen aus den Fenstern der Villen
393 nāryo harmyāṇāṃ vātāyanebhyaḥ paśyanti
[nārī = Frau; harmyam = Villa (Gen.); vātāyanam = Fenster (Abl., Komp.: vātaḥ = Wind, ayanam = Weg, vgl. rāma+ayaṇam); paś, paśyati, 4. = schauen (aus + Abl., PrPl.)]

३९४ जनन्या आगमेन बालिका मालां रचयन्ति
394 Wegen der Ankunft der Mutter fertigen die Mädchen einen Kranz an
394 jananyā āgamena bālikā mālāṃ racayanti
[jananī = Mutter (jananyāḥ, Gen.); āgamaḥ = Ankunft (Instr.); bālikā = Mädchen; mālā = Kranz (Akk., auch Girlande); rac, racayati, 10. = anfertigen (herstellen; PrPl.)]

3.2.7. Mit Dativ

३९५ गोपी कृष्णाय श्लाघते
395 Das Hirtenmädchen schmeichelt dem Krishna
395 gopī kṛṣṇāya ślāghate
[gopī = Hirtin; kṛṣṇaḥ, m. Eig. = Krishna (Dat.); ślāgh, ślāghate, 1. = schmeicheln (+ Dat., PrSg.)]

३९६ देवीभ्यो बलीन् यच्छामः
396 Wir reichen den Göttinnen die Opfergaben
396 devībhyo balīn yacchāmaḥ
[devī = Göttin (Dat.); baliḥ, m. = Opfergabe (Akk.); yam, yacchati, 1. = reichen (+ Dat. + Akk., PrPl.)]

३९७ मुक्तये देवीं भजध्वे
397 Um eurer Erlösung willen betet ihr die Göttin an
397 muktaye devīṃ bhajadhve
[muktiḥ, f. = Erlösung (muktaye oder muktyai, Dat.); devī = Göttin (Akk.); bhaj, bhajate, 1. = anbeten (PrPl., Atm. = um der eigenen Erlösung willen)]

3.2.8. Mit Dual

३९८ कुमारी सख्यौ भाषते
398 Das Mädchen spricht mit den zwei Freundinnen
398 kumārī sakhyau bhāṣate
[kumārī = Mädchen (Jungfrau); sakhī = Freundin (Akk. Du.); bhāṣ, bhāṣate, 1. = sprechen (mit + Akk., PrSg., Anm.: Bei allen »sprechen«-Verben steht Angesprochener im Akkusativ)]

३९९ वापी नगरात् क्रोशौ
399 Die Zisterne ist zwei Meilen von der Stadt entfernt
399 vāpī nagarāt krośau
[vāpī = Zisterne; nagaram = Stadt (Abl.); krośaḥ = Meile (Du. Akk., wie weit? = Akk., erg. dūrā, f. Nom. = entfernt)]

४०० इन्द्रप्रस्थे नद्यौ संगच्छेते
400 Die zwei Flüsse vereinigen sich in Delhi
400 indra-prasthe nadyau saṃgacchete
[indra-prastham, n. Eig. = Delhi (Lok., Anm.: Name für das damalige Delhi im Mahabharata); nadī = Fluß (Du.); gam, saṃ-gacchate, 1. = vereinigen (PrDu.)]

४०१ स्थाल्यां धात्र्यावोदनं पचतः
401 Die beiden Ammen kochen den Reis im Kessel
401 sthālyāṃ dhātryāv_odanaṃ pacataḥ
[sthālī = Kessel (Lok.); dhātrī = Amme (dhātryau, Nom. Du.); odanaḥ = Reis (Akk.); pac, pacati, 1. = kochen (PrDu.)]

४०२ बालयोः कलिना धात्री न तुष्यति
402 Über die Zwietracht der zwei Kinder ist die Amme nicht erfreut
402 bālayoḥ kalinā dhātrī na tuṣyati
[bālaḥ = Kind (Gen. Du.); kaliḥ, m. = Zwietracht (Instr.); dhātrī = Amme; na, Ind. = nicht; tuṣ, tuṣyati, 4. = erfreut sein (über + Instr., PrSg.)]

४०३ पाणी हरतो ऽङ्गुल्यश्च दिशन्ति
403 Hände greifen und Finger zeigen

403 pāṇī harato 'ṅgulyaś_ca diśanti
[pāṇiḥ, m. = Hand (Nom. Du.); hṛ, harati, 1. = greifen (harataḥ, PrDu.); aṅgulī = Finger (aṅgulyaḥ, Nom. Pl.); ca, Konj. = und; diś, diśati, 6. = zeigen (PrPl.)]

४०४ पुत्रौ नगर्याः प्रतिगच्छतः
404 Die zwei Söhne kehren von der Stadt zurück
404 putrau nagaryāḥ pratigacchataḥ
[putraḥ = Sohn (Du.); nagarī = Stadt (Abl.); gam, prati-gacchati, 1. = zurückkehren (von + Abl., PrDu.)]

4. Vokalische u-Substantive

4.1. u-Deklination

4.1.1. Mit Nominativ

४०५ कपिर्गजः कपोतः काको गर्दभो व्याघ्रः शृगालश्च पशवो भवन्ति
405 Affe, Elefant, Taube, Krähe, Esel, Tiger und Schakal sind Tiere
405 kapir_gajaḥ kapotaḥ kāko gardarbho vyāghraḥ śṛgālaś_ca paśavo bhavanti
[kapiḥ, m. = Affe; gajaḥ = Elefant; kapotaḥ = Taube; kākaḥ = Krähe; gardabhaḥ = Esel; vyāghraḥ = Tiger; śṛgālaḥ = Schakal; ca, Konj. = und (am Schluß einer Aufzählung); paśuḥ, m. = Tier; bhū, bhavati, 1. = sein (PrPl.)]

4.1.2. Mit Akkusativ

४०६ शिशून् सान्त्वयामि
406 Ich beruhige die Säuglinge
406 śiśūn sāntvayāmi
[śiśuḥ, m. = Säugling (Akk.); sāntv, sāntvayati, 10. = besänftigen (PrSg.)]

४०७ गुरुः पुस्तकं लिखति। शिष्याः पुस्तकं पठन्ति
407 Der Lehrer schreibt das Buch. Die Schüler lesen das Buch
407 guruḥ pustakaṃ likhati. śiṣyāḥ pustakaṃ paṭhanti
[guruḥ, m. = Lehrer; pustakam = Buch (Akk.); likh, likhati, 6. = schreiben (PrSg.); śiṣyaḥ = Schüler; paṭh, paṭhati, 1. = lesen (PrPl.)]

४०८ शिशुः क्षीरं पिबति
408 Das Kleinkind trinkt Milch
408 śiśuḥ kṣīraṃ pibati
[śiśuḥ, m. = Kleinkind; kṣīram = Milch (Akk.); pā, pibati, 1. = trinken (PrSg.)]

४०९ प्रभुर्हयमारोहति
409 Der Herr besteigt das Roß
409 prabhur_hayam_ārohati
[prabhuḥ, m. = Herr; hayaḥ = Roß (Akk.); ruh, ā-rohati, 1. = besteigen (+ Akk., PrSg.)]

४१० सेवकः प्रभुं प्रणमति
410 Der Diener verneigt sich vor dem Herrn
410 sevakaḥ prabhuṃ praṇamati
[sevakaḥ = Diener; prabhuḥ, m. = Herr (Akk.); nam, pra-ṇamati, 1. = verneigen (vor + Akk., PrSg.)]

4.1.3. Mit Instrumental

४११ पशुना रघुं यजते
411 Er opfert Raghu mit Vieh (= Er bringt Raghu ein Tieropfer dar)
411 paśunā raghuṃ yajate
[paśuḥ, m. = Tier (Instr.); raghuḥ, m. Eig. = Raghu (Akk.); yaj, yajate, 1. = opfern (+ Instr. + Akk., Was wird geopfert? = Instr., Wem wird geopfert? = Akk.)]

४१२ परशुना वृक्षान् कृन्तथ
412 Ihr fällt die Bäume mit der Axt
412 paraśunā vṛkṣān kṛntatha
[paraśuḥ, m. = Axt (Instr.); vṛkṣaḥ = Baum (Akk.); kṛt, kṛntati, 6. = fällen, Baum (PrPl.)]

४१३ इषुभिर्नृपो ऽरीञ्जयति
413 Mit den Pfeilen besiegt der König die Feinde
413 iṣubhir_nṛpo 'rīñ_jayati
[iṣuḥ, m. = Pfeil (Instr.); nṛpaḥ = König; ariḥ, m. = Feind (arīn, Akk. Pl., Sa.: n + j = ñ + j); ji, jayati, 1. = besiegen (PrSg.)]

4.1.4. Mit Ablativ

४१४ आसनेभ्यो भिक्षव उत्तिष्ठन्ति
414 Die Bettler erheben sich von ihren Sitzen
414 āsanebhyo bhikṣava uttiṣṭhanti
[āsanam = Sitz (Abl.); bhikṣuḥ, m. = Bettler (bhikṣavaḥ, Nom. Pl.); sthā, ut-tiṣṭhati, 1. = aufstehen (+ Abl., PrPl.)]

४१५ तरोस्तरुं कपोता डीयन्ते
415 Die Tauben fliegen von Baum zu Baum
415 taros_taruṃ kapotā ḍīyante
[taruḥ, m. = Baum (Abl., Akk.); kapotaḥ = Taube (kapotāḥ, Nom. Pl.); ḍī, ḍīyate, 4. = fliegen (+ Abl. + Akk. = von - zu, PrPl.)]

४१६ गृहान्नरः शिशून् वनं नयति
416 Der Mann führt die Kinder aus dem Haus in den Wald
416 gṛhān_naraḥ śiśūn vanaṃ nayati
[gṛham = Haus (gṛhāt, Abl.); naraḥ = Mann; śiśuḥ, m. = Kind (Kleinkind, Akk.); vanam = Wald (Akk.); nī, nayati, 1. = führen (+ Abl. + Akk. = aus - in, PrSg.)]

4.1.5. Mit Lokativ

४१७ गुरौ तनयो वसति
417 Der Sohn wohnt beim Meister
417 gurau tanayo vasati
[guruḥ, m. = Lehrer (Lok. = beim Meister); tanayaḥ = Sohn; vas, vasati, 1. = wohnen (PrSg.)]

४१८ अरण्ये पशवो जीवन्ति
418 Im Walde leben die Tiere
418 araṇye paśavo jīvanti
[araṇyam = Wald (Lok.); paśuḥ, m. = Tier; jīv, jīvati, 1. = leben (PrPl.)]

४१९ वने ऽरय इषून् गूहन्ति
419 Im Walde verstecken die Feinde die Pfeile
419 vane 'raya iṣūn gūhanti

[vanam = Wald (Lok.); ariḥ, m. = Feind (arayaḥ, Nom. Pl.); iṣuḥ, m. = Pfeil (Akk.); guh, gūhati, 1. = verstecken (PrPl.)]

४२० मेघेष्विन्दुश्चलति
420 In den Wolken bewegt sich der Mond fort
420 megheṣv_induś_calati
[meghaḥ = Wolke (Lok.); induḥ, m. = Mond; cal, calati, 1. = fortbewegen (PrSg.)]

४२१ गिरौ कैलासे तरवो न रोहन्ति
421 Auf dem Berg Kailas wachsen keine Bäume
421 girau kailāse taravo na rohanti
[giriḥ, m. = Berg (Lok.); kailāsaḥ, m. Eig. = Kailas (Berg im Himalaya, Lok.); taruḥ, m. = Baum; na, Ind. = kein (+ Subst.); ruh, rohati, 1. = wachsen (PrPl.)]

४२२ मृत्यावपि वीरो न कम्पते
422 Auch im Tod zittert der Held nicht
422 mṛtyāv_api vīro na kampate
[mṛtyuḥ, m. = Tod (mṛtyau, Lok.); api, Ind. = auch; vīraḥ = Held; na, Ind. = nicht; kamp, kampate, 1. = zittern (PrSg.)]

४२३ शत्रौ सान्त्वं प्रतिकारः
423 Beim Feind ist die Besänftigung das Gegenmittel
423 śatrau sāntvaṃ pratikāraḥ
[śatruḥ, m. = Feind (Lok. = in bezug auf); sāntvam = Besänftigung; pratikāraḥ = Gegenmittel (auch pratīkāraḥ)]

4.1.6. Mit Dativ

४२४ तरुणो गुरवे पत्त्रं लिखति
424 Der Jüngling schreibt dem Lehrer einen Brief
424 taruṇo gurave pattraṃ likhati
[taruṇaḥ = Jüngling; guruḥ, m. = Lehrer (Dat.); pattram = Brief (Akk., falsche Schreibweise auch patram); likh, likhati, 6. = schreiben (+ Dat. + Akk., PrSg.)]

४२५ गुरुः शिष्याय योगशास्त्रमुपदिशति
425 Der Guru lehrt den Schüler die Yoga-Wissenschaft
425 guruḥ śiṣyāya yoga-śāstram_upadiśati
[guruḥ, m. = Lehrer; śiṣyaḥ = Schüler (Dat.); yoga-śāstram = Yoga-Lehre (Akk., Komp.); diś, upa-diśati, 6. = lehren (beibringen + Dat. + Akk., PrSg.)]

4.1.7. Mit Genitiv

४२६ विधिर्दुःखस्य हेतुर्भवति
426 Das Schicksal ist die Ursache des Leids
426 vidhir_duḥkhasya hetur_bhavati
[vidhiḥ, m. = Schicksal; duḥkham = Leid (Gen.); hetuḥ, m. = Ursache; bhū, bhavati, 1. = sein (PrSg.)]

४२७ गुरोर्वचनं प्रमाणम्
427 Das Wort des Lehrers ist Richtschnur
427 guror_vacanaṃ pramāṇam
[guruḥ, m. = Lehrer (Gen.); vacanam = Wort; pramāṇam = Richtschnur]

४२८ साधवो मृत्योर्भयं न गणयन्ति
428 Weise kennen keine Angst vor dem Tod (FÜ.)
428 sādhavo mṛtyor_bhayaṃ na gaṇayanti
[sādhuḥ, m. = Weise; mṛtyuḥ, m. = Tod (Gen.); bhayam = Angst (vor + Gen., Akk.); na, Ind. = nicht; gaṇ, gaṇayati, 10. = zählen (na gaṇayati = nicht zählen, beachten, kennen)]

४२९ अग्निरटव्यास्तरून् दहति
429 Das Feuer verbrennt die Bäume des Waldes
429 agnir_aṭavyās_tarūn dahati
[agniḥ, m. = Feuer; aṭavī = Wald (Gen.); taruḥ, m. = Baum (Akk.); dah, dahati, 1. = verbrennen (PrSg.)]

४३० गुरूणामादेशाननुरुध्यामहे
430 Wir befolgen die Befehle der Lehrer
430 gurūṇām_ādeśān_anurudhyāmahe
[guruḥ, m. = Lehrer (Gen.); ādeśaḥ = Befehl (Akk.); rudh, anu-rudhyate, 4. = befolgen (PrPl.)]

४३१ गुरवः शिष्याणां स्निह्यन्ति
431 Lehrer lieben die Schüler
431 guravaḥ śiṣyāṇāṃ snihyanti
[guruḥ, m. = Lehrer; śiṣyaḥ = Schüler (Gen.); snih, snihyati, 4. = lieben (+ Gen., PrPl.)]

४३२ गुरुभ्यः शिष्यस्याविनयं कथयामि
432 Ich »petze« den Lehrern den Ungehorsam des Schülers
432 gurubhyaḥ śiṣyasyāvinayaṃ kathayāmi
[guruḥ, m. = Lehrer (Dat.); śiṣyaḥ = Schüler (śiṣyasya, Gen.); avinayaḥ = Ungehorsam (Akk.); kath, kathayati, 10. = verraten (+ Dat. + Akk., PrSg.)]

४३३ नृपाणां शत्रवो ऽसिना नश्यन्ति
433 Die Feinde der Könige kommen durch das Schwert um
433 nṛpāṇāṃ śatravo 'sinā naśyanti
[nṛpaḥ = König (Gen.); śatruḥ, m. = Feind; asiḥ, m. = Schwert (Instr.); naś, naśyati, 4. = umkommen (PrPl.)]

४३४ मित्रस्य मृत्युना विषीदामः
434 Wir sind traurig über den Tod des Freundes
434 mitrasya mṛtyunā viṣīdāmaḥ
[mitram = Freund (Gen.); mṛtyuḥ, m. = Tod (Instr.); sad, vi-ṣīdati, 1. = traurig sein (über + Instr., PrPl.)]

४३५ वनस्य तरुषु तरक्षवो वसन्ति
435 Die Hyänen hausen unter den Bäumen des Waldes
435 vanasya taruṣu tarakṣavo vasanti
[vanam = Wald (Gen.); taruḥ, m. = Baum (Lok. = unter den Bäumen); tarakṣuḥ, m. = Hyäne; vas, vasati, 1. = hausen (PrPl.)]

४३६ अरण्यस्य तरुषु कपयो वसन्ति
436 Die Affen hausen in den Bäumen des Waldes
436 araṇyasya taruṣu kapayo vasanti
[araṇyam = Wald (Gen.); taruḥ, m. = Baum (Lok. = in den Bäumen); kapiḥ, m. = Affe; vas, vasati, 1. = hausen (PrPl.)]

४३७ तैलस्य बिन्दवः पात्राद्गलन्ति
437 Die Tropfen des Öls träufeln aus dem Gefäß
437 tailasya bindavaḥ pātrād_galanti
[tailam = Öl (Gen.); binduḥ, m. = Tropfen; pātram = Gefäß (Abl.); gal, galati, 1. = träufeln (aus + Abl., PrPl.)]

४३८ जलस्य बिन्दवो मेघेभ्यः पतन्ति
438 Die Tropfen des Wassers fallen aus den Wolken
438 jalasya bindavo meghebhyaḥ patanti
[jalam = Wasser (Gen.); binduḥ, m. = Tropfen; meghaḥ = Wolke (Abl.); pat, patati, 1. = fallen (aus + Abl., PrPl.)]

४३९ चातकस्य चञ्च्वां वृष्टेर्बिन्दवः पतन्ति
439 In den Schnabel des Spechtes fallen die Tropfen des Regens
439 cātakasya cañcvāṃ vṛṣṭer_bindavaḥ patanti
[cātakaḥ = Specht (Gen., lebt nach der Sage nur von Wasser); cañcuḥ, f. = Schnabel (cañcvām oder cañcau, Lok.); vṛṣṭiḥ, f. = Regen (vṛṣṭeḥ oder vṛṣṭyāḥ, Gen.); binduḥ, m. = Tropfen; pat, patati, 1. = fallen (in + Lok., PrPl.)]

४४० नद्यास्तीरे शत्रवो युध्यन्ते
440 Am Ufer des Flusses kämpfen die Feinde
440 nadyās_tīre śatravo yudhyante
[nadī = Fluß (Gen.); tīram = Ufer (Lok.); śatruḥ, m. = Feind; yudh, yudhyate, 4. = kämpfen (PrPl.)]

४४१ वसन्तस्य काले ऽलयो भ्राम्यन्ति मुखेन च मधु पिबन्ति
441 Zur Zeit des Frühlings streifen Bienen herum und trinken mit dem Mund den Honig
441 vasantasya kāle 'layo bhrāmyanti mukhena ca madhu pibanti
[vasantaḥ = Frühling (Gen.); kālaḥ = Zeit (Lok.); aliḥ, m. = Biene (alayaḥ, Nom. Pl.); bhram, bhrāmyati, 4. = herumstreifen (PrPl.); mukham = Mund (Instr.); ca, Konj. = und; madhu, n. = Honig (Akk.); pā, pibati, 1. = trinken (PrPl.)]

४४२ जलस्य बिन्दुभी रवे रश्मिभिश्चैव वनस्य कुसुमानां शोभा वर्धते
442 Nur durch die Tropfen des Wassers und die Strahlen der Sonne wächst die Schönheit der Blumen des Waldes
442 jalasya bindubhī rave raśmibhiś_caiva vanasya kusumānāṃ śobhā vardhate
[jalam = Wasser (Gen.); binduḥ, m. = Tropfen (bindubhiḥ, Instr., Sa.: iḥ + r = ī + r); raviḥ, m. = Sonne (raveḥ, Gen., Sa.: eḥ + r = e + r, »e« ist bereits lang); raśmiḥ, m. = Strahl (Instr.); ca, Konj. = und; eva, Ind. = nur; vanam = Wald (Gen.); kusumam = Blume (Gen.); śobhā = Schönheit; vṛdh, vardhate, 1. = wachsen (PrSg.)]

4.1.8. Mit Dual

४४३ विष्णोर्बाहू स्फुरतः
443 Vishnus Arme zittern
443 viṣṇor_bāhū sphurataḥ
[viṣṇuḥ, m. Eig. = Vishnu (Gen.); bāhuḥ, m. = Arm, m. (Du.); sphur, sphurati, 6. = zittern (PrDu.)]

४४४ दोलायां शिशू हसतः
444 Auf der Schaukel lachen die zwei Säuglinge
444 dolāyāṃ śiśū hasataḥ
[dolā = Schaukel (Lok.); śiśuḥ, m. = Säugling (Du.); has, hasati, 1. = lachen (PrDu.)]

४४५ बन्धू अतिथिं नमतः
445 Die zwei Freunde grüßen den Gast
445 bandhū atithim namataḥ
[bandhuḥ, m. = Freund (Du., kein Sa. nach Du.-Endung auf »ū«); atithiḥ, m. = Gast (Akk.); nam, namati, 1. = grüßen (PrDu.)]

४४६ वनात् स्थाणू आनयथः
446 Ihr beide holt zwei Baumstümpfe aus dem Wald
446 vanāt sthāṇū ānayathaḥ
[vanam = Wald (Abl.); sthāṇuḥ, m. = Baumstumpf (Akk. Du., kein Sa.); nī, ā-nayati, 1. = holen (+ Abl. + Akk., PrDu.)]

४४७ गोपो धेनू रक्षति
447 Der Hirte behütet die Kühe (oder die beiden Kühe)
447 gopo dhenū rakṣati
[gopaḥ = Hirte; dhenuḥ, f. = Kuh (Akk., Sa. mehrdeutig: dhenū + r = zwei Kühe, Akk. Du., oder dhenūḥ + r = Kühe, Akk. Pl.); rakṣ, rakṣati, 1. = behüten (PrSg.)]

४४८ शिष्या गुरोः पादौ पूजयन्ति
448 Die Schüler dienen zu Füßen des Lehrers (FÜ.)
448 śiṣyā guroḥ pādau pūjayanti
[śiṣyaḥ = Schüler; guruḥ, m. = Lehrer (Gen.); pādaḥ = Fuß (Akk. Du. = »die Füße bedienen«); pūj, pūjayati, 10. = verehren (PrPl.)]

४४९ गुरू शिष्याभ्यां क्रुध्यतः
449 Die beiden Lehrer zürnen den beiden Schülern
449 gurū śiṣyābhyām krudhyataḥ
[guruḥ, m. = Lehrer (Du.); śiṣyaḥ = Schüler (Dat. Du.); krudh, krudhyati, 4. = zürnen (+ Dat., PrDu.)]

4.2. ū-Deklination

४५० वध्वो नद्या अम्ब्वानयन्ति
450 Die jungen Frauen holen Wasser vom Fluß
450 vadhvo nadyā ambv_ānayanti
[vadhūḥ = Fräulein (junge Frau, vadhvaḥ, Nom. Pl., Anm.: Feminina auf »ū« sind sehr selten); nadī = Fluß (nadyāḥ, Abl.); ambu, n. = Wasser (Akk.); nī, ā-nayati, 1. = holen (+ Abl. + Akk., PrPl.)]

४५१ चमूः सिन्धुमुपगच्छति
451 Das Heer nähert sich dem Sindhu
451 camūḥ sindhum_upagacchati
[camūḥ = Heer; sindhuḥ, m. Eig. = Indus; gam, upa-gacchati, 1. = nähern (sich nähern + Akk., PrSg.)]

४५२ जुह्वां घृतं तिष्ठति
452 In der Kelle befindet sich die Schmelzbutter
452 juhvām ghṛtam tiṣṭhati
[juhūḥ = Kelle (Holzlöffel für Opferzwecke, Lok.); ghṛtam = Schmelzbutter (Nom.); sthā, tiṣṭhati, 1. = befinden (PrSg.)]

5. Vokalische ṛ-Substantive

5.1. Nomina agentis

४५३ नेत्रे स्वस्ति
453 Heil dem Führer!
453 netre svasti!
[netṛ, netā, m. = Führer (Dat., Anm. 1: Die Nomina agentis netṛ, dātṛ usw. sowie die Verwandtschaftsnamen naptṛ = Enkel, bhartṛ = Gatte, svasṛ = Schwester sind am langen ā im Akk. Sg. zu erkennen: richtig svasāram, falsch svasaram, Anm. 2: Theoretisch läßt sich von jeder Wz. ein Nomen agentis mit Suffix »tṛ« bilden: kṛ - kar-tṛ, dā - dā-tṛ, dhā - dhā-tṛ, dviṣ - dveṣ-ṭṛ, nī - ne-tṛ, vac - vak-tṛ, sṛj - sraṣ-ṭṛ, hu - ho-tṛ); svasti, Interj. = Heil! (+ Dat.)]

४५४ विश्वस्य कर्तारं नमामि
454 Ich verehre den Schöpfer des Alls
454 viśvasya kartāraṃ namāmi
[viśvam = All, n. (Gen.); kartṛ, kartā, m. = Schöpfer (Akk.); nam, namati, 1. = verehren (PrSg.)]

४५५ द्वेष्टॄणामुत्साहं न सहध्वे
455 Ihr ertragt nicht die Gewalt der Feinde
455 dveṣṭṝṇām_utsāhaṃ na sahadhve
[dveṣṭṛ, dveṣṭā, m. = Feind (Gen.); utsāhaḥ = Kraft, f. (Akk.); na, Ind. = nicht; sah, sahate, 1. = ertragen (PrPl.)]

४५६ जीवने कर्तार एव सुखमधिगच्छन्ति
456 Im Leben erlangen nur die Macher das Glück
456 jīvane kartāra eva sukham_adhigacchanti
[jīvanam = Leben, n. (Lok.); kartṛ, kartā, m. = Macher (»Täter«); eva, Ind. = nur; sukham = Glück (Akk.); gam, adhi-gacchati, 1. = erlangen (+ Akk., PrPl.)]

४५७ दातृभ्यो धनं लभामहे
457 Von den Spendern erhalten wir Geld
457 dātṛbhyo dhanaṃ labhāmahe
[dātṛ, dātā, m. = Spender (Abl.); dhanam = Geld (Akk.); labh, labhate, 1. = erhalten (+ Abl. + Akk., PrPl.)]

४५८ पाणिनेर्व्याकरणस्य कर्तुर्बुद्धिं शंसामः
458 Wir preisen den Verstand des Panini, des Urhebers der Grammatik
458 pāṇiner_vyākaraṇasya kartur_buddhiṃ śaṃsāmaḥ
[pāṇiniḥ, m. Eig. = Panini (Gen.); vyākaraṇam = Grammatik (Gen.); kartṛ, kartā, m. = Urheber (Gen.); buddhiḥ, f. = Verstand (Akk.); śaṃs, śaṃsati, 1. = preisen (PrPl.)]

5.2. Verwandtschaftsnamen

४५९ नरो वसूनि वाञ्छन्ति
459 Menschen begehren Reichtümer
459 naro vasūni vāñchanti
[nṛ, nā, m. = Mensch (naraḥ, Nom. Pl. von nṛ, aber auch Nom. Sg. von naraḥ, Anm.: Die Verwandtschaftsnamen pitṛ, mātṛ usw. sind am kurzen a im Akk. Sg. zu erkennen, also richtig pitaram statt falsch pitāram, Ausnahme: naptṛ = Enkel, bhartṛ = Gatte und svasṛ = Schwester haben ein langes ā im Akk. Sg.); vasu, n. = Reichtum (Akk. Pl.); vāñch, vāñchati, 1. = wünschen (begehren, PrPl.)]

४६० नप्तारः पितॄन् यजन्ते
460 Die Enkel opfern den Ahnen (oder Die Enkel opfern für die Ahnen)
460 naptāraḥ pitṝn yajante
[naptṛ, naptā, m. = Enkel; pitṛ, pitā, m. = Ahnen (Akk. Pl. = Vorfahren); yaj, yajate, 1. = opfern (für + Akk., PrPl.)]

४६१ पिता पुत्रेभ्यः कूपं खनति
461 Der Vater gräbt den Brunnen für die Söhne
461 pitā putrebhyaḥ kūpaṃ khanati
[pitṛ, pitā, m. = Vater; putraḥ = Sohn (Dat. = für die Söhne); kūpaḥ = Brunnen (Akk.); khan, khanati, 1. = graben (+ Dat. + Akk., PrSg.)]

४६२ माता दुहितृभ्यः शालां दिशति
462 Die Mutter zeigt den Töchtern das Zimmer
462 mātā duhitṛbhyaḥ śālāṃ diśati
[mātṛ, mātā, f. = Mutter; duhitṛ, duhitā, f. = Tochter (Dat.); śālā = Zimmer (»Saal«, Akk.); diś, diśati, 6. = zeigen (+ Dat. + Akk., PrSg.)]

४६३ भ्राता पितरं मातरं स्वसॄश्च बाष्पाणां हेतुं पृच्छति
463 Der Bruder fragt Vater, Mutter und Schwestern nach dem Grund der Tränen
463 bhrātā pitaraṃ mātaraṃ svasṝś_ca bāṣpāṇāṃ hetuṃ pṛcchati
[bhrātṛ, bhrātā, m. = Bruder; pitṛ, pitā, m. = Vater (Akk.); mātṛ, mātā, f. = Mutter (Akk.); svasṛ, svasā, f. = Schwester (svasṝḥ = Akk. Pl.); ca, Konj. = und; bāṣpaḥ = Träne (Gen.); hetuḥ, m. = Grund (Akk.); pracch, pṛcchati, 6. = fragen (nach + Akk., PrSg.)]

४६४ पितृव्यः पितुर्भ्राता मातुलश्च मातुर्भ्राता
464 Der Onkel ist der Bruder des Vaters und der Oheim der Bruder der Mutter
464 pitṛvyaḥ pitur_bhrātā mātulaś_ca mātur_bhrātā
[pitṛvyaḥ = Onkel (väterlicherseits); pitṛ, pitā, m. = Vater (Gen.); bhrātṛ, bhrātā, m. = Bruder; mātulaḥ = Onkel (mütterlicherseits = Oheim); ca, Konj. = und; mātṛ, mātā, f. = Mutter (Gen.)]

४६५ कन्याया भर्तारं जामातरं वदन्ति
465 Man bezeichnet den Ehemann der Tochter als Schwiegersohn
465 kanyāyā bhartāraṃ jāmātaraṃ vadanti
[kanyā = Tochter (kanyāyāḥ, Gen.); bhartṛ, bhartā, m. = Ehemann (Akk.); jāmātṛ, jāmātā, m. = Schwiegersohn (Akk.); vad, vadati, 1. = bezeichnen (+ Akk. + Akk., PrPl. = man nennt)]

४६६ मातृष्वसा च मातुलश्च पितृष्वसा च पितृव्यश्च देवगृहं गच्छन्ति
466 Tante und Onkel mütterlicherseits sowie Tante und Onkel väterlicherseits gehen in die Kirche
466 mātṛ-ṣvasā ca mātulaś_ca pitṛ-ṣvasā ca pitṛvyaś_ca deva-gṛhaṃ gacchanti
[mātṛ-ṣvasṛ, mātṛ-ṣvasā, f. = Tante (»Mutter-Schwester«, Komp.); ca, Konj. = und; mātulaḥ = Onkel (mütterlicherseits); pitṛ-ṣvasṛ, pitṛ-ṣvasā, f. = Tante (»Vater-Schwester«, Komp.); pitṛvyaḥ = Onkel (väterlicherseits); deva-gṛham = Kirche (Akk., »Gotteshaus«, Komp.); gam, gacchati, 1. = gehen (in + Akk., PrPl.)]

5.3. Mit Dual

४६७ मातापितरौ दुःखं स्मरतः
467 Die Eltern erinnern sich an den Schmerz
467 mātā-pitarau duḥkhaṃ smarataḥ
[mātā-pitṛ, mātā-pitā, m. = Eltern (m. Nom. Du. Komp.); duḥkham = Schmerz (Akk.); smṛ, smarati, 1. = erinnern (an + Akk., PrDu.)]

४६८ पितरौ सूनोर्लाभेन मोदेते
468 Die Eltern freuen sich über die Erlangung des Sohnes (WÜ.)
468 pitarau sūnor_lābhena modete
[pitṛ, pitā, m. = Eltern (Sg. = Vater, Du. = Eltern, Pl. = Väter, Ahnen); sūnuḥ, m. = Sohn (Gen.); lābhaḥ = Erlangung (Instr.); mud, modate, 1. = freuen (über + Instr., PrDu.)]

6. Präpositionen

6.1. Mit Akkusativ

४६९ कनकं विना शरीरं जीवति
469 Der Körper lebt ohne Gold
469 kanakaṃ vinā śarīraṃ jīvati
[kanakam = Gold (Akk.); vinā, Präp. + Akk. = ohne (Die meisten Präp. sind Postpositionen. Die Präp. regieren nie den Dat. oder Lok.); śarīram = Körper; jīv, jīvati, 1. = leben (PrSg.)]

४७० जलं विना कमलानां सौन्दर्यं प्रणश्यति
470 Ohne Wasser geht die Schönheit der Lotusblumen zugrunde
470 jalaṃ vinā kamalānāṃ saundaryaṃ praṇaśyati
[jalam = Wasser (Akk.); vinā, Präp. + Akk. = ohne; kamalam = Lotus (Gen. Pl. = Lotusblumen); saundaryam = Schönheit; naś, pra-ṇaśyati, 4. = zugrunde gehen (PrSg.)]

४७१ अश्वाः पर्वतं प्रति धावन्ति
471 Die Pferde laufen zum Berg
471 aśvāḥ parvataṃ prati dhāvanti
[aśvaḥ = Pferd; parvataḥ = Berg (Akk.); prati, Präp. + Akk. = zu (Anm.: »prati« könnte entfallen, ohne daß sich der Sinn ändern würde); dhāv, dhāvati, 1. = laufen (PrPl.)]

४७२ ग्रामं सर्वतो गुल्मा रोहन्ति
472 Um das Dorf herum wachsen Sträucher
472 grāmaṃ sarvato gulmā rohanti
[grāmaḥ = Dorf (Akk.); sarvatas, Präp. + Akk. = um - herum; gulmaḥ = Strauch (Pl., im Sg.: Buschwerk); ruh, rohati, 1. = wachsen (PrPl.)]

४७३ ह्रदं सर्वतस्तालास्तिष्ठन्ति
473 Um den Teich herum stehen Palmen
473 hradaṃ sarvatas_tālās_tiṣṭhanti
[hradaḥ = Teich (Akk.); sarvatas, Präp. + Akk. = um - herum; tālaḥ = Palme (tāla-pattram = »talipot« = Palmblatt, beschreibbar für Palmblattbücher); sthā, tiṣṭhati, 1. = stehen (PrPl.)]

४७४ ह्रदं निकषा बाला दीव्यन्ति
474 In der Nähe des Teiches spielen die Kinder
474 hradaṃ nikaṣā bālā dīvyanti
[hradaḥ = Teich (Akk.); nikaṣā, Präp. + Akk. = nahe (in der Nähe, Anm.: Etymologie von nikaṣā ist unklar); bālaḥ = Kind; div, dīvyati, 4. = spielen (PrPl.)]

४७५ धनमन्तरेण जीवनं नश्यति
475 Ohne Geld geht das Leben zugrunde
475 dhanam_antareṇa jīvanaṃ naśyati
[dhanam = Geld (Akk.); antareṇa, Präp. + Akk. = ohne; jīvanam = Leben, n.; naś, naśyati, 4. = zugrunde gehen (PrSg.)]

४७६ अन्नमन्तरेण कमलं रोहति
476 Der Lotus wächst ohne Nahrung
476 annam_antareṇa kamalaṃ rohati
[annam = Nahrung (Akk.); antareṇa, Präp. + Akk. = ohne; kamalam = Lotus; ruh, rohati, 1. = wachsen (PrSg.)]

४७७ ज्ञानमन्तरेण न मुक्तिः
477 Ohne Erkenntnis gibt es keine Erlösung
477 jñānam_antareṇa na muktiḥ
[jñānam = Erkenntnis (Akk.); antareṇa, Präp. + Akk. = ohne; na, Ind. = kein (+ Subst.); muktiḥ, f. = Erlösung (erg.: bhavati = es gibt)]

४७८ दरीमुभयतः कृषकाः स्थाणून् दहन्ति
478 Auf beiden Seiten des Tals verbrennen die Bauern die Baumstümpfe
478 darīm_ubhayataḥ kṛṣakāḥ sthāṇūn dahanti
[darī = Tal (Akk., Anm.: Es gibt viele Wörter für »Berg«, aber kein allgemeines für »Tal«: »darī = Höhle, Schlucht«, »droṇī = Kessel«, »nivat, f. = Senke«, »nimnam = Niederung«, »upatyakā = Vorgebirge« sind zu speziell); ubhayatas, Präp. + Akk. = beiderseits; kṛṣakaḥ = Bauer (Pflüger); sthāṇuḥ, m. = Baumstumpf (Akk.); dah, dahati, 1. = verbrennen (PrPl.)]

४७९ तीरमनु हंसश्चलति
479 Ein Schwan bewegt sich am Ufer entlang
479 tīram_anu haṃsaś_calati
[tīram = Ufer (Akk.); anu, Präp. + Akk. = entlang; haṃsaḥ = Schwan; cal, calati, 1. = fortbewegen (PrSg.)]

४८० अति कनकं सुखम्। अति देवान् कृष्णः
480 Über dem Gold steht das Glück. Über den Göttern steht Krishna
480 ati kanakaṃ sukham. ati devān kṛṣṇaḥ
[ati, Präp. + Akk. = über (mehr als, Präp. vorangestellt); kanakam = Gold (Akk.); sukham = Glück; devaḥ = Gott (Akk.); kṛṣṇaḥ, m. Eig. = Krishna]

४८१ उप देशं नृपः। उप कृष्णं देवाः
481 Der König ist unter dem Land. Die Götter sind unter Krishna
481 upa deśaṃ nṛpaḥ. upa kṛṣṇaṃ devāḥ
[upa, Präp. + Akk. = unter (weniger als, Präp. vorangestellt); deśaḥ = Land (Akk.); nṛpaḥ = König; kṛṣṇaḥ, m. Eig. = Krishna (Akk.); devaḥ = Gott]

४८२ ह्रदं परितः कुसुमानि रोहन्ति
482 Um den Teich herum wachsen Blumen
482 hradaṃ paritaḥ kusumāni rohanti
[hradaḥ = Teich (Akk.); paritas, Präp. + Akk. = um - herum; kusumam = Blume; ruh, rohati, 1. = wachsen (PrPl.)]

४८३ पर्वतं परितस्तालाः शुष्यन्ति
483 Um den Berg herum vertrocknen die Palmen
483 parvataṃ paritas_tālāḥ śuṣyanti
[parvataḥ = Berg (Akk.); paritas, Präp. + Akk. = um - herum; tālaḥ = Palme (Nom. Pl.); śuṣ, śuṣyati, 4. = vertrocknen (PrPl.)]

४८४ प्रासादमभितो नृत्यामः
484 Wir tanzen in der Nähe des Palastes
484 prāsādam_abhito nṛtyāmaḥ
[prāsādaḥ = Palast (Akk.); abhitas, Präp. + Akk. = nahe (in der Nähe); nṛt, nṛtyati, 4. = tanzen

(PrPl.)]

४८५ गृहमभितो भृताः कृषन्ति
485 In der Nähe des Hauses pflügen die Knechte
485 gṛham_abhito bhṛtāḥ kṛṣanti
[gṛham = Haus (Akk.); abhitas, Präp. + Akk. = nahe (in der Nähe); bhṛtaḥ = Knecht (Tagelöhner); kṛṣ, kṛṣati, 6. = pflügen (PrPl.)]

४८६ स्थानमभितो दासो गजान् तृणमाशयति
486 In der Nähe des Platzes läßt der Sklave die Elefanten Gras fressen
486 sthānam_abhito dāso gajān tṛṇam_āśayati
[sthānam = Platz (Akk.); abhitas, Präp. + Akk. = nahe (in der Nähe); dāsaḥ = Sklave; gajaḥ = Elefant (Akk.); tṛṇam = Gras (Akk.); aś, āśayati, 10. = füttern (+ Akk. + Akk. = Kaus. = fressen lassen, PrSg.)]

6.2. Mit Instrumental

४८७ ईर्ष्यया विना नार्यो न भवन्ति
487 Frauen sind nicht ohne Eifersucht
487 īrṣyayā vinā nāryo na bhavanti
[īrṣyā = Eifersucht (Instr.); vinā, Präp. + Instr. = ohne; nārī = Frau; na, Ind. = nicht; bhū, bhavati, 1. = sein (PrPl.)]

४८८ जलेन विना जपा न रोहति
488 Ohne Wasser wächst keine Rose
488 jalena vinā japā na rohati
[jalam = Wasser (Instr.); vinā, Präp. + Instr. = ohne; japā = Rose; na, Ind. = kein (na + Subst.); ruh, rohati, 1. = wachsen (PrSg.)]

४८९ गृहस्थः पुत्रेण सह काशीं गच्छति
489 Der Hausvater geht mit dem Sohn nach Benares
489 gṛha-sthaḥ putreṇa saha kāśīṃ gacchati
[gṛha-sthaḥ = Hausvater (Komp.); putraḥ = Sohn (Instr.); saha, Präp. + Instr. = mit; kāśī, f. Eig. = Benares (Akk., auch vārāṇasī, f.); gam, gacchati, 1. = gehen (nach + Akk., PrSg.)]

४९० ऋणदातृभिः सह हर्म्यं गच्छामि
490 Ich gehe mit den Gläubigern zur Villa
490 ṛṇa-dātṛbhiḥ saha harmyaṃ gacchāmi
[ṛṇa-dātṛ, ṛṇa-dātā, m. = Gläubiger (Instr., Komp., ṛṇam = Schuld); saha, Präp. + Instr. = mit; harmyam = Villa (Akk.); gam, gacchati, 1. = gehen (zum + Akk., PrSg.)]

४९१ दुःखे सुखे च नार्य ऋषिभिः सह मन्त्रयन्ते
491 In Leid und Freude beraten sich die Frauen mit den Sehern
491 duḥkhe sukhe ca nārya ṛṣibhiḥ saha mantrayante
[duḥkham = Leid (Lok.); sukham = Freude (Lok.); ca, Konj. = und; nārī = Frau (Nom. Pl.); ṛṣiḥ, m. = Seher (Instr.); saha, Präp. + Instr. = mit; mantr, mantrayate, 10. = beraten (um Rat fragen + Instr., PrPl.)]

४९२ कविः प्रासादे गुरुणा सह नृपतेरग्रे तिष्ठति
492 Der Dichter steht im Palast mit dem Lehrer vor dem König
492 kaviḥ prāsāde guruṇā saha nṛpater_agre tiṣṭhati
[kaviḥ, m. = Dichter; prāsādaḥ = Palast (Lok.); guruḥ, m. = Lehrer (Instr.); saha, Präp. + Instr. = mit; nṛpatiḥ, m. = König (Gen.); agre, Präp. + Gen. = vor; sthā, tiṣṭhati, 1. = stehen (PrSg.)]

6.3. Mit Ablativ

४९३ वधाद्विना क्षत्रियो न शाम्यति
493 Ohne Töten gibt der Krieger keine Ruhe (FÜ.)
493 vadhād_vinā kṣatriyo na śāmyati
[vadhaḥ = Töten, n. (Abl.); vinā, Präp. + Abl. = ohne; kṣatriyaḥ = Krieger; na, Ind. = nicht; śam, śāmyati, 4. = ruhig werden (PrSg.)]

४९४ ग्रामाद्बहिः शृगाला वसन्ति
494 Außerhalb des Dorfes leben die Schakale
494 grāmād_bahiḥ śṛgālā vasanti
[grāmaḥ = Dorf (Abl.); bahis, Präp. + Abl. = außerhalb; śṛgālaḥ = Schakal; vas, vasati, 1. = leben (PrPl.)]

४९५ सुखादृते जना न माद्यन्ति
495 Ohne Glück sind die Menschen nicht fröhlich
495 sukhād_ṛte janā na mādyanti
[sukham = Glück (Abl.); ṛte, Präp. + Abl. = ohne; janaḥ = Mensch; na, Ind. = nicht; mad, mādyati, 4. = fröhlich sein (PrPl.)]

४९६ गिरेः प्रागिन्दुं पश्यामः
496 Vor dem Berg sehen wir den Mond
496 gireḥ prāg_indum paśyāmaḥ
[giriḥ, m. = Berg (Abl.); prāk, Präp. + Abl. = vor; induḥ, m. = Mond (Akk.); paś, paśyati, 4. = sehen (PrPl.)]

6.4. Mit Genitiv

४९७ मेघानामुपरि रविश्चलति
497 Über den Wolken bewegt sich die Sonne fort
497 meghānām_upari raviś_calati
[meghaḥ = Wolke (Gen.); upari, Präp. + Gen. = über; raviḥ, m. = Sonne; cal, calati, 1. = fortbewegen (PrSg.)]

४९८ गृहस्य पश्चाद्बन्धवः सीदन्ति
498 Hinter dem Haus sitzen die Verwandten
498 gṛhasya paścād_bandhavaḥ sīdanti
[gṛham = Haus (Gen.); paścāt, Präp. + Gen. = hinter; bandhuḥ, m. = Verwandte; sad, sīdati, 1. = sitzen (PrPl.)]

४९९ मुनेः समक्षं जनास्तिष्ठन्ति
499 In Gegenwart des Weisen stehen die Leute
499 muneḥ samakṣaṃ janās_tiṣṭhanti
[muniḥ, m. = Weise (Gen.); samakṣam, Präp. + Gen. = angesichts (in Gegenwart); janaḥ = Leute (Nom. Pl.); sthā, tiṣṭhati, 1. = stehen (PrPl.)]

५०० आ गिरेराम्रा रोहन्ति
500 Die Mangobäume wachsen bis zum Berg
500 ā girer_āmrā rohanti
[ā, Präp. + Abl. = bis (Präp. vorangestellt); giriḥ, m. = Berg (Abl.); āmraḥ = Mangobaum; ruh, rohati, 1. = wachsen (PrPl.)]

५०१ अनिलस्य वशेन वृक्षाः कम्पन्ते
501 Wegen des Windes zittern die Bäume
501 anilasya vaśena vṛkṣāḥ kampante
[anilaḥ = Wind (Gen., Anm.: anilaḥ = Wind von Wz. an, aniti, 2. = atmen, analaḥ = Feuer von vermutlich »an-ala = un-ersättlich«); vaśena, Präp. + Gen. = wegen (= kraft, vaśaḥ = Wille); vṛkṣaḥ = Baum; kamp, kampate, 1. = zittern (PrPl.)]

6.5. Mit Dual

५०२ कूपं निकषा दासौ वदतः
502 In der Nähe des Brunnens sprechen zwei Sklaven
502 kūpaṃ nikaṣā dāsau vadataḥ
[kūpaḥ = Brunnen (Akk.); nikaṣā, Präp. + Akk. = nahe; dāsaḥ = Sklave (Du.); vad, vadati, 1. = sprechen (PrDu.)]

५०३ वृक्षं निकषोपविशथः
503 In der Nähe des Baums laßt ihr beide euch nieder
503 vṛkṣaṃ nikaṣopaviśathaḥ
[vṛkṣaḥ = Baum (Akk.); nikaṣā, Präp. + Akk. = nahe (in der Nähe); viś, upa-viśati, 6. = niederlassen (PrDu.)]

५०४ वने अन्तरा गङ्गा वहति
504 Der Ganges fließt zwischen zwei Wäldern
504 vane antarā gaṅgā vahati
[vanam = Wald (Akk. Du., kein Sa. nach Du.-Endung auf »e«); antarā, Präp. + Akk. = zwischen; gaṅgā, f. Eig. = Ganges; vah, vahati, 1. = fließen (PrSg.)]

५०५ पात्रे अन्तरा कपोतः पत्त्रं पातयति
505 Zwischen die zwei Gefäße läßt die Taube ein Blatt fallen
505 pātre antarā kapotaḥ pattraṃ pātayati
[pātram = Gefäß (Akk. Du.); antarā, Präp. + Akk. = zwischen; kapotaḥ = Taube; pattram = Blatt (Akk.); pat, pātayati, 10. = fallen lassen (+ Akk., Kaus., PrSg.)]

५०६ शास्त्रमनु बालौ नृपतिं नमतः
506 Gemäß der Vorschrift grüßen die zwei Kinder den König
506 śāstram_anu bālau nṛpatiṃ namataḥ
[śāstram = Vorschrift (Akk.); anu, Präp. + Akk. = gemäß (nach); bālaḥ = Kind (Nom. Du.); nṛpatiḥ, m. = König (Akk.); nam, namati, 1. = grüßen (PrDu.)]

५०७ ग्रामं परितो दासावश्वान् नयतः
507 Die zwei Sklaven führen die Pferde um das Dorf herum
507 grāmaṃ parito dāsāv_aśvān nayataḥ
[grāmaḥ = Dorf (Akk.); paritas, Präp. + Akk. = um - herum; dāsaḥ = Sklave (dāsau, Nom. Du.); aśvaḥ = Pferd (Akk.); nī, nayati, 1. = führen (PrDu.)]

५०८ हे नप्तारौ मित्राणामग्रे ऽपि विवदेथे
508 He ihr zwei Enkel, auch vor Freunden streitet ihr euch beide
508 he naptārau, mitrāṇām_agre 'pi vivadethe
[he, Interj. = he! (Anm.: Interj. sind stets indeklinabel, auch wenn sie mit einem Vok. verbunden werden); naptṛ, naptā, m. = Enkel (Vok. Du.); mitram = Freund (Gen.); agre, Präp. + Gen. = vor (in Gegenwart); api, Ind. = auch; vad, vi-vadate, 1. = streiten (PrDu.)]

7. Konsonantische Substantive

7.1. Einstämmige Maskulina und Feminina (»marut«)

५०९ नगर्यां वणिजो जीवन्ति
509 In der Stadt leben die Kaufleute
509 nagaryāṃ vaṇijo jīvanti
[nagarī = Stadt (Lok.); vaṇij, vaṇik, m. = Kaufmann (Nom. Pl., Anm.: Die Stammform vaṇij steht vor den vokalischen Endungen, z.B. vaṇij-e, Dat., die Nominativ-Singular-Form vaṇik steht vor den konsonatischen Endungen, wobei die Satzsandhiregeln angewandt werden, z.B. vaṇik + bhiḥ = vaṇig-bhiḥ, Instr.); jīv, jīvati, 1. = leben (PrPl.)]

५१० मेघेषु विद्युत् प्रकाशते
510 In den Wolken erscheint der Blitz
510 megheṣu vidyut prakāśate
[meghaḥ = Wolke (Lok.); vidyut, f. = Blitz (Nom. Sg., Anm.: Wenn bei konsonantischen Subst. nur die Stammform angegeben wird, so ist der Nom. Sg. mit der Stammform identisch); kāś, pra-kāśate, 1. = erscheinen (PrSg.)]

५११ क्लेशे भिषक् शरणम्
511 Der Arzt ist die Zuflucht im Leiden
511 kleśe bhiṣak śaraṇam
[kleśaḥ = Leiden (Lok.); bhiṣaj, bhiṣak, m. = Arzt; śaraṇam = Zuflucht]

५१२ योषिद्वैरस्य कारणम्
512 Die Frau ist die Ursache der Zwietracht
512 yoṣid_vairasya kāraṇam
[yoṣit, f. = Frau; vairam = Zwietracht (Gen.); kāraṇam = Ursache]

५१३ अश्रुभिर्योषितो मनोरथान् साधयन्ति
513 Durch Tränen erreichen Frauen (ihre) Wünsche
513 aśrubhir_yoṣito mano-rathān sādhayanti
[aśru, n. = Träne (Instr.); yoṣit, f. = Frau (yoṣitaḥ, Nom. Pl.); mano-rathaḥ = Wunsch (Akk., Komp.: manas + rathaḥ); sādh, sādhayati, 10. = erlangen (gefügig machen + Akk., PrPl.)]

५१४ आपदि सुहृदः सुहृदो भरन्ति
514 In der Not unterstützen Freunde (ihre) Freunde
514 āpadi suhṛdaḥ suhṛdo bharanti
[āpad, āpat, f. = Not (Lok.); suhṛd, suhṛt, m. = Freund (suhṛdaḥ, Nom. Pl., Akk. Pl.); bhṛ, bharati, 1. = unterstützen (helfen + Akk., PrPl.)]

५१५ द्विषः कुरूणां राज्यं ध्वंसयन्ति
515 Die Feinde zerstören das Reich der Inder
515 dviṣaḥ kurūṇāṃ rājyaṃ dhvaṃsayanti
[dviṣ, dviṭ, m. = Feind (Nom. Pl.); kuruḥ, m. Eig. = Inder (»Nordinder«, Gen. Pl.); rājyam = Königreich (Akk.); dhvaṃs, dhvaṃsayati, 10. = zerstören (+ Akk., PrPl., Kaus.)]

५१६ परिव्राड्ग्रामाद्ग्रामं गच्छति
516 Der Pilger geht von Dorf zu Dorf
516 parivrāḍ_grāmād_grāmaṃ gacchati
[parivrāj, parivrāṭ, m. = Pilger; grāmaḥ = Dorf (Abl., Akk.); gam, gacchati, 1. = gehen (+ Abl. + Akk. = von - zu, PrSg.)]

५१७ आ गिरीणां शिखरेभ्यो मरुद्वहति
517 Von den Gipfeln der Berge weht der Wind
517 ā girīṇāṃ śikharebhyo marud_vahati
[ā, Präp. + Abl. = von (Präp. vorangestellt); giriḥ, m. = Berg (Gen.); śikharaḥ = Gipfel (Abl.); marut, m. = Wind; vah, vahati, 1. = wehen (PrSg.)]

५१८ मरुद्भिः सहेन्द्रो ऽसुरान् मारयति
518 Mit den Winden tötet Indra die Dämonen
518 marudbhiḥ sahendro 'surān mārayati
[marut, m. = Wind (Windgott, Instr. Pl.); saha, Präp. + Instr. = mit; indraḥ, m. Eig. = Indra (Nom.); asuraḥ = Dämon (Akk.); mṛ, mārayati, 10. = töten (PrSg., Kaus. = »sterben lassen«)]

५१९ घटा मृदो विकारा अलंकाराश्च हिरण्यस्य विकाराः
519 Krüge sind Umwandlungen des Lehms, Schmuckstücke Umwandlungen des Goldes
519 ghaṭā mṛdo vikārā alaṃ-kārāś_ca hiraṇyasya vikārāḥ
[ghaṭaḥ = Krug; mṛd, mṛt, f. = Lehm (mṛdaḥ, Gen.); vikāraḥ = Umwandlung (Nom. Pl.); alaṃ-kāraḥ = Schmuckstück (Komp.: »alam = genug«); ca, Konj. = und; hiraṇyam = Gold (Gen.)]

५२० सत्यं वाचि सिञ्चति
520 »Er träufelt Wahrheit in seine Rede« (FÜ.)
520 satyaṃ vāci siñcati
[satyam = Wahrheit (Nom.); vāc, vāk, f. = Rede (Lok.); sic, siñcati, 6. = gießen (+ Akk. + Lok., PrSg.)]

५२१ बाहुभिः क्षत्रियाः शूरा वाग्भिः पण्डिताः शूराः
521 Mit den Armen sind die Krieger Helden, mit den Worten sind die Gelehrten Helden
521 bāhubhiḥ kṣatriyāḥ śūrā, vāgbhiḥ paṇḍitāḥ śūrāḥ
[bāhuḥ, m. = Arm, m. (Instr., Anm.: »Arm« ist sonst meist Dualwort); kṣatriyaḥ = Krieger; śūraḥ = Held (Pl.); vāc, vāk, f. = Wort (Instr.); paṇḍitaḥ = Gelehrte]

५२२ भूभृतः शिखरमारोहामः
522 Wir besteigen den Gipfel des Berges
522 bhū-bhṛtaḥ śikharam_ārohāmaḥ
[bhū-bhṛt, m. = Berg (Gen., Komp.: »Erdträger«); śikharaḥ = Gipfel (Akk.); ruh, ā-rohati, 1. = besteigen (PrPl.)]

५२३ भूभृत् समिद्भिर्हुतभुजं यजति
523 Der König opfert dem Feuergott mit Brennholz
523 bhū-bhṛt samidbhir_huta-bhujaṃ yajati
[bhū-bhṛt, m. = König (Nom., Komp.); samidh, samit, f. = Brennholz (samidbhiḥ, Instr. Pl.); huta-bhuj, huta-bhuk, m. = Feuergott (»Opfergenießer«, Akk., Komp.); yaj, yajati, 1. = opfern (+ Instr. + Akk., PrSg.)]

५२४ कृषीवलो ऽटव्याः समिध आहरति
524 Der Bauer holt Brennholz aus dem Wald
524 kṛṣīvalo 'ṭavyāḥ samidha āharati
[kṛṣīvalaḥ = Bauer; aṭavī = Wald (Abl.); samidh, samit, f. = Brennholz (samidhaḥ, Akk. Pl.); hṛ, ā-harati, 1. = holen (+ Abl. + Akk., PrSg.)]

५२५ सरिति गजा धमन्ति
525 Im Fluß trompeten die Elefanten
525 sariti gajā dhamanti
[sarit, f. = Fluß (Lok.); gajaḥ = Elefant; dhmā, dhamati, 1. = trompeten (blasen, PrPl.)]

५२६ सरितामम्बून्युदधौ वहन्ति
526 Die Wasser der Flüsse fließen ins Meer
526 saritām_ambūny_udadhau vahanti
[sarit, f. = Fluß (Gen.); ambu, n. = Wasser (ambūni, Nom. Pl.); udadhiḥ, m. = Meer (Lok.); vah, vahati, 1. = fließen (in + Lok., PrPl.)]

५२७ शरदि सरित्सु पद्मानि प्लवन्ते
527 Im Herbst treiben in den Flüssen Lotusblumen
527 śaradi saritsu padmāni plavante
[śarad, śarat, f. = Herbst (Lok.); sarit, f. = Fluß (Lok. Pl.); padmam = Lotus (Nom. Pl. = Lotusblumen); plu, plavate, 1. = treiben (schwimmen, PrPl.)]

५२८ चक्रस्य पश्चाद्दृषदं स्थापयति
528 Er legt den Stein hinter das Rad
528 cakrasya paścād_dṛṣadaṃ sthāpayati
[cakram = Rad (Gen.); paścāt, Präp. + Gen. = hinter; dṛṣad, dṛṣat, f. = Stein (Akk.); sthā, sthāpayati, 10. = legen (oder stellen + Akk., PrSg., Kaus.)]

५२९ उपनिषत्सु महर्षयो मुक्तेर्मार्गमुपदिशन्ति
529 In den Upanishaden lehren die großen Seher den Weg zur Erlösung
529 upaniṣatsu maharṣayo mukter_mārgam_upadiśanti
[upaniṣad, upaniṣat, f. = Upanishad (Lok. Pl.); maharṣiḥ, m. = großer Seher (Komp.: mahā + ṛṣiḥ); muktiḥ, f. = Erlösung (mukteḥ oder muktyāḥ, Gen. = zur Erlösung); mārgaḥ = Weg, m. (Akk.); diś, upa-diśati, 6. = lehren (+ Akk., PrPl.)]

7.2. Einstämmige Neutra (»jagat«)

५३० जगन्ति कम्पन्ते
530 Die Welten zittern
530 jaganti kampante
[jagat, n. = Welt (Nom. Pl., Anm.: Einstämmige Neutra sind sehr selten, doch spielen sie als n. Adj. am Ende von Komp. eine gewisse Rolle); kamp, kampate, 1. = zittern (PrPl.)]

५३१ विद्युता सार्धं मेघो वियति वर्तते
531 Zusammen mit dem Blitz befindet sich die Wolke am Himmel
531 vidyutā sārdhaṃ megho viyati vartate
[vidyut, f. = Blitz (Instr.); sārdham, Präp. + Instr. = zusammen mit (nebst); meghaḥ = Wolke; viyat, n. = Himmel (Lok.); vṛt, vartate, 1. = befinden (PrSg.)]

7.3. Neutra auf as, is, us (»manas, havis, cakṣus«)

५३२ गुरवे नमः
532 Sei gegrüßt, Lehrer! (FÜ.)
532 gurave namaḥ!
[guruḥ, m. = Lehrer (Dat.); namas, n. = Verehrung (+ Dat., Nom. als Interj.)]

५३३ वीराय नमः। नमो देवेभ्यः
533 Verehrung dem Helden! Verehrung den Göttern!
533 vīrāya namaḥ! namo devebhyaḥ!
[vīraḥ = Held (Dat.); namas, n. = Verehrung (+ Dat., Nom. als Interj.); devaḥ = Gott (Dat.)]

५३४ शिरो रुजति
534 Der Kopf schmerzt (FÜ.: Ich habe Kopfschmerzen)
534 śiro rujati
[śiras, n. = Kopf (Nom.); ruj, rujati, 6. = schmerzen (PrSg.)]

५३५ मरुद्रजः किरति
535 Der Wind zerstreut den Staub
535 marud_rajaḥ kirati
[marut, m. = Wind; rajas, n. = Staub (Akk.); kṝ, kirati, 6. = zerstreuen (PrSg.)]

५३६ रविर्निशायास्तमो ऽपहरति
536 Die Sonne vertreibt die Dunkelheit der Nacht
536 ravir_niśāyās_tamo 'paharati
[raviḥ, m. = Sonne; niśā = Nacht (Gen.); tamas, n. = Dunkelheit (Akk.); hṛ, apa-harati, 1. = vertreiben (PrSg.)]

५३७ ज्ञानस्य दीपेन विना मनसस्तमो न प्रणश्यति
537 Ohne die Lampe der Erkenntnis vergeht nicht die Dunkelheit des Geistes
537 jñānasya dīpena vinā manasas_tamo na praṇaśyati
[jñānam = Erkenntnis (Gen.); dīpaḥ = Lampe (Instr.); vinā, Präp. + Instr. = ohne; manas, n. = Geist (Gen.); tamas, n. = Dunkelheit; na, Ind. = nicht; naś, pra-ṇaśyati, 4. = vergehen (PrSg.)]

५३८ अनिलेन तरूणां पत्त्राणि सरसि पतन्ति
538 Durch den Wind fliegen die Blätter der Bäume in den See
538 anilena tarūṇāṃ pattrāṇi sarasi patanti
[anilaḥ = Wind (Instr.); taruḥ, m. = Baum (Gen.); pattram = Blatt; saras, n. = See (Lok.); pat, patati, 1. = fliegen (fallen in + Lok., PrPl.)]

५३९ प्राणो हि भूतानामायुः
539 Denn der Atem ist das Leben für die Geschöpfe
539 prāṇo hi bhūtānām_āyuḥ
[prāṇaḥ = Atem; hi, Konj. = denn; bhūtam = Geschöpf (Gen.); āyus, n. = Leben, n. (Nom.)]

५४० धनुषा वीराः शराञ्छत्रुषु मुञ्चन्ति
540 Mit dem Bogen schießen die Helden Pfeile auf die Feinde
540 dhanuṣā vīrāḥ śarāñ_chatruṣu muñcanti
[dhanus, n. = Bogen (Instr.); vīraḥ = Held; śaraḥ = Pfeil (Akk., Sa.: n + ś = ñ + ch); śatruḥ, m. = Feind (Lok.); muc, muñcati, 6. = schießen (+ Akk. + Lok., PrPl.)]

५४१ चक्षुः कर्णं न पश्यति कर्णश्चक्षुर्नाकर्णयति
541 Das Auge sieht das Ohr nicht, das Ohr hört das Auge nicht
541 cakṣuḥ karṇaṃ na paśyati, karṇaś_cakṣur_nākarṇayati
[cakṣus, n. = Auge (Nom., Akk.); karṇaḥ = Ohr (Akk., Nom.); na, Ind. = nicht; paś, paśyati, 4. = sehen (PrSg.); ākarṇ, ākarṇayati, 10. = hören (PrSg.)]

५४२ कामस्य धनुषि ज्यायाः स्थाने भ्रमराः शराणां च स्थाने पुष्पाणि तिष्ठन्ति
542 Am Bogen des Liebesgottes befinden sich an der Stelle der Sehne Bienen und an der Stelle der Pfeile Blumen
542 kāmasya dhanuṣi jyāyāḥ sthāne bhramarāḥ śarāṇāṃ ca sthāne puṣpāṇi tiṣṭhanti
[kāmaḥ = Liebesgott (Gen.); dhanus, n. = Bogen (Lok.); jyā = Sehne (Gen.); sthānam = Stelle (Lok. = an der Stelle oder anstelle + Gen.); bhramaraḥ = Biene; śaraḥ = Pfeil (Gen.); ca, Konj. = und; puṣpam = Blume; sthā, tiṣṭhati, 1. = befinden (PrPl.)]

7.4. Maskulina und Feminina auf as (»vanaukas«)

५४३ जलौकसामङ्गे जलौका न लगति

543 An dem Körper der Blutegel haftet kein Blutegel

543 jalaukasām_aṅge jalaukā na lagati

[jalaukas, m. = Blutegel (»Wasserbewohner«, jalam + okas, jalaukasām, Gen. Pl., jalaukāḥ, Nom. Sg. mit langem ā, Anm.: Die m. und f. Subst. auf as sind extrem selten); aṅgam = Körperglied (Lok.); na, Ind. = kein (na + Subst.); lag, lagati, 1. = haften (an + Lok., PrSg.)]

५४४ गदया वनौका रक्षांस्याक्रामति

544 Der Waldbewohner greift die Unholde mit der Keule an

544 gadayā vanaukā rakṣāṃsy_ākrāmati

[gadā = Keule (Instr.); vanaukas, m. = Waldbewohner (vanaukāḥ, Nom. Sg. mit ā); rakṣas, n. = Unhold (rakṣāṃsi, Akk. Pl.); kram, ā-krāmati, 1. = angreifen (+ Instr. + Akk., PrSg.)]

५४५ मुनीन् वनौकसो देवांश्च दिवौकसो वदन्ति

545 Man nennt die Asketen Waldbewohner und die Götter Himmelsbewohner

545 munīn vanaukaso devāṃś_ca divaukaso vadanti

[muniḥ, m. = Asket (Akk.); vanaukas, m. = Waldbewohner (vanaukasaḥ, Akk. Pl., vanam + okas, Nom.: vanaukāḥ mit langem ā); devaḥ = Gott (Akk.); ca, Konj. = und; divaukas, m. = Himmelsbewohner (divaukasaḥ, Akk. Pl., Komp., divam = Himmel + okas, n. = Wohnung, okas nur als Komp. üblich, Nom.: divaukāḥ mit langem ā); vad, vadati, 1. = nennen (+ Akk. + Akk., vadanti, PrPl. = sie nennen = man nennt)]

५४६ उषसस्तेजसा रात्रेस्तमो नश्यति

546 Durch den Glanz der Morgenröte vergeht die Dunkelheit der Nacht

546 uṣasas_tejasā rātres_tamo naśyati

[uṣas, f. = Morgenröte (Gen., Nom.: uṣāḥ mit ā); tejas, n. = Glanz (Instr.); rātriḥ, f. = Nacht (rātreḥ oder rātryāḥ, Gen.); tamas, n. = Dunkelheit; naś, naśyati, 4. = vergehen (PrSg.)]

५४७ वनौकोभ्य उत्तमौजाः सुमनसो लभते

547 Von den Waldbewohnern erhält der Rambo Blumen

547 vanaukobhya uttamaujāḥ sumanaso labhate

[vanaukas, m. = Waldbewohner (vanaukobhyaḥ, m. Abl. Pl., vanam + okas, Nom.: vanaukāḥ mit langem ā); uttamaujas, m. = »Rambo« (uttamaujāḥ, m. Nom. mit langem ā, »uttama + ojas« = »von höchster Kraft« = »ein Rambo«); sumanas, f. = Blume (sumanasaḥ, f. Akk. Pl., sumanasaḥ, Nom. Pl., sumanāḥ, f. Nom. Sg.); labh, labhate, 1. = erhalten (PrSg.)]

7.5. Maskulina und Feminina auf is, us (»arcis«, »nahus«)

५४८ अर्चिर्भिश्चन्द्रमा वसतिं दीपयति

548 Durch Strahlen erhellt der Mond das Haus

548 arcirbhiś_candramā vasatiṃ dīpayati

[arcis, f. = Strahl (arcirbhiḥ, f. Instr. Pl., arciḥ, Nom. Sg. mit kurzem i); candramas, m. = Mond (candramāḥ, m. Nom. Sg. mit langem ā, Anm. 1: Vokal-Verlängerung gilt nur für m. und f. Subst. auf »as«, nicht für m. und f. Subst. auf »is« oder »us«, Anm. 2 : Die m. und f. Subst. auf is und us sind sehr selten, doch können sie als Adj. am Ende von Komp. vorkommen); vasatiḥ, f. = Haus (Akk.); dīp, dīpayati, 10. = erhellen (PrSg.)]

५४९ नहुषो ऽचक्षुषे पयो यच्छन्ति

549 Die Nachbarn geben dem Blinden Milch

549 nahuṣo 'cakṣuṣe payo yacchanti

[nahus, m. = Nachbar (nahuṣaḥ, m. Nom. Pl., nahuḥ, m. Nom. Sg. mit kurzem u); acakṣus, m. = Blinde (acakṣuṣe, m. Dat., acakṣuḥ, m. oder auch f. Nom. Sg. mit kurzem u); payas, n. =

Milch (payaḥ, Akk.); yam, yacchati, 1. = geben (+ Dat. + Akk., PrPl.)]

7.6. Maskulina auf in (»yogin«)

५५० योगी देहं मुञ्चति
550 Der Yogi verläßt den Körper
550 yogī deham muñcati
[yogin, m. = Yogi (yogī, Nom.); dehaḥ = Körper (Akk.); muc, muñcati, 6. = verlassen (PrSg.)]

५५१ योगिनः फलाशिनो भवन्ति
551 Yogis sind Vegetarier
551 yoginaḥ phalāśino bhavanti
[yogin, m. = Yogi (Nom. Pl.); phalāśin, m. = Vegetarier (Nom. Pl., Komp.: »Fruchtesser«); bhū, bhavati, 1. = sein (PrPl.)]

५५२ धृतिर्योगिनो भूषणम्
552 Die Standhaftigkeit ist die Zierde des Yogis
552 dhṛtir_yogino bhūṣaṇam
[dhṛtiḥ, f. = Standhaftigkeit; yogin, m. = Yogi (Gen.); bhūṣaṇam = Zierde]

५५३ क्षमा तपस्विनो रूपम्
553 Die Geduld ist ein Kennzeichen des Asketen
553 kṣamā tapasvino rūpam
[kṣamā = Geduld; tapasvin, m. = Asket (Gen.); rūpam = Kennzeichen]

५५४ वारिणा हस्तिनं क्षालयामि
554 Ich wasche den Elefanten mit Wasser
554 vāriṇā hastinaṃ kṣālayāmi
[vāri, n. = Wasser (Instr.); hastin, m. = Elefant (Akk.); kṣal, kṣālayati, 10. = waschen (PrSg.)]

५५५ स्वामिनो निर्देशाननुरुध्यध्वे
555 Ihr befolgt die Befehle des Meisters
555 svāmino nirdeśān_anurudhyadhve
[svāmin, m. = Meister (Gen.); nirdeśaḥ = Befehl (Akk.); rudh, anu-rudhyate, 4. = befolgen (PrPl.)]

५५६ धनी ब्राह्मणेभ्यो निष्कान् यच्छति
556 Der Reiche gibt den Brahmanen Münzen
556 dhanī brāhmaṇebhyo niṣkān yacchati
[dhanin, m. = Reiche; brāhmaṇaḥ = Brahmane (Dat.); niṣkaḥ = Münze (Akk.); yam, yacchati, 1. = geben (PrSg.)]

५५७ भर्तानुजीविने कुप्यति
557 Der Vorgesetzte zürnt dem Untergebenen
557 bhartānujīvine kupyati
[bhartṛ, bhartā, m. = Vorgesetzte (Nom.); anujīvin, m. = Untergebene (Dat.); kup, kupyati, 4. = zürnen (+ Dat., PrSg.)]

५५८ अरयः प्रतिवेशिनां धनं लुम्पन्ति
558 Die Feinde plündern das Habe der Nachbarn
558 arayaḥ prativeśināṃ dhanaṃ lumpanti
[ariḥ, m. = Feind; prativeśin, m. = Nachbar (Gen., »Gegenüber-Wohnender«); dhanam = Habe (Akk.); lup, lumpati, 6. = plündern (PrPl.)]

५५९ प्राणिनां मनांसि जीविते सजन्ति
559 Die Seelen der Lebewesen hängen am Leben
559 prāṇināṃ manāṃsi jīvite sajanti
[prāṇin, m. = Lebewesen (Gen. Pl., prāṇī, Nom.); manas, n. = Seele (Nom. Pl.); jīvitam = Leben, n. (Lok.); saj, sajati, 1. = hängen (kleben an + Lok., PrPl.)]

५६० पुत्रो रामो धन्विनो विश्वामित्रादस्त्राणि शिक्षते
560 Sohn Rama lernt die Schießkunst vom Bogenschützen Vishvamitra
560 putro rāmo dhanvino viśvāmitrād_astrāṇi śikṣate
[putraḥ = Sohn (Nom. als App.); rāmaḥ, m. Eig. = Rama; dhanvin, m. = Bogenschütze (Abl. als App.); viśvāmitraḥ, m. Eig. = Vishvamitra (Abl.); astram = Schießkunst (Akk. Pl.); śikṣ, śikṣate, 1. = lernen (+ Abl. + Akk., PrSg.)]

५६१ शशिनः कान्तिं विस्मयामहे
561 Wir beide bestaunen den Liebreiz des Mondes
561 śaśinaḥ kāntiṃ vismayāmahe
[śaśin, m. = Mond (Gen.); kāntiḥ, f. = Liebreiz (Akk.); smi, vi-smayate, 1. = bestaunen (staunen über + Akk., PrPl.)]

५६२ इन्दौ कलङ्कं पश्यामः । शशिनि शशमीक्षामहे
562 Wir sehen den Fleck im Mond. Wir sehen den Hasen im Mond
562 indau kalaṅkaṃ paśyāmaḥ. śaśini śaśam_īkṣāmahe
[induḥ, m. = Mond (Lok.); kalaṅkaḥ = Fleck (Akk.); paś, paśyati, 4. = sehen (PrPl.); śaśin, m. = Mond (Lok.); śaśaḥ = Hase (Akk.); īkṣ, īkṣate, 1. = sehen (PrPl.)]

7.7. Maskulina und Feminina auf an (»rājan«)

५६३ अपि ग्रावा क्रन्दत्यपि वज्रस्य हृदयं दलति
563 Es weint nicht nur der Fels, sondern es platzt auch das Herz des Diamanten
563 api grāvā krandaty_api vajrasya hṛdayaṃ dalati
[api - api, Konj. = nicht nur - sondern auch; grāvan, m. = Fels (grāvā, Nom.); krand, krandati, 1. = weinen (PrSg.); vajraḥ = Diamant (Donnerkeil, Gen.); hṛdayam = Herz; dal, dalati, 1. = platzen (PrSg.)]

५६४ अश्मापि देवत्वं गच्छति
564 Selbst ein Stein wird göttlich (FÜ.)
564 aśmāpi devatvaṃ gacchati
[aśman, m. = Stein (aśmā, Nom.); api, Ind. = selbst; devatvam = Göttlichkeit (Akk.); gam, gacchati, 1. = werden (PrSg., Nominalstil: devatvam gacchati = devatvam yāti = daivaḥ bhavati = in die Göttlichkeit gehen = göttlich werden, allgemein: Abstraktum + gam oder yā = Adjektiv + werden)]

५६५ राजा मन्त्रिणं ह्वयति
565 Der König ruft den Minister
565 rājā mantriṇaṃ hvayati
[rājan, m. = König (Nom.); mantrin, m. = Minister (Akk., Anm.: Der chinesische »Mandarin« und die »Mandarine« gehen auf mantrin zurück); hve, hvayati, 1. = rufen (+ Akk., PrSg.)]

५६६ राजानः प्रजानां कल्याणाय यतन्ते
566 Könige sorgen für das Wohl der Untertanen
566 rājānaḥ prajānāṃ kalyāṇāya yatante
[rājan, m. = König (Nom. Pl.); prajā = Untertan (f. Gen. Pl.); kalyāṇam = Glück (Dat.); yat, yatate, 1. = sorgen (für + Dat., PrPl.)]

५६७ राजा नलः पारसीकानां सैनिकाञ्जयति
567 König Nala besiegt die Soldaten der Perser
567 rājā nalaḥ pārasīkānāṃ sainikāñ_jayati
[rājan, m. = König (rājā, Nom. als App.); nalaḥ, m. Eig. = Nala (Nom.); pārasīkaḥ, m. Eig. = Perser (Gen.); sainikaḥ = Soldat (sainikān, Akk. Pl.); ji, jayati, 1. = besiegen (PrSg.)]

५६८ राज्ञः समक्षं राज्ञी भगिनीमापृच्छते
568 In Gegenwart des Königs sagt die Königin der Schwester Lebewohl
568 rājñaḥ samakṣaṃ rājñī bhaginīm_āpṛcchate
[rājan, m. = König (Gen., Sa.: rājñaḥ statt »rājnaḥ«, Anm.: Dieser Sandhi kommt nur bei der Deklination des mehrstämmigen Subst. rājan vor, vgl. das einstämmige Wort ājñā = Befehl); samakṣam, Präp. + Gen. = angesichts (in Gegenwart); rājñī = Königin; bhaginī = Schwester (Akk.); pracch, ā-pṛcchate, 6. = verabschieden (+ Akk., PrSg.)]

५६९ पराक्रमो राज्ञो लक्षणम्
569 Der Mut ist die Zierde des Königs
569 parākramo rājño lakṣaṇam
[parākramaḥ = Mut; rājan, m. = König (rājñaḥ, Gen.); lakṣaṇam = Merkmal]

५७० राज्ञी राज्ञि स्निह्यति राजा तु राज्ञ्यां न स्निह्यति
570 Die Königin liebt den König, aber der König liebt nicht die Königin
570 rājñī rājñi snihyati, rājā tu rājñyāṃ na snihyati
[rājñī = Königin (rājñī, Nom., rājñyām, Lok.); rājan, m. = König (rājñi oder rājani, Lok., rājā, Nom.); snih, snihyati, 4. = lieben (+ Lok., PrSg.); tu, Konj. = aber; na, Ind. = nicht]

५७१ शत्रुं मूर्ध्नि प्रहरति
571 Er schlägt den Feind auf das Haupt (= Er verletzt den Feind am Kopf)
571 śatruṃ mūrdhni praharati
[śatruḥ, m. = Feind (Akk.); mūrdhan, m. = Haupt (mūrdhni oder mūrdhani, Lok., mūrdhā, Nom.); hṛ, pra-harati, 1. = schlagen (auf + Lok. oder verletzen am + Lok., PrSg.)]

५७२ सेनापतिर्मनुष्याणां मूर्ध्नि तिष्ठति
572 Der Heerführer steht an der Spitze der Männer
572 senā-patir_manuṣyāṇāṃ mūrdhni tiṣṭhati
[senā-patiḥ, m. = Heerführer (Komp.); manuṣyaḥ = Mann (Gen.); mūrdhan, m. = Spitze (Kopf, mūrdhni oder mūrdhani, Lok., mūrdhā, Nom.); sthā, tiṣṭhati, 1. = stehen (an + Lok., PrSg.)]

५७३ आत्मैवात्मनो बन्धुरात्मैवात्मनो रिपुः
573 Das Selbst allein ist der Freund des Selbst, das Selbst allein ist der Feind des Selbst
573 ātmaivātmano bandhur_ātmaivātmano ripuḥ
[ātman, m. = Selbst, n. (ātmā, Nom., ātmanaḥ, Gen.); eva, Ind. = allein; bandhuḥ, m. = Freund; ripuḥ, m. = Feind]

7.8. Neutra auf an (»karman«)

५७४ चण्डालस्यापि वेश्मनि चन्द्रो दीप्यते
574 Auch in der Hütte des Paria scheint der Mond
574 caṇḍālasyāpi veśmani candro dīpyate
[caṇḍālaḥ = Paria (Kastenlose, Gen.); api, Ind. = auch; veśman, n. = Haus (Lok., veśma, Nom.); candraḥ = Mond; dīp, dīpyate, 4. = scheinen (PrSg.)]

५७५ संन्यासी कर्मणां फलं त्यजति
575 Der Entsager verzichtet auf den Lohn der Taten
575 saṃnyāsī karmaṇāṃ phalaṃ tyajati

[saṃnyāsin, m. = Entsager (Nom.); karman, n. = Tat (Gen. Pl., karma, Nom.); phalam = Lohn (Akk.); tyaj, tyajati, 1. = verzichten (auf + Akk., PrSg.)]

५७६ दशरथस्य पुत्रो नाम्ना रामः
576 Dasharathas Sohn heißt Rama (FÜ.)
576 daśa-rathasya putro nāmnā rāmaḥ
[daśa-rathaḥ, m. Eig. = Dasharatha (König von Ayodhya oder Oudh, »Zehn-Wagner«, Gen.); putraḥ = Sohn; nāman, n. = Name (nāmnā, Instr. = mit Namen); rāmaḥ, m. Eig. = Rama]

५७७ ब्रह्मणः प्रजाः प्रजायन्ते
577 Von Gott kommen die Geschöpfe
577 brahmaṇaḥ prajāḥ prajāyante
[brahman, n. = Gott (Abl.); prajā = Geschöpf (Nom. Pl.); jan, pra-jāyate, 4. = entstehen (aus oder kommen von + Abl., PrPl.)]

7.9. Mit Dual

५७८ तडिज्जगती विशति
578 Der Blitz durchdringt die zwei Welten
578 taḍij_jagatī viśati
[taḍit, f. = Blitz (Nom., »Treffer«, taḍ, tāḍayati = treffen, schlagen); jagat, n. = Welt (jagatī, Akk. Du., jaganti, Akk. Pl.); viś, viśati, 6. = durchdringen (PrSg.)]

५७९ रविश्च चन्द्रमाश्च लोकस्य ज्योतिषी
579 Die Sonne und der Mond sind die beiden Lichter der Welt
579 raviś_ca candramāś_ca lokasya jyotiṣī
[raviḥ, m. = Sonne; ca - ca, Konj. = sowohl - als auch; candramas, m. = Mond (candramāḥ, Nom., candraḥ = Mond + mās mit ā statt a = Mond, Komp. Pleonasmus); lokaḥ = Welt (Gen.); jyotis, n. = Licht (Nom. Du.)]

५८० मनुष्याश्चक्षुर्भ्यां पश्यन्ति
580 Die Menschen sehen mit den Augen
580 manuṣyāś_cakṣurbhyāṃ paśyanti
[manuṣyaḥ = Mensch; cakṣus, n. = Auge (Instr. Du.); paś, paśyati, 4. = sehen (PrPl.)]

५८१ गङ्गाया जले हस्तिनौ विहरतः
581 Im Wasser des Ganges vergnügen sich zwei Elefanten
581 gaṅgāyā jale hastinau viharataḥ
[gaṅgā, f. Eig. = Ganges (gaṅgāyāḥ, Gen.); jalam = Wasser (Lok.); hastin, m. = Elefant (Nom. Du.); hṛ, vi-harati, 1. = vergnügen (PrDu.)]

५८२ भूभृद्धस्तौ पादौ च क्षालयति
582 Der König wäscht Hände und Füße
582 bhū-bhṛd_dhastau pādau ca kṣālayati
[bhū-bhṛt, m. = König (»Erd-Träger«, Komp., Sa.: bhṛt + h = bhṛd_dh); hastaḥ = Hand (Akk. Du.); pādaḥ = Fuß (Akk. Du.); ca, Konj. = und; kṣal, kṣālayati, 10. = waschen (PrSg.)]

५८३ नग्न उपानहौ न धारयति
583 Ein Nackter trägt keine Schuhe
583 nagna upānahau na dhārayati
[nagnaḥ = Nackte (nackter Bettelmönch); upānah, upānat, f. = Schuh (upānahau, Akk. Du., Wz. nah, nahyati = schnüren, demzufolge »Schnürschuh«); na, Ind. = nicht; dhṛ, dhārayati, 10. = tragen (anziehen + Akk., PrSg.)]

५८४ ब्राह्मणश्चर्मकारमुपानहौ चर्मणा कारयति
584 Der Brahmane läßt den Schuster eine Paar Schuhe aus Leder herstellen
584 brāhmaṇaś_carma-kāram_upānahau carmaṇā kārayati
[brāhmaṇaḥ = Brahmane; carma-kāraḥ = Schuster (Schuhmacher, Lederer, Komp., Akk.); upānah, upānat, f. = Schuh (Akk. Du.); carman, n. = Leder (carmaṇā, Instr., carma, Nom.); kṛ, kārayati, 10. = machen lassen (+ Akk. + Akk., PrSg. Kaus.)]

५८५ कञ्चुकी सुहृद्भ्यामुपानहौ वितरति
585 Der Kämmerer vermacht den beiden Freunden ein Paar Schuhe
585 kañcukī suhṛdbhyām_upānahau vitarati
[kañcukin, m. = Kämmerer (Nom.); suhṛd, suhṛt, m. = Freund (Dat. Du.); upānah, upānat, f. = Schuh (Akk. Du., Dual ist ohne Plural!); tṝ, vi-tarati, 1. = vermachen (+ Dat. + Akk., PrSg.)]

8. Adjektive

8.1. Attributives Adjektiv

8.1.1. Mit Nominativ

५८६ निर्दोषो नैव जायते
586 Man wird nicht gerade fehlerlos geboren
586 nirdoṣo naiva jāyate
[nirdoṣa, Adj. = fehlerlos (m. Nom., Adjektive stimmen mit dem Substantiv in Kasus, Genus und Numerus überein, egal ob sie attributiv oder prädikativ verwendet werden); na, Ind. = nicht; eva, Ind. = gerade; jan, jāyate, 4. = geboren werden (PrSg., Atm. Aktiv, nicht Passiv)]

५८७ दीर्घसूत्री विनश्यति
587 Der Saumselige geht zugrunde
587 dīrgha-sūtrī vinaśyati
[dīrgha-sūtrin, Adj. = saumselig (m. Nom., Komp. »lang-fädig«, »saum-selig«, Anm.: Viele Adj. können auch als Subst. verwendet werden, und zwar m. oder f. als Personen und n. als Sachen); naś, vi-naśyati, 4. = zugrunde gehen (PrSg.)]

५८८ शिक्षितो ऽपि गर्दभो न गायति
588 Auch belehrt singt der Esel nicht
588 śikṣito 'pi gardabho na gāyati
[śikṣita, Adj. = geschult (śikṣitaḥ, m. Nom.); api, Ind. = auch; gardabhaḥ = Esel; na, Ind. = nicht; gai, gāyati, 1. = singen (PrSg.)]

५८९ अहो दर्शनीयान्यक्षराणि
589 Was für schöne Buchstaben!
589 aho darśanīyāny_akṣarāṇi!
[aho, Interj. = was für! (+ Nom.); darśanīya, Adj. = schön (n. Nom. Pl.); akṣaram = Buchstabe (Nom. Pl.)]

५९० मदो हि ह्रस्व आनन्दः क्रोधश्च स्वल्पं सुखम्
590 Denn der Rausch ist ein kurze Freude und der Zorn ein kurzes Glück
590 mado hi hrasva ānandaḥ krodhaś_ca svalpaṃ sukham
[madaḥ = Rausch; hi, Konj. = denn; hrasva, Adj. = kurz (m. Nom.); ānandaḥ = Freude; krodhaḥ = Zorn; ca, Konj. = und; svalpa, Adj. = kurz (n. Nom.); sukham = Glück]

8.1.2. Mit Genitiv

५९१ अन्धस्य दीपो विद्या

591 Die Leuchte des Blinden ist das Wissen

591 andhasya dīpo vidyā

[andha, Adj. = blind (m. Gen.); dīpaḥ = Lampe; vidyā = Wissen, n.]

५९२ अप्रियस्य पथ्यस्य च वक्ता श्रोता च दुर्लभः

592 Für Unerfreuliches und Förderliches sind Redner und Zuhörer schwer zu gewinnen

592 apriyasya pathyasya ca vaktā śrotā ca durlabhaḥ

[apriya, Adj. = unerfreulich (n. Gen.); pathya, Adj. = förderlich (n. Gen.); ca, Konj. = und; vaktṛ, vaktā, m. = Redner (Nom. Sg.); śrotṛ, śrotā, m. = Zuhörer (Nom. Sg.); durlabha, Adj. = schwer zu erlangen (m. Nom., Sg. statt Pl.)]

५९३ कामातुराणां न भयं न लज्जा

593 Liebeskranke haben weder Furcht noch Scham

593 kāmāturāṇām na bhayam na lajjā

[kāmaḥ = Liebe (Komp.); ātura, Adj. = krank (m. Gen. Pl., kāma + ātura, Komp., kāmāturāṇām bhayam asti = »der Verliebten ist Angst« = Verliebte haben Angst); na - na, Konj. = weder - noch; bhayam = Angst (Nom.); lajjā = Scham (Nom.)]

8.1.3. Mit Akkusativ

५९४ नीचाः कलहमिच्छन्ति

594 Kleine Geister suchen Streit (FÜ.)

594 nīcāḥ kalaham_icchanti

[nīca, Adj. = niedrig (nīcāḥ, m. Nom. Pl. = Untergebene); kalahaḥ = Streit (Akk.); iṣ, icchati, 6. = suchen (wünschen + Akk., PrPl.)]

५९५ नीचा मदिरां काङ्क्षन्ति

595 Niedrige begehren Wein

595 nīcā madirām kāṅkṣanti

[nīca, Adj. = niedrig (m. Nom. Pl.); madirā = Wein (Akk.); kāṅkṣ, kāṅkṣati, 1. = begehren (+ Akk., PrPl.)]

५९६ प्राज्ञः शास्त्राणां तत्त्वं बोधति

596 Der Einsichtige erkennt die Wahrheit der Schriften

596 prājñaḥ śāstrāṇām tattvam bodhati

[prājña, Adj. = einsichtig (m. Nom.); śāstram = Schrift (Gen.); tattvam = Wahrheit (Akk.); budh, bodhati, 1. = erkennen (PrSg.)]

५९७ पापा जनाः स्वर्गं न गच्छन्ति

597 Böse Menschen kommen nicht in den Himmel

597 pāpā janāḥ svargam na gacchanti

[pāpa, Adj. = böse (pāpāḥ, m. Nom. Pl.); janaḥ = Mensch; svargaḥ = Himmel (Akk.); na, Ind. = nicht; gam, gacchati, 1. = kommen (in + Akk., PrPl.)]

५९८ पण्डिता गतासून् नानुशोचन्ति

598 Die Weisen beklagen keine Toten

598 paṇḍitā gatāsūn nānuśocanti

[paṇḍitaḥ = Weise (Pandit); gatāsu, Adj. = tot (m. Akk. Pl., gataḥ asuḥ = »gegangenes Leben«, Komp.); na, Ind. = kein (+ Subst.); śuc, anu-śocati, 1. = beklagen (+ Akk., PrPl.)]

५९९ पक्षिणः शुष्कं सरस्त्यजन्ति
599 Die Vögel verlassen den ausgetrockneten See
599 pakṣiṇaḥ śuṣkaṃ saras_tyajanti
[pakṣin, m. = Vogel (Nom. Pl.); śuṣka, Adj. = trocken (n. Akk.); saras, n. = See (Akk.); tyaj, tyajati, 1. = verlassen (PrPl.)]

६०० मेघः शुचि वारि सिञ्चति
600 Die Wolke gießt reines Wasser aus
600 meghaḥ śuci vāri siñcati
[meghaḥ = Wolke; śuci, Adj. = rein (n. Akk.); vāri, n. = Wasser (Akk.); sic, siñcati, 6. = ausgießen (PrSg.)]

६०१ नद्यः समुद्रमभिमुखा द्रवन्ति
601 Die Flüsse fließen zum Meer zugewandt (= zum Meer)
601 nadyaḥ samudram_abhimukhā dravanti
[nadī = Fluß; samudraḥ = Meer (Akk.); abhimukha, Adj. = zugewandt (zum + Akk., abhimukhāḥ, f. Nom. Pl.); dru, dravati, 1. = fließen (PrPl.)]

६०२ तण्डुलं भक्षयामि शुचि च जलं पिबामि
602 Ich esse Reis und trinke reines Wasser
602 taṇḍulaṃ bhakṣayāmi śuci ca jalaṃ pibāmi
[taṇḍulaḥ = Reis (Akk.); bhakṣ, bhakṣayati, 10. = essen (PrSg.); śuci, Adj. = rein (n. Akk.); ca, Konj. = und; jalam = Wasser (Akk.); pā, pibati, 1. = trinken (PrSg.)]

६०३ वृद्धः कृषकः खञ्जं खरमधिक्षिपति
603 Der alte Bauer beschimpft den lahmen Esel
603 vṛddhaḥ kṛṣakaḥ khañjaṃ kharam_adhikṣipati
[vṛddha, Adj. = alt (m. Nom.); kṛṣakaḥ = Bauer (Pflüger); khañja, Adj. = lahm (hinkend, m. Akk.); kharaḥ = Esel (Akk.); kṣip, adhi-kṣipati, 6. = beschimpfen (PrSg.)]

६०४ उष्णो ऽङ्गारः करं दहति शीतो ऽङ्गारः करं कृष्णायते
604 Die heiße Kohle verbrennt die Hand, die kalte Kohle schwärzt die Hand
604 uṣṇo 'ṅgāraḥ karaṃ dahati, śīto 'ṅgāraḥ karaṃ kṛṣṇāyate
[uṣṇa, Adj. = heiß (m. Nom.); aṅgāraḥ = Kohle; karaḥ = Hand (Akk.); dah, dahati, 1. = verbrennen (PrSg.); śīta, Adj. = kalt (m. Nom.); kṛṣṇāy, kṛṣṇāyate, 10. = schwärzen (PrSg., Satz im Original: »uṣṇaḥ dahati ca aṅgāraḥ śītaḥ kṛṣṇāyate karam«)]

8.1.4. Mit Instrumental

६०५ स्वल्पेनापि कापुरुषस्तुष्यति
605 Der Feigling ist auch mit wenigem zufrieden
605 svalpenāpi kāpuruṣas_tuṣyati
[svalpa, Adj. = wenig, sehr wenig (su-alpena, n. Instr.); api, Ind. = auch; kāpuruṣaḥ = Feigling (kā-puruṣaḥ, Nom., kā = ku = schlecht, Komp.); tuṣ, tuṣyati, 4. = zufrieden sein (mit + Instr., PrSg.)]

६०६ प्रबलेनापि वातेन ग्रावाणो न कम्पन्ते
606 Auch bei starkem Wind zittern nicht die Felsen
606 prabalenāpi vātena grāvāṇo na kampante
[prabala, Adj. = stark (prabalena, m. Instr.); api, Ind. = auch; vātaḥ = Wind (Instr.); grāvan, m. = Fels (grāvāṇaḥ, Nom. Pl., grāvā, Nom. Sg.); na, Ind. = nicht; kamp, kampate, 1. = zittern (PrPl.)]

६०७ दरिद्रतायाः शङ्कया लुब्ध आर्यो ऽर्थं न विसृजति
607 Aus Furcht vor der Armut gibt der gierige Edelmann kein Geld aus
607 daridratāyāḥ śaṅkayā lubdha āryo 'rthaṃ na visṛjati
[daridratā = Armut (Gen.); śaṅkā = Furcht (vor + Gen., Instr.); lubdha, Adj. = gierig (m. Nom.); āryaḥ = Edelmann; arthaḥ = Geld (Akk.); na, Ind. = nicht; sṛj, vi-sṛjati, 6. = ausgeben (spenden, PrSg.)]

६०८ कृतं वचनैः । अवसरो गतः
608 Genug der Worte! Die Gelegenheit ist vorbei! (FÜ.)
608 kṛtaṃ vacanaiḥ! avasaro gataḥ!
[kṛtam, Interj. = genug! (+ Instr.); vacanam = Wort (Instr. Pl.); avasaraḥ = Gelegenheit; gata, Adj. = vorbei (»gegangen«, m. Nom.)]

६०९ लघुसूक्ष्मेण लिङ्गेन योषितो नैव तुष्यन्ति
609 Kurz und klein ist der Frauen Pein (FÜ.)
609 laghu-sūkṣmeṇa liṅgena yoṣito naiva tuṣyanti
[laghu, Adj. = kurz; sūkṣma, Adj. = klein (n. Instr., Komp.); liṅgam = Glied (Penis, Instr.); yoṣit, f. = Frau (yoṣitaḥ, Nom. Pl.); na, Ind. = nicht; eva, Ind. = gerade; tuṣ, tuṣyati, 4. = erfreut sein (über + Instr., PrSg.)]

8.1.5. Mit Ablativ

६१० छद्मनो मृतः पक्षी पतति
610 Der tote Vogel fällt vom Dach
610 chadmano mṛtaḥ pakṣī patati
[chadman, n. = Dach (Abl., chadma, Nom.); mṛta, Adj. = tot (m. Nom.); pakṣin, m. = Vogel; pat, patati, 1. = fallen (von + Abl., PrSg.)]

६११ निश्चयाद्धीरा न विरमन्ति
611 Beharrliche lassen vom Entschluß nicht ab
611 niścayād_dhīrā na viramanti
[niścayaḥ = Entschluß (Abl.); dhīra, Adj. = beharrlich (m. Nom.); na, Ind. = nicht; ram, vi-ramati, 1. = aufgeben (ablassen von + Abl., PrPl.)]

६१२ पर्वताद्दरीं शीतो वायुर्वहति
612 Vom Berg bläst ein kalter Wind ins Tal
612 parvatād_darīṃ śīto vāyur_vahati
[parvataḥ = Berg (Abl.); darī = Tal (Akk., siehe Übungssatz 478); śīta, Adj. = kalt (m. Nom.); vāyuḥ, m. = Wind; vah, vahati, 1. = wehen (+ Abl. + Akk., PrSg.)]

8.1.6. Mit Lokativ

६१३ प्रसन्ने वारिणि पीनाः शिशवो दीव्यन्ति
613 Im klaren Wasser spielen dicke Kinder
613 prasanne vāriṇi pīnāḥ śiśavo dīvyanti
[prasanna, Adj. = klar (n. Lok.); vāri, n. = Wasser (Lok.); pīna, Adj. = dick (fett, m. Nom.); śiśuḥ, m. = Kind (Kleinkind); div, dīvyati, 4. = spielen (PrPl.)]

६१४ गङ्गायां प्रभूतं जलं वर्तते
614 Im Ganges ist viel Wasser
614 gaṅgāyāṃ prabhūtaṃ jalaṃ vartate
[gaṅgā, f. Eig. = Ganges (Lok.); prabhūta, Adj. = viel (n. Nom.); jalam = Wasser; vṛt, vartate, 1. = sein (PrSg.)]

६१५ संकटे धीरो धृतिं न मुञ्चति
615 In der Gefahr gibt der Beharrliche die Entschlossenheit nicht auf
615 saṃkaṭe dhīro dhṛtiṃ na muñcati
[saṃkaṭam = Gefahr (Schwierigkeit, Lok. Sg.); dhīra, Adj. = beharrlich (m. Nom.); dhṛtiḥ, f. = Entschlossenheit (Akk.); na, Ind. = nicht; muc, muñcati, 6. = aufgeben (PrSg.)]

६१६ पण्डितानां समाजे ऽपण्डितानां मौनं भूषणम्
616 In der Gesellschaft der Gebildeten ist das Schweigen der Ungebildeten eine Zierde
616 paṇḍitānāṃ samāje 'paṇḍitānāṃ maunaṃ bhūṣaṇam
[paṇḍita, Adj. = gebildet (m. Gen., Anm.: Substantiviertes Adj.); samājaḥ = Gesellschaft (Lok., Anm.: samājaḥ, heute in Hindi »samāj«, kommt wahrscheinlich von der defektiven Wurzel aj, sam-ajati = zusammen-treiben, vgl. ajaḥ = Ziegenbock, ājaniḥ f. = Treibstock); apaṇḍita, Adj. = ungebildet (m. Gen.); maunam = Schweigen; bhūṣaṇam = Zierde]

६१७ आ प्रसवनाद्गर्भवती शयनगृहे तिष्ठति
617 Die Schwangere bleibt bis zur Niederkunft im Schlafzimmer
617 ā prasavanād_garbhavatī śayana-gṛhe tiṣṭhati
[ā, Präp. + Abl. = bis; prasavanam = Niederkunft (Abl.); garbhavat, Adj. = schwanger (garbhavatī, f. Adj., Anm.: Substantiviertes Adj., garbhaḥ = Leibesfrucht, Embryo, Fötus); śayana-gṛham = Schlafzimmer (Lok., Komp.); sthā, tiṣṭhati, 1. = bleiben (PrSg.)]

६१८ अन्धानां प्रदेशे काणो राजा
618 Im Lande der Blinden ist der Einäugige König
618 andhānāṃ pradeśe kāṇo rājā
[andha, Adj. = blind (m. Gen. Pl., Anm.: Substantiviertes Adj.); pradeśaḥ = Land (Lok.); kāṇa, Adj. = einäugig (m. Nom. Sg.); rājan, m. = König (rājā, Nom.)]

६१९ कूप उदधौ चापि घटस्तुल्यं जलमुद्धरति
619 Im Brunnen wie auch im Meer schöpft ein Krug die gleiche Menge Wassers (FÜ.)
619 kūpa udadhau cāpi ghaṭas_tulyaṃ jalam_uddharati
[kūpaḥ = Brunnen (kūpe, Lok.); udadhiḥ, m. = Meer (Lok.); ca, Konj. = und; api, Ind. = auch; ghaṭaḥ = Krug; tulya, Adj. = gleich (n. Akk.); jalam = Wasser (Akk.); hṛ, ud-dharati, 1. = schöpfen (PrSg., Sa.: ut + hṛ = ud-dhṛ)]

६२० ऋत्विग्बहूनि हवींष्यग्नौ प्रास्यति
620 Der Priester wirft viele Opfergaben in das Feuer
620 ṛtvig_bahūni havīṃṣy_agnau prāsyati
[ṛtvij, ṛtvik, m. = Priester (Nom.); bahu, Adj. = viel (n. Akk. Pl.); havis, n. = Opfer (havīṃṣi, Akk. Pl.); agniḥ, m. = Feuer (Lok.); as, pra-asyati, 4. = werfen (+ Akk. + Lok., PrSg.)]

६२१ वसन्ते चारवो लताः सुरभीणि च कुसुमानि रोहन्ति
621 Im Frühling wachsen liebliche Lianen und wohlriechende Blumen
621 vasante cāravo latāḥ surabhīṇi ca kusumāni rohanti
[vasantaḥ = Frühling (Lok.); cāru, Adj. = lieblich (cāravaḥ, f. Nom. Pl., caruḥ, f. Adj. Nom.); latā = Liane; surabhi, Adj. = wohlriechend (n. Nom. Pl.); ca, Konj. = und; kusumam = Blume; ruh, rohati, 1. = wachsen (PrPl.)]

६२२ लोभेन मतिश्चलति विमूढायां च मत्यां दुःखानि प्रविशन्ति
622 Durch Gier rührt sich der Geist, und in den verwirrten Geist dringen die Leiden ein
622 lobhena matiś_calati, vimūḍhāyāṃ ca matyāṃ duḥkhāni praviśanti
[lobhaḥ = Gier (Instr. = aufgrund der Gier); matiḥ, f. = Geist (matiḥ, Nom., matyām oder matau, Lok.); cal, calati, 1. = bewegen (PrSg.); vimūḍha, Adj. = verwirrt (vimūḍhāyām, f. Lok.); ca, Konj. = und; duḥkham = Leid; viś, pra-viśati, 6. = eindringen (in + Lok., PrPl.)]

8.1.7. Mit Dativ

६२३ बहवः शिशवो मधुने स्पृहयन्ति

623 Viele Kleinkinder verlangen nach Honig

623 bahavaḥ śiśavo madhune spṛhayanti

[bahu, Adj. = viel (m. Nom.); śiśuḥ, m. = Kleinkind; madhu, n. = Honig (Dat.); spṛh, spṛhayati, 10. = verlangen (nach + Dat., PrPl.)]

६२४ कृष्णस्य पत्न्यै वृद्धस्य चित्रकरस्य नवानि चित्राणि रोचन्ते

624 Krishnas Frau gefallen die neuen Bilder des alten Malers

624 kṛṣṇasya patnyai vṛddhasya citra-karasya navāni citrāṇi rocante

[kṛṣṇaḥ, m. Eig. = Krishna (Gen.); patnī = Gattin (Dat.); vṛddha, Adj. = alt (m. Gen.); citra-karaḥ = Maler (Gen., »Bild-Macher«, Komp., Anm.: Hier -karaḥ statt -kāraḥ); nava, Adj. = neu (n. Nom.); citram = Gemälde (Nom.); ruc, rocate, 1. = gefallen (+ Nom. + Dat., PrPl.)]

६२५ शुभानां कर्मणामारम्भः कल्याणाय कल्पते

625 Die Inangriffnahme guter Taten gereicht zum Glück

625 śubhānāṃ karmaṇām_ārambhaḥ kalyāṇāya kalpate

[śubha, Adj. = gut (und schön, n. Gen. Pl.); karman, n. = Tat (Gen. Pl., karma, Nom.); ārambhaḥ = Inangriffnahme (Vornahme usw.: Nominalstil); kalyāṇam = Glück (Dat.); kḷp, kalpate, 1. = gereichen (+ Nom. + Dat., PrSg.)]

६२६ कृशो ऽप्यश्वः शोभायै भवति । पुष्टो ऽपि खरः शोभायै न भवति

626 Auch ein mageres Pferd gereicht zur Schönheit. Auch ein fetter Esel gereicht nicht zur Schönheit

626 kṛśo 'py_aśvaḥ śobhāyai bhavati. puṣṭo 'pi kharaḥ śobhāyai na bhavati

[kṛśa, Adj. = mager (kṛśaḥ, m. Nom.); api, Ind. = auch; aśvaḥ = Pferd; śobhā = Schönheit (Dat.); bhū, bhavati, 1. = gereichen (+ Dat., PrSg.); puṣṭa, Adj. = fett (puṣṭaḥ, m. Nom.); kharaḥ = Esel; na, Ind. = nicht]

8.2. Prädikatives Adjektiv

8.2.1. Mit Nominativ

६२७ तूलं मृदु लोहः कठोरः

627 Baumwolle ist weich, Eisen ist hart

627 tūlaṃ mṛdu, lohaḥ kaṭhoraḥ

[tūlam = Baumwolle (Nom.); mṛdu, Adj. = weich (n. Nom.); lohaḥ = Eisen (Nom.); kaṭhora, Adj. = hart (n. Nom.)]

६२८ वृद्धा वेश्या तपस्विनी

628 Im Alter ist die Dirne fromm (FÜ.)

628 vṛddhā veśyā tapasvinī

[vṛddha, Adj. = alt (vṛddhā, f. Nom.); veśyā = Dirne; tapasvin, Adj. = fromm (tapasvinī, f. Adj. Nom.)]

६२९ कष्टा खलु वै सेवा

629 Hart fürwahr ist die Fron

629 kaṣṭā khalu vai sevā

[kaṣṭa, Adj. = hart (schlimm, f. Nom. Sg.); khalu vai, Ind. = fürwahr; sevā = Fron (Dienst)]

६३० बहुला विद्याः स्वल्पः कालः

630 Zahlreich sind die Wissenschaften, kurz ist die Zeit

630 bahulā vidyāḥ, svalpaḥ kālaḥ

[bahula, Adj. = zahlreich (bahulāḥ, f. Nom. Pl.); vidyā = Wissenschaft; svalpa, Adj. = kurz, sehr kurz (su-alpa, m. Nom.); kālaḥ = Zeit]

६३१ अक्षा मृगया पानं च गर्हितानि भवन्ति
631 Würfel, Jagd und Trank sind verwerflich
631 akṣā mṛgayā pānaṃ ca garhitāni bhavanti
[akṣaḥ = Würfel (akṣāḥ, m. Pl. = Würfelspiel); mṛgayā = Jagd (f.); pānam = Trank (n.); ca, Konj. = und; garhita, Adj. = verwerflich (n. Nom. Pl., n. wegen m. plus f. plus n.); bhū, bhavati, 1. = sein (PrPl.)]

६३२ दूरस्थो ऽपि समीपस्थः समीपस्थो ऽपि दूरस्थः
632 Auch der Ferne kann anwesend sein, auch der Anwesende kann fern sein
632 dūra-stho 'pi samīpa-sthaḥ, samīpa-stho 'pi dūra-sthaḥ
[dūra, Adj. = fern; dūra-stha, Adj. = abwesend (m. Nom., Komp.); api, Ind. = auch; samīpa, Adj. = nah; samīpa-stha, Adj. = anwesend (m. Nom., Komp., Anm.: Die Etymologie ist im Sanskrit oft klar, z.B. »su-alpa«, doch gibt es auch viele harte Nüsse, z.B. »sam-īp-a«, denn hier sind nur Präfix »sam« und Suffix »a« klar, aber bei »īp« kann nur spekuliert werden, z.B. »īp« Tiefstufe von »ap = Wasser«?, »sam-īp-a = in der Nähe des Wassers«?)]

8.2.2. Mit Genitiv

६३३ त्वरिता धर्मस्य गतिः
633 Rasch ist der Gang des Gesetzes
633 tvaritā dharmasya gatiḥ
[tvarita, Adj. = rasch (tvaritā, f. Nom.); dharmaḥ = Gesetz (Gen.); gatiḥ, f. = Gang]

६३४ कालस्य गतिः कुटिला
634 Der Gang der Zeit ist gewunden
634 kālasya gatiḥ kuṭilā
[kālaḥ = Zeit (Gen.); gatiḥ, f. = Gang; kuṭila, Adj. = krumm (gewunden, widrig, kuṭilā, f. Nom. Sg.)]

६३५ अपुत्रस्य गृहं शून्यम्
635 Das Haus des Kinderlosen ist leer
635 aputrasya gṛhaṃ śūnyam
[aputra, Adj. = kinderlos (ohne Sohn, m. Gen.); gṛham = Haus; śūnya, Adj. = leer (n. Nom.)]

६३६ समुद्रस्य जलं लवणम्
636 Das Wasser des Meers ist salzig
636 samudrasya jalaṃ lavaṇam
[samudraḥ = Meer (Gen.); jalam = Wasser; lavaṇa, Adj. = salzig (n. Nom.)]

६३७ जरा विनाशिनी रूपस्य
637 Alter ist schädlich für die Schönheit
637 jarā vināśinī rūpasya
[jarā = Alter, n.; vināśin, Adj. = schädlich (vināśinī, f. Adj. Nom.); rūpam = Schönheit (Gen. = für die Schönheit)]

६३८ शीतं दुग्धमाह्लादकं पान्थानाम्
638 Kalte Milch ist für Wanderer erfrischend
638 śītaṃ dugdham_āhlādakaṃ pānthānām
[śīta, Adj. = kalt (n. Nom.); dugdham = Milch; āhlādaka, Adj. = erfrischend (n. Nom.); pānthaḥ = Wanderer (Gen. Pl. = für Wanderer)]

६३९ भार्यायाः स्निग्धः सुन्दरो वेश्याया धनी सुन्दरः

639 Für die Ehefrau ist der Geliebte schön, für die Dirne ist der Reiche schön

639 bhāryāyāḥ snigdhaḥ sundaro, veśyāyā dhanī sundaraḥ

[bhāryā = Ehefrau (Gen. = für die Ehefrau); snigdhaḥ = Geliebter; sundara, Adj. = schön (m. Nom.); veśyā = Dirne (veśyāyāḥ, Gen.); dhanin, m. = Reiche (dhanī, Nom.)]

६४० नृणाममृतं दुर्लभं देवानां तक्रं दुर्लभम्

640 Für die Menschen ist der Nektar schwer zu erlangen, für die Götter ist die Buttermilch schwer zu erlangen

640 nṝṇām_amṛtaṃ durlabhaṃ, devānāṃ takraṃ durlabham

[nṛ, nā, m. = Mann (Gen. Pl. = für die Menschen, Anm.: Statt Nom. Sg. nā wird meist naraḥ verwendet); amṛtam = Nektar (Ambrosia); durlabha, Adj. = schwer zu erlangen (n. Nom.); devaḥ = Gott (Gen. Pl. = für die Götter); takram = Buttermilch]

६४१ जातस्य मृत्युर्ध्रुवो मृतस्य जन्म ध्रुवम्

641 Dem Geborenen ist der Tod gewiß, dem Gestorbenen ist die Geburt gewiß

641 jātasya mṛtyur_dhruvo, mṛtasya janma dhruvam

[jāta, Adj. = geboren (m. Gen. = für den); mṛtyuḥ, m. = Tod; dhruva, Adj. = gewiß (m. Nom. und n. Nom.); mṛta, Adj. = gestorben (m. Gen.); janman, n. = Geburt (janma, Nom.)]

8.2.3. Mit Instrumental

६४२ भिक्षुः पादेन खञ्जः

642 Der Bettler hinkt auf einem Bein (FÜ.)

642 bhikṣuḥ pādena khañjaḥ

[bhikṣuḥ, m. = Bettler; pādaḥ = Bein (Instr.); khañja, Adj. = lahm (m. Nom., pādena khañjaḥ = auf einem Bein hinkend)]

६४३ जात्या पुरुषः साधुरसाधुर्वा भवति

643 Durch Geburt ist der Mensch gut oder böse

643 jātyā puruṣaḥ sādhur_asādhur_vā bhavati

[jātiḥ, f. = Geburt (Instr.); puruṣaḥ = Mensch; sādhu, Adj. = gut (m. Nom.); asādhu, Adj. = schlecht (m. Nom.); vā, Konj. = oder; bhū, bhavati, 1. = sein (PrSg.)]

६४४ हिरण्येन राजानो ऽर्थिनो भवन्ति

644 Könige werden begierig nach Gold

644 hiraṇyena rājāno 'rthino bhavanti

[hiraṇyam = Gold (Instr.); rājan, m. = König (rājānaḥ, Nom. Pl.); arthin, Adj. = begierig (nach + Instr., m. Nom. Pl.); bhū, bhavati, 1. = werden (PrPl.)]

६४५ नेत्रा विना सेना हता

645 Ohne Führer ist das Heer verloren

645 netrā vinā senā hatā

[netṛ, netā, m. = Führer (Instr.); vinā, Präp. + Instr. = ohne; senā = Heer; hata, Adj. = verloren (vernichtet, hatā, f. Nom.)]

६४६ रामः कृष्णेन तुल्यः

646 Rama ist ebenbürtig mit Krishna (= Rama gleicht Krishna)

646 rāmaḥ kṛṣṇena tulyaḥ

[rāmaḥ, m. Eig. = Rama; kṛṣṇaḥ, m. Eig. = Krishna (Instr.); tulya, Adj. = ebenbürtig (+ Instr., m. Nom.)]

६४७ धर्मेण हीनाः पशुभिः समानाः

647 Die Gesetzlosen gleichen den Tieren (FÜ.)

647 dharmeṇa hīnāḥ paśubhiḥ samānāḥ
[dharmaḥ = Gesetz (Instr.); hīna, Adj. = verlassen (+ Instr., m. Nom. Pl.); paśuḥ, m. = Tier (Instr.); samāna, Adj. = gleich (+ Instr., m. Nom. Pl.)]

६४८ अश्मभिरश्वस्य गतिः कुटिला
648 Wegen der Steine ist der Gang des Pferdes gewunden
648 aśmabhir_aśvasya gatiḥ kuṭilā
[aśman, m. = Stein (aśmabhiḥ, Instr., aśmā, Nom.); aśvaḥ = Pferd (Gen.); gatiḥ, f. = Gang; kuṭila, Adj. = gewunden (kuṭilā, f. Nom.)]

8.2.4. Mit Lokativ

६४९ हिमालये गङ्गायाः पयांसि श्वेतानि
649 Im Himalaya sind die Wasser des Ganges weiß
649 himālaye gaṅgāyāḥ payāṃsi śvetāni
[himālayaḥ, m. Eig. = Himalaya (Lok.); gaṅgā, f. Eig. = Ganges (Gen.); payas, n. = Wasser (Nom. Pl. = die Wasser oder die Ströme); śveta, Adj. = weiß (n. Nom. Pl.)]

६५० अग्निस्तिष्ठति गूढो दारुषु
650 Das Feuer ist im Holz verborgen (FÜ.)
650 agnis_tiṣṭhati gūḍho dāruṣu
[agniḥ, m. = Feuer; sthā, tiṣṭhati, 1. = sein (PrSg.); gūḍha, Adj. = verborgen (m. Nom.); dāru, n. = Holz (Lok. Pl.)]

६५१ आपदि बन्धवो दुर्लभाः
651 In der Not sind Freunde schwer zu erlangen
651 āpadi bandhavo durlabhāḥ
[āpad, āpat, f. = Not (Lok.); bandhuḥ, m. = Freund; durlabha, Adj. = schwer zu erlangen (m. Nom.)]

६५२ उदये सविता रक्तो रक्तश्चास्तमये तथा
652 Die Sonne ist rot beim Aufgang und ebenso rot beim Untergang
652 udaye savitā rakto raktaś_cāstam-aye tathā
[udayaḥ = Aufgang (Lok.); savitṛ, savitā, m. = Sonne; rakta, Adj. = rot (raktaḥ, m. Nom. Sg.); ca tathā, Konj. = und ebenso; astam-ayaḥ = Untergang (Lok., ud-ayaḥ = Auf-gang, astam-ayaḥ = Heim-gang, ayaḥ = Gang)]

६५३ ग्रीष्मे सूर्यस्य रश्मय उष्णा भवन्ति
653 Im Sommer sind die Strahlen der Sonne heiß
653 grīṣme sūryasya raśmaya uṣṇā bhavanti
[grīṣmaḥ = Sommer (Lok.); sūryaḥ = Sonne (Gen.); raśmiḥ, m. = Strahl; uṣṇa, Adj. = heiß (raśmayaḥ uṣṇāḥ, m. Nom. Pl.); bhū, bhavati, 1. = sein (PrPl.)]

६५४ इन्दोः प्रकाशः शरद्याह्लादको भवति
654 Der Schein des Mondes ist im Herbst erquickend
654 indoḥ prakāśaḥ śarady_āhlādako bhavati
[induḥ, m. = Mond (Gen.); prakāśaḥ = Schein (Lichtschein); śarad, śarat, f. = Herbst (śaradi, Lok.); āhlādaka, Adj. = erquickend (m. Nom.); bhū, bhavati, 1. = sein (PrSg.)]

६५५ हेमन्ते चन्द्रमसो ज्योतिस्तेजस्वि
655 Im Winter ist das Licht des Mondes glanzvoll
655 hemante candramaso jyotis_tejasvi
[hemantaḥ = Winter (Lok.); candramas, m. = Mond (candramasaḥ, Gen., candramāḥ, Nom.); jyotis, n. = Licht; tejasvin, Adj. = glanzvoll (n. Nom., tejasvī, m. Nom.)]

8.3. Konsonantische Adjektive auf mat, vat (»matimat, balavat«)

६५६ मतिमान् मूर्खं परिहसति

656 Der Kluge lacht den Narren aus

656 matimān mūrkhaṃ parihasati

[matimat, Adj. = klug (m. Nom., Anm. 1: Adj. auf -mat sind meistens von Nomen abgeleitet, z.B. matiḥ = Verstand, mati-mat = verständig, buddhiḥ = Vernunft, buddhi-mat = vernünftig, prītiḥ = Freude, prīti-mat = freudig, kīrtiḥ = Ruhm, kīrti-mat = berühmt, dyutiḥ = Glanz, dyuti-mat = glanzvoll, raśmiḥ = Strahl, raśmi-mat = strahlenreich, Anm. 2: Das gleiche gilt für Adj. auf -vat); mūrkhaḥ = Narr (Akk.); has, pari-hasati, 1. = auslachen (+ Akk., PrSg.)]

६५७ धनवान् बलवांल्लोके

657 Der Reiche ist stark in der Welt

657 dhanavān balavāṃl_loke

[dhanavat, Adj. = reich (m. Nom.); balavat, Adj. = stark (m. Nom., Sa.: balavān + l = balavāṃl_l); lokaḥ = Welt (Lok.)]

६५८ लोके धीमन्तो यशस्वन्तः

658 Bei uns sind die Klugen berühmt (FÜ.)

658 loke dhīmanto yaśasvantaḥ

[lokaḥ = Welt (Lok. = in der Welt = bei uns); dhīmat, Adj. = klug (dhīmantaḥ, m. Nom. Pl.); yaśasvat, Adj. = berühmt (m. Nom. Pl.)]

६५९ नमो भगवते वासुदेवाय

659 Verehrung dem erhabenen Vasudeva!

659 namo bhagavate vāsudevāya!

[namas, n. = Verehrung (Nom. als Interj.); bhagavat, Adj. = erhaben (bhagavate, m. Dat.); vāsu-devaḥ, m. Eig. = Krishna (Dat., Komp.)]

६६० धनवन्तः संपद्यपि सुखं न विन्दन्ति

660 Die Reichen finden auch im Wohlstand kein Glück

660 dhanavantaḥ saṃpady_api sukhaṃ na vindanti

[dhanavat, Adj. = reich (m. Nom. Pl.); saṃpad, saṃpat, f. = Wohlstand (saṃpadi, Lok.); api, Ind. = auch; sukham = Glück (Akk.); na, Ind. = nicht; vid, vindati, 6. = finden (PrPl.)]

६६१ त्यागो वित्तवतां गुणो वित्तं त्यागिनां गुणः

661 Die Freigebigkeit ist eine Eigenschaft der Besitzenden, der Besitz ist eine Eigenschaft der Freigebigen

661 tyāgo vittavatāṃ guṇo, vittaṃ tyāgināṃ guṇaḥ

[tyāgaḥ = Freigebigkeit; vittavat, Adj. = besitzend (m. Gen.); guṇaḥ = Tugend (Eigenschaft); vittam = Besitz; tyāgin, Adj. = freigebig (m. Gen.)]

६६२ बलवती दन्तानां वेदना ब्राह्मणं बाधते

662 Ein heftiger Zahnschmerz peinigt den Brahmanen

662 balavatī dantānāṃ vedanā brāhmaṇaṃ bādhate

[balavat, Adj. = stark (balavatī, f. Adj. Nom. Sg.); dantaḥ = Zahn (Gen. Pl.); vedanā = Schmerz; brāhmaṇaḥ = Brahmane (Akk.); bādh, bādhate, 1. = plagen (PrSg.)]

६६३ शकुन्तला मूर्तिमती सत्क्रिया

663 Shakuntala ist die Freundlichkeit in Person (FÜ.)

663 śakuntalā mūrtimatī sat-kriyā

[śakuntalā, f. Eig. = Shakuntala; mūrtimat, Adj. = leibhaftig (mūrtimatī, f. Adj. Nom., mūrtimān, m. Nom.); sat-kriyā = Freundlichkeit (»gute Tat«, Komp.)]

8.4. »mahat = groß«

६६४ ब्रह्म महद्दैवतम्
664 Brahman ist die große Gottheit
664 brahma mahad_daivatam
[brahman, n. = Brahman (brahma, Nom.); mahat, Adj. = groß (n. Nom. Sg., mahānti, n. Nom. Pl.); daivatam = Gottheit]

६६५ आलस्यं मनुष्याणां महान् रिपुः
665 Die Trägheit ist ein großer Feind der Menschen
665 ālasyaṃ manuṣyāṇāṃ mahān ripuḥ
[ālasyam = Trägheit; manuṣyaḥ = Mensch (Gen.); mahat, Adj. = groß (mahān, m. Nom. Sg., mahāntaḥ, m. Nom. Pl.); ripuḥ, m. = Feind]

8.5. Einstämmige Adjektive (»veda-vid«)

६६६ औषधं न गतायुषाम्
666 Das Heilmittel ist nicht für die Toten
666 auṣadhaṃ na gatāyuṣām
[auṣadham = Heilmittel; na, Ind. = nicht; gatāyus, Adj. = tot (m. Gen. Pl., gata + āyus, Komp. = dessen Leben zu Ende gegangen ist, Anm.: Einstämmige Adj. kommen fast nur als Endglieder von Komp. vor)]

६६७ काश्यां प्रयागे च वेदविदो भारतवर्षीया देवीर्देवांश्च पूजयन्ति
667 In Varanasi und Allahabad verehren vedakundige Inder die Göttinnen und Götter
667 kāśyāṃ prayāge ca veda-vido bhārata-varṣīyā devīr_devāṃś_ca pūjayanti
[kāśī, f. Eig. = Benares (Varanasi, Lok.); prayāgam, n. Eig. = Allahabad (Lok.); ca, Konj. = und; veda-vid, Adj. = vedakundig (m. Nom. Pl.); bhārata-varṣīyaḥ, m. Eig. = Inder; devī = Göttin (devīḥ, Akk. Pl.); devaḥ = Gott (devān, Akk.); pūj, pūjayati, 10. = verehren (PrPl.)]

8.6. Mit Dual

६६८ बलिभ्यां बाहुभ्यां तरुणं तरुं लुम्पति
668 Mit starken Armen bricht er den jungen Baum
668 balibhyāṃ bāhubhyāṃ taruṇaṃ taruṃ lumpati
[balin, Adj. = stark (m. Instr. Du.); bāhuḥ, m. = Arm, m. (Instr. Du.); taruṇa, Adj. = jung (m. Akk.); taruḥ, m. = Baum (Akk.); lup, lumpati, 6. = brechen (PrSg.)]

६६९ दास्योर्वचनेषु महिष्या निरतिशया श्रद्धा
669 Das Vertrauen durch die Königin (= Das Vertrauen der Königin) in die Worte der beiden Zofen ist unübertroffen
669 dāsyor_vacaneṣu mahiṣyā niratiśayā śraddhā
[dāsī = Zofe (Gen. Du.); vacanam = Wort (Lok.); mahiṣī = Königin (Instr.); niratiśaya, Adj. = unübertroffen (nir-ati-śayā, f. Nom.); śraddhā = Vertrauen (in + Lok.)]

६७० तीव्रेण दुःखेन वृद्धाया वेश्याया रक्ताभ्यां नेत्राभ्यां बहून्यश्रूणि द्रवन्ति
670 Wegen des heftigen Schmerzes fließen aus den beiden geröteten Augen der alten Dirne viele Tränen
670 tīvreṇa duḥkhena vṛddhāyā veśyāyā raktābhyāṃ netrābhyāṃ bahūny_aśrūṇi dravanti
[tīvra, Adj. = scharf (heftig, n. Instr.); duḥkham = Schmerz (Instr.); vṛddha, Adj. = alt (vṛddhāyāḥ, f. Gen.); veśyā = Dirne (Gen.); rakta, Adj. = rot (gerötet, n. Abl. Du.); netram = Auge (Abl. Du.); bahu, Adj. = viel (bahūni, n. Nom. Pl.); aśru, n. = Träne (Nom.); dru, dravati, 1. = fließen (aus + Abl., PrPl.)]

9. Pronomen

9.1. »sarva«

६७१ सर्वमतिमात्रं दोषाय
671 Alles Übermäßige gereicht zum Schaden (FÜ.: Allzuviel ist ungesund)
671 sarvam_atimātraṃ doṣāya
[sarva, Pron. = all (n. Nom. Sg. = alles); atimātra, Adj. = übermäßig (n. Nom. Sg.); doṣaḥ = Schaden, m. (Dat., ergänze: bhavati = gereicht)]

६७२ सर्वमुत्पादि भङ्गुरम्
672 Alles Entstandene ist vergänglich
672 sarvam_utpādi bhaṅguram
[sarva, Pron. = all (sarvam, n. Nom. = alles); utpādin, Adj. = entstanden (utpādi, n. Nom. Sg.); bhaṅgura, Adj. = vergänglich (n. Nom.)]

६७३ सर्वस्य लोचनं शास्त्रम्
673 Alles erhellend ist die Wissenschaft
673 sarvasya locanaṃ śāstram
[sarva, Pron. = all (n. Gen.); locana, Adj. = erhellend (n. Nom.); śāstram = Wissenschaft]

६७४ सर्वस्यातिथिर्गुरुः
674 Jedem ist der Gast heilig
674 sarvasyātithir_guruḥ
[sarva, Pron. = jede (sarvasya, m. Gen. Sg. = für jeden); atithiḥ, m. = Gast; guru, Adj. = ehrwürdig (m. Nom.)]

६७५ उदधिं प्रति सर्वाणि जलानि द्रवन्ति
675 Alle Wasser fließen zum Meer
675 udadhiṃ prati sarvāṇi jalāni dravanti
[udadhiḥ, m. = Meer (Akk.); prati, Präp. + Akk. = zu; sarva, Pron. = all (sarvāṇi, n. Nom. Pl. = alle); jalam = Wasser; dru, dravati, 1. = fließen (PrPl.)]

६७६ सर्वाभ्यो दिग्भ्यो मरुतो वहन्ति
676 Die Winde wehen von allen Richtungen
676 sarvābhyo digbhyo maruto vahanti
[sarva, Pron. = all (sarvābhyaḥ, f. Abl. Pl.); diś, dik, f. = Richtung (digbhyaḥ, Abl. Pl.); marut, m. = Wind (marutaḥ, Nom. Pl.); vah, vahati, 1. = wehen (von + Abl., PrPl.)]

६७७ सर्वासु कलासु राजपुत्रो निष्णातः
677 Der Königssohn ist in allen Künsten erfahren
677 sarvāsu kalāsu rāja-putro niṣṇātaḥ
[sarva, Pron. = all (sarvāsu, f. Lok. Pl.); kalā = Kunst (Lok.); rāja-putraḥ = Königssohn (Komp.); niṣṇāta, Adj. = erfahren (in + Lok., m. Nom., »ni-snāta = ein-getaucht«)]

६७८ अत्वरा सर्वेषु कार्येषु । त्वरा कार्यं विनाशयति
678 Habe Weile in allen Vorhaben. Eile verdirbt das Vorhaben
678 atvarā sarveṣu kāryeṣu. tvarā kāryaṃ vināśayati
[atvarā = Weile (Nicht-Eile); sarva, Pron. = all (sarveṣu, n. Lok.); kāryam = Vorhaben (Lok., Akk.); tvarā = Eile; naś, vi-nāśayati, 10. = verderben (+ Akk., PrSg. Kaus.)]

६७९ सर्वभूतानि सुखाय स्पृहयन्ति
679 Alle Lebewesen streben nach dem Glück

679 sarva-bhūtāni sukhāya spṛhayanti
[sarva, Pron. = all (Komp.); bhūtam = Lebewesen (sarva-bhūtāni, nur Pl., Komp.); sukham = Glück (Dat.); spṛh, spṛhayati, 10. = streben (nach + Dat., PrPl.)]

६८० सर्वं दुःखं परवशं सर्वं सुखमात्मवशम्
680 Jeder ist seines Glückes Schmied (FÜ.)
680 sarvaṃ duḥkhaṃ para-vaśaṃ, sarvaṃ sukham_ātma-vaśam
[sarva, Pron. = all (n. Nom.); duḥkham = Unglück; para-vaśa, Adj. = fremdbestimmt (n. Nom., Komp., para = fremd, ātma = eigen, vaśaḥ = Wille); sukham = Glück; ātma-vaśa, Adj. = selbstbestimmt (n. Nom.)]

६८१ परोपदेशे पाण्डित्यं सुकरं सर्वेषां नृणाम्
681 Gelehrsamkeit in Fremdbelehrung ist für alle Menschen leicht machbar (WÜ.)
681 paropadeśe pāṇḍityaṃ sukaraṃ sarveṣāṃ nṛṇām
[paropadeśaḥ = Fremdbelehrung (Lok., Komp., para + upadeśaḥ); upadeśaḥ = Belehrung; pāṇḍityam = Gelehrsamkeit; sukara, Adj. = leicht (n. Nom., su-kara = leicht machbar); sarva, Pron. = all (sarveṣām, Gen. Pl.); nṛ, nā, m. = Mensch (nṛṇām oder nṝṇām, Gen. Pl.)]

६८२ सर्वे मनुष्या अल्पेन यत्नेन महतो ऽर्थानाकाङ्क्षन्ति
682 Alle Menschen begehren mit kleiner Anstrengung große Reichtümer
682 sarve manuṣyā alpena yatnena mahato 'rthān_ākāṅkṣanti
[sarva, Pron. = all (sarve, m. Nom. Pl. = alle); manuṣyaḥ = Mensch; alpa, Adj. = klein (m. Instr.); yatnaḥ = Anstrengung (Instr.); mahat, Adj. = groß (mahataḥ, m. Akk. Pl.); arthaḥ = Reichtum (Akk.); kāṅkṣ, ā-kāṅkṣati, 1. = begehren (PrPl.)]

9.2. Demonstrativpronomen (»tad, etad, enad, idam, adas«)

६८३ सा तत्पुत्रेण सह रमते
683 Sie verkehrt mit dessen Sohn
683 sā tat-putreṇa saha ramate
[tad, Pron. = das (sā, f. Nom. = sie; tat-putraḥ, Komp. = tasya putraḥ = dessen Sohn, merke irr. Sa. bei saḥ, m. Nom.: saḥ + Kons. = sa + Kons., z.B. sa putraḥ); putraḥ = Sohn (Instr.); saha, Präp. + Instr. = mit; ram, ramate, 1. = verkehren (mit + Instr., »rammeln«, PrSg.)]

६८४ शिशुरेतस्या धेन्वाः पयः पिबति
684 Das Kind trinkt die Milch dieser Kuh
684 śiśur_etasyā dhenvāḥ payaḥ pibati
[śiśuḥ, m. = Kind; etad, Pron. = dies (etasyāḥ, f. Gen. = dieser); dhenuḥ, f. = Kuh (dhenvāḥ oder dhenoḥ, Gen.); payas, n. = Milch (Akk.); pā, pibati, 1. = trinken (PrSg.)]

६८५ चोर । स एवैषो ऽवसरः
685 Dieb! Dies hier ist DIE Gelegenheit!
685 cora! sa evaiṣo 'vasaraḥ!
[coraḥ = Dieb (Vok.); tad, Pron. = das (saḥ, m. Nom.); eva, Ind. = hier; etad, Pron. = dies (eṣaḥ, m. Nom. betont: DIE Gelegenheit); avasaraḥ = Gelegenheit]

६८६ नारीं पश्याम एनां च नगरस्य मार्गं पृच्छामः
686 Wir sehen die Frau und fragen sie nach dem Weg in die Stadt
686 nārīṃ paśyāma enāṃ ca nagarasya mārgaṃ pṛcchāmaḥ
[nārī = Frau (Akk.); paś, paśyati, 4. = sehen (paśyāmaḥ, PrPl.); enad, Pron. = dies (enām, f. Akk. = sie, Anm.: »enad« weist auf das bereits erwähnte Subst. zurück); ca, Konj. = und; nagaram = Stadt (Gen., Weg der Stadt = Weg in die Stadt); mārgaḥ = Weg, m. (Akk.); pracch, pṛcchati, 6. = fragen (nach + Akk. + Akk., PrPl.)]

६८७ नायं महान् कुक्कुरः किंतु क्षुद्रो वृकः
687 Dies ist kein großer Hund, sondern ein kleiner Wolf
687 nāyaṃ mahān kukkuraḥ, kiṃtu kṣudro vṛkaḥ
[na - kiṃtu, Konj. = nicht - sondern (na + Subst. = kein); idam, Pron. = dies (ayam, m. Nom.); mahat, Adj. = groß (mahān, m. Nom.); kukkuraḥ = Hund; kṣudra, Adj. = klein (m. Nom.); vṛkaḥ = Wolf]

६८८ नेयं नवा वार्त्ता
688 Dies ist keine neue Nachricht (FÜ.: Dies ist nichts Neues)
688 neyaṃ navā vārttā
[na, Ind. = kein (+ Subst.); idam, Pron. = dies (iyam, f. Nom.); nava, Adj. = neu (navā, f. Nom.); vārttā = Nachricht (vārt-tā, Wz. vṛt, vartate = geschehen, pra-vartate = entstehen)]

६८९ इमां प्रमदां प्रवृत्तिमभ्यर्थये
689 Ich bitte diese Haremsdame um eine Nachricht
689 imāṃ pramadāṃ pravṛttim_abhyarthaye
[idam, Pron. = dies (imām, f. Akk.); pramadā = Haremsdame (Akk.); pravṛttiḥ, f. = Nachricht (Akk., pra-vṛt-tiḥ); arth, abhy-arthayate, 10. = bitten (um + Akk. + Akk., PrSg.)]

६९० इमा माला नीला हरिताश्च
690 Diese Girlanden sind blau und grün
690 imā mālā nīlā haritāś_ca
[idam, Pron. = dies (imāḥ, f. Nom. Pl.); mālā = Girlande (mālāḥ, Pl.); nīla, Adj. = blau (nīlāḥ, f. Nom. Pl.); harita, Adj. = grün (f. Nom. Pl.); ca, Konj. = und]

६९१ अमुष्या महिष्या धनानि महान्ति वर्तन्ते
691 Die Reichtümer jener Königin sind groß
691 amuṣyā mahiṣyā dhanāni mahānti vartante
[adas, Pron. = jenes (amuṣyāḥ, f. Gen.); mahiṣī = Königin (mahiṣyāḥ, Gen.); dhanam = Reichtum; mahat, Adj. = groß (mahānti, n. Nom. Pl. mit ā); vṛt, vartate, 1. = sein (PrPl.)]

६९२ इमे सैनिका अमून् योधाञ्जयन्ति
692 Diese Soldaten besiegen jene Krieger
692 ime sainikā amūn yodhāñ_jayanti
[idam, Pron. = dies (ime, m. Nom. Pl.); sainikaḥ = Soldat; adas, Pron. = jenes (amūn, m. Akk. Pl.); yodhaḥ = Krieger (yodhān, Akk. Pl.); ji, jayati, 1. = besiegen (PrPl.)]

६९३ अमी अश्वास्तृणं खादन्ति । इमा धेनवो जलं पिबन्ति
693 Jene Pferde fressen Gras. Diese Kühe saufen Wasser
693 amī aśvās_tṛṇaṃ khādanti. imā dhenavo jalaṃ pibanti
[adas, Pron. = jenes (amī, m. Nom. Pl. = jene, kein Sa. nach »amī«); aśvaḥ = Pferd; tṛṇam = Gras (Akk.); khād, khādati, 1. = fressen (PrPl.); idam, Pron. = dies (imāḥ, f. Nom. Pl. = diese, üblicher Sa.); dhenuḥ, f. = Kuh; jalam = Wasser (Akk.); pā, pibati, 1. = saufen (PrPl.)]

9.3. Personalpronomen (»mad, tvad, asmad, yuṣmad«)

६९४ अहमादिर्मध्यमन्तश्च
694 Ich bin der Anfang, die Mitte und das Ende
694 aham_ādir_madhyam_antaś_ca
[mad, Pron. = ich (aham, Nom., Anm. 1: Personalpronomen haben kein Genus, Anm. 2: Statt »ahaṃ gacchāmi, tvaṃ gacchasi = ich gehe, du gehst« usw. sagt man meist nur »gacchāmi, gacchasi« usw.); ādiḥ, m. = Anfang; madhyam = Mitte; antaḥ = Ende; ca, Konj. = und]

६९५ मम पुस्तकं मार्गयामि । मत्पुस्तकं मार्गयामि

695 Ich suche mein Buch

695 mama pustakaṃ mārgayāmi. mat-pustakaṃ mārgayāmi

[mad, Pron. = ich (mama, Gen. = »meiner« = mein, Anm. 1: Für »mein, dein, unser, euer« werden im Sanskrit fast stets die Genitive »mama, tava, asmākam, yuṣmākam« verwendet, Anm. 2: Oft werden die Stämme »mad, tvad, asmad, yuṣmad« dem Nomen vorangestellt, z.B. »tvat-pustakam« = »tava pustakam« = »dein Buch«, Komp.); pustakam = Buch (Akk.); mārg, mārgayati, 10. = suchen (+ Akk., PrSg., vgl. mṛg, mṛgayate)]

६९६ मदीयं पयः पिबामि

696 Ich trinke meine Milch

696 madīyaṃ payaḥ pibāmi

[madīya, Pron. = mein (n. Akk., Ersatz für »mama«, Gen. von mad); payas, n. = Milch (Akk.); pā, pibati, 1. = trinken (PrSg.)]

६९७ मम मनो ऽध्ययनाय त्वरते

697 Mein Geist eilt zum Studium (WÜ.)

697 mama mano 'dhyayanāya tvarate

[mad, Pron. = ich (mama, Gen.); manas, n. = Geist; adhyayanam = Studium (Dat. = zum Studium, um zu studieren); tvar, tvarate, 1. = eilen (PrSg.)]

६९८ अवन्त्यां मम मातुलो वसति

698 Mein Onkel wohnt in Ujjain

698 avantyāṃ mama mātulo vasati

[avantī, f. Eig. = Ujjain (Lok.); mad, Pron. = ich (mama, Gen. = meiner); mātulaḥ = Onkel (mütterlicherseits = Oheim); vas, vasati, 1. = wohnen (PrSg.)]

६९९ अयं कन्दुको मम वयस्यस्य प्रतिग्रहः

699 Dieser Ball ist das Geschenk meines Freundes

699 ayaṃ kanduko mama vayasyasya pratigrahaḥ

[idam, Pron. = dies (ayam, m. Nom.); kandukaḥ = Ball (Spielball); mad, Pron. = ich (mama, Gen.); vayasyaḥ = Freund (Jugendfreund, Altersgenosse, Gen., mama vayasyasya = des Freundes von mir = meines Freundes); pratigrahaḥ = Geschenk]

७०० मुम्बानिवासो ममारोग्याय न कल्पते

700 Der Bombay-Aufenthalt bekommt nicht meiner Gesundheit

700 mumbā-nivāso mamārogyāya na kalpate

[mumbā, f. Eig. = Bombay (Mumbai, Komp.); nivāsaḥ = Aufenthalt; mad, Pron. = ich (mama, Gen. = meiner); ārogyam = Gesundheit (Dat.); na, Ind. = nicht; kḷp, kalpate, 1. = bekommen (zusagen oder passen + Dat., PrSg.)]

७०१ न मे शासने तिष्ठसि

701 Du befolgst nicht meinen Befehl (WÜ.: Du stehst nicht zu meinem Befehl)

701 na me śāsane tiṣṭhasi

[na, Ind. = nicht; mad, Pron. = ich (me oder mama, Gen.); śāsanam = Befehl (Lok.); sthā, tiṣṭhati, 1. = stehen (zu + Lok., PrSg.)]

७०२ एतेषामत्यन्तं सौहृदं मां लज्जयति

702 Deren übertriebene Freundschaft beschämt mich

702 eteṣām_atyantaṃ sauhṛdaṃ māṃ lajjayati

[etad, Pron. = dies (m. Gen. Pl. = deren); atyanta, Adj. = übertrieben (n. Nom. Sg.); sauhṛdam = Freundschaft (Nom.); mad, Pron. = ich (mām, Akk. = mich); lajj, lajjayati, 10. = beschämen (+ Akk., PrSg. Kaus. = macht mich beschämt)]

७०३ अमूनि फलानि मह्यं रोचन्ते। इमानि फलानि मे न रोचन्ते

703 Jene Früchte gefallen mir. Diese Früchte gefallen mir nicht

703 amūni phalāni mahyaṃ rocante. imāni phalāni me na rocante

[adas, Pron. = jenes (amūni, n. Nom. Pl.); phalam = Frucht; mad, Pron. = ich (mahyam und me, Dat. = mir); ruc, rocate, 1. = gefallen (+ Nom. + Dat., PrPl.); idam, Pron. = dies (imāni, n. Nom. Pl.); na, Ind. = nicht]

७०४ होता मह्यं पूजाया वेलां निवेदयति

704 Der Priester teilt mir die Uhrzeit des Gottesdienstes mit

704 hotā mahyaṃ pūjāyā velāṃ nivedayati

[hotṛ, hotā, m. = Priester (Nom.); mad, Pron. = ich (mahyam, Dat.); pūjā = Verehrung (Gen.); velā = Uhrzeit (Akk.); vid, ni-vedayati, 10. = mitteilen (+ Dat. + Akk., PrSg. Kaus.)]

७०५ तुभ्यं पितामह्या आगमं निवेदयामि

705 Ich teile dir die Ankunft der Großmutter mit

705 tubhyaṃ pitā-mahyā āgamaṃ nivedayāmi

[tvad, Pron. = du (tubhyam, Dat. = dir); pitā-mahī = Großmutter (pitā-mahyāḥ, Gen.); āgamaḥ = Ankunft (Akk.); vid, ni-vedayati, 10. = mitteilen (+ Dat. + Akk., PrSg. Kaus.)]

७०६ आर्ये भूतार्थं ते कथयामि

706 Edelfrau, ich erzähle dir die Tatsache

706 ārye, bhūtārthaṃ te kathayāmi

[āryā = Edelfrau (Vok.); bhūtārthaḥ = Tatsache (Akk., Komp.: bhūtaḥ arthaḥ = »gewesene Sache«); tvad, Pron. = du (te oder tubhyam, Dat. = dir); kath, kathayati, 10. = erzählen (+ Dat. + Akk., PrSg.)]

७०७ धिग्बालम्। धिक् त्वाम्

707 Pfui Junge! Schäm dich!

707 dhig_bālam! dhik tvām!

[dhik, Interj. = pfui! (+ Akk.); bālaḥ = Junge (Akk.); tvad, Pron. = du (tvām, Akk. = dich)]

७०८ अहं त्वां प्रसादयामि

708 Ich bitte dich um Entschuldigung

708 ahaṃ tvāṃ prasādayāmi

[mad, Pron. = ich (aham, Nom.); tvad, Pron. = du (tvām, Akk. = dich); sad, pra-sādayati, 10. = entschuldigen (sich entschuldigen bei + Akk., PrSg.)]

७०९ त्वयि स्निह्यामि

709 Ich liebe dich

709 tvayi snihyāmi

[tvad, Pron. = du (tvayi, Lok.); snih, snihyati, 4. = lieben (+ Lok., PrSg.)]

७१० शुभस्ते प्रातःकालः

710 Guten Morgen! (FÜ.)

710 śubhas_te prātaḥ-kālaḥ!

[śubha, Adj. = schön (m. Nom.); tvad, Pron. = du (te oder tava, Gen. = deiner); prātaḥ-kālaḥ = Morgen, m. (Komp., »Morgen-Zeit«, Vormittag, Anm.: Hier als Interj.)]

७११ तवोद्योगेन मोदामहे

711 Wir freuen uns über deinen Fleiß

711 tavodyogena modāmahe

[tvad, Pron. = du (tava, Gen. = deiner); udyogaḥ = Fleiß (Instr.); mud, modate, 1. = freuen (über + Instr., PrPl.)]

७१२ वयं कृष्णं देवं मन्यामहे
712 Wir halten Krishna für einen Gott
712 vayaṃ kṛṣṇaṃ devaṃ manyāmahe
[asmad, Pron. = wir (vayam, Nom. = wir); kṛṣṇaḥ, m. Eig. = Krishna (Akk.); devaḥ = Gott (Akk.); man, manyate, 4. = erachten (halten für + Akk. + Akk., PrPl.)]

७१३ वनौकसो ऽपि वयं वेदविदः
713 Auch als Waldbewohner sind wir vedakundig
713 vanaukaso 'pi vayaṃ veda-vidaḥ
[vanaukas, m. = Waldbewohner (vanaukasaḥ, Nom. Pl., vanaukāḥ, Nom. Sg., Komp.: vanam + okas); api, Ind. = auch; asmad, Pron. = wir (vayam, Nom.); veda-vid, Adj. = vedakundig (veda-vidaḥ, m. Nom. Pl., veda-vit, m. Nom. Sg., Komp.)]

७१४ द्वयं प्रियं नः
714 Beides ist uns recht (FÜ.)
714 dvayaṃ priyaṃ naḥ
[dvayam = beides (n. Nom. Sg., nicht Dual: »beides« als Subst. = beide Dinge); priya, Adj. = lieb (n. Nom. Sg.); asmad, Pron. = wir (naḥ oder asmākam, Gen. = für uns)]

७१५ भोः कार न नः कुतूहलं पुस्तकेषु
715 Oh Autor, wir haben kein Interesse an Büchern
715 bhoḥ kāra, na naḥ kutūhalaṃ pustakeṣu
[bhos, Interj. = oh! (Sa.: Das ḥ von bhoḥ bleibt vor Tonlosen und entfällt jedoch vor allen Tönenden); kāraḥ = Autor (Vok.); na, Ind. = kein; asmad, Pron. = wir (naḥ oder asmākam, Gen. = für uns ist = wir haben); kutūhalam = Interesse (an + Lok., Nom., ergänze: asti = ist); pustakam = Buch (Lok.)]

७१६ दूरं हि नगरं वयं च परिश्रान्ताः
716 Denn weit ist die Stadt und wir sind erschöpft
716 dūraṃ hi nagaraṃ vayaṃ ca pariśrāntāḥ
[dūra, Adj. = weit (entfernt, n. Nom. Sg.); hi, Konj. = denn; nagaram = Stadt; asmad, Pron. = wir (vayam, Nom.); ca, Konj. = und; pariśrānta, Adj. = erschöpft (m. Nom. Pl., Wz. śram)]

७१७ युष्मन्ममाहितं भवति
717 Ihr seid an meinem Unglück schuld (WÜ.: Von euch entsteht mein Unglück)
717 yuṣman_mamāhitaṃ bhavati
[yuṣmad, Pron. = ihr (yuṣmat, Abl. = von euch); mad, Pron. = ich (mama, Gen. = meiner); ahitam = Unheil (Nom.); bhū, bhavati, 1. = entstehen (PrSg.)]

७१८ स युष्मभ्यं जीवनं यच्छति
718 Er schenkt euch das Leben
718 sa yuṣmabhyaṃ jīvanaṃ yacchati
[tad, Pron. = das (saḥ, m. Nom. = er); yuṣmad, Pron. = ihr (yuṣmabhyam, Dat. = euch); jīvanam = Leben, n. (Akk.); yam, yacchati, 1. = schenken (PrSg.)]

७१९ यूयं पितॄञ्श्राद्धैः प्रीणयथ वयं तु ध्यानेन
719 Ihr erfreut die Ahnen mit Totenopfern, wir dagegen durch Andacht
719 yūyaṃ pitṝñ_śrāddhaiḥ prīṇayatha, vayaṃ tu dhyānena
[yuṣmad, Pron. = ihr (yūyam, Nom.); pitṛ, pitā, m. = Manen (Akk. Pl., Sa.: pitṝn + ś = pitṝñ_śrāddhaiḥ oder pitṝñ_chrāddhaiḥ); śrāddham = Totenopfer (Instr. Pl.); prī, prīṇayati, 10. = erfreuen (+ Instr. + Akk., PrPl.); asmad, Pron. = wir (vayam, Nom.); tu, Konj. = dagegen; dhyānam = Andacht (Meditation, Instr.)]

9.4. Deiktische Pronomen (»hier!«, »da!«, »schau!«)

७२० एष तपस्वी तिष्ठति

720 »Hier ist der Asket!« (oder »Der Asket ist hier!«)

720 eṣa tapasvī tiṣṭhati!

[etad, deikt. Pron. = »hier!« (eṣaḥ, m. Nom. = dieser hier, der hier); tapasvin, m. = Asket (tapasvī, Nom.); sthā, tiṣṭhati, 1. = sein (PrSg.)]

७२१ एष स ब्राह्मणः

721 »Der da ist der Brahmane!«

721 eṣa sa brāhmaṇaḥ!

[etad, deikt. Pron. = »hier!« (eṣaḥ, m. Nom. = der hier, der da); tad, Pron. = das (saḥ, m. Nom. = der); brāhmaṇaḥ = Brahmane]

७२२ एष उद्यानं प्रविशामि

722 »Schau! Ich betrete den Garten!«

722 eṣa udyānaṃ praviśāmi!

[etad, deikt. Pron. = »schau!« (eṣaḥ, m. Nom. = »hier!« = »schau!«); udyānam = Garten (Akk.); viś, pra-viśati, 6. = betreten (PrSg.)]

७२३ अयमागच्छति तव पुत्रः

723 »Hier kommt dein Sohn!«

723 ayam_āgacchati tava putraḥ!

[idam, deikt. Pron. = »hier!« (ayam, m. Nom. = dieser hier, der hier); gam, ā-gacchati, 1. = kommen (PrSg.); tvad, Pron. = du (tava, Gen. = dein); putraḥ = Sohn (Nom.)]

७२४ अयममात्यस्तिष्ठति

724 »Hier steht der Minister!«

724 ayam_amātyas_tiṣṭhati!

[idam, deikt. Pron. = »hier!« (ayam, m. Nom. = dieser); amātyaḥ = Minister (Nom., amā-tya geht zurück auf »amā = daheim« + Suffix »tya«); sthā, tiṣṭhati, 1. = stehen (PrSg.)]

७२५ इमे तिष्ठामः

725 »Hier sind wir!« (oder »Das sind wir!«)

725 ime tiṣṭhāmaḥ!

[idam, deikt. Pron. = »hier!« (ime, m. Nom. Pl. = die hier); sthā, tiṣṭhati, 1. = sein (PrPl.)]

७२६ असावहम्

726 »Der da bin ich!« (wenn man auf ein Bild zeigt)

726 asāv_aham!

[adas, deikt. Pron. = »da!« (asau, m. Nom. = der da); mad, Pron. = ich (aham, Nom. = ich)]

७२७ भो अयमहम्

727 »Herr, da bin ich!« (wenn man ankommt)

727 bho ayam_aham!

[bhos, Interj. = Herr! (Sa.: Visarga entfällt vor Vokal); idam, deikt. Pron. = »hier!« (ayam, m. Nom. = dieser hier, der hier); mad, Pron. = ich (aham, Nom.)]

७२८ सो ऽहम्

728 »Da bin ich!« (= »Jetzt bin ich da!«) oder »Der bin ich!« (= »Das bin ich!«)

728 so 'ham!

[tad, deikt. Pron. = »da!« (saḥ, m. Nom. = »der« betont); mad, Pron. = ich (aham, Nom.)]

9.5. Sonstige Pronomen (»kiṃcid, anya, eka, ātman, sva« usw.)

७२९ कश्चिद्युष्मानवलोकते
729 Irgend jemand beobachtet euch
729 kaścid_yuṣmān_avalokate
[kiṃcid, Pron. = irgendein (m. Nom., Sa.: kaḥ + cid = kaś-cid, vgl. kad + cid = kac-cid); yuṣmad, Pron. = ihr (yuṣmān, Akk. = euch); lok, ava-lokate, 1. = beobachten (PrSg.)]

७३० सा कान्ता न किंचिद्वदति
730 Die Geliebte sagt nichts
730 sā kāntā na kiṃcid_vadati
[tad, Pron. = das (sā, f. Nom. = die, diese); kāntā = Geliebte; na kiṃcid, Pron. = nichts (n. Akk.); vad, vadati, 1. = sagen (PrSg.)]

७३१ न कश्चिद्वर्णानामपथं भजते
731 Keiner mag den Irrweg der Kasten
731 na kaścid_varṇānām_apathaṃ bhajate
[na kiṃcid, Pron. = kein (na kaś-cid, m. Nom. = keiner); varṇaḥ = Kaste (Gen.); apatham = Irrweg (»Nicht-Weg«, Akk.); bhaj, bhajate, 1. = mögen (PrSg.)]

७३२ इन्द्रायुधं न कस्यचिद्दर्शयामः
732 Wir zeigen keinem den Regenbogen
732 indrāyudhaṃ na kasyacid_darśayāmaḥ
[indrāyudham = Regenbogen (Akk.); na kiṃcid, Pron. = kein (na kasya-cid, m. Gen. Sg.); dṛś, darśayati, 10. = zeigen (+ Gen., PrPl., Kaus.)]

७३३ पुरुषो ऽर्थस्य दासो ऽर्थस्तु न दासः कस्यचित्
733 Der Mensch ist der Sklave des Geldes, dagegen ist das Geld der Sklave von keinem
733 puruṣo 'rthasya dāso 'rthas_tu na dāsaḥ kasyacit
[puruṣaḥ = Mensch; arthaḥ = Geld (Gen., Nom.); dāsaḥ = Sklave; tu, Konj. = dagegen; na kiṃcid, Pron. = kein (kasya-cid, m. Gen. = keines)]

७३४ केचिद्यतयो भस्मना देहं मार्जयन्ति
734 Einige Büßer bestreichen den Körper mit Asche
734 kecid_yatayo bhasmanā dehaṃ mārjayanti
[kiṃcid, Pron. = einige (ke-cid, m. Nom. Pl.); yatiḥ, m. = Büßer; bhasman, n. = Asche (Instr., bhasma, Nom.); dehaḥ = Körper (Akk.); mṛj, mārjayati, 10. = bestreichen (oder abwischen + Instr. + Akk., PrPl.)]

७३५ तस्माद्ग्रामादेकास्तरुण्यः सुरभीणि पुष्पाण्यानयन्ति
735 Aus diesem Dorf bringen einige Mädchen wohlriechende Blumen
735 tasmād_grāmād_ekās_taruṇyaḥ surabhīṇi puṣpāṇy_ānayanti
[tad, Pron. = das (tasmāt, m. Abl.); grāmaḥ = Dorf (Abl.); eka, Pron. = einige (in dieser Bedeutung Pl., ekāḥ, f. Nom. Pl., eke, m. Nom. Pl.); taruṇī = Mädchen (f. Nom. Pl.); surabhi, Adj. = wohlriechend (n. Akk. Pl.); puṣpam = Blume (Akk.); nī, ā-nayati, 1. = bringen (PrPl.)]

७३६ सुतः सुता च सुलभा धनं एकं दुर्लभं लोके
736 Sohn und Tochter sind leicht zu erlangen, einzig der Reichtum ist schwer zu erlangen in der Welt
736 sutaḥ sutā ca sulabhā, dhanaṃ ekaṃ durlabhaṃ loke
[sutaḥ = Sohn; sutā = Tochter; ca, Konj. = und; sulabha, Adj. = leicht zu erlangen (sulabhāḥ, m. Nom., Pl. wegen sutaḥ + sutā); dhanam = Reichtum; eka, Pron. = einzig (n. Nom. Sg. = einzig, nur, allein); durlabha, Adj. = schwer zu erlangen (n. Nom.); lokaḥ = Welt (Lok.)]

७३७ अन्यः को ऽपि मार्गो न भवति
737 Es existiert kein anderer Weg
737 anyaḥ ko 'pi mārgo na bhavati
[anya, Pron. = ander (m. Nom. Sg.); na kimapi, Pron. = kein (na kaḥ api, m. Nom. Sg.); mārgaḥ = Weg, m.; bhū, bhavati, 1. = existieren (PrSg.)]

७३८ काश्चित् सरितो ऽन्याभिः सरिद्भिः संगच्छन्ते
738 Einige Flüsse vereinigen sich mit anderen Flüssen
738 kāścit sarito 'nyābhiḥ saridbhiḥ saṃgacchante
[kiṃcid, Pron. = einige (kāś-cid, f. Nom. Pl.); sarit, f. = Fluß (saritaḥ, Nom. Pl., saridbhiḥ, Instr. Pl.); anya, Pron. = ander (anyābhiḥ, f. Instr. Pl.); gam, saṃ-gacchate, 1. = vereinigen (mit + Instr., PrPl.)]

७३९ एके गर्हन्ते ऽन्ये श्लाघन्ते
739 Die einen tadeln, die anderen loben
739 eke garhante 'nye ślāghante
[eka - anya, Pron. = einige - andere (eke, m. Nom. Pl. = einige - anye, m. Nom. Pl. = andere); garh, garhate, 1. = tadeln (PrPl.); ślāgh, ślāghate, 1. = loben (PrPl.)]

७४० प्रथमे धावन्ति चरमे तु सर्पन्ति
740 Die ersten laufen, wohingegen die letzten kriechen
740 prathame dhāvanti, carame tu sarpanti
[prathama, Pron. = erst (prathame, m. Nom. Pl., hier Pron. und kein Num.); dhāv, dhāvati, 1. = laufen (PrPl.); carama, Pron. = letzt (carame, m. Nom. Pl.); tu, Konj. = wohingegen; sṛp, sarpati, 1. = kriechen (PrPl.)]

७४१ वामेन पाणिना दक्षिणं कपोलं स्पृशति
741 Er berührt mit der linken Hand die rechte Wange
741 vāmena pāṇinā dakṣiṇaṃ kapolaṃ spṛśati
[vāma, Adj. = links (m. Instr.); pāṇiḥ, m. = Hand (Instr.); dakṣiṇa, Pron. = rechts (m. Akk., Anm.: Deklination wie Pron. »sarva«, seltener wie normales Adj. auf a); kapolaḥ = Wange (Akk.); spṛś, spṛśati, 6. = berühren (+ Instr. + Akk., PrSg.)]

७४२ भवान् स्तुतिमर्हति
742 Euer Gnaden verdienen Respekt
742 bhavān stutim_arhati
[bhavat, Pron. = Herr (bhavān, m. Nom. = »Sie«, »Euer Gnaden«, Anm.: Bei »bhavat = Sie« wird Verb stets in dritter Person gebraucht); stutiḥ, f. = Lob (Akk.); arh, arhati, 1. = verdienen (+ Akk., PrSg.)]

७४३ भगवानस्माकं पिता
743 Der Herr ist unser Vater (FÜ.: Vater unser)
743 bhagavān_asmākaṃ pitā
[bhagavat, Adj. = »Herr« (bhagavān, m. Nom. = »der Erhabene« = Gott); asmad, Pron. = wir (Gen. = unser); pitṛ, pitā, m. = Vater (»asmākam_āhāram_adya dehi. asmākam_aparādhān kṣamasva ca« = »Unser täglich Brot gibt uns heute. Und vergib uns unsre Schuld« usw.]

७४४ आत्मानं प्रशंसथ दोषांश्चात्मनि न पश्यथ
744 Ihr lobt euch selbst und seht keine Fehler in euch selbst
744 ātmānaṃ praśaṃsatha doṣāṃś_cātmani na paśyatha
[ātman, Pron. = selbst (ātmānam, m. Akk. Sg., ātmani, m. Lok. Sg., Anm.: Sg. trotz Verb im Pl.); śaṃs, pra-śaṃsati, 1. = loben (PrPl.); doṣaḥ = Fehler (doṣān, Akk.); ca, Konj. = und; na, Ind. = nicht; paś, paśyati, 4. = sehen (PrPl.)]

७४५ आत्मनः पुत्राणां कर्मसु कौशलं प्रशंसामः
745 Wir loben die Geschicklichkeit in den Werken der eigenen Söhne
745 ātmanaḥ putrāṇāṃ karmasu kauśalaṃ praśaṃsāmaḥ
[ātman, Pron. = eigen (m. Gen., Anm.: Sg. trotz Verb im Pl.); putraḥ = Sohn (Gen. Pl.); karman, n. = Werk (Lok. Pl. = in bezug auf die Werke); kauśalam = Geschicklichkeit (Akk.); śaṃs, pra-śaṃsati, 1. = rühmen (PrPl.)]

७४६ ईश्वरेणात्मना चाहं शपे
746 Ich schwöre bei Gott und bei mir selbst
746 īśvareṇātmanā cāhaṃ śape
[īśvaraḥ = Gott (īśvareṇa, Instr.); ātman, Pron. = selbst (Instr.); ca, Konj. = und (Sa.: īśvareṇa ātmanā ca aham); mad, Pron. = ich (aham, Nom.); śap, śapate, 1. = schwören (bei + Instr., PrSg.)]

७४७ तत् स्वयं दूतान् प्रेषयामि
747 Deshalb schicke ich die Boten selbst weg
747 tat svayaṃ dūtān preṣayāmi
[tad, Konj. = deshalb (Ind.); svayam, Pron. = selbst (Ind.); dūtaḥ = Bote (Akk.); iṣ, pra-iṣayati, 10. = wegschicken (PrSg.)]

७४८ स्वैर्दोषैर्मनुष्यः शङ्कितो भवति
748 Durch seine eigenen Fehler wird der Mensch vorsichtig
748 svair_doṣair_manuṣyaḥ śaṅkito bhavati
[sva, Pron. = eigen (m. Instr.); doṣaḥ = Fehler (Instr.); manuṣyaḥ = Mensch; śaṅkita, Adj. = vorsichtig (m. Nom.); bhū, bhavati, 1. = werden (PrSg.)]

७४९ पिपीलिकाः स्वान्यण्डानि भरन्ति
749 Die Ameisen tragen die eigenen Eier am Körper
749 pipīlikāḥ svāny_aṇḍāni bharanti
[pipīlikā = Ameise (weibliche); sva, Pron. = eigen (svāni, n. Akk.); aṇḍam = Ei (Akk.); bhṛ, bharati, 1. = tragen (am Körper, PrPl.)]

७५० नार्यः केवलं स्वसुखे रताः
750 Frauen sind nur auf das eigene Glück bedacht
750 nāryaḥ kevalaṃ sva-sukhe ratāḥ
[nārī = Frau; kevalam, Ind. = nur; sva, Pron. = eigen; sukham = Glück (Nom.: svam sukham, Lok.: svasmin sukhe = sva-sukhe, Anm.: sva wird oft als Komp. verwendet); rata, Adj. = bedacht (auf + Lok., ratāḥ, f. Nom. Pl.)]

७५१ संन्यासिन ईदृशीमवस्थां प्रपद्यन्ते न त्वितरे जनाः
751 Die Entsager geraten in solch einen Zustand, nicht aber die anderen Leute
751 saṃnyāsina īdṛśīm_avasthāṃ prapadyante, na tv_itare janāḥ
[saṃnyāsin, m. = Entsager (Nom. Pl., saṃnyāsī, Nom.); īdṛśa, Pron. = solch ein (f. Akk., īdṛśī, f. Nom.); avasthā = Zustand (Akk.); pad, pra-padyate, 4. = geraten (in + Akk., PrPl.); na tu, Konj. = nicht aber; itara, Pron. = ander (itare, m. Nom. Pl.); janaḥ = Leute (Nom. Pl.)]

9.6. Mit Dual

७५२ कौचित् क्रन्दतः
752 Zwei jammern (= Es gibt zwei, die jammern)
752 kaucit krandataḥ
[kiṃcid, Pron. = irgendein (kau-cid, m. Nom. Du. = »irgendzwei«); krand, krandati, 1. = jammern (schreien, PrDu.)]

७५३ नाथ आवयोः स्निह्यति

753 Der Herr liebt uns beide

753 nātha āvayoḥ snihyati

[nāthaḥ = Herr (Beschützer); asmad, Pron. = wir (āvayoḥ, Lok. Du.); snih, snihyati, 4. = lieben (+ Lok., PrSg.)]

७५४ ताभ्यां मित्राभ्यां कुप्यामि

754 Ich zürne diesen beiden Freunden

754 tābhyāṃ mitrābhyāṃ kupyāmi

[tad, Pron. = das (tābhyām, n. Dat. Du.); mitram = Freund (Dat. Du.); kup, kupyati, 4. = zürnen (+ Dat., PrSg.)]

७५५ ममाचारं निन्दथः

755 Ihr zwei tadelt mein Verhalten

755 mamācāraṃ nindathaḥ

[mad, Pron. = ich (mama, Gen. = meiner); ācāraḥ = Verhalten (Akk.); nind, nindati, 1. = tadeln (PrDu.)]

७५६ प्रयागे ते नद्यौ संगच्छेते

756 Diese beiden Flüsse vereinigen sich in Allahabad

756 prayāge te nadyau saṃgacchete

[prayāgam, n. Eig. = Allahabad (Lok.); tad, Pron. = das (te, f. Nom. Du.); nadī = Fluß (Nom. Du.); gam, saṃ-gacchate, 1. = vereinigen (PrDu.)]

७५७ अयमसौ चोपवीतं भरतः

757 Dieser hier und jener dort tragen die Brahmanenschnur

757 ayam_asau copavītaṃ bharataḥ

[idam, Pron. = dies (ayam, m. Nom. = der hier); adas, Pron. = jenes (asau, m. Nom. = der da); ca, Konj. = und; upavītam = Schnur (heilige Schnur, Akk.); bhṛ, bharati, 1. = tragen (Bedeutung von bhṛ nur = »etwas am Körper tragen«, PrDu., da zwei Subjekte im Sg.)]

७५८ अयं न मे पादयो रजसापि तुल्यः

758 Er ist nicht einmal mit dem Staub meiner Füße vergleichbar! (= Er ist zu verachten)

758 ayaṃ na me pādayo rajasāpi tulyaḥ!

[idam, Pron. = dies (ayam, m. Nom.); na api, Ind. = nicht einmal; mad, Pron. = ich (me oder mama, Gen. = meiner); pādaḥ = Fuß (pādayoḥ, Gen. Du.); rajas, n. = Staub (rajasā, Instr.); tulya, Adj. = vergleichbar (mit + Instr., m. Nom., Interj.-Satz)]

७५९ उभाभ्यां वां सूत्रधारः प्रणमति

759 Der Spielleiter verbeugt sich vor euch beiden

759 ubhābhyāṃ vāṃ sūtra-dhāraḥ praṇamati

[ubha, Pron. = beide (m. Dat. Du.); yuṣmad, Pron. = ihr (vām oder yuvābhyām, Dat.); sūtra-dhāraḥ = Spielleiter (Komp.); nam, pra-ṇamati, 1. = verbeugen (vor + Dat., PrSg.)]

७६० विस्मयादुभे कन्ये परस्परमालोकयतः

760 Beide Mädchen betrachten sich vor Erstaunen

760 vismayād_ubhe kanye parasparam_ālokayataḥ

[vismayaḥ = Erstaunen (Abl. = vor Erstaunen); ubha, Pron. = beide (ubhe, f. Nom. Du.); kanyā = Mädchen (Nom. Du.); parasparam, Pron. = sich (indeklinables Reziprokpronomen: einander, gegenseitig); lok, ā-lokayati, 10. = betrachten (PrDu.)]

७६१ अनयोः कन्ययोः संतोषो नो रोचते

761 Die Zufriedenheit dieser beiden Töchter gefällt uns

761 anayoḥ kanyayoḥ saṃtoṣo no rocate

[idam, Pron. = dies (anayoḥ, f. Gen. Du.); kanyā = Tochter (Gen. Du.); saṃtoṣaḥ = Zufriedenheit (Nom.); asmad, Pron. = wir (naḥ oder asmabhyam, Dat. = uns); ruc, rocate, 1. = gefallen (+ Nom. + Dat., PrSg.)]

७६२ गन्धेन धेनवश्च वेदैर्द्विजाश्च चारै राजानश्च चक्षुर्भ्यामितरे जनाश्च पश्यन्ति

762 Die Kühe sehen mit dem Geruch, die Brahmanen mit den Veden, die Könige mit den Spionen und die übrigen Menschen mit den Augen

762 gandhena dhenavaś_ca vedair_dvijāś_ca cārai rājānaś_ca cakṣurbhyām_itare janāś_ca paśyanti

[gandhaḥ = Geruch (Instr.); dhenuḥ, f. = Kuh; ca, Konj. = und; vedaḥ = Veda (Instr.); dvijaḥ = Brahmane (= einer der ersten drei Kasten oder ein Brahmane); cāraḥ = Spion (Instr. Pl., Sa.: cāraiḥ + r = cārai + r); rājan, m. = König (rājānaḥ, Nom. Pl.); cakṣus, n. = Auge (Instr. Du.); itara, Pron. = übrig (itare, m. Nom. Pl.); janaḥ = Mensch; paś, paśyati, 4. = schauen (PrPl.)]

9.7. Kongruenzprobleme (»Ich und du gehen«)

७६३ अहं च त्वं च पठाव

763 Ich und du lesen (Ich lese und du liest)

763 ahaṃ ca tvaṃ ca paṭhāva

[mad, Pron. = ich (aham, Nom.); ca, Konj. = und; tvad, Pron. = du (tvam, Nom.); paṭh, paṭhati, 1. = lesen (PrDu., erste Person hat Vorrang vor zweiter)]

७६४ वयं यूयं च गायामः

764 Wir und ihr singen (Wir singen und ihr singt)

764 vayaṃ yūyaṃ ca gāyāmaḥ

[asmad, Pron. = wir (vayam, Nom.); yuṣmad, Pron. = ihr (yūyam, Nom.); ca, Konj. = und; gai, gāyati, 1. = singen (PrPl., erste Person hat Vorrang vor zweiter)]

७६५ त्वमसौ च हसथः

765 Du und jener lachen (Du lachst und er lacht)

765 tvam_asau ca hasathaḥ

[tvad, Pron. = du (tvam, Nom.); adas, Pron. = jenes (asau, m. Nom. = der da oder er); ca, Konj. = und; has, hasati, 1. = lachen (PrDu., zweite Person hat Vorrang vor dritter)]

७६६ यूयं ते च लिखथ

766 Ihr und sie schreiben (Ihr schreibt und sie schreiben)

766 yūyaṃ te ca likhatha

[yuṣmad, Pron. = ihr (yūyam, Nom.); tad, Pron. = das (te, m. Nom. Pl. = sie); ca, Konj. = und; likh, likhati, 6. = schreiben (PrPl., zweite Person hat Vorrang vor dritter)]

७६७ अहं त्वं स च मन्त्रयामहे

767 Ich, du und er beraten (Ich berate, du berätst und er berät)

767 ahaṃ tvaṃ sa ca mantrayāmahe

[mad, Pron. = ich (aham, Nom.); tvad, Pron. = du (tvam, Nom.); tad, Pron. = das (saḥ, m. Nom. = er); ca, Konj. = und; mantr, mantrayate, 10. = beraten (PrPl., erste Person hat Vorrang vor zweiter und dritter)]

७६८ अतिथिरात्मनो नाम वदति । अतिथय आत्मनां नामानि वदन्ति । अतिथी आत्मनोर्नाम्नी वदतः

768 Der Gast nennt seinen Namen. Die Gäste nennen ihre Namen. Die beiden Gäste nennen ihre beiden Namen

768 atithir_ātmano nāma vadati. atithaya ātmanāṃ nāmāni vadanti. atithī ātmanor_nāmnī vadataḥ

[atithiḥ, m. = Gast (atithiḥ, Nom. Sg., atithayaḥ, Nom. Pl., atithī, Nom. Du., kein Sa. nach Du.-Endung auf ī); ātman, Pron. = sein, Pron. (ātmanaḥ, Gen. Sg., ātmanām, Gen. Pl., ātmanoḥ,

Gen. Du., Anm.: »ātman = eigen = sein, ihr« steht unabhängig vom Numerus meist im Gen. Sg., also ātmanaḥ nāmāni und ātmanaḥ nāmnī, und hat ferner nie ein Genus); nāman, n. = Name (nāma, Akk. Sg., nāmāni, Akk. Pl., nāmnī oder nāmanī, Akk. Du.); vad, vadati, 1. = nennen (PrSg., PrPl. und PrDu.)]

७६९ ऋत्विगधरमुत्तरं चौष्ठौ लिम्पति

769 Der Priester reibt die untere und die obere Lippe ein

769 ṛtvig_adharam_uttaraṃ causṭhau limpati

[ṛtvij, ṛtvik, m. = Priester; adhara, Pron. = unter (m. Akk.); uttara, Pron. = ober (m. Akk.); ca, Konj. = und; oṣṭhaḥ = Lippe (Akk. Du., Sa.: ca oṣṭhau); lip, limpati, 6. = beschmieren (PrSg., Anm.: 2 Adj. oder Pron. im Sg. beziehen sich auf 1 Subst. im Du.)]

७७० संवत्सरस्यायने दक्षिणमुत्तरं च

770 Das Sonnenjahr hat einen südlichen und einen nördlichen Lauf

770 saṃvatsarasyāyane dakṣiṇam_uttaraṃ ca

[saṃvatsaraḥ = Jahr (Sonnenjahr, saṃvatsarasya, Gen. = »des Jahres ist« = »das Jahr hat«, Anm.: saṃvatsaraḥ nach dem Kalender des Vikramāditya: indisches Jahr minus 58 = europäisches Jahr); ayanam = Lauf (Halbjahr vor und nach Sonnenwende, ayane, Nom. Du.); dakṣiṇa, Pron. = südlich (n. Nom. Sg.); uttara, Pron. = nördlich (n. Nom. Sg., Anm.: 2 Adj. oder Pron. im Sg. beziehen sich auf 1 Subst. im Du.); ca, Konj. = und]

10. Adverbien

७७१ इदानीं क्रन्दसि

771 Jetzt jammerst du

771 idānīṃ krandasi

[idānīm, Adv. = jetzt (Anm. 1: Adverbien sind stets indeklinabel, wobei es sich oft um erstarrte Kasus von Nomen handelt, Anm.: 2: Im Gegensatz zur Präp. regiert das Adverb nie den Kasus von einem anderen Nomen, Anm. 3: Manche Adverbien übernehmen syntaktisch die Funktion indeklinabler Adjektive, z.B. mṛṣā = unwahr, vṛthā = unnütz, siehe unten); krand, krandati, 1. = jammern (kreischen, PrSg.)]

७७२ वृथा प्रगल्भध्वे

772 Ihr prahlt vergeblich

772 vṛthā pragalbhadhve

[vṛthā, Adv. = vergeblich; galbh, pra-galbhate, 1. = prahlen (PrPl.)]

10.1. Mit Nominativ

७७३ एवं न्वेतत्

773 So ist das wohl!

773 evaṃ nv_etat!

[evam, Adv. = so; nu, Ind. = wohl (gewiß); etad, Pron. = dies (n. Nom.)]

७७४ सर्वत्रर्क्षा मधुने लुभ्यन्ति

774 Überall begehren Bären Honig

774 sarvatrarkṣā madhune lubhyanti

[sarvatra, Adv. = überall; ṛkṣaḥ = Bär (Sa.: sarvatra + ṛkṣāḥ = sarvatrarkṣāḥ, Nom. Pl.); madhu, n. = Honig (Dat.); lubh, lubhyati, 4. = begehren (+ Dat., PrPl.)]

७७५ अत्र तत्र सर्वत्र च सुरा असुराश्च भ्रमन्ति

775 Hier und dort und überall irren Götter und Dämonen herum

775 atra tatra sarvatra ca surā asurāś_ca bhramanti
[atra, Adv. = hier; tatra, Adv. = dort; sarvatra, Adv. = überall; ca, Konj. = und; suraḥ = Gott (surāḥ, Pl.); asuraḥ = Dämon (asurāḥ, Pl.); bhram, bhramati, 1. = herumirren (PrPl.)]

७७६ यथा भवानाज्ञापयति
776 Wie Euer Gnaden befehlen!
776 yathā bhavān_ājñāpayati!
[yathā, Adv. = wie, so wie; bhavat, Pron. = Herr (»Sie«, bhavān, Nom. Sg.); jñā, ā-jñāpayati, 10. = befehlen (PrSg., Kaus. von ā-jānāti = erfahren, Interj.-Satz)]

७७७ इयमु अत्र
777 Auch sie ist hier
777 iyam_u atra
[idam, Pron. = dies (iyam, f. Nom. = sie); u, Ind. = auch (kein Sa.); atra, Adv. = hier]

७७८ अयं संसारो ऽतीव विचित्रः
778 Dieses Dasein ist sehr sonderbar
778 ayaṃ saṃsāro 'tīva vicitraḥ
[idam, Pron. = dies (ayam, m. Nom.); saṃsāraḥ = Dasein (irdisches Treiben); atīva, Adv. = sehr; vicitra, Adj. = sonderbar (m. Nom.)]

७७९ इमे नराः सर्वदा स्थिराः
779 Diese Männer sind immer standhaft
779 ime narāḥ sarvadā sthirāḥ
[idam, Pron. = dies (ime, m. Nom. Pl.); naraḥ = Mann; sarvadā, Adv. = immer; sthira, Adj. = standhaft (m. Nom. Pl.)]

७८० भावि चेन्न तदन्यथा
780 Es wird so, wenn es nicht anders wird (FÜ.)
780 bhāvi cen_na tad_anyathā
[bhāvin, Adj. = werdend (n. Nom.); na ced, Konj. = wenn nicht (oder cen-na = ced + na); tad, Pron. = das (n. Nom.); anyathā, Adv. = anders]

७८१ वरं दानं न तु प्रतिग्रहः
781 Geben ist besser als Nehmen (FÜ.)
781 varaṃ dānaṃ na tu pratigrahaḥ
[varam na, Adv. = besser als; dānam = Freigebigkeit (Geschenkabgabe); tu, Konj. = dagegen; pratigrahaḥ = Geschenk (Geschenkannahme)]

७८२ वरं प्राणत्यागो न मानखण्डनम्
782 Lieber Lebensverlust als Ehrverlust (WÜ.)
782 varaṃ prāṇa-tyāgo na māna-khaṇḍanam
[varam na, Adv. = lieber als; prāṇa-tyāgaḥ = Lebensverlust (Komp., prāṇaḥ = Leben); māna-khaṇḍanam = Ehrverlust (Komp., mānaḥ = Stolz, khaṇḍanam = Zerstückelung)]

७८३ वामश्चातको मधुरं नदति
783 Lieblich tönt der Specht zur Linken
783 vāmaś_cātako madhuraṃ nadati
[vāma, Adj. = links (m. Nom.); cātakaḥ = Specht; madhuram, Adv. = lieblich; nad, nadati, 1. = tönen (PrSg.)]

७८४ रामो मूर्तिमान् धर्म इव
784 Rama ist leibhaftig wie das Gesetz
784 rāmo mūrtimān dharma iva

[rāmaḥ, m. Eig. = Rama; mūrtimat, Adj. = leibhaftig (mūrtimān, m. Nom.); dharmaḥ = Gesetz (Nom.); iva, Adv. = wie (»iva« steht stets nach dem Wort, auf das es sich bezieht)]

७८५ दिवा तारकाणि न प्रकाशन्ते

785 Tags scheinen keine Sterne

785 divā tārakāṇi na prakāśante

[divā, Adv. = tags; tārakam = Stern; na, Ind. = nicht; kāś, pra-kāśate, 1. = scheinen (PrPl.)]

७८६ दिवोलूको न पश्यति नक्तं काको न पश्यति

786 Tags sieht die Eule nichts, nachts sieht die Krähe nichts

786 divolūko na paśyati, naktaṃ kāko na paśyati

[divā, Adv. = tags; ulūkaḥ = Eule; na, Ind. = nicht; paś, paśyati, 4. = sehen (PrSg.); naktam, Adv. = nachts; kākaḥ = Krähe]

७८७ नीचैरुपरि च दशा गच्छति चक्रस्य नेमिरिव

787 Abwärts und aufwärts geht das Leben wie eine Radfelge

787 nīcair_upari ca daśā gacchati cakrasya nemir_iva

[nīcais, Adv. = abwärts; upari, Adv. = aufwärts; ca, Konj. = und; daśā = Lebenslage (Docht, d.h. der Kerze des Lebens); gam, gacchati, 1. = gehen (PrSg.); cakram = Rad (Gen.); nemiḥ, f. = Felge (Nom.); iva, Adv. = wie]

७८८ न तत्त्ववचनं सत्यं नातत्त्ववचनं मृषा

788 Die Behauptung des Seins ist noch keine Wahrheit, die Behauptung des Nichtseins noch keine Unwahrheit (FÜ.)

788 na tattva-vacanaṃ satyaṃ, nātattva-vacanaṃ mṛṣā

[na, Ind. = nicht; tattvam = Sein, n. (Wirklichkeit); vacanam = Behauptung (Komp.); satyam, Adv. = wahr; atattvam = Nichtsein (Unwirklichkeit); mṛṣā, Adv. = unwahr (Adv., nicht Adjektiv!)]

10.2. Mit Genitiv

७८९ सुखस्यान्तः सदा दुःखम्

789 Das Ende der Freude ist immer Leid

789 sukhasyāntaḥ sadā duḥkham

[sukham = Freude (sukhasya, Gen.); antaḥ = Ende; sadā, Adv. = immer; duḥkham = Leid]

७९० दुःखं कदापि सुखस्य मूलम्

790 Das Unglück ist bisweilen der Anfang des Glücks

790 duḥkhaṃ kadāpi sukhasya mūlam

[duḥkham = Unglück; kadāpi, Adv. = bisweilen (kadā + api); sukham = Glück (Gen.); mūlam = Anfang]

७९१ महाराज सर्वत्र नो वार्त्तम्

791 Großkönig, wir haben überall Wohlfahrt

791 mahā-rāja, sarvatra no vārttam

[mahā-rājaḥ = Großkönig (Vok., Komp., normale a-Deklination); sarvatra, Adv. = überall; asmad, Pron. = wir (naḥ oder asmākam, Gen. = für uns, ergänze: asti = haben); vārttam = Wohlfahrt (Nom., vgl. vārttā = Nachricht, Lebensunterhalt)]

७९२ माता किल मनुष्याणां देवतानां च दैवतम्

792 Die Mutter ist wahrlich die Gottheit der Menschen und Götter

792 mātā kila manuṣyāṇāṃ devatānāṃ ca daivatam

[mātṛ, mātā, f. = Mutter (Nom.); kila, Ind. = gewiß (Adverb); manuṣyaḥ = Mensch (Gen.); devatā = Gott (Gen.); ca, Konj. = und; daivatam = Gottheit]

७९३ इतरे दरिद्रस्य गुणा न कदाचन राजन्ते
793 Die übrigen Vorzüge eines Armen treten niemals in Erscheinung
793 itare daridrasya guṇā na kadācana rājante
[itara, Pron. = übrig (m. Nom. Pl.); daridraḥ = Arme (Gen.); guṇaḥ = Vorzug; na kadācana, Adv. = niemals (kadā = wann); rāj, rājate, 1. = leuchten (in Erscheinung treten, PrPl.)]

७९४ वृथा वृष्टिः समुद्रस्य वृथा भोजनं तृप्तस्य
794 Unnütz ist der Regen für das Meer, unnütz ist die Mahlzeit für den Gesättigten
794 vṛthā vṛṣṭiḥ samudrasya, vṛthā bhojanaṃ tṛptasya
[vṛthā, Adv. = unnütz; vṛṣṭiḥ, f. = Regen; samudraḥ = Meer (Gen. = für das Meer); bhojanam = Mahlzeit; tṛpta, Adj. = satt (m. Gen.)]

७९५ जातस्य मृत्युर्ध्रुवः । प्रतिक्रिया नेह क्लृप्ता
795 Dem Geborenen ist der Tod gewiß. Hier gibt es kein Gegenmittel
795 jātasya mṛtyur_dhruvaḥ. pratikriyā neha kḷptā
[jāta, Adj. = geboren (m. Gen. = für den Geborenen); mṛtyuḥ, m. = Tod; dhruva, Adj. = gewiß (m. Nom.); pratikriyā = Gegenmittel; na, Ind. = nicht; iha, Adv. = hier; kḷpta, Adj. = vorhanden (kḷptā, f. Nom., Wz. kḷp, kalpate, Beispiel für ḷ-Laut im Satz)]

७९६ तृणं ब्राह्मणस्य स्वर्गस्तृणं शूरस्य जीवितं तृणं तपस्विनो नारी तृणमारण्यकस्य जगत्
796 Bedeutungslos ist für den Brahmanen der Himmel, bedeutungslos ist für den Helden das Leben, bedeutungslos ist für den Asketen die Frau, bedeutungslos ist für den Einsiedler die Welt
796 tṛṇaṃ brāhmaṇasya svargas_tṛṇaṃ śūrasya jīvitaṃ, tṛṇaṃ tapasvino nārī, tṛṇam_āraṇyakasya jagat
[tṛṇam, Adv. = bedeutungslos (für + Gen., tṛṇam = Gras = nutzlose Sache); brāhmaṇaḥ = Brahmane (Gen. = für den Brahmanen); svargaḥ = Himmel; śūraḥ = Held (Gen.); jīvitam = Leben, n.; tapasvin, m. = Asket (tapasvinaḥ, Gen., tapasvī, Nom.); nārī = Frau; āraṇyakaḥ = Einsiedler (Waldeinsiedler, Gen.); jagat, n. = Welt]

10.3. Mit Akkusativ

७९७ अधुना गन्धं पुनर्जिघ्रामि
797 Jetzt rieche ich wieder den Duft
797 adhunā gandhaṃ punar_jighrāmi
[adhunā, Adv. = jetzt; gandhaḥ = Duft (Akk.); punar, Adv. = wieder (Sa.: punar + j = punar_j, NICHT puno jighrāmi, weil r von punar wurzelhaft ist); ghrā, jighrati, 1. = riechen (PrSg.)]

७९८ प्रभो ऽधुना स्थिराय मुनये ऽन्नं यच्छामि
798 Herr, jetzt gebe ich dem standhaften Weisen die Speise
798 prabho 'dhunā sthirāya munaye 'nnaṃ yacchāmi
[prabhuḥ, m. = Herr (Vok.); adhunā, Adv. = jetzt; sthira, Adj. = standhaft (m. Dat.); muniḥ, m. = Weise (Dat.); annam = Speise (Akk.); yam, yacchati, 1. = geben (+ Dat. + Akk., PrSg.)]

७९९ इदानीं भक्तः शास्त्राणामृतं बोधति
799 Jetzt erkennt der Gläubige die Wahrheit der Schriften
799 idānīṃ bhaktaḥ śāstrāṇām_ṛtaṃ bodhati
[idānīm, Adv. = jetzt (soeben); bhaktaḥ = Gläubige; śāstram = Schrift (Gen.); ṛtam = Wahrheit (Akk.); budh, bodhati, 1. = erkennen (PrSg.)]

८०० नूनमसौ तत्र । इदानीममूमीक्षे
800 Sie ist sicherlich dort. Jetzt sehe ich sie
800 nūnam_asau tatra. idānīm_amūm_īkṣe
[nūnam, Adv. = sicherlich; adas, Pron. = jenes (asau, f. Nom., aber auch m. Nom., amūm, f.

Akk.); tatra, Adv. = dort; idānīm, Adv. = jetzt (eben gerade); īkṣ, īkṣate, 1. = sehen (PrSg.)]

८०१ मन्दं मन्दं शीतलः पवनस्त्वां नुदति

801 Ganz sachte stößt dich der kühlende Wind
801 mandaṃ mandaṃ śītalaḥ pavanas_tvāṃ nudati
[mandam, Adv. = sachte (verdoppelt = ganz sachte); śītala, Adj. = kühlend (m. Nom.); pavanaḥ = Wind; tvad, Pron. = du (tvām, Akk. = dich); nud, nudati, 6. = stoßen (PrSg.)]

८०२ सर्वत्र देवा दानानि वर्षन्ति

802 Überall gewähren die Götter Gaben
802 sarvatra devā dānāni varṣanti
[sarvatra, Adv. = überall; devaḥ = Gott (devāḥ, Nom. Pl.); dānam = Gabe (Akk.); vṛṣ, varṣati, 1. = regnen (»herabregnen lassen« = »gewähren«, PrPl.)]

८०३ पटवः कवयः कीर्तिं सदा लभन्ते

803 Die klugen Dichter erlangen stets Ruhm
803 paṭavaḥ kavayaḥ kīrtiṃ sadā labhante
[paṭu, Adj. = klug (m. Nom. Pl.); kaviḥ, m. = Dichter; kīrtiḥ, f. = Ruhm (Akk.); sadā, Adv. = stets; labh, labhate, 1. = erlangen (PrPl.)]

८०४ धात्री शिशुं न कदापि त्यजति

804 Die Amme verläßt niemals den Säugling
804 dhātrī śiśuṃ na kadāpi tyajati
[dhātrī = Amme; śiśuḥ, m. = Säugling (Akk.); na kadāpi, Adv. = niemals (kadā-api = jemals); tyaj, tyajati, 1. = verlassen (PrSg.)]

८०५ माता दुष्टमपि पुत्रं न कदापि विस्मरति

805 Selbst einen liederlichen Sohn vergißt eine Mutter nie
805 mātā duṣṭam_api putraṃ na kadāpi vismarati
[mātṛ, mātā, f. = Mutter; duṣṭa, Adj. = liederlich (m. Akk.); api, Ind. = selbst; putraḥ = Sohn (Akk.); na kadāpi, Adv. = nie; smṛ, vi-smarati, 1. = vergessen (PrSg.)]

८०६ आशां विना शनैर्दरिद्राणां लज्जा वर्धते

806 Ohne Hoffnung wächst allmählich die Scham der Armen
806 āśāṃ vinā śanair_daridrāṇāṃ lajjā vardhate
[āśā = Hoffnung (Akk.); vinā, Präp. + Akk. = ohne; śanais, Adv. = allmählich; daridra, Adj. = arm (m. Gen.); lajjā = Scham; vṛdh, vardhate, 1. = wachsen (PrSg.)]

८०७ साधुर्दुष्करं कार्यं नक्तं नारभते

807 Der Weise beginnt eine schwierige Aufgabe nicht nachts
807 sādhur_duṣkaraṃ kāryaṃ naktaṃ nārabhate
[sādhuḥ, m. = Weise; duṣkara, Adj. = schwierig (n. Akk.); kāryam = Aufgabe (Akk.); naktam, Adv. = nachts; na, Ind. = nicht; rabh, ā-rabhate, 1. = beginnen (anfangen mit + Akk., PrSg.)]

८०८ स्तेना रात्रौ गृहाणि प्रविशन्ति जनानां च धनं चोरयन्ति

808 Diebe dringen nachts in Häuser ein und stehlen das Geld der Leute
808 stenā rātrau gṛhāṇi praviśanti janānāṃ ca dhanaṃ corayanti
[stenaḥ = Dieb (Anm.: stenaḥ gehört zu den relativ wenigen Subst., die sich NICHT auf eine Wz. zurückführen lassen, vgl. coraḥ = Dieb, Wz. cur); rātrau, Adv. = nachts; gṛham = Haus (Akk.); viś, pra-viśati, 6. = eindringen (PrPl.); janaḥ = Mensch (Gen. Pl. = der Leute); ca, Konj. = und; dhanam = Geld (Akk.); cur, corayati, 10. = stehlen (PrPl.)]

८०९ व्यर्थं चित्रकरा वणिजो वसूनां राशीनभ्यर्थयन्ते

809 Vergeblich bitten die Maler die Kaufleute um Berge von Geld

809 vyarthaṃ citra-karā vaṇijo vasūnāṃ rāśīn_abhyarthayante
[vyartham, Adv. = vergeblich; citra-karaḥ = Maler (»Bildmacher«, Komp.); vaṇij, vaṇik, m. = Kaufmann (vaṇijaḥ, Akk. Pl.); vasu, n. = Geld (Gen. Pl.); rāśiḥ, m. = Haufen (Akk. Pl. = »Berge«); arth, abhy-arthayate, 10. = bitten (um + Akk. + Akk., PrPl.)]

८१० तरक्षव इव नार्यो मुग्धानां नराणां हृदयानि हरन्ति
810 Wie Hyänen rauben Frauen die Herzen verwirrter Männer
810 tarakṣava iva nāryo mugdhānāṃ narāṇāṃ hṛdayāni haranti
[tarakṣuḥ, m. = Hyäne (Nom. Pl.); iva, Adv. = wie; nārī = Frau (Nom. Pl.); mugdha, Adj. = verwirrt (m. Gen.); naraḥ = Mann (Gen.); hṛdayam = Herz (Akk.); hṛ, harati, 1. = rauben (PrPl.)]

८११ सिंहीव जननी स्वान् पुत्रान् रक्षति
811 Wie eine Löwin beschützt die Mutter ihre Jungen
811 siṃhīva jananī svān putrān rakṣati
[siṃhī = Löwin (Nom.); iva, Adv. = wie; jananī = Mutter (Nom.); sva, Pron. = eigen (m. Akk. Pl. = die eigenen = ihre); putraḥ = Junge (Akk. Pl.: Tierjungen, ferner Jungen = Knaben); rakṣ, rakṣati, 1. = beschützen (PrSg.)]

८१२ आदित्यवद्भूपो जनानां चक्षूंषि च मनांसि च तपति
812 Wie die Sonne verbrennt der König die Augen und Seelen der Menschen
812 ādityavad_bhūpo janānāṃ cakṣūṃṣi ca manāṃsi ca tapati
[ādityavat, Adv. = sonnengleich (ādityaḥ = Sonne, Suffix -vat = wie); bhūpaḥ = König (bhūḥ = Erde, Wz. pā = beschützen); janaḥ = Mensch (Gen.); cakṣus, n. = Auge (Akk. Pl.); ca - ca, Konj. = sowohl - als auch; manas, n. = Seele (Akk. Pl.); tap, tapati, 1. = verbrennen (PrSg.)]

८१३ नृपतिं परितो दास्य इव चन्द्रं परितस्ताराः कम्पन्ते
813 Wie sich die Sklavinnen um den König herum zitternd bewegen, so bewegen sich die Sterne um den Mond
813 nṛpatiṃ parito dāsya iva, candraṃ paritas_tārāḥ kampante
[nṛpatiḥ, m. = König (Akk.); paritas, Präp. + Akk. = um - herum; dāsī = Sklavin (dāsyaḥ, Nom. Pl.); iva, Adv. = wie; candraḥ = Mond (Akk.); tārā = Stern; kamp, kampate, 1. = zittern (zitternd bewegen, PrPl.)]

८१४ दिवा नरमनु नारी व्रजति रात्रौ नरो नारीं व्रजति
814 Tags schreitet die Frau hinter dem Mann, nachts der Mann hinter der Frau
814 divā naram_anu nārī vrajati, rātrau naro nārīṃ vrajati
[divā, Adv. = tags; naraḥ = Mann; anu, Präp. + Akk. = hinter (nach); nārī = Frau (Nom., Akk.); vraj, vrajati, 1. = schreiten (PrSg., intransitiv: »folgen«, transitiv: »besteigen«); rātrau, Adv. = nachts]

10.4. Mit Instrumental

८१५ स्वैः कर्मभिर्नरो व्रजत्युच्चैः
815 Durch seine Taten schreitet der Mensch empor
815 svaiḥ karmabhir_naro vrajaty_uccaiḥ
[sva, Pron. = eigen (m. Instr.); karman, n. = Tat (Instr., karma, Nom.); naraḥ = Mensch; vraj, vrajati, 1. = schreiten (PrSg.); uccais, Adv. = empor (nach oben)]

८१६ ईश्वरस्य प्रसादेन रोगिणो नरा आरोग्यं पुनरधिगच्छन्ति
816 Durch Gottes Gnade erlangen kranke Menschen wieder die Gesundheit
816 īśvarasya prasādena rogiṇo narā ārogyaṃ punar_adhigacchanti
[īśvaraḥ = Gott (Gen.); prasādaḥ = Gnade (Instr.); rogin, Adj. = krank (m. Nom.); naraḥ = Mensch; ārogyam = Gesundheit (Akk., a-roga = nicht-krank, ārogyam = Nicht-Krankheit);

punar, Adv. = wieder; gam, adhi-gacchati, 1. = erlangen (PrPl.)]

८१७ हे राम सुष्ठु विनयेन शोभसे
817 Oh Rama, du glänzt mit Recht durch Bescheidenheit
817 he rāma, suṣṭhu vinayena śobhase
[he, Interj. = oh!; rāmaḥ, m. Eig. = Rama (Vok.); suṣṭhu, Adv. = recht, mit Recht (»su-stha« = »gut-stehend«); vinayaḥ = Bescheidenheit (Instr.); śubh, śobhate, 1. = glänzen (PrSg.)]

८१८ परस्य दुःखेन साधुर्नित्यं दुःखितो भवति
818 Über das Unglück des anderen ist der Weise stets unglücklich
818 parasya duḥkhena sādhur_nityaṃ duḥkhito bhavati
[para, Pron. = ander (m. Gen.); duḥkham = Unglück (Instr.); sādhuḥ, m. = Weise; nityam, Adv. = stets; duḥkhita, Adj. = unglücklich (m. Nom.); bhū, bhavati, 1. = sein (PrSg.)]

10.5. Mit Ablativ

८१९ साधवः प्रतिज्ञाया न कदाचन चलन्ति
819 Weise gehen vom Versprechen niemals ab
819 sādhavaḥ pratijñāyā na kadācana calanti
[sādhuḥ, m. = Weise; pratijñā = Versprechen (pratijñāyāḥ, Abl.); na kadācana, Adv. = niemals (kadā-cana = jemals); cal, calati, 1. = abweichen (von + Abl., PrPl.)]

८२० आयुः परिस्रवति भिन्नघटादिवाम्भः
820 Das Leben zerrinnt wie Wasser aus einem zerbrochenen Krug
820 āyuḥ parisravati bhinna-ghaṭād_ivāmbhaḥ
[āyus, n. = Leben, n. (Nom.); sru, pari-sravati, 1. = zerrinnen (PrSg.); bhinna, Adj. = zerbrochen (Komp.); ghaṭaḥ = Topf (Abl.); iva, Adv. = wie (»wie« bezogen auf Topf und Wasser); ambhas, n. = Wasser (Nom.)]

८२१ वरमद्य कपोतः श्वो मयूरात्
821 Lieber heute eine Taube als morgen ein Pfau
821 varam_adya kapotaḥ śvo mayūrāt
[varam, Adv. = lieber (+ Abl.); adya, Adv. = heute; kapotaḥ = Taube; śvas, Adv. = morgen; mayūraḥ = Pfau (Abl.)]

८२२ ऋणिन ऋणदातृभ्यः सर्वथा परवन्तो भवन्ति
822 Schuldner werden von den Gläubigern völlig abhängig
822 ṛṇina ṛṇa-dātṛbhyaḥ sarvathā paravanto bhavanti
[ṛṇin, m. = Schuldner (ṛṇinaḥ, Nom. Pl., ṛṇī, Nom. Sg.); ṛṇa-dātṛ, ṛṇa-dātā, m. = Gläubiger (Abl., Komp., ṛṇam = Schuld); sarvathā, Adv. = völlig (vollständig); paravat, Adj. = abhängig (von + Abl., m. Nom. Pl.); bhū, bhavati, 1. = werden (PrPl.)]

10.6. Mit Lokativ

८२३ अपुत्रः पारिषदो बन्धुषु सुखेन वर्तते
823 Der kinderlose Höfling weilt gern unter Freunden
823 aputraḥ pāriṣado bandhuṣu sukhena vartate
[aputra, Adj. = kinderlos (m. Nom., a-putra = ohne Sohn); pāriṣadaḥ = Höfling; bandhuḥ, m. = Freund (Lok. Pl. = unter Freunden); sukhena, Adv. = gern; vṛt, vartate, 1. = weilen (PrSg.)]

८२४ श्वश्र्वो जामातृष्वीषत् स्निह्यन्ति
824 Schwiegermütter lieben Schwiegersöhne in Maßen
824 śvaśrvo jāmātṛṣv_īṣat snihyanti
[śvaśrūḥ = Schwiegermutter (śvaśrvaḥ, Nom. Pl.); jāmātṛ, jāmātā, m. = Schwiegersohn

(jāmātṛṣu, Lok. Pl.); īṣat, Adv. = wenig (ein wenig, in Maßen, aber auch mit wenig Mühe); snih, snihyati, 4. = lieben (+ Lok., PrPl.)]

८२५ अद्य नृपतिः सभायां नोपविशति
825 Heute sitzt der König nicht in der Versammlung
825 adya nṛpatiḥ sabhāyāṃ nopaviśati
[adya, Adv. = heute; nṛpatiḥ, m. = König; sabhā = Versammlung (Lok.); na, Ind. = nicht; viś, upa-viśati, 6. = sitzen (PrSg.)]

८२६ प्रातः सविताकाशे रात्रिं पराजयते
826 Morgens besiegt die Sonne am Himmel die Nacht
826 prātaḥ savitākāśe rātriṃ parājayate
[prātar, Adv. = morgens (früh morgens); savitṛ, savitā, m. = Sonne (Nom.); ākāśaḥ = Himmel (Lok.); rātriḥ, f. = Nacht (Akk.); ji, parā-jayate, 1. = besiegen (PrSg.)]

८२७ बुधानां वाण्यां सदा माधुर्यं वर्तते
827 In der Stimme der Weisen ist immer Süße
827 budhānāṃ vāṇyāṃ sadā mādhuryaṃ vartate
[budhaḥ = Weise (Gen.); vāṇī = Stimme (Lok.); sadā, Adv. = immer; mādhuryam = Süße (madhu = Honig); vṛt, vartate, 1. = sein (PrSg.)]

८२८ सुष्ठु संन्यासिनः सत्यं हृदयेषु मृगयन्ते
828 Mit Recht suchen die Entsager die Wahrheit in den Herzen
828 suṣṭhu saṃnyāsinaḥ satyaṃ hṛdayeṣu mṛgayante
[suṣṭhu, Adv. = recht, mit Recht; saṃnyāsin, m. = Entsager (Nom. Pl., saṃnyāsī, Nom. Sg.); satyam = Wahrheit (Akk.); hṛdayam = Herz (Lok. Pl.); mṛg, mṛgayate, 10. = suchen (+ Akk. + Lok., PrPl.)]

८२९ नप्तुर्लाभे भारतवर्षीयाणामतीवोत्कण्ठा
829 Für die Inder gab es eine große Sehnsucht nach Erlangung eines Enkels
829 naptur_lābhe bhārata-varṣīyāṇām_atīvotkaṇṭhā
[naptṛ, naptā, m. = Enkel (Gen.); lābhaḥ = Erlangung (Lok.); bhārata-varṣīyaḥ, m. Eig. = Inder (Gen. Pl., Komp., bhāratam varṣam, n. = indischer Kontinent); atīva, Adv. = groß (»sehr«, Komp.); utkaṇṭhā = Sehnsucht (nach + Lok., atīva + utkaṇṭhā, Nom., Nominalstil)]

८३० इह जगति पौत्रस्योद्भवो महत उत्सवस्य हेतुः
830 In dieser Welt ist die Geburt eines Enkelsohnes der Anlaß für ein großes Fest
830 iha jagati pautrasyodbhavo mahata utsavasya hetuḥ
[iha, Adv. = hier; jagat, n. = Welt (Lok., iha jagati = hier auf der Welt = in dieser Welt); pautraḥ = Enkelsohn (pautrasya, Gen.); udbhavaḥ = Geburt (Nom.); mahat, Adj. = groß (mahataḥ, m. Gen.); utsavaḥ = Fest, n. (Gen.); hetuḥ, m. = Anlaß (Nom.)]

८३१ दिनस्य पूर्वार्धे वृक्षाणां छाया आरम्भे गुर्व्यः क्रमेण च क्षयिण्यो दिनस्य परार्धे तु पुरा लघवः पश्चाच्च वृद्धिमत्यः
831 Vormittags sind die Schatten der Bäume anfangs lang und allmählich abnehmend, nachmittags dagegen zuerst kurz und nachher zunehmend
831 dinasya pūrvārdhe vṛkṣāṇāṃ chāyā ārambhe gurvyaḥ krameṇa ca kṣayiṇyo, dinasya parārdhe tu purā laghavaḥ paścāc_ca vṛddhimatyaḥ
[dinam = Tag (Gen.); pūrva, Pron. = früher (vorder, Komp.); ardham = Hälfte (Lok.); pūrvārdhe, Adv. = vormittags; vṛkṣaḥ = Baum (Gen. Pl.); chāyā = Schatten (chāyāḥ, f. Nom. Pl.); ārambhe, Adv. = anfangs; guru, Adj. = lang (gurvyaḥ, f. Nom. Pl., gurvī, f. Adj. Nom. Sg.); krameṇa, Adv. = allmählich; ca, Konj. = und; kṣayin, Adj. = abnehmend (kṣayiṇyaḥ, f. Nom. Pl., kṣayiṇī, f. Adj. Nom. Sg.); para, Pron. = später (hinter, Komp.); parārdhe, Adv. = nachmittags; tu, Konj. = dagegen; purā, Adv. = vorher; laghu, Adj. = kurz (laghavaḥ oder

laghvyaḥ, f. Nom. Pl., laghuḥ oder laghvī, f. Adj. Nom. Sg.); paścāt, Konj. = nachher; vṛddhimat, Adj. = zunehmend (vṛddhimatyaḥ, f. Nom. Pl., vṛddhimatī, f. Adj. Nom. Sg.)]

10.7. Mit Dual

८३२ तत्र पुराणे फलके भवतः
832 Dort sind zwei alte Tische
832 tatra purāṇe phalake bhavataḥ
[tatra, Adv. = dort; purāṇa, Adj. = alt (n. Nom. Du.); phalakam = Tisch (Du.); bhū, bhavati, 1. = sein (PrDu.)]

८३३ अमू उभौ सर्वत्र जल्पतः
833 Jene beiden schwätzen überall
833 amū ubhau sarvatra jalpataḥ
[adas, Pron. = jenes (amū, m. Du., kein Sa. nach Du.-Endung auf »ū«); ubha, Pron. = beide (m. Du.); sarvatra, Adv. = überall; jalp, jalpati, 1. = schwätzen (PrDu.)]

८३४ चक्रवन्मनुष्याणां सुखं दुःखं च परिवर्तेते
834 Wie ein Rad drehen sich Freud und Leid der Menschen
834 cakravan_manuṣyāṇāṃ sukhaṃ duḥkhaṃ ca parivartete
[cakravat, Adv. = radförmig (wie ein Rad, Suffix »vat« = wie); manuṣyaḥ = Mensch (Gen.); sukham = Freude; duḥkham = Leid; ca, Konj. = und; vṛt, pari-vartate, 1. = drehen (PrDu., da 2 Subst. im Sg.)]

८३५ अद्य यशस्वन्तौ ब्राह्मणौ नगरं त्यजतः
835 Heute verlassen die zwei berühmten Brahmanen die Stadt
835 adya yaśasvantau brāhmaṇau nagaraṃ tyajataḥ
[adya, Adv. = heute; yaśasvat, Adj. = berühmt (m. Nom. Du.); brāhmaṇaḥ = Brahmane (Du.); nagaram = Stadt (Akk.); tyaj, tyajati, 1. = verlassen (PrDu.)]

८३६ असिनेव नेत्राभ्यामृषिर्जनानां मतीर्विध्यति
836 Wie mit einem Schwert durchbohrt der Seher mit den Augen die Gemüter der Menschen
836 asineva netrābhyām_ṛṣir_janānāṃ matīr_vidhyati
[asiḥ, m. = Schwert (asinā, Instr.); iva, Adv. = wie; netram = Auge (Instr. Du.); ṛṣiḥ, m. = Seher; janaḥ = Mensch (Gen.); matiḥ, f. = Verstand (matīḥ, Akk. Pl.); vyadh, vidhyati, 4. = durchbohren (PrSg.)]

८३७ ऋष्योः पुत्रौ तत्र मार्गे तिष्ठतः
837 Die beiden Söhne der beiden Seher stehen dort auf dem Weg
837 ṛṣyoḥ putrau tatra mārge tiṣṭhataḥ
[ṛṣiḥ, m. = Seher (Gen. Du.); putraḥ = Sohn (Du.); tatra, Adv. = dort; mārgaḥ = Weg, m. (Lok.); sthā, tiṣṭhati, 1. = stehen (PrDu., Anm.: Jeder der 2 Seher hat 1 Sohn)]

८३८ शनैः शनैः पौरौ शुक्लाभ्यां हयाभ्यामवरोहतः
838 Die beiden Städter steigen ganz langsam von den beiden weißen Rossen ab
838 śanaiḥ śanaiḥ paurau śuklābhyāṃ hayābhyām_avarohataḥ
[śanais, Adv. = langsam (verdoppelt: sehr, ganz); pauraḥ = Städter (Du.); śukla, Adj. = weiß (m. Abl. Du.); hayaḥ = Roß (Abl. Du.); ruh, ava-rohati, 1. = absteigen (von + Abl., PrDu.)]

11. Imperfekt [und Perfekt]

In den eckigen Klammern wird dem Imperfekt das entsprechende [Perfekt] beigefügt. Das Perfekt darf man aber erst studieren, nachdem man das ganze Buch gelesen hat. Andernfalls wird man völlig konfus und beherrscht dann nicht einmal das Imperfekt!

८३९ एकदा प्रातरहं प्राबोधं वृद्धः
839 Eines Morgens erwachte ich als Greis
839 ekadā prātar_ahaṃ prābodhaṃ vṛddhaḥ [prabubudhe]
[ekadā, Adv. = einst; prātar, Adv. = morgens (oder prabhāte, Adv. = morgens); mad, Pron. = ich (aham, Nom.); budh, pra-bodhati, 1. = erwachen (pra + abodham = prābodham, Impf.); vṛddhaḥ = Greis (Nom., prädikative App., Anm.: Die 1. Pers. Sg./Du./Pl. Perf. ist extrem rar)]

८४० आगच्छच्चापश्यच्चाजयच्च
840 Er kam, sah und siegte
840 āgacchac_cāpaśyac_cājayac_ca [ājagāma, dadarśa, jigāya]
[gam, ā-gacchati, 1. = kommen (ā + agacchat = āgacchat, Impf., āgacchat ca apaśyat ca ajayat ca); ca, Konj. = und; paś, paśyati, 4. = sehen (Impf.); ji, jayati, 1. = siegen (Impf.)]

11.1. Mit Akkusativ

८४१ आरम्भे ब्रह्म वियज्जगच्चासृजत्
841 Im Anfang erschuf Gott Himmel und Erde
841 ārambhe brahma viyaj_jagac_cāsṛjat [sasarja]
[ārambhe, Adv. = anfangs; brahman, n. = Gott (Nom.); viyat, n. = Himmel (Akk.); jagat, n. = Erde (Akk., Sa.: viyat jagat ca); ca, Konj. = und; sṛj, sṛjati, 6. = erschaffen (asṛjat, Impf.)]

८४२ ऋषयः सूक्तान्यपश्यन्
842 Die Seher »erschauten« die Hymnen
842 ṛṣayaḥ sūktāny_apaśyan [dadṛśuḥ]
[ṛṣiḥ, m. = Seher; sūktam = Hymne (Akk., su + ukta = gut gesagt, Wz. vac, vakti = sagen); paś, paśyati, 4. = erschauen (Impf.)]

८४३ चिरकालं वनमध्यतिष्ठम्
843 Ich wohnte lange Zeit im Wald
843 cira-kālaṃ vanam_adhyatiṣṭham [adhitasthau]
[cira-kālam, Adv. = lange Zeit (Komp., ciram, Adv. = lange); vanam = Wald (Akk.); sthā, adhi-tiṣṭhati, 1. = wohnen (in + Akk. = bewohnen, Impf., adhi + atiṣṭham)]

८४४ संस्कृतं बहून् मासानशिक्षे
844 Ich lernte Sanskrit viele Monate lang
844 saṃskṛtaṃ bahūn māsān_aśikṣe [–]
[saṃskṛtam = Sanskrit (Akk.); bahu, Adj. = viel (m. Akk.); māsaḥ = Monat (Akk. = viele Monate lang); śikṣ, śikṣate, 1. = lernen (Impf., Anm.: śikṣ hat überhaupt keine Perfektform)]

८४५ पुरा बहवो भारताः संस्कृतभाषामभाषन्त
845 Früher sprachen viele Inder die Sanskritsprache
845 purā bahavo bhāratāḥ saṃskṛta-bhāṣām_abhāṣanta [babhāṣire]
[purā, Adv. = früher; bahu, Adj. = viel (m. Nom. Pl.); bhārataḥ, m. Eig. = Inder; saṃskṛta-bhāṣā = Sanskritsprache (Akk., Komp.); bhāṣ, bhāṣate, 1. = sprechen (Impf.)]

८४६ अत एव सा गर्भवती नारी दिनान्यगणयत्
846 Daher zählte diese schwangere Frau die Tage

846 ata eva sā garbhavatī nārī dināny_agaṇayat [gaṇayām_āsa]
[ata eva, Konj. = daher (atas + eva); tad, Pron. = das (sā, f. Nom. = sie); garbhavat, Adj. = schwanger (garbhavatī, f. Adj. Nom., garbhaḥ = Leibesfrucht); nārī = Frau; dinam = Tag (Akk.); gaṇ, gaṇayati, 10. = zählen (Impf.)]

८४७ महान्तमपि क्लेशं नागणयम्

847 Auch großes Leiden ignorierte ich
847 mahāntam_api kleśaṃ nāgaṇayam [gaṇayāṃ_cakāra]
[mahat, Adj. = groß (mahāntam, m. Akk.); api, Ind. = auch; kleśaḥ = Leiden (Akk.); na, Ind. = nicht; gaṇ, na gaṇayati, 10. = ignorieren (Impf., na gaṇ = »nicht zählen« = ignorieren)]

८४८ जपमनु प्रावर्षत्

848 Nach der Rezitation fing es an zu regnen (FÜ.)
848 japam_anu prāvarṣat [pravavarṣa]
[japaḥ = Rezitation (Akk., »Murmeln von Mantras«); anu, Präp. + Akk. = nach; vṛṣ, pravarṣati, 1. = regnen (anfangen zu regnen, pra + avarṣat, Impf.)]

८४९ तदनन्तरं दक्षिणां दिशमगच्छाम

849 Danach gingen wir in die südliche Richtung
849 tad-anantaraṃ dakṣiṇāṃ diśam_agacchāma [–]
[tad-anantaram, Konj. = danach (»nach-dem«, Komp.); dakṣiṇa, Pron. = südlich (f. Akk. Sg., »Dekkan«); diś, dik, f. = Richtung (Gegend, Akk.); gam, gacchati, 1. = gehen (Impf.)]

८५० तदानीमार्या उत्तरान् कुरूनजयन्

850 Damals unterwarfen die Arier die nördlichen Inder (die »Kurus«)
850 tadānīm_āryā uttarān kurūn_ajayan [jigyuḥ]
[tadānīm, Adv. = damals; āryaḥ = Arier; uttara, Pron. = nördlich (m. Akk.); kuruḥ, m. Eig. = Inder (m. Akk., Pl.: Inder aus dem Stamm der Kurus); ji, jayati, 1. = unterwerfen (Impf.)]

८५१ पुनरपि स विदर्भानगच्छत्

851 Er ging noch einmal nach Maharashtra
851 punar-api sa vidarbhān_agacchat [jagāma]
[punar-api, Adv. = noch einmal; tad, Pron. = das (sah, m. Nom. = er); vidarbhāḥ, Pl. m. Eig. = Maharashtra (Akk. Pl., Ländernamen meist Pluralwörter); gam, gacchati, 1. = gehen (Impf.)]

८५२ नाथो वो वा आह्वाययत्

852 Der Herr ließ euch wahrlich rufen
852 nātho vo vā āhvāyayat [āhvāyayām_āsa]
[nāthaḥ = Herr; yuṣmad, Pron. = ihr (vaḥ oder yuṣmān, Akk. = euch); vai, Ind. = wahrlich (Sa.: vai + ā = vā + ā, Anm.: »vai«, häufig in den Epen, hebt wie »api« das vorangehende Wort hervor); hve, ā-hvāyayati, 10. = rufen lassen (ā + ahvāyayat = āhvāyayat, Impf. Kaus.)]

८५३ अनिष्टमीषदशङ्कामहि

853 Wir fürchteten ein wenig das Übel
853 aniṣṭam_īṣad_aśaṅkāmahi [–]
[aniṣṭam = Übel (an-iṣṭam = Nicht-Erwünschtes, Akk.); īṣat, Adv. = etwas (ein wenig); śaṅk, śaṅkate, 1. = fürchten (Impf., Anm.: Die 1. Person Plural des Perfekts kommt fast nie vor)]

८५४ सुखिनो भ्रमरा मध्वपिबन्

854 Die glücklichen Bienen tranken den Honig
854 sukhino bhramarā madhv_apiban [papuḥ]
[sukhin, Adj. = glücklich (m. Nom. Pl.); bhramaraḥ = Biene; madhu, n. = Honig (Akk.); pā, pibati, 1. = trinken (Impf.)]

८५५ याचकाः कतिपयान् दातॄनलभन्त
855 Die Bettler fanden einige Spender
855 yācakāḥ katipayān dātṝn_alabhanta [lebhire]
[yācakaḥ = Bettler; katipaya, Pron. = einige (m. Akk. Pl., katipaye, m. Nom. Pl., Pluralwort); dātṛ, dātā, m. = Spender (Akk. Pl.); labh, labhate, 1. = finden (bekommen, Impf.)]

८५६ महती तृष्णा पथिकमबाधत
856 Großer Durst plagte den Wanderer
856 mahatī tṛṣṇā pathikam_abādhata [babādhe]
[mahat, Adj. = groß (mahatī, f. Adj. Nom.); tṛṣṇā = Durst; pathikaḥ = Wanderer (Akk.); bādh, bādhate, 1. = plagen (Impf.)]

८५७ कश्चित् तपस्वी किंचिद्वेश्यागृहं प्राविशत्
857 Ein gewisser Asket betrat ein gewisses Bordell
857 kaścit tapasvī kiṃcid_veśyā-gṛhaṃ prāviśat [praviveśa]
[kiṃcid, Pron. = gewiß (kaś-cid, m. Nom., kiṃ-cid, n. Akk.); tapasvin, m. = Asket (Nom.); veśyā-gṛham = Bordell (Akk., Komp.: veśyā = Dirne); viś, pra-viśati, 6. = betreten (+ Akk., Impf.)]

८५८ परिणीता सीता देवरमन्वगच्छत्
858 Die verheiratete Sita begleitete den Schwager
858 pariṇītā sītā devaram_anvagacchat [anujagāma]
[pariṇīta, Adj. = verheiratet (f. Nom.); sītā, f. Eig. = Sita; devṛ, devā, m. = Schwager (Bruder des Ehemanns, Akk.); gam, anu-gacchati, 1. = begleiten (+ Akk., anu + agacchat, Impf.)]

८५९ छायेव भूपतिस्तामन्वगच्छत्
859 Der König verfolgte sie wie ein Schatten
859 chāyeva bhū-patis_tām_anvagacchat [anujagāma]
[chāyā = Schatten (Nom.); iva, Adv. = wie; bhū-patiḥ, m. = König; tad, Pron. = das (tām, f. Akk. Sg. = sie); gam, anu-gacchati, 1. = verfolgen (+ Akk., anu + agacchat, Impf.)]

८६० पिता पुत्रमैक्षत पर्यष्वजत च
860 Der Vater sah und umarmte den Sohn
860 pitā putram_aikṣata paryaṣvajata ca [īkṣāṃ_cakre, pariṣasvaje]
[pitṛ, pitā, m. = Vater; putraḥ = Sohn (Akk.); īkṣ, īkṣate, 1. = sehen (a + īkṣata = aikṣata, Impf.); svaj, pari-ṣvajate, 1. = umarmen (pary-aṣvajata oder pary-asvajata, Impf., Anm.: Das Aug. wandelt das »ṣ« meist nicht mehr in »s« zurück)]

८६१ ततस्तातो भीमस्तनयमाह्वयत्
861 Danach rief Papa Bhima den Sohn herbei
861 tatas_tāto bhīmas_tanayam_āhvayat [ājuhāva]
[tatas, Konj. = dann (danach); tātaḥ = Papa (Vati, Nom. als App.); bhīmaḥ, m. Eig. = Bhima; tanayaḥ = Sohn (Akk.); hve, ā-hvayati, 1. = herbeirufen (ā + ahvayat, Impf.)]

८६२ अग्निर्भङ्गुरं काष्ठमदहत्
862 Das Feuer verbrannte das vergängliche Holz
862 agnir_bhaṅguraṃ kāṣṭham_adahat [dadāha]
[agniḥ, m. = Feuer; bhaṅgura, Adj. = vergänglich (n. Akk.); kāṣṭham = Holz (Akk.); dah, dahati, 1. = verbrennen (Impf.)]

८६३ ऋषयः सनातनं योगमुपादिशन्
863 Die Seher lehrten den ewigen Yoga
863 ṛṣayaḥ sanātanaṃ yogam_upādiśan [(upa)didiśuḥ]
[ṛṣiḥ, m. = Seher; sanātana, Adj. = ewig (m. Akk.); yogaḥ = Yoga (Akk.); diś, upa-diśati, 6. =

lehren (upa + adiśan, Impf., Anm.: Das Perf. von diś ist mit dem Präfix upa unüblich)]

८६४ एतानाशूनश्वानपश्यम्
864 Ich sah diese flinken Pferde
864 etān_āśūn_aśvān_apaśyam [dadarśa]
[etad, Pron. = dies (etān, m. Akk. Pl.); āśu, Adj. = flink (āśūn, m. Akk. Pl.); aśvaḥ = Pferd (Akk. Pl.); paś, paśyati, 4. = sehen (Impf.)]

८६५ कविराजः शूरं प्राशंसदपरे तु कवय एनमनिन्दन्
865 Der Dichterfürst rühmte den Helden, wohingegen die anderen Dichter ihn tadelten
865 kavi-rājaḥ śūraṃ prāśaṃsad_apare tu kavaya enam_anindan [śaśaṃsa, nininduḥ]
[kavi-rājaḥ = Dichterfürst (Anm.: Aus »rājan« wird als Schlußglied eines Komp. »rājaḥ«); śūraḥ = Held (Akk.); śaṃs, pra-śaṃsati, 1. = rühmen (Impf., Perf.: pra-śaśaṃsa); apara, Pron. = ander (apare, m. Nom. Pl.); tu, Konj. = wohingegen; kaviḥ, m. = Dichter (Pl., Sa.: aḥ + e = a + e); enad, Pron. = dies (enam, m. Akk. = ihn); nind, nindati, 1. = tadeln (Impf.)]

८६६ दरिद्रः कौलिकश्चारूंस्तनयांस्तनयाश्चाजनयत्
866 Der arme Weber zeugte hübsche Söhne und Töchter
866 daridraḥ kaulikaś_cārūṃs_tanayāṃs_tanayāś_cājanayat [janayāṃ_cakre]
[daridra, Adj. = arm (m. Nom.); kaulikaḥ = Weber; cāru, Adj. = hübsch (cārūn, m. Akk. Pl., Anm.: Genus m., da Subst. m. und f.); tanayaḥ = Sohn (tanayān, m. Akk.); tanayā = Tochter (tanayāḥ, f. Akk.); ca, Konj. = und; jan, janayati, 10. = erzeugen (ajayanat, Impf. Kaus.)]

८६७ ततः पान्थो ऽकस्मादारामं प्राविशत्
867 Dann ging der Wanderer ohne Grund in den Lustgarten
867 tataḥ pāntho 'kasmād_ārāmaṃ prāviśat [praviveśa]
[tatas, Konj. = dann (danach); pānthaḥ = Wanderer; akasmāt, Adv. = grundlos; ārāmaḥ = Lustgarten (Akk.); viś, pra-viśati, 6. = betreten (gehen in + Akk., pra + aviśat, Impf.)]

८६८ अकस्मान्नृशंसः शृगालो बालमदशत्
868 Der bösartige Schakal biß plötzlich den Jungen
868 akasmān_nṛśaṃsaḥ śṛgālo bālam_adaśat [dadaṃśa]
[akasmāt, Adv. = plötzlich; nṛśaṃsa, Adj. = bösartig (m. Nom., nṛ-śaṃsa, Komp. = Menschen verwünschend); śṛgālaḥ = Schakal; bālaḥ = Junge (Akk.); daṃś, daśati, 1. = beißen (Impf.)]

८६९ ह्यः क्षुद्रः सर्पो द्वीपिनमदशत्
869 Eine gemeine Schlange biß gestern den Leoparden
869 hyaḥ kṣudraḥ sarpo dvīpinam_adaśat [dadaṃśa]
[hyas, Adv. = gestern; kṣudra, Adj. = gemein (m. Nom.); sarpaḥ = Schlange; dvīpin, m. = Leopard (Akk.); daṃś, daśati, 1. = beißen (Impf.)]

८७० शनैर्नाथः क्रूरं शृगालमदाम्यत्
870 Der Meister zähmte allmählich den grausamen Schakal
870 śanair_nāthaḥ krūraṃ śṛgālam_adāmyat [–]
[śanais, Adv. = allmählich; nāthaḥ = Meister; krūra, Adj. = grausam (m. Akk.); śṛgālaḥ = Schakal (Akk.); dam, dāmyati, 4. = zähmen (Impf., Wz. dam hat keine einzige Perfektform)]

८७१ अन्ततो भारता राज्यमविन्दन्
871 Schließlich erwarben die Inder das Königreich
871 antato bhāratā rājyam_avindan [vividuḥ]
[antatas, Adv. = schließlich; bhārataḥ, m. Eig. = Inder; rājyam = Königreich (Akk.); vid, vindati, 6. = erwerben (Impf.)]

८७२ पश्चात् सचिवा भूपमभाषन्त
872 Schließlich sprachen die Minister mit dem König
872 paśćāt sacivā bhūpam_abhāṣanta [babhāṣire]
[paśćāt, Konj. = schließlich (danach, auch: tataḥ paśćāt); sacivaḥ = Minister (Gefolgsmann); bhūpaḥ = König (Akk.); bhāṣ, bhāṣate, 1. = sprechen (mit + Akk., Impf.)]

८७३ अथ स तमभाषत
873 Nun sprach er ihn an
873 atha sa tam_abhāṣata [babhāṣe]
[atha, Ind. = nun (Anm.: »atha« leitet neuen Abschnitt eines Textes ein); tad, Pron. = das (saḥ, m. Nom. = er, tam, m. Akk. = ihn); bhāṣ, bhāṣate, 1. = ansprechen (+ Akk., Impf.)]

८७४ तदपि नृपतिर्दासान् नानिन्दत्
874 Trotzdem tadelte der König nicht die Sklaven
874 tad-api nṛpatir_dāsān nānindat [nininda]
[tad-api, Konj. = trotzdem; nṛpatiḥ, m. = König; dāsaḥ = Sklave (Akk.); na, Ind. = nicht; nind, nindati, 1. = tadeln (anindat, Impf.)]

८७५ तस्मात् पुरुष एतानि वचनान्यचिन्तयत्
875 Deshalb dachte der Mensch über diese Worte nach
875 tasmāt puruṣa etāni vacanāny_acintayat [cintayām_āsa]
[tasmāt, Konj. = deshalb; puruṣaḥ = Mensch; etad, Pron. = dies (etāni, n. Akk. Pl.); vacanam = Wort (Akk. Pl.); cint, cintayati, 10. = nachdenken (über + Akk., Impf.)]

८७६ ह्यः स्वां योषितमत्यजत्
876 Gestern verließ er seine Frau
876 hyaḥ svāṃ yoṣitam_atyajat [tatyāja]
[hyas, Adv. = gestern; sva, Pron. = eigen (svām, f. Akk. = seine eigene); yoṣit, f. = Frau (Akk.); tyaj, tyajati, 1. = verlassen (Impf.)]

८७७ नक्तं भीमान् स्वप्नानन्वभवम्
877 Ich erlebte nachts schreckliche Träume
877 naktaṃ bhīmān svapnān_anvabhavam [anubabhūva]
[naktam, Adv. = nachts; bhīma, Adj. = schrecklich (m. Akk. Pl.); svapnaḥ = Traum (Akk. Pl.); bhū, anu-bhavati, 1. = erleben (Impf.)]

८७८ परिव्राजो हिमालयमुपागच्छन्
878 Die Pilger näherten sich dem Himalaya
878 parivrājo himālayam_upāgacchan [upajagmuḥ]
[parivrāj, parivrāṭ, m. = Pilger; himālayaḥ, m. Eig. = Himalaya (Akk., hima-ālayaḥ = Schnee-Stätte, Komp., himam = Schnee, himavat, Adj. = schneereich, himavat, m. = Himalaya); gam, upa-gacchati, 1. = nähern (sich nähern + Akk., Impf., upa + agacchan = upāgacchan)]

८७९ तदपि सौनिको गतायुषं कपिं न्यखनत्
879 Der Metzger begrub dann sogar den toten Affen
879 tad-api sauniko gatāyuṣaṃ kapiṃ nyakhanat [nicakhāna]
[tad-api, Konj. = dann sogar (trotzdem); saunikaḥ = Metzger; gatāyus, Adj. = tot (m. Akk., Komp., gata = gegangen, āyus = Leben); kapiḥ, m. = Affe (Akk.); khan, ni-khanati, 1. = begraben (Impf.)]

८८० शृगालः शवमस्पृशत्। ततः शृगालो ऽम्रियत
880 Der Schakal berührte die Leiche. Dann starb der Schakal
880 śṛgālaḥ śavam_aspṛśat. tataḥ śṛgālo 'mriyata [pasparśa, mamāra]
[śṛgālaḥ = Schakal; śavaḥ = Leiche (Akk.); spṛś, spṛśati, 6. = berühren (Impf.); tatas, Konj. =

dann; mṛ, mriyate, 6. = sterben (Impf.)]

८८१ चोराः शून्यं गृहं प्राविशन् परं न धनमलभन्त
881 Die Diebe drangen in das leere Haus ein, jedoch bekamen sie nicht das Geld
881 corāḥ śūnyaṃ gṛhaṃ prāviśan, paraṃ na dhanam_alabhanta [praviviśuḥ, lebhire]
[coraḥ = Dieb; śūnya, Adj. = leer (n. Akk.); gṛham = Haus (Akk.); viś, pra-viśati, 6. = eindringen (pra + aviśan, Impf.); param, Konj. = jedoch (param na = aber nicht); na, Ind. = nicht; dhanam = Geld (Akk.); labh, labhate, 1. = bekommen (Impf.)]

८८२ साध्वी दुहिता पूज्यां मातरमवन्दत
882 Die gehorsame Tochter begrüßte die ehrwürdige Mutter
882 sādhvī duhitā pūjyāṃ mātaram_avandata [vavande]
[sādhu, Adj. = gehorsam (sādhvī, f. Adj. Nom.); duhitṛ, duhitā, f. = Tochter; pūjya, Adj. = ehrwürdig (f. Akk.); mātṛ, mātā, f. = Mutter (Akk.); vand, vandate, 1. = begrüßen (Impf.)]

11.1.1. Akkusativ + Akkusativ

८८३ राज्ञी कविं स्तोत्रमपाठयत्
883 Die Königin ließ den Dichter die Hymne vorlesen
883 rājñī kaviṃ stotram_apāṭhayat [pāṭhayām_āsa]
[rājñī = Königin; kaviḥ, m. = Dichter (Akk.); stotram = Hymne (Akk.); paṭh, pāṭhayati, 10. = lesen lassen (+ Akk. + Akk., Impf. Kaus.)]

८८४ राजा गायकं स्तोत्रमगापयत्
884 Der König ließ den Sänger das Lied vorsingen
884 rājā gāyakaṃ stotram_agāpayat [gāpayām_āsa]
[rājan, m. = König (rājā, Nom.); gāyakaḥ = Sänger (Akk.); stotram = Hymne (Akk.); gai, gāpayati, 10. = singen lassen (+ Akk. + Akk., Impf. Kaus.)]

८८५ पश्चाद्रथं क्षेत्रमनयम्
885 Danach fuhr ich den Wagen auf das Feld
885 paścād_rathaṃ kṣetram_anayam [ināya]
[paścāt, Konj. = danach (später); rathaḥ = Wagen (Akk.); kṣetram = Feld (Akk.); nī, nayati, 1. = fahren (+ Akk. + Akk., Impf.)]

८८६ रहसि दूतं मार्गमपृच्छाम
886 Wir fragten den Boten heimlich nach dem Weg
886 rahasi dūtaṃ mārgam_apṛcchāma [–]
[rahasi, Adv. = heimlich; dūtaḥ = Bote (Akk.); mārgaḥ = Weg, m. (Akk.); pracch, pṛcchati, 6. = fragen (nach + Akk. + Akk., Impf., Anm.: Die 1. Pers. Perf. Sg./Pl./Du. ist extrem selten)]

८८७ आचार्यांश्छात्त्रान् मृषामन्यथाः
887 Du hieltest die Lehrer fälschlicherweise für die Schüler
887 ācāryāṃś_chāttrān mṛṣāmanyathāḥ [–]
[ācāryaḥ = Lehrer (ācāryān, Akk.); chāttraḥ = Schüler; mṛṣā, Adv. = fälschlicherweise; man, manyate, 4. = halten (für + Akk. + Akk., amanyathāḥ, Impf., Die 2. Pers. Perf. ist extrem rar)]

८८८ सायं गोपा आशूरजा मन्दानवींश्च ग्राममनयन्
888 Abends trieben die Hirten die flinken Ziegen und die trägen Schafe in das Dorf
888 sāyaṃ gopā āśūr_ajā mandān_avīṃś_ca grāmam_anayan [ninyuḥ]
[sāyam, Adv. = abends; gopaḥ = Hirte; āśu, Adj. = flink (āśūḥ, f. Adj. Akk. Pl.); ajā = Ziege (ajāḥ, f. Akk. Pl.); manda, Adj. = träge (m. Akk. Pl.); aviḥ, m. = Schaf (avīn, Akk.); grāmaḥ = Dorf (Akk.); nī, nayati, 1. = treiben (+ Akk. + Akk., Impf.)]

८८९ अहं तं वचनमभाषे किंतु स एनन्नाकर्णयत्
889 Ich sagte ihm ein Wort, aber er hörte es nicht
889 ahaṃ taṃ vacanam_abhāṣe, kiṃtu sa enan_nākarṇayat [vac: uvāca, śru: śuśrāva]
[mad, Pron. = ich (aham, Nom.); tad, Pron. = das (tam, m. Akk. = zu ihm; saḥ, m. Nom. = er); vacanam = Wort (Akk.); bhāṣ, bhāṣate, 1. = sagen (+ Akk. + Akk., ihm »ein Wort« = etwas sagen, Impf., Perf.: babhāṣe, ebenso vac, vakti, 2. = sagen + doppelten Akk., Perf.: uvāca); kiṃtu, Konj. = aber; enad, Pron. = dies (n. Akk. Sg. = es, Sa.: enat + n = enan + n); na, Ind. = nicht; ākarṇ, ākarṇayati, 10. = hören (Impf., ā-karṇ nur mit Präf., kein Perf., dafür śru, śṛṇoti, 5. = hören, Perf. 3. Pers. Sg./Du./Pl.: śuśrāva/śuśruvatuḥ/śuśruvuḥ, 1. Pers. Pl.: śuśruma)]

11.2. Mit Instrumental

८९० मरुता तुङ्गास्तरवो ऽकम्पन्त
890 Im Winde zitterten die hohen Bäume
890 marutā tuṅgās_taravo 'kampanta [cakampire]
[marut, m. = Wind (Instr. = aufgrund des Windes); tuṅga, Adj. = hoch (m. Nom. Pl.); taruḥ, m. = Baum (taravaḥ, Nom. Pl.); kamp, kampate, 1. = zittern (Impf.)]

८९१ परुषेण बलेन नृपती रिपून् व्यजयत
891 Mit rauher Gewalt besiegte der König die Feinde
891 paruṣeṇa balena nṛpatī ripūn vyajayata [vijigye]
[paruṣa, Adj. = rauh (n. Instr. Sg.); balam = Gewalt (Instr.); nṛpatiḥ, m. = König (Sa.: nṛpatiḥ + r = nṛpatī + r); ripuḥ, m. = Feind (Akk.); ji, vi-jayate, 1. = besiegen (Impf.)]

८९२ उद्यमेन शनैः सिद्धिमलभथाः
892 Durch Anstrengung erlangtest du allmählich Erfolg
892 udyamena śanaiḥ siddhim_alabhathāḥ [–]
[udyamaḥ = Anstrengung (Instr.); śanais, Adv. = allmählich; siddhiḥ, f. = Erfolg (Vollendung, Akk.); labh, labhate, 1. = erlangen (Impf., Anm.: Die 2. Pers. Perf. kommt fast niemals vor)]

८९३ लज्जया कन्या न प्रत्यभाषत
893 Vor Scham antwortete das Mädchen nicht
893 lajjayā kanyā na pratyabhāṣata [babhāṣe mit prati unüblich, dafür pratyuvāca]
[lajjā = Scham (Instr. = vor Scham); kanyā = Mädchen; na, Ind. = nicht; bhāṣ, prati-bhāṣate, 1. = antworten (prati + abhāṣata, Impf., vac, prati-vakti, 2. = antworten, Perf.: praty_uvāca)]

८९४ चञ्च्वा काको मांसमहरत्
894 Mit dem Schnabel schnappte die Krähe das Fleisch
894 cañcvā kāko māṃsam_aharat [jahāra]
[cañcuḥ, f. = Schnabel (Instr.); kākaḥ = Krähe; māṃsam = Fleisch (Akk.); hṛ, harati, 1. = schnappen (+ Akk., Impf.)]

८९५ स शशो दन्तैर्जालमकृन्तत्
895 Dieser Hase biß das Netz mit den Zähnen durch
895 sa śaśo dantair_jālam_akṛntat [cakarta]
[tad, Pron. = das (saḥ, m. Nom. = der); śaśaḥ = Hase; dantaḥ = Zahn (Instr.); jālam = Netz (Akk., aber jalam = Wasser); kṛt, kṛntati, 6. = schneiden (Impf.)]

८९६ धृत्या वीरो बह्वीं कीर्तिमविन्दत्
896 Durch Standhaftigkeit erlangte der Held großen Ruhm
896 dhṛtyā vīro bahvīṃ kīrtim_avindat [viveda]
[dhṛtiḥ, f. = Standhaftigkeit (Instr.); vīraḥ = Held; bahu, Adj. = groß (viel, f. Akk. Sg., bahvī, f. Adj. Nom.); kīrtiḥ, f. = Ruhm (Akk.); vid, vindati, 6. = erlangen (Impf.)]

८९७ कदाचिदसुरैः सह सुरा अस्पर्धन्त
897 Einst wetteiferten die Götter mit den Dämonen
897 kadācid_asuraiḥ saha surā aspardhanta [–]
[kadācid, Adv. = einst; asuraḥ = Dämon (Instr.); saha, Präp. + Instr. = mit; suraḥ = Gott; spṛdh, spardhate, 1. = wetteifern (sich messen + Instr., Impf., Perf. paspṛdhe ist unüblich)]

८९८ सायं स्वस्रा देवकुलमगच्छाम
898 Abends gingen wir mit der Schwester zum Tempel
898 sāyaṃ svasrā deva-kulam_agacchāma [–]
[sāyam, Adv. = abends; svasṛ, svasā, f. = Schwester (Instr.); deva-kulam = Tempel (Akk., kulam = hier in der Bedeutung »Haus«); gam, gacchati, 1. = gehen (zum + Akk., Impf.)]

८९९ मासं पुस्तकमपठः। मासेन ग्रन्थमपठत
899 Du lasest das Buch einen Monat lang. Ihr laset das Buch in einem Monat aus
899 māsaṃ pustakam_apaṭhaḥ. māsena grantham_apaṭhata [–]
[māsaḥ = Monat (Akk. = einen Monat lang, Instr. = in einem Monat); pustakam = Buch (Akk.); granthaḥ = Buch (Akk.); paṭh, paṭhati, 1. = lesen (Impf., Perf. papāṭha ist unüblich)]

11.2.1. Instrumental + Akkusativ

९०० दीर्घया रज्ज्वा धेनुमकर्षत
900 Ihr zogt die Kuh mit einem langen Seil
900 dīrghayā rajjvā dhenum_akarṣata [–]
[dīrgha, Adj. = lang (f. Instr. Sg.); rajjuḥ, f. = Seil (Instr.); dhenuḥ, f. = Kuh (Akk.); kṛṣ, karṣati, 1. = ziehen (+ Instr. + Akk., Impf., karṣati, 1. = kṛṣati, 6., Anm.: 2. Pers. Pl. Perf. ist unüblich)]

९०१ दीर्घेण दण्डेन सम्राड्गजमताडयत्
901 Der Herrscher schlug den Elefanten mit einem langen Stock
901 dīrgheṇa daṇḍena samrād_gajam_atāḍayat [tāḍayām_āsa]
[dīrgha, Adj. = lang (n. Instr. Sg.); daṇḍaḥ = Stock (daṇḍena, Instr.); samrāj, samrāṭ, m. = Herrscher (Anm.: sam-rāj mit m ist irregulär, vgl. saṃ-rajyate mit ṃ, denn sam wird saṃ vor Halbvokalen); gajaḥ = Elefant (Akk.); taḍ, tāḍayati, 10. = schlagen (+ Instr. + Akk., Impf.)]

९०२ दण्डेन कुम्भकारो घटमखण्डयत्
902 Der Töpfer zerschlug den Topf mit dem Stock
902 daṇḍena kumbha-kāro ghaṭam_akhaṇḍayat [khaṇḍayām_āsa]
[daṇḍaḥ = Stock (Instr.); kumbha-kāraḥ = Töpfer (kumbhaḥ = Topf); ghaṭaḥ = Topf (Akk.); khaṇḍ, khaṇḍayati, 10. = zerschlagen (zerstückeln + Instr. + Akk., Impf.)]

९०३ आशुनाश्वेन क्षत्रियो मन्दं शत्रुमभ्यधावत्
903 Mit dem schnellen Pferd griff der Krieger den langsamen Feind an
903 āśunāśvena kṣatriyo mandaṃ śatrum_abhyadhāvat [–]
[āśu, Adj. = schnell (āśunā, m. Instr.); aśvaḥ = Pferd (Instr.); kṣatriyaḥ = Krieger; manda, Adj. = langsam (m. Akk.); śatruḥ, m. = Feind (Akk.); dhāv, abhi-dhāvati, 1. = angreifen (+ Instr. + Akk., Impf., Anm.: Das Perf. von dhāv, laut indischen Grammatikern »dadhāva«, kann in Originaltexten wie Mahabharata, Ramayana und Rig-Veda nicht belegt werden)]

९०४ धनुषा बाणैश्च भीमो योधो ऽरिमभ्यधावत्
904 Der schreckliche Krieger griff den Feind mit Pfeil und Bogen an
904 dhanuṣā bāṇaiś_ca bhīmo yodho 'rim_abhyadhāvat [–]
[dhanus, n. = Bogen (Instr. Sg.); bāṇaḥ = Pfeil (Instr. Pl.); ca, Konj. = und; bhīma, Adj. = schrecklich (m. Nom.); yodhaḥ = Krieger; ariḥ, m. = Feind (Akk., yodhaḥ arim); dhāv, abhi-dhāvati, 1. = angreifen (+ Instr. + Akk., Impf.)]

11.3. Mit Genitiv

९०५ विद्याया बलेन प्राकाशध्वम्
905 Ihr glänztet durch die Kraft des Wissens
905 vidyāyā balena prākāśadhvam [–]
[vidyā = Wissen, n. (vidyāyāḥ, Gen.); balam = Kraft, f. (Instr.); kāś, pra-kāśate, 1. = glänzen (pra + akāśadhvam, Impf., Anm.: Die 2. Pers. Pl. Atm. des Perfekts kommt fast niemals vor)]

९०६ भूपस्य शासनमवाधीरयः
906 Du mißachtetest den Befehl des Königs
906 bhūpasya śāsanam_avādhīrayaḥ [–]
[bhūpaḥ = König (Gen.); śāsanam = Befehl (Akk.); dhīr, ava-dhīrayati, 10. = mißachten (ava + adhīrayaḥ, Impf., Anm.: Das Periphr. Perf. wäre hier theoretisch »avadhīrayām_āsitha«)]

९०७ यतीनां विनयेनर्षयो ऽतुष्यन्
907 Die Seher freuten sich über den Gehorsam der Büßer
907 yatīnāṃ vinayenarṣayo 'tuṣyan [tutuṣuḥ]
[yatiḥ, m. = Büßer (Gen.); vinayaḥ = Gehorsam, m. (Instr.); ṛṣiḥ, m. = Seher (Nom., vinayena ṛṣayaḥ); tuṣ, tuṣyati, 4. = freuen (über + Instr., Impf., Perf.: Sg.: tutoṣa, Pl.: tutuṣuḥ)]

९०८ अवज्ञाया गदयारिमतुदम्
908 Ich schlug den Feind mit der Keule der Verachtung
908 avajñāyā gadayārim_atudam [tutoda]
[avajñā = Verachtung (avajñāyāḥ, Gen.); gadā = Keule (gadayā, Instr.); ariḥ, m. = Feind (Akk.); tud, tudati, 6. = schlagen (Impf., Anm.: 1. Pers. Sg. Perf., hier tutoda, ist extrem rar)]

९०९ व्याधिताया योषितो दुःखान्यध्वंसन्त
909 Die Schmerzen der kranken Frau vergingen
909 vyādhitāyā yoṣito duḥkhāny_adhvaṃsanta [dadhvaṃsire]
[vyādhita, Adj. = krank (vyādhitāyāḥ, f. Gen.); yoṣit, f. = Frau (yoṣitaḥ, Gen.); duḥkham = Schmerz; dhvaṃs, dhvaṃsate, 1. = vergehen (Impf., Kaus.: dhvaṃsayati = zerstören)]

९१० साधुर्नारीणां नीतिमशंसत्
910 Der Weise pries das Benehmen der Frauen
910 sādhur_nārīṇāṃ nītim_aśaṃsat [śaśaṃsa]
[sādhuḥ, m. = Weise; nārī = Frau (Gen.); nītiḥ, f. = Benehmen, n. (richtiges Verhalten, Akk.); śaṃs, śaṃsati, 1. = preisen (Impf.)]

९११ निरयस्य द्वारमुदघाटयः
911 Du schlossest die Tür zur Hölle auf
911 nirayasya dvāram_udaghāṭayaḥ [–]
[nirayaḥ = Hölle (Gen.); dvāram = Tür (Akk.); ghaṭ, ud-ghāṭayati, 10. = aufschließen (ud + aghāṭayaḥ, Impf., Anm.: Die 2. Pers. Sg. Perf. wäre theoretisch »udghāṭayāṃ_cakartha«)]

९१२ कृषीवला बीजस्य निर्वापणमारभन्त
912 Die Bauern begannen mit der Aussaat des Samens
912 kṛṣīvalā bījasya nirvāpaṇam_ārabhanta [ārebhire]
[kṛṣīvalaḥ = Bauer; bījam = Same (Gen.); nirvāpaṇam = Aussaat (Akk.); rabh, ā-rabhate, 1. = beginnen (ā + arabhanta = ārabhanta, Impf.)]

९१३ सैन्यस्य संचलनेन मह्यकम्पत
913 Durch das Beben des Heeres zitterte die Erde
913 sainyasya saṃcalanena mahy_akampata [cakampe]
[sainyam = Heer (Gen.); saṃcalanam = Beben (Instr.); mahī = Erde (Nom., mahī = wörtlich

»die Große« anstelle von mahatī, f. Adj.); kamp, kampate, 1. = zittern (Impf.)]

९१४ अश्वानां धूली रथ्या अच्छादयत्
914 Der Staub der Pferde bedeckte die Straßen
914 aśvānāṃ dhūlī rathyā acchādayat [chādayām_āsa]
[aśvaḥ = Pferd (Gen.); dhūliḥ, f. = Staub (Sa.: dhūliḥ + r = dhūlī + r); rathyā = Straße (rathyāḥ, Akk. Pl.); chad, chādayati, 10. = bedecken (Impf., Sa.: a-chādayat oder ac-chādayat)]

९१५ निशि वृक ऋक्षो वा नः पशूनमारयत्
915 Ein Wolf oder ein Bär tötete nachts unser Vieh
915 niśi vṛka ṛkṣo vā naḥ paśūn_amārayat [mārayām_āsa, oder von Wz. han: jaghāna]
[niśi, Adv. = nachts; vṛkaḥ = Wolf; ṛkṣaḥ = Bär; vā, Konj. = oder; asmad, Pron. = wir (naḥ = asmākam, Gen.); paśuḥ, m. = Vieh (Akk. Pl.); mṛ, mārayati, 10. = töten (+ Akk., Impf. Kaus.)]

९१६ कश्चित् सिंहस्तत्त्वविदः पाणिनेः प्राणानहरत्
916 Irgendein Löwe raubte das Leben des Philosophen Panini
916 kaścit siṃhas_tattva-vidaḥ pāṇineḥ prāṇān_aharat [jahāra]
[kiṃcid, Pron. = ein (kaścid, m. Nom. = ein oder ein gewisser); siṃhaḥ = Löwe; tattva-vid, tattva-vit, m. = Philosoph (Gen. Sg. als App.); pāṇiniḥ, m. Eig. = Panini (Gen.); prāṇaḥ = Leben, n. (Akk. Pl.); hṛ, harati, 1. = rauben (Impf.)]

९१७ सूक्तैर्ऋषिरिन्द्रस्य सुन्दरीं पुत्रीमशंसत् ॥ सूक्तैरृषिरिन्द्रस्य सुन्दरीं पुत्रीमशंसत्
917 Der Seher pries mit Hymnen die schöne Tochter des Indra
917 sūktair_ṛṣir_indrasya sundarīṃ putrīm_aśaṃsat [śaśaṃsa]
[sūktam = Hymne (Instr.); ṛṣiḥ, m. = Seher (Bei ṛ nach r ist ṛ niemals fliegender Akzent, d.h. die Variante oben rechts ist unüblich); indraḥ, m. Eig. = Indra (Gen.); sundara, Adj. = schön (f. Akk., sundarī, f. Adj. Nom.); putrī = Tochter (Akk.); śaṃs, śaṃsati, 1. = preisen (Impf.)]

९१८ अन्येषां काव्यैरेष कारो यशो ऽसाधयत्
918 Durch die Gedichte anderer erlangte dieser Verfasser Ruhm
918 anyeṣāṃ kāvyair_eṣa kāro yaśo 'sādhayat [sādhayām_āsa]
[anya, Pron. = ander (anyeṣām, m. Gen. Pl.); kāvyam = Gedicht (Instr.); etad, Pron. = dies (eṣaḥ, m. Nom.); kāraḥ = Verfasser; yaśas, n. = Ruhm (Akk.); sādh, sādhayati, 10. = erlangen (Impf.)]

९१९ मन्त्रिणो नृपस्य सभां प्राविशन्
919 Die Minister betraten die Versammlung des Königs
919 mantriṇo nṛpasya sabhāṃ prāviśan [praviviśuḥ]
[mantrin, m. = Minister (Nom. Pl.); nṛpaḥ = König (Gen.); sabhā = Versammlung (Akk.); viś, pra-viśati, 6. = betreten (pra + aviśan, Impf.)]

९२० नृपतेः पुत्रो गुरोर्भगिनीं पर्यणयत्
920 Der Sohn des Königs heiratete die Schwester des Lehrers
920 nṛpateḥ putro guror_bhaginīṃ paryaṇayat [pariṇinye]
[nṛpatiḥ, m. = König (Gen.); putraḥ = Sohn; guruḥ, m. = Lehrer (Gen.); bhaginī = Schwester (Akk.); nī, pari-ṇayati, 1. = heiraten (Impf., »um das Feuer herumführen«, Anm.: Perf. Atm.)]

९२१ ऋत्विजः पुत्रो धीमतो भिषजो दुहितरं पर्यणयत्
921 Der Sohn des Priesters heiratete die Tochter des klugen Arztes
921 ṛtvijaḥ putro dhīmato bhiṣajo duhitaraṃ paryaṇayat [pariṇinye]
[ṛtvij, ṛtvik, m. = Priester (Gen., Etymologie: ṛtuḥ + yaj-ati = rechte Jahreszeit + opfern); putraḥ = Sohn; dhīmat, Adj. = klug (m. Gen.); bhiṣaj, bhiṣak, m. = Arzt (Gen.); duhitṛ, duhitā, f. = Tochter (Akk.); nī, pari-ṇayati, 1. = heiraten (pari + anayat = paryaṇayat, Impf.)]

९२२ प्रभोः प्रसादेन पुरुषा नीतिमलभन्त
922 Durch die Gnade des Herrn erlangten die Menschen Führung
922 prabhoḥ prasādena puruṣā nītim_alabhanta [lebhire]
[prabhuḥ, m. = Herr (Gen.); prasādaḥ = Gnade (Instr.); puruṣaḥ = Mensch; nītiḥ, f. = Führung (richtiges Verhalten, Akk.); labh, labhate, 1. = erlangen (Impf.)]

९२३ ईश्वरस्य प्रसादेन कौलिकस्य क्लेशः प्राणश्यत्
923 Durch Gottes Gnade verging das Leiden des Webers
923 īśvarasya prasādena kaulikasya kleśaḥ prāṇaśyat [nanāśa]
[īśvaraḥ = Gott (Gen.); prasādaḥ = Gnade (Instr.); kaulikaḥ = Weber (Gen.); kleśaḥ = Leiden; naś, pra-ṇaśyati, 4. = vergehen (Impf., Anm.: Perf. nanāśa mit Präfix pra unüblich)]

९२४ पाटलिपुत्रस्य राजा जन्मना शूद्रो ऽभवत्
924 Der König von Patna war von Geburt ein Angehöriger der Dienerkaste
924 pāṭaliputrasya rājā janmanā śūdro 'bhavat [babhūva]
[pāṭaliputram, n. Eig. = Patna (Gen.); rājan, m. = König; janman, n. = Geburt (Instr. = von Geburt); śūdraḥ = Diener (Angehöriger der vierten Kaste); bhū, bhavati, 1. = sein (Impf.)]

९२५ अरीणां पराजयेन सेनापतयो ऽमोदन्त
925 Über die Niederlage der Feinde freuten sich die Heerführer
925 arīṇāṃ parājayena senā-patayo 'modanta [mumudire]
[ariḥ, m. = Feind (Gen.); parājayaḥ = Niederlage (Instr.); senā-patiḥ, m. = Heerführer; mud, modate, 1. = freuen (über + Instr., Impf.)]

९२६ गजस्य सिंहेन सह युद्धमभवत्
926 Es fand ein Kampf des Elefanten mit dem Löwen statt
926 gajasya siṃhena saha yuddham_abhavat [babhūva]
[gajaḥ = Elefant (Gen.); siṃhaḥ = Löwe (Instr.); saha, Präp. + Instr. = mit; yuddham = Kampf (Nom.); bhū, bhavati, 1. = stattfinden (Impf., Nominalstil)]

९२७ स्नुषाभिः सह श्वश्रूणां कलहः प्रावर्तत
927 Es entstand ein Streit der Schwiegermütter mit den Schwiegertöchtern
927 snuṣābhiḥ saha śvaśrūṇāṃ kalahaḥ prāvartata [pravavṛte]
[snuṣā = Schwiegertochter (Instr.); saha, Präp. + Instr. = mit; śvaśrūḥ = Schwiegermutter (Gen.); kalahaḥ = Streit; vṛt, pra-vartate, 1. = entstehen (Impf., Nominalstil)]

९२८ स घोषो भारतानां हृदयानि व्यदारयत्
928 Dieser Lärm zerriß die Herzen der Inder
928 sa ghoṣo bhāratānāṃ hṛdayāni vyadārayat [vidārayām_āsa]
[tad, Pron. = das (saḥ, m. Nom. = dieser); ghoṣaḥ = Lärm; bhārataḥ, m. Eig. = Inder (Gen.); hṛdayam = Herz (Akk.); dṝ, vi-dārayati, 10. = zerreißen (Impf.)]

९२९ व्याघ्रस्योच्चेन विरावेण हरिण्या हृदयमवेपत
929 Wegen des lauten Gebrülls des Tigers zitterte das Herz der Gazelle
929 vyāghrasyoccena virāveṇa hariṇyā hṛdayam_avepata [–]
[vyāghraḥ = Tiger (Gen.); ucca, Adj. = laut (uccena, m. Instr.); virāvaḥ = Gebrüll (Instr.); hariṇī = Gazelle (hariṇyāḥ, Gen.); hṛdayam = Herz; vip, vepate, 1. = zittern (Impf.)]

९३० सीता कुलेन सह गोदावर्याः कूलमधावत्
930 Sita lief mit der Familie zum Ufer des Godavari
930 sītā kulena saha godāvaryāḥ kūlam_adhāvat [–]
[sītā, f. Eig. = Sita; kulam = Familie (Instr., Anm.: »kulam« wird sonst nur im Sinne von »Familie = Geschlecht« gebraucht); saha, Präp. + Instr. = mit; godāvarī, f. Eig. = Godavari (Fluß, Gen.); kūlam = Ufer; dhāv, dhāvati, 1. = laufen (zum + Akk., Impf.)]

९३१ राजाग्निनारीणां गृहाण्यदहत्

931 Der König verbrannte mit Feuer die Häuser der Feinde

931 rājāgninārīṇāṃ gṛhāṇy_adahat [dadāha]

[rājan, m. = König (rājā, Nom.); agniḥ, m. = Feuer (agninā, Instr.); ariḥ, m. = Feind (arīṇām, Gen.); gṛham = Haus (Akk.); dah, dahati, 1. = verbrennen (Impf.)]

९३२ नृपस्य पुरतः शठो ऽसत्यमवदत्

932 In Gegenwart des Königs sagte der Schurke die Unwahrheit

932 nṛpasya purataḥ śaṭho 'satyam_avadat [statt vad, uvāda fast immer vac, uvāca]

[nṛpaḥ = König (Gen.); puratas, Präp. + Gen. = vor (in Gegenwart); śaṭhaḥ = Schurke; asatyam = Unwahrheit (Akk.); vad, vadati, 1. = sagen (Impf., Perf. von vad ist extrem rar)]

९३३ तृणस्य राशेरधः शूर इषुमविन्दत्

933 Unter einem Haufen Gras fand der Held den Pfeil

933 tṛṇasya rāśer_adhaḥ śūra iṣum_avindat [viveda]

[tṛṇam = Gras (Gen.); rāśiḥ, m. = Haufen (Gen.); adhas, Präp. + Gen. = unter; śūraḥ = Held; iṣuḥ, m. = Pfeil (Akk.); vid, vindati, 6. = finden (Impf.)]

९३४ ऋषय ईश्वरस्य शक्तिं दैवममन्यन्त

934 Die Seher hielten die Kraft Gottes für das Schicksal

934 ṛṣaya īśvarasya śaktiṃ daivam_amanyanta [menire]

[ṛṣiḥ, m. = Seher; īśvaraḥ = Gott (Gen.); śaktiḥ, f. = Kraft, f. (Akk., göttliche Macht); daivam = Schicksal (Akk.); man, manyate, 4. = halten (für + Akk. + Akk., Impf.)]

९३५ हन्त क्षत्रियं वधस्य स्थानमगमयन्

935 Schau, sie führten den Krieger zum Ort der Hinrichtung!

935 hanta, kṣatriyaṃ vadhasya sthānam_agamayan! [gamayām_āsuḥ]

[hanta, Interj. = schau! (ach! oh weh!); kṣatriyaḥ = Krieger (Akk.); vadhaḥ = Hinrichtung (Gen.); sthānam = Ort (Akk.); gam, gamayati, 10. = führen (+ Akk. + Akk., Impf. Kaus.)]

९३६ नृपतिर्भृशमकुप्यत् तस्य च वधं झटित्यादिशत्

936 Der König zürnte sehr und befahl sofort dessen Hinrichtung

936 nṛpatir_bhṛśam_akupyat tasya ca vadhaṃ jhaṭity_ādiśat [cukopa, ādideśa]

[nṛpatiḥ, m. = König; bhṛśam, Adv. = sehr; kup, kupyati, 4. = zürnen (+ Dat., tasmai = ihm, Impf.); tad, Pron. = das (tasya, m. Gen. = dessen); ca, Konj. = und; vadhaḥ = Hinrichtung (Akk.); jhaṭiti, Adv. = sofort; diś, ā-diśati, 6. = befehlen (Impf., ā + adiśat = ādiśat)]

९३७ अचिरेण मातरो जामातुराश्रममगच्छन्

937 Die Mütter gingen bald zur Einsiedelei des Schwiegersohns

937 acireṇa mātaro jāmātur_āśramam_agacchan [jagmuḥ]

[acireṇa, Adv. = bald; mātṛ, mātā, f. = Mutter (Nom. Pl.); jāmātṛ, jāmātā, m. = Schwiegersohn (Gen.); āśramaḥ = Einsiedelei (Akk.); gam, gacchati, 1. = gehen (zum + Akk., Impf.)]

९३८ सीता यातॄर्ननान्दरं चापृच्छत। पश्चात् पितुर्गेहं प्रातिष्ठत्

938 Sita verabschiedete die Schwippschwägerinnen (= die Gattinnen des Schwagers) und die Schwägerin. Danach brach sie auf zum Haus des Vaters

938 sītā yātṝr_nanāndaraṃ cāpṛcchata. paścāt pitur_gehaṃ prātiṣṭhat [pratasthau]

[sītā, f. Eig. = Sita; yātṛ, yātā, f. = Schwippschwägerin (yātṝḥ, Akk. Pl.); nanāndṛ, nanāndā, f. = Schwägerin (Akk. Sg.); ca, Konj. = und; pracch, ā-pṛcchate, 6. = verabschieden (+ Akk., Impf., Perf.: ā-papṛcche und ā-papraccha unüblich); paścāt, Konj. = danach; pitṛ, pitā, m. = Vater (Gen.); geham = Haus (Akk.); sthā, pra-tiṣṭhati, 1. = aufbrechen (zum + Akk., Impf.)]

11.4. Mit Ablativ

९३९ कोपाद्विषण्णं चण्डालमतुदत

939 Aus Zorn schlugt ihr den betrübten Paria

939 kopād_viṣaṇṇaṃ caṇḍālam_atudata [–]

[kopaḥ = Zorn (Abl.); viṣaṇṇa, Adj. = betrübt (m. Akk.); caṇḍālaḥ = Paria (Akk.); tud, tudati, 6. = schlagen (Impf., Anm.: Die 2. Pers. Pl. Perf., hier z.B. theoretisch tutuda, ist unüblich)]

९४० पुत्रस्य शोकात् कौलिको जीवितं पर्यत्यजत्

940 Aus Trauer über den Sohn gab der Weber das Leben auf

940 putrasya śokāt kauliko jīvitaṃ paryatyajat [paritatyāja]

[putraḥ = Sohn (Gen.); śokaḥ = Trauer (Abl. = aus Trauer); kaulikaḥ = Weber; jīvitam = Leben, n. (Akk.); tyaj, pari-tyajati, 1. = aufgeben (+ Akk., pari + atyajat, Impf.)]

९४१ प्रकर्षाद्रघुर्वैरिणमजयत्

941 Durch Überlegenheit besiegte Raghu den Feind

941 prakarṣād_raghur_vairiṇam_ajayat [jigāya]

[prakarṣaḥ = Überlegenheit (Abl.); raghuḥ, m. Eig. = Raghu (»der Flinke«, Anm.: raghu ist eine vedische Variante von laghu, vgl. awestisch: ragu, lateinisch: levis, deutsch: leicht); vairin, m. = Feind (Akk.); ji, jayati, 1. = besiegen (+ Akk., Impf.)]

९४२ उद्यमाद्धरेरर्था अवर्धन्त

942 Durch Anstrengung wuchsen Haris Reichtümer

942 udyamād_dharer_arthā avardhanta [vavṛdhire]

[udyamaḥ = Anstrengung (udyamāt, Abl., Sa.: t + h = d + dh); hariḥ, m. Eig. = Hari (Gen.); arthaḥ = Reichtum (Pl.); vṛdh, vardhate, 1. = wachsen (Impf.)]

९४३ मद्वचनात् कारः पुस्तकमरचयत्

943 In meinem Namen verfaßte der Autor das Buch

943 mad-vacanāt kāraḥ pustakam_aracayat [racayām_āsa]

[mad, Pron. = ich (Komp.); vacanam = Geheiß (mad-vacanāt, Abl. = in meinem Namen); kāraḥ = Autor (Ghostwriter); pustakam = Buch (Akk.); rac, racayati, 10. = verfassen (Impf.)]

९४४ पृथिव्याः प्रभूता विहगा उदपतन्

944 Von der Erde flogen viele Vögel auf

944 pṛthivyāḥ prabhūtā vihagā udapatan [utpetuḥ]

[pṛthivī = Erde (Abl.); prabhūta, Adj. = viel (m. Nom. Pl.); vihagaḥ = Vogel (Nom. Pl.); pat, ut-patati, 1. = auffliegen (von + Abl., Impf.)]

९४५ एतेभ्यो वृक्षेभ्यः पीताः शुकाश्चान्ये पक्षिणश्चोदडयन्त

945 Von diesen Bäumen flogen sowohl gelbe Papageien als auch andere Vögel auf

945 etebhyo vṛkṣebhyaḥ pītāḥ śukāś_cānye pakṣiṇaś_codaḍayanta [–]

[etad, Pron. = dies (etebhyaḥ, m. Abl. Pl.); vṛkṣaḥ = Baum (Abl. Pl.); pīta, Adj. = gelb (m. Nom. Pl.); śukaḥ = Papagei; ca - ca, Konj. = sowohl - als auch; anya, Pron. = ander (anye, m. Nom. Pl.); pakṣin, m. = Vogel; ḍī, uḍ-ḍayate, 1. = auffliegen (ud-aḍayanta, Impf., nicht etwa »uḍ-aḍayanta«, Anm.: ḍī hat überhaupt keine belegbaren Perfektformen)]

९४६ तरोः पुष्पाणि शाखाश्चापतन्

946 Von dem Baum fielen Blüten und Zweige

946 taroḥ puṣpāṇi śākhāś_cāpatan [petuḥ]

[taruḥ, m. = Baum (Abl.); puṣpam = Blüte (puṣpāṇi, Nom. Pl.); śākhā = Zweig (Nom. Pl.); ca, Konj. = und; pat, patati, 1. = fallen (von + Abl., apatan, Impf.)]

९४७ अकस्मात् कपिर्वृक्षादवास्कन्दत्
947 Plötzlich sprang der Affe vom Baum herab
947 akasmāt kapir_vṛkṣād_avāskandat [avacaskanda]
[akasmāt, Adv. = plötzlich (ohne Grund); kapiḥ, m. = Affe; vṛkṣaḥ = Baum (Abl.); skand, ava-skandati, 1. = herabspringen (von + Abl., Impf., ava + askandat)]

९४८ कुरुभ्यो दूत आगच्छत्
948 Der Bote kam aus Indien
948 kurubhyo dūta āgacchat [ājagāma]
[kuruḥ, m. Eig. = Inder (Abl. Pl. = von den Indern/Nordindern oder aus Indien/Nordindien, Anm.: bei Völkernamen: Volk oder Land des Volkes, wird meist der Plural verwendet); dūtaḥ = Bote; gam, ā-gacchati, 1. = kommen (aus + Abl., ā + agacchat = āgacchat, Impf.)]

९४९ संकटेभ्यः सीतामरक्षः
949 Du bewahrtest Sita vor Gefahren
949 saṃkaṭebhyaḥ sītām_arakṣaḥ [–]
[saṃkaṭam = Gefahr (Abl.); sītā, f. Eig. = Sita (Akk.); rakṣ, rakṣati, 1. = bewahren (vor + Abl., Impf., Anm.: Die 2. Pers. Sg. Perf., hier theoretisch rarakṣitha, ist unüblich bzw. sehr rar)]

९५० अहो शिष्य कार्यान्न्यवर्तथाः
950 Ach Schüler, du drücktest dich vor der Aufgabe!
950 aho śiṣya, kāryān_nyavartathāḥ! [–]
[aho, Interj. = ach!; śiṣyaḥ = Schüler (Vok.); kāryam = Aufgabe (kāryāt, Abl., Sa.: t + n = n_n); vṛt, ni-vartate, 1. = abwenden (»sich drücken vor« + Abl., Impf., Interj.-Satz)]

९५१ सर्वमांसस्य भक्षणान्न्यवर्ते
951 Ich wandte mich von allem Fleischverzehr ab
951 sarva-māṃsasya bhakṣaṇān_nyavarte [nivavṛte]
[sarva, Pron. = all (Komp.); māṃsam = Fleisch (Gen.); bhakṣaṇam = Verzehr (bhakṣaṇāt, Abl.); vṛt, ni-vartate, 1. = abwenden (von + Abl., Impf., Anm.: 1. Pers. Sg. Perf. extrem rar)]

९५२ प्रयाणात् पूर्वं मम समीपमागच्छत्
952 Vor der Reise kam er zu mir
952 prayāṇāt pūrvaṃ mama samīpam_āgacchat [ājagāma]
[prayāṇam = Reise (Abl.); pūrvam, Präp. + Abl. = vor (temporal); mad, Pron. = ich (mama, Gen. = meiner); samīpam, Präp. + Gen. = zu; gam, ā-gacchati, 1. = kommen (ā + agacchat, Impf.)]

९५३ क्षणादनन्तरं स क्रोधान्न्यवर्तत दासं चामुञ्चत्
953 Bald legte sich sein Zorn, und er ließ den Sklaven frei (FÜ.)
953 kṣaṇād_anantaraṃ sa krodhān_nyavartata dāsaṃ cāmuñcat [nivavṛte, mumoca]
[kṣaṇaḥ = Augenblick (Abl.); anantaram, Präp. + Abl. = nach (temporal); tad, Pron. = das (saḥ, m. Nom. = er); krodhaḥ = Zorn (krodhāt, Abl.); vṛt, ni-vartate, 1. = abwenden (von + Abl., Impf.); dāsaḥ = Sklave (Akk.); ca, Konj. = und; muc, muñcati, 6. = freilassen (amuñcat, Impf.)]

11.4.1. Ablativ + Akkusativ

९५४ आचार्येभ्यो ऽस्त्राण्यशिक्षामहि
954 Von den Lehrern lernten wir die Schießkunst
954 ācāryebhyo 'strāṇy_aśikṣāmahi [–]
[ācāryaḥ = Lehrer (Abl.); astram = Schießkunst (Akk. Pl.); śikṣ, śikṣate, 1. = lernen (+ Abl. + Akk., Impf., Anm.: Die Wz. śikṣ hat überhaupt keine Perfektformen)]

९५५ पञ्जराद्विहगममुञ्चाम
955 Wir befreiten den Vogel aus dem Käfig
955 pañjarād_vihagam_amuñcāma [–]
[pañjaram = Käfig (Abl.); vihagaḥ = Vogel (Akk.); muc, muñcati, 6. = befreien (+ Abl. + Akk., Impf., Anm.: Die 1. Pers. Pl. des Perf., hier theoretisch mumucima, kommt fast niemals vor)]

९५६ शठा उद्यानात् फलान्यचोरयन्
956 Die Schurken stahlen Früchte aus dem Garten
956 śaṭhā udyānāt phalāny_acorayan [–]
[śaṭhaḥ = Schurke (Schwindler); udyānam = Garten (Abl.); phalam = Frucht (Akk.); cur, corayati, 10. = stehlen (+ Abl. + Akk., Impf., Anm.: Periphr. Perf. corayām_āsuḥ unüblich)]

९५७ बन्धूनां गृहात् स्तेनः फलकान्यचोरयत्
957 Der Dieb stahl die Bänke aus dem Haus der Verwandten
957 bandhūnāṃ gṛhāt stenaḥ phalakāny_acorayat [–]
[bandhuḥ, m. = Verwandte (Gen.); gṛham = Haus (Abl.); stenaḥ = Dieb; phalakam = Bank (Holzbank, Akk.); cur, corayati, 10. = stehlen (+ Abl. + Akk., Impf.)]

11.5. Mit Lokativ

९५८ वृक्षो ह्रदे ऽपतत्
958 Der Baum fiel in den Teich
958 vṛkṣo hrade 'patat [papāta]
[vṛkṣaḥ = Baum; hradaḥ = Teich (Lok.); pat, patati, 1. = fallen (in + Lok., Impf.)]

९५९ क्षेत्रे महिषान् महिषीश्चैक्षध्वम्
959 Auf dem Feld saht ihr Büffel und Büffelkühe
959 kṣetre mahiṣān mahiṣīś_caikṣadhvam [Perf. 2. Pers. Pl. theoretisch īkṣāṃ_cakṛdhve]
[kṣetram = Feld (Lok.); mahiṣaḥ = Büffel (Akk.); mahiṣī = Büffelkuh (mahiṣīḥ, Akk. Pl.); ca, Konj. = und; īkṣ, īkṣate, 1. = sehen (a + īkṣadhvam = aikṣadhvam, Impf.)]

९६० रणे योधा द्वेष्टॄनमारयन्
960 In der Schlacht töteten die Krieger die Feinde
960 raṇe yodhā dveṣṭṝn_amārayan [mārayām_āsuḥ, oder von Wz. han: jaghnuḥ]
[raṇaḥ = Schlacht (Lok.); yodhaḥ = Krieger (yodhāḥ, Pl.); dveṣṭṛ, dveṣṭā, m. = Feind (Akk.); mṛ, mārayati, 10. = töten (»sterben lassen« + Akk., Impf. Kaus., Wz. han, hanti, 2. = töten)]

९६१ मनोर्भार्यायां चारवः पुत्रा अजायन्त
961 Der Gattin des Manu wurden hübsche Söhne geboren (FÜ.)
961 manor_bhāryāyāṃ cāravaḥ putrā ajāyanta [jajñire]
[manuḥ, m. Eig. = Manu (Gen.); bhāryā = Gattin (Lok. = »im Leib der Frau«); cāru, Adj. = hübsch (m. Nom. Pl.); putraḥ = Sohn; jan, jāyate, 4. = geboren werden (Impf., Atm. = Pass.)]

९६२ तथापि रामः सीतां वने ऽत्यजत्
962 Trotzdem verließ Rama Sita im Wald
962 tathāpi rāmaḥ sītāṃ vane 'tyajat [tatyāja]
[tathāpi, Konj. = trotzdem (Sa.: tathā api); rāmaḥ, m. Eig. = Rama; sītā, f. Eig. = Sita (Akk.); vanam = Wald (Lok.); tyaj, tyajati, 1. = verlassen (atyajat, Impf.)]

९६३ सभायां राजा सचिवानभाषत
963 In der Versammlung sprach der König zu den Ministern
963 sabhāyāṃ rājā sacivān_abhāṣata [babhāṣe oder von Wz. vac: uvāca]
[sabhā = Versammlung (Lok.); rājan, m. = König (rājā, Nom.); sacivaḥ = Minister (Akk.); bhāṣ, bhāṣate, 1. = sprechen (zu + Akk., Impf.)]

९६४ तथापि युद्धे क्षत्रिया अनेकान् द्वेष्टॄनजयन्

964 Trotzdem besiegten die Krieger im Kampf mehrere Feinde

964 tathāpi yuddhe kṣatriyā anekān dveṣṭṝn_ajayan [jigyuḥ]

[tathāpi, Konj. = trotzdem; yuddham = Kampf (Lok.); kṣatriyaḥ = Krieger; aneka, Pron. = mehrere (anekān, m. Akk. Pl., aneke, m. Nom. Pl., Pluralwort); dveṣṭṛ, dveṣṭā, m. = Feind (Akk.); ji, jayati, 1. = besiegen (Impf.)]

९६५ ह्यः पाठशालायां काव्यान्यपठाम

965 Gestern lasen wir in der Schule Gedichte

965 hyaḥ pāṭha-śālāyāṃ kāvyāny_apaṭhāma [–]

[hyas, Adv. = gestern; pāṭha-śālā = Schule (Lok., »Lese-Saal«); kāvyam = Gedicht (Akk.); paṭh, paṭhati, 1. = lesen (Impf.)]

९६६ पूर्वार्धे मार्गे नार्यो ऽनृत्यन्नगायंश्च

966 Auf der Straße tanzten und sangen vormittags die Frauen

966 pūrvārdhe mārge nāryo 'nṛtyann_agāyaṃś_ca [nanṛtuḥ, jaguḥ]

[pūrvārdhe, Adv. = vormittags (eigentlich pūrvasmin dinasya ardhe = in der früheren Hälfte des Tages, dinam = Tag); mārgaḥ = Straße (Lok.); nārī = Frau (nāryaḥ, Nom. Pl.); nṛt, nṛtyati, 4. = tanzen (anṛtyan, Impf.); gai, gāyati, 1. = singen (agāyan, Impf.); ca, Konj. = und (Perf.: »nanṛtur_nartakāś_caiva jagur_gāyanāḥ = Es tanzten die Tänzer und sangen die Sänger«]

९६७ परार्धे रथ्यायां जनानां समूहमैक्षामहि

967 Auf der Straße sahen wir nachmittags eine Menge von Menschen

967 parārdhe rathyāyāṃ janānāṃ samūham_aikṣāmahi [–]

[parārdhe, Adv. = nachmittags (eigentlich parasmin dinasya ardhe); rathyā = Straße (Lok.); janaḥ = Mensch (Gen.); samūhaḥ = Menge (Akk.); īkṣ, īkṣate, 1. = sehen (a + īkṣāmahi = aikṣāmahi, Impf., Anm.: Die 1. Pers. Pl. Perf. wäre hier theoretisch īkṣāṃ_cakṛmahe)]

९६८ दक्षिणस्यां दिशि कृष्णो ऽन्ध्राणां सम्राडभवत्

968 In der südlichen Gegend war Krishna der Herrscher von Andhra Pradesh

968 dakṣiṇasyāṃ diśi kṛṣṇo 'ndhrāṇāṃ samrāḍ_abhavat [babhūva]

[dakṣiṇa, Pron. = südlich (dakṣiṇasyām, f. Lok.); diś, dik, f. = Gegend (Lok.); kṛṣṇaḥ, m. Eig. = Krishna (Nom.); andhraḥ, m. Eig. = Andhra Pradesh (Gen. Pl., Pl. = Land oder Volk); samrāj, samrāṭ, m. = Herrscher (Nom.); bhū, bhavati, 1. = sein (Impf.)]

९६९ एतस्मिन् देशे नलो नाम नृपतिरवसत्

969 In diesem Lande wohnte ein König namens Nala

969 etasmin deśe nalo nāma nṛpatir_avasat [uvāsa]

[etad, Pron. = dies (etasmin, m. Lok.); deśaḥ = Land (Lok.); nalaḥ, m. Eig. = Nala; nāma, Adv. = namens; nṛpatiḥ, m. = König; vas, vasati, 1. = wohnen (Impf.)]

९७० तदानीमिन्द्रप्रस्थे ऽवसाम

970 Damals lebten wir in Delhi

970 tadānīm_indra-prasthe 'vasāma [–]

[tadānīm, Adv. = damals; indra-prastham, n. Eig. = Delhi (Lok.); vas, vasati, 1. = wohnen (Impf. , Anm.: Die extrem seltene 1. Pers. Pl. Perf. wäre hier theoretisch ūṣima)]

९७१ पुरा मदीयया भार्यया सह त्वदीये हर्म्ये ऽवसम्

971 Früher wohnte ich mit meiner Frau in deiner Villa

971 purā madīyayā bhāryayā saha tvadīye harmye 'vasam [uvāsa]

[purā, Adv. = früher (einst); madīya, Pron. = mein (f. Instr., normal: mama, Gen.); bhāryā = Ehefrau (Instr.); saha, Präp. + Instr. = mit; tvadīya, Pron. = dein (n. Lok., normal: tava, Gen.); harmyam = Villa (Lok.); vas, vasati, 1. = wohnen (Impf., Anm.: 1. Pers. Sg. Perf. extrem rar)]

९७२ तदीये प्रासादे मणीनां राशीनविन्दम्
972 In seinem Palast fand ich Berge von Edelsteinen
972 tadīye prāsāde maṇīnāṃ rāśīn_avindam [viveda]
[tadīya, Pron. = sein, Pron. (m. Lok., normal: tasya, Gen.); prāsādaḥ = Palast (Lok.); maṇiḥ, m. = Edelstein (Gen.); rāśiḥ, m. = Haufen (Akk.); vid, vindati, 6. = finden (Impf.)]

९७३ राज्ञः प्रासादे महानुत्सवो ऽभवत्
973 Im Palast des Königs war ein großes Fest
973 rājñaḥ prāsāde mahān_utsavo 'bhavat [babhūva]
[rājan, m. = König (rājñaḥ, Gen.); prāsādaḥ = Palast (Lok., aber prasādaḥ = Gnade); mahat, Adj. = groß (mahān, m. Nom.); utsavaḥ = Fest, n.; bhū, bhavati, 1. = sein (Impf.)]

९७४ वृक्षस्य च्छायायां वक्ता मुनिरसीदत्
974 Unter dem Schatten des Baumes saß der redegewandte Weise
974 vṛkṣasya cchāyāyāṃ vaktā munir_asīdat [sasāda]
[vṛkṣaḥ = Baum (Gen.); chāyā = Schatten (chāyāyām, Lok., Sa.: kurzer Vokal + ch = Vokal + cch, getrennt geschrieben); vaktṛ, Adj. = redegewandt (vaktā, m. Nom. Sg.); muniḥ, m. = Weise; sad, sīdati, 1. = sitzen (Impf.)]

९७५ गङ्गायास्तीरे नग्नाः कन्या अक्रीडन्
975 Am Ufer des Ganges spielten nackte Mädchen
975 gaṅgāyās_tīre nagnāḥ kanyā akrīḍan [cikrīḍuḥ]
[gaṅgā, f. Eig. = Ganges (Gen.); tīram = Ufer (Lok.); nagna, Adj. = nackt (f. Nom. Pl.); kanyā = Mädchen (kanyāḥ, Nom. Pl.); krīḍ, krīḍati, 1. = spielen (Impf.)]

९७६ रामः सीतया सह गोदावर्यास्तीरे ऽरमत
976 Rama vergnügte sich mit Sita am Ufer des Godavari
976 rāmaḥ sītayā saha godāvaryās_tīre 'ramata [reme]
[rāmaḥ, m. Eig. = Rama; sītā, f. Eig. = Sita (Instr.); saha, Präp. + Instr. = mit; godāvarī, f. Eig. = Godavari (Fluß, Gen.); tīram = Ufer (Lok.); ram, ramate, 1. = vergnügen (+ Instr., Impf.)]

९७७ ज्योत्स्नायां रमणैः सह ललना अरमन्त
977 Im Mondschein vergnügten sich die Tändlerinnen mit den Buhlen
977 jyotsnāyāṃ ramaṇaiḥ saha lalanā aramanta [remire]
[jyotsnā = Mondschein (Lok.); ramaṇaḥ = Buhle (Geliebter, Instr.); saha, Präp. + Instr. = mit; lalanā = Tändlerin (Geliebte); ram, ramate, 1. = vergnügen (+ Instr., Impf.)]

९७८ प्रमादेन नापितो विपदो महति सागरे ऽपतत्
978 Durch Unaufmerksamkeit ist der Barbier in das große Meer des Unglücks gefallen
978 pramādena nāpito vipado mahati sāgare 'patat [papāta]
[pramādaḥ = Unaufmerksamkeit (»Tollheit«, Instr.); nāpitaḥ = Barbier; vipad, vipat, f. = Unglück (vi-padaḥ, Gen., Wz. pad, nicht pat); mahat, Adj. = groß (m. Lok.); sāgaraḥ = Meer (Lok.); pat, patati, 1. = fallen (Impf.)]

९७९ कौलिकस्य जाया ग्रामस्य मार्गे महान्तं हस्तिनमपश्यत्
979 Die Frau des Webers sah einen großen Elefanten auf der Straße des Dorfes
979 kaulikasya jāyā grāmasya mārge mahāntaṃ hastinam_apaśyat [dadarśa]
[kaulikaḥ = Weber; jāyā = Ehefrau; grāmaḥ = Dorf (Gen.); mārgaḥ = Straße (Lok.); mahat, Adj. = groß (m. Akk.); hastin, m. = Elefant (Akk.); paś, paśyati, 4. = sehen (Impf.)]

९८० अग्नेर्भस्मस्वहं मृताया वध्वा हारमविन्दम्
980 In der Asche des Feuers fand ich die Halskette der gestorbenen Braut
980 agner_bhasmasv_ahaṃ mṛtāyā vadhvā hāram_avindam [viveda]
[agniḥ, m. = Feuer (Gen.); bhasman, n. = Asche (bhasmasu, Lok. Pl. = in den Ascheresten,

bhasma, Nom.); mad, Pron. = ich (aham, Nom.); mṛta, Adj. = gestorben (mṛtāyāḥ, f. Gen.); vadhūḥ = Braut (vadhvāḥ, Gen.); hāraḥ = Halskette (Akk.); vid, vindati, 6. = finden (Impf.)]

९८१ तेषु तेषु शास्त्रेषु निष्णातैः पण्डितैः सह राजा समभाषत

981 Der König unterhielt sich mit Gelehrten, die in allen möglichen Wissenschaften bewandert sind (FÜ.)

981 teṣu teṣu śāstreṣu niṣṇātaiḥ paṇḍitaiḥ saha rājā samabhāṣata [saṃbabhāṣe]

[tad-tad, Pron. = all das (n. Lok. Pl., tad verdoppelt = alles mögliche, verschiedenes); śāstram = Wissenschaft (Lok.); niṣṇāta, Adj. = erfahren (+ Lok., m. Instr. Pl.); paṇḍitaḥ = Gelehrte (Instr.); saha, Präp. + Instr. = mit; rājan, m. = König (rājā, Nom.); bhāṣ, saṃ-bhāṣate, 1. = unterhalten (+ Instr., saṃ + abhāṣata = samabhāṣata, Impf.)]

९८२ एतस्यामटव्यां पुरा ब्रह्मविदस्तत्त्वविदश्च न्यवसन्

982 In diesem Wald wohnten früher Theologen und Philosophen

982 etasyām_aṭavyāṃ purā brahma-vidas_tattva-vidaś_ca nyavasan [(ny)ūṣuḥ]

[etad, Pron. = dies (etasyām, f. Lok.); aṭavī = Wald (Lok.); purā, Adv. = früher; brahma-vid, brahma-vit, m. = Theologe (brahma-vidaḥ, m. Nom. Pl., Komp., brahman, n. = Gott, -vid = wissend); tattva-vid, tattva-vit, m. = Philosoph (tattva-vidaḥ, m. Nom. Pl., Komp., tattvam = Weisheit); ca, Konj. = und; vas, ni-vasati, 1. = wohnen (Impf., Perf.: ūṣuḥ ohne ni üblicher)]

९८३ पुरास्यां पुर्यां कविराजः कालिदासो न्यवसत्

983 In dieser Stadt wohnte früher der Dichterfürst Kalidasa

983 purāsyāṃ puryāṃ kavi-rājaḥ kāli-dāso nyavasat [(ny)uvāsa]

[purā, Adv. = früher; idam, Pron. = dies (asyām, f. Lok.); purī = Stadt (Lok.); kavi-rājaḥ = Dichterfürst (Komp.: kaviḥ + rājaḥ, a-Deklination); kāli-dāsaḥ, m. Eig. = Kalidasa (Komp., kālī mit langem ī = Name einer Göttin, dāsaḥ = Sklave); vas, ni-vasati, 1. = wohnen (Impf.)]

९८४ देवा याता जामाता स्नुषा चोद्याने ऽसीदन्

984 Schwager, Schwägerin, Schwiegersohn und Schwiegertochter saßen im Garten

984 devā yātā jāmātā snuṣā codyāne 'sīdan [seduḥ]

[devṛ, devā, m. = Schwager; yātṛ, yātā, f. = Schwägerin; jāmātṛ, jāmātā, m. = Schwiegersohn; snuṣā = Schwiegertochter (keine ṛ-Deklination); ca, Konj. = und (am Ende der Aufzählung); udyānam = Garten (Lok.); sad, sīdati, 1. = sitzen (asīdan, Impf.)]

11.5.1. Akkusativ + Lokativ

९८५ तरुणः कन्दुकं छद्मन्यक्षिपत्

985 Der Knabe warf den Ball auf das Dach

985 taruṇaḥ kandukaṃ chadmany_akṣipat [cikṣepa]

[taruṇaḥ = Knabe; kandukaḥ = Ball (Akk.); chadman, n. = Dach (chadmani, Lok., chadma, Nom.); kṣip, kṣipati, 6. = werfen (+ Akk. + Lok., Impf.)]

९८६ लघ्वा यष्ट्या सूतो ऽश्वान् हन्वामताडयत्

986 Der Wagenlenker schlug mit einer leichten Gerte den Pferden auf das Kinn

986 laghvā yaṣṭyā sūto 'śvān hanvām_atāḍayat [tāḍayām_āsa]

[laghu, Adj. = leicht (f. Instr., laghu oder laghvī, f. Adj.); yaṣṭiḥ, f. = Gerte (Instr.); sūtaḥ = Wagenlenker; aśvaḥ = Pferd (Akk.); hanuḥ, f. = Kinn (hanvām oder hanau, Lok.); taḍ, tāḍayati, 10. = schlagen (+ Akk. + Lok., Impf.)]

९८७ नाविको हस्तेन गुर्वीं शिलामुडुपे ऽक्षिपत्

987 Der Seemann warf mit der Hand einen schweren Stein auf das Boot

987 nāviko hastena gurvīṃ śilām_uḍupe 'kṣipat [cikṣepa]

[nāvikaḥ = Seemann; hastaḥ = Hand (Instr.); guru, Adj. = schwer (gurvī, f. Adj. Nom., gurvīm, f. Akk.); śilā = Stein (Akk.); uḍupaḥ = Boot (Nachen, Lok.); kṣip, kṣipati, 6. = werfen (+ Akk. +

Lok., Impf.)]

९८८ भीमस्य भ्रातर्यर्जुने द्वेष्टारो बाणानमुञ्चन्
988 Auf Arjuna, Bhimas Bruder, schossen die Feinde Pfeile
988 bhīmasya bhrātary_arjune dveṣṭāro bāṇān_amuñcan [mumucuḥ]
[bhīmaḥ, m. Eig. = Bhima (Gen.); bhrātṛ, bhrātā, m. = Bruder (Lok., bhīmasya bhrātari = App.); arjunaḥ, m. Eig. = Ardschuna (Lok.); dveṣṭṛ, dveṣṭā, m. = Feind (Nom. Pl.); bāṇaḥ = Pfeil (Akk.); muc, muñcati, 6. = schießen (+ Akk. + Lok., Impf.)]

11.6. Mit Dativ

९८९ यौवने ऽयते कृच्छ्रेण कल्याणाय
989 In der Jugend strebte ich mit Mühe nach dem Glück
989 yauvane 'yate kṛcchreṇa kalyāṇāya [–]
[yauvanam = Jugend (yauvane, Lok.); yat, yatate, 1. = streben (nach + Dat., ayate, Impf., Anm.: Das Perf. von yat ist unüblich); kṛcchreṇa, Adv. = mühevoll; kalyāṇam = Glück (Dat., Anm.: Wörter wie kalyāṇam, piṇḍaḥ, vaṇij usw., die ṇ im Wort enthalten, ohne daß sich dies durch die Zerebralregel erklären läßt, sind oft nicht-arischen, z.B. dravidischen Ursprungs)]

९९० तेभ्यो ब्राह्मणेभ्यो दक्षिणामयच्छम्
990 Diesen Brahmanen gab ich den Opferlohn
990 tebhyo brāhmaṇebhyo dakṣiṇām_ayaccham [–]
[tad, Pron. = das (tebhyaḥ, m. Dat. Pl. = »den« betont); brāhmaṇaḥ = Brahmane (Dat.); dakṣiṇā = Opferlohn (Akk.); yam, yacchati, 1. = geben (+ Dat. + Akk., Impf., Wz. ohne Perf.)]

९९१ रामः पित्रे मात्रे च पिण्डानयच्छत्
991 Rama brachte den verstorbenen Eltern das Reisopfer dar (FÜ.)
991 rāmaḥ pitre mātre ca piṇḍān_ayacchat [dadau]
[rāmaḥ, m. Eig. = Rama; pitṛ, pitā, m. = Vater (Dat.); mātṛ, mātā, f. = Mutter (Dat.); ca, Konj. = und; piṇḍaḥ = Reiskloß (Mehlkloß für Opferzwecke, Akk. Pl.); yam, yacchati, 1. = darbringen (+ Dat. + Akk., Impf., Anm.: Perf. von Wz. »dā = geben« tritt für Wz. yam ein)]

९९२ आचार्यः शिष्येभ्यः पुस्तकानि व्यतरत्
992 Der Lehrer vermachte den Schülern die Bücher
992 ācāryaḥ śiṣyebhyaḥ pustakāni vyatarat [vitatāra]
[ācāryaḥ = Lehrer; śiṣyaḥ = Schüler (Dat.); pustakam = Buch (Akk.); tṝ, vi-tarati, 1. = vermachen (+ Dat. + Akk., Impf.)]

९९३ जीर्णः पार्थिवः कृषीवलाय भूमेरर्धं भागं व्यतरत्
993 Der altersschwache Fürst vermachte dem Bauern den halben Teil des Landes
993 jīrṇaḥ pārthivaḥ kṛṣīvalāya bhūmer_ardhaṃ bhāgaṃ vyatarat [vitatāra]
[jīrṇa, Adj. = altersschwach (m. Nom.); pārthivaḥ = Fürst; kṛṣīvalaḥ = Bauer (Dat.); bhūmiḥ, f. = Land (bhūmeḥ oder bhūmyāḥ, Gen.); ardha, Adj. = halb (m. Akk.); bhāgaḥ = Teil (Akk.); tṝ, vi-tarati, 1. = vermachen (+ Dat. + Akk., Impf.)]

९९४ तातो विष्णुः पुत्र्यै शकुन्तलायै पुस्तकमयच्छदध्ययनाय
994 Papa Vishnu gab Tochter Shakuntala das Buch zum Lesen
994 tāto viṣṇuḥ putryai śakuntalāyai pustakam_ayacchad_adhyayanāya [dadau]
[tātaḥ = Papa (Nom.); viṣṇuḥ, m. Eig. = Vishnu (Nom. als App.); putrī = Tochter (Dat.); śakuntalā, f. Eig. = Shakuntala (Dat. als App.); pustakam = Buch (Akk.); yam, yacchati, 1. = geben (+ Dat. + Akk., Impf., Perf. mit Wz. dā); adhyayanam = Lesen, n. (Dat. = zum Lesen)]

९९५ भीमस्य दुष्कृतानि नलाय नारोचन्त
995 Bhimas Missetaten gefielen Nala nicht

995 bhīmasya duṣkṛtāni nalāya nārocanta [rurucire]
[bhīmaḥ, m. Eig. = Bhima (Gen.); duṣkṛtam = Missetat (Nom.); nalaḥ, m. Eig. = Nala (Dat.); na, Ind. = nicht; ruc, rocate, 1. = gefallen (+ Nom. + Dat., Impf.)]

11.7. Imperfekt-Ersatz [und Perfekt-Ersatz] »sma«

९९६ सखीभिः सह वणिजः सुता क्रीडनायारामे गच्छति स्म
996 Die Tochter des Kaufmanns ging mit Freundinnen zum Spielen in den Lustgarten
996 sakhībhiḥ saha vaṇijaḥ sutā krīḍanāyārāme gacchati sma
[sakhī = Freundin (f. Instr., regelmäßig); saha, Präp. + Instr. = mit; vaṇij, vaṇik, m. = Kaufmann (Gen.); sutā = Tochter; krīḍanam = Spielen, n. (krīḍanāya, Dat. = zum Spielen, Subst. statt Infinitiv); ārāmaḥ = Lustgarten (Lok.); gam, gacchati, 1. = gehen (PrSg.); sma, Ind. = »haben« (gacchati sma = sie ist gegangen = Präs. + sma = Ersatz für Impf.)]

९९७ कस्मिंश्चिन्नगरे कश्चिद्विश्वामित्रो नाम ब्राह्मणः प्रतिवसति स्म
997 In irgendeiner Stadt lebte einmal ein gewisser Brahmane namens Vishvamitra
997 kasmiṃścin_nagare kaścid_viśvāmitro nāma brāhmaṇaḥ prativasati sma
[kiṃcid, Pron. = ein (irgendeiner oder ein gewisser, kasmin + cid = kasmiṃścid, n. Lok., kaścid, m. Nom.); nagaram = Stadt (Lok.); viśvāmitraḥ, m. Eig. = Vishvamitra (Nom.); nāma, Adv. = namens; brāhmaṇaḥ = Brahmane; vas, prati-vasati, 1. = wohnen (PrSg.); sma, Ind. = »haben« (prativasati sma = er hat gewohnt = Präs. + sma = Ersatz für Impf.)]

९९८ प्राणमूल्येन यशः क्रीणाति स्म
998 Er hat die Ehre mit dem Preis des Lebens erkauft (FÜ.)
998 prāṇa-mūlyena yaśaḥ krīṇāti sma
[prāṇaḥ = Leben, n.; mūlyam = Preis (prāṇa-mūlyena, Instr. Komp. = auf Kosten des Lebens); yaśas, n. = Ruhm (Akk.); krī, krīṇāti, 9. = bezahlen (kaufen für + Instr.); sma, Ind. = »haben« (Präs. + sma = Ersatz für Impf.: krīṇāti = er bezahlt, krīṇāti sma = er hat bezahlt)]

11.8. Mit Dual

11.8.1. Substantiv im Dual

९९९ अग्निरुद्यानयोस्तरू अशेषेणावादहत्
999 Das Feuer brannte die zwei Bäume der beiden Gärten restlos nieder
999 agnir_udyānayos_tarū aśeṣeṇāvādahat [(ava)dadāha]
[agniḥ, m. = Feuer; udyānam = Garten (Gen. Du.); taruḥ, m. = Baum (Akk. Du., kein Sa. nach Dual-ū); aśeṣeṇa, Adv. = restlos; dah, ava-dahati, 1. = niederbrennen (Impf., ava + adahat = avādahat)]

१००० वीरयोर्महद्युद्धमभवत्
1000 Zwischen den beiden Helden fand ein großer Kampf statt
1000 vīrayor_mahad_yuddham_abhavat [babhūva]
[vīraḥ = Held (Gen. Du.); mahat, Adj. = groß (n. Nom. Sg.); yuddham = Kampf (Nom.); bhū, bhavati, 1. = stattfinden (Impf., Nominalstil)]

१००१ जनकस्यादेशाद्बालो धेनू ग्रामाद्बहिररक्षत्
1001 Auf Geheiß des Vaters hütete der Junge die beiden Kühe außerhalb des Dorfes
1001 janakasyādeśād_bālo dhenū grāmād_bahir_arakṣat [rarakṣa]
[janakaḥ = Vater (Gen.); ādeśaḥ = Befehl (ādeśāt, Abl. = auf Geheiß); bālaḥ = Junge; dhenuḥ, f. = Kuh (dhenū, Akk. Du.); grāmaḥ = Dorf (Abl.); bahis, Präp. + Abl. = außerhalb (draußen vor dem Dorf); rakṣ, rakṣati, 1. = behüten (Impf.)]

१००२ जेता योध इषू अरावास्यत्
1002 Der siegreiche Krieger schleuderte zwei Pfeile auf den Feind
1002 jetā yodha iṣū arāv_āsyat [āsa]
[jetṛ, Adj. = siegreich (jetā, m. Nom.); yodhaḥ = Krieger; iṣuḥ, m. = Pfeil (iṣū, Akk. Du., kein Sa.); ariḥ, m. = Feind (arau, Lok.); as, asyati, 4. = schleudern (+ Akk. + Lok., a + asyat = āsyat, Impf., Anm.: Perf. von asyati unüblich, weil formgleich mit Perf. von asti = sein)]

१००३ नार्या नयनाभ्यां बाष्पाः कपोलयोरगलन्
1003 Aus den Augen der Frau träufelten Tränen auf die Wangen
1003 nāryā nayanābhyāṃ bāṣpāḥ kapolayor_agalan [–]
[nārī = Frau (nāryāḥ, Gen.); nayanam = Auge (Abl. Du.); bāṣpaḥ = Träne; kapolaḥ = Wange (Lok. Du.); gal, galati, 1. = träufeln (+ Lok., Impf., Anm.: Wz. gal hat überhaupt kein Perf.)]

11.8.2. Imperfekt im Dual

१००४ अनेकशो देवीमभाषावहि
1004 Wir beide sprachen oft mit der Göttin
1004 anekaśo devīm_abhāṣāvahi [–]
[anekaśas, Adv. = oft (mehrfach, an = nicht, ekaśas = einmal); devī = Göttin (Akk.); bhāṣ, bhāṣate, 1. = sprechen (mit + Akk., Impf. Du., Anm.: Die 1. + 2. Pers. Du. Perf. ist unüblich)]

१००५ बाह्वोर्बलेन पृथिवीमजयाव
1005 Mit der Gewalt der Arme unterwarfen wir beide die Erde
1005 bāhvor_balena pṛthivīm_ajayāva [–]
[bāhuḥ, m. = Arm, m. (Gen. Du.); balam = Gewalt (Instr.); pṛthivī = Erde (Akk.); ji, jayati, 1. = unterwerfen (Impf. Du.)]

१००६ उपवने सीतामन्वैष्याव
1006 Wir beide suchten Sita im Hain
1006 upavane sītām_anvaiṣyāva [–]
[upavanam = Hain (Lok.); sītā, f. Eig. = Sita (Akk.); iṣ, anv-iṣyati, 4. = suchen (anu + aiṣyāva = anvaiṣyāva, Impf. Du.)]

१००७ क्रोशेन सूपमाम्राणि चाखादाव
1007 In einer Stunde aßen wir beide die Suppe und die Mangofrüchte
1007 krośena sūpam_āmrāṇi cākhādāva [–]
[krośaḥ = »Stunde« (= 30 bis 60 Minuten, krośena, Instr. = »in der Zeit, die man benötigt, um eine bestimmte Strecke zu gehen«, krośaḥ = 1 bis 4 Meilen); sūpaḥ = Suppe (Akk.); āmram = Mango (Akk.); ca, Konj. = und; khād, khādati, 1. = essen (akhādāva, Impf. Du.)]

१००८ अहो कुमार्यौ सखीनामालस्ये नालज्जेथाम्
1008 Ach ihr zwei Mädel! Ihr schämtet euch nicht wegen der Faulheit der Freundinnen
1008 aho kumāryau, sakhīnām_ālasye nālajjethām [–]
[aho, Interj. = ach!; kumārī = Mädchen (Jungfrau, Vok. Du.); sakhī = Freundin (Gen.); ālasyam = Faulheit (Lok., a-lasa = faul, das Grundwort »lasa« ist aber nicht gebräuchlich); na, Ind. = nicht; lajj, lajjate, 6. = schämen (sich schämen wegen + Lok., Impf. Du.)]

१००९ अहो बत यक्षाणां वसत्या न्यवर्तेथाम्
1009 Oh weh, ihr beide kamt aus dem Haus der Geister zurück
1009 aho bata, yakṣāṇāṃ vasatyā nyavartethām [–]
[aho bata, Interj. = oh weh!; yakṣaḥ = Gespenst (Gen.); vasatiḥ, f. = Haus (vasatyāḥ oder vasateḥ, Abl.); vṛt, ni-vartate, 1. = zurückkehren (Impf. Du.)]

१०१० प्रत्यहं देवानयजतम्
1010 Ihr beide opfertet täglich den Göttern
1010 pratyahaṃ devān_ayajatam [–]
[pratyaham, Adv. = täglich; devaḥ = Gott (Akk.); yaj, yajati, 1. = opfern (+ Akk., Impf. Du.)]

१०११ क्रोधाद्रत्नानि न्यक्षिपतम्
1011 Aus Zorn warft ihr beide die Perlen hin
1011 krodhād_ratnāni nyakṣipatam [–]
[krodhaḥ = Zorn (Abl.); ratnam = Perle (Akk.); kṣip, ni-kṣipati, 6. = hinwerfen (ni + akṣipatam, Impf. Du.)]

१०१२ क्रमेण संसारस्यासारतामभोधतम्
1012 Ihr beide erkanntet allmählich die Nutzlosigkeit des Daseins
1012 krameṇa saṃsārasyāsāratām_abhodhatam [–]
[krameṇa, Adv. = allmählich; saṃsāraḥ = Dasein (irdisches Treiben, Gen.); asāratā = Nutzlosigkeit (Akk.); budh, bodhati, 1. = erkennen (Impf. Du.)]

१०१३ यथाशास्त्रं शिष्यावाचार्यमनमताम्
1013 Die beiden Schüler begrüßten den Lehrer vorschriftsgemäß
1013 yathā-śāstraṃ śiṣyāv_ācāryam_anamatām [nematuḥ]
[yathā-śāstram, Adv. = vorschriftsgemäß; śiṣyaḥ = Schüler (śiṣyau, Du.); ācāryaḥ = Lehrer (Akk.); nam, namati, 1. = begrüßen (Impf. Du., Anm.: Die 3. Pers. Du. Perf. ist üblich)]

१०१४ मुनी भृशं व्यवदेताम्
1014 Die zwei Weisen stritten sich heftig
1014 munī bhṛśaṃ vyavadetām [Perf. von vi-vad, theoretisch vyūdatuḥ, nicht belegbar]
[muniḥ, m. = Weise (Du.); bhṛśam, Adv. = sehr; vad, vi-vadate, 1. = streiten (Impf. Du.)]

१०१५ स्तेनौ रथस्य चक्राण्यचोरयताम्
1015 Die beiden Diebe stahlen die Räder des Wagens
1015 stenau rathasya cakrāṇy_acorayatām [–]
[stenaḥ = Dieb (Du.); rathaḥ = Wagen (Gen.); cakram = Rad (Akk.); cur, corayati, 10. = stehlen (Impf. Du., Anm.: Periphr. Perf. von cur, theoretisch corayām_āsatuḥ, unüblich)]

१०१६ पितरौ नो नगरं प्रास्थापयताम्
1016 Die Eltern schickten uns in die Stadt
1016 pitarau no nagaraṃ prāsthāpayatām [prasthāpayām_āsatuḥ]
[pitṛ, pitā, m. = Eltern (Nom. Du.); asmad, Pron. = wir (naḥ oder asmān, Akk. = uns); nagaram = Stadt (Akk.); sthā, pra-sthāpayati, 10. = schicken (= aufbrechen lassen + Akk. + Akk., Impf. Du. Kaus., Perf. Sg./Du./Pl.: prasthāpayām_āsa/āsatuḥ/āsuḥ vielfach belegbar)]

१०१७ तस्मिन् वने व्याघ्रो व्याघ्री च प्रत्यवसताम्
1017 In diesem Wald lebten ein Tiger und eine Tigerin
1017 tasmin vane vyāghro vyāghrī ca pratyavasatām [(praty)ūṣatuḥ]
[tad, Pron. = das (tasmin, n. Lok.); vanam = Wald (Lok.); vyāghraḥ = Tiger; vyāghrī = Tigerin; ca, Konj. = und; vas, prati-vasati, 1. = leben (Impf. Du., Anm.: Perf. meist ohne Präfix prati)]

१०१८ नगर्या रथ्यासु महान्तौ नागावभ्राम्यताम्
1018 In den Straßen der Stadt streiften zwei große Elefanten herum
1018 nagaryā rathyāsu mahāntau nāgāv_abhrāmyatām [babhramatuḥ]
[nagarī = Stadt (nagaryāh, Gen.); rathyā = Straße (Lok. Pl.); mahat, Adj. = groß (m. Nom. Du., mahān, m. Nom. Sg.); nāgaḥ = Elefant (nāgau, Nom. Du.); bhram, bhrāmyati, 4. = herumstreifen (Impf. Du., Anm.: Perf. auch unredupl. belegt: Du./Pl.: bhrematuḥ/bhremuḥ)]

१०१९ शत्रू पार्थिवस्याज्ञामत्यक्रामताम्
1019 Die beiden Feinde übertraten die Anweisung des Fürsten
1019 śatrū pārthivasyājñām_atyakrāmatām [aticakramatuḥ]
[śatruḥ, m. = Feind (Du.); pārthivaḥ = Fürst (pārthivasya, Gen.); ājñā = Anweisung (ājñām, Akk.); kram, ati-krāmati, 1. = übertreten (Impf. Du.)]

१०२० गुरोरनुज्ञया शिष्यौ कट उपाविशताम्
1020 Mit Erlaubnis des Lehrers ließen sich die beiden Schüler auf der Matte nieder
1020 guror_anujñayā śiṣyau kaṭa upāviśatām [upaviviśatuḥ]
[guruḥ, m. = Lehrer (Gen.); anujñā = Erlaubnis (Instr.); śiṣyaḥ = Schüler (Du.); kaṭaḥ = Matte (kaṭe, Lok.); viś, upa-viśati, 6. = niederlassen (Impf. Du., Anm.: Weiteres Beispiel für Perf.: bhūmāv_upaviveśa = bhūmau, Lok., upaviveśa = er setzte sich auf den Boden)]

१०२१ प्रभोः समक्षं दास्यौ जानुभ्यां भूमावपतताम्
1021 Vor dem Herrn fielen die zwei Sklavinnen mit den Knien auf den Boden
1021 prabhoḥ samakṣaṃ dāsyau jānubhyāṃ bhūmāv_apatatām [petatuḥ]
[prabhuḥ, m. = Herr (Gen.); samakṣam, Präp. + Gen. = vor (in Gegenwart); dāsī = Sklavin (Du.); jānu, n. = Knie (Instr. Du.); bhūmiḥ, f. = Erdboden (bhūmau oder bhūmyām, Lok.); pat, patati, 1. = fallen (+ Lok., Impf. Du., Anm.: Ein weiteres Beispiel für Perf.: tau tale petatuḥ = diese beiden fielen auf den Erdboden = talam, Lok.)]

१०२२ शिष्यौ गृहस्थस्य भार्यां भिक्षामयाचेताम्
1022 Die beiden Schüler bettelten bei der Ehefrau des Hausvaters um Almosen
1022 śiṣyau gṛha-sthasya bhāryāṃ bhikṣām_ayācetām [yayācāte]
[śiṣyaḥ = Schüler (Du.); gṛha-sthaḥ = Hausvater (Gen.); bhāryā = Ehefrau (Akk.); bhikṣā = Almosen (Akk. Sg.); yāc, yācate, 1. = betteln (+ Akk. + Akk., Impf. Du.)]

१०२३ ललने छायायां सानन्दमुपाविशताम्
1023 Die beiden Tändlerinnen ließen sich fröhlich im Schatten nieder
1023 lalane chāyāyāṃ sānandam_upāviśatām [upaviviśatuḥ]
[lalanā = Tändlerin (Du.); chāyā = Schatten (Lok., Sa.: ch-Anlaut bleibt nach langem e unverändert); sānandam, Adv. = fröhlich; viś, upa-viśati, 6. = niederlassen (upa + aviśatām, Impf. Du.)]

१०२४ दुर्गस्य शिखराच्छिले अपतताम्
1024 Von der Zinne der Burg fielen zwei Steine
1024 durgasya śikharāc_chile apatatām [petatuḥ]
[durgam = Burg (Gen., dur-ga = schwer zu begehen); śikharaḥ = Gipfel (Abl.); śilā = Stein (Du., Sa.: śikharāt śile); pat, patati, 1. = fallen (Impf. Du., Sa.: Aug. »a« bleibt nach Dual-»e«)]

१०२५ नार्याः कबर्याः पुष्पे अस्रंसेताम्
1025 Aus dem Zopf der Frau lösten sich zwei Blüten
1025 nāryāḥ kabaryāḥ puṣpe asraṃsetām [–]
[nārī = Frau (Gen.); kabarī = Zopf (Flechte, Abl.); puṣpam = Blüte (Du.); sraṃs, sraṃsate, 1. = lösen (abfallen, Impf. Du., Sa.: Aug. »a« bleibt nach Dual-»e«, Anm.: sraṃs hat kein Perf.)]

१०२६ जनन्यास्तृप्तये बालिके विनयमभिन्यविशेताम्
1026 Zur Zufriedenheit der Mutter befleißigten sich die beiden Mädchen der Bescheidenheit
1026 jananyās_tṛptaye bālike vinayam_abhinyaviśetām [abhiniviviśāte]
[jananī = Mutter (Gen.); tṛptiḥ, f. = Befriedigung (tṛptaye oder tṛptyai, Dat., »um der Befriedigung willen« = zur Zufriedenheit); bālikā = Mädchen (Nom. Du.); vinayaḥ = Bescheidenheit (Akk.); viś, abhi-ni-viśate, 6. = befleißigen (+ Akk., Impf. Du.)]

१०२७ अन्धस्य नृपतेः कृपणे दुहितरौ व्यपद्येताम्
1027 Die beiden elenden Töchter des blinden Königs mißrieten
1027 andhasya nṛpateḥ kṛpaṇe duhitarau vyapadyetām [pedāte]
[andha, Adj. = blind (m. Gen.); nṛpatiḥ, m. = König (Gen.); kṛpaṇa, Adj. = elend (erbärmlich, f. Du.); duhitṛ, duhitā, f. = Tochter (Du.); pad, vi-padyate, 4. = mißraten (umkommen, vi + apadyetām, Impf. Du., Anm.: Perf. mit vi unbelegt, aber prati-pede, ā-pede usw. belegbar)]

१०२८ तव सुचरितं ममेव प्रतन्वभवद्यत आवां न दीर्घं कालं सुखमन्वभवाव
1028 Dein guter Lebenswandel war wie meiner gering, weshalb wir beide keine lange Zeit Glück genossen (WÜ.)
1028 tava sucaritaṃ mameva pratanv_abhavad_yata āvāṃ na dīrghaṃ kālaṃ sukham_ anvabhavāva [babhūva, (Perf. in der 1. Pers. Du. theoretisch: anubabhūviva)]
[tvad, Pron. = du (tava, Gen.); sucaritam = gutes Verhalten (Nom., su + caritam); mad, Pron. = ich (mama, Gen.); iva, Adv. = wie; pratanu, Adj. = gering (pratanu, n. Nom.); bhū, bhavati, 1. = sein (Impf.); yatas, Konj. = weshalb; asmad, Pron. = wir (āvām, Nom. Du. = wir beide); na, Ind. = kein (+ Subst.); dīrgha, Adj. = lang (m. Akk.); kālaḥ = Zeit (Akk.); sukham = Glück (Akk.); bhū, anu-bhavati, 1. = genießen (Impf. Du., Anm.: Perf. babhūviva: ba_bhū_v_i_va)]

12. Imperativ

12.1. Erste Person (»Ich will!«)

12.1.1. Parasmaipada

१०२९ जेतारमनुसराणि
1029 Ich soll/will dem Sieger folgen
1029 jetāram_anusarāṇi
[jetṛ, jetā, m. = Sieger (Akk.); sṛ, anu-sarati, 1. = folgen (+ Akk., Imp., Anm. 1: Als Hilfsübersetzung für den Imp. nehmen wir in der 1. Person zunächst »sollen« und dann »wollen«, »müssen« und »können«, während wir »sollten« für den Optativ reservieren, Anm. 2: Für die 1. Person Imperativ wird bisweilen die 1. Person Präsens verwendet, z.B. »jetāram anusarāmi«, doch ist diese Konstruktion ohne Kontext mehrdeutig)]

१०३० अद्यापि सुखेन तद्रमणीयं दर्शनं स्मरामः
1030 Selbst heute wollen wir uns gern an diesen reizenden Anblick erinnern
1030 adyāpi sukhena tad_ramaṇīyaṃ darśanaṃ smarāmaḥ
[adya, Adv. = heute; api, Ind. = selbst; sukhena, Adv. = gern; tad, Pron. = das (n. Akk. Sg.); ramaṇīya, Adj. = reizend (n. Akk. Sg.); darśanam = Anblick (Akk.); smṛ, smarati, 1. = erinnern (sich erinnern an + Akk., PrPl., Anm.: Die 1. Person Präsens ist hier mehrdeutig)]

१०३१ अद्य पितुर्गृहे तिष्ठानि मन्त्रांश्च जपानि
1031 Ich soll/will heute im Haus des Vaters bleiben und Hymnen rezitieren
1031 adya pitur_gṛhe tiṣṭhāni mantrāṃś_ca japāni
[adya, Adv. = heute; pitṛ, pitā, m. = Vater (Gen.); gṛham = Haus (Lok.); sthā, tiṣṭhati, 1. = bleiben (Imp.); mantraḥ = Hymne (Akk. Pl.); ca, Konj. = und; jap, japati, 1. = rezitieren (Imp.)]

१०३२ जुह्वा घृतमग्नौ प्रास्यानि
1032 Ich soll/will mit der Kelle Schmelzbutter in das Feuer schleudern
1032 juhvā ghṛtam_agnau prāsyāni
[juhūḥ = Kelle (Opferlöffel, Instr.); ghṛtam = Schmelzbutter (Akk.); agniḥ, m. = Feuer (Lok.); as, pra-asyati, 4. = schleudern (+ Akk. + Lok., Imp.)]

१०३३ कृत्रिमेण क्रोधेन क्षुद्रं कुक्कुरं निन्दानि
1033 Mit vorgetäuschtem Zorn will/muß ich den kleinen Hund tadeln
1033 kṛtrimeṇa krodhena kṣudraṃ kukkuraṃ nindāni
[kṛtrima, Adj. = unecht (m. Instr.); krodhaḥ = Zorn (Instr.); kṣudra, Adj. = klein (m. Akk.); kukkuraḥ = Hund (Akk.); nind, nindati, 1. = tadeln (Imp.)]

१०३४ सैनिकैः सह नेतारमनुसराम
1034 Mit den Soldaten sollen/wollen wir dem Führer folgen
1034 sainikaiḥ saha netāram_anusarāma
[sainikaḥ = Soldat (Instr.); saha, Präp. + Instr. = mit; netṛ, netā, m. = Führer (Akk.); sṛ, anusarati, 1. = folgen (+ Akk., Imp.)]

१०३५ अम्भः शवे गलाम
1035 Wir müssen/sollen Wasser auf die Leiche träufeln
1035 ambhaḥ śave galāma
[ambhas, n. = Wasser (Akk.); śavaḥ = Leiche (Lok.); gal, galati, 1. = träufeln (+ Akk. + Lok., Imp.)]

12.1.2. Atmanepada

१०३६ भ्रात्रा सह स्वसारं पुरे मृगयै
1036 Mit dem Bruder soll/will ich die Schwester in der Stadt suchen
1036 bhrātrā saha svasāraṃ pure mṛgayai
[bhrātṛ, bhrātā, m. = Bruder (Instr.); saha, Präp. + Instr. = mit; svasṛ, svasā, f. = Schwester (Akk.); puram = Stadt (Lok.); mṛg, mṛgayate, 10. = suchen (Imp.)]

१०३७ न कथंचन कीर्तये यतामहै
1037 Wir sollen/wollen keinesfalls nach Ehre streben
1037 na kathaṃcana kīrtaye yatāmahai
[na kathaṃcana, Adv. = keinesfalls; kīrtiḥ, f. = Ehre (kīrtaye oder kīrtyai, Dat.); yat, yatate, 1. = streben (nach + Dat., Imp.)]

१०३८ पुण्येन मुक्तिं लभामहै
1038 Durch Verdienst wollen/können wir Erlösung erlangen
1038 puṇyena muktiṃ labhāmahai
[puṇyam = Verdienst (Instr.); muktiḥ, f. = Erlösung (Akk.); labh, labhate, 1. = erlangen (Imp.)]

12.2. Zweite Person (»Du sollst!«)

12.2.1. Parasmaipada

१०३९ भो भोः
1039 Grüß' Gott! (= Guten Tag!)
1039 bho bhoḥ!
[bhos, Interj. = hallo! (oft verdoppelt, Visarga entfällt)]

१०४० ईश्वरं नम
1040 Grüße Gott! (= Du sollst Gott verehren)
1040 īśvaraṃ nama!
[īśvaraḥ = Gott (Akk.); nam, namati, 1. = grüßen (Imp.)]

१०४१ सततं स्थिरो भव
1041 Sei immer standhaft!
1041 satataṃ sthiro bhava!

[satatam, Adv. = immer; sthira, Adj. = standhaft (m. Nom. Sg.); bhū, bhavati, 1. = sein (Imp.)]

१०४२ सूनो क्षिप्रं ग्रन्थमानय

1042 Sohn, hol' rasch das Buch!

1042 sūno, kṣipraṃ grantham_ānaya!

[sūnuḥ, m. = Sohn (Vok., sūnuḥ und sutaḥ = Sohn, beide von Wz. sū = erzeugen); kṣipram, Adv. = rasch; granthaḥ = Buch (gebundenes Buch, Akk.); nī, ā-nayati, 1. = holen (Imp.)]

१०४३ कञ्चुकिन् शीघ्रं बहिर्गच्छ

1043 Kämmerer, geh' schnell nach draußen!

1043 kañcukin, śīghraṃ bahir_gaccha!

[kañcukin, m. = Kämmerer (Vok., Sa.: kañcukiñ_chīgram, doch kann Sa. beim Vok. auch entfallen); śīghram, Adv. = schnell; bahis, Adv. = draußen; gam, gacchati, 1. = gehen (Imp.)]

१०४४ भगिनि शोकस्य हेतुं वद

1044 Schwester, sag', warum du traurig bist! (FÜ.)

1044 bhagini, śokasya hetuṃ vada!

[bhaginī = Schwester (Vok.); śokaḥ = Trauer (Gen.); hetuḥ, m. = Ursache (Akk.); vad, vadati, 1. = sagen (Imp.)]

१०४५ रोगिन्नधुना शय्यां मुञ्च

1045 Kranker, verlaß' jetzt das Bett! (FÜ.: Steh jetzt auf!)

1045 roginn_adhunā śayyāṃ muñca!

[rogin, m. = Kranke (Vok., Sa.: rogin + adhunā = roginn_adhunā, Anm.: Das »n« von rogin wird vor vokalischer Endung in »ṇ« verwandelt, z. B. rogiṇaḥ, Nom. Pl., doch steht bei rogin, Vok., »n« am Wortende, so daß der Sandhi nicht rogiṇṇ_adhunā lautet); adhunā, Adv. = jetzt; śayyā = Bett (Akk.); muc, muñcati, 6. = verlassen (Imp.)]

१०४६ महाराज कुशली भव

1046 Großkönig, werde glücklich!

1046 mahā-rāja, kuśalī bhava!

[mahā-rājaḥ = König (Vok., normale a-Deklination); kuśalin, Adj. = glücklich (gesund, m. Nom.); bhū, bhavati, 1. = werden (Imp.)]

१०४७ वधु चिराय जीव

1047 Braut, mögest du lange leben!

1047 vadhu, cirāya jīva!

[vadhūḥ = Braut (Vok.); cira, Adj. = lang (cirāya, ergänze: kālāya, Dat. = für eine lange Zeit); jīv, jīvati, 1. = leben (Imp.)]

१०४८ सूत रथं स्थापय

1048 Kutscher, halte den Wagen an!

1048 sūta, rathaṃ sthāpaya!

[sūtaḥ = Kutscher (Vok.); rathaḥ = Wagen (Akk.); sthā, sthāpayati, 10. = anhalten (Imp. Kaus. = stehen lassen)]

१०४९ हन्त मां पुस्तकानि दर्शय

1049 Auf, zeig' mir die Bücher!

1049 hanta, māṃ pustakāni darśaya!

[hanta, Interj. = auf! (los!); mad, Pron. = ich (māṃ, Akk.); pustakam = Buch (Akk.); dṛś, darśayati, 10. = zeigen (sehen lassen + Akk. + Akk., Imp. Kaus.)]

१०५० अपराधी नामाहं प्रसीद

1050 Auch wenn ich schuldig bin, verzeih!

1050 aparādhī nāmāhaṃ, prasīda!
[aparādhin, Adj. = schuldig (m. Nom., Wz. apa-rādh); nāma, Adv. = auch wenn (nämlich, stärker als »api«); mad, Pron. = ich (aham, Nom.); sad, pra-sīdati, 1. = verzeihen (Imp.)]

१०५१ अद्य कृत्स्नं जगत् पश्य

1051 Erschaue heute die ganze Welt!
1051 adya kṛtsnaṃ jagat paśya!
[adya, Adv. = heute; kṛtsna, Adj. = ganz (n. Akk.); jagat, n. = Welt (Akk.); paś, paśyati, 4. = erschauen (Imp.)]

१०५२ केवलं पूज्यान् पूजय

1052 Verehre nur die Ehrwürdigen!
1052 kevalaṃ pūjyān pūjaya!
[kevalam, Ind. = nur; pūjya, Adj. = ehrwürdig (m. Akk. Pl.); pūj, pūjayati, 10. = verehren (Imp.)]

१०५३ जलं त्यज घृतं पिब

1053 Meide das Wasser, trinke die Schmelzbutter!
1053 jalaṃ tyaja, ghṛtaṃ piba!
[jalam = Wasser (Akk.); tyaj, tyajati, 1. = meiden (Imp.); ghṛtam = Schmelzbutter (Akk., vgl. »ghī = Ghee«, Hindi für zerlassene Butter); pā, pibati, 1. = trinken (Imp.)]

१०५४ डिम्भ जननीमाह्वय

1054 Kind, rufe die Mutter herbei!
1054 ḍimbha, jananīm_āhvaya!
[ḍimbhaḥ = Kind (Vok.); jananī = Mutter (Akk.); hve, ā-hvayati, 1. = herbeirufen (Imp.)]

१०५५ नीचानां संसर्गं त्यज

1055 Gib den Umgang mit Niedrigen auf!
1055 nīcānāṃ saṃsargaṃ tyaja!
[nīca, Adj. = niedrig (Gen.); saṃsargaḥ = Umgang (Akk.); tyaj, tyajati, 1. = aufgeben (Imp.)]

१०५६ वत्स विरमास्मात् साहसात्

1056 Kind, laß von dieser Unbesonnenheit ab!
1056 vatsa, viramāsmāt sāhasāt!
[vatsaḥ = Kind (Vok.); ram, vi-ramati, 1. = ablassen (von + Abl., virama, Imp.); idam, Pron. = dies (asmāt, m. Abl.); sāhasam = Unbesonnenheit (Abl.)]

१०५७ वत्स पितामहीं प्रणम

1057 Kind, verbeuge dich vor der Großmutter!
1057 vatsa, pitā-mahīṃ praṇama!
[vatsaḥ = Kind (Vok. = »Kleines«); pitā-mahī = Großmutter (väterlicherseits, Akk.); nam, pra-ṇamati, 1. = verbeugen (vor + Akk., Imp.)]

१०५८ हे बिडाल क्षीरं पिब

1058 He Katze, trinke die Milch!
1058 he biḍāla, kṣīraṃ piba!
[he, Interj. = he!; biḍālaḥ = Katze (Vok.); kṣīram = Milch (Akk.); pā, pibati, 1. = trinken (Imp.)]

१०५९ त्वं लज्जे सिन्धौ मज्ज

1059 Du Scham, versinke im Indus!
1059 tvaṃ lajje, sindhau majja!
[tvad, Pron. = du (tvam, Vok.); lajjā = Scham (Vok.); sindhuḥ, m. Eig. = Indus (Lok., Flußnamen sind sonst meist f.); majj, majjati, 1. = versinken (Imp.)]

१०६० मोहस्य बन्धनान्यपनय
1060 Lege die Fesseln der Verblendung ab!
1060 mohasya bandhanāny_apanaya!
[mohaḥ = Verblendung (Gen.); bandhanam = Fessel (Akk.); nī, apa-nayati, 1. = ablegen (Imp., vgl. apa-nī = ausziehen, z.B. Kleid, mit api-nah = anziehen, anschnüren, z.B. Schuh)]

१०६१ सपदि प्रासादं धाव नृपो हि त्वामाह्वयति
1061 Laufe sofort zum Palast, denn der König ruft dich herbei!
1061 sapadi prāsādaṃ dhāva, nṛpo hi tvām_āhvayati!
[sapadi, Adv. = sofort; prāsādaḥ = Palast (Akk.); dhāv, dhāvati, 1. = laufen (zum + Akk., Imp.); nṛpaḥ = König; hi, Konj. = denn; tvad, Pron. = du (tvām, Akk. = dich); hve, ā-hvayati, 1. = herbeirufen (PrSg.)]

१०६२ अमूं कथामस्मभ्यं कथयत
1062 Erzählt uns jene Geschichte!
1062 amūṃ kathām_asmabhyaṃ kathayata!
[adas, Pron. = jenes (amūm, f. Akk.); kathā = Geschichte (Akk.); asmad, Pron. = wir (naḥ oder asmabhyam, Dat. = uns); kath, kathayati, 10. = erzählen (+ Dat. + Akk., Imp.)]

१०६३ उपदिशत नः शत्रोः प्रतिक्रियाम्
1063 Lehrt uns das Mittel gegen den Feind!
1063 upadiśata naḥ śatroḥ pratikriyām!
[diś, upa-diśati, 6. = lehren (+ Dat. + Akk. Imp.); asmad, Pron. = wir (naḥ oder asmabhyam, Dat. = uns); śatruḥ, m. = Feind (Gen.); pratikriyā = Gegenmittel (gegen + Gen., Akk.)]

१०६४ शास्त्राण्यभ्यस्यत ग्रन्थांश्च पठत
1064 Studiert die Wissenschaften und lest die Bücher!
1064 śāstrāṇy_abhyasyata granthāṃś_ca paṭhata!
[śāstram = Wissenschaft (Akk.); as, abhy-asyati, 4. = studieren (+ Akk., Imp.); granthaḥ = Buch (granthān, Akk.); ca, Konj. = und; paṭh, paṭhati, 1. = lesen (Imp.)]

१०६५ हे बाला इन्धनमग्नौ क्षिपत
1065 He ihr Jungen, werft Brennholz in das Feuer!
1065 he bālā indhanam_agnau kṣipata!
[he, Interj. = he!; bālaḥ = Junge (bālāḥ, Vok. Pl.); indhanam = Brennholz (Akk.); agniḥ, m. = Feuer (Lok.); kṣip, kṣipati, 6. = werfen (+ Akk. + Lok., Imp.)]

१०६६ हन्त कन्या मानं त्यजत । गतं यौवनं न पुनर्गच्छति
1066 Ach Mädchen, gebt das Schmollen auf! Die vergangene Jugend kommt nicht wieder
1066 hanta kanyā, mānaṃ tyajata! gataṃ yauvanaṃ na punar_gacchati
[hanta, Interj. = ach!; kanyā = Mädchen (kanyāḥ, Vok.); mānaḥ = Schmollen (Akk.); tyaj, tyajati, 1. = aufgeben (Imp.); gata, Adj. = vergangen (n. Nom.); yauvanam = Jugend (Nom.); na, Ind. = nicht; gam, punar-gacchati, 1. = zurückkehren (PrSg.)]

12.2.2. Atmanepada

१०६७ पण्डित पुनर्मन्यस्व
1067 Pandit, denke noch einmal nach!
1067 paṇḍita, punar_manyasva!
[paṇḍitaḥ = Pandit (Vok.); punar, Adv. = noch einmal; man, manyate, 4. = denken (Imp.)]

१०६८ यते क्षमां भजस्व
1068 Büßer, übe Geduld!
1068 yate, kṣamāṃ bhajasva!

[yatiḥ, m. = Büßer (Vok.); kṣamā = Geduld (Akk.); bhaj, bhajate, 1. = praktizieren (Imp.)]

१०६९ त्यज हिंसां भजस्व धर्मम्
1069 Verlasse die Gewalt, liebe das Gesetz!
1069 tyaja hiṃsāṃ, bhajasva dharmam!
[tyaj, tyajati, 1. = verlassen (Imp.); hiṃsā = Gewalt (Akk.); bhaj, bhajate, 1. = lieben (Imp.); dharmaḥ = Gesetz (Akk.)]

१०७० भिक्षो क्षणमवतिष्ठस्व
1070 Bettler, warte einen Augenblick!
1070 bhikṣo, kṣaṇam_avatiṣṭhasva!
[bhikṣuḥ, m. = Bettler (Vok.); kṣaṇaḥ = Augenblick (Akk.); sthā, ava-tiṣṭhate, 1. = stehenbleiben (Imp.)]

१०७१ क्षमस्व परमेश्वर
1071 Vergib, großer Gott!
1071 kṣamasva, parameśvara!
[kṣam, kṣamate 1. = vergeben (Imp.); parameśvaraḥ = großer Gott (Vok., parama-īśvaraḥ, Komp.)]

१०७२ कुमारि प्रश्रयमवलम्बस्व
1072 Mädchen, benimm dich! (FÜ.)
1072 kumāri, praśrayam_avalambasva!
[kumārī = Mädchen (Vok.); praśrayaḥ = Benehmen, n. (Rücksichtsnahme, Akk.); lamb, avalambate, 1. = stützen (auf + Akk., Imp.)]

१०७३ उत्तिष्ठ युध्यस्व च भारत
1073 Erhebe dich und kämpfe, Inder!
1073 uttiṣṭha yudhyasva ca, bhārata!
[sthā, ut-tiṣṭhati, 1. = erheben (Imp.); yudh, yudhyate, 4. = kämpfen (Imp.); ca, Konj. = und; bhārataḥ, m. Eig. = Inder (Vok.)]

१०७४ हे पुत्र पितरमापृच्छस्व
1074 Oh Sohn, sage dem Vater Lebewohl! (FÜ.)
1074 he putra, pitaram_āpṛcchasva!
[he, Interj. = oh!; putraḥ = Sohn (Vok.); pitṛ, pitā, m. = Vater (Akk.); pracch, ā-pṛcchate, 6. = verabschieden (+ Akk., Imp.)]

१०७५ आत्मानं परीक्षस्व
1075 Prüfe dich selbst! (FÜ.: Nosce te ipsum)
1075 ātmānaṃ parīkṣasva!
[ātman, Pron. = sich (m. Akk. Sg.); īkṣ, pari-īkṣate, 1. = prüfen (Imp.)]

१०७६ आत्मनो नियोगमनुतिष्ठस्व
1076 Kümmere dich um deine eigenen Angelegenheiten! (FÜ.)
1076 ātmano niyogam_anutiṣṭhasva!
[ātman, Pron. = eigen (m. Gen. = des Selbst = seine eigenen); niyogaḥ = Pflicht (Akk.); sthā, anu-tiṣṭhate, 1. = kümmern (um + Akk., Imp., hier Atm.)]

१०७७ गुरून् वन्दध्वम्
1077 Verehrt die Lehrer!
1077 gurūn vandadhvam!
[guruḥ, m. = Lehrer (Akk.); vand, vandate, 1. = verehren (Imp.)]

१०७८ रिपुभिः सह युध्यध्वम्
1078 Kämpft gegen die Feinde!
1078 ripubhiḥ saha yudhyadhvam!
[ripuḥ, m. = Feind (Instr. = mit den Feinden = gegen die Feinde); saha, Präp. + Instr. = gegen; yudh, yudhyate, 4. = kämpfen (Imp.)]

१०७९ हे श्रोतारः पापान्निवर्तध्वम्
1079 Hört zu und wendet euch vom Bösen ab! (FÜ.)
1079 he śrotāraḥ, pāpān_nivartadhvam!
[he, Interj. = he!; śrotṛ, śrotā, m. = Zuhörer (Vok.); pāpam = Böse, n. (pāpāt, Abl.); vṛt, nivartate, 1. = abwenden (+ Abl., Imp.)]

१०८० यूयं पितरं मातरं चाद्रियध्वम्
1080 Ihr sollt Vater und Mutter ehren!
1080 yūyaṃ pitaraṃ mātaraṃ cādriyadhvam!
[yuṣmad, Pron. = ihr (yūyam, Nom. = ihr); pitṛ, pitā, m. = Vater (Akk.); mātṛ, mātā, f. = Mutter (Akk.); ca, Konj. = und; ādṛ, ādriyate, 6. = ehren (Imp., ā-dṛ von Wz. dṛ, die nicht ohne Präfix vorkommt)]

12.3. Dritte Person (»Er soll!«)

12.3.1. Parasmaipada

१०८१ विष्णुर्वो ऽवतु
1081 Vishnu möge euch erquicken
1081 viṣṇur_vo 'vatu
[viṣṇuḥ, m. Eig. = Vishnu; yuṣmad, Pron. = ihr (vaḥ oder yuṣmān, Akk. = euch); av, avati, 1. = erquicken (und beschützen, Imp., Anm.: Als Hilfsübersetzung für den Imp. nehmen wir in der dritten Person zunächst »sollen« und dann »mögen«, während wir das Wort »sollten« für den Optativ reservieren)]

१०८२ शिवो वः शिवाय भवतु
1082 Shiva möge zu eurem Glück gereichen
1082 śivo vaḥ śivāya bhavatu
[śivaḥ, m. Eig. = Shiva; yuṣmad, Pron. = ihr (yuṣmākam oder vaḥ, Gen. = von euch); śivaḥ = Glück (Dat.); bhū, bhavati, 1. = gereichen (+ Dat., Imp.)]

१०८३ कामधुक् सर्वान् कामान् वर्षतु
1083 Möge die Wunschkuh alle Wünsche erfüllen
1083 kāma-dhuk sarvān kāmān varṣatu
[kāma-duh, kāma-dhuk, f. = »Wunschkuh«; sarva, Pron. = all (m. Akk. Pl.); kāmaḥ = Wunsch (Akk.); vṛṣ, varṣati, 1. = erfüllen (»regnen«, Imp.)]

१०८४ योगी तपसां फलमनुभवतु
1084 Der Yogi soll den Lohn der Kasteiungen genießen
1084 yogī tapasāṃ phalam_anubhavatu
[yogin, m. = Yogi (yogī, Nom.); tapas, n. = Kasteiung (Gen. Pl.); phalam = Lohn (Akk.); bhū, anu-bhavati, 1. = genießen (Imp.)]

१०८५ सुवर्णकारः सुवर्णं तोलयतु
1085 Der Goldschmied soll das Gold wiegen
1085 suvarṇa-kāraḥ suvarṇaṃ tolayatu
[suvarṇa-kāraḥ = Goldschmied (»Goldmacher«, Komp.); suvarṇam = Gold (Akk.); tul, tolayati, 10. = wiegen (Imp.)]

१०८६ परशुना शूरो ऽरींस्तुदतु
1086 Mit der Axt soll der Held die Feinde schlagen
1086 paraśunā śūro 'rīṃs_tudatu
[paraśuḥ, m. = Axt (Instr.); śūraḥ = Held; ariḥ, m. = Feind (Akk., Sa.: arīn + tudatu = arīṃs_tudatu); tud, tudati, 6. = schlagen (Imp.)]

१०८७ सारथिः कूपाज्जलमानयतु
1087 Der Wagenlenker soll/muß Wasser vom Brunnen holen
1087 sārathiḥ kūpāj_jalam_ānayatu
[sārathiḥ, m. = Wagenlenker; kūpaḥ = Brunnen (kūpāt, Abl., Sa.: t + j = j_j); jalam = Wasser (Akk.); nī, ā-nayati, 1. = holen (+ Abl. + Akk., Imp.)]

१०८८ सुन्दरेण रथेन जेता गच्छतु
1088 Der Sieger soll mit dem schönen Wagen fahren
1088 sundareṇa rathena jetā gacchatu
[sundara, Adj. = schön (m. Instr.); rathaḥ = Wagen (Instr.); jetṛ, jetā, m. = Sieger; gam, gacchati, 1. = fahren (Imp.)]

१०८९ कुमारो यौवन आनन्दमनुभवतु
1089 Ein Jüngling soll in der Jugend die Freude genießen
1089 kumāro yauvana ānandam_anubhavatu
[kumāraḥ = Jüngling (junger Mann); yauvanam = Jugend (yauvane, Lok.); ānandaḥ = Freude (Akk.); bhū, anu-bhavati, 1. = genießen (Imp.)]

१०९० सदा धर्मे रतिर्भवतु
1090 Es möge immer Liebe zum Gesetz vorhanden sein (FÜ.)
1090 sadā dharme ratir_bhavatu
[sadā, Adv. = immer; dharmaḥ = Gesetz (Lok.); ratiḥ, f. = Liebe (zum + Lok.); bhū, bhavati, 1. = vorhanden sein (Imp.)]

१०९१ वैद्यो रोगार्तस्यौषधं यच्छतु
1091 Der Arzt soll dem von der Krankheit Befallenen das Heilmittel geben
1091 vaidyo rogārtasyauṣadhaṃ yacchatu
[vaidyaḥ = Arzt; rogaḥ = Krankheit (Komp.); ārta, Adj. = betroffen (ārtasya, m. Gen. statt Dativ, roga + ārta, Komp. = von Krankheit betroffen = krank, ārta = Part. Perf. Pass. der Wz. ṛ mit Präf. ā); auṣadham = Heilmittel (Akk.); yam, yacchati, 1. = geben (+ Gen. + Akk., Imp.)]

१०९२ भार्यया सह जामाता श्वशुरस्य गृहं गच्छतु
1092 Mit der Ehefrau soll der Schwiegersohn in das Haus des Schwiegervaters gehen
1092 bhāryayā saha jāmātā śvaśurasya gṛhaṃ gacchatu
[bhāryā = Ehefrau (Instr.); saha, Präp. + Instr. = mit; jāmātṛ, jāmātā, m. = Schwiegersohn; śvaśuraḥ = Schwiegervater (Gen.); gṛham = Haus (Akk.); gam, gacchati, 1. = gehen (in + Akk., Imp.)]

१०९३ सर्वे प्राणिनः सुखिनो भवन्तु
1093 Alle Lebewesen mögen glücklich sein
1093 sarve prāṇinaḥ sukhino bhavantu
[sarva, Pron. = all (m. Nom. Pl.); prāṇin, m. = Lebewesen (Nom. Pl.); sukhin, Adj. = glücklich (m. Nom. Pl.); bhū, bhavati, 1. = sein (Imp.)]

१०९४ दुहितरो मृतां मातरं न विलपन्तु
1094 Die Töchter sollen die tote Mutter nicht beklagen
1094 duhitaro mṛtāṃ mātaraṃ na vilapantu
[duhitṛ, duhitā, f. = Tochter; mṛta, Adj. = tot (f. Akk. Sg.); mātṛ, mātā, f. = Mutter (Akk.); na,

Ind. = nicht; lap, vi-lapati, 1. = beklagen (Imp.)]

१०९५ विश्वे देवास्त्वा पालयन्तु
1095 Alle Götter sollen dich schützen
1095 viśve devās_tvā pālayantu
[viśva, Pron. = all (m. Nom. Pl., vedisch für sarve); devaḥ = Gott; tvad, Pron. = du (tvā oder tvām, Akk.); pāl, pālayati, 10. = beschützen (Imp.)]

१०९६ राजानो ऽपराधिनः पुरुषान् दण्डयन्तु
1096 Die Könige sollen die schuldigen Menschen bestrafen
1096 rājāno 'parādhinaḥ puruṣān daṇḍayantu
[rājan, m. = König (Nom. Pl.); aparādhin, Adj. = schuldig (m. Akk. Pl., Wz. apa-rādh); puruṣaḥ = Mann (Akk.); daṇḍ, daṇḍayati, 10. = bestrafen (Imp.)]

१०९७ श्रोतारो गुरोर्वचनैस्तुष्यन्तु
1097 Die Zuhörer sollen sich über die Worte des Lehrers freuen
1097 śrotāro guror_vacanais_tuṣyantu
[śrotṛ, śrotā, m. = Zuhörer; guruḥ, m. = Lehrer (Gen.); vacanam = Wort (Instr.); tuṣ, tuṣyati, 4. = freuen (über + Instr., Imp.)]

१०९८ तरोश्छायायां पान्था विश्राम्यन्तु
1098 Die Wanderer sollen sich im Schatten des Baumes ausruhen
1098 taroś_chāyāyāṃ pānthā viśrāmyantu
[taruḥ, m. = Baum (taroḥ, Gen.); chāyā = Schatten (Lok.); pānthaḥ = Wanderer; śram, vi-śrāmyati, 4. = ausruhen (Imp.)]

१०९९ सर्वदा भूपतयः स्वाः प्रजा धर्मेण रक्षन्तु
1099 Die Könige sollen ihre Untertanen immer durch das Gesetz regieren
1099 sarvadā bhū-patayaḥ svāḥ prajā dharmeṇa rakṣantu
[sarvadā, Adv. = immer; bhū-patiḥ, m. = König (bhū-patiḥ = Erden-Herr); sva, Pron. = eigen (svāḥ, f. Akk. Pl. = ihre); prajā = Geschöpf (prajāḥ, Akk. Pl.); dharmaḥ = Gesetz (Instr.); rakṣ, rakṣati, 1. = regieren (Imp.)]

११०० नरा नार्यश्चोत्तिष्ठन्तु शत्रूणां च भयाद्देशं मुञ्चन्तु
1100 Männer und Frauen sollen sich erheben und aus Furcht vor den Feinden das Land verlassen
1100 narā nāryaś_cottiṣṭhantu śatrūṇāṃ ca bhayād_deśaṃ muñcantu
[naraḥ = Mann; nārī = Frau; ca, Konj. = und; sthā, ut-tiṣṭhati, 1. = aufstehen (Imp., ca uttiṣṭhantu); śatruḥ, m. = Feind (Gen.: Angst vor den Feinden, nicht Angst der Feinde, also Genitivus objectivus); bhayam = Angst (Abl.); deśaḥ = Land (Akk.); muc, muñcati, 6. = verlassen (Imp.)]

११०१ कुशलाः पुत्रा दात्र्यै मात्रे दुर्लभं रत्नं यच्छन्तु
1101 Die geschickten Söhne sollen der großzügigen Mutter das kostbare Juwel geben
1101 kuśalāḥ putrā dātryai mātre durlabhaṃ ratnaṃ yacchantu
[kuśala, Adj. = geschickt (m. Nom.); putraḥ = Sohn; dātṛ, Adj. = freigebig (dātrī, f. Adj. Nom., dātryai, f. Dat.); mātṛ, mātā, f. = Mutter (Dat.); durlabha, Adj. = kostbar (n. Akk.); ratnam = Juwel (Akk.); yam, yacchati, 1. = geben (überreichen + Dat. + Akk., Imp.)]

12.3.2. Atmanepada

११०२ योगेन चित्तं स्वास्थ्यं लभताम्
1102 Die Seele soll/möge durch Yoga Wohlbefinden erlangen
1102 yogena cittaṃ svāsthyaṃ labhatām

[yogaḥ = Yoga (Instr.); cittam = Seele (Nom.); svāsthyam = Wohlbefinden (Akk., sva-stha = gesund, wohlauf: »in sich selbst stehend = ruhend«); labh, labhate, 1. = erlangen (Imp.)]

११०३ पार्थिवाः प्रजाया हिताय प्रवर्तन्ताम्
1103 Die Fürsten sollen dem Wohl des Volkes dienen
1103 pārthivāḥ prajāyā hitāya pravartantām
[pārthivaḥ = Fürst; prajā = Volk (prajāyāḥ, Gen. Sg.); hitam = Glück (Dat.); vṛt, pra-vartate, 1. = dienen (sich kümmern um + Dat., Imp.)]

११०४ कृषीवला धान्यस्य समृद्ध्या मोदन्ताम्
1104 Die Bauern sollen sich über die Menge des Getreides freuen
1104 kṛṣīvalā dhānyasya samṛddhyā modantām
[kṛṣīvalaḥ = Bauer (Nom. Pl.); dhānyam = Getreide (Gen., dhānā = Getreidekorn, Wz. »dhā, dadhāti = setzen«, d.h. Getreidekörner in den Erdboden); samṛddhiḥ, f. = Menge (Überfluß, Instr., »ṛddhiḥ« geht auf vedische Wz. »ṛdh, ṛdhnoti = wachsen« zurück, die im klassischen Sanskrit als finites Verb extrem selten ist); mud, modate, 1. = freuen (über + Instr., Imp.)]

११०५ नृपस्य सूनवः पराक्रमेण प्रकाशन्ताम्
1105 Die Söhne des Königs sollen durch Mut glänzen
1105 nṛpasya sūnavaḥ parākrameṇa prakāśantām
[nṛpaḥ = König (Gen.); sūnuḥ, m. = Sohn; parākramaḥ = Mut (Instr.); kāś, pra-kāśate, 1. = glänzen (durch + Instr., Imp.)]

११०६ युष्मद्दरिद्रा नरा धनं लभन्ताम्
1106 Von euch sollen arme Menschen Geld erhalten
1106 yuṣmad_daridrā narā dhanaṃ labhantām
[yuṣmad, Pron. = ihr (yuṣmat, Abl. = von euch); daridra, Adj. = arm (m. Nom. Pl.); naraḥ = Mensch; dhanam = Geld (Akk.); labh, labhate, 1. = erhalten (+ Abl. + Akk., Imp.)]

११०७ दिने दिने होतार आदित्यस्योदयमवलोकन्ताम्
1107 Täglich sollen die Priester den Aufgang der Sonne beobachten
1107 dine dine hotāra ādityasyodayam_avalokantām
[dinam = Tag (Lok. verdoppelt = Tag für Tag = täglich, siehe auch Übungssatz Nr. 1169); hotṛ, hotā, m. = Priester (hotāraḥ, Nom. Pl.); ādityaḥ = Sonne (ādityasya, Gen.); udayaḥ = Aufgang (Akk.); lok, ava-lokate, 1. = beobachten (Imp.)]

११०८ मित्रस्य चक्षुषा सर्वाणि भूतानि समीक्षन्ताम्
1108 Man soll alle Geschöpfe mit dem Auge des Freundes betrachten
1108 mitrasya cakṣuṣā sarvāṇi bhūtāni samīkṣantām
[mitram = Freund (Gen.); cakṣus, n. = Auge (Instr.); sarva, Pron. = all (n. Nom. Pl.); bhūtam = Geschöpf (Nom.); īkṣ, sam-īkṣate, 1. = betrachten (Imp. = sie sollen = man soll betrachten)]

12.4. »Sie/Herr«

११०९ भवान् वेषमपनयतु
1109 Legen Sie bitte ab! (WÜ.: Der Herr möge sein Gewand ausziehen)
1109 bhavān veṣam_apanayatu!
[bhavat, Pron. = Herr (bhavān, Nom. = »Euer Gnaden« = »Sie«); veṣaḥ = Gewand (Akk., mṛgayā-veṣaḥ = Jagdkleid usw.); nī, apa-nayati, 1. = ablegen (Imp.)]

१११० भवांस्तिष्ठतु । भवती पश्यतु
1110 (An den Mann:) Bleiben Sie stehen! (An die Frau:) Sehen Sie selbst! (FÜ.)
1110 bhavāṃs_tiṣṭhatu! bhavatī paśyatu!
[bhavat, Pron. = »Sie« (bhavān, m. Nom. = Herr); sthā, tiṣṭhati, 1. = stehen (Imp.); bhavatī,

Pron. = »Sie« (bhavatī, f. Nom. = Frau); paś, paśyati, 4. = sehen (Imp.)]

१११९ भवान् दुर्गाणि तरतु । भवान् भद्राणि पश्यतु
1111 Mögen Sie die Schwierigkeiten überwinden. Mögen Sie glückliche Dinge erfahren
1111 bhavān durgāṇi taratu. bhavān bhadrāṇi paśyatu
[bhavat, Pron. = Herr (»Sie«, bhavān, Nom. Sg.); durgam = Schwierigkeit (Akk. Pl.); tṝ, tarati, 1. = überwinden (Imp.); bhadram = Glück (Akk. Pl.); paś, paśyati, 4. = erfahren (Imp.)]

12.5. Mit »mā = nicht!«

१११२ मित्राणि मा विस्मर
1112 Vergiß nicht die Freunde!
1112 mitrāṇi mā vismara!
[mitram = Freund (Akk.); mā, Interj. = nicht! (+ Imp., »mā« steht im Befehlssatz bei Imp., »na« im Aussagesatz. Zu »mā« + Aorist s. Seite 391); smṛ, vi-smarati, 1. = vergessen (Imp.)]

१११३ अपराधिनं मा क्षमस्व
1113 Dulde keinen Verbrecher!
1113 aparādhinaṃ mā kṣamasva!
[aparādhin, m. = Verbrecher (Akk.); mā, Interj. = kein! (+ Subst. + Imp.); kṣam, kṣamate 1. = dulden (Imp.)]

१११४ मा मा गर्हस्व
1114 Tadele mich nicht! (oder Nörgle nicht andauernd!)
1114 mā mā garhasva!
[mā, Interj. = nicht! (+ Imp.); mad, Pron. = ich (mā = mām, Akk. = mich. Falls aber mā-Interj. verdoppelt wird: »mā mā = nicht ständig, nicht so sehr«); garh, garhate, 1. = tadeln (Imp.)]

१११५ भद्रे मैवं वद
1115 Liebste, sprich nicht so!
1115 bhadre, maivaṃ vada!
[bhadre, Interj. = Liebste! (f. Vok. von bhadra, Adj. = lieb); mā, Interj. = nicht! (+ Imp.); evam, Adv. = so; vad, vadati, 1. = sprechen (Imp.)]

१११६ ऋतं वद । मानृतं वद
1116 Sprich die Wahrheit! Sprich nicht die Unwahrheit!
1116 ṛtaṃ vada! mānṛtaṃ vada!
[ṛtam = Wahrheit (Akk.); vad, vadati, 1. = sprechen (Imp.); mā, Interj. = nicht! (+ Imp., Sa.: mā an-ṛtam); anṛtam = Unwahrheit (Akk.)]

१११७ सत्यान्मा प्रमाद्याम
1117 Laßt uns nicht von der Wahrheit abweichen!
1117 satyān_mā pramādyāma!
[satyam = Wahrheit (satyāt, Abl.); mā, Interj. = nicht! (+ Imp.); mad, pra-mādyati, 4. = abweichen (von + Abl., Imp.)]

१११८ मित्राण्यनृतं मा वदत
1118 Freunde, sagt nicht die Unwahrheit!
1118 mitrāṇy_anṛtaṃ mā vadata!
[mitram = Freund (mitrāṇi, Vok. Pl.); anṛtam = Unwahrheit (Akk.); mā, Interj. = nicht! (+ Imp.); vad, vadati, 1. = sagen (Imp.)]

१११९ दीर्घं पश्यत मा ह्रस्वम्
1119 Seht das Große, nicht das Kleine!

1119 dīrghaṃ paśyata, mā hrasvam!
[dīrgha, Adj. = groß (n. Akk.); paś, paśyati, 4. = sehen (Imp.); mā, Interj. = nicht! (+ Imp.); hrasva, Adj. = klein (n. Akk.)]

११२० मा विनयं त्यजत
1120 Gebt nicht den Gehorsam auf! (FÜ.: Seid nicht frech!)
1120 mā vinayaṃ tyajata!
[mā, Interj. = nicht!; vinayaḥ = Gehorsam, m. (Akk.); tyaj, tyajati, 1. = aufgeben (Imp.)]

११२१ दुराचारेभ्यः कल्याणं माशंसध्वम्
1121 Erwartet von Unarten kein Heil!
1121 durācārebhyaḥ kalyāṇaṃ māśaṃsadhvam!
[durācāraḥ = Unart (Abl. Pl., dur-ācaraḥ = schlechtes Benehmen); kalyāṇam = Heil (Akk.); mā, Interj. = nicht! (+ Imp.); śaṃs, ā-śaṃsate, 1. = erwarten (erhoffen + Akk., Imp.)]

११२२ कार स्वीयस्य ग्रन्थस्य गुणान् मा श्लाघस्व
1122 Verfasser, lobe nicht die Vorzüge des eigenen Buches!
1122 kāra, svīyasya granthasya guṇān mā ślāghasva!
[kāraḥ = Verfasser (Vok., grantha-kāraḥ); svīya, Pron. = eigen (m. Gen.); granthaḥ = Buch (Gen.); guṇaḥ = Vorzug (Akk. Pl.); mā, Interj. = nicht! (+ Imp.); ślāgh, ślāghate, 1. = loben (Imp.)]

११२३ दुर्जनेष्वपि मा पापं चिन्तयस्व कदाचन
1123 Auch gegen böse Menschen plane niemals Böses!
1123 durjaneṣv_api mā pāpaṃ cintayasva kadācana!
[durjanaḥ = schlechter Mensch (Lok.); api, Ind. = auch; mā, Interj. = nicht! (+ Imp.); pāpam = Böse, n. (Akk.); cint, cintayate, 10. = planen (Imp.); kadācana, Adv. = jemals (kadā = wann, mā kadācana = niemals)]

११२४ स्वीयान् गुणान् मा कत्थध्वम्
1124 Lobt nicht die eigenen Tugenden! (FÜ.: Eigenlob stinkt)
1124 svīyān guṇān mā katthadhvam!
[svīya, Pron. = eigen (m. Akk.); guṇaḥ = Tugend (Akk.); mā, Interj. = nicht!; katth, katthate, 1. = loben (Imp.)]

12.6. Mit Dual

12.6.1. Erste Person

११२५ संकटे ऽप्यनृतं मा भाषावहै
1125 Selbst in Gefahr sollen/wollen wir beide nicht die Unwahrheit sagen
1125 saṃkaṭe 'py_anṛtaṃ mā bhāṣāvahai
[saṃkaṭam = Gefahr (Lok.); api, Ind. = selbst; anṛtam = Unwahrheit (Akk.); mā, Interj. = nicht!; bhāṣ, bhāṣate, 1. = sagen (Imp. Du.)]

११२६ अस्मिन् फलके मुहूर्तमुपविशाव
1126 Wir wollen uns beide einen Augenblick auf dieser Bank niederlassen
1126 asmin phalake muhūrtam_upaviśāva
[idam, Pron. = dies (asmin, n. Lok.); phalakam = Bank (Lok.); muhūrtaḥ = Augenblick (Akk. = wie lange?); viś, upa-viśati, 6. = niederlassen (Imp. Du.)]

११२७ स्रग्भिः सदो भूषयाव
1127 Wir beide sollen/wollen die Residenz mit Girlanden schmücken
1127 sragbhiḥ sado bhūṣayāva

[sraj, srak, f. = Girlande (Instr.); sadas, n. = Wohnsitz (Residenz, Akk.); bhūṣ, bhūṣayati, 10. = schmücken (Imp. Du.)]

११२८ वयस्योपवनं प्रविशाव
1128 Oh Freund, laß uns beide den Hain betreten
1128 vayasyopavanaṃ praviśāva
[vayasyaḥ = Altersgenosse (Freund, vayasya, Vok.); upavanam = Hain (Akk.); viś, pra-viśati, 6. = betreten (Imp. Du.)]

12.6.2. Zweite Person

११२९ आसनयोर्निषीदतम्
1129 Setzt euch! (WÜ.: Laßt euch beide auf den beiden Sitzen nieder!)
1129 āsanayor_niṣīdatam!
[āsanam = Sitz (Lok. Du.); sad, ni-ṣīdati, 1. = setzen (sich setzen auf + Lok., Imp. Du.)]

११३० पितरौ प्रसीदतम्
1130 Eltern, verzeiht!
1130 pitarau, prasīdatam!
[pitṛ, pitā, m. = Eltern (Vok. Du.); sad, pra-sīdati, 1. = verzeihen (Imp. Du.)]

११३१ मावामवधीरयतम्
1131 Mißachtet uns beide nicht!
1131 māvām_avadhīrayatam!
[mā, Interj. = nicht! (+ Imp.); asmad, Pron. = wir (āvām, Akk. Du. = uns beide); dhīr, ava-dhīrayati, 10. = mißachten (Imp. Du.)]

११३२ पित्रोर्गुरोश्च वचनमनुतिष्ठतम्
1132 Hört beide auf das Wort der Eltern und des Lehrers!
1132 pitror_guroś_ca vacanam_anutiṣṭhatam!
[pitṛ, pitā, m. = Eltern (Gen. Du.); guruḥ, m. = Lehrer (Gen. Sg.); ca, Konj. = und; vacanam = Wort (Akk.); sthā, anu-tiṣṭhati, 1. = befolgen (hören auf + Akk., Imp. Du.)]

११३३ सपदि कपोतान् मुञ्चतम्
1133 Ihr zwei sollt die Tauben sofort freilassen!
1133 sapadi kapotān muñcatam!
[sapadi, Adv. = sofort (sa-pad-i = »stehenden Fußes«, sa + Lok. von »pad, m. irr. = Fuß«, aber z.B. »sahasā, Adv. = sofort«, von »sahas, n. = Gewalt«, sahasā, Instr. = mit Gewalt); kapotaḥ = Taube (Akk.); muc, muñcati, 6. = freilassen (Imp. Du.)]

११३४ हे सख्यौ कुम्भावानयतम्
1134 He ihr beiden Freundinnen, holt die beiden Töpfe!
1134 he sakhyau, kumbhāv_ānayatam!
[he, Interj. = he!; sakhī = Freundin (Vok. Du.); kumbhaḥ = Topf (kumbhau, Akk. Du.); nī, ā-nayati, 1. = holen (Imp. Du.)]

११३५ मानिष्टमाशङ्केथाम्
1135 Sorgt euch beide nicht um das Übel!
1135 māniṣṭam_āśaṅkethām!
[mā, Interj. = nicht!; aniṣṭam = Übel (Akk., an-iṣṭa = un-erwünscht); śaṅk, ā-śaṅkate, 1. = sorgen (um + Akk. = Angst haben vor + Akk., Imp. Du.)]

११३६ रे रे कुमारौ भर्तारं सेवेथाम्
1136 Oh ihr beiden Jünglinge, verehrt den Ernährer!

1136 re re kumārau, bhartāraṃ sevethām!
[re, Interj. = oh! (auch doppelt: re re); kumāraḥ = Jüngling (Vok. Du.); bhartṛ, bhartā, m. = Ernährer (Akk.); sev, sevate, 1. = verehren (und bedienen, Imp. Du.)]

११३७ युवां प्रातः कार्यमारभेथाम्
1137 Ihr beide sollt die Aufgabe morgen früh beginnen!
1137 yuvāṃ prātaḥ kāryam_ārabhethām!
[yuṣmad, Pron. = ihr (yuvām, Nom. Du. = ihr beide); prātar, Adv. = morgen früh (oder klarer »śvaḥ prabhāte = morgen bei Sonnenaufgang«); kāryam = Aufgabe (Akk.); rabh, ā-rabhate, 1. = beginnen (Imp. Du., theoretisch auch Impf. Du. von ā + arabhethām = ārabhethām, wenn Satz nicht »prātar« enthalten würde, das aber auch »früh morgens« bedeuten kann)]

११३८ अद्य पितुर्गृहमागच्छतम्
1138 Ihr sollt heute beide in das Haus des Vaters kommen!
1138 adya pitur_gṛham_āgacchatam!
[adya, Adv. = heute; pitṛ, pitā, m. = Vater (Gen.); gṛham = Haus (Akk.); gam, ā-gacchati, 1. = kommen (Imp. Du., theoretisch auch Impf. Du.)]

12.6.3. Dritte Person

११३९ दातारौ सुन्दर्यै ननान्द्रे मालां यच्छताम्
1139 Die zwei Spender sollen der schönen Schwägerin den Kranz geben
1139 dātārau sundaryai nanāndre mālāṃ yacchatām
[dātṛ, dātā, m. = Spender (Nom. Du.); sundara, Adj. = schön (f. Dat. Sg., sundarī, f. Adj.); nanāndṛ, nanāndā, f. = Schwägerin (Dat.); mālā = Kranz (Akk., auch Girlande); yam, yacchati, 1. = geben (+ Dat. + Akk., Imp. Du.)]

११४० विचित्रौ मयूरौ प्रासादस्य शिखरे नृत्यताम्
1140 Die zwei bunten Pfauen sollen auf der Zinne des Palastes tanzen
1140 vicitrau mayūrau prāsādasya śikhare nṛtyatām
[vicitra, Adj. = bunt (m. Nom. Du.); mayūraḥ = Pfau (Nom. Du.); prāsādaḥ = Palast (Gen.); śikharaḥ = Zinne (Lok.); nṛt, nṛtyati, 4. = tanzen (Imp. Du., Anm.: Wenn man diesen Satz nicht lesen, sondern nur hören würde, könnte »śikhare nṛtyatām« für »śikhare 'nṛtyatām = die zwei tanzten» = Impf. stehen. Allgemein bedeutet dies, daß der Avagraha, also die Elision des a, z.B. die Elision des Augments oder die Elision des a-privativum, den Sinn eines nicht gelesenen, sondern nur gehörten Satzes ins Gegenteil verkehren kann, indem man z.B. »cireṇa = nach langer Zeit« hört und nicht »'cireṇa = nach kurzer Zeit« sieht)]

११४१ रमणीये तन्व्यौ गीतं शिक्षेताम्
1141 Die beiden reizenden Mädchen sollen den Gesang lernen
1141 ramaṇīye tanvyau gītaṃ śikṣetām
[ramaṇīya, Adj. = reizend (f. Nom. Du.); tanvī = Mädchen (Nom. Du.); gītam = Lied (Akk.); śikṣ, śikṣate, 1. = lernen (Imp. Du.)]

११४२ दूतौ नृपतेः पत्त्रमानयताम्
1142 Die zwei Boten sollen den Brief für den König holen (oder Die zwei Boten holten den Brief für den König)
1142 dūtau nṛpateḥ pattram_ānayatām
[dūtaḥ = Bote (Du.); nṛpatiḥ, m. = König (Gen.); pattram = Brief (Akk.); nī, ā-nayati, 1. = holen (ā + anayatām = ānayatām, Impf. Du. = die beiden holten, oder ā + nayatām = ānayatām, Imp. Du. = die beiden sollen holen)]

13. Optativ

13.1. Erste Person (»Ich möchte«)

११४३ कष्टं व्याधितया स्वस्रा सह वैद्यं गच्छेयम्
1143 Ach, mit der kranken Schwester sollte ich den Arzt aufsuchen!
1143 kaṣṭaṃ, vyādhitayā svasrā saha vaidyaṃ gaccheyam!
[kaṣṭam, Interj. = ach! (oh weh!); vyādhita, Adj. = krank (f. Instr.); svasṛ, svasā, f. = Schwester (Instr.); saha, Präp. + Instr. = mit; vaidyaḥ = Arzt (Akk.); gam, gacchati, 1. = aufsuchen (+ Akk., Opt., Anm. 1: Als Hilfsübersetzung nehmen wir für den Optativ zuerst »sollten« und dann »mögen« oder den deutschen Konjunktiv, Anm. 2: Der Optativ ist die mildere Form des Imperativs, Anm. 3: Ferner dient der Optativ als Ersatz für den in den Veden noch üblichen, aber im klassischen Sanskrit nicht mehr gebräuchlichen Konjunktiv)]

११४४ पुण्यस्य फलं लभेय
1144 Möge ich den Lohn der Tugend erlangen!
1144 puṇyasya phalaṃ labheya!
[puṇyam = Tugend (Gen.); phalam = Frucht (Akk.); labh, labhate, 1. = erlangen (Opt., Anm.: Varianten der Übersetzung: »Ich sollte oder möchte den Lohn der Tugend erlangen!«, »Würde ich doch den Lohn der Tugend erlangen!«, »Ach erlangte ich doch den Lohn der Tugend!«, »Wenn ich doch den Lohn der Tugend erlangte oder erlangen würde!« usw.)]

११४५ चिरं प्रासादमधितिष्ठेम स्वास्थ्यं च भजेमहि
1145 Mögen wir lange im Palast wohnen und Gesundheit genießen!
1145 ciraṃ prāsādam_adhitiṣṭhema svāsthyaṃ ca bhajemahi!
[ciram, Adv. = lange; prāsādaḥ = Palast (Akk.); sthā, adhi-tiṣṭhati, 1. = bewohnen (+ Akk., Opt.); svāsthyam = Gesundheit (Akk.); ca, Konj. = und; bhaj, bhajate, 1. = genießen (Opt.)]

13.2. Zweite Person (»Du solltest«)

११४६ हन्त शिलां तोलयेः
1146 Los, du solltest den Stein wiegen!
1146 hanta, śilāṃ tolayeḥ!
[hanta, Interj. = los!; śilā = Stein (Akk.); tul, tolayati, 10. = wiegen (Opt.)]

११४७ हे गुरो सेवया मोदेथाः
1147 Oh Lehrer, du solltest dich über die Bedienung freuen!
1147 he guro, sevayā modethāḥ!
[he, Interj. = oh!; guruḥ, m. = Lehrer (Vok.); sevā = Bedienung (Instr.); mud, modate, 1. = freuen (über + Instr., Opt.)]

११४८ हे स्वसः पितुर्गृहे तिष्ठेः
1148 Oh Schwester, du solltest im Haus des Vaters bleiben!
1148 he svasaḥ, pitur_gṛhe tiṣṭheḥ!
[he, Interj. = oh!; svasṛ, svasā, f. = Schwester (Vok.); pitṛ, pitā, m. = Vater (Gen.); gṛham = Haus (Lok.); sthā, tiṣṭhati, 1. = bleiben (in + Lok., Opt.)]

११४९ वत्से सीत आयुष्मती भवेः
1149 Kleine Sita, mögest du lange leben! (FÜ.)
1149 vatse sīta āyuṣmatī bhaveḥ!
[vatsā = Kleine (vatse, f. Vok.); sītā, f. Eig. = Sita (sīte, Vok., vatse sīte = »Kleines! Sita!« = »Kleine Sita!«); āyuṣmat, Adj. = langlebig (āyuṣmān, m. Nom., āyuṣmatī, f. Adj. Nom.); bhū, bhavati, 1. = sein (Opt.)]

११५० दुर्जनानां गृहाणि न प्रविशेत
1150 Ihr solltet nicht die Häuser schlechter Menschen betreten!
1150 durjanānāṃ gṛhāṇi na praviśeta!
[durjanaḥ = schlechter Mensch (Gen.); gṛham = Haus (Akk.); na, Ind. = nicht (+ Opt., oder auch mā, Ind. + Opt.); viś, pra-viśati, 6. = betreten (+ Akk., Opt.)]

११५१ रज्जुं सर्पं मा मन्येध्वम्
1151 Ihr solltet das Seil nicht für die Schlange halten!
1151 rajjuṃ sarpaṃ mā manyedhvam!
[rajjuḥ, f. = Seil (Akk.); sarpaḥ = Schlange (Akk.); mā, Interj. = nicht! (+ Opt., oder auch na, Ind. + Opt.); man, manyate, 4. = halten (für + Akk. + Akk., Opt.)]

११५२ सदा वृद्धान् रोगिणश्च सेवेध्वम्
1152 Ihr solltet euch immer um die Alten und Kranken kümmern!
1152 sadā vṛddhān rogiṇaś_ca sevedhvam!
[sadā, Adv. = immer; vṛddha, Adj. = alt (m. Akk. Pl.); rogin, Adj. = krank (m. Akk. Pl., rogī, Nom.); ca, Konj. = und; sev, sevate, 1. = kümmern (um + Akk., Opt.)]

13.3. Dritte Person (»Er sollte«)

११५३ नरः सदा सत्यं वदेत्
1153 Ein Mann sollte immer die Wahrheit sagen
1153 naraḥ sadā satyaṃ vadet
[naraḥ = Mann; sadā, Adv. = immer; satyam = Wahrheit (Akk.); vad, vadati, 1. = sagen (Opt.)]

११५४ सूतो ऽश्वाय घासमाहरेत्
1154 Der Wagenlenker sollte dem Pferd Heu geben (oder sollte für das Pferd Heu holen)
1154 sūto 'śvāya ghāsam_āharet
[sūtaḥ = Wagenlenker; aśvaḥ = Pferd (Dat.); ghāsaḥ = Heu (oder Futter, Akk.); hṛ, ā-harati, 1. = geben (+ Dat. + Akk., Opt., oder etwas für jemanden holen = ā-hṛ + Dat. + Akk.)]

११५५ मेधावी शुद्धं जीवितमाचरेत्
1155 Der Kluge sollte ein reines Leben führen
1155 medhāvī śuddhaṃ jīvitam_ācaret
[medhāvin, Adj. = klug (m. Nom.); śuddha, Adj. = rein (lauter, n. Akk.); jīvitam = Leben, n. (Akk.); car, ā-carati, 1. = praktizieren (führen, Opt.)]

११५६ ग्रामस्यार्थे कुलं त्यजेत्
1156 Um des Dorfes willen sollte er die Familie verlassen
1156 grāmasyārthe kulaṃ tyajet
[grāmaḥ = Dorf (Gen.); arthe, Präp. + Gen. = wegen (um - willen); kulam = Familie; tyaj, tyajati, 1. = verlassen (Opt.)]

११५७ श्वश्रूर्वध्वै न जातु कुप्येत्
1157 Die Schwiegermutter sollte der Braut niemals zürnen
1157 śvaśrūr_vadhvai na jātu kupyet
[śvaśrūḥ = Schwiegermutter; vadhūḥ = Braut (Dat.); na jātu, Adv. = niemals; kup, kupyati, 4. = zürnen (+ Dat., Opt.)]

११५८ हे प्रिय भ्रातस्तवायुषि सुखं भवेत्
1158 Ach lieber Bruder, möge Glück in deinem Leben sein!
1158 he priya bhrātas_tavāyuṣi sukhaṃ bhavet!
[he, Interj. = ach!; priya, Adj. = lieb (m. Vok.); bhrātṛ, bhrātā, m. = Bruder (Vok.); tvad, Pron. = du (tava, Gen. = deiner); āyus, n. = Leben, n. (āyuṣi, Lok.); sukham = Glück; bhū, bhavati, 1.

= sein (Opt.)]

११५९ नृपतिः पटवे मन्त्रिणे न कुप्येत्
1159 Der König sollte einem klugen Minister nicht zürnen
1159 nṛpatiḥ paṭave mantriṇe na kupyet
[nṛpatiḥ, m. = König; paṭu, Adj. = klug (m. Dat.); mantrin, m. = Minister (Dat., mantrī, Nom.); na, Ind. = nicht; kup, kupyati, 4. = zürnen (+ Dat., Opt.)]

११६० विपत्तौ धीरो न मुह्येत्
1160 Im Unglück sollte der Standhafte nicht irregehen
1160 vipattau dhīro na muhyet
[vipattiḥ, f. = Unglück (vipattau oder vipattyām, Lok.); dhīra, Adj. = standhaft (m. Nom.); na, Ind. = nicht; muh, muhyati, 4. = irregehen (verwirrt oder wankelmütig sein, Opt.)]

११६१ नृपो वैश्यान् करान् दापयेत्
1161 Der König sollte die Gewerbetreibenden Steuern zahlen lassen
1161 nṛpo vaiśyān karān dāpayet
[nṛpaḥ = König; vaiśyaḥ = »Gewerbetreibende« (= Angehöriger der dritten Kaste, Akk.); karaḥ = Steuer (Akk.); dā, dāpayati, 10. = zahlen lassen (+ Akk. + Akk., Opt. Kaus.)]

११६२ दुर्जनेन समं सख्यं न कारयेत्
1162 Mit einem schlechten Menschen sollte man keine Freundschaft pflegen
1162 durjanena samaṃ sakhyaṃ na kārayet
[durjanaḥ = schlechter Mensch (Instr.); samam, Präp. + Instr. = mit (häufiger ist saha, Präp.); sakhyam = Freundschaft (Akk.); na, Ind. = nicht; kṛ, kārayati, 10. = praktizieren (Opt. Kaus.)]

११६३ आत्मनः प्रतिकूलानि परेषां न समाचरेत्
1163 Was einem selbst zuwider ist, sollte man bei anderen nicht praktizieren (FÜ.)
1163 ātmanaḥ pratikūlāni pareṣāṃ na samācaret
[ātman, Pron. = selbst (m. Gen. Sg.); pratikūla, Adj. = unangenehm (»gegenüber vom Ufer«, n. Akk. Pl.); para, Pron. = ander (m. Gen. Pl.); na, Ind. = nicht; car, sam-ā-carati, 1. = praktizieren (Opt.)]

११६४ विद्यया सार्धं म्रियेत। विद्यामूषरे न वपेत्
1164 Zusammen mit dem Wissen möchte er sterben. Er möchte das Wissen nicht auf einen Salzboden säen
1164 vidyayā sārdhaṃ mriyeta. vidyām_ūṣare na vapet
[vidyā = Wissen, n. (Instr., Akk.); sārdham, Präp. + Instr. = zusammen mit; mṛ, mriyate, 6. = sterben (Opt.); ūṣaram = Salzboden (Lok.); na, Ind. = nicht; vap, vapati, 1. = säen (+ Akk. + Lok., Opt.)]

११६५ प्रभुः कुक्कुरस्याविनयं न सहेत
1165 Der Herr sollte den Ungehorsam des Hundes nicht zulassen
1165 prabhuḥ kukkurasyāvinayaṃ na saheta
[prabhuḥ, m. = Herr; kukkuraḥ = Hund (kukkurasya, Gen.); avinayaḥ = Ungehorsam (Akk.); na, Ind. = nicht; sah, sahate, 1. = ertragen (Opt., »kann/sollte nicht ertragen/zulassen«)]

११६६ नाभिनन्देत जीवितं नाभिनन्देत मरणम्
1166 Man sorge sich nicht um das Leben, man sorge sich nicht um den Tod
1166 nābhinandeta jīvitaṃ, nābhinandeta maraṇam
[na, Ind. = nicht; nand, abhi-nandati, 1. = sorgen (um + Akk., Opt., normal Par., im Original Atm. »metri causa« = wegen der Metrik); jīvitam = Leben, n. (Akk.); maraṇam = Tod (Akk.)]

११६७ तृषिताय शीतलमम्बु यच्छेद्धरेच्च दीनस्यापदम्
1167 Er möge dem Durstigen das kühle Naß reichen und die Not des Betrübten lindern
1167 tṛṣitāya śītalam_ambu yacched_dharec_ca dīnasyāpadam
[tṛṣita, Adj. = durstig (m. Dat., Wz. tṛṣ, tṛṣyati); śītala, Adj. = kühlend (kühl, n. Akk.); ambu, n. = Naß (Wasser, Akk.); yam, yacchati, 1. = reichen (yacchet, Opt., Sa.: yacchet + haret = yacched + dharet); hṛ, harati, 1. = nehmen (lindern, haret, Opt.); ca, Konj. = und; dīna, Adj. = betrübt (dīnasya, Gen.); āpad, āpat, f. = Not (āpadam, Akk.)]

११६८ संन्यासिन आश्रममधितिष्ठेयुः
1168 Entsager sollten eine Einsiedelei bewohnen
1168 saṃnyāsina āśramam_adhitiṣṭheyuḥ
[saṃnyāsin, m. = Entsager (saṃnyāsinaḥ, Nom. Pl., saṃnyāsī, Nom. Sg.); āśramaḥ = Einsiedelei (Akk.); sthā, adhi-tiṣṭhati, 1. = bewohnen (+ Akk., Opt.)]

११६९ मासे मासे पितृभ्यः श्राद्धं यच्छेयुः
1169 Monat für Monat sollte man den Ahnen ein Totenopfer darbringen
1169 māse māse pitṛbhyaḥ śrāddhaṃ yaccheyuḥ
[māsaḥ = Monat (Lok. verdoppelt = Monat für Monat = jeden Monat = monatlich); pitṛ, pitā, m. = Ahnen (Dat. Pl.); śrāddham = Totenopfer (Akk.); yam, yacchati, 1. = darbringen (+ Dat. + Akk., Opt. Pl. = man)]

११७० केचिदेतमर्थं न साधयेयुः
1170 Einige würden dieses Ziel nicht erreichen (oder Keiner würde dieses Ziel erreichen)
1170 kecid_etam_arthaṃ na sādhayeyuḥ
[kiṃcid, Pron. = einige (ke-cid, m. Nom. Pl. = einige, kaś-cid, m. Nom. Sg. = irgendein, na ke-cid = nicht einige = keiner); etad, Pron. = dies (etam, m. Akk.); arthaḥ = Ziel (Akk.); na, Ind. = nicht; sādh, sādhayati, 10. = erreichen (Opt.)]

११७१ ऋणिनो मन्त्रिणश्च स्वामिने न कदापि द्रुह्येयुः
1171 Schuldner und Berater sollten dem Eigentümer niemals schaden
1171 ṛṇino mantriṇaś_ca svāmine na kadāpi druhyeyuḥ
[ṛṇin, m. = Schuldner (Nom. Pl., ṛṇī, Nom.); mantrin, m. = Berater (Nom. Pl., mantrī, Nom.); ca, Konj. = und; svāmin, m. = Eigentümer (Dat., svāmī, Nom.); na kadāpi, Adv. = niemals; druh, druhyati, 4. = schaden (+ Dat., Opt.)]

११७२ लुब्धका गजस्य करभाय न द्रुह्येयुः
1172 Die Jäger mögen dem Jungen des Elefanten keinen Schaden zufügen
1172 lubdhakā gajasya karabhāya na druhyeyuḥ
[lubdhakaḥ = Jäger; gajaḥ = Elefant (Gen.); karabhaḥ = Junges (Dat.); na, Ind. = nicht; druh, druhyati, 4. = schaden (Schaden zufügen + Dat., Opt.)]

११७३ दुर्जना विद्यायै न कल्पेरन्
1173 Schlechte Menschen sind wohl für das Wissen nicht bereit
1173 durjanā vidyāyai na kalperan
[durjanaḥ = schlechter Mensch; vidyā = Wissen, n. (Dat.); na, Ind. = nicht; kḷp, kalpate, 1. = bereit sein (oder taugen für + Dat., Opt.)]

११७४ वैश्याः कृष्या वाणिज्येन पाशुपाल्येन वा वर्तेरन्
1174 Die Gewerbetreibenden sollten von Ackerbau, Handel oder Viehzucht leben
1174 vaiśyāḥ kṛṣyā vāṇijyena pāśu-pālyena vā varteran
[vaiśyaḥ = »Gewerbetreibende« (= Angehörige der 3. Kaste); kṛṣiḥ, f. = Ackerbau (Instr.); vāṇijyam = Handel (Instr.); pāśu-pālyam = Viehzucht (Instr., Komp.: Wz. pāl, pālayati = beschützen); vā, Konj. = oder; vṛt, vartate, 1. = leben (von + Instr., Opt., vṛttiḥ, f. = Beruf)]

13.4. Konjunktiv (»Er würde«)

११७५ सत्येनानृतं जयेत्

1175 Durch die Wahrheit besiege man die Unwahrheit

1175 satyenānṛtaṃ jayet

[satyam = Wahrheit (satyena, Instr.); anṛtam = Unwahrheit (Akk.); ji, jayati, 1. = besiegen (+ Instr. + Akk., Opt., Anm. 1: Der Opt. dient auch als Konjunktiv-Ersatz, Anm. 2: Die Beispiele in diesem Abschnitt können auch hilfsweise mit dem Wort »sollten« übersetzt werden)]

११७६ प्रत्यहं नरश्चरितं प्रत्यवेक्षेत

1176 Täglich prüfe der Mensch den Lebenswandel

1176 pratyahaṃ naraś_caritaṃ pratyavekṣeta

[pratyaham, Adv. = täglich (prati + aha); naraḥ = Mensch; caritam = Lebenswandel (Akk.); īkṣ, praty-ava-īkṣate, 1. = prüfen (prati + ava + īkṣeta, Opt.)]

११७७ इच्छामि भवान् सोमं पिबेत्

1177 Ich wünschte, der Herr tränke den Soma

1177 icchāmi, bhavān somaṃ pibet

[iṣ, icchati, 6. = wünschen daß (+ Opt. im Nebensatz ohne »yad = daß«, PrSg., nicht Optativ); bhavat, Pron. = Herr (bhavān, Nom. = »Sie«); somaḥ = Soma-Trank (Akk.); pā, pibati, 1. = trinken (Opt. als Konjunktiv im Nebensatz)]

११७८ एको ऽध्वानं न गच्छेत्

1178 Allein würde man den Weg nicht gehen

1178 eko 'dhvānaṃ na gacchet

[eka, Pron. = allein (ekaḥ, m. Nom. = als einziger); adhvan, m. = Weg, m. (adhvānam, Akk., adhvā, Nom.); na, Ind. = nicht; gam, gacchati, 1. = gehen (Opt.)]

११७९ केवलेभ्यः पुस्तकेभ्यो विद्यां न लभेमहि

1179 Aus Büchern allein würden wir kein Wissen erlangen

1179 kevalebhyaḥ pustakebhyo vidyāṃ na labhemahi

[kevala, Adj. = allein (n. Abl. Pl.); pustakam = Buch (Abl.); vidyā = Wissen, n. (Akk.); na, Ind. = nicht; labh, labhate, 1. = erlangen (Opt.)]

११८० गुरवो मन्ये शास्त्राण्यवगच्छेयुः

1180 Die Lehrer, denke ich, müßten eigentlich die Lehrbücher verstehen

1180 guravo, manye, śāstrāṇy_avagaccheyuḥ

[guruḥ, m. = Lehrer; man, manyate, 4. = denken (»mich deucht«, PrSg.); śāstram = Lehrbuch (Akk.); gam, ava-gacchati, 1. = verstehen (kennen, Opt.)]

११८१ केषांचिन्मतेनालस्याद्दारिद्र्यं निष्पद्येत

1181 Nach Meinung einiger dürfte Armut von der Trägheit herrühren

1181 keṣāṃcin_matenālasyād_dāridryaṃ niṣpadyeta

[kiṃcid, Pron. = einige (keṣāṃ-cid, m. Gen. Pl.); matam = Meinung (matena, Instr., oder auch mate, Lok. = nach der Meinung); ālasyam = Trägheit (Abl.); dāridryam = Armut (Nom.); pad, niṣ-padyate, 4. = herrühren (von + Abl., Opt., nis + pad)]

११८२ विश्रामस्य हेतोर्गिरिमधिवसेयम्

1182 Um Ruhe zu finden, würde ich gern auf einem Berg wohnen (FÜ.)

1182 viśrāmasya hetor_girim_adhivaseyam

[viśrāmaḥ = Ruhe (Gen.); hetuḥ, m. = Grund (Abl., vi-śrāmasya hetoḥ = aus Gründen der Ruhe = wegen der Ruhe); giriḥ, m. = Berg (Akk.); vas, adhi-vasati, 1. = wohnen (auf oder in + Akk., Opt.)]

११८३ इमं भारं वह। अन्यथा प्रभुस्त्वां ताडयेत्
1183 Trage diese Last! Andernfalls schlüge dich der Herr
1183 imaṃ bhāraṃ vaha! anyathā prabhus_tvāṃ tāḍayet
[idam, Pron. = dies (imam, m. Akk.); bhāraḥ = Last (Akk.); vah, vahati, 1. = tragen (Imp.); anyathā, Adv. = andernfalls; prabhuḥ, m. = Herr; tvad, Pron. = du (tvām, Akk. = dich); taḍ, tāḍayati, 10. = schlagen (Opt.)]

13.5. Mit Dual

११८४ शङ्खौ धमेतम्
1184 Ihr beide solltet die zwei Muschelhörner blasen!
1184 śaṅkhau dhametam!
[śaṅkhaḥ = Muschel (Muschelhorn als Musikinstrument, Akk. Du.); dhmā, dhamati, 1. = blasen (Opt. Du.)]

११८५ हे वक्तारौ सर्वदर्तं भाषेयाथाम्
1185 Oh ihr beiden Redner, ihr beide solltet immer die Wahrheit sagen!
1185 he vaktārau, sarvadartaṃ bhāṣeyāthām!
[he, Interj. = oh!; vaktṛ, vaktā, m. = Redner (Vok. Du.); sarvadā, Adv. = immer (Sa.: ā + ṛ = ar); ṛtam = Wahrheit (Akk.); bhāṣ, bhāṣate, 1. = sagen (Opt. Du.)]

११८६ हे दुहितरौ युवां तूष्णीमतिथिं सेवेयाथाम्
1186 Oh ihr zwei Töchter, ihr solltet still den Gast bedienen!
1186 he duhitarau, yuvāṃ tūṣṇīm_atithiṃ seveyāthām!
[he, Interj. = oh!; duhitṛ, duhitā, f. = Tochter (Vok. Du.); yuṣmad, Pron. = ihr (yuvām, Nom. Du. = ihr zwei); tūṣṇīm, Adv. = still; atithiḥ, m. = Gast (Akk.); sev, sevate, 1. = bedienen (+ Akk., Opt. Du.)]

११८७ हे वत्सौ मातुराज्ञामनुरुध्येयाथाम्
1187 He ihr beiden Kinder, ihr solltet die Anweisung der Mutter befolgen!
1187 he vatsau, mātur_ājñām_anurudhyeyāthām!
[he, Interj. = he!; vatsaḥ = Kind (Vok. Du.); mātṛ, mātā, f. = Mutter (Gen.); ājñā = Anweisung (Akk.); rudh, anu-rudhyate, 4. = befolgen (Opt. Du.)]

११८८ सुचरितैः पुत्रौ पितरौ प्रीणयेताम्
1188 Durch gutes Verhalten sollten die zwei Kinder die Eltern erfreuen
1188 sucaritaiḥ putrau pitarau prīṇayetām
[sucaritam = gutes Verhalten (Instr. Pl., su + caritam); putraḥ = Kind (Du. = zwei Söhne oder oder auch zwei Kinder, Sg. = Sohn, Pl. = Söhne oder auch Kinder); pitṛ, pitā, m. = Eltern (Akk. Du. = Eltern, Sg. = Vater); prī, prīṇayati, 10. = erfreuen (Opt. Du.)]

११८९ ऋषी विष्णोः सूक्ते लभेयाताम्
1189 Die beiden Seher sollten zwei Hymnen von Vishnu erlangen
1189 ṛṣī viṣṇoḥ sūkte labheyātām
[ṛṣiḥ, m. = Seher (Du.); viṣṇuḥ, m. Eig. = Vishnu (Abl., aber auch Gen.); sūktam = Hymne (Akk. Du.); labh, labhate, 1. = erlangen (+ Abl. + Akk., Opt. Du.)]

११९० ईश्वरस्य पूजया शान्तिं विन्देव
1190 Mögen wir beide durch die Verehrung Gottes Frieden finden!
1190 īśvarasya pūjayā śāntiṃ vindeva!
[īśvaraḥ = Gott (Gen.); pūjā = Verehrung (Instr.); śāntiḥ, f. = Frieden (Akk.); vid, vindati, 6. = finden (Opt. Du.)]

११९१ कामदुहं सेवेवहि
1191 Mögen wir beide der Wunschkuh dienen!
1191 kāma-duhaṃ sevevahi!
[kāma-duh, kāma-dhuk, f. = »Wunschkuh« (Akk., Komp.); sev, sevate, 1. = bedienen (Opt. Du.)]

११९२ बाहुभ्यां नदीं न तरेत्
1192 Man sollte einen Fluß nicht mit den beiden Armen überqueren (FÜ.: Man sollte nicht über einen Fluß schwimmen)
1192 bāhubhyāṃ nadīṃ na taret
[bāhuḥ, m. = Arm, m. (Instr. Du.); nadī = Fluß (Akk.); na, Ind. = nicht; tṝ, tarati, 1. = überqueren (+ Instr. + Akk., Opt., bāhubhyām tṝ = durchschwimmen)]

14. Futur und Konditional

14.1. Einfaches Futur

११९३ तवाज्ञां करिष्यामि
1193 Ich werde deinen Befehl ausführen
1193 tavājñāṃ kariṣyāmi
[tad, Pron. = das (tava, Gen. = deiner); ājñā = Befehl (Akk.); kṛ, karoti, 8. = ausführen (Fut., kṛ guniert + i + syati = kar-i-ṣyati = kariṣyati, Anm.: An die gunierte Wurzel tritt »syati« mit oder ohne den Bindevokal »i«, wobei die Präsens-Endungen verwendet werden, Sa.: Wenn »i« benutzt wird, wird »syati« in »ṣyati« verwandelt, wenn »i« fehlt und die Wurzel auf einen Konsonanten endet, gelten spezielle Sandhis: draś + s = drakṣ, vah + s = vakṣ, dah + s = dhakṣ, sraj + s = srakṣ, śoṣ + s = śokṣ, vas + s = vats, labh + s = laps usw.)]

११९४ अद्य श्वो वा करिष्यामः
1194 Wir werden es heute oder morgen tun
1194 adya śvo vā kariṣyāmaḥ
[adya, Adv. = heute; śvas, Adv. = morgen; vā, Konj. = oder; kṛ, karoti, 8. = tun (Fut.)]

११९५ सखि नद्यास्तीरं गमिष्यामि
1195 Freundin, ich werde zum Ufer des Flusses gehen
1195 sakhi, nadyās_tīraṃ gamiṣyāmi
[sakhī = Freundin (Vok.); nadī = Fluß (Gen.); tīram = Ufer (Akk.); gam, gacchati, 1. = gehen (Fut., gam + iṣyati = gamiṣyati)]

११९६ कन्यां जामातुर्गेहं नेष्यामि
1196 Ich werde die Tochter zum Haus des Schwiegersohns führen
1196 kanyāṃ jāmātur_gehaṃ neṣyāmi
[kanyā = Tochter (Akk.); jāmātṛ, jāmātā, m. = Schwiegersohn (Gen.); geham = Haus (Akk.); nī, nayati, 1. = führen (+ Akk. + Akk., Fut., nī + syati = neṣyati)]

११९७ जृम्भस्व डिम्भ। दन्तांस्ते गणयिष्यामि
1197 Mach dem Mund auf, Kind! Ich werde/will deine Zähne zählen!
1197 jṛmbhasva, ḍimbha! dantāṃs_te gaṇayiṣyāmi!
[jṛmbh, jṛmbhate, 1. = gähnen (Mund aufmachen, jṛmbhasva, Imp. = aufmachen! = mach den Mund auf!); ḍimbhaḥ = Kind (Vok.); dantaḥ = Zahn (dantān, Akk. Pl.); tvad, Pron. = du (te oder tava, Gen.); gaṇ, gaṇayati, 10. = zählen (gaṇay + iṣyati = gaṇayiṣyati, Fut. auch als Willensäußerung)]

११९८ स्वयं गायकं द्रक्ष्यसि श्रोष्यसि च
1198 Du wirst den Sänger selbst sehen und hören
1198 svayaṃ gāyakaṃ drakṣyasi śroṣyasi ca
[svayam, Pron. = selbst (Ind.); gāyakaḥ = Sänger (Akk.); paś, paśyati, 4. = sehen (Fut., dṛś + syati = drakṣyati, Anm.: Wz. paś kommt nur als Präsensstamm vor: Präs. Impf. Imp. Opt. Aktiv, dagegen kommt Wz. dṛś nur als Futurstamm, Passivstamm, Perfektstamm usw. vor. Auch Wz. brū hat nur Präsensstamm); śru, śṛṇoti, 5. = hören (Fut., śru + syati = śroṣyati)]

११९९ सर्वाणि दुर्गाणि तरिष्यसि । भद्रं ते
1199 Du wirst alle Schwierigkeiten überwinden. Viel Glück!
1199 sarvāṇi durgāṇi tariṣyasi. bhadraṃ te!
[sarva, Pron. = all (n. Akk. Pl.); durgam = Schwierigkeit (Akk. Pl.); tṝ, tarati, 1. = überwinden (Fut., tṝ + iṣyati = tariṣyati); bhadram = Glück (Nom., »bhadram te« = Grußformel); tvad, Pron. = du (te oder tava, Gen. = für dich)]

१२०० सत्यं जेष्यति । क्षेमं ते
1200 Die Wahrheit wird siegen. Alles Gute!
1200 satyaṃ jeṣyati. kṣemaṃ te!
[satyam = Wahrheit; ji, jayati, 1. = siegen (ji + syati = jeṣyati, Fut.); kṣemam = Friede (Nom., »kṣemam te« = Grußformel); tvad, Pron. = du (te oder tava = für dich)]

१२०१ हस्त्यन्धं पाठशालां वक्ष्यति
1201 Der Elefant wird den Blinden zur Schule tragen
1201 hasty_andhaṃ pāṭha-śālāṃ vakṣyati
[hastin, m. = Elefant (hastī, Nom.); andhaḥ = Blinde (Akk.); pāṭha-śālā = Schule (Akk., Komp.); vah, vahati, 1. = tragen (vah + syati = vakṣyati, Fut.)]

१२०२ प्रिये भर्ता काशीं प्रस्थास्यति
1202 Geliebte, der Ehemann wird nach Benares aufbrechen
1202 priye, bhartā kāśīṃ prasthāsyati
[priyā = Geliebte (Vok.); bhartṛ, bhartā, m. = Ehemann; kāśī, f. Eig. = Benares (Varanasi, Akk.); sthā, pra-tiṣṭhati, 1. = aufbrechen (nach + Akk., Fut.)]

१२०३ वृक्षः फलिष्यति किंतु विद्युदेनं धक्ष्यति
1203 Der Baum wird Früchte tragen, aber der Blitz wird ihn verbrennen
1203 vṛkṣaḥ phaliṣyati, kiṃtu vidyud_enaṃ dhakṣyati
[vṛkṣaḥ = Baum; phal, phalati, 1. = reifen (Früchte tragen, Fut.); kiṃtu, Konj. = aber; vidyut, f. = Blitz; enad, Pron. = dies (enam, m. Akk.); dah, dahati, 1. = verbrennen (dah + syati = dhakṣyati, Fut.)]

१२०४ रात्रिर्गमिष्यति प्रभातं भविष्यति रविरुदेष्यति च
1204 Die Nacht wird gehen, der Tag anbrechen und die Sonne aufgehen
1204 rātrir_gamiṣyati, prabhātaṃ bhaviṣyati, ravir_udeṣyati ca
[rātriḥ, f. = Nacht; gam, gacchati, 1. = gehen (Fut); prabhātam = Tagesanbruch (Wz. bhā, bhāti = scheinen); bhū, bhavati, 1. = sein (Fut.); raviḥ, m. = Sonne; i, ud-eti, 2. = aufgehen (Fut., i + syati = eṣyati)]

१२०५ नवायां पूर्यां वत्स्यामो हर्म्यं च क्रेष्यामः
1205 Wir werden in einer neuen Stadt wohnen und eine Villa kaufen
1205 navāyāṃ pūryāṃ vatsyāmo harmyaṃ ca kreṣyāmaḥ
[nava, Adj. = neu (f. Lok.); purī = Stadt (Lok.); vas, vasati, 1. = wohnen (Fut., vas + syati = vatsyati); harmyam = Villa (Akk.); ca, Konj. = und; krī, krīṇāti, 9. = kaufen (Fut, krī + syati = kreṣyati)]

१२०६ हसिष्यामो रोदिष्यामश्च स्नेक्ष्यामो द्वेक्ष्यामश्च स्रक्ष्यामः क्षयिष्यामश्च
1206 Wir werden lachen und weinen, lieben und hassen, schaffen und zerstören
1206 hasiṣyāmo rodiṣyāmaś_ca, snekṣyāmo dvekṣyāmaś_ca, srakṣyāmaḥ kṣayiṣyāmaś_ca
[has, hasati, 1. = lachen (Fut., hasiṣyati); rud, roditi, 2. = weinen (Fut., rodiṣyati); snih, snihyati, 4. = lieben (Fut., snekṣyati); dviṣ, dveṣṭi, 2. = hassen (Fut., dvekṣyati); sṛj, sṛjati, 6. = schaffen (Fut., srakṣyati); kṣi, kṣiṇāti, 9. = zerstören (Fut., kṣayiṣyati)]

१२०७ मां स्मरिष्यथ । नात्र संशयः
1207 Ihr werdet euch an mich erinnern. Daran besteht kein Zweifel!
1207 māṃ smariṣyatha. nātra saṃśayaḥ!
[mad, Pron. = ich (mām, Akk. = mich); smṛ, smarati, 1. = erinnern (an + Akk., Fut., smariṣyati); na, Ind. = nicht; atra, Adv. = hierüber (diesbezüglich); saṃśayaḥ = Zweifel (Nom., Anm.: »nātra saṃśayaḥ« ist eine übliche Floskel der Bekräftigung: sapienti sat)]

१२०८ उत्सव उरूणि दानानि लप्स्यध्वे
1208 Ihr werdet am Fest riesige Geschenke bekommen
1208 utsava urūṇi dānāni lapsyadhve
[utsavaḥ = Fest, n. (utsave, Lok.); uru, Adj. = riesig (oder weit, n. Akk. Pl.); dānam = Geschenk (Akk.); labh, labhate, 1. = bekommen (Fut., labh + syate = lapsyate, Anm.: In den Epen wird für die 2. Pers. Pl. Fut. Atm. statt -adhve meist die Endung -adhvam benutzt, z.B. »yūyaṃ sarvān vadhiṣyadhvam« = »Ihr werdet alle töten«, Wz. »vadh, vadhati, 1. = töten«)]

१२०९ गिरयः पतिष्यन्ति सागराश्च शोक्ष्यन्ति
1209 Die Berge werden einstürzen und die Meere vertrocknen
1209 girayaḥ patiṣyanti sāgarāś_ca śokṣyanti
[giriḥ, m. = Berg; pat, patati, 1. = einstürzen (Fut.); sāgaraḥ = Meer; ca, Konj. = und; śuṣ, śuṣyati, 4. = vertrocknen (Fut., śuṣ + syati = śokṣyati)]

१२१० तत्र खञ्जा योधाः कतिचिद्दिनानि विश्रमिष्यन्ति
1210 Dort werden sich die lahmen Krieger einige Tage lang ausruhen
1210 tatra khañjā yodhāḥ katicid_dināni viśramiṣyanti
[tatra, Adv. = dort; khañja, Adj. = lahm (khañjāḥ, m. Nom. Pl.); yodhaḥ = Krieger; katicid, Pron. = einige (Akk. Pl., kati-cid hat im Nom. und Akk. keine Endung und auch kein Genus); dinam = Tag (n. Akk. Pl.); śram, vi-śrāmyati, 4. = ausruhen (+ Akk. = wie lange?, Fut.)]

१२११ अचिरेण यतिः स्वं कुलं स्मरिष्यति
1211 Der Büßer wird sich bald an die eigene Familie erinnern
1211 acireṇa yatiḥ svaṃ kulaṃ smariṣyati
[acireṇa, Adv. = bald (a-cira = nicht lang); yatiḥ, m. = Büßer; sva, Pron. = eigen (n. Akk.); kulam = Familie (Akk.); smṛ, smarati, 1. = erinnern (an + Akk., Fut.)]

१२१२ ग्रीष्मे नदीनामुदकेषु नृपाः प्रमदाभिः क्रीडिष्यन्ति
1212 Im Sommer werden Könige mit Haremsdamen in den Wassern der Flüsse spielen
1212 grīṣme nadīnām_udakeṣu nṛpāḥ pramadābhiḥ krīḍiṣyanti
[grīṣmaḥ = Sommer (Lok.); nadī = Fluß (Gen.); udakam = Wasser (Lok.); nṛpaḥ = König; pramadā = Haremsdame (Instr. = pramadābhiḥ saha); krīḍ, krīḍati, 1. = spielen (Fut.)]

14.2. Periphrastisches Futur

१२१३ श्व आगन्तास्मि
1213 Ich werde morgen kommen
1213 śva āgantāsmi
[śvas, Adv. = morgen; āgantṛ, Adj. = kommend (āgantā asmi = āgantāsmi, periphr. Fut.: »ich bin ein Kommender« = ich bin im Begriff zu kommen = ich werde kommen, Anm. 1: Das

periphr. Futur ist selten und kann nur für rund 40 Verben in Originaltexten belegt werden, während das einfache Futur von immerhin 200 der rund 1200 Verben in Texten belegbar ist, Anm. 2: In der ersten und zweiten Person muß das Hilfsverb »as« ergänzt werden)]

१२१४ अचिरेण काशीं गन्तासि
1214 Bald wirst du nach Benares gehen
1214 acireṇa kāśīṃ gantāsi
[acireṇa, Adv. = bald (a-cira = nicht lang); kāśī, f. Eig. = Benares (Akk.); gantṛ, Adj. = gehend (gantā + asi = gantāsi, periphrastisches Fut. = du bist ein Gehender = du wirst gehen)]

१२१५ सेनापतिं यशो गन्ता न तु योधान् कथंचन
1215 Zum Heerführer wird der Ruhm gehen, dagegen keinesfalls zu den Soldaten
1215 senā-patiṃ yaśo gantā, na tu yodhān kathaṃcana
[senā-patiḥ, m. = Heerführer (Akk.); yaśas, n. = Ruhm; gantṛ, Adj. = gehend (gantā, m. Nom. Sg. = er wird gehen zum + Akk, periphrastisches Fut.); na kathaṃcana, Adv. = keinesfalls (katham-cana = irgend-wie); tu, Konj. = dagegen; yodhaḥ = Soldat (Akk.)]

१२१६ ग्रामं गन्तारो मुनयः कूपस्य स्वाद्वम्बु पास्यन्ति
1216 Die in das Dorf gehenden Weisen werden das süße Wasser des Brunnens trinken
1216 grāmaṃ gantāro munayaḥ kūpasya svādv_ambu pāsyanti
[grāmaḥ = Dorf (Akk.); gantṛ, Adj. = gehend (gantāraḥ, m. Nom. Pl. = sie werden gehen, periphrastisches Fut., Anm.: »gantṛ« kann hier auch als normales Adj. angesehen werden); muniḥ, m. = Weise; kūpaḥ = Brunnen (Gen.); svādu, Adj. = süß (n. Akk.); ambu, n. = Wasser (Akk.); pā, pibati, 1. = trinken (Fut.)]

14.3. Konditional = Irrealis

१२१७ वृष्टिश्चेदभविष्यद्दुर्भिक्षं नाभविष्यत्
1217 Wenn es Regen gegeben hätte, wäre keine Hungersnot entstanden (Irrealis)
1217 vṛṣṭiś_ced_abhaviṣyad_durbhikṣaṃ nābhaviṣyat
[vṛṣṭiḥ, f. = Regen; ced, Konj. = wenn (nachgestellt); bhū, bhavati, 1. = vorhanden sein (Fut.: bhaviṣyati, Impf.: abhavat, Kond.: abhaviṣyat, also Stamm des Fut. mit Endung und Aug. des Imperfekts. Der Kond. ist extrem rar, insgesamt gibt es nur rund 80 Belege in allen Sanskrittexten, davon rund 50 Belege im Shatapatha-Brahmana); durbhikṣam = Hungersnot; na, Ind. = nicht (Satz als Potentialis: »vṛṣṭiḥ ced bhavet, durbhikṣam na bhavet« = »Wenn es regnen würde, würde es keine Hungersnot geben«)]

१२१८ यदि राजा न दण्डमनेष्यत बलवन्तो दुर्बलान् समहरिष्यन्
1218 Wenn der König nicht den Stock geführt hätte, hätten die Starken die Schwachen vernichtet (Irrealis)
1218 yadi rājā na daṇḍam_aneṣyata, balavanto durbalān samahariṣyan
[yadi, Konj. = wenn (vorangestellt); rājan, m. = König (Nom.); na, Ind. = nicht; daṇḍaḥ = Stock (Akk.); nī, nayati, 1. = führen (Fut. Atm.: neṣyate, Impf.: anayata, Kond.: aneṣyata, also Stamm des Fut. mit Endung und Aug. des Impf.); balavat, Adj. = stark (m. Nom. Pl.); durbala, Adj. = schwach (m. Akk. Pl.); hṛ, saṃ-harati, 1. = vernichten (Fut.: saṃhariṣyanti, Impf.: samaharan, Kond.: samahariṣyan, also Stamm des Fut. mit Endung und Aug. des Impf., Satz als Potentialis: »yadi rājā na daṇḍam nayeta, balavantaḥ durbalān saṃhareyuḥ« = »Wenn der König nicht bestrafen würde, würden die Starken die Schwachen vernichten«)]

१२१९ मूर्धा ते व्यपतिष्यद्यदि मां नागमिष्यः
1219 Dein Haupt wäre abgefallen, wenn du nicht zu mir gekommen wärest (Irrealis)
1219 mūrdhā te vyapatiṣyad_yadi māṃ nāgamiṣyaḥ
[mūrdhan, m. = Haupt (mūrdhā, Nom.); tvad, Pron. = du (te oder tava, Gen. = dein); pat, vi-

patati, 1. = abfallen (oder platzen, Fut.: vipatiṣyati, Impf.: vyapatat, Kond.: vyapatiṣyat, also Stamm des Fut. mit Endung und Aug. des Impf.); yadi, Konj. = wenn (statt »yadi na« im Original: »yad na« = wofern nicht); mad, Pron. = ich (mām, Akk. = zu mir); na, Ind. = nicht; gam, ā-gacchati, 1. = kommen (Fut.: āgamiṣyasi, 2. Pers. Impf.: āgacchaḥ, Kond.: āgamiṣyaḥ, Satz als Potentialis: »mūrdhā te vipatet yadi mām na āgaccheḥ« = »Dein Kopf fiele ab oder würde abfallen, wenn du nicht kämest oder kommen würdest«)]

१२२० मुक्तिं चेदिच्छसि विषमिव विषयांस्त्यज
1220 Wenn du nach Erlösung strebst, so meide die Sinneswelt wie Gift! (Realis)
1220 muktiṃ ced_icchasi, viṣam_iva viṣayāṃs_tyaja!
[muktiḥ, f. = Erlösung (Akk.); ced, Konj. = wenn (nachgestellt); iṣ, icchati, 6. = streben (nach + Akk., PrSg.); viṣam = Gift (Akk.); iva, Adv. = wie; viṣayaḥ = Sinnesobjekt (viṣayān, Akk. Pl. = Sinneswelt); tyaj, tyajati, 1. = aufgeben (Imp.)]

15. »as, asti = sein, haben«

15.1. Präsens von »sein«

१२२१ हन्त हन्त सर्वथा नृशंसो ऽस्मि
1221 Oh weh, oh weh, ich bin völlig bösartig!
1221 hanta, hanta, sarvathā nṛśaṃso 'smi!
[hanta, Interj. = oh weh!; sarvathā, Adv. = völlig (»total«); nṛśaṃsa, Adj. = bösartig (»kriminell«, m. Nom. Sg.); as, asti, 2. = sein (PrSg., Anm.: Das Verb »as« wird als Vollverb und Hilfsverb verwendet und zählt neben »kṛ« zu den häufigsten athematischen Verben)]

१२२२ झषाणां मकरश्चास्मि
1222 Und unter den Fischen bin ich der Hai
1222 jhaṣāṇāṃ makaraś_cāsmi
[jhaṣaḥ = Fisch (Gen., Beispiel für den jh-Laut, der fast niemals vorkommt); makaraḥ = Hai; ca, Konj. = und; as, asti, 2. = sein (asmi = ich bin, PrSg.)]

१२२३ दिष्ट्या सिद्धार्थौ स्वः
1223 Gott sei Dank sind wir beide erfolgreich!
1223 diṣṭyā siddhārthau svaḥ!
[diṣṭyā, Interj. = Gott sei Dank!; siddhārtha, Adj. = erfolgreich (m. Nom. Du., siddha-arthaḥ = yasya arthaḥ siddhaḥ saḥ = der, dessen Ziel erreicht wurde); as, asti, 2. = sein (PrDu.)]

१२२४ न नटा न गायकाः स्मः
1224 Wir sind weder Schauspieler noch Sänger
1224 na naṭā na gāyakāḥ smaḥ
[na - na, Konj. = weder - noch; naṭaḥ = Schauspieler (naṭāḥ, Pl.); gāyakaḥ = Sänger; as, asti, 2. = sein (smaḥ = wir sind, PrPl.)]

१२२५ वने श्वापदाः समुद्रे मत्स्याश्च सन्ति
1225 Im Wald sind Raubtiere und im Meer Fische
1225 vane śvāpadāḥ samudre matsyāś_ca santi
[vanam = Wald (Lok.); śvāpadaḥ = Raubtier (śvā-pad = »hunde-füßig«); samudraḥ = Meer (Lok.); matsyaḥ = Fisch; ca, Konj. = und; as, asti, 2. = sein (PrPl., Anm.: »as« kann hier nicht entfallen, da es für »existieren« steht und durch »vasanti = wohnen«, »jīvanti = leben« usw. ersetzt werden könnte)]

१२२६ मयूराः शुकाश्च विहगाः सन्ति
1226 Pfauen und Papageien sind Vögel
1226 mayūrāḥ śukāś_ca vihagāḥ santi
[mayūraḥ = Pfau; śukaḥ = Papagei; ca, Konj. = und; vihagaḥ = Vogel; as, asti, 2. = sein (PrPl., Anm.: In Sätzen dieser Art wird »as« meist weggelassen, da es nur als Kopula dient)]

१२२७ मधुनि माधुर्यमस्ति। कवीनां वाक्षु माधुर्यमस्ति
1227 Im Honig ist Süße. In den Worten der Dichter ist Süße
1227 madhuni mādhuryam_asti. kavīnāṃ vākṣu mādhuryam_asti
[madhu, n. = Honig (Lok.); mādhuryam = Süße (konkret und abstrakt, Nom.); as, asti, 2. = sein (PrSg.); kaviḥ, m. = Dichter (Gen.); vāc, vāk, f. = Wort (vākṣu, Lok. Pl.)]

१२२८ वधकस्य पाणावसिरस्ति
1228 In der Hand des Scharfrichters ist das Schwert
1228 vadhakasya pāṇāv_asir_asti
[vadhakaḥ = Scharfrichter (Gen.); pāṇiḥ, m. = Hand (pāṇau, Lok.); asiḥ, m. = Schwert; as, asti, 2. = sein (PrSg.)]

१२२९ हरौ यतीनां चित्तमस्ति
1229 Das Denken der Büßer ist auf Hari gerichtet (FÜ.)
1229 harau yatīnāṃ cittam_asti
[hariḥ, m. Eig. = Hari (Lok.); yatiḥ, m. = Büßer (Gen.); cittam = Geist (Nom.); as, asti, 2. = sein (PrSg.)]

१२३० वैद्यो नास्त्यायुषः प्रभुः
1230 Der Arzt ist nicht der Herr des Lebens (= der Herr über das Leben)
1230 vaidyo nāsty_āyuṣaḥ prabhuḥ
[vaidyaḥ = Arzt; na, Ind. = nicht; as, asti, 2. = sein (PrSg.); āyus, n. = Leben, n. (Gen.); prabhuḥ, m. = Herr]

१२३१ अस्ति विदर्भेषु पद्मपुरं नाम नगरम्
1231 Es gibt in Vidarbha eine Stadt namens Padmapura
1231 asti vidarbheṣu padma-puraṃ nāma nagaram
[as, asti, 2. = sein (PrSg., vorangestellt = es gibt); vidarbhāḥ, Pl. m. Eig. = Maharashtra (Lok. Pl., Ländernamen meist Pl.); puram = Stadt (Nom., padma-puram, Komp. = »Lotusstadt«); nāma, Adv. = namens; nagaram = Stadt (Nom.)]

१२३२ आपदि च संपदि च साधोश्चेतः प्रसन्नमस्ति
1232 Im Unglück und im Glück ist das Gemüt des Weisen ruhig
1232 āpadi ca saṃpadi ca sādhoś_cetaḥ prasannam_asti
[āpad, āpat, f. = Unglück (Lok.); ca - ca, Konj. = sowohl - als auch; saṃpad, saṃpat, f. = Glück (Lok.); sādhuḥ, m. = Weise (sādhoḥ, Gen.); cetas, n. = Gemüt; prasanna, Adj. = ruhig (abgeklärt, n. Nom.); as, asti, 2. = sein (PrSg.)]

१२३३ शकुन्तले दारुणा खल्वसि
1233 Shakuntala, du bist wirklich grausam!
1233 śakuntale, dāruṇā khalv_asi!
[śakuntalā, f. Eig. = Shakuntala (Vok.); dāruṇa, Adj. = grausam (f. Nom. Sg., »hart wie Holz«, dāru, n. = Holz); khalu, Ind. = wirklich; as, asti, 2. = sein (PrSg.)]

१२३४ देव स एवास्मि कुमारः
1234 Majestät, ich hier bin der Prinz!
1234 deva, sa evāsmi kumāraḥ!
[devaḥ = Majestät (Vok.); tad, deikt. Pron. = »hier!« (saḥ, m. Nom. = dies da); eva, Ind. = hier;

as, asti, 2. = sein (Anm.: Man beachte, daß »asmi« in der ersten und »saḥ« in der dritten Person steht); kumāraḥ = Prinz (Nom.)]

१२३५ सुख्यस्म्यहं सुखी वा । सुखिनौ स्व आवां सुखिनौ वा । सुखिनः स्मो वयं सुखिनो वा
1235 Ich bin glücklich. Wir beide sind glücklich. Wir sind glücklich
1235 sukhy_asmy_ahaṃ sukhī vā. sukhinau sva āvāṃ sukhinau vā. sukhinaḥ smo vayaṃ sukhino vā
[sukhin, Adj. = glücklich (sukhī, m. Nom. Sg., sukhinau, m. Nom. Du., sukhinaḥ, m. Nom. Pl.); as, asti, 2. = sein (asmi = ich bin, PrSg., svaḥ = wir beide sind, PrDu., smaḥ = wir sind, PrPl.); mad, Pron. = ich (aham = ich, āvām = wir beide, vayam = wir); vā, Konj. = oder (Anm.: Ein nacktes Adj. ohne Subst. muß wahlweise mit einem Pron. oder mit einem Hilfsverb verbunden werden, wenn die erste Person gemeint ist)]

१२३६ धन्यसि त्वं धनी वा । धनिनौ स्थो युवां धनिनौ वा । धनिनः स्थ यूयं धनिनो वा
1236 Du bist reich. Ihr beide seid reich. Ihr seid reich
1236 dhany_asi tvaṃ dhanī vā. dhaninau stho yuvāṃ dhaninau vā. dhaninaḥ stha yūyaṃ dhanino vā
[dhanin, Adj. = reich (dhanī, m. Nom. Sg., dhaninau, m. Nom. Du., dhaninaḥ, m. Nom. Pl.); as, asti, 2. = sein (asi = du bist, PrSg., sthaḥ = ihr beide seid, PrDu., stha = ihr seid, PrPl.); tvad, Pron. = du (tvam = du, yuvām = ihr beide, yūyam = ihr); vā, Konj. = oder (Anm.: Ein nacktes Adj. ohne Subst. muß auch dann wahlweise mit einem Pron. oder mit einem Hilfsverb verbunden werden, wenn die zweite Person gemeint ist)]

१२३७ स दोषी दोष्यस्ति वा । तौ दोषिणौ दोषिणौ स्तो वा । ते दोषिणो दोषिणः सन्ति वा
1237 Er ist lasterhaft. Die beiden sind lasterhaft. Sie sind lasterhaft
1237 sa doṣī doṣy_asti vā. tau doṣiṇau doṣiṇau sto vā. te doṣiṇo doṣiṇaḥ santi vā
[tad, Pron. = das (saḥ, m. Nom. Sg. = er, tau, m. Nom. Du. = die beiden, te, m. Nom. Pl. = sie); doṣin, Adj. = lasterhaft (doṣī, m. Nom. Sg., doṣiṇau, m. Nom. Du., doṣiṇaḥ, m. Nom. Pl.); as, asti, 2. = sein (asti = er ist, PrSg., staḥ = die beiden sind, PrDu., santi = sie sind, PrPl.); vā, Konj. = oder (Anm.: Ein nacktes Adj. ohne Subst. wird in der dritten Person meist nur mit dem Pron. ohne das Hilfsverb »as« verbunden)]

१२३८ धनी दोषी धनी दोष्यस्ति वा
1238 Der Reiche ist lasterhaft
1238 dhanī doṣī dhanī doṣy_asti vā
[dhanin, Adj. = reich (dhanī, m. Nom. Sg.); doṣin, Adj. = lasterhaft (doṣī, m. Nom. Sg.); as, asti, 2. = sein (PrSg.); vā, Konj. = oder (Anm.: Bei der prädikativen Kombination Subst. + Adj. wird das Hilfsverb, das dann stets in der dritten Person stehen würde, meist weggelassen)]

15.2. Präsens von »haben«

१२३९ न तस्य किंचिदस्ति
1239 Er hat nichts
1239 na tasya kiṃcid_asti
[na kiṃcid, Pron. = nichts (na kim-cid, n. Nom.); tad, Pron. = das (tasya, m. Gen. = dessen); as, asti, 2. = haben (PrSg., »dessen ist nichts« = »er hat nichts«, Anm.: Bei der Konstruktion von »haben« verwendet man immer den Genitiv des Nomens in Verbindung mit »as«)]

१२४० दरिद्राणां बहवः पुत्राः सन्ति । धनवतां पुत्रो नास्ति
1240 Arme haben viele Söhne. Reiche haben keinen Sohn
1240 daridrāṇāṃ bahavaḥ putrāḥ santi. dhanavatāṃ putro nāsti
[daridra, Adj. = arm (m. Gen.); bahu, Adj. = viel (m. Nom.); putraḥ = Sohn (bahavaḥ putrāḥ, Nom. Pl.); as, asti, 2. = haben (PrPl., »der Armen sind viele Söhne« = »die Armen haben viele

Söhne«); dhanavat, Adj. = reich (m. Gen. Pl.); na, Ind. = nicht]

१२४१ वित्तवतां वक्तॄणि मित्राणि सन्ति
1241 Reiche haben redegewandte Freunde
1241 vittavatāṃ vaktr̄ṇi mitrāṇi santi
[vittavat, Adj. = reich (m. Gen. Pl.); vaktr̥, Adj. = redegewandt (vaktr̄ṇi, n. Nom. Pl., vaktr̥, n. Nom. Sg., Anm.: Konstruiertes Beispiel für n. Adj. auf r̥, das fast nie vorkommt); mitram = Freund (n. Pl.); as, asti, 2. = haben (PrPl., »der Reichen sind« = »die Reichen haben«)]

१२४२ नक्रस्योत्तरे ऽधरे च दन्ताः सन्ति
1242 Ein Krokodil hat obere und untere Zähne
1242 nakrasyottare 'dhare ca dantāḥ santi
[nakraḥ = Krokodil (Gen.); uttara, Pron. = ober (uttare, m. Nom. Pl.); adhara, Pron. = unter (adhare, m. Nom. Pl.); dantaḥ = Zahn (»Zahn« geht etymologisch auf »dantaḥ« zurück, vgl. lateinisch »dens, dentis«. Dabei basiert »dantaḥ« nicht auf Wz. »daṃś = beißen«, sondern auf Wz. »ad = essen«); as, asti, 2. = haben (PrPl., »des Krokodils sind« = »das Krokodil hat«)]

१२४३ हे नेतरादिश । चम्वा वीराणां भयं नास्ति
1243 Oh Führer, befiehl! Die Helden haben keine Angst vor dem Heer
1243 he netar_ādiśa! camvā vīrāṇāṃ bhayaṃ nāsti
[he, Interj. = oh!; netr̥, netā, m. = Führer (Vok., Sa.: netar + ā = netar_ā); diś, ā-diśati, 6. = befehlen (Imp.); camūḥ = Heer (camvāḥ, Abl.); vīraḥ = Held (Gen.); bhayam = Angst (vor + Abl.); na, Ind. = nicht; as, asti, 2. = haben (PrSg., »der Helden ist« = »die Helden haben«)]

१२४४ पारसीकानां शीघ्रा अश्वा महान्त उष्ट्रा बहवो ऽवयश्च सन्ति
1244 Die Perser haben schnelle Pferde, große Kamele und viele Schafe
1244 pārasīkānāṃ śīghrā aśvā mahānta uṣṭrā bahavo 'vayaś_ca santi
[pārasīkaḥ, m. Eig. = Perser (Gen.); śīghra, Adj. = schnell (śīgrāḥ, m. Nom. Pl.); aśvaḥ = Pferd; mahat, Adj. = groß (mahāntaḥ, m. Nom. Pl.); uṣṭraḥ = Kamel; bahu, Adj. = viel (bahavaḥ, m. Nom. Pl.); aviḥ, m. = Schaf (avayaḥ, Pl.); ca, Konj. = und; as, asti, 2. = haben (+ Gen., PrPl.)]

१२४५ त्वं ममासि तवाहमस्मि नास्त्यत्र संशयः
1245 »Dū bist mīn, ich bin dīn, des solt dū gewis sīn«
1245 tvaṃ mamāsi, tavāham_asmi, nāsty_atra saṃśayaḥ
[tvad, Pron. = du (tvam, Nom., tava, Gen. = dein); mad, Pron. = ich (aham, Nom., mama, Gen. = mein); as, asti, 2. = lieben (PrSg.); na, Ind. = nicht; atra, Adv. = hierüber; saṃśayaḥ = Zweifel]

15.3. Imperfekt, Imperativ und Optativ

१२४६ आसीत् कश्चन शृगालः
1246 Es war einmal ein Schakal
1246 āsīt kaścana śr̥gālaḥ
[as, asti, 2. = sein (āsīt, Impf. Sg., vorangestellt = »es war einmal«, z.B. bei Märchenanfang); kiṃcana, Pron. = irgendein (kaś-cana, m. Nom.); śr̥gālaḥ = Schakal]

१२४७ पर्वतस्य समीपं वृक्षा आसन्
1247 In der Nähe des Berges waren Bäume
1247 parvatasya samīpaṃ vr̥kṣā āsan
[parvataḥ = Berg (Gen.); samīpam, Präp. + Gen. = nahe; vr̥kṣaḥ = Baum (Nom. Pl.); as, asti, 2. = sein (āsan, Impf. Pl.)]

१२४८ नृपस्य सभायां नलो नाम पारिषद आसीत्
1248 In der Versammlung des Königs war ein Höfling namens Nala

1248 nṛpasya sabhāyāṃ nalo nāma pāriṣada āsīt
[nṛpaḥ = König (Gen.); sabhā = Versammlung (Lok.); nalaḥ, m. Eig. = Nala; nāma, Adv. = namens; pāriṣadaḥ = Höfling (Gefolgsmann); as, asti, 2. = sein (Impf.)]

१२४९ नाहं जात्वासं न त्वमासीर्नेमे आसन्नर्जुन
1249 Weder war ich jemals, noch warst du, noch waren sie, Arjuna!
1249 nāhaṃ jātv_āsaṃ na tvam_āsīr_nema āsann_arjuna!
[na - na, Konj. = weder - noch; jātu, Adv. = jemals; mad, Pron. = ich (aham, Nom.); as, asti, 2. = sein (existieren, āsam = ich war, āsīḥ = du warst, āsan = sie waren, Impf.); idam, Pron. = dies (ime, m. Nom. Pl. = sie, Sa.: na ime āsan arjuna); arjunaḥ, m. Eig. = Ardschuna (Vok.)]

१२५० तूष्णीमेधि । तूष्णीको भव
1250 Sei still! Sei schweigsam!
1250 tūṣṇīm_edhi! tūṣṇīko bhava!
[tūṣṇīm, Adv. = still; as, asti, 2. = sein (edhi = sei, Imp., Anm.: Adv./Adj. + »edhi« ist im klassischen Sanskrit nicht üblich. Beispiele für »edhi« aus vedischen Texten: »āvir_edhi = offenbare dich!«, āvis, Adv. = offenbar, «sakhā suśeva edhi naḥ = sei uns ein guter Freund«, sakhi, sakhā, m. irr. Nom. = Freund, su-śevaḥ, m. Adj. = sehr hold, naḥ = uns); tūṣṇīka, Adj. = schweigsam (m. Nom. Sg.); bhū, bhavati, 1. = sein (Imp., bhū-Imp. bei Adj. üblich)]

१२५१ मैवम् । एवमस्तु
1251 Nicht so! So soll es sein!
1251 maivam! evam_astu!
[mā, Interj. = nicht!; evam, Adv. = so; as, asti, 2. = sein (astu, Imp.)]

१२५२ भार्या भर्तुरर्धमस्तु
1252 Die Ehefrau soll die Hälfte des Ehemanns sein
1252 bhāryā bhartur_ardham_astu
[bhāryā = Ehefrau; bhartṛ, bhartā, m. = Ehemann (Gen.); ardham = Hälfte; as, asti, 2. = sein (Imp., Anm.: Ganz anders als »edhi« ist »astu« im klassischen Sanskrit üblich und häufig)]

१२५३ साधूनां निधिर्विद्या स्यात्
1253 Der Schatz der Weisen dürfte/sollte das Wissen sein
1253 sādhūnāṃ nidhir_vidyā syāt
[sādhuḥ, m. = Weise (Gen.); nidhiḥ, m. = Schatz; vidyā = Wissen, n.; as, asti, 2. = sein (Opt.)]

१२५४ अपि स कालः स्यात्
1254 Ach wäre doch die Zeit gekommen! (FÜ.)
1254 api sa kālaḥ syāt!
[api, Interj. = ach! (+ Opt.); tad, Pron. = das (saḥ, m. Nom.); kālaḥ = Zeit; as, asti, 2. = sein (Opt., Anm.: »syāt« ist semantisch die mildere Form von »astu«)]

16. »kṛ, karoti = machen«

१२५५ आं कुर्मः । बाढम्
1255 Ja, wir tun es! Jawohl!
1255 āṃ, kurmaḥ! bāḍham!
[ām, Ind. = ja; kṛ, karoti, 8. = tun (PrPl., Anm. 1: »kṛ« wird sowohl im Par. als auch im Atm. konjugiert, doch verwenden wir hier nur Par.); bāḍham, Ind. = jawohl (gewiß)]

१२५६ कुम्भकारस्य दासा घटं कुर्वन्ति
1256 Die Sklaven des Töpfers stellen einen Topf her

1256 kumbha-kārasya dāsā ghaṭaṃ kurvanti
[kumbha-kāraḥ = Töpfer (Gen., kumbhaḥ = Topf); dāsaḥ = Sklave (Pl.); ghaṭaḥ = Topf (Akk.); kṛ, karoti, 8. = herstellen (+ Akk., PrPl.)]

१२५७ अतिथीनां कृते गृहिण्यन्नं संस्करोति
1257 Für die Gäste bereitet die Hausfrau die Speise zu
1257 atithīnāṃ kṛte gṛhiṇy_annaṃ saṃskaroti
[atithiḥ, m. = Gast (Gen.); kṛte, Präp. + Gen. = für (um - willen); gṛhiṇī = Hausfrau (Nom.); annam = Speise (Akk.); kṛ, saṃs-karoti, 8. = zubereiten (PrSg., sam-s-kṛ)]

१२५८ दुर्जनो वदति न करोति सुजनः करोति न वदति
1258 Der schlechte Mensch spricht und handelt nicht, der gute Mensch handelt und spricht nicht
1258 durjano vadati na karoti, sujanaḥ karoti na vadati
[durjanaḥ = schlechter Mensch; vad, vadati, 1. = sprechen (PrSg.); na, Ind. = nicht (na ca oder hier kurz na = und nicht); kṛ, karoti, 8. = handeln (PrSg.); sujanaḥ = guter Mensch]

१२५९ लोभाच्छठः पापमकरोत्
1259 Aus Gier tat der Schurke Böses
1259 lobhāc_chaṭhaḥ pāpam_akarot
[lobhaḥ = Gier (Abl., Sa.: t + ś = c + ch); śaṭhaḥ = Schurke; pāpam = Böse, n. (Akk.); kṛ, karoti, 8. = tun (Impf.)]

१२६० त्वं पापमकरोः । अत एवाहं त्वां निन्दामि
1260 Du tatest Böses. Daher tadele ich dich
1260 tvaṃ pāpam_akaroḥ. ata evāhaṃ tvāṃ nindāmi
[tvad, Pron. = du (tvam, Nom. = du, tvām, Akk. = dich); pāpam = Böse, n. (Akk.); kṛ, karoti, 8. = tun (Impf.); ata eva, Konj. = daher (atas + eva); nind, nindati, 1. = tadeln (PrSg.)]

१२६१ नखान् करवाणि
1261 Ich muß die Fingernägel schneiden (FÜ.)
1261 nakhān karavāṇi
[nakhaḥ = Fingernagel (m. Akk., auch nakhāni, n. Akk.); kṛ, karoti, 8. = machen (Imp.)]

१२६२ हे भगवन् बलवन्तं मां कुरु
1262 Ach Herr, mache mich stark!
1262 he bhagavan, balavantaṃ māṃ kuru!
[he, Interj. = ach!; bhagavat, Adj. = »Herr« (bhagavan, m. Vok. = Herr, Erhabener); balavat, Adj. = stark (m. Akk.); mad, Pron. = ich (mām, Akk. = mich); kṛ, karoti, 8. = machen (Imp.)]

१२६३ श्वः कार्यमद्य कुर्यात्
1263 Was du heute kannst besorgen, das verschiebe nicht auf morgen (FÜ.)
1263 śvaḥ kāryam_adya kuryāt
[śvas, Adv. = morgen; kāryam = Aufgabe (Akk.); adya, Adv. = heute; kṛ, karoti, 8. = tun (Opt. Par., im Originaltext kurvīta, Opt. Atm.)]

16.1. Lokativ-Anwendungen mit kṛ

१२६४ कन्या हारं कण्ठे करोति
1264 Das Mädchen legt eine Kette um den Hals
1264 kanyā hāraṃ kaṇṭhe karoti
[kanyā = Mädchen; hāraḥ = Halskette (Akk.); kaṇṭhaḥ = Hals (Lok.); kṛ, kaṇṭhe karoti, 8. = legen um den Hals (kṛ + Akk. + Lok., PrSg.)]

१२६५ नारी भारं शिरस्यकरोत्
1265 Die Frau setzte eine Last auf dem Kopf
1265 nārī bhāraṃ śirasy_akarot
[nārī = Frau; bhāraḥ = Last (Akk.); śiras, n. = Kopf (Lok.); kṛ, śirasi karoti, 8. = setzen auf den Kopf (kṛ + Akk. + Lok., Impf.)]

१२६६ दासा गुरून् भाराञ्छीर्षे ऽकुर्वन्
1266 Die Sklaven setzten schwere Lasten auf den Kopf
1266 dāsā gurūn bhārāñ_chīrṣe 'kurvan
[dāsaḥ = Sklave; guru, Adj. = schwer (m. Akk.); bhāraḥ = Last (Akk., Sa.: n + ś = ñ + ch); śīrṣaḥ = Kopf (Lok.); kṛ, śīrṣe karoti, 8. = setzen auf den Kopf (kṛ + Akk. + Lok., Impf.)]

१२६७ साधवो दयां प्राणिषु कुर्युः
1267 Die Guten sollten Mitleid mit den Lebewesen haben
1267 sādhavo dayāṃ prāṇiṣu kuryuḥ
[sādhu, Adj. = gut (m. Nom. Pl.); dayā = Mitleid (Akk.); prāṇin, m. = Lebewesen (Lok. Pl.); kṛ, dayām karoti, 8. = Mitleid haben (kṛ + Akk. + Lok., Opt.)]

१२६८ निर्गुणेष्वपि सत्त्वेषु स्वामी दयां करोतु
1268 Auch mit nutzlosen Geschöpfen soll der Herr Mitleid haben
1268 nirguṇeṣv_api sattveṣu svāmī dayāṃ karotu
[nirguṇa, Adj. = wertlos (n. Lok.); api, Ind. = auch; sattvam = Geschöpf (Lok.); svāmin, m. = Herr (Nom.); dayā = Mitleid (Akk.); kṛ, dayām karoti, 8. = Mitleid haben (kṛ + Akk. + Lok., Imp.)]

१२६९ मतिं मित्रस्यागमे ऽकुर्म
1269 Wir richteten die Gedanken auf die Ankunft des Freundes (FÜ.)
1269 matiṃ mitrasyāgame 'kurma
[matiḥ, f. = Verstand (Akk.); mitram = Freund (Gen.); āgamaḥ = Ankunft (Lok.); kṛ, matim karoti, 8. = Gedanken richten auf (kṛ + Akk. + Lok., Impf.)]

१२७० पदं प्रासादे ऽकरवं नृपतिं चोपागच्छम्
1270 Ich betrat den Palast und traf den König
1270 padaṃ prāsāde 'karavaṃ nṛpatiṃ copāgaccham
[padam = Fußschritt (Akk.); prāsādaḥ = Palast (Lok.); kṛ, padam karoti, 8. = betreten (kṛ + Akk. + Lok. = Fuß setzen auf, Impf.); nṛpatiḥ, m. = König (Akk.); ca, Konj. = und; gam, upagacchati, 1. = treffen (herantreten, upa + agacchat = upāgacchat, Impf.)]

१२७१ शान्ते पदं करिष्यसि पुनरस्मिन्नाश्रमे
1271 In dieser Einsiedelei wirst du wieder Seelenfrieden finden (FÜ.)
1271 śānte padaṃ kariṣyasi punar_asminn_āśrame
[śāntam = Seelenfrieden (Lok.); padam = Fußschritt (Akk.); kṛ, padam karoti, 8. = betreten (kṛ + Akk. + Lok., Fut., »du wirst einen Schritt zum Seelenfrieden machen«); punar, Adv. = wieder; idam, Pron. = dies (asmin, m. Lok.); āśramaḥ = Einsiedelei (Lok.)]

१२७२ उपानहौ करे ऽकरवं सरितं चातरम्
1272 Ich nahm die beiden Schuhe in die Hand und überquerte den Fluß
1272 upānahau kare 'karavaṃ saritaṃ cātaram
[upānah, upānat, f. = Schuh (Akk. Du.); karaḥ = Hand (Lok.); kṛ, kare karoti, 8. = nehmen in die Hand (kṛ + Akk. + Lok., Impf.); sarit, f. = Fluß (Akk.); ca, Konj. = und; tṝ, tarati, 1. = überqueren (ataram, Impf.)]

१२७३ त्वं लघुं भारं शिरसि कुरु। अहं गुरुं भारं कराभ्यां वहामि
1273 Setze du die leichte Last auf den Kopf! Ich trage die schwere Last mit den Händen

1273 tvaṃ laghuṃ bhāraṃ śirasi kuru! ahaṃ guruṃ bhāraṃ karābhyāṃ vahāmi
[tvad, Pron. = du (tvam, Nom.); laghu, Adj. = leicht (m. Akk.); bhāraḥ = Last (Akk.); śiras, n. = Kopf (Lok.); kṛ, śirasi karoti, 8. = setzen auf den Kopf (kṛ + Akk. + Lok., Imp.); mad, Pron. = ich (aham, Nom.); guru, Adj. = schwer (m. Akk.); karaḥ = Hand (Instr. Du.); vah, vahati, 1. = tragen (PrSg.)]

17. Passiv

17.1. Präsens Passiv

१२७४ अत्रोच्यते न

1274 Hierzu sagen wir nein! (FÜ.)

1274 atrocyate na!

[atra, Adv. = hier; vac, vakti, 2. = sagen (Präs. Pass.: »Wz. + yate« = Atmanepada-Endungen, wobei Wz. oft verändert wird, hier z.B. richtig uc-yate mit Samprasarana, nicht vac-yate. Anm.: Passive Ausdruckweise ist im Sanskrit sehr häufig, allerdings dabei meist beschränkt auf die 3. Person Singular/Plural/Dual, während z.B. die 2. Person Plural fast nie vorkommt); na, Ind. = nein]

१२७५ मम मित्रैर्न जातु त्यज्ये

1275 Ich werde von meinen Freunden niemals verlassen

1275 mama mitrair_na jātu tyajye

[mad, Pron. = ich (mama, Gen.); mitram = Freund (Instr.); na jātu, Adv. = niemals; tyaj, tyajati, 1. = verlassen (tyaj-yate, Präs. Pass.)]

१२७६ सायंप्रातर्भृत्यैः सेव्यसे

1276 Du wirst morgens und abends von Untergebenen bedient

1276 sāyaṃ-prātar_bhṛtyaiḥ sevyase

[sāyaṃ-prātar, Adv. = morgens und abends (sāyam = abends, prātar = morgens); bhṛtyaḥ = Untergebene (Instr.); sev, sevate, 1. = bedienen (sev-yate, Präs. Pass.)]

१२७७ जनेन प्रशस्यसे। नृपेण प्रशास्यध्वे

1277 Du wirst vom Volk gepriesen. Ihr werdet vom König regiert

1277 janena praśasyase. nṛpeṇa praśāsyadhve

[janaḥ = Volk (Instr.); śaṃs, pra-śaṃsati, 1. = rühmen (pra-śas-yate ohne ṃ, Präs. Pass.); nṛpaḥ = König (Instr.); śās, pra-śāsti, 2. = regieren (pra-śās-yate mit ā, Präs. Pass.)]

१२७८ व्याधिभिर्भृशं पीड्यध्वे

1278 Ihr werdet von Krankheiten heftig gequält

1278 vyādhibhir_bhṛśaṃ pīḍyadhve

[vyādhiḥ, m. = Krankheit (Instr.); bhṛśam, Adv. = heftig; pīḍ, pīḍayati, 10. = quälen (pīḍ-yate, Präs. Pass.)]

१२७९ हे प्रभो क्षुधा पीड्ये। मयि दयां कुरु

1279 Ach Herr, ich werde vom Hunger gequält! Habe Mitleid mit mir!

1279 he prabho, kṣudhā pīḍye! mayi dayāṃ kuru!

[he, Interj. = ach!; prabhuḥ, m. = Herr (Vok.); kṣudh, kṣut, f. = Hunger (Instr.); pīḍ, pīḍayati, 10. = quälen (pīḍ-yate, Präs. Pass.); mad, Pron. = ich (mayi, Lok. = was mich betrifft); dayā = Mitleid (Akk.); kṛ, dayām karoti, 8. = Mitleid haben (kṛ + Akk. + Lok., Imp.)]

17.1.1. Mit Nominativ ohne Instrumental

१२८० अयि । एवमात्मा स्तूयते
1280 Ha! So lobt man sich selbst! (WÜ.: Ha! So wird das Selbst gelobt!)
1280 ayi! evam_ātmā stūyate!
[ayi, Interj. = ha!; evam, Adv. = so; ātman, Pron. = selbst (ātmā, m. Nom.); stu, stauti, 2. = preisen (stū-yate mit langem ū, Präs Pass.)]

१२८१ रामस्य कथाः श्रूयन्ते
1281 Sie hören die Geschichten von Rama (WÜ.: Ramas Geschichten werden gehört)
1281 rāmasya kathāḥ śrūyante
[rāmaḥ, m. Eig. = Rama (Gen.); kathā = Geschichte; śru, śṛṇoti, 5. = hören (śrū-yate mit langem ū, Präs. Pass.)]

१२८२ आपत्सु मित्रं ज्ञायते
1282 In der Not erkennt man den Freund (WÜ.: In der Not wird der Freund erkannt)
1282 āpatsu mitraṃ jñāyate
[āpad, āpat, f. = Not (Lok. Pl.); mitram = Freund (Nom.); jñā, jānāti, 9. = erkennen (jñā-yate, Präs. Pass.)]

१२८३ केदारेषु व्रीहिः पच्यते
1283 Der Reis reift in den Sumpfwiesen (FÜ.)
1283 kedāreṣu vrīhiḥ pacyate
[kedāraḥ = Sumpfwiese (= Rieselfeld = ein unter Wasser gesetztes Reisfeld, Lok.); vrīhiḥ, m. = Reis; pac, pacati, 1. = reifen (pac-yate, Präs. Pass. = zur Reife gebracht werden)]

१२८४ अकाले क्षेत्रेषु धान्यमुप्यते
1284 Das Getreide wird zur Unzeit auf den Feldern gesät
1284 akāle kṣetreṣu dhānyam_upyate
[akālaḥ = Unzeit (Lok.); kṣetram = Feld (Lok.); dhānyam = Getreide; vap, vapati, 1. = säen (up-yate, Präs. Pass., Anm.: vac, uc-yate, vap, up-yate usw. haben Samprasarana im Passiv)]

१२८५ तस्माद्धान्यस्य राशयः क्रीयन्ते
1285 Es werden deshalb Mengen von Getreide gekauft
1285 tasmād_dhānyasya rāśayaḥ krīyante
[tasmāt, Konj. = deshalb; dhānyam = Getreide (Gen.); rāśiḥ, m. = Menge (Nom. Pl.); krī, krīṇāti, 9. = kaufen (krī-yate, Präs. Pass.)]

१२८६ काणस्य नृपतेरादेशाः क्रियन्ते
1286 Die Befehle des einäugigen Königs werden ausgeführt
1286 kāṇasya nṛpater_ādeśāḥ kriyante
[kāṇa, Adj. = einäugig (m. Gen.); nṛpatiḥ, m. = König (Gen.); ādeśaḥ = Befehl; kṛ, karoti, 8. = ausführen (kri-yate, Präs. Pass.)]

१२८७ कुसुमानां मालाः कण्ठादपनीयन्ते
1287 Die Kränze aus Blumen werden vom Hals genommen
1287 kusumānāṃ mālāḥ kaṇṭhād_apanīyante
[kusumam = Blume (Gen.); mālā = Kranz; kaṇṭhaḥ = Hals (Abl.); nī, apa-nayati, 1. = ablegen (apa-nī-yate, Präs. Pass.)]

१२८८ श्रुत्यां शूद्रो नाधिक्रियते
1288 In der (religiösen) Schrift wird die Dienerkaste nicht autorisiert
1288 śrutyāṃ śūdro nādhikriyate
[śrutiḥ, f. = Schrift (= religiöse, theologische Schrift, śrutyām oder śrutau, Lok., śru = hören);

śūdraḥ = Diener (Dienerkaste); na, Ind. = nicht; kṛ, adhi-karoti, 8. = autorisieren (einsetzen, für rechtmäßig erklären, adhi-kri-yate, Präs. Pass.)]

१२८९ स्मृत्यां धर्मः कथ्यते
1289 In der (juristischen) Schrift wird das Gesetz geschildert
1289 smṛtyāṃ dharmaḥ kathyate
[smṛtiḥ, f. = Schrift (= juristische oder auch weltliche Schrift, smṛtyām oder smṛtau, Lok., smṛ = erinnern); dharmaḥ = Gesetz; kath, kathayati, 10. = schildern (kath-yate, Präs. Pass.)]

१२९० श्रुतौ बह्वीषु स्मृतिषु च धर्म उपदिश्यते
1290 In der religiösen Schrift und in vielen juristischen Schriften wird das Gesetz gelehrt
1290 śrutau bahvīṣu smṛtiṣu ca dharma upadiśyate
[śrutiḥ, f. = Schrift (Lok. Sg.); bahu, Adj. = viel (f. Lok. Pl., bahvī, f. Adj. Nom.); smṛtiḥ, f. = Schrift (Lok. Pl.); ca, Konj. = und; dharmaḥ = Gesetz (und Religion); diś, upa-diśati, 6. = lehren (upa-diś-yate, Präs. Pass.)]

१२९१ वेदेषु ब्रह्मा जगतः स्रष्टा श्रूयते
1291 In den Veden wird Brahma als Schöpfer der Welt erwähnt
1291 vedeṣu brahmā jagataḥ sraṣṭā śrūyate
[vedaḥ = Veda (Lok. Pl.); brahman, m. = Brahma (brahmā, m. Nom. = Gott konkret, brahma, n. Nom. = Gott abstrakt); jagat, n. = Welt (Gen.); sraṣṭṛ, sraṣṭā, m. = Schöpfer (Nom.); śru, śṛṇoti, 5. = erwähnen (śrū-yate, Präs. Pass. = man hört, daß)]

१२९२ उपनिषत्सु ब्रह्म च वेदेषु ब्रह्मा च वर्ण्यते
1292 In den Upanishaden wird Brahman und in den Veden wird Brahma gepriesen
1292 upaniṣatsu brahma ca vedeṣu brahmā ca varṇyate
[upaniṣad, upaniṣat, f. = Upanishad (Lok.); brahman, n. = Brahman (brahma, Nom. = Gott abstrakt); ca, Konj. = und; vedaḥ = Veda (Lok.); brahman, m. = Brahma (brahmā, m. Nom. = Gott konkret); varṇ, varṇayati, 10. = preisen (varṇ-yate, Präs. Pass.)]

१२९३ न रत्नमन्विष्यति मृग्यते हि तत्
1293 Das Juwel begehrt nicht, sondern es wird begehrt
1293 na ratnam_anviṣyati, mṛgyate hi tat
[na, Ind. = nicht; ratnam = Juwel (Nom.); iṣ, anv-iṣyati, 4. = begehren (PrSg., Anm.: »iṣ, anv-icchati« und »iṣ, anv-iṣyati« haben dasselbe Präs. Pass. »anv-iṣ-yate«); mṛg, mṛgayate, 10. = begehren (mṛg-yate, Präs. Pass.); hi, Konj. = sondern; tad, Pron. = das (n. Nom.)]

१२९४ शब्दकोशस्य मूल्यं प्रभूतं विद्यते
1294 Der Preis des Wörterbuches ist hoch (FÜ.)
1294 śabda-kośasya mūlyaṃ prabhūtaṃ vidyate
[śabda-kośaḥ = Wörterbuch (»Wortschatz«, Gen., śabdaḥ = Wort, kośaḥ = Schatz, Komp.); mūlyam = Preis (Nom.); prabhūta, Adj. = hoch (reichlich, n. Nom.); vid, vindati, 6. = beurteilen (Anm.: vindati und »vid, vetti, 2. = wissen« haben beide vid-yate als Präs. Pass.)]

१२९५ संकटे प्राज्ञाः परीक्ष्यन्ते शूराश्च संगरे
1295 In der Gefahr werden die Klugen geprüft und in der Schlacht die Helden
1295 saṃkaṭe prājñāḥ parīkṣyante śūrāś_ca saṃgare
[saṃkaṭam = Gefahr (Lok.); prājñaḥ = Weise; īkṣ, pari-īkṣate, 1. = prüfen (īkṣ-yate, mit Präf. parīkṣ-yate, Präs. Pass.); śūraḥ = Held; ca, Konj. = und; saṃgaraḥ = Schlacht (Lok.)]

१२९६ शूद्राणां जातयो नीचा गण्यन्ते
1296 Die Kasten der Diener werden für niedrig gehalten
1296 śūdrāṇāṃ jātayo nīcā gaṇyante
[śūdraḥ = Diener (Gen.); jātiḥ, f. = Kaste; nīca, Adj. = niedrig (f. Nom. Pl.); gaṇ, gaṇayati, 10. =

halten (für, gaṇ-yate, Präs. Pass.)]

१२९७ काष्ठानि मूर्खाश्च भिद्यन्ते न च नम्यन्ते
1297 Holzscheite und Toren werden gebrochen und nicht gebogen
1297 kāṣṭhāni mūrkhāś_ca bhidyante na ca namyante
[kāṣṭham = Holzscheit; mūrkhaḥ = Narr; ca, Konj. = und; bhid, bhinatti, 7. = brechen (bhid-yate, Präs. Pass.); na ca, Konj. = und nicht; nam, namati, 1. = biegen (nam-yate, Präs. Pass.)]

१२९८ तत्र न को ऽपि दृश्यते रोदनं तु श्रूयते
1298 Man sieht dort keinen, aber man hört das Weinen (FÜ.)
1298 tatra na ko 'pi dṛśyate, rodanaṃ tu śrūyate
[tatra, Adv. = dort; na kimapi, Pron. = kein (na kaḥ api = keiner, m. Nom.); dṛś, 1., dṛśyate, Pass. = gesehen werden (Präs. Pass.); rodanam = Weinen, n. (Nom.); tu, Konj. = aber; śru, śṛṇoti, 5. = hören (Präs. Pass.)]

१२९९ जगत्कर्तुर्महिम्नां फलं सर्वत्र दृश्यते
1299 Die Frucht der Herrlichkeiten des Weltenschöpfers wird überall gesehen (WÜ.)
1299 jagat-kartur_mahimnāṃ phalaṃ sarvatra dṛśyate
[jagat-kartṛ, jagat-kartā, m. = Weltenschöpfer (Gen., Komp.); mahiman, m. = Größe (Gen. Pl. = Herrlichkeiten); phalam = Frucht (Nom.); sarvatra, Adv. = überall; dṛś, 1., dṛśyate, Pass. = gesehen werden (Präs. Pass., Wz. »paś, paśyati, 1. = sehen« wird nur im Aktiv verwendet)]

१३०० विस्तीर्यते यशो लोके तैलबिन्दुरिवाम्भसि
1300 Es verbreitet sich in der Welt der Ruhm wie der Öltropfen im Wasser
1300 vistīryate yaśo loke taila-bindur_ivāmbhasi
[stṛ, vi-stṛṇāti, 9. = ausbreiten (vi-stīr-yate, Präs. Pass. vorangestellt: es verbreitet sich); yaśas, n. = Ruhm; lokaḥ = Welt (Lok.); taila-binduḥ, m. = Öltropfen (tailam = Öl, Komp.); iva, Adv. = wie; ambhas, n. = Wasser (ambhasi, Lok.)]

१३०१ अग्नौ हेम्नो विशुद्धिः श्यामिकापि वा संलक्ष्यते
1301 Im Feuer wird die Reinheit oder auch Unreinheit des Goldes geprüft
1301 agnau hemno viśuddhiḥ śyāmikāpi vā saṃlakṣyate
[agniḥ, m. = Feuer (Lok.); heman, n. = Gold (hemnaḥ, Gen.); viśuddhiḥ, f. = Reinheit; śyāmikā = Unreinheit (Nom.); api vā, Konj. = oder auch; lakṣ, saṃ-lakṣayati, 10. = prüfen (saṃ-lakṣ-yate, Präs. Pass.)]

17.1.2. Mit Nominativ und Instrumental

१३०२ जरया शरीरं क्षीयते
1302 Durch das Alter wird der Körper vernichtet
1302 jarayā śarīraṃ kṣīyate
[jarā = Alter, n. (Instr.); śarīram = Körper; kṣi, kṣiṇāti, 9. = vernichten (kṣī-yate, Präs. Pass.)]

१३०३ सूदैरोदनः पच्यते
1303 Der Reisbrei wird von den Köchen gekocht
1303 sūdair_odanaḥ pacyate
[sūdaḥ = Koch (Instr.); odanaḥ = Reisbrei; pac, pacati, 1. = kochen (pac-yate, Präs. Pass.)]

१३०४ तमोभिर्नभो व्याप्यते
1304 Der Himmel wird von dunklen Wolken durchdrungen (FÜ.)
1304 tamobhir_nabho vyāpyate
[tamas, n. = Dunkelheit (tamobhiḥ, n. Instr. Pl. = von dunklen Wolken); nabhas, n. = Himmel (nabhaḥ, Nom.); āp, vy-āpnoti, 5. = füllen (durchdringen, vy-āp-yate, Präs. Pass.)]

१३०५ बालैर्मोदकाः स्वाद्यन्ते
1305 Die Süßigkeiten werden von den Kindern gekostet
1305 bālair_modakāḥ svādyante
[bālaḥ = Kind (Instr.); modakaḥ = Bonbon (Süßigkeit, Konfekt); svad, svādate, 1. = kosten (svād-yate, Präs. Pass.)]

१३०६ छात्त्रैः श्लोकाः पठ्यन्ते
1306 Die Verse werden von den Schülern gelesen
1306 chāttraiḥ ślokāḥ paṭhyante
[chāttraḥ = Schüler (Instr., chattram = Sonnenschirm, chāttraḥ = »Schirmträger«, Wz. chad = bedecken); ślokaḥ = Vers; paṭh, paṭhati, 1. = lesen (laut vorlesen, paṭh-yate, Präs. Pass.)]

१३०७ धात्रा प्रजाः सृज्यन्ते
1307 Die Geschöpfe werden vom Schöpfer erzeugt
1307 dhātrā prajāḥ sṛjyante
[dhātṛ, dhātā, m. = Schöpfer (Instr.); prajā = Geschöpf; sṛj, sṛjati, 6. = erzeugen (sṛj-yate, Präs. Pass.)]

१३०८ नृपतिना प्रजा रक्ष्यन्ते
1308 Die Untertanen werden vom König beschützt
1308 nṛpatinā prajā rakṣyante
[nṛpatiḥ, m. = König (Instr.); prajā = Untertan (prajāḥ, Nom. Pl.); rakṣ, rakṣati, 1. = beschützen (rakṣ-yate, Präs. Pass.)]

१३०९ जनेनर्षयो वन्द्यन्ते
1309 Die Seher werden vom Volk verehrt
1309 janenarṣayo vandyante
[janaḥ = Volk (janena, Instr.); ṛṣiḥ, m. = Seher (ṛṣayaḥ, Nom. Pl.); vand, vandate, 1. = verehren (vand-yate, Präs. Pass.)]

१३१० व्रतेन यतिर्न वियुज्यते
1310 Der Büßer wird nicht vom Gelübde entbunden (FÜ.)
1310 vratena yatir_na viyujyate
[vratam = Gelübde (Instr.); yatiḥ, m. = Büßer; na, Ind. = nicht; yuj, vi-yuṅkte, 7. = trennen (entbinden, vi-yuj-yate, Präs. Pass.)]

१३११ पाशैरनेके विहगा बध्यन्ते
1311 Mehrere Vögel werden mit Schlingen gefesselt
1311 pāśair_aneke vihagā badhyante
[pāśaḥ = Schlinge (Instr.); aneka, Pron. = mehrere (an-eke, m. Nom. Pl.); vihagaḥ = Vogel (vihagāḥ, Pl.); bandh, badhnāti, 9. = fesseln (badh-yate ohne n-Nasal, Präs. Pass.)]

१३१२ फलाशिभिः सौनिका न क्वचित् स्तूयन्ते
1312 Von Vegetariern werden Metzger nirgends gepriesen
1312 phalāśibhiḥ saunikā na kvacit stūyante
[phalāśin, m. = Vegetarier (Instr.); saunikaḥ = Metzger (Nom. Pl.); na kvacid, Adv. = nirgends; stu, stauti, 2. = preisen (stū-yate mit langem ū, Präs. Pass.)]

१३१३ दास्या दीना महिषी सेव्यते
1313 Die betrübte Königin wird von der Zofe bedient
1313 dāsyā dīnā mahiṣī sevyate
[dāsī = Zofe (Instr.); dīna, Adj. = betrübt (f. Nom.); mahiṣī = Königin (eigentlich »Büffelkuh«); sev, sevate, 1. = bedienen (sev-yate, Präs. Pass.)]

१३१४ अग्निना काष्ठं शीघ्रं दह्यते
1314 Vom Feuer wird das Holzscheit schnell verbrannt
1314 agninā kāṣṭhaṃ śīghraṃ dahyate
[agniḥ, m. = Feuer (Instr.); kāṣṭham = Holzscheit; śīghram, Adv. = rasch; dah, dahati, 1. = verbrennen (dah-yate, Präs. Pass.)]

१३१५ अमुया नार्यान्धो बालो नीयते
1315 Das blinde Kind wird von jener Frau geführt
1315 amuyā nāryāndho bālo nīyate
[adas, Pron. = jenes (amuyā, f. Instr. = durch jene); nārī = Frau (nāryā, Instr.); andha, Adj. = blind (m. Nom.); bālaḥ = Kind; nī, nayati, 1. = führen (nī-yate, Präs. Pass.)]

१३१६ आचार्यैर्दैवं संस्कृतमुपदिश्यते
1316 Von den Lehrern wird das göttliche Sanskrit gelehrt
1316 ācāryair_daivaṃ saṃskṛtam_upadiśyate
[ācāryaḥ = Lehrer (Instr.); daiva, Adj. = göttlich (n. Nom.); saṃskṛtam = Sanskrit (Nom.); diś, upa-diśati, 6. = lehren (upa-diś-yate, Präs. Pass.)]

१३१७ कुशिष्येण गुरोराज्ञा हीयते
1317 Von dem schlechten Schüler wird die Anweisung des Lehrers mißachtet
1317 kuśiṣyeṇa guror_ājñā hīyate
[kuśiṣyaḥ = schlechter Schüler (Instr., Anm.: ku = dus = schlecht); guruḥ, m. = Lehrer (Gen.); ājñā = Anweisung; hā, jahāti, 3. = mißachten (hī-yate mit ī statt ā, Präs. Pass.)]

१३१८ योगिना मन्त्रः सकामं ध्यायते
1318 Von dem Yogi wird inbrünstig über das Mantra meditiert
1318 yoginā mantraḥ sakāmaṃ dhyāyate
[yogin, m. = Yogi (Instr., yogī, Nom.); mantraḥ = Zauberspruch (m.: »das« Mantra ist falsch); sakāmam, Adv. = inbrünstig; dhyai, dhyāyati, 1. = meditieren (dhyā-yate, Präs. Pass.)]

१३१९ बहुलाभिः सखीभिः सीता परिव्रियते
1319 Sita wird von zahlreichen Freundinnen umgeben
1319 bahulābhiḥ sakhībhiḥ sītā parivriyate
[bahula, Adj. = zahlreich (f. Instr. Pl.); sakhī = Freundin (Instr.); sītā, f. Eig. = Sita; vṛ, pari-vṛṇoti, 5. = umgeben (vṛ, vri-yate, Präs. Pass., analog zu kṛ, kri-yate, Präs. Pass.)]

१३२० पितृभिराशाः पुत्रेषु धीयन्ते
1320 Von den Vätern werden Hoffnungen auf die Söhne gesetzt
1320 pitṛbhir_āśāḥ putreṣu dhīyante
[pitṛ, pitā, m. = Vater (Instr.); āśā = Hoffnung (Nom. Pl.); putraḥ = Sohn (Lok.); dhā, dadhāti, 3. = setzen (auf + Lok., dhī-yate mit ī statt ā, Präs. Pass.)]

१३२१ नदीषु मत्स्याः कुन्तैर्जालैर्वा बध्यन्ते
1321 In den Flüssen werden die Fische mit Speeren oder Netzen gefangen
1321 nadīṣu matsyāḥ kuntair_jālair_vā badhyante
[nadī = Fluß (Lok.); matsyaḥ = Fisch (Nom.); kuntaḥ = Speer (Instr.); jālam = Netz (Instr.); vā, Konj. = oder; bandh, badhnāti, 9. = fangen (badh-yate mit Nasalverlust, Präs. Pass.)]

१३२२ उष्ट्रेण प्रभूतः काष्ठानां भार उह्यते
1322 Von dem Kamel wird eine große Last von Holzscheiten getragen
1322 uṣṭreṇa prabhūtaḥ kāṣṭhānāṃ bhāra uhyate
[uṣṭraḥ = Kamel (Instr.); prabhūta, Adj. = groß (m. Nom.); kāṣṭham = Holzscheit (Gen. Pl.); bhāraḥ = Last (Nom.); vah, vahati, 1. = tragen (uh-yate mit Samprasarana, Präs. Pass.)]

१३२३ पापेन सूतेन श्वेतो हयस्ताड्यते
1323 Von dem bösen Wagenlenker wird das weiße Roß geschlagen
1323 pāpena sūtena śveto hayas_tāḍyate
[pāpa, Adj. = böse (m. Instr.); sūtaḥ = Wagenlenker (Instr.); śveta, Adj. = weiß (m. Nom.); hayaḥ = Roß; taḍ, tāḍayati, 10. = schlagen (tāḍ-yate, Präs. Pass.)]

१३२४ धर्मेण नृपेण राज्यं शिष्यते
1324 Durch das Gesetz wird vom König das Königreich regiert
1324 dharmeṇa nṛpeṇa rājyaṃ śiṣyate
[dharmaḥ = Gesetz (Instr.); nṛpaḥ = König (Instr.); rājyam = Königreich; śās, śāsti, 2. = regieren (śiṣ-yate mit Vokalwechsel oder śās-yate ohne Vokalwechsel, Präs. Pass.)]

१३२५ दण्डेन नाथेन दोषिणो ऽनुजीविनः शिष्यन्ते
1325 Mit dem Stock werden von dem Herrn die lasterhaften Untergebenen bestraft
1325 daṇḍena nāthena doṣiṇo 'nujīvinaḥ śiṣyante
[daṇḍaḥ = Stock (Instr.); nāthaḥ = Herr (Instr.); doṣin, Adj. = lasterhaft (m. Nom. Pl.); anujīvin, m. = Untergebene (Nom. Pl.); śās, śāsti, 2. = bestrafen (śiṣ-yate und śās-yate, Pass. Weitere Bedeutung: »belehrt werden«, z.B. »gurubhiḥ śiṣyāḥ śiṣyante = Schüler werden von Lehrern unterrichtet«, daher śiṣyaḥ = eigentlich »der zu Belehrende«, also »Schüler«)]

१३२६ पदं हि सर्वत्र गुणैर्निधीयते
1326 Denn gute Eigenschaften hinterlassen überall ihre Spuren (FÜ.)
1326 padaṃ hi sarvatra guṇair_nidhīyate
[padam = Schritt (Fußtritt, Nom.); hi, Konj. = denn; sarvatra, Adv. = überall; guṇaḥ = Tugend (Instr.); dhā, ni-dadhāti, 3. = absetzen (ni-dhī-yate, Präs. Pass. = hinterlassen werden)]

१३२७ ऋत्विग्भिर्हविरग्नौ क्षिप्यते
1327 Von den Priestern wird die Opfergabe in das Feuer geworfen
1327 ṛtvigbhir_havir_agnau kṣipyate
[ṛtvij, ṛtvik, m. = Priester (Instr.); havis, n. = Opfergabe (z.B. Früchte, Milch, Soma usw.); agniḥ, m. = Feuer (Lok.); kṣip, kṣipati, 6. = werfen (kṣip-yate, Präs. Pass.)]

१३२८ चिन्तया नराणां चित्तं दह्यते
1328 Von der Sorge wird die Seele der Menschen verbrannt
1328 cintayā narāṇāṃ cittaṃ dahyate
[cintā = Sorge (Angst, Instr.); naraḥ = Mensch (Gen.); cittam = Seele; dah, dahati, 1. = verbrennen (dah-yate, Präs. Pass.)]

१३२९ मधुलिड्भिः पुष्पाणां स्वादु मधु गृह्यते
1329 Von den Bienen wird der süße Honig der Blüten genommen
1329 madhu-liḍbhiḥ puṣpāṇāṃ svādu madhu gṛhyate
[madhu-lih, madhu-liṭ, f. = Biene (Instr., madhu-lih = »Honig-Lecker«, Komp.); puṣpam = Blüte (Gen.); svādu, Adj. = süß (n. Akk.); madhu, n. = Honig; grah, gṛhṇāti, 9. = greifen (nehmen, gṛh-yate, Präs. Pass.)]

१३३० आ जन्मनो दरिद्रो नरो ऽन्येषां पुरतो लज्जया परिभूयते
1330 Ein von Geburt an armer Mensch wird vor anderen von der Scham überwältigt
1330 ā janmano daridro naro 'nyeṣāṃ purato lajjayā paribhūyate
[ā, Präp. + Abl. = von - an (ā wird vorangestellt und ist eine echte Präposition im Gegensatz zu den vielen »Postpositionen«); janman, n. = Geburt (Abl.); daridra, Adj. = arm (m. Nom.); naraḥ = Mensch; anya, Pron. = ander (anyeṣām, m. Gen. Pl.); puratas, Präp. + Gen. = vor; lajjā = Scham (Instr.); bhū, pari-bhavati, 1. = überwältigen (pari-bhū-yate, Präs. Pass.)]

१३३१ सुखेन बुधो जीवति। सुखेन मूर्खो मोह्यते
1331 Der Weise lebt im Glück. Der Narr wird durch das Glück verwirrt
1331 sukhena budho jīvati. sukhena mūrkho mohyate
[sukham = Glück (sukhena, Adv. = im Glück, sukhena, Instr. = durch das Glück); budhaḥ = Weise; jīv, jīvati, 1. = leben (PrSg.); mūrkhaḥ = Narr; muh, mohayati, 10. = verwirren (Kaus., beim Kausativ-Präsensstamm ersetze man »ayati« durch »yate«: moh-yate, Präs. Pass.)]

१३३२ गजस्य करभः सीतया पल्लवैः पुष्यते
1332 Das Junge des Elefanten wird von Sita mit Zweigen gefüttert
1332 gajasya karabhaḥ sītayā pallavaiḥ puṣyate
[gajaḥ = Elefant (Gen.); karabhaḥ = Elefantenbaby; sītā, f. Eig. = Sita (Instr.); pallavaḥ = Zweig (Schößling, Instr.); puṣ, puṣyati, 4. = füttern (puṣ-yate, Präs. Pass.)]

१३३३ मूर्खाः परुषाणि वचनानि वदन्ति। मतिमद्भिर्मृदूनि वचनान्युच्यन्ते
1333 Narren sprechen rauhe Worte. Von den Klugen werden zarte Worte gesprochen
1333 mūrkhāḥ paruṣāṇi vacanāni vadanti. matimadbhir_mṛdūni vacanāny_ucyante
[mūrkhaḥ = Narr; paruṣa, Adj. = rauh (n. Akk.); vacanam = Wort (Akk., Nom.); vad, vadati, 1. = sprechen; matimat, Adj. = klug (m. Instr.); mṛdu, Adj. = zart (n. Akk.); vac, vakti, 2. = sagen (uc-yate mit Samprasarana, Präs. Pass.)]

१३३४ अमूभिर्नारीभी रहसि कथा उच्यन्ते
1334 Von jenen Frauen werden heimlich Geschichten erzählt
1334 amūbhir_nārībhī rahasi kathā ucyante
[adas, Pron. = jenes (amūbhiḥ, f. Instr.); nārī = Frau (nārībhiḥ, Instr. = durch die Frauen); rahasi, Adv. = heimlich (Sa.: iḥ + r = ī + r); kathā = Geschichte (kathāḥ, Nom. Pl.); vac, vakti, 2. = sagen (uc-yate, Präs. Pass.)]

१३३५ स्वस्थेन चित्तेन महिष्या नृपतेः संदेशः श्रूयते
1335 Mit selbstsicherem Gemüt wird von der Königin die Nachricht des Königs gehört
1335 svasthena cittena mahiṣyā nṛpateḥ saṃdeśaḥ śrūyate
[svastha, Adj. = selbstsicher (gelassen, »in sich selbst ruhend«, n. Instr.); cittam = Gemüt (Instr.); mahiṣī = Königin (Instr.); nṛpatiḥ, m. = König; saṃdeśaḥ = Nachricht (auch Auftrag oder Weisung); śru, śṛṇoti, 5. = hören (śrū-yate, Präs. Pass.)]

१३३६ अलं वाचा। कर्मण्येव सत्त्वं दृश्यते
1336 Genug der Rede! Nur in der Tat wird der Charakter erkannt (FÜ.)
1336 alaṃ vācā! karmaṇy_eva sattvaṃ dṛśyate
[alam, Interj. = genug! (+ Instr.); vāc, vāk, f. = Wort (Instr.); karman, n. = Tat (Lok.); eva, Ind. = nur; sattvam = Charakter; dṛś, 1., dṛśyate, Pass. = gesehen werden (dṛś-yate, Präs. Pass.)]

१३३७ कतिपयैरेव दिवसैर्व्याकरणमुपदिश्यते
1337 Die Grammatik wird in nur wenigen Tagen gelehrt
1337 katipayair_eva divasair_vyākaraṇam_upadiśyate
[katipaya, Pron. = einige (wenige, m. Instr., Pluralwort); eva, Ind. = nur; divasaḥ = Tag (Instr. = in einigen Tagen = in wenigen Tagen); vyākaraṇam = Grammatik; diś, upa-diśati, 6. = lehren (upa-diś-yate, Präs. Pass.)]

१३३८ कुशलाभिः कन्याभी रक्ता नीलाश्च माला बध्यन्ते
1338 Von den geschickten Mädchen werden rote und blaue Girlanden gebunden
1338 kuśalābhiḥ kanyābhī raktā nīlāś_ca mālā badhyante
[kuśala, Adj. = geschickt (f. Instr.); kanyā = Mädchen (Instr., Sa.: kanyābhiḥ + r = kanyābhī + r); rakta, Adj. = rot (f. Nom. Pl.); nīla, Adj. = blau (f. Nom. Pl.); mālā = Girlande (Nom. Pl.); bandh, badhnāti, 9. = binden (badh-yate mit Nasalverlust, Präs. Pass.)]

17.1.3. Mit Nominativ und Dativ

१३३९ प्रायेण ब्राह्मणेभ्यो निष्का दीयन्ते
1339 Den Brahmanen werden meistens Münzen gegeben
1339 prāyeṇa brāhmaṇebhyo niṣkā dīyante
[prāyeṇa, Adv. = meistens; brāhmaṇaḥ = Brahmane (Dat.); niṣkaḥ = Münze (Nom. Pl.); dā, dadāti, 3. = geben (dīyante, Präs. Pass.)]

१३४० कान्तायै संदेशः प्रहीयते
1340 Der Geliebten wird die Nachricht geschickt
1340 kāntāyai saṃdeśaḥ prahīyate
[kāntā = Geliebte (Dat.); saṃdeśaḥ = Nachricht; hi, pra-hiṇoti, 5. = schicken (Präs. Pass., »pra-jahāti = verlassen« und »pra-hiṇoti = schicken« haben beide »pra-hī-yate« als Pass.)]

१३४१ अर्थवतो गृहस्थस्य त्यागिन्या भार्यया परवद्भ्यो भिक्षुभ्यः प्रभूता भिक्षा दीयते
1341 Von der freigebigen Gattin des reichen Hausvaters wird den bedürftigen Bettlern ein großes Almosen geschenkt
1341 arthavato gṛha-sthasya tyāginyā bhāryayā paravadbhyo bhikṣubhyaḥ prabhūtā bhikṣā dīyate
[arthavat, Adj. = reich (m. Gen.); gṛha-sthaḥ = Hausvater (Gen.); tyāgin, Adj. = freigebig (tyāginī, f. Adj. Nom., tyāginyā, f. Instr.); bhāryā = Gattin (Instr.); paravat, Adj. = abhängig (bedürftig, m. Dat. Pl.); bhikṣuḥ, m. = Bettler (Dat.); prabhūta, Adj. = viel (f. Nom. Sg.); bhikṣā = Almosen (Nom. Sg. = ein großes Almosen = viele Almosen, Plural); dā, dadāti, 3. = schenken (dī-yate mit ī statt ā, Präs. Pass.)]

17.1.4. Streckverb »kriyate«

१३४२ कन्यानां विवाहस्य संभारः क्रियते
1342 Die Vorbereitung für die Heirat der Töchter wird getroffen
1342 kanyānāṃ vivāhasya saṃbhāraḥ kriyate
[kanyā = Tochter (Gen.); vivāhaḥ = Heirat (Gen.); saṃbhāraḥ = Vorbereitung (Nom.); kṛ, karoti, 8. = treffen (Präs. Pass., kriyate + Nom. = Streckverb »verrichten«, Nominalstil)]

१३४३ कान्तेन कान्ताया निर्देशः क्रियते
1343 Der Befehl der Geliebten wird vom Geliebten ausgeführt
1343 kāntena kāntāyā nirdeśaḥ kriyate
[kāntaḥ = Geliebter (m. Instr.); kāntā = Geliebte (f. Gen.); nirdeśaḥ = Befehl; kṛ, karoti, 8. = ausführen (Präs. Pass., kriyate + Nom. = Streckverb »ausführen«, Nominalstil)]

१३४४ प्रजानां धर्मे प्रवर्तनं नृपैः क्रियते
1344 Die Beschäftigung mit dem Recht der Untertanen wird von den Königen vorgenommen
1344 prajānāṃ dharme pravartanaṃ nṛpaiḥ kriyate
[prajā = Untertan (Gen.); dharmaḥ = Recht (Lok.); pravartanam = Beschäftigung (mit + Lok., Nom.); nṛpaḥ = König (Instr.); kṛ, karoti, 8. = vornehmen (Präs. Pass., kriyate + Nom. = Streckverb »vornehmen«, Nominalstil)]

१३४५ रथ्यानां संमार्जनं पौरैः क्रियते
1345 Die Reinigung der Straßen wird von den Städtern vorgenommen
1345 rathyānāṃ saṃmārjanaṃ pauraiḥ kriyate
[rathyā = Straße (Gen.); saṃmārjanam = Reinigung (Nom.); pauraḥ = Städter (Instr.); kṛ, karoti, 8. = vornehmen (Präs. Pass., kriyate + Nom. = Streckverb »vornehmen«, Nominalstil)]

17.1.5. »Es-gibt«-Verben (»vidyate, dṛśyate, asti«)

१३४६ मनोरथानामगतिर्न विद्यते। नास्त्यगतिर्मनोरथानाम्

1346 Wünsche sind grenzenlos. Es gibt keine Grenze für Wunschträume

1346 mano-rathānām_agatir_na vidyate. nāsty_agatir_mano-rathānām

[mano-rathaḥ = Wunschtraum (Gen. Pl., Komp.: manas + rathaḥ); agatiḥ, f. = Unmöglichkeit (»Nicht-Begehbarkeit«); na, Ind. = nicht; vid, 6., vidyate, Pass. = geben, es gibt (Präs. Pass.); as, asti, 2. = geben, es gibt (na asti = es gibt kein + Nom.)]

१३४७ दुर्जनस्य मनसि दया न विद्यते

1347 In der Seele des schlechten Menschen gibt es kein Mitleid

1347 durjanasya manasi dayā na vidyate

[durjanaḥ = schlechter Mensch (Gen.); manas, n. = Seele (Lok.); dayā = Mitleid; na, Ind. = kein (na + Subst.); vid, 6., vidyate, Pass. = geben, es gibt (Präs. Pass.)]

१३४८ वेदानामृक्षु श्लोको न विद्यते

1348 Unter den Versen der Veden gibt es nicht den Schloka-Vers

1348 vedānām_ṛkṣu śloko na vidyate

[vedaḥ = Veda (Gen. Pl.); ṛc, ṛk, f. = Vers (Lok. Pl.); ślokaḥ = Vers; na, Ind. = nicht; vid, 6., vidyate, Pass. = geben, es gibt (PrSg.)]

१३४९ भारते न शुक्लाः काका न कृष्णा हंसा विद्यन्ते

1349 In Indien gibt es weder weiße Krähen noch schwarze Schwäne

1349 bhārate na śuklāḥ kākā na kṛṣṇā haṃsā vidyante

[bhāratam, n. Eig. = Indien (Lok.); na - na, Konj. = weder - noch; śukla, Adj. = weiß (m. Nom. Pl.); kākaḥ = Krähe; kṛṣṇa, Adj. = schwarz (m. Nom. Pl.); haṃsaḥ = Schwan; vid, 6., vidyate, Pass. = geben, es gibt (PrPl.)]

१३५० पशुष्वपि कृतज्ञता दृश्यते

1350 Selbst bei Tieren gibt es Dankbarbeit

1350 paśuṣv_api kṛta-jñatā dṛśyate

[paśuḥ, m. = Tier (Lok.); api, Ind. = selbst; kṛta-jñatā = Dankbarkeit (Nom., Komp., »Erkenntnis des Gemachten«); dṛś, 1., dṛśyate, Pass. = geben, es gibt (Präs. Pass.)]

१३५१ वारीणि शुष्यन्ति। वारि नास्ति

1351 Die Wasser vertrocken. Es gibt kein Wasser

1351 vārīṇi śuṣyanti. vāri nāsti

[vāri, n. = Wasser (Nom. Pl. und Sg.); śuṣ, śuṣyati, 4. = vertrocknen (PrPl.); na, Ind. = nicht; as, asti, 2. = geben, es gibt (existieren, PrSg., Anm.: »as« hat kein Passiv)]

१३५२ नवस्य प्रासादस्य पश्चात् क्षुद्राणि गृहाणि सन्ति

1352 Hinter dem neuen Palast gibt es (= befinden sich) kleine Häuser

1352 navasya prāsādasya paścāt kṣudrāṇi gṛhāṇi santi

[nava, Adj. = neu (m. Gen.); prāsādaḥ = Palast (Gen.); paścāt, Präp. + Gen. = hinter; kṣudra, Adj. = klein (armselig, n. Nom.); gṛham = Haus; as, asti, 2. = geben, es gibt (PrPl.)]

१३५३ अस्माकमुद्याने श्वेतानि कृष्णानि रक्तानि हरितानि नीलानि पीतानि च कुसुमानि सन्ति

1353 In unserem Garten gibt es weiße, schwarze, rote, grüne, blaue und gelbe Blumen

1353 asmākam_udyāne śvetāni kṛṣṇāni raktāni haritāni nīlāni pītāni ca kusumāni santi

[asmad, Pron. = wir (asmākam, Gen. = unser); udyānam = Garten (Lok.); śveta, Adj. = weiß (n. Nom. Pl.); kṛṣṇa, Adj. = schwarz; rakta, Adj. = rot; harita, Adj. = grün (gelb-grün, falb); nīla, Adj. = blau (Indigo-Blau); pīta, Adj. = gelb (Ockerfarbe der Buddhisten); ca, Konj. = und; kusumam = Blume (n. Pl.); as, asti, 2. = geben, es gibt (PrPl.)]

17.2. Imperfekt Passiv

१३५४ दीर्घात् कार्यादनन्तरं निद्रया पर्यभूये
1354 Nach langer Arbeit wurde ich vom Schlaf überwältigt
1354 dīrghāt kāryād_anantaraṃ nidrayā paryabhūye
[dīrgha, Adj. = lang (n. Abl.); kāryam = Arbeit (Abl.); anantaram, Präp. + Abl. = nach; nidrā = Schlaf (Instr.); bhū, pari-bhavati, 1. = überwältigen (pari + abhūye = paryabhūye, Impf. Pass., bhū-yate, Pass.)]

१३५५ वैरिणा राजन्नजीयथाः
1355 Von dem Feind, oh König, wurdest du besiegt
1355 vairiṇā rājann_ajīyathāḥ
[vairin, m. = Feind (Instr.); rājan, m. = König (rājan, Vok.); ji, jayati, 1. = besiegen (Impf. Pass., jī-yate, Pass. mit langem ī)]

१३५६ तीर्थे वयं युष्माभिरदृश्यामहि
1356 Wir wurden von euch am Badeplatz gesehen
1356 tīrthe vayaṃ yuṣmābhir_adṛśyāmahi
[tīrtham = Badeplatz (Lok.); asmad, Pron. = wir (vayam, Nom.); yuṣmad, Pron. = ihr (yuṣmābhiḥ, Instr. = durch euch); dṛś, 1., dṛśyate, Pass. = gesehen werden (Impf. Pass.)]

१३५७ पटुनर्षिणा पापात् प्रत्यषिध्यामहि
1357 Wir wurden von dem klugen Seher vom Bösen ferngehalten
1357 paṭunarṣiṇā pāpāt pratyaṣidhyāmahi
[paṭu, Adj. = klug (paṭunā, Instr.); ṛṣiḥ, m. = Seher (ṛṣiṇā, Instr.); pāpam = Böse, n. (Abl.); sidh, prati-ṣedhati, 1. = fernhalten (von + Abl., Impf. Pass., Sa.: prati + aṣidhyāmahi oder prati + asidhyāmahi, prati-ṣidh-yate, Pass.)]

१३५८ तस्माद्धूर्तेन व्यहस्यध्वम्
1358 Deshalb wurdet ihr von dem Betrüger ausgelacht
1358 tasmād_dhūrtena vyahasyadhvam
[tasmāt, Konj. = deshalb; dhūrtaḥ = Betrüger (oder Schelm, Instr.); has, vi-hasati, 1. = auslachen (verspotten, Impf. Pass., vi-has-yate, Pass.)]

१३५९ मनुना धर्मः प्राणीयत
1359 Von Manu wurde das Gesetz niedergelegt
1359 manunā dharmaḥ prāṇīyata
[manuḥ, m. Eig. = Manu (»Adam«, der Urvater der Menschheit, Instr.); dharmaḥ = Gesetz; nī, pra-ṇayati, 1. = niederlegen (pra + anīyata = prāṇīyata, Impf. Pass., pra-ṇī-yate, Pass. Anm.: Im Text »Manu-Smṛtiḥ«, 1, 102, heißt es: »manur_dhīmān_idaṃ śāstram_akalpayat = Der weise Manu hat dieses Gesetzbuch verfertigt«, kḷp, kalpayati, 10. = zustande bringen)]

१३६० रोगिणा क्लेशो ऽसह्यत
1360 Das Leiden wurde von dem Kranken ertragen
1360 rogiṇā kleśo 'sahyata
[rogin, Adj. = krank (m. Instr., rogī, m. Nom.); kleśaḥ = Leiden; sah, sahate, 1. = ertragen (asahyata, Impf. Pass., sah-yate, Pass.)]

१३६१ सूदेन जनको ऽसेव्यत
1361 Der Vater wurde von dem Koch bedient
1361 sūdena janako 'sevyata
[sūdaḥ = Koch (Instr.); janakaḥ = Vater; sev, sevate, 1. = bedienen (asevyata, Impf. Pass., sev-yate, Pass.)]

१३६२ अत्र स्थाने नृशंसो नरो ऽहन्यत
1362 Der bösartige Mensch wurde hier auf dem Platz getötet
1362 atra sthāne nṛśaṃso naro 'hanyata
[atra, Adv. = hier; sthānam = Platz (Lok.); nṛśaṃsa, Adj. = bösartig (m. Nom.); naraḥ = Mensch; han, hanti, 2. = töten (ahanyata, Impf. Pass., han-yate, Pass.)]

१३६३ स्तेनेन बहूनि रत्नान्यचोर्यन्त
1363 Von dem Dieb wurden viele Perlen gestohlen
1363 stenena bahūni ratnāny_acoryanta
[stenaḥ = Dieb (Instr.); bahu, Adj. = viel (n. Nom.); ratnam = Juwel; cur, corayati, 10. = stehlen (acoryata, Impf. Pass., coryate, Pass.)]

१३६४ त्वष्ट्रामरावती निर्मीयत
1364 Vom Zimmermann wurde der Olymp gebaut
1364 tvaṣṭrāmarāvatī nirmīyata
[tvaṣṭṛ, tvaṣṭā, m. = Zimmermann (figürlich für Schöpfer, tvaṣṭrā, Instr.); amarāvatī = Olymp (mythologisch: Sitz der Unsterblichen = a-mara, z.B. »apaśyaṃ laṅkām_amarāvatīm_iva = Ich erblickte das unsterbliche Sri Lanka bzw. ich erblickte Ceylon, als sähe ich den Olymp«); mā, nir-mimīte, 3. = bauen (ausmessen, nir-mīyata, Impf. Pass., nir-mī-yate, Pass.)]

१३६५ प्रभुभिर्भृत्या आदिश्यन्त
1365 Von den Herren wurden die Untergebenen befehligt
1365 prabhubhir_bhṛtyā ādiśyanta
[prabhuḥ, m. = Herr (Instr.); bhṛtyaḥ = Untergebene (bhṛtyāḥ, Nom. Pl.); diś, ā-diśati, 6. = befehligen (ā + adiśyata, Impf. Pass., ā-diś-yate, Pass.)]

१३६६ सर्वासु दिक्षु द्विषो ऽदृश्यन्त
1366 In allen Ländern gab es Feinde
1366 sarvāsu dikṣu dviṣo 'dṛśyanta
[sarva, Pron. = all (sarvāsu, f. Lok. Pl.); diś, dik, f. = Land (dikṣu, Lok. Pl.); dviṣ, dviṭ, m. = Feind (dviṣaḥ, Nom. Pl.); dṛś, 1., dṛśyate, Pass. = geben, es gibt (Impf. Pass. Pl.)]

१३६७ एकदा प्रातस्तेन श्वेतो हंसो ऽदृश्यत
1367 Einst wurde von ihm morgens ein weißer Schwan gesehen
1367 ekadā prātas_tena śveto haṃso 'dṛśyata
[ekadā, Adv. = einst; prātar, Adv. = morgens (oder prabhāte, Adv. = bei Sonnenaufgang); tad, Pron. = das (tena, m. Instr. = durch ihn); śveta, Adj. = weiß (m. Nom.); haṃsaḥ = Schwan; dṛś, 1., dṛśyate, Pass. = gesehen werden (adṛśyata, Impf. Pass.)]

१३६८ ह्यो मया महान् प्रासादो ऽलोक्यत
1368 Gestern wurde von mir ein großer Palast besichtigt
1368 hyo mayā mahān prāsādo 'lokyata
[hyas, Adv. = gestern; mad, Pron. = ich (mayā, Instr. = durch mich); mahat, Adj. = groß (mahān, m. Nom. Sg.); prāsādaḥ = Palast; lok, lokayati, 10. = betrachten (alokyata, Impf. Pass., lok-yate, Pass.)]

१३६९ सूतेन रथो ऽध्यष्ठीयत
1369 Der Wagen wurde von dem Wagenlenker gelenkt
1369 sūtena ratho 'dhyaṣṭhīyata
[sūtaḥ = Wagenlenker (Instr.); rathaḥ = Wagen; sthā, adhi-tiṣṭhati, 1. = lenken (Impf. Pass., Sa.: adhi + asthīyata oder adhi + aṣṭhīyata, adhi-ṣṭhīyate, Pass.)]

१३७० सहसा कृष्णा मेघास्तडितेविध्यन्त
1370 Plötzlich wurden die schwarzen Wolken von einem Blitz durchbohrt

1370 sahasā kṛṣṇā meghās_taḍitāvidhyanta
[sahasā, Adv. = plötzlich; kṛṣṇa, Adj. = schwarz (m. Nom. Pl.); meghaḥ = Wolke; taḍit, f. = Blitz (taḍitā, Instr.); vyadh, vidhyati, 4. = durchbohren (avidhyanta, Impf. Pass., vidh-yate, Pass.)]

१३७१ कुक्कुरस्य पुच्छं मधुलिहादश्यत
1371 Der Schwanz des Hundes wurde von einer Biene gestochen
1371 kukkurasya puccham madhu-lihādaśyata
[kukkuraḥ = Hund (Gen.); puccham = Schwanz; madhu-lih, madhu-liṭ, f. = Biene (Komp., madhu-lihā, Instr.); daṃś, daśati, 1. = stechen (adaśyata, Impf. Pass., daś-yate, Pass.)]

१३७२ महती द्विषां चमूः क्रूरेण सम्राजाशेषेण पराजीयत
1372 Das große Heer der Feinde wurde von dem grausamen Herrscher restlos besiegt
1372 mahatī dviṣāṃ camūḥ krūreṇa samrājāśeṣeṇa parājīyata
[mahat, Adj. = groß (mahatī, f. Adj. Nom.); dviṣ, dviṭ, m. = Feind (Gen.); camūḥ = Heer; krūra, Adj. = grausam (m. Instr.); samrāj, samrāṭ, m. = Herrscher (samrājā, Instr., nicht samrājñā, da Stamm hier rāj und nicht rājan ist); aśeṣeṇa, Adv. = restlos (a-śeṣaḥ = ohne Rest); ji, parā-jayate, 1. = besiegen (parā + ajīyata = parājīyata, Impf. Pass., jī-yate, Pass.)]

१३७३ मार्गे गन्तृभिर्मुनिभिस्तडागस्य जलमपीयत
1373 Von den auf der Straße gehenden Asketen wurde das Wasser des Tanks getrunken
1373 mārge gantṛbhir_munibhis_taḍāgasya jalam_apīyata
[mārgaḥ = Straße (Lok.); gantṛ, Adj. = gehend (m. Instr.); muniḥ, m. = Asket (Instr.); taḍāgam = Tank (Gen.); jalam = Wasser; pā, pibati, 1. = trinken (Impf. Pass., pī-yate, Pass.)]

१३७४ वणिजा परिव्राड्भ्यः प्रभूतस्तण्डुलो ऽत्यसृज्यत
1374 Von dem Kaufmann wurde den Pilgern viel Reis gewährt
1374 vaṇijā parivrāḍbhyaḥ prabhūtas_taṇḍulo 'tyasṛjyata
[vaṇij, vaṇik, m. = Kaufmann (Instr.); parivrāj, parivrāṭ, m. = Pilger (Dat.); prabhūta, Adj. = viel (m. Nom.); taṇḍulaḥ = Reis (gedroschener Reis, Nom.); sṛj, ati-sṛjati, 6. = gewähren (+ Dat., aty-asṛjyata, Impf. Pass., ati-sṛj-yate, Pass.)]

१३७५ हविषां राशयो ब्राह्मणेभ्यो व्यतीर्यन्त
1375 Den Brahmanen wurden Mengen von Opfergaben gegeben
1375 haviṣāṃ rāśayo brāhmaṇebhyo vyatīryanta
[haviṣ, n. = Opfergabe (Gen. Pl.); rāśiḥ, m. = Menge (Nom. Pl); brāhmaṇaḥ = Brahmane (Dat.); tṝ, vi-tarati, 1. = geben (+ Dat., vi + atīryanta, Impf. Pass., vi-tīr-yate, Pass.)]

१३७६ भिषजा व्याधितायै भगिन्या औषधमदीयत
1376 Vom Arzt wurde der kranken Schwester ein Heilmittel gegeben
1376 bhiṣajā vyādhitāyai bhaginyā auṣadham_adīyata
[bhiṣaj, bhiṣak, m. = Arzt (Instr.); vyādhita, Adj. = krank (f. Dat.); bhaginī = Schwester (bhaginyai, Dat.); auṣadham = Heilmittel; dā, dadāti, 3. = geben (+ Dat., adīyata, Impf. Pass., dī-yate, Pass.)]

17.3. Imperativ Passiv

१३७७ ततो युद्धाय युज्यस्व
1377 Deshalb rüste dich zum Kampf! (FÜ.)
1377 tato yuddhāya yujyasva!
[tatas, Konj. = deshalb; yuddham = Kampf (Dat. = zum Kampf); yuj, yunakti, 7. = anschirren (yujyasva, Imp. Pass. = werde angeschirrt = rüste dich, yuj-yate, Pass.)]

१३७८ सा युष्माभी रक्ष्यताम्
1378 Sie soll von euch beschützt werden! (FÜ.: Beschützt sie!)
1378 sā yuṣmābhī rakṣyatām!
[tad, Pron. = das (sā, f. Nom. = sie); yuṣmad, Pron. = ihr (yuṣmābhiḥ, Instr. = von euch, Sa.: iḥ + r = ī + r); rakṣ, rakṣati, 1. = beschützen (rakṣyatām, Imp. Pass., rakṣyate, Pass.)]

१३७९ अस्माभिर्गानं गीयताम्
1379 Von uns soll das Lied gesungen werden! (FÜ.: Laßt uns singen!)
1379 asmābhir_gānaṃ gīyatām!
[asmad, Pron. = wir (asmābhiḥ, Instr. = von uns); gānam = Lied; gai, gāyati, 1. = singen (Imp. Pass., gī-yate, Pass.)]

१३८० त्वया वचनं भाष्यताम्
1380 Von dir soll ein Wort gesagt werden! (FÜ.: Sag etwas!)
1380 tvayā vacanaṃ bhāṣyatām!
[tvad, Pron. = du (tvayā, Instr. = durch dich); vacanam = Wort; bhāṣ, bhāṣate, 1. = sagen (Imp. Pass., bhāṣ-yate, Pass.)]

१३८१ दुर्भिक्षे वार्त्ताः श्रूयन्ताम्
1381 Die Nachrichten über die Hungersnot sollen gehört werden
1381 durbhikṣe vārttāḥ śrūyantām
[durbhikṣam = Hungersnot (Lok.); vārttā = Nachricht (Schreibweise auch vārtā); śru, śṛṇoti, 5. = hören (Imp. Pass., śrū-yate, Pass.)]

१३८२ गोष्ठे रश्मयो विमुच्यन्ताम्
1382 Im Stall sollen die Zügel gelockert werden
1382 goṣṭhe raśmayo vimucyantām
[goṣṭhaḥ = Stall (Lok.); raśmiḥ, m. = Zügel (Nom. Pl.); muc, vi-muñcati, 6. = lockern (Imp. Pass., vi-muc-yate, Pass.)]

१३८३ नृपेण क्लेशाः सह्यन्तां प्रजानां कल्याणाय
1383 Vom König sollen die Mühen zum Wohl der Untertanen ertragen werden
1383 nṛpeṇa kleśāḥ sahyantāṃ prajānāṃ kalyāṇāya
[nṛpaḥ = König (Instr.); kleśaḥ = Mühe; sah, sahate, 1. = ertragen (Imp. Pass., sah-yate, Pass.); prajā = Untertan (Gen. Pl.); kalyāṇam = Wohl, n. (Dat. = zum Wohl)]

१३८४ भक्त्या भक्तैर्भगवान् भज्यताम्
1384 Mit Hingabe soll von den Gläubigen der Erhabene angebetet werden
1384 bhaktyā bhaktair_bhagavān bhajyatām
[bhaktiḥ, f. = Hingabe (Instr.); bhaktaḥ = Gläubige (Instr.); bhagavat, Adj. = erhaben (m. Nom. = »Herr«); bhaj, bhajate, 1. = anbeten (Imp. Pass., bhajyate, Pass., Anm.: Alle 4 Wörter dieses Satzes gehen auf die Wz. bhaj zurück)]

17.4. Optativ Passiv

१३८५ धीमद्भिर्जनैर्गुरु कार्यं न परिह्रियेत
1385 Von klugen Leuten sollte ein wichtiges Vorhaben nicht unterlassen werden
1385 dhīmadbhir_janair_guru kāryaṃ na parihriyeta
[dhīmat, Adj. = klug (m. Instr. Pl.); janaḥ = Mensch (Instr.); guru, Adj. = wichtig (n. Nom.); kāryam = Vorhaben; na, Ind. = nicht; hṛ, pari-harati, 1. = unterlassen (Opt. Pass., pari-hri-yate, Pass.)]

१३८६ साधोः पत्न्या भिक्षवे रूपका दीयेरन्
1386 Von der Gattin des Heiligen sollten dem Bettler Rupien gegeben werden

1386 sādhoḥ patnyā bhikṣave rūpakā dīyeran
[sādhuḥ, m. = Heilige (Gen.); patnī = Gattin (Instr.); bhikṣuḥ, m. = Bettler (Dat.); rūpakaḥ = Rupie (Nom. Pl.); dā, dadāti, 3. = geben (+ Nom. + Dat., dīyeran, Opt. Pass., dī-yate, Pass.)]

१३८७ अनृतं चेद्भाषेमहि नृपतिना दण्ड्येमहि
1387 Wenn wir die Unwahrheit sagen würden, würden wir vom König bestraft werden
1387 anṛtaṃ ced_bhāṣemahi nṛpatinā daṇḍyemahi
[anṛtam = Unwahrheit (Akk.); ced, Konj. = wenn (nachgestellt); bhāṣ, bhāṣate, 1. = sagen (Opt.); nṛpatiḥ, m. = König (Instr.); daṇḍ, daṇḍayati, 10. = bestrafen (Opt. Pass., daṇḍ-yate, Pass.)]

17.5. Futur Passiv

१३८८ पारसीकैस्त्वं किल योत्स्यसे
1388 Du wirst gewiß von den Persern bekämpft werden
1388 pārasīkais_tvaṃ kila yotsyase
[pārasīkaḥ, m. Eig. = Perser (Instr.); tvad, Pron. = du (tvam, Nom.); kila, Ind. = gewiß; yudh, yudhyate, 4. = bekämpfen (Fut. Pass., yudh + syate = yotsyate, Anm. 1: Das Fut. Atm. dient auch als Fut. Pass., Anm. 2: Das Fut. Pass. ist extrem selten, auch wegen der Gerundive)]

१३८९ सोमवारे गृहिण्या मत्स्यः पक्ष्यते
1389 Am Montag wird der Fisch von der Hausfrau gekocht werden
1389 soma-vāre gṛhiṇyā matsyaḥ pakṣyate
[soma-vāraḥ = Montag (»Mond-Tag«, Lok.); gṛhiṇī = Hausfrau (Instr.); matsyaḥ = Fisch (Nom.); pac, pacati, 1. = kochen (pakṣyate, Fut. Pass., pakṣyati, Fut. Aktiv)]

१३९० त्वया नभसीन्द्रायुधं द्रक्ष्यते
1390 Von dir wird der Regenbogen am Himmel gesehen werden
1390 tvayā nabhasīndrāyudhaṃ drakṣyate
[tvad, Pron. = du (tvayā, Instr.); nabhas, n. = Himmel (nabhasi, Lok.); indrāyudham = Regenbogen; dṛś, 1., dṛśyate, Pass. = gesehen werden (drakṣyate, Fut. Pass.)]

17.6. Passiv Dual

17.6.1. Präsens Passiv Dual

१३९१ यथाशास्त्रं पुत्रैर्नम्यावहे
1391 Wir beide werden von den Söhnen vorschriftsgemäß begrüßt
1391 yathā-śāstraṃ putrair_namyāvahe
[yathā-śāstram, Adv. = vorschriftsgemäß (»wie nach dem Lehrbuch«); putraḥ = Sohn (Instr.); nam, namati, 1. = verehren (namyāvahe, Präs. Pass. Du., nam-yate, Pass.)]

१३९२ क्रूराभ्यामृक्षाभ्यां दृश्यामहे
1392 Wir werden von den zwei grausamen Bären gesehen
1392 krūrābhyām_ṛkṣābhyāṃ dṛśyāmahe
[krūra, Adj. = grausam (m. Instr. Du.); ṛkṣaḥ = Bär (Instr. Du.); dṛś, 1., dṛśyate, Pass. = gesehen werden (Präs. Pass.)]

१३९३ रे पितरौ पुत्रैर्न पूज्येथे
1393 Oh Eltern, ihr werdet von den Söhnen nicht verehrt
1393 re pitarau, putrair_na pūjyethe
[re, Interj. = oh!; pitṛ, pitā, m. = Eltern (Sg. = Vater, Du. = Eltern, Vok.); putraḥ = Sohn (Instr.); na, Ind. = nicht; pūj, pūjayati, 10. = verehren (pūjyethe, Präs. Pass. Du., pūj-yate, Pass.)]

१३९४ हे देवौ साधुभिर्नित्यं स्मर्येथे

1394 Oh ihr beiden Götter, von den Weisen werdet ihr stets erinnert (WÜ.)

1394 he devau, sādhubhir_nityaṃ smaryethe

[he, Interj. = oh!; devaḥ = Gott (Vok. Du.); sādhuḥ, m. = Weise (Instr.); nityam, Adv. = stets; smṛ, smarati, 1. = erinnern (Präs. Pass. Du., smar-yate, Präs.)]

१३९५ संगरे सारथी हन्येते

1395 Die zwei Wagenlenker werden in der Schlacht getötet

1395 saṃgare sārathī hanyete

[saṃgaraḥ = Schlacht (Lok.); sārathiḥ, m. = Wagenlenker (Du.); han, hanti, 2. = töten (Präs. Pass. Du., han-yate, Pass.)]

१३९६ सहचरीभ्यां नागो ऽनुगम्यते

1396 Der Elefant wird von den beiden Gefährtinnen begleitet

1396 sahacarībhyāṃ nāgo 'nugamyate

[sahacarī = Gefährtin (Instr. Du.); nāgaḥ = Elefant; gam, anu-gacchati, 1. = begleiten (anu-gam-yate, Präs. Pass.)]

१३९७ घृतेन घटौ पूर्येते

1397 Die beiden Krüge werden mit Schmelzbutter gefüllt

1397 ghṛtena ghaṭau pūryete

[ghṛtam = Schmelzbutter (Instr.); ghaṭaḥ = Krug (Du.); pṝ, pṛṇāti, 9. = füllen (Präs. Pass. Du., pūr-yate, Pass.)]

१३९८ उपवने रमणीये प्रमदे दृश्येते

1398 Im Hain werden zwei reizende Haremsdamen gesehen

1398 upavane ramaṇīye pramade dṛśyete

[upavanam = Hain (Lok.); ramaṇīya, Adj. = reizend (f. Nom. Du.); pramadā = Haremsdame (Du.); dṛś, 1., dṛśyate, Pass. = gesehen werden (Präs. Pass. Du.)]

१३९९ नृपस्याज्ञे अनुरुध्येते

1399 Die beiden Befehle des Königs werden befolgt

1399 nṛpasyājñe anurudhyete

[nṛpaḥ = König (Gen.); ājñā = Befehl (ājñe, Nom. Du., kein Sa. nach Du.-Endung auf »e«); rudh, anu-rudhyate, 4. = befolgen (anu-rudhyete, Präs. Pass. Du., formgleich mit Atm. Akt.)]

१४०० वृथावाभ्यां दुःखानि सह्यन्ते

1400 Vergeblich werden von uns beiden die Schmerzen ertragen

1400 vṛthāvābhyāṃ duḥkhāni sahyante

[vṛthā, Adv. = vergeblich; asmad, Pron. = wir (āvābhyām, Instr. Du. = von uns beiden); duḥkham = Schmerz; sah, sahate, 1. = ertragen (sah-yate, Präs. Pass.)]

१४०१ हयस्य हन्वो रश्मयो बध्यन्ते

1401 Die Zügel werden am Kinn des Rosses befestigt

1401 hayasya hanvo raśmayo badhyante

[hayaḥ = Roß (Gen.); hanuḥ, f. = Kinn (hanvoḥ, Lok. Du. = »Doppelkinn«, Sa.: oḥ + r = o + r); raśmiḥ, m. = Zügel; bandh, badhnāti, 9. = befestigen (an + Lok., badh-yate, Präs. Pass.)]

१४०२ विद्युतस्तेजसा मम चक्षुषी पीड्येते

1402 Durch den Glanz des Blitzes werden meine Augen gequält

1402 vidyutas_tejasā mama cakṣuṣī pīḍyete

[vidyut, f. = Blitz (Gen.); tejas, n. = Glanz (Instr.); mad, Pron. = ich (mama, Gen. = meiner); cakṣus, n. = Auge (Du.); pīḍ, pīḍayati, 10. = quälen (pīḍyete, Präs. Pass. Du., pīḍ-yate, Pass.)]

17.6.2. Imperfekt Passiv Dual

१४०३ हे शिशू जनन्याहूयेथाम्
1403 He ihr zwei Kinder, ihr wurdet von der Mutter herbeigerufen
1403 he śiśū, jananyāhūyethām
[he, Interj. = he!; śiśuḥ, m. = Kind (Vok. Du.); jananī = Mutter (jananyā, Instr.); hve, ā-hvayati, 1. = herbeirufen (ā + ahūyethām = āhūyethām, Impf. Pass. Du., hū-yate, Pass.)]

१४०४ व्याधैः पुष्टावृक्षावहन्येताम्
1404 Von den Jägern wurden die beiden fetten Bären getötet
1404 vyādhaiḥ puṣṭāv_ṛkṣāv_ahanyetām
[vyādhaḥ = Jäger (Instr.); puṣṭa, Adj. = fett (puṣṭau, m. Nom. Du.); ṛkṣaḥ = Bär (Du.); han, hanti, 2. = töten (Impf. Pass. Du., han-yate, Pass.)]

१४०५ योधैर्भूभृते श्वेतावश्वावदीयेताम्
1405 Von den Soldaten wurden dem König zwei weiße Pferde geschenkt
1405 yodhair_bhū-bhṛte śvetāv_aśvāv_adīyetām
[yodhaḥ = Soldat (Instr.); bhū-bhṛt, m. = König (»Erd-Träger«, Dat. Komp.); śveta, Adj. = weiß (śvetau, m. Nom. Du.); aśvaḥ = Pferd (Du.); dā, dadāti, 3. = schenken (+ Dat., adīyetām, Impf. Pass. Du., dī-yate, Pass.)]

17.6.3. Imperativ Passiv Dual

१४०६ पितरौ वन्द्येताम्
1406 Die Eltern sollen verehrt werden!
1406 pitarau vandyetām!
[pitṛ, pitā, m. = Eltern (Sg. = Vater, Du. = Eltern); vand, vandate, 1. = verehren (Imp. Pass. Du., vand-yate, Pass.)]

१४०७ पुरुषैः शठौ ताड्येताम्
1407 Von den Leuten sollen die zwei Schurken geschlagen werden
1407 puruṣaiḥ śaṭhau tāḍyetām
[puruṣaḥ = Mensch (Instr.); śaṭhaḥ = Schurke (Du.); taḍ, tāḍayati, 10. = schlagen (Imp. Pass. Du., tāḍ-yate, Pass.)]

17.6.4. Optativ Passiv Dual

१४०८ युवाभ्यां कूपो रक्ष्येत
1408 Von euch beiden sollte der Brunnen beschützt werden
1408 yuvābhyāṃ kūpo rakṣyeta
[yuṣmad, Pron. = ihr (yuvābhyām, Instr. Du. = durch euch beide); kūpaḥ = Brunnen; rakṣ, rakṣati, 1. = beschützen (Opt. Pass., rakṣ-yate, Pass.)]

१४०९ तस्मै कृष्णावश्वौ दीयेयाताम्
1409 Ihm sollten zwei schwarze Pferde geschenkt werden
1409 tasmai kṛṣṇāv_aśvau dīyeyātām
[tad, Pron. = das (tasmai, m. Dat. = ihm); kṛṣṇa, Adj. = schwarz (kṛṣṇau, m. Du.); aśvaḥ = Pferd (Du.); dā, dadāti, 3. = schenken (Opt. Pass. Du., dī-yate, Pass.)]

18. Partizipien

18.1. Partizip Perfekt Passiv (»jita«)

18.1.1. »naraḥ jitaḥ« = »Der Mann ist besiegt worden«

१४१० योगिना क्लेशः सोढः
1410 Von dem Yogi ist das Leiden ertragen worden
1410 yoginā kleśaḥ soḍhaḥ
[yogin, m. = Yogi (Instr., yogī, Nom.); kleśaḥ = Leiden (Nom.); soḍha, Part. = ertragen (m. Nom., Wz. sah, sahate, Anm. 1: Partizipien richten sich wie Adj. in Kasus/Genus/Numerus nach dem Subst., Anm. 2: Das Part. Perf. Pass. kann syntaktisch ein finites Verb ersetzen, Anm. 3: Dann übersetzen wir es durch das deutsche Perf. Pass. = »ist ertragen worden«. Anm. 4: Man lese zunächst die Übersicht über die Partizipien auf Seite 361 der Grammatik)]

१४११ सार्थेन भार ऊढः
1411 Die Last ist von der Karawane getragen worden
1411 sārthena bhāra ūḍhaḥ
[sārthaḥ = Karawane (Instr., sa + artha, Adj. = mit Gütern = begütert); bhāraḥ = Last (Nom.); ūḍha, Part. = getragen (m. Nom., Wz. vah, vahati, Wortsandhi irregulär: vah + ta = ūḍha)]

१४१२ कस्मैचिदङ्कुतो दत्तः
1412 Irgend jemandem ist der Schlüssel gegeben worden
1412 kasmaicid_aṅkuto dattaḥ
[kiṃcid, Pron. = jemand (kasmai-cid, m. Dat.); aṅkuṭaḥ = Schlüssel (und kuñcikā = Schlüssel, beide Wörter spätklassisches Sanskrit); datta, Part. = gegeben (m. Nom., Wz. dā, dadāti)]

१४१३ सत्येन भूमिरुत्तभिता
1413 Die Welt ist durch Wahrheit aufgerichtet worden
1413 satyena bhūmir_uttabhitā
[satyam = Wahrheit (Instr.); bhūmiḥ, f. = Erdboden; uttabhita, Part. = aufgerichtet (f. Nom., Wz. stambh, ut-tambhayati, 10., ferner: ut-tabdha, Part., Wz. stambh, ut-tabhnāti, 9., Anm.: Der ganze Rig-Veda-Vers lautet: satyenottabhitā bhūmiḥ, suryeṇottabhitā dyauḥ = Die Erde wird durch den Gott der Wahrheit, der Himmel, dyauḥ, durch den Gott der Sonne gestützt)]

१४१४ ब्रह्मणैतज्जगत् सृष्टम्
1414 Durch Gott ist diese Welt erschaffen worden
1414 brahmaṇaitaj_jagat sṛṣṭam
[brahman, n. = Brahman (brahmaṇā, Instr.); etad, Pron. = dies (etat, n. Nom., Sa.: brahmaṇā etat jagat); jagat, n. = Welt; sṛṣṭa, Part. = erzeugt (n. Nom., Wz. sṛj, sṛjati)]

१४१५ दरिद्रैराहारो याचितः
1415 Von den Armen ist Nahrung erbettelt worden
1415 daridrair_āhāro yācitaḥ
[daridra, Adj. = arm (m. Instr.); āhāraḥ = Nahrung; yācita, Part. = erbettelt (m. Nom., Wz. yāc, yācate)]

१४१६ कुम्भकारेण घटो यावच्छक्यं कृतः
1416 Der Topf ist vom Töpfer bestmöglich angefertigt worden
1416 kumbha-kāreṇa ghaṭo yāvacchakyaṃ kṛtaḥ
[kumbha-kāraḥ = Töpfer (Instr., Komp.); ghaṭaḥ = Krug (Nom.); yāvac-chakyam, Adv. = bestmöglich (yāvat + śakya = »so sehr wie möglich«); kṛta, Part. = angefertigt (m. Nom., Wz. kṛ, karoti)]

१४१७ अमात्य स लेखः कुमारेण प्रेषितः
1417 Oh Minister, dieser Brief ist vom Prinzen geschickt worden
1417 amātya, sa lekhaḥ kumāreṇa preṣitaḥ
[amātyaḥ = Minister (Vok.); tad, Pron. = das (saḥ, m. Nom.); lekhaḥ = Brief (Nom.); kumāraḥ = Prinz (Instr.); preṣita, Part. = geschickt (m. Nom. Sg., Wz. iṣ, pra-iṣayati = preṣayati)]

१४१८ केनापि भिक्षुकेण वचनं श्रुतम्
1418 Von irgendeinem Bettler ist die Rede gehört worden
1418 kenāpi bhikṣukeṇa vacanaṃ śrutam
[kimapi, Pron. = irgendein (kena-api, m. Instr.); bhikṣukaḥ = Bettler (Bettelmönch); vacanam = Rede (Nom.); śruta, Part. = gehört (n. Nom., Wz. śru, śṛṇoti)]

१४१९ अन्येभ्यो ऽपि एतन्नरपतिना श्रुतम्
1419 Auch von anderen ist dies vom König gehört worden
1419 anyebhyo 'pi etan_nara-patinā śrutam
[anya, Pron. = ander (m. Abl. Pl. = von anderen); api, Ind. = auch; etad, Pron. = dies (n. Nom. Sg., Sa.: d + n = n + n); nara-patiḥ, m. = König (Instr.); śruta, Part. = gehört (n. Nom. Sg.)]

१४२० अस्माकं सर्वे मनोरथाः सिद्धाः
1420 Alle unsere Wunschträume sind erfüllt worden
1420 asmākaṃ sarve mano-rathāḥ siddhāḥ
[asmad, Pron. = wir (Gen. = unser); sarva, Pron. = all (sarve, m. Nom. Pl.); mano-rathaḥ = Wunschtraum (manas + rathaḥ); siddha, Part. = erfüllt (m. Nom. Pl., Wz. sidh, sidhyati)]

१४२१ निर्गुणेन चटकेन व्रीहिर्गृहीतः
1421 Von dem nutzlosen Sperling ist ein Reiskorn geschnappt worden
1421 nirguṇena caṭakena vrīhir_gṛhītaḥ
[nirguṇa, Adj. = nutzlos (m. Instr.); caṭakaḥ = Spatz (Instr.); vrīhiḥ, m. = Reiskorn; gṛhīta, Part. = genommen (m. Nom., man beachte das irreguläre lange ī vor ta, Wz. grah, gṛhṇāti)]

१४२२ सिंहो व्याधस्य शरेण हतः
1422 Der Löwe ist durch den Pfeil des Jägers getötet worden
1422 siṃho vyādhasya śareṇa hataḥ
[siṃhaḥ = Löwe; vyādhaḥ = Jäger (Gen.); śaraḥ = Pfeil (Instr.); hata, Part. = getötet (m. Nom., Wz. han, hanti)]

१४२३ वने व्याधेन हरिणी हता
1423 Von dem Jäger ist die Gazelle im Wald getötet worden
1423 vane vyādhena hariṇī hatā
[vanam = Wald (Lok.); vyādhaḥ = Jäger (Instr.); hariṇī = Gazelle (weibliche Gazelle, hariṇaḥ = männliche Gazelle); hata, Part. = getötet (f. Nom., Wz. han, hanti)]

१४२४ अजेन सरसो जलं पीतम्
1424 Vom Ziegenbock ist das Wasser des Sees getrunken worden
1424 ajena saraso jalaṃ pītam
[ajaḥ = Ziegenbock (Instr., ajā = weibliche Ziege); saras, n. = See (Gen.); jalam = Wasser; pīta, Part. = getrunken (n. Nom., Wz. pā, pibati)]

१४२५ रणे भूपस्य सेनयारयो जिताः
1425 In der Schlacht sind die Feinde durch das Heer des Königs besiegt worden
1425 raṇe bhūpasya senayārayo jitāḥ
[raṇaḥ = Schlacht (Lok.); bhūpaḥ = König (Gen.); senā = Heer (senayā, Instr.); ariḥ, m. = Feind (arayaḥ, Nom. Pl.); jita, Part. = besiegt (m. Nom. Pl., Wz. ji, jayati)]

१४२६ हरिणा बहूनि काव्यानि पठितानि
1426 Von Hari sind viele Gedichte gelesen worden
1426 hariṇā bahūni kāvyāni paṭhitāni
[hariḥ, m. Eig. = Hari (Instr.); bahu, Adj. = viel (n. Nom. Pl.); kāvyam = Gedicht; paṭhita, Part. = gelesen (n. Nom. Pl., Wz. paṭh, paṭhati)]

१४२७ तेन बहवो ग्रन्था अधीताः
1427 Vom ihm sind viele Bücher studiert worden
1427 tena bahavo granthā adhītāḥ
[tad, Pron. = das (tena, Instr. = durch ihn); bahu, Adj. = viel (bahavaḥ, m. Nom. Pl.); granthaḥ = Buch (Nom. Pl.); adhīta, Part. = studiert (m. Nom. Pl., Wz. i, adhīte)]

१४२८ रामेण बाणेन रावणो विद्धः
1428 Ravana ist von Rama mit einem Pfeil verwundet worden
1428 rāmeṇa bāṇena rāvaṇo viddhaḥ
[rāmaḥ, m. Eig. = Rama (Instr. = Agens); bāṇaḥ = Pfeil (Instr. = Instrument); rāvaṇaḥ, m. Eig. = Ravana (Nom.); viddha, Part. = verwundet (m. Nom., Wz. vyadh, vidhyati)]

१४२९ मूषिका श्येनेन गृहीता भक्षिता च
1429 Die Maus ist von dem Falken gefangen und gefressen worden
1429 mūṣikā śyenena gṛhītā bhakṣitā ca
[mūṣikā = Maus (weibliche); śyenaḥ = Falke (Instr.); gṛhīta, Part. = gefangen (f. Nom., Wz. grah, gṛhṇāti); bhakṣita, Part. = gefressen (f. Nom., Wz. bhakṣ, bhakṣayati); ca, Konj. = und]

१४३० मरुतेव दैवेनास्माकं सर्वे मनोरथा निरस्ताः
1430 Wie durch den Sturm sind durch das Schicksal all unsere Wünsche zerstört worden
1430 maruteva daivenāsmākaṃ sarve mano-rathā nirastāḥ
[marut, m. = Sturm (marutā, Instr.); iva, Adv. = wie; daivam = Schicksal (daivena, Instr.); asmad, Pron. = wir (asmākam, Gen. = unser); sarva, Pron. = all (sarve, m. Nom. Pl.); mano-rathaḥ = Wunschtraum (Komp.: manas + rathaḥ); nirasta, Part. = zerstört (m. Nom. Pl., Wz. as, nir-asyati = wegschleudern, zerstören)]

१४३१ एतस्मिन् ह्रदे मयैतावन्ति कमलानि न कदापि दृष्टानि
1431 In diesem Teich sind von mir noch niemals soviele Lotusblumen gesehen worden
1431 etasmin hrade mayaitāvanti kamalāni na kadāpi dṛṣṭāni
[etad, Pron. = dies (etasmin, m. Lok.); hradaḥ = Teich; mad, Pron. = ich (mayā, Instr. = durch mich); etāvat, Pron. = soviel (etāvanti, n. Nom. Pl.); kamalam = Lotus (Pl. Lotusblumen); na kadāpi, Adv. = niemals (kadā = wann); dṛṣṭa, Part. = gesehen (n. Nom. Pl., Wz. dṛś)]

१४३२ मार्गे विप्रो ऽतिष्ठत्। तत्र याचकेन सो ऽभिहितः
1432 Auf der Straße stand ein Priester. Dort ist er von einem Bettler angesprochen worden
1432 mārge vipro 'tiṣṭhat. tatra yācakena so 'bhihitaḥ
[mārgaḥ = Weg, m. (Lok.); vipraḥ = Priester; sthā, tiṣṭhati, 1. = stehen (atiṣṭhat, Impf.); tatra, Adv. = dort; yācakaḥ = Bettler (Instr.); tad, Pron. = das (saḥ, m. Nom. = er); abhihita, Part. = angeredet (m. Nom., Wz. abhi-dhā, abhi-dadhāti)]

१४३३ बहुभिर्मुनिभिरात्मनो महिमा गरिमा च स्तुताः
1433 Von vielen Weisen ist die Größe und Würde der Seele gepriesen worden
1433 bahubhir_munibhir_ātmano mahimā garimā ca stutāḥ
[bahu, Adj. = viel (m. Instr.); muniḥ, m. = Weise (Instr.); ātman, m. = Selbst, n. (ātmanaḥ, Gen.); mahiman, m. = Größe (mahimā, Nom.); gariman, m. = Würde (garimā, Nom.); ca, Konj. = und; stuta, Part. = gepriesen (stutāḥ, m. Nom. Pl., da 2 Subst., Wz. stu, stauti)]

१४३४ भृतेन बहवः कूपास्तडागानि चोत्खातानि
1434 Von dem Knecht sind viele Brunnen und Wasserlöcher ausgegraben worden
1434 bhṛtena bahavaḥ kūpās_taḍāgāni cotkhātāni
[bhṛtaḥ = Knecht (Instr.); bahu, Adj. = viel (m. Nom. Pl.); kūpaḥ = Brunnen (m.); taḍāgam = Wasserloch (n.); ca, Konj. = und; utkhāta, Part. = ausgegraben (n. Nom. Pl., Wz. khan, ut-khanati, Anm.: Wenn zwei Subst. m. + n., dann gemeinsames Part. n.)]

१४३५ केवलमङ्गानां भङ्गाय बालैर्दुर्गस्य प्राकार आरूढः
1435 Die Kinder stiegen auf die Burgmauer und brachen sich die Beine (WÜ.: Nur zum Bruch der Glieder ist von den Kindern die Mauer der Festung bestiegen worden)
1435 kevalam_aṅgānāṃ bhaṅgāya bālair_durgasya prākāra ārūḍhaḥ
[kevalam, Ind. = nur; aṅgam = Glied (Gen. Pl.); bhaṅgaḥ = Bruch (Dat.); bālaḥ = Kind (Instr.); durgam = Festung (Gen., dur-ga = schwer zu begehen, Wz. gam); prākāraḥ = Mauer (Nom.); ārūḍha, Part. = bestiegen (m. Nom. Sg., Wz. ruh, ā-rohati)]

१४३६ संस्कृतं नाम दैवी वागन्वाख्याता महर्षिभिः
1436 Sanskrit nämlich ist die göttliche Sprache, die von großen Sehern verkündet wurde
1436 saṃskṛtaṃ nāma daivī vāg_anvākhyātā maharṣibhiḥ
[saṃskṛtam = Sanskrit (eigentlich: zubereitet, z.B. annaṃ su-saṃskṛtam = gut zubereitetes Essen); nāma, Adv. = nämlich; daiva, Adj. = göttlich (daivī, f. Adj. Nom.); vāc, vāk, f. = Sprache; anvākhyāta, Part. = verkündet (f. Nom., Wz. khyā, anu-ā-khyāti); maharṣiḥ, m. = großer Seher (Instr., maha + ṛṣiḥ, Anm.: Übungssatz ist Zitat aus der Literaturtheorie von Daṇḍin: »Kāvyādarśa«, 1.32, kāvyam = Dichtkunst, ādarśaḥ = Spiegel)]

18.1.2. »naraḥ āgataḥ« = »Der Mann ist gekommen«

१४३७ रामस्य पीडा नष्टाः
1437 Ramas Qualen sind vergangen
1437 rāmasya pīḍā naṣṭāḥ
[rāmaḥ, m. Eig. = Rama (Gen.); pīḍā = Qual (Nom. Pl.); naṣṭa, Part. = vergangen (f. Nom. Pl., Wz. naś, naśyati, Anm.: Das Part. Perf. Pass. intransitiver Verben kann ebenfalls syntaktisch wie ein finites Verb verwendet werden)]

१४३८ छात्त्र ऋचो यजूंषि च सम्यगधीतः
1438 Der Schüler hat die Verse und Opfersprüche richtig gelernt
1438 chāttra ṛco yajūṃṣi ca samyag_adhītaḥ
[chāttraḥ = Schüler; ṛc, ṛk, f. = Vers (ṛcaḥ, Akk. Pl.); yajus, n. = Opferspruch (yajūṃṣi, Akk. Pl.); samyak, Adv. = richtig (korrekt); adhīta, Part. = studiert (m. Nom. Sg., Wz. adhi-i, statt »chāttraḥ adhītaḥ« besser: chāttreṇa, Instr., ṛcaḥ yajūṃṣi ca samyak adhītāni, n. Nom. Pl.)]

१४३९ अन्यस्मान्नगरात् कश्चिदनार्यो निवृत्तः
1439 Aus einer anderen Stadt ist ein gewisser Ausländer zurückgekehrt
1439 anyasmān_nagarāt kaścid_anāryo nivṛttaḥ
[anya, Pron. = ander (anyasmāt, n. Abl. Sg., Sa.: t + n = n + n); nagaram = Stadt (Abl.); kiṃcid, Pron. = ein gewisses (kaś-cid, m. Nom. Sg.); anāryaḥ = Ausländer (»Nicht-Arier«); nivṛtta, Part. = zurückgekehrt (m. Nom. Sg., Wz. vṛt, ni-vartate)]

१४४० कृपणो नरः सर्पेण दष्टो मृतश्च
1440 Der elende Mann ist von der Schlange gebissen worden und gestorben
1440 kṛpaṇo naraḥ sarpeṇa daṣṭo mṛtaś_ca
[kṛpaṇa, Adj. = elend (m. Nom.); naraḥ = Mann; sarpaḥ = Schlange (Instr.); daṣṭa, Part. = gebissen (m. Nom., passiv: ist gebissen worden, Wz. daṃś, daśati); mṛta, Part. = gestorben (m. Nom., aktiv: ist gestorben, nicht gestorben worden, Wz. mṛ, mriyate); ca, Konj. = und]

१४४१ हरिणो लुब्धकस्य शरेण विद्धः कृच्छ्रेण सरः प्रविष्टः
1441 Die vom Pfeil des Jägers verwundete Gazelle ist mit Mühe in den See eingedrungen
1441 hariṇo lubdhakasya śareṇa viddhaḥ kṛcchreṇa saraḥ praviṣṭaḥ
[hariṇaḥ = Gazelle (männliche); lubdhakaḥ = Jäger (Gen.); śaraḥ = Pfeil (Instr.); viddha, Part. = verwundet (m. Nom., Wz. vyadh, vidhyati); kṛcchreṇa, Adv. = mühevoll (mit Mühe); saras, n. = See (Akk. = in den See); praviṣṭa, Part. = eingedrungen (m. Nom., Wz. viś, pra-viśati)]

१४४२ क्षेत्रे द्विड्भिः सह महत् कुरूणां युद्धं संजातम्
1442 Auf dem Feld hat ein großer Kampf der Inder gegen die Feinde stattgefunden
1442 kṣetre dviḍbhiḥ saha mahat kurūṇāṃ yuddhaṃ saṃjātam
[kṣetram = Feld (Lok.); dviṣ, dviṭ, m. = Feind (Instr. Pl.); saha, Präp. + Instr. = gegen; mahat, Adj. = groß (mahat, n. Nom.); kuruḥ, m. Eig. = Inder (Gen. Pl.); yuddham = Kampf (Nom.); saṃjāta, Part. = stattgefunden (n. Nom., Wz. jan, saṃ-jāyate, Nominalstil)]

१४४३ गान्धर्वेण विवाहेन बह्व्यः कन्याः श्रूयन्ते परिणीताः
1443 Man hört, daß viele Töchter aus Liebe geheiratet haben (FÜ.)
1443 gāndharveṇa vivāhena bahvyaḥ kanyāḥ śrūyante pariṇītāḥ
[gāndharva, Adj. = »wild«, »wilde Ehe« (Instr., gandharva-vivāhaḥ = Liebesheirat ohne Zeremonie = mariage d'amour); vivāhaḥ = Heirat (Instr.); bahu, Adj. = viel (bahvyaḥ, f. Nom. Pl., bahvī, f. Adj. Nom. Sg.); kanyā = Tochter; śru, śṛṇoti, 5. = hören (śrūyante, Präs. Pass. = sie werden gehört = man hört); pariṇīta, Part. = geheiratet (f. Nom. Pl., Wz. nī, pari-ṇayati)]

18.1.3. »jitaḥ naraḥ« = »der besiegte Mann«

१४४४ सखीभिः पृष्टा ललनातीवालज्जत
1444 Die von den Freundinnen befragte Tändlerin schämte sich sehr
1444 sakhībhiḥ pṛṣṭā lalanātīvālajjata
[sakhī = Freundin (Instr.); pṛṣṭa, Part. = befragt (f. Nom., Wz. pracch, pṛcchati); lalanā = Tändlerin (Nom.); atīva, Adv. = sehr; lajj, lajjate, 6. = schämen (sich, alajjata, Impf., Anm. 1: Bei »jitaḥ naraḥ = der besiegte Mann« ist »jitaḥ« Attribut, bei dem vollständigen Satz »naraḥ jitaḥ = Der Mann ist besiegt worden« ist »jitaḥ« Prädikat, Anm. 2: Im ersteren Fall fungiert das Part. Perf. Pass. oft als Adjektiv, z.B. mṛta, als Part. = gestorben, als Adj. = tot)]

१४४५ पङ्के पतितां धेनुमुदहरत्
1445 Er zog die in den Sumpf gefallene Kuh heraus
1445 paṅke patitāṃ dhenum_udaharat
[paṅkaḥ = Sumpf (Morast, Lok.); patita, Part. = gefallen (f. Akk., Wz. pat, patati); dhenuḥ, f. = Kuh (Akk.); hṛ, ud-dharati, 1. = herausziehen (PrSg., Sa.: ud + harati = ud-dharati, Präs., ud + aharat = udaharat, Impf.)]

१४४६ बुभुक्षया पीडितः शृगालो वनान्नगरमधावत्
1446 Der vom Hunger gequälte Schakal lief vom Wald in die Stadt
1446 bubhukṣayā pīḍitaḥ śṛgālo vanān_nagaram_adhāvat
[bubhukṣā = Hunger (Instr.); pīḍita, Part. = gequält (m. Nom., Wz. pīḍ, pīḍayati); śṛgālaḥ = Schakal; vanam = Wald (vanāt, Abl., Sa.: t + n = n_n); nagaram = Stadt (Akk.); dhāv, dhāvati, 1. = laufen (+ Abl. + Akk., Impf.)]

१४४७ आदित्यस्य तेजसा संतप्तः पान्थश्छायामाश्रयत
1447 Der vom Glanz der Sonne gepeinigte Wanderer begab sich in den Schatten
1447 ādityasya tejasā saṃtaptaḥ pānthaś_chāyām_āśrayata
[ādityaḥ = Sonne (Gen.); tejas, n. = Glanz (Instr.); saṃtapta, Part. = gepeinigt (m. Nom., Wz. tap, tapati); pānthaḥ = Wanderer; chāyā = Schatten (Akk.); śri, ā-śrayate, 1. = Zuflucht nehmen (sich begeben in + Akk., Impf.: ā + aśrayata = āśrayata)]

१४४८ आ कर्णमाकृष्टेन धनुषा क्षत्रियाः शरान् द्विट्सु मुञ्चन्ति
1448 Mit dem bis zum Ohr gespannten Bogen schießen die Krieger Pfeile auf die Feinde
1448 ā karṇam_ākṛṣṭena dhanuṣā kṣatriyāḥ śarān dviṭsu muñcanti
[ā, Präp. + Akk. = bis (sonst mit Abl.); karṇaḥ = Ohr (Akk.); ākṛṣṭa, Part. = gespannt (n. Instr., Wz. kṛṣ, ā-karṣati); dhanus, n. = Bogen (Instr.); kṣatriyaḥ = Krieger; śaraḥ = Pfeil (Akk.); dviṣ, dviṭ, m. = Feind (Lok. Pl.); muc, muñcati, 6. = schießen (+ Akk. + Lok., PrPl.)]

१४४९ अश्मनेव निर्मितं दुष्टानां हृदयं न कदापि द्रवति
1449 Das wie aus Stein gebaute Herz der Bösen schmilzt niemals
1449 aśmaneva nirmitaṃ duṣṭānāṃ hṛdayaṃ na kadāpi dravati
[aśman, m. = Stein (aśmanā, Instr., aśmā, Nom.); iva, Adv. = wie; nirmita, Part. = gebaut (n. Nom., Wz. mā, nir-mimīte); duṣṭa, Adj. = böse (m. Gen. Pl.); hṛdayam = Herz; na kadāpi, Adv. = niemals; dru, dravati, 1. = schmelzen (PrSg.)]

१४५० अध्वना परिक्लान्ता पितामही कुसुमैः सुरभिणि हर्म्ये तुष्यति
1450 Die von der Reise ermüdete Großmutter erfreut sich an den Blumen in dem wohlriechenden Heim
1450 adhvanā pariklāntā pitā-mahī kusumaiḥ surabhiṇi harmye tuṣyati
[adhvan, m. = Reise (Instr., adhvā, Nom.); pariklānta, Part. = ermüdet (f. Nom., Wz. klam, klāmyati); pitā-mahī = Großmutter; kusumam = Blume (Instr.); surabhi, Adj. = wohlriechend (n. Lok.); harmyam = Heim (Lok.); tuṣ, tuṣyati, 4. = erfreuen (an + Instr., PrSg.)]

१४५१ युष्मदधिगतां वार्त्तां सर्वाभ्यो नारीभ्यः शंसामि
1451 Die von euch erhaltene Nachricht verkünde ich allen Frauen
1451 yuṣmad_adhigatāṃ vārttāṃ sarvābhyo nārībhyaḥ śaṃsāmi
[yuṣmad, Pron. = ihr (yuṣmat, Abl. = von euch); adhigata, Part. = erlangt (f. Akk., Wz. gam, adhi-gacchati); vārttā = Nachricht (Akk.); sarva, Pron. = all (sarvābhyaḥ, f. Dat. Pl.); nārī = Frau (f. Dat. Pl.); śaṃs, śaṃsati, 1. = mitteilen (verkünden + Dat. + Akk., PrSg.)]

१४५२ भीमेन वक्षसि ताडितः शत्रुरमुह्यत्
1452 Der von dem (Krieger) Bhima auf die Brust geschlagene Feind wurde ohnmächtig
1452 bhīmena vakṣasi tāḍitaḥ śatrur_amuhyat
[bhīmaḥ, m. Eig. = Bhima (Instr.); vakṣas, n. = Brust (Lok.); tāḍita, Part. = geschlagen (m. Nom., Wz. taḍ, tāḍayati); śatruḥ, m. = Feind; muh, muhyati, 4. = ohnmächtig werden (Impf.)]

१४५३ मनसा चिन्तितानि कार्याणि पत्त्रैर्न प्रकाशयेयुः
1453 Die im Geist ersonnenen Vorhaben sollte man durch Briefe nicht offenbaren
1453 manasā cintitāni kāryāṇi pattrair_na prakāśayeyuḥ
[manas, n. = Geist (Instr.); cintita, Part. = ersonnen (n. Nom. Pl., Wz. cint, cintayati); kāryam = Vorhaben; pattram = Brief (Instr.); na, Ind. = nicht; kāś, pra-kāśayati, 10. = offenbaren (Opt. Aktiv, Pl. = man)]

१४५४ पित्रा निन्दितः पुत्रो गृहादुद्यानमधावत्
1454 Der vom Vater getadelte Sohn lief aus dem Haus in den Garten
1454 pitrā ninditaḥ putro gṛhād_udyānam_adhāvat
[pitṛ, pitā, m. = Vater (Instr.); nindita, Part. = getadelt (n. Nom., Wz. nind, nindati); putraḥ = Sohn; gṛham = Haus (Abl.); udyānam = Garten (Akk.); dhāv, dhāvati, 1. = laufen (+ Abl. + Akk., Impf.)]

१४५५ बिलाद्बहिरागता मूषकाः सिंहस्य शरीरे सानन्दमनृत्यन्
1455 Die aus dem Loch nach draußen gekommenen Mäuse tanzten fröhlich auf dem Körper des Löwen
1455 bilād_bahir_āgatā mūṣakāḥ siṃhasya śarīre sānandam_anṛtyan

[bilam = Loch (Abl.); bahis, Adv. = draußen; āgata, Part. = gekommen (m. Nom. Pl., Wz. gam, gacchati); mūṣakaḥ = Maus; siṃhaḥ = Löwe (Gen.); śarīram = Körper (Lok.); sānandam, Adv. = fröhlich (sa + ānandaḥ = mit Wonne); nṛt, nṛtyati, 4. = tanzen (Impf.)]

१४५६ अरेस्तीव्रेणासिना हतं वीरं वन्दामहै
1456 Wir wollen den durch das scharfe Schwert des Feindes getöteten Helden verehren
1456 ares_tīvreṇāsinā hataṃ vīraṃ vandāmahai
[ariḥ, m. = Feind (Gen.); tīvra, Adj. = scharf (tīvreṇa, m. Instr.); asiḥ, m. = Schwert (Instr.); hata, Part. = getötet (m. Akk., Wz. han, hanti); vīraḥ = Held (Akk., Anm.: vīraḥ, lateinisch vir und »Wer« in Wer-wolf sind etymologisch verwandt); vand, vandate, 1. = verehren (Imp.)]

१४५७ मित्रैर्ज्ञातिभिश्च परिहीणो दरिद्रो द्रुतमनश्यत्
1457 Der von Freunden und Verwandten verlassene Arme ging rasch zugrunde
1457 mitrair_jñātibhiś_ca parihīṇo daridro drutam_anaśyat
[mitram = Freund (Instr.); jñātiḥ, m. = Verwandte (Instr.); ca, Konj. = und; parihīṇa, Part. = verlassen (pari + hīnaḥ = parihīṇaḥ, m. Nom., Wz. hā, jahāti); daridra, Adj. = arm (m. Nom.); drutam, Adv. = rasch; naś, naśyati, 4. = zugrunde gehen (Impf.)]

१४५८ सूतस्य यष्ट्या प्रणुदिता अश्वा न श्राम्यन्ति
1458 Die durch die Gerte des Wagenlenkers angetriebenen Pferde ermüden nicht
1458 sūtasya yaṣṭyā praṇuditā aśvā na śrāmyanti
[sūtaḥ = Wagenlenker (Gen.); yaṣṭiḥ, f. = Gerte (Instr.); praṇudita, Part. = angetrieben (pra + nuditāḥ = praṇuditāḥ, m. Nom. Pl., Wz. nud, pra-ṇudati); aśvaḥ = Pferd (Nom. Pl.); na, Ind. = nicht; śram, śrāmyati, 4. = ermüden (PrPl.)]

१४५९ चिरकालं पुष्टो ऽपि सर्पो दशति
1459 Auch wenn sie lange Zeit gehegt worden ist, beißt die Schlange
1459 cira-kālaṃ puṣṭo 'pi sarpo daśati
[cira-kālam, Adv. = lange Zeit (Komp., ciram, Adv. = lange); puṣṭa, Part. = gehegt (m. Nom., Wz. puṣ, puṣyati); api, Ind. = auch; sarpaḥ = Schlange; daṃś, daśati, 1. = beißen (PrSg.)]

१४६० भवद्भिरादिष्टः किंकरो नगरमगच्छत्
1460 Der von »Durchlaucht« (von Ihnen, von Euch) angewiesene Diener ging in die Stadt
1460 bhavadbhir_ādiṣṭaḥ kiṃkaro nagaram_agacchat
[bhavat, Pron. = Herr (bhavadbhiḥ, m. Instr. Pl. = »von Durchlaucht«, Sg., Anm.: Plural als eine besonders höfliche Anrede); ādiṣṭa, Part. = angewiesen (m. Nom., Wz. diś, ā-diśati = befehlen); kiṃkaraḥ = Diener (»kiṃ karoti = was macht er?«, kiṃ-karaḥ = »Was-Macher«, vgl. lateinisch fac-totum); nagaram = Stadt (Akk.); gam, gacchati, 1. = gehen (Impf.)]

१४६१ विप्रो हुतभुजा दग्धमरण्यमपश्यत्
1461 Der Priester sah den durch das Feuer verbrannten Wald
1461 vipro huta-bhujā dagdham_araṇyam_apaśyat
[vipraḥ = Priester (»Zitterer«, vip, vepati = zittern); huta-bhuj, huta-bhuk, m. = Feuer (Instr., Feuergott, »Opfer-Verzehrer«, Komp.); dagdha, Part. = verbrannt (n. Akk., Wz. dah, dahati); araṇyam = Wald (Akk., Etymologie von araṇyam unklar, möglicherweise ist das Grundwort »araṇa, Adj. = fremd« mit lateinischem »alius« verwandt); paś, paśyati, 4. = sehen (Impf.)]

१४६२ दृषदि निषण्णो गुरुश्छात्त्रान् धर्ममुपादिशत्
1462 Der auf dem Stein sitzende Meister lehrte die Schüler das Gesetz
1462 dṛṣadi niṣaṇṇo guruś_chāttrān dharmam_upādiśat
[dṛṣad, dṛṣat, f. = Stein (Lok.); niṣaṇṇa, Part. = sitzend (m. Nom., Wz. sad, ni-ṣīdati, Sandhi: sad + na = sanna, ni + sanna = niṣaṇṇa); guruḥ, m. = Meister (Nom.); chāttraḥ = Schüler (Akk.); dharmaḥ = Gesetz (Akk.); diś, upa-diśati, 6. = lehren (+ Akk. + Akk., Impf.)]

१४६३ बह्वीभी रुग्भिराक्रान्तो वृद्धो ह्यो ऽम्रियत
1463 Der von vielen Krankheiten angegriffene Greis starb gestern
1463 bahvībhī rugbhir_ākrānto vṛddho hyo 'mriyata
[bahu, Adj. = viel (bahvībhiḥ, f. Instr. Pl., bahvī, f. Adj. Nom., Sa.: iḥ + r = ī + r); ruj, ruk, f. = Krankheit (rugbhiḥ, Instr. Pl.); ākrānta, Part. = angegriffen (+ Instr., m. Nom. Sg., Wz. kram, ā-krāmati); vṛddhaḥ = Greis; hyas, Adv. = gestern; mṛ, mriyate, 6. = sterben (Impf.)]

१४६४ स कञ्चुकी राज्ञो ऽन्तःपुरे ऽधिकृतः क्लीबः
1464 Dieser Kämmerer ist ein mit dem Harem des Königs betrauter Eunuch
1464 sa kañcukī rājño 'ntaḥ-pure 'dhikṛtaḥ klībaḥ
[tad, Pron. = das (saḥ, m. Nom.); kañcukin, m. = Kämmerer (Nom.); rājan, m. = König (rājñaḥ, Gen.); antaḥ-puram = Harem (oder Frauenzimmer, Lok., »Innen-Burg«, Komp.); adhikṛta, Part. = beauftragt (betraut mit + Lok., m. Nom., Wz. kṛ, adhi-karoti); klībaḥ = Eunuch]

18.1.4. »āgataḥ naraḥ« = »der angereiste Mann«

१४६५ सुप्तस्य शिशोश्चारु मुखमीक्षध्वम्
1465 Seht das liebliche Gesicht des schlafenden Säuglings!
1465 suptasya śiśoś_cāru mukham_īkṣadhvam!
[supta, Part. = schlafend (m. Gen., Wz. svap, svapiti); śiśuḥ, m. = Säugling (śiśoḥ, Gen.); cāru, Adj. = lieblich (n. Akk.); mukham = Gesicht (Akk.); īkṣ, īkṣate, 1. = sehen (Imp.)]

१४६६ सुप्तस्य सिंहस्य मुखे मृगा न प्रविशन्ति
1466 In das Maul des schlafenden Löwen dringen die Tiere nicht ein
1466 suptasya siṃhasya mukhe mṛgā na praviśanti
[supta, Part. = schlafend (m. Gen., Wz. svap, svapiti); siṃhaḥ = Löwe (Gen.); mukham = Mund (Lok.); mṛgaḥ = Tier; na, Ind. = nicht; viś, pra-viśati, 6. = eindringen (+ Lok., PrPl.)]

१४६७ धर्मे रताः प्राज्ञा हरिं पश्येयुः
1467 Die sich an der Religion erfreuenden Weisen könnten Hari erschauen
1467 dharme ratāḥ prājñā hariṃ paśyeyuḥ
[dharmaḥ = Religion (Lok.); rata, Part. = erfreuend (+ Lok., m. Nom. Pl., ram, ramate); prājñaḥ = Weise (Pl.); hariḥ, m. Eig. = Hari (Gott, Akk.); paś, paśyati, 4. = erschauen (Opt.)]

१४६८ मुनिस्तपसि रतो ऽरण्ये तिष्ठति
1468 Der sich an der Askese erfreuende Asket wohnt im Wald
1468 munis_tapasi rato 'raṇye tiṣṭhati
[muniḥ, m. = Asket; tapas, n. = Askese (Lok.); rata, Part. = erfreuend (m. Nom., Wz. ram, ramate); araṇyam = Wald (Lok.); sthā, tiṣṭhati, 1. = wohnen (sich befinden im + Lok., PrSg.)]

18.2. Partizip Präsens Aktiv (»jayat«)

18.2.1. Parasmaipada: »jayan naraḥ« = »der siegende Mann«

१४६९ कुप्यते मा कुप्यत
1469 Zürnt nicht dem Zürnenden!
1469 kupyate mā kupyata!
[kupyat, Part. = zürnend (kupyate, m. Dat., kupyan, m. Nom., kupyantī, f. Part. Nom.); mā, Interj. = nicht! (+ Imp.); kup, kupyati, 4. = zürnen (+ Dat., Imp.)]

१४७० ध्यायन् योगी कटे सीदति
1470 Meditierend sitzt der Yogi auf der Matte
1470 dhyāyan yogī kaṭe sīdati

[dhyāyat, Part. = meditierend (m. Nom., Wz. dhyai, dhyāyati); yogin, m. = Yogi (Nom.); kaṭaḥ = Matte (Lok.); sad, sīdati, 1. = sitzen (PrSg., Das Part. Präs. Akt. Par. wird als normales Part. verwendet, also im Gegensatz zum Part. Perf. Pass. nicht als Ersatz für ein finites Verb)]

१४७१ उच्चैर्घोषयन्तो बालकाः पाठशालाभ्य आगच्छन्

1471 Die Knaben kamen laut lärmend aus den Schulen

1471 uccair_ghoṣayanto bālakāḥ pāṭha-śālābhya āgacchan

[uccais, Adv. = laut; ghoṣayat, Part. = lärmend (m. Nom. Pl., Wz. ghuṣ, ghoṣayati); bālakaḥ = Knabe; pāṭha-śālā = Schule (Abl., Lese-Saal, Komp.); gam, ā-gacchati, 1. = kommen (Impf.)]

१४७२ अवन्त्या आगच्छन् वाराणसीं प्रत्यपलाये

1472 Von Ujjain kommend floh ich nach Benares

1472 avantyā āgacchan vārāṇasīṃ praty_apalāye

[avantī, f. Eig. = Ujjain (avantyāḥ, Abl., das damalige Land um Ujjain herum hieß avantiḥ); āgacchat, Part. = kommend (m. Nom., Wz. gam, ā-gacchati); vārāṇasī, f. Eig. = Benares (Akk. = nach Benares = Varanasi); prati, Präp. + Akk. = nach; palāy, palāyate, 10. = fliehen (Impf., Etymologie vermutlich: palā statt Präfix parā mit r/l-Wechsel + »ayate« von i, eti = gehen)]

१४७३ अद्य जीवञ्छ्वो मरिष्यति

1473 Der heute Lebende wird morgen sterben

1473 adya jīvañ_chvo mariṣyati

[adya, Adv. = heute; jīvat, Part. = lebend (m. Nom., Wz. jīv, jīvati, Sa.: n + ś = ñ_ch oder ñ_ś); śvas, Adv. = morgen; mṛ, mriyate, 6. = sterben (mariṣyati, Fut. Par., in den Epen auch Atm.)]

१४७४ स सिंहो दिवा गिरौ सुप्तो रात्रौ वने भ्राम्यन् पशूनभक्षयत्

1474 Dieser tags im Berg schlafende Löwe fraß nachts im Wald herumstreifend die Tiere

1474 sa siṃho divā girau supto rātrau vane bhrāmyan paśūn_abhakṣayat

[tad, Pron. = das (saḥ, m. Nom. = dieser); siṃhaḥ = Löwe; divā, Adv. = tags; giriḥ, m. = Berg (Lok.); supta, Part. = schlafend (m. Nom., Wz. svap, svapiti); rātrau, Adv. = nachts; vanam = Wald (Lok.); bhrāmyat, Part. = herumstreifend (m. Nom., Wz. bhram, bhrāmyati); paśuḥ, m. = Tier (Akk.); bhakṣ, bhakṣayati, 10. = fressen (Impf.)]

१४७५ व्याघ्रीव तर्जयन्ती जरा तिष्ठति रोगाश्च देहे प्रहरन्ति

1475 Drohend wie eine Tigerin steht das Alter (vor uns Menschen), und die Krankheiten stürmen auf den Körper ein

1475 vyāghrīva tarjayantī jarā tiṣṭhati, rogāś_ca dehe praharanti

[vyāghrī = Tigerin (f. Nom.); iva, Adv. = wie; tarjayat, Part. = drohend (tarjayantī, f. Part. Nom., Wz. tarj, tarjayati); jarā = Alter, n. (f. Nom.); sthā, tiṣṭhati, 1. = stehen (PrSg.); rogaḥ = Krankheit; ca, Konj. = und; dehaḥ = Körper (Lok.); hṛ, pra-harati, 1. = stürmen (+ Lok., PrPl.)]

१४७६ वृक्षस्य तले तिष्ठन् ब्राह्मणस्यागमं प्रत्यैक्षथाः

1476 Am Fuß des Baumes stehend wartetest du auf die Ankunft des Brahmanen

1476 vṛkṣasya tale tiṣṭhan brāhmaṇasyāgamaṃ pratyaikṣathāḥ

[vṛkṣaḥ = Baum (Gen.); talam = Boden (Lok.); tiṣṭhat, Part. = stehend (m. Nom., Wz. sthā, tiṣṭhati); brāhmaṇaḥ = Brahmane (Gen.); āgamaḥ = Ankunft (Akk.); īkṣ, prati-īkṣate, 1. = warten (auf + Akk., a + īkṣathāḥ = aikṣathāḥ, Impf.)]

१४७७ क्षेत्रगामिना वर्त्मना गच्छन्तीं यात्रां व्यस्मये

1477 Ich bestaunte die auf dem zu Wallfahrtsorten führenden Weg gehende Prozession

1477 kṣetra-gāminā vartmanā gacchantīṃ yātrāṃ vyasmaye

[kṣetram = Wallfahrtsort (Komp., z.B. viṣṇu-kṣetrāṇi); gāmin, Adj. = führend (m. Instr.); vartman, n. = Weg, m. (Instr., vartma, Nom.); gacchat, Part. = gehend (f. Akk., gacchantī, f. Part. Nom.); yātrā = Prozession (f. Akk.); smi, vi-smayate, 1. = bestaunen (+ Akk., Impf.)]

१४७८ भो वासुदेव वसुदेवस्य सद्मनि वसन् वियतो ऽवतरन्तमृषिमपश्यम्

1478 Oh Krishna, am Sitz des Vasudeva weilend erschaute ich den vom Himmel herabsteigenden Seher

1478 bho vāsudeva, vasudevasya sadmani vasan viyato 'vatarantam_ṛṣim_apaśyam

[bhos, Interj. = oh! (Sa.: bho vor allen Tönenden); vāsu-devaḥ, m. Eig. = Krishna (Vok., Komp.); vasu-devaḥ, m. Eig. = Krishnas Vater (»Herr der Dinge«, Komp., Gen., vasu-devaḥ mit a = Vater, mit ā = Sohn, allgemein: Vriddhi = Sohn); sadman, n. = Wohnsitz (Lok., sadma, Nom.); vasat, Part. = wohnend (vasan, m. Nom., Wz. vas, vasati); viyat, n. = Himmel (viyataḥ, Abl.); avatarat, Part. = herabsteigend (avatarantam, m. Akk., Wz. tṝ, ava-tarati); ṛṣiḥ, m. = Seher (Akk.); paś, paśyati, 4. = erschauen (Impf.)]

१४७९ खलः परेषां छिद्राणि पश्यत्यात्मनः पश्यन्नपि न पश्यति

1479 Ein Bösewicht sieht nur die Fehler der anderen, seine eigenen will er nicht sehen, auch wenn er sie sieht (FÜ.)

1479 khalaḥ pareṣāṃ chidrāṇi paśyaty_ātmanaḥ paśyann_api na paśyati

[khalaḥ = Bösewicht; para, Pron. = ander (m. Gen. Pl.); chidram = Fehler (Akk.); paś, paśyati, 4. = sehen (PrSg., hier speziell »sehen wollen«); ātman, Pron. = sich (m. Gen. Sg. = von sich, seine eigenen); paśyat, Part. = sehend (paśyan, m. Nom.); api, Ind. = auch; na, Ind. = nicht]

१४८० स्निह्यन्तीं भार्यां त्यजन्तं भर्तारं गर्हामहे

1480 Wir tadeln den eine liebende Ehefrau verlassenden Ehemann

1480 snihyantīṃ bhāryāṃ tyajantaṃ bhartāraṃ garhāmahe

[snihyat, Part. = liebend (f. Akk., snihyantī, f. Part. Nom., snihyan, m. Nom., Wz. snih, snihyati); bhāryā = Ehefrau (Akk.); tyajat, Part. = verlassend (m. Akk., tyajan, m. Nom., Wz. tyaj, tyajati); bhartṛ, bhartā, m. = Ehemann (Akk.); garh, garhate, 1. = tadeln (PrPl.)]

१४८१ स्रजः कुर्वती कन्या दृषदि सीदति

1481 Das Girlanden herstellende Mädchen sitzt auf einem Stein

1481 srajaḥ kurvatī kanyā dṛṣadi sīdati

[sraj, srak, f. = Girlande (Akk. Pl.); kurvat, Part. = herstellend (kurvatī, f. Part. Nom. ohne »n«, kurvan, m. Nom. mit »n«, Wz. kṛ, karoti); kanyā = Mädchen; dṛṣad, dṛṣat, f. = Stein (Lok.); sad, sīdati, 1. = sitzen (PrSg.)]

१४८२ तपस्विभ्यो दक्षिणां ददतो धनिकाः शस्यन्ते

1482 Die den Büßern Opferlohn gebenden Reichen werden gepriesen

1482 tapasvibhyo dakṣiṇāṃ dadato dhanikāḥ śasyante

[tapasvin, m. = Büßer (Dat. Pl.); dakṣiṇā = Opferlohn (Akk.); dadat, Part. = gebend (dadataḥ, m. Nom. Pl., dadat, m. Nom. Sg., Wz. dā, dadāti, 3. = geben, Anm.: Bei m. und f. Part. der redupl. Klasse 3 und bei redupl. Verben der Klasse 2 entfällt das »n«, also nicht dadantaḥ, sondern dadataḥ, nicht dadan, sondern dadat, also Deklination hier wie »marut = Wind«, z.B. juhvat tapasvī, Sg. = ein opfernder Büßer, juhvatas_tapasvinaḥ, Pl. = opfernde Büßer, Part. Präs. Akt. Par. von »hu, juhoti, 3. = opfern«); dhanikaḥ = Reiche; śaṃs, śaṃsati, 1. = preisen (Präs. Pass., śasyate, Pass.)]

१४८३ न वा अजीविष्यमिमान् माषानखादन्

1483 Ohne diese Bohnen zu essen hätte ich wahrlich nicht überlebt (FÜ.)

1483 na vā ajīviṣyam_imān māṣān_akhādan

[na vai, Ind. = wahrlich nicht (Sa.: vai + a = vā + a); jīv, jīvati, 1. = überleben (Fut.: jīviṣyāmi, Impf.: ajīvam, Kond.: ajīviṣyam, also Stamm des Fut. mit Endung und Aug. des Imperfekts); idam, Pron. = dies (imān, m. Akk. Pl.); māṣaḥ = Bohne (Akk.); a-khādat, Part. = nicht-essend (akhādan, m. Nom., Wz. khād, khādati, Anm.: Part. können durch das Präf. »a« oder »an« verneint werden, und müssen sogar so verneint werden, weil »na« nur vor dem finiten Verb stehen darf und nicht vor dem Partizip, vgl. a-jñāta = un-erkannt, Wz. jñā = erkennen)]

18.2.2. Atmanepada: »vijayamānaḥ naraḥ« = »der siegende Mann«

१४८४ मृगयमाणो लभमानः
1484 Der Suchende ist der Erlangende (FÜ.: Wer suchet, der findet)
1484 mṛgayamāṇo labhamānaḥ
[mṛgayamāṇa, Part. = suchend (m. Nom., Wz. mṛgayate); labhamāna, Part. = erlangend (m. Nom., Wz. labh, labhate)]

१४८५ बालको डीयमानं बलाकमन्वसरत्
1485 Der Junge verfolgte einen fliegenden Kranich
1485 bālako ḍīyamānaṃ balākam_anvasarat
[bālakaḥ = Junge; ḍīyamāna, Part. = fliegend (m. Akk., Wz. ḍī, ḍīyate, hier auch üblich: ḍīna, Part. Perf. Pass. = fliegend); balākaḥ = Kranich (Akk.); sṛ, anu-sarati, 1. = verfolgen (Impf.)]

१४८६ क्षेत्रे युध्यमानान् रिपूनैक्षामहि
1486 Wir sahen die auf dem Feld kämpfenden Feinde
1486 kṣetre yudhyamānān ripūn_aikṣāmahi
[kṣetram = Feld (Lok.); yudhyamāna, Part. = kämpfend (m. Akk. Pl., Wz. yudh, yudhyate); ripuḥ, m. = Feind (Akk.); īkṣ, īkṣate, 1. = sehen (a + īkṣāmahi = aikṣāmahi, Impf.)]

१४८७ ईषत् स्मयमानस्य शिशोर्मुखमीक्षमाणा धात्र्युच्चैस्तुष्यति
1487 Die das Gesicht des etwas lächelnden Säuglings erblickende Amme ist sehr erfreut
1487 īṣat smayamānasya śiśor_mukham_īkṣamāṇā dhātry_uccais_tuṣyati
[īṣat, Adv. = etwas; smayamāna, Part. = lächelnd (m. Gen. Sg., Wz. smi, smayate); śiśuḥ, m. = Säugling (Gen.); mukham = Gesicht (Akk.); īkṣamāṇa, Part. = erblickend (f. Nom. Sg., Wz. īkṣ); dhātrī = Amme (Nom.); uccais, Adv. = höchst; tuṣ, tuṣyati, 4. = erfreut sein (PrSg.)]

१४८८ आसीनो व्रजति दूरम्। शयानो गच्छति सर्वतः
1488 Er sitzt, und schreitet doch in die Ferne. Er liegt, und geht doch überall hin (FÜ.)
1488 āsīno vrajati dūram. śayāno gacchati sarvataḥ
[āsīna, Part. = sitzend (ās-īnaḥ, m. Nom. Sg., irr. Part. Präs. statt theoretisch »āsāna«, Wz. ās, āste); vraj, vrajati, 1. = schreiten (PrSg.); dūram, Adv. = fern (dūram, n. Ferne); śayāna, Part. = liegend (śay-ānaḥ, m. Nom. Sg., Wz. śī, śete); gam, gacchati, 1. = gehen (PrSg.); sarvatas, Adv. = überall hin (nach allen Seiten)]

१४८९ वर्धमानं व्याधिं तर्जयन्तं द्वेष्टारं च नोपेक्षेत
1489 Eine sich verschlimmernde Krankheit und einen drohenden Feind sollte man nicht ignorieren
1489 vardhamānaṃ vyādhiṃ tarjayantaṃ dveṣṭāraṃ ca nopekṣeta
[vardhamāna, Part. = entwickelnd (m. Akk., Wz. vṛdh, vardhate); vyādhiḥ, m. = Krankheit (Akk.); tarjayat, Part. = drohend (m. Akk., Wz. tarj, tarjayati); dveṣṭṛ, dveṣṭā, m. = Feind (Akk.); ca, Konj. = und; na, Ind. = nicht; īkṣ, upa-īkṣate, 1. = mißachten (vernachlässigen, ignorieren, upekṣeta, Opt.)]

१४९० जनस्य कल्याणाय यतमानेन रामेणात्मा क्लेशस्य पदमुपानीयत
1490 Rama wurde dadurch, daß er nach dem Glück des Volks strebte, selbst an den Rand des Unglücks gebracht (WÜ.: Durch den nach dem Glücke des Volkes strebenden Rama wurde die Seele des Rama an den Rand des Unglücks gebracht)
1490 janasya kalyāṇāya yatamānena rāmeṇātmā kleśasya padam_upānīyata
[janaḥ = Volk (Gen. Sg.); kalyāṇam = Glück (Dat.); yatamāna, Part. = strebend (nach + Dat., m. Instr., Wz. yat, yatate); rāmaḥ, m. Eig. = Rama (rāmeṇa, Instr.); ātman, Pron. = selbst (ātmā, m. Nom. = die Seele des Rama = er selbst); kleśaḥ = Unglück (Gen.); padam = Rand (»Fuß«, Akk.); nī, upa-nayati, 1. = bringen (upānīyata, Impf. Pass., upanīyate, Pass.)]

18.3. Partizip Präsens Passiv (»jīyamānaḥ naraḥ« = »der besiegt werdende M.«)

१४९१ जीयमानानि मित्राणि यक्षेभ्यः पलायन्ते
1491 Die besiegt werdenden Freunde fliehen vor den Unholden
1491 jīyamānāni mitrāṇi yakṣebhyaḥ palāyante
[jīyamāna, Part. = besiegt werdend (n. Nom. Pl., Wz. ji, jayati, Präs. Pass.: jīyate); mitram = Freund; yakṣaḥ = Unhold (Abl.); palāy, palāyate, 10. = fliehen (vor + Abl., PrPl.)]

१४९२ शिक्ष्यमाण आयुर्वेदो यौवनं न प्रतिपद्यते
1492 Die gelernt werdende Medizin holt die Jugend nicht zurück
1492 śikṣyamāṇa āyur-vedo yauvanaṃ na pratipadyate (WÜ.)
[śikṣyamāna, Part. = gelernt werdend (m. Nom. Sg., Wz. śikṣ, śikṣate, Präs. Pass.: śikṣyate); āyur-vedaḥ = Medizin (»Lebenswissen«, Komp.); yauvanam = Jugend (Akk.); na, Ind. = nicht; pad, prati-padyate, 4. = zurückholen (PrSg.)]

१४९३ ग्रामं नीयमानो गुरुर्म्रियमाणः
1493 Der zum Dorf geführt werdende Lehrer ist sterbend (WÜ.)
1493 grāmaṃ nīyamāno gurur_mriyamāṇaḥ
[grāmaḥ = Dorf (Akk. = zum Dorf); nīyamāna, Part. = geführt werdend (m. Nom., Wz. nī, nayati, nīyate); guruḥ, m. = Lehrer; mriyamāṇa, Part. = sterbend (m. Nom., Wz. mṛ, mriyate, Anm.: Das Part. Präs. Akt. Atm. als Ersatz für ein finites Verb ist sehr selten)]

१४९४ प्रकृतेर्गुणैर्वस्तूनि क्रियमाणानि
1494 Durch die Zustände der Natur werden die Dinge geschaffen (FÜ.)
1494 prakṛter_guṇair_vastūni kriyamāṇāni
[prakṛtiḥ, f. = Natur (prakṛteḥ oder prakṛtyāḥ, Gen.); guṇaḥ = Zustand (Instr.); vastu, n. = Ding; kriyamāṇa, Part. = geschaffen werdend (n. Nom. Pl., Wz. kṛ, karoti, Pass.: krīyate, Anm.: Das Part. Präs. Pass. als Ersatz für ein finites Verb ist sehr selten)]

18.4. Partizip Perfekt Aktiv (»jitavat«)

18.4.1. »naraḥ jitavān« = »Der Mann hat gesiegt«

१४९५ दासो जलमानीतवान्। दासेन जलमानीतम्
1495 Der Sklave hat Wasser geholt. Vom Sklaven ist Wasser geholt worden
1495 dāso jalam_ānītavān. dāsena jalam_ānītam
[dāsaḥ = Sklave (Nom., Instr.); jalam = Wasser (Akk., Nom.); ānītavat, Part. = geholt habend (als finites Verb, m. Nom., Wz. nī, ā-nīta); ānīta, Part. = geholt (n. Nom., Wz. nī, ā-nayati)]

१४९६ कुत्रचिदारण्यको वीणाया ध्वनिं श्रुतवान्
1496 Irgendwo hat der Einsiedler den Klang der Laute gehört
1496 kutracid_āraṇyako vīṇāyā dhvaniṃ śrutavān
[kutracid, Adv. = irgendwo (kutra-cid); āraṇyakaḥ = Einsiedler; vīṇā = Laute (vīṇāyāḥ, Gen.); dhvaniḥ, m. = Klang (Akk.); śrutavat, Part. = gehört habend (m. Nom., Wz. śru, śruta)]

१४९७ दुर्भिक्षेण बहवो नरा देशं त्यक्तवन्तः
1497 Viele Menschen haben wegen der Hungersnot das Land verlassen
1497 durbhikṣeṇa bahavo narā deśaṃ tyaktavantaḥ
[durbhikṣam = Hungersnot (Instr.); bahu, Adj. = viel (m. Nom. Pl.); naraḥ = Mensch; deśaḥ = Land (Akk.); tyaktavat, Part. = verlassen habend (m. Nom. Pl., Wz. tyaj, tyakta)]

१४९८ स्वसा मन्त्राञ्जपतो भ्रातॄञ्छ्रुतवती ॥ भ्रातॄञ्छ्रुतवती ॥ भ्रातॄञ्छ्रुतवती ॥
1498 Die Schwester hat die Brüder Mantras rezitieren gehört
1498 svasā mantrāñ_japato bhrātṝñ_chrutavatī

[svasṛ, svasā, f. = Schwester; mantraḥ = Hymne (mantrān, Akk.); japat, Part. = rezitierend (m. Akk. Pl., Sa.: n + j = ñ + j, Wz. jap, japati, Anm.: Part. Präs. statt Inf. bei Verben des Sehens und Hörens); bhrātṛ, bhrātā, m. = Bruder (bhrātṝn, Akk. Pl., Sa.: n + ś = ñ + ch, chru-Ligatur fehlt); śrutavat, Part. = gehört habend (śrutavatī, f. Part. Nom. Sg., Wz. śru, śruta)]

१४९९ ऋत्विक् शुष्कं दार्वग्नौ क्षिप्तवान्
1499 Der Priester hat trockenes Holz in das Feuer geworfen
1499 ṛtvik śuṣkaṃ dārv_agnau kṣiptavān
[ṛtvij, ṛtvik, m. = Priester; śuṣka, Adj. = trocken (n. Akk.); dāru, n. = Holz (Akk.); agniḥ, m. = Feuer (Lok.); kṣiptavat, Part. = geworfen habend (m. Nom., Wz. kṣip, kṣipta)]

१५०० सिंहो मूषकस्य वचनं श्रुतवांस्तं च मुक्तवान्
1500 Der Löwe hat die Rede der Maus gehört und sie freigelassen
1500 siṃho mūṣakasya vacanaṃ śrutavāṃs_taṃ ca muktavān
[siṃhaḥ = Löwe; mūṣakaḥ = Maus (Mäuserich, Gen.); vacanam = Rede (Akk.); śrutavat, Part. = gehört habend (śrutavān, m. Nom., Wz. śru, śruta); tad, Pron. = das (tam, m. Akk. = ihn); ca, Konj. = und; muktavat, Part. = freigelassen habend (m. Nom., Wz. muc, mukta)]

१५०१ तरुण्यः कन्याश्चारु गानं गीतवत्यः
1501 Die jungen Mädchen haben ein liebliches Lied gesungen
1501 taruṇyaḥ kanyāś_cāru gānaṃ gītavatyaḥ
[taruṇa, Adj. = jung (taruṇyaḥ, f. Nom. Pl., taruṇī, f. Adj. Nom. Sg.); kanyā = Mädchen; cāru, Adj. = lieblich (n. Akk.); gānam = Lied (Akk.); gītavat, Part. = gesungen habend (gītavatyaḥ, f. Nom. Pl., gītavatī, f. Part. Nom. Sg., Wz. gai, gīta)]

18.4.2. »jitavān naraḥ« = »der gesiegt habende Mann«

१५०२ शत्रुं हतवते वीराय पुष्पाण्यदीयन्त
1502 Dem den Feind getötet habenden Helden wurden Blumen geschenkt (WÜ.)
1502 śatruṃ hatavate vīrāya puṣpāṇy_adīyanta
[śatruḥ, m. = Feind (Akk.); hatavat, Part. = getötet habend (m. Dat., Wz. han, hata, Anm.: Im Deutschen wird dieses Part. meist durch einen Nebensatz wiedergegeben: »Dem Helden, der die Feinde besiegte hatte, schenkte man Blumen«); vīraḥ = Held (Dat.); puṣpam = Blume (Nom. Pl.); dā, dadāti, 3. = schenken (adīyanta, Impf. Pass., dīyate, Pass.)]

१५०३ धनं हृतवन्तं धूर्तं जना अताडयन्
1503 Den das Geld geraubt habenden Betrüger schlugen die Leute (WÜ.)
1503 dhanaṃ hṛtavantaṃ dhūrtaṃ janā atāḍayan
[dhanam = Geld (Akk.); hṛtavat, Part. = geraubt habend (m. Akk., Wz. hṛ, hṛta); dhūrtaḥ = Betrüger (Akk.); janaḥ = Mensch (janāḥ, Nom. Pl. = Leute); taḍ, tāḍayati, 10. = schlagen (Impf.)]

१५०४ कवयो व्याघ्रं हतवतो व्याधान् वर्णयन्ति
1504 Die Dichter preisen die den Tiger getötet habenden Jäger (WÜ.)
1504 kavayo vyāghraṃ hatavato vyādhān varṇayanti
[kaviḥ, m. = Dichter; vyāghraḥ = Tiger (Akk.); hatavat, Part. = getötet habend (hatavataḥ, m. Akk. Pl., Wz. han, hata); vyādhaḥ = Jäger (Akk.); varṇ, varṇayati, 10. = preisen (PrPl.)]

१५०५ कदाचित् प्रभूतमाहारं चितवान् वृको वृक्षस्य च्छायायां निद्रया परिभूतः
1505 Einst ist ein reichlich Nahrung gesammelt habender Wolf unter dem Schatten eines Baumes vom Schlaf überwältigt worden (WÜ.)
1505 kadācit prabhūtam_āhāraṃ citavān vṛko vṛkṣasya cchāyāyāṃ nidrayā paribhūtaḥ
[kadācid, Adv. = einst (kadā-cid); prabhūta, Adj. = viel (m. Akk.); āhāraḥ = Nahrung (Akk.); citavat, Part. = gesammelt habend (m. Nom., Wz. ci, cita); vṛkaḥ = Wolf; vṛkṣaḥ = Baum

(Gen.); chāyā = Schatten (chāyāyām, Lok., Sa.: kurzes a + ch = a + cch, Getrenntschreibung); nidrā = Schlaf (Instr.); paribhūta, Part. = überwältigt (m. Nom., Wz. bhū, pari-bhavati)]

18.5. Partizip Futur Aktiv (»jeṣyan naraḥ« = »der siegen werdende Mann«)

१५०६ ताडयिष्यन् भीमं पुनरभ्यद्रवम्

1506 Um Bhima zu schlagen, ging ich wieder auf ihn los

1506 tāḍayiṣyan bhīmaṃ punar_abhyadravam

[tāḍayiṣyat, Part. = um zu schlagen (m. Nom., Part. Fut. Akt. = »schlagen werdend« = um zu schlagen = im Begriff sein zu schlagen, Wz. taḍ, tāḍayati, Fut.: tāḍayiṣyati); bhīmaḥ, m. Eig. = Bhima (Akk.); punar, Adv. = wieder; dru, abhi-dravati, 1. = losgehen (auf + Akk., Impf.)]

१५०७ प्रयास्यन् ब्राह्मण उपवीतमपिनह्यति

1507 Vor dem Aufbruch zieht der Brahmane die Schnur an (FÜ.)

1507 prayāsyan brāhmaṇa upavītam_apinahyati

[prayāsyat, Part. = um wegzugehen (prayāsyan, m. Nom., Part. Fut. = aufbrechen werdend, vor dem Aufbruch, Wz. yā, Präs.: pra-yāti, Fut.: pra-yāsyati); brāhmaṇaḥ = Brahmane; upavītam = Schnur (die heilige Schnur, Akk.); nah, api-nahyati, 4. = anziehen (api-nahyati oder pi-nahyati, PrSg.); api, Präf. = an (»api/pi« ist ein extrem seltenes Verbalpräfix)]

18.6. Kongruenzprobleme (Partizip und Hilfsverb)

१५०८ परमनुगृहीतो ऽस्मि

1508 Danke sehr! (WÜ.: Ich bin höchst beglückt worden)

1508 param_anugṛhīto 'smi!

[param, Adv. = sehr (höchst); anugṛhīta, Part. = beglückt (m. Nom., Wz. grah, anu-gṛhṇāti); as, asti, 2. = sein (PrSg., Anm.: Im Falle der ersten oder zweiten Person muß das Partizip entweder mit den Hilfsverben »as« und »bhū« oder mit den Pronomen »aham«, »tvam«, »vayam« und »yūyam« verbunden werden, da sonst das logische Subjekt unbestimmt ist)]

१५०९ देव्या रक्षितो ऽसि

1509 Du bist von der Göttin beschützt worden

1509 devyā rakṣito 'si

[devī = Göttin (devyā, Instr.); rakṣita, Part. = beschützt (m. Nom. Sg., rakṣitaḥ asi, Wz. rakṣ, rakṣati); as, asti, 2. = sein (PrSg.)]

१५१० केनापि प्रतिबोधितो ऽस्मि

1510 Ich bin von jemandem aufgeweckt worden

1510 kenāpi pratibodhito 'smi

[kimapi, Pron. = jemand (kena api, m. Instr. Sg.); pratibodhita, Part. = aufgeweckt (m. Nom. Sg., Wz. budh, bodhayati = Kaus.); as, asti, 2. = sein (PrSg.)]

१५११ अनेन वयं वञ्चिताः

1511 Wir sind von ihm getäuscht worden

1511 anena vayaṃ vañcitāḥ

[idam, Pron. = dies (anena, m. Instr.); asmad, Pron. = wir (vayam, Nom.); vañcita, Part. = getäuscht (m. oder f. Nom. Pl., obwohl vayam kein Genus hat, Wz. vañc, vañcayati)]

१५१२ अन्ध्रेभ्यो वयमागताः

1512 Wir sind von Andhra Pradesh gekommen

1512 andhrebhyo vayam_āgatāḥ

[andhraḥ, m. Eig. = Andhra Pradesh (Abl. Pl.); asmad, Pron. = wir (vayam, Nom.); āgata, Part. = gekommen (m. oder f. Nom. Pl., obwohl asmad kein Genus hat, Wz. gam, gacchati)]

१५१३ ईश्वरः सुप्तानस्मान् पालयति
1513 Der Herr behütet uns im Schlaf (FÜ.)
1513 īśvaraḥ suptān_asmān pālayati
[īśvaraḥ = Gott; supta, Part. = schlafend (m. Akk. Pl., Wz. svap, svapiti); asmad, Pron. = wir (suptān asmān, m. Akk. Pl. = »uns Schlafende«); pāl, pālayati, 10. = beschützen (PrSg.)]

१५१४ अहं शत्रूञ्जितवान्
1514 Ich habe die Feinde besiegt
1514 ahaṃ śatrūñ_jitavān
[mad, Pron. = ich (aham, Nom., Anm.: Ohne »aham« bedeutet »śatrūñ_jitavān«: »Er hat die Feinde besiegt«, vgl. »ahaṃ śatrūñ_jitavatī = Ich als Frau besiegte die Feinde); śatruḥ, m. = Feind (śatrūn, Akk., Sa.: n + j = ñ + j); jitavat, Part. = besiegt habend (m. Nom., Wz. ji, jita)]

१५१५ मित्राणि त्वां दृष्टवन्ति। मित्रैस्त्वं दृष्टः
1515 Die Freunde haben dich gesehen. Du bist von den Freunden gesehen worden
1515 mitrāṇi tvāṃ dṛṣṭavanti. mitrais_tvaṃ dṛṣṭaḥ
[mitram = Freund (n. Nom./Instr. Pl.); tvad, Pron. = du (tvām, Akk. = dich, tvam, Nom. = du); dṛṣṭavat, Part. = gesehen habend (n. Nom. Pl., Wz. dṛś); dṛṣṭa, Part. = gesehen (m. Nom.)]

१५१६ विपदाभिभूतो ऽप्यहं धर्मं न त्यजेयम्
1516 Selbst vom Schicksal geschlagen darf ich nicht das Gesetz außer Acht lassen (FÜ.)
1516 vipadābhibhūto 'py_ahaṃ dharmaṃ na tyajeyam
[vipad, vipat, f. = Unglück (vipadā, Instr.); abhibhūta, Part. = überwältigt (m. Nom. Sg., auf aham bezogen, Wz. bhū, abhi-bhavati); api, Ind. = auch; mad, Pron. = ich (aham, Nom.); dharmaḥ = Pflicht (Recht, Gesetz, Akk.); na, Ind. = nicht; tyaj, tyajati, 1. = aufgeben (Opt.)]

१५१७ चिरममुना नाट्येन यूयमाकृष्टाः
1517 Ihr seid lange von jenem Tanz angezogen worden
1517 ciram_amunā nāṭyena yūyam_ākṛṣṭāḥ
[ciram, Adv. = lange; adas, Pron. = jenes (amunā, n. Instr.); nāṭyam = Tanz (Instr.); yuṣmad, Pron. = ihr (yūyam, Nom.); ākṛṣṭa, Part. = angezogen (m. oder f. Nom. Pl., Wz. kṛṣ, ā-karṣati)]

१५१८ कालो न यातो वयमेव यातास्तृष्णा न जीर्णा वयमेव जीर्णाः
1518 Nicht die Zeit ist vergangen, sondern wir sind vergangen. Nicht die Lebensgier ist alt geworden, sondern wir sind alt geworden
1518 kālo na yāto vayam_eva yātās_tṛṣṇā na jīrṇā vayam_eva jīrṇāḥ
[kālaḥ = Zeit; na - eva, Konj. = nicht - sondern; yāta, Part. = vergangen (m. Nom. Sg. und Pl., Wz. yā, yāti); asmad, Pron. = wir (vayam, Nom.); tṛṣṇā = Durst; jīrṇa, Part. = gealtert (f. Nom. Sg. und m. Nom. Pl., Wz. jṝ, jarati)]

१५१९ मक्षिकया पीडितो मार्जारः प्रबुद्धो ऽभवत्
1519 Die von der Fliege gequälte Katze ist aufgeweckt worden
1519 makṣikayā pīḍito mārjāraḥ prabuddho 'bhavat
[makṣikā = Fliege (Instr.); pīḍita, Part. = gequält (m. Nom., Wz. pīḍ, pīḍayati); mārjāraḥ = Katze; prabuddha, Part. = erwacht (m. Nom., Wz. budh, pra-bodhati); bhū, bhavati, 1. = sein (Impf., prabuddhaḥ abhavat: sie war wach oder sie ist aufgeweckt worden, mehrdeutig)]

१५२० नृपतेरादेशेन निरपराधो जनो विमूढो ऽभवत्
1520 Durch den Befehl des Königs ist der unschuldige Mann verwirrt worden
1520 nṛpater_ādeśena niraparādho jano vimūḍho 'bhavat
[nṛpatiḥ, m. = König (Gen.); ādeśaḥ = Befehl (Instr.); niraparādha, Adj. = unschuldig (m. Nom., aparādhaḥ = Schuld); janaḥ = Mann; vimūḍha, Part. = verwirrt (m. Nom., Wz. muh); bhū, bhavati, 1. = sein (Impf., vimūḍhaḥ abhavat: er war verwirrt oder ist verwirrt worden)]

18.7. Partizipien mit Dual

१५२१ कन्यया वाससी परिहिते

1521 Von dem Mädchen ist die Hemdhose angezogen worden

1521 kanyayā vāsasī parihite

[kanyā = Mädchen (Instr.); vāsas, n. = Hemdhose (Kleid, vāsasī, Nom. Du. = Hemd + Hose oder zweiteiliges Kleid); parihita, Part. = angezogen (n. Nom. Du., Wz. dhā, pari-dadhāti)]

१५२२ भ्रातृभ्यां शिशू रक्षितः

1522 Von den beiden Brüdern ist der Säugling beschützt worden

1522 bhrātṛbhyāṃ śiśū rakṣitaḥ

[bhrātṛ, bhrātā, m. = Bruder (Instr. Du.); śiśuḥ, m. = Säugling (Nom. Sg., Sa.: śiśuḥ + r = śiśū + r); rakṣita, Part. = beschützt (m. Nom., Wz. rakṣ, rakṣati)]

१५२३ कपी वृक्षमारूढौ

1523 Die zwei Affen sind auf den Baum geklettert

1523 kapī vṛkṣam_ārūḍhau

[kapiḥ, m. = Affe (Du.); vṛkṣaḥ = Baum (Akk.); ārūḍha, Part. = bestiegen (m. Nom. Du., Wz. ruh, ā-rohati, vgl. die irregulären Sandhis: ruh - rūḍha, lih - līḍha, vah - ūḍha, sah - soḍha)]

१५२४ पतन्तौ वृक्षावपश्यम्

1524 Ich sah die zwei Bäume fallen

1524 patantau vṛkṣāv_apaśyam

[patat, Part. = fallend (m. Akk. Du., Wz. pat, patati, Anm.: Part. Präs. statt Inf. bei Verben des Sehens und Hörens); vṛkṣaḥ = Baum (Akk. Du.); paś, paśyati, 4. = sehen (Impf.)]

१५२५ रथ्यायां गन्तृणी मित्रे श्रुतवानस्मि

1525 Ich habe die zwei auf der Straße gehenden Freunde gehört

1525 rathyāyāṃ gantṛṇī mitre śrutavān_asmi

[rathyā = Straße (Lok.); gantṛ, Adj. = gehend (n. Akk. Du.); mitram = Freund (Akk. Du.); śrutavat, Part. = gehört habend (m. Nom. Sg., Wz. śru, śruta); as, asti, 2. = sein (PrSg., śrutavān asmi = ich habe gehört, Anm.: Im Falle der ersten oder zweiten Person muß das Part. durch ein Hilfsverb ergänzt werden)]

१५२६ स्रग्भिरुपानद्भ्यां च समेताश्छात्त्रा गुरुं नोपतिष्ठेरन्

1526 Mit Kränzen und Schuhen versehene Schüler sollen sich dem Lehrer nicht nähern

1526 sragbhir_upānadbhyāṃ ca sametāś_chāttrā guruṃ nopatiṣṭheran

[sraj, srak, f. = Girlande (sragbhiḥ, Instr. Pl.); upānah, upānat, f. = Schuh (upānadbhyām, Instr. Du.); ca, Konj. = und; sameta, Part. = versehen (ausgestattet mit + Instr., m. Nom. Pl., Wz. samā + i = same = zusammengehen, samā + eti = samaiti = er geht zusammen, samā + ita = sameta = zusammengegangen); chāttraḥ = Schüler (Nom. Pl.); guruḥ, m. = Lehrer (Akk.); na, Ind. = nicht; sthā, upa-tiṣṭhate, 1. = nähern (+ Akk., Opt., upa-sthā meist Atm.)]

१५२७ स गच्छन् धूर्ताभ्यामवलोकितः। ततस्तौ धूर्तौ चिन्तितवन्तौ

1527 Während er ging, ist er von zwei Schwindlern beobachtet worden. Dann haben diese zwei Schwindler gedacht

1527 sa gacchan dhūrtābhyām_avalokitaḥ. tatas_tau dhūrtau cintitavantau

[tad, Pron. = das (saḥ, m. = er, tau, m. Nom. Du. = diese beiden); gacchat, Part. = gehend (m. Nom., Wz. gam, gacchati, »saḥ gacchan« = »während er ging« statt »während er geht«, da Gleichzeitigkeit mit »saḥ avalokitaḥ« = »er ist beobachtet worden«); dhūrtaḥ = Betrüger (dhūrtābhyam, Instr. Du., dhūrtau, Nom. Du., Anm.: Die Etymologie von dhūrta ist unklar); avalokita, Part. = beobachtet (m. Nom., Wz. lok, ava-lokayati); tatas, Konj. = danach; cintitavat, Part. = gedacht habend (m. Nom. Du., Wz. cint, cintita)]

19. Infinitive

19.1. Infinitiv Aktiv

१५२८ गीतं श्रोतुमैच्छत्
1528 Er wollte das Lied hören
1528 gītaṃ śrotum_aicchat
[gītam = Lied (n. Akk., aber gītā, f., in bhagavad-gītā); śrotum, Inf. = hören (Wz. śru, śṛṇoti, Inf.-Bildung: Gunierte Wz. + »tum« oder »itum«. Der Inf. ist beschränkt auf Modalsätze mit wollen/können/dürfen usw. sowie auf »um zu«-Konstruktionen anstelle des Zweck-Dativs, z.B. »Sie kommen, um zu baden«); iṣ, icchati, 6. = wollen (+ Inf., a + icchat = aicchat, Impf.)]

१५२९ आ मूलाच्छ्रोतुमिच्छामि
1529 Ich will es von Anfang an erfahren! (FÜ.)
1529 ā mūlāc_chrotum_icchāmi!
[ā, Präp. + Abl. = von - an (Präp. stets vorangestellt); mūlam = Anfang (Abl., Sa.: mūlāt śrotum); śrotum, Inf. = hören (Wz. śru, śṛṇoti); iṣ, icchati, 6. = wollen (+ Inf., PrSg.)]

१५३० वयं राजपुत्रास्तद्विग्रहं श्रोतुमिच्छामः
1530 Wir sind Königssöhne, deshalb wollen wir den Krieg kennenlernen
1530 vayaṃ rāja-putrās_tad_vigrahaṃ śrotum_icchāmaḥ
[asmad, Pron. = wir (vayam, Nom.); rāja-putraḥ = Königssohn (Komp.); tad, Konj. = deshalb (Ind.); vigrahaḥ = Krieg (Akk.); śrotum, Inf. = kennenlernen (+ Akk., Wz. śru, śṛṇoti); iṣ, icchati, 6. = wollen (+ Inf., PrPl.)]

१५३१ भवान् मां परिहसितुमिच्छति
1531 Euer Gnaden wollen über mich lachen (FÜ.: Sie machen sich über mich lustig)
1531 bhavān māṃ parihasitum_icchati
[bhavat, Pron. = »Sie« (bhavān, m. Nom. = Euer Gnaden); mad, Pron. = ich (Akk. = mich); parihasitum, Inf. = auslachen (Wz. has, pari-hasati); iṣ, icchati, 6. = wollen (+ Inf., PrSg.)]

१५३२ मरुतां भर्तार्जुनं द्रष्टुं वाञ्छति
1532 Der Herr der Winde wünscht Ardschuna zu sehen
1532 marutāṃ bhartārjunaṃ draṣṭuṃ vāñchati
[marut, m. = Wind (Gen. Pl.); bhartṛ, bhartā, m. = Herr; arjunaḥ, m. Eig. = Ardschuna (Akk.); draṣṭum, Inf. = sehen (Wz. dṛś); vāñch, vāñchati, 6. = wünschen (+ Inf., PrSg.)]

१५३३ त्वया सह शयनगृहं गन्तुं वाञ्छामि
1533 Ich möchte mit dir ins Schlafzimmer gehen
1533 tvayā saha śayana-gṛhaṃ gantuṃ vāñchāmi
[tvad, Pron. = du (Instr. = mir dir); saha, Präp. + Instr. = mit; śayana-gṛham = Schlafzimmer (Schlafhaus, Akk. Komp., śayanam = Bett); gantum, Inf. = gehen (in + Akk., Wz. gam, gacchati); vāñch, vāñchati, 6. = wünschen (+ Inf., PrSg., aber: vañc, vañcayati = täuschen)]

१५३४ मुनेर्वचनानि बोद्धुमारभे
1534 Ich fange an, die Worte des Weisen zu verstehen
1534 muner_vacanāni boddhum_ārabhe
[muniḥ, m. = Weise (Gen.); vacanam = Wort (Akk.); boddhum, Inf. = verstehen (Wz. budh, bodhati); rabh, ā-rabhate, 1. = anfangen (zu + Inf., PrSg.)]

१५३५ हे धन्विन् मां रक्षितुमर्हसि
1535 He Bogenschütze, du sollst mich beschützen!
1535 he dhanvin, māṃ rakṣitum_arhasi!

[he, Interj. = he!; dhanvin, m. = Bogenschütze (dhanvin, Vok., dhanvī, Nom.); mad, Pron. = ich (mām, Akk. = mich); rakṣitum, Inf. = beschützen (Wz. rakṣ, rakṣati); arh, arhati, 1. = sollen (+ Inf., PrSg., arhati: sollen, na arhati: nicht dürfen, z.B. »na arhāmi anṛtam vaktum« = »nārhāmy_anṛtaṃ vaktum« = »Ich darf nicht die Unwahrheit sagen«, Wz. vac, vakti)]

१५३६ झटिति हस्ती धावितुमारभत

1536 Plötzlich fing der Elefant an zu laufen
1536 jhaṭiti hastī dhāvitum_ārabhata
[jhaṭiti, Adv. = plötzlich; hastin, m. = Elefant (hastī, Nom.); dhāvitum, Inf. = laufen (Wz. dhāv, dhāvati); rabh, ā-rabhate, 1. = anfangen (zu + Inf., ā + arabhata = ārabhata, Impf.)]

१५३७ इमां प्रसादयितुमर्हसि

1537 Du sollst dich bei ihr entschuldigen! (FÜ.)
1537 imāṃ prasādayitum_arhasi!
[idam, Pron. = dies (imām, f. Akk. = sie); prasādayitum, Inf. = entschuldigen (Wz. sad, prasādayati = sich entschuldigen bei + Akk.); arh, arhati, 1. = sollen (+ Inf., PrSg.)]

१५३८ न चेद्रहस्यमस्ति तर्हि प्रतिवक्तुमर्हसि

1538 Wenn dies kein Geheimnis ist, dann sollst du antworten
1538 na ced_rahasyam_asti, tarhi prativaktum_arhasi
[na ced, Konj. = wenn nicht (oder rahasyaṃ cen_nāsti, weil ced nicht am Satzanfang stehen darf); rahasyam = Geheimnis (Nom.); as, asti, 2. = sein (PrSg.); tarhi, Konj. = dann; prativaktum, Inf. = antworten (Wz. vac, prati-vakti); arh, arhati, 1. = sollen (+ Inf., PrSg.)]

१५३९ विद्यामधिगन्तुमहमागतः

1539 Ich bin gekommen, um Wissen zu erlangen
1539 vidyām_adhigantum_aham_āgataḥ
[vidyā = Wissen, n. (Akk.); adhigantum, Inf. = erlangen (Wz. gam, adhi-gacchati); mad, Pron. = ich (aham, Nom.); āgata, Part. = gekommen (m. Nom., Wz. gam, ā-gacchati + Inf.)]

१५४० नद्यां स्नातुं वयमागताः

1540 Wir sind gekommen, um im Fluß zu baden
1540 nadyāṃ snātuṃ vayam_āgatāḥ
[nadī = Fluß (Lok.); snātum, Inf. = baden (Wz. snā, snāti); asmad, Pron. = wir (vayam, Nom.); āgata, Part. = gekommen (m. Nom. Pl., Wz. gam, ā-gacchati)]

१५४१ जलं पातुं नहुः कूपमगच्छत्

1541 Der Nachbar ging zum Brunnen, um Wasser zu trinken
1541 jalaṃ pātuṃ nahuḥ kūpam_agacchat
[jalam = Wasser (Akk.); pātum, Inf. = trinken (Wz. pā, pibati); nahus, m. = Nachbar (nahuḥ, Nom. Sg., nahuṣaḥ, Nom. Pl., Anm.: Beispiel für das extrem seltene m. Subst. auf us); kūpaḥ = Brunnen (Akk.); gam, gacchati, 1. = gehen (zum + Akk., Impf.)]

१५४२ खरमारोढुं मतिर्जाता

1542 Er kam auf die Idee, den Esel zu besteigen (FÜ.)
1542 kharam_āroḍhuṃ matir_jātā
[kharaḥ = Esel (Akk.); āroḍhum, Inf. = besteigen (Wz. ruh, ā-rohati); matiḥ, f. = Gedanke (Nom.); jāta, Part. = entstanden (f. Nom., jan, jāyate, hier: »ihm in den Sinn kommen«)]

१५४३ पृथिव्यां चरितुं मेध्यो ऽश्वो मुक्तः

1543 Das Opferpferd ist befreit worden, um auf der Erde zu wandeln
1543 pṛthivyāṃ carituṃ medhyo 'śvo muktaḥ
[pṛthivī = Erde (Lok.); caritum, Inf. = wandeln (Wz. car, carati); medhya, Adj. = opferbereit (m. Nom.); aśvaḥ = Pferd (aśvaḥ, Nom.); mukta, Part. = befreit (m. Nom., Wz. muc, muñcati)]

१५४४ पारसीकांस्ततो जेतुं सेनापतिः स्थलवर्त्मना प्रातिष्ठत्
1544 Um daher die Perser zu besiegen, brach der Feldherr auf dem Landweg auf
1544 pārasīkāṃs_tato jetuṃ senā-patiḥ sthala-vartmanā prātiṣṭhat
[pārasīkaḥ, m. Eig. = Perser (pārasīkān, Akk. Pl.); tatas, Konj. = deshalb (daher); jetum, Inf. = besiegen (um zu besiegen, Wz. ji, jayati); senā-patiḥ, m. = Feldherr; sthala-vartman, n. = Landweg (Instr. = auf dem Landweg, sthalam = Festland + vartman = Weg, Komp.); sthā, pra-tiṣṭhati, 1. = aufbrechen (+ Inf., Impf.)]

१५४५ ईश्वरः समर्थो जनानां पीडाः परिहर्तुम्
1545 Gott ist fähig, die Qualen der Menschen zu beseitigen
1545 īśvaraḥ samartho janānāṃ pīḍāḥ parihartum
[īśvaraḥ = Gott; samartha, Adj. = fähig (fähig sein, können + Inf., m. Nom.); janaḥ = Mensch (Gen.); pīḍā = Qual (Akk.); parihartum, Inf. = beseitigen (Wz. hṛ, pari-harati)]

१५४६ विषं पातुमसमर्थो ऽस्मि
1546 Ich bin unfähig, Gift zu trinken (= Ich kann kein Gift trinken)
1546 viṣaṃ pātum_asamartho 'smi
[viṣam = Gift (Akk.); pātum, Inf. = trinken (Wz. pā, pibati); asamartha, Adj. = unfähig (nicht fähig sein, nicht können, a-sam-arthaḥ, m. Nom. + Inf.); as, asti, 2. = sein (asmi, PrSg.)]

१५४७ भाविनो ऽनर्थाञ्ज्ञातुं जनः समर्थो नास्ति
1547 Zukünftige Schäden zu erkennen ist der Mensch nicht fähig (WÜ.)
1547 bhāvino 'narthāñ_jñātuṃ janaḥ samartho nāsti
[bhāvin, Adj. = zukünftig (m. Akk. Pl.); anarthaḥ = Schaden, m. (anarthān, Akk. Pl.); jñātum, Inf. = erkennen (verschränkter Inf., Wz. jñā, jānāti); janaḥ = Mensch; samartha, Adj. = fähig (+ Inf., m. Nom., oder śaknoti = er kann, Wz. śak); na, Ind. = nicht; as, asti, 2. = sein (PrSg.)]

१५४८ सर्वे पौराः कालिदासेन रचितं नाटकं द्रष्टुमागच्छन्
1548 Alle Bürger kamen, um das von Kalidasa verfaßte Schauspiel zu sehen
1548 sarve paurāḥ kāli-dāsena racitaṃ nāṭakaṃ draṣṭum_āgacchan
[sarva, Pron. = all (sarve, m. Nom. Pl.); pauraḥ = Bürger; kāli-dāsaḥ, m. Eig. = Kalidasa (Instr.); racita, Part. = verfaßt (n. Akk., Wz. rac, racayati); nāṭakam = Schauspiel (Akk.); draṣṭum, Inf. = sehen (verschränkter Inf., Wz. dṛś); gam, ā-gacchati, 1. = kommen (Impf.)]

१५४९ तस्य पीडां हर्तुमस्माभिश्चिन्तित उपायो निष्फलो ऽभवत्
1549 Das Mittel, das wir uns ausgedacht haben, um seinen Schmerz zu lindern, erwies sich als erfolglos (FÜ.)
1549 tasya pīḍāṃ hartum_asmābhiś_cintita upāyo niṣphalo 'bhavat
[tad, Pron. = das (tasya, m. Gen. = dessen); pīḍā = Schmerz (Akk.); hartum, Inf. = nehmen (verschränkter Inf., Wz. hṛ, harati); asmad, Pron. = wir (asmābhiḥ, Instr. = von uns); cintita, Part. = ausgedacht (n. Nom., Wz. cint, cintayati); upāyaḥ = Mittel; niṣphala, Adj. = erfolglos (m. Nom., Sa.: nis + phala = niṣphala); bhū, bhavati, 1. = sein (Impf.)]

19.1.1. Mit Dual

१५५० उपवनात् समिध आहर्तुं प्रस्थितौ स्वः
1550 Wir beide sind aufgebrochen, um Brennholz aus dem Wäldchen zu holen
1550 upavanāt samidha āhartuṃ prasthitau svaḥ
[upavanam = Wäldchen (Abl.); samidh, samit, f. = Brennholz (samidhaḥ, Akk. Pl.); āhartum, Inf. = holen (Wz. hṛ, ā-harati); prasthita, Part. = aufgebrochen (m. Nom. Du.); as, asti, 2. = sein (PrDu.)]

१५५१ उदधिं धावामो वाससी धावितुम्
1551 Wir laufen zum Meer, um den Anzug zu waschen

1551 udadhiṃ dhāvāmo vāsasī dhāvitum
[udadhiḥ, m. = Meer (Akk.); dhāv, dhāvati, 1. = laufen (PrPl.); vāsas, n. = Anzug (Akk. Du. = Ober- und Untergewand); dhāvitum, Inf. = waschen (Wz. dhāv, dhāvate, »dhāv = laufen« und »dhāv = waschen« sind verschiedene Wz.: dhāvita = gelaufen, dhauta = gewaschen)]

19.2. Infinitiv Passiv

१५५२ कर्तुं न युज्यते
1552 Das kann nicht getan werden (WÜ.: Es wird nicht gekonnt zu tun)
1552 kartuṃ na yujyate
[kartum, Inf. = machen (Wz. kṛ, karoti); na, Ind. = nicht; yuj, 7., yujyate, Pass. = können (Präs. Pass., na yujyate + Inf. = man kann nicht, Konstruktion mit yuj Pass. + Infinitiv Aktiv, weil es in Sanskrit, anders als in Latein, z.B. fieri non potest, keinen Infinitiv Passiv gibt)]

१५५३ तत् कर्तुं शक्यते
1553 Das kann getan werden (WÜ.: Das wird zu tun gekonnt)
1553 tat kartuṃ śakyate
[tad, Pron. = das (tat, n. Nom.); kartum, Inf. = machen (Wz. kṛ, karoti); śak, śaknoti, 5. = können (śakyate, Präs. Pass. = »es wird gekonnt«)]

१५५४ भवतां भाषावगन्तुं न शक्यते
1554 Eure Sprache kann ich nicht verstehen (FÜ.)
1554 bhavatāṃ bhāṣāvagantuṃ na śakyate
[bhavat, Pron. = »Euch« (bhavatām, Gen. Pl. = »eure«); bhāṣā = Sprache (Nom.); avagantum, Inf. = verstehen (Wz. gam, ava-gacchati); na, Ind. = nicht; śak, śaknoti, 5. = können (śakyate, Präs. Pass., Satz bei aktivischer Formulierung: na śaknomy_avagantuṃ bhavatāṃ bhāṣām)]

20. Gerundive

20.1. Attributives Gerundiv

१५५५ मनुष्यः प्राप्तव्यमर्थं लभते
1555 Der Mensch erreicht das gesteckte Ziel (FÜ.)
1555 manuṣyaḥ prāptavyam_arthaṃ labhate
[manuṣyaḥ = Mensch; prāptavya, Ger. = zu erlangen (erreichbar, m. Akk., Wz. āp, prāpnoti, Anm. 1: Das Ger. oder participium necessitatis oder Part. Fut. Pass. ist ein Adj. der a-Dekl., Anm. 2: Das Ger. wird nur ganz selten attributiv und mithin meistens prädikativ verwendet, Anm. 3: Das Ger. wird im Deutschen mit »ist zu + Inf.« oder mit Adj. auf »bar« übersetzt, Anm. 4.: Das Ger. wird gebildet durch Wz. + »tavya/itavya« oder »anīya/aṇīya« oder »ya«: prāp-tavya = »zu erlangen« = erreichbar, darś-anīya = »gut anzusehen« = hübsch, pūj-ya = »zu verehren« = ehrwürdig); arthaḥ = Ziel (Akk.); labh, labhate, 1. = erlangen (PrSg.)]

१५५६ सर्वत्र भवितव्यानां द्वाराणि भवन्ति
1556 Das Schicksal hat überall Hintertüren (FÜ.)
1556 sarvatra bhavitavyānāṃ dvārāṇi bhavanti
[sarvatra, Adv. = überall; bhavitavya, Ger. = zu sein (n. Gen. Pl., Wz. bhū, bhavati, Anm.: Manche Gerundive sind zu Substantiven geworden: bhav-itavyam = »das, was sein wird« = Zukunft); dvāram = Tür; bhū, bhavati, 1. = sein (PrPl.)]

20.2. Prädikatives Gerundiv

१५५७ शठानां चरितं गर्ह्यम्
1557 Der Lebenswandel der Schurken ist zu tadeln
1557 śaṭhānāṃ caritaṃ garhyam
[śaṭhaḥ = Schurke (Gen.); caritam = Lebenswandel; garhya, Ger. = zu tadeln (n. Nom., Wz. garh, garhate. Die Ger. kar-tavya, vāc-ya, a-laṅgh-anīya usw. lassen sich durch mach-bar, lobens-wert, un-antast-bar usw. oder prädikativ durch »zu + Inf.« übersetzen, wobei viele Ger. als normale Adj. angesehen werden können: pūj-ya, Adj. = zu verehren = ehrwürdig, śak-ya, Adj. = zu können = möglich, sādh-ya, Adj. = zu erreichen = erreichbar)]

१५५८ इदं विश्वं पाल्यम्
1558 Diese Welt ist zu schützen (oder All dies ist zu schützen)
1558 idaṃ viśvaṃ pālyam
[idam, Pron. = dies (n. Nom.); viśvam = All, n. (Welt, Nom.); pālya, Ger. = zu schützen (n. Nom., Wz. pāl, pālayati)]

१५५९ भवद्भ्य इदं पत्त्रं दातव्यं देयं वा
1559 Euch ist dieser Brief zu geben (FÜ.: Man soll euch diesen Brief geben)
1559 bhavadbhya idaṃ pattraṃ dātavyaṃ deyaṃ vā
[bhavat, Pron. = »Euch« (bhavadbhyaḥ, Dat. Pl. = »Euch«); idam, Pron. = dies (n. Nom.); pattram = Brief (Nom.); dātavya, Ger. = zu geben (n. Nom., Wz. dā, dadāti); deya, Ger. = zu geben (n. Nom., Anm.: Von Wz. können oft mehrere Ger. gebildet werden); vā, Konj. = oder]

१५६० अनया रीत्यायं ग्रन्थो व्याख्येयः
1560 Auf diese Weise ist dieses Buch deutbar
1560 anayā rītyāyaṃ grantho vyākhyeyaḥ
[idam, Pron. = dies (anayā, f. Instr., ayam, m. Nom.); rītiḥ, f. = Art und Weise (rītyā, f. Instr.); granthaḥ = Buch; vyākhyeya, Ger. = zu deuten (deutbar, m. Nom., khyā, vy-ā-khyāti)]

१५६१ विश्वस्य स्रष्टुरिच्छालङ्घनीया
1561 Der Wunsch des Schöpfers des Alls ist unantastbar
1561 viśvasya sraṣṭur_icchālaṅghanīyā
[viśvam = All, n. (Gen.); sraṣṭṛ, sraṣṭā, m. = Schöpfer (Gen.); icchā = Wunsch (f. Nom. Sg.); alaṅghanīya, Ger. = unantastbar (f. Nom. Sg., Wz. laṅgh, laṅghati, meist Kaus. laṅghayati = übertreten, mißachten, z.B. ājñāṃ laṅghayāmi = ich ignoriere den Befehl)]

१५६२ ब्राह्मणो न हन्तव्यः
1562 Der Brahmane ist nicht zu töten (= soll/kann/darf nicht getötet werden)
1562 brāhmaṇo na hantavyaḥ
[brāhmaṇaḥ = Brahmane; na, Ind. = nicht; hantavya, Ger. = zu töten (m. Nom., han, hanti)]

१५६३ न त्वया कोपः कार्यः
1563 Sei nicht zornig! (WÜ.: Durch dich soll kein Zorn gemacht werden)
1563 na tvayā kopaḥ kāryaḥ!
[na, Ind. = nicht; tvad, Pron. = du (tvayā, Instr. = durch dich); kopaḥ = Zorn; kārya, Ger. = zu machen (m. Nom., Wz. kṛ, karoti)]

१५६४ ततस्त्वया शब्दः कर्तव्यः
1564 Dann solltest du einen Mucks von dir geben (FÜ.)
1564 tatas_tvayā śabdaḥ kartavyaḥ
[tatas, Konj. = dann; tvad, Pron. = du (tvayā, Instr. = durch dich, von dir); śabdaḥ = Laut, m. (Wort, Äußerung); kartavya, Ger. = zu machen (m. Nom. Sg., Wz. kṛ, karoti)]

१५६५ पुरुषेणोद्यमो न त्याज्यः
1565 Man sollte keine Anstrengung scheuen (FÜ.)
1565 puruṣeṇodyamo na tyājyaḥ
[puruṣaḥ = Mensch (puruṣeṇa, Instr.); udyamaḥ = Anstrengung; na, Ind. = nicht; tyājya, Ger. = zu meiden (m. Nom., Wz. tyaj, tyajati)]

१५६६ मया शुचीनि फलानि खादितव्यानि
1566 Ich sollte reine Früchte essen (FÜ.)
1566 mayā śucīni phalāni khāditavyāni
[mad, Pron. = ich (mayā, Instr. = durch mich, von mir); śuci, Adj. = rein (n. Akk. Pl.); phalam = Frucht (Nom. Pl.); khāditavya, Ger. = zu essen (n. Nom. Pl., Wz. khād, khādati)]

१५६७ युष्माभिर्भस्म भक्षयितव्यम्
1567 Ihr bekommt nichts (WÜ.: Von euch ist die Asche zu essen)
1567 yuṣmābhir_bhasma bhakṣayitavyam
[yuṣmad, Pron. = ihr (yuṣmābhiḥ, Instr. Pl. = durch euch, von euch); bhasman, n. = Asche (bhasma, Nom.); bhakṣayitavya, Ger. = zu essen (n. Nom., Wz. bkakṣ, bhakṣayati)]

१५६८ शत्रोरपि गुणाः शंसनीया मित्रस्यापि दोषा गर्हणीयाः
1568 Selbst die Tugenden des Feindes sind zu loben, selbst die Laster des Freundes sind zu tadeln
1568 śatror_api guṇāḥ śaṃsanīyā, mitrasyāpi doṣā garhaṇīyāḥ
[śatruḥ, m. = Feind (Gen.); api, Ind. = selbst; guṇaḥ = Tugend; śaṃsanīya, Ger. = zu loben (m. Nom. Pl., Wz. śaṃs, śaṃsati); mitram = Freund (Gen.); doṣaḥ = Laster; garhaṇīya, Ger. = zu tadeln (m. Nom. Pl., Wz. garh, garhate)]

१५६९ पाणिना दुर्ग्राह्यो वायुः पाणिना दुःस्पर्शो ऽग्निः
1569 Mit der Hand schwer zu fassen ist die Luft, mit der Hand schwer zu berühren ist das Feuer
1569 pāṇinā durgrāhyo vāyuḥ, pāṇinā duḥsparśo 'gniḥ
[pāṇiḥ, m. = Hand (Instr.); durgrāhya, Ger. = schwer zu fassen (m. Nom.); vāyuḥ, m. = Luft; duḥsparśa, Adj. = schwer zu berühren (m. Nom.); agniḥ, m. = Feuer]

१५७० मृदुर्हि राजा सततं लङ्घनीयः सर्वशः
1570 Denn ein weicher König wird immer und überall mißachtet (FÜ.)
1570 mṛdur_hi rājā satataṃ laṅghanīyaḥ sarvaśaḥ
[mṛdu, Adj. = weich (m. Nom.); hi, Konj. = denn (nachgestellt); rājan, m. = König (rājā, Nom.); satatam, Adv. = immer; laṅghanīya, Ger. = antastbar (= zu mißachten, m. Nom. Sg., Wz. laṅgh, laṅghayati = mißachten); sarvaśas, Adv. = überall (und gänzlich)]

१५७१ उपदेशो न दातव्यो यादृशे तादृशे जनाय
1571 Eine Unterweisung ist nicht jedem beliebigen zu erteilen
1571 upadeśo na dātavyo yādṛśe tādṛśe janāya
[upadeśaḥ = Unterweisung; na, Ind. = nicht; dātavya, Ger. = zu erteilen (m. Nom., Wz. dā, dadāti); yādṛś tādṛś, Pron. = jedes beliebige (yādṛśe, m. Dat. Sg., yādṛk, m. Nom., konsonantische Deklination); janaḥ = Mensch (Dat.)]

१५७२ गते शोको न कर्तव्यः। भविष्यं नैव चिन्तयेत्
1572 Über Vergangenes sollte man nicht trauern. Auch über die Zukunft sollte man nicht nachdenken (FÜ.)
1572 gate śoko na kartavyaḥ. bhaviṣyaṃ naiva cintayet
[gatam = Vergangenheit (Vergangenes, Lok.); śokaḥ = Trauer (Nom.); na, Ind. = nicht; kartavya, Ger. = zu machen (m. Nom., Wz. kṛ, karoti); bhaviṣyam = Zukunft (Zukünftiges,

Akk.); na eva, Ind. = auch nicht (Sa.: na + eva = naiva); cint, cintayati, 10. = nachdenken (über + Akk., Opt.)]

१५७३ सर्वं कर्तव्यं नो चेत् पश्चात्तापं व्रजिष्यसि
1573 Alles muß erledigt werden, sonst wirst du es bereuen (FÜ.)
1573 sarvaṃ kartavyaṃ, no cet paścāt-tāpaṃ vrajiṣyasi
[sarva, Pron. = all (n. Nom.); kartavya, Ger. = zu machen (n. Nom., Wz. kṛ, karoti); no ced, Konj. = sonst (andernfalls, no = na + u = und nicht, ced = wenn); paścāt-tāpaḥ = Reue (Akk., »Nachbrand«, Komp.); vraj, vrajati, 1. = schreiten (Fut., vrajiṣyati, »vraj« + Subst. = Streckverb: zur Buße schreiten = büßen, Nominalstil)]

१५७४ निर्विषेणापि नागेन कर्तव्या महती फणा। विषं भवतु मा वास्तु फणा भयंकरा
1574 Auch eine ungiftige Kobra sollte ihren Hut zeigen. Ob giftig oder nicht, der Hut ist furchterregend (FÜ.)
1574 nirviṣeṇāpi nāgena kartavyā mahatī phaṇā. viṣaṃ bhavatu mā vāstu, phaṇā bhayaṃ-karā
[nirviṣa, Adj. = ungiftig (m. Instr.); api, Ind. = auch; nāgaḥ = Kobra (Hutschlange, Instr.); kartavya, Ger. = zu machen (f. Nom. Sg.); mahat, Adj. = groß (mahatī, f. Adj. Nom. Sg.); phaṇā = Hut (= Brille oder Haube der Kobra); viṣam = Gift; bhū, bhavati, 1. = sein (Imp.); mā, Interj. = nicht!; vā, Konj. = oder; as, asti, 2. = sein (Imp., bhavatu mā vā astu = sei oder sei nicht); bhayaṃ-kara, Adj. = furchterregend (f. Nom. Sg., Komp.)]

20.3. Mit Dual

१५७५ सुहृदोर्वचनमलङ्घनीयम्
1575 Der Rat der beiden Freunde ist unantastbar (= darf nicht angetastet werden)
1575 suhṛdor_vacanam_alaṅghanīyam
[suhṛd, suhṛt, m. = Freund (suhṛdoḥ, Gen. Du.); vacanam = Rat (Nom.); alaṅghanīya, Ger. = unantastbar (a + laṅgh-anīyam = negiertes Ger., n. Nom., Wz. laṅgh, laṅghayati)]

21. Absolutive

21.1. Vorzeitigkeit

१५७६ वाणीं श्रुत्वाहसमुच्चैः
1576 Nachdem ich die Stimme gehört hatte, lachte ich laut
1576 vāṇīṃ śrutvāhasam_uccaiḥ
[vāṇī = Stimme (Akk.); śrutvā, Abs. = gehört habend (Wz. śru, śṛṇoti, Anm. 1: Das Abs. oder Gerundium ist indeklinabel und tritt an die Stelle von Nebensätzen, die eine vorzeitige oder seltener gleichzeitige Handlung ausdrücken, Anm. 2: Das logische Subjekt der Abs. ist mit dem Subjekt des Hauptsatzes identisch, Anm. 3: Als Suffixe werden bei einfachen Verben »tvā/itvā«, bei Präfixverben »ya/tya« an die Wz. angefügt: gam: ga-tvā, ā-gam-ya, hṛ: hṛ-tvā, vi-hṛ-tya); has, hasati, 1. = lachen (ahasam, Impf.); uccais, Adv. = laut]

१५७७ शत्रूञ्जित्वा नगरं प्राविशाम
1577 Nachdem wir die Feinde besiegt hatten, drangen wir in die Stadt ein
1577 śatrūñ_jitvā nagaraṃ prāviśāma
[śatruḥ, m. = Feind (śatrūn, Akk. Pl., Sa.: n + j = ñ + j); jitvā, Abs. = besiegt habend (Wz. ji, jayati); nagaram = Stadt (Akk.); viś, pra-viśati, 6. = eindringen (+ Akk., pra + aviśāma, Impf.)]

१५७८ तीरं गत्वा हयाञ्जलमपाययाम
1578 Nachdem wir zum Ufer gegangen waren, ließen wir die Pferde Wasser trinken
1578 tīraṃ gatvā hayāñ_jalam_apāyayāma
[tīram = Ufer; gatvā, Abs. = gegangen seiend (Wz. gam, gacchati); hayaḥ = Pferd (hayān, Akk., hayaḥ kommt von Wz. hi, hinoti = antreiben); jalam = Wasser (Akk.); pā, pāyayati, 10. = tränken (+ Akk. + Akk., Impf. Kaus.)]

१५७९ तदाकर्ण्य मित्रमक्रन्ददलपच्च
1579 Nachdem er dies gehört hatte, weinte und klagte der Freund
1579 tad_ākarṇya mitram_akrandad_alapac_ca
[tad, Pron. = das (tat, n. Akk.); ākarṇya, Abs. = gehört habend (Wz. ā-karṇayati); mitram = Freund; krand, krandati, 1. = weinen (oder jammern, Impf.); lap, lapati, 1. = klagen (Impf.); ca, Konj. = und (Sa.: akrandat alapat ca)]

१५८० स्नात्वाहं सूपमभक्षयं सूदशालायाम्
1580 Nachdem ich gebadet hatte, aß ich die Suppe in der Küche
1580 snātvāhaṃ sūpam_abhakṣayaṃ sūda-śālāyām
[snātvā, Abs. = gebadet habend (Wz. snā, snāti, Anm.: Das Absolutiv übersetzen wir im Deutschen durch das Plusquamperfekt, wenn das finite Verb im Imperfekt steht); mad, Pron. = ich (aham, Nom.); sūpaḥ = Suppe (Akk., Anm.: »Suppe« ist tatsächlich mit indischem »sūpaḥ« verwandt, und zwar über »saufen/saugen« bis zur Wz. »su, sunoti = auspressen«); bhakṣ, bhakṣayati, 10. = essen (Impf.); sūda-śālā = Küche (»Koch-Zimmer«, Lok. Komp.)]

१५८१ गुरूणि वासांसि विहाय नरस्तनूनि धारयति
1581 Nachdem er die schweren Kleider abgelegt hat, zieht der Mann die leichten an
1581 gurūṇi vāsāṃsi vihāya, naras_tanūni dhārayati
[guru, Adj. = schwer (n. Akk. Pl.); vāsas, n. = Kleid (Akk. Pl.); vihāya, Abs. = abgelegt habend (Wz. hā, vi-jahāti = ablegen, Anm.: Das Absolutiv übersetzen wir im Deutschen durch das einfache Perfekt, wenn das finite Verb im Präsens steht); naraḥ = Mann; tanu, Adj. = leicht (dünn, n. Akk. Pl.); dhṛ, dhārayati, 10. = anziehen (oder tragen + Akk., PrSg.)]

१५८२ हन्त भो दारुणां शकुन्तलां विसृज्य स्वास्थ्यमिदानीं लब्धम्
1582 Ach Herr, nachdem ich die grausame Shakuntala verlassen habe, ist jetzt Frieden erlangt worden (= ist jetzt Frieden eingekehrt)
1582 hanta bho, dāruṇāṃ śakuntalāṃ visṛjya svāsthyam_idānīṃ labdham
[hanta, Interj. = ach!; bhos, Interj. = Herr! (Sa.: bhoḥ verliert ḥ vor allen Tönenden); dāruṇa, Adj. = grausam (f. Akk.); śakuntalā, f. Eig. = Shakuntala (Akk.); visṛjya, Abs. = verlassen habend (Wz. sṛj, vi-sṛjati); svāsthyam = Frieden (Seelenfrieden, Nom.); idānīm, Adv. = jetzt; labdha, Part. = erlangt (n. Nom. Sg., Wz. labh, labhate, ergänze: mayā = von mir)]

१५८३ सरसि स्नात्वा व्याघ्रो ऽरण्ये ऽभ्राम्यत्
1583 Nachdem er im See gebadet hatte, streifte der Tiger im Wald herum
1583 sarasi snātvā vyāghro 'raṇye 'bhrāmyat
[saras, n. = See (Lok.); snātvā, Abs. = gebadet habend (Wz. snā, snāti); vyāghraḥ = Tiger; araṇyam = Wald (araṇye, Lok.); bhram, bhrāmyati, 4. = herumstreifen (abhrāmyat, Impf.)]

१५८४ कतिचिदेव पदानि गत्वा तन्वी स्थिता
1584 Das Mädchen ging einige Schritte und blieb dann stehen (FÜ.)
1584 katicid_eva padāni gatvā, tanvī sthitā
[katicid, Pron. = einige (kati-cid, Akk. Pl., Pluralwort, das im Nom. und Akk. keine Endung und kein Genus hat); eva, Ind. = nur; padam = Schritt (Akk. Pl.); gatvā, Abs. = gegangen seiend (Wz. gam, gacchati); tanvī = Mädchen (vgl. tanu, Adj., tanvī, f. Adj. Nom. = schlank); sthita, Part. = gestanden (f. Nom.)]

१५८५ जायां त्यक्त्वाहमाश्रमं प्रति प्रस्थितः
1585 Nachdem ich die Ehefrau verlassen hatte, bin ich zur Einsiedelei aufgebrochen
1585 jāyāṃ tyaktvāham_āśramaṃ prati prasthitaḥ
[jāyā = Ehefrau (Akk.); tyaktvā, Abs. = verlassen habend (Wz. tyaj, tyajati); mad, Pron. = ich (aham, Nom.); āśramaḥ = Einsiedelei (Akk. = zur Einsiedelei); prati, Präp. + Akk. = zu; prasthita, Part. = aufgebrochen (m. Nom., Wz. sthā, pra-tiṣṭhati + Akk.)]

१५८६ दूतेन कथितां वार्त्तां श्रुत्वा मन्त्री सहसामूर्छत्
1586 Nachdem er die von dem Boten erzählte Nachricht gehört hatte, wurde der Minister plötzlich ohnmächtig
1586 dūtena kathitāṃ vārttāṃ śrutvā mantrī sahasāmūrchat
[dūtaḥ = Bote (Instr.); kathita, Part. = erzählt (f. Akk., Wz. kath, kathayati, Denominativ von katham = wie: »das Wie erzählen«); vārttā = Nachricht (Akk.); śrutvā, Abs. = gehört habend (Wz. śru, śṛṇoti = hören, śruta = gehört); mantrin, m. = Minister (mantrī, Nom.); sahasā, Adv. = plötzlich; mūrch, mūrchati, 1. = ohnmächtig werden (amūrchat, Impf.)]

१५८७ नदस्य कूले चिरं विहृत्य दमयन्त्युटजं निवृत्ता
1587 Nachdem sie sich lange am Ufer des Flusses vergnügt hatte, ist Damayanti zur Laubhütte zurückgekehrt
1587 nadasya kūle ciraṃ vihṛtya damayanty_uṭajaṃ nivṛttā
[nadaḥ = Fluß (Gen.); kūlam = Ufer (Lok.); ciram, Adv. = lange; vihṛtya, Abs. = vergnügt habend (Wz. hṛ, vi-harati); damayantī, f. Eig. = Damayanti (Nom.); uṭajaḥ = Laubhütte (Akk. = zur Laubhütte); nivṛtta, Part. = zurückgekehrt (f. Nom., Wz. vṛt, ni-vartate + Akk.)]

१५८८ वनात् प्रतिनिवृत्य रामो राज्यं कर्तुमारभत
1588 Nachdem er dem Wald entronnen war, begann Rama das Königreich zu gründen
1588 vanāt pratinivṛtya rāmo rājyaṃ kartum_ārabhata
[vanam = Wald (Abl.); pratinivṛtya, Abs. = entronnen seiend (Wz. vṛt, prati-ni-vartate + Abl.); rāmaḥ, m. Eig. = Rama; rājyam = Königreich (Akk.); kartum, Inf. = gründen (Wz. kṛ, karoti); rabh, ā-rabhate, 1. = beginnen (zu + Inf., ā + arabhata = ārabhata, Impf.)]

१५८९ एवमुक्त्वा हरिः प्रियायै मौक्तिकमयच्छत्
1589 Nachdem er so gesprochen hatte, reichte Hari der Geliebten die Perle
1589 evam_uktvā hariḥ priyāyai mauktikam_ayacchat
[evam, Adv. = so; uktvā, Abs. = gesprochen habend (Wz. vac, vakti); hariḥ, m. Eig. = Hari; priyā = Geliebte (Dat.); mauktikam = Perle (Akk.); yam, yacchati, 1. = reichen (+ Dat. + Akk., Impf.)]

१५९० रक्षांसि यक्षांश्च हत्वा वीरो यशो ऽविन्दत्
1590 Nachdem (Weil) er die Unholde und Geister getötet hatte, erwarb der Held Ruhm
1590 rakṣāṃsi yakṣāṃś_ca hatvā vīro yaśo 'vindat
[rakṣas, n. = Unhold (Dämon, rakṣāṃsi, n. Akk. Pl.); yakṣaḥ = Geist (yakṣān, Akk., Sa.: n + c = ṃś + c); ca, Konj. = und; hatvā, Abs. = getötet habend (Wz. han, hanti); vīraḥ = Held; yaśas, n. = Ruhm (Akk. Sg.); vid, vindati, 6. = erwerben (Impf.)]

१५९१ वचांसि श्रुत्वा नलस्य गमनमन्वमन्यामहि
1591 Nachdem (Weil) wir die Worte gehört hatten, billigten wir Nalas Abreise
1591 vacāṃsi śrutvā nalasya gamanam_anvamanyāmahi
[vacas, n. = Wort (Empfehlung, n. Akk. Pl.); śrutvā, Abs. = gehört habend (Wz. śru, śṛṇoti); nalaḥ, m. Eig. = Nala (Gen.); gamanam = Abreise (»Gehen«, Akk.); man, anu-manyate, 4. = billigen (zustimmen + Akk., Impf., Anm.: Das temporale »nachdem« kann beim Absolutiv oft durch das kausale »weil« ersetzt werden, soweit dies der Sinn des Satzes logisch hergibt, also »post hoc, ergo propter hoc« gilt)]

१५९२ मां दृष्ट्वा मम सख्यतुष्यत्
1592 Nachdem sie mich gesehen hatte, freute sich meine Freundin
1592 māṃ dṛṣṭvā mama sakhy_atuṣyat
[mad, Pron. = ich (māṃ, Akk. = mich, mama, Gen. = meiner); dṛṣṭvā, Abs. = gesehen habend (Wz. dṛś, dṛṣṭa); sakhī = Freundin (Nom.); tuṣ, tuṣyati, 4. = freuen (Impf.)]

१५९३ गृहमागम्य पिता मामतीव निन्दितवान्
1593 Nachdem er/ich nach Hause gekommen war, hat mich der Vater sehr getadelt
1593 gṛham_āgamya pitā mām_atīva ninditavān
[gṛham = Haus (Akk. = nach Hause); āgamya, Abs. = gekommen seiend (Wz. gam, ā-gata, Anm.: Manchmal bezieht sich das Abs. nicht eindeutig auf das Subjekt des Hauptsatzes); pitṛ, pitā, m. = Vater; mad, Pron. = ich (mām, Akk. = mich); atīva, Adv. = sehr; ninditavat, Part. = getadelt habend (m. Nom., Wz. nind, nindati = tadeln, nindita = getadelt)]

१५९४ सुखं हि दुःखान्यनुभूय शोभते
1594 Denn Glück wird erst geschätzt, nachdem man Unglück erfahren hat (FÜ.)
1594 sukhaṃ hi duḥkhāny_anubhūya śobhate
[sukham = Glück; hi, Konj. = denn (Konj. nachgestellt); duḥkham = Unglück (Akk. Pl.); anubhūya, Abs. = erfahren habend (Wz. bhū, anu-bhavati = erleiden, erfahren); śubh, śobhate, 1. = glänzen (PrSg.)]

१५९५ स्वामिने मन्त्रिणामागमनं निवेद्य भृतको निष्क्रान्तः
1595 Nachdem er dem Mandanten die Ankunft der Berater mitgeteilt hatte, ist der Diener hinausgegangen
1595 svāmine mantriṇām_āgamanaṃ nivedya bhṛtako niṣkrāntaḥ
[svāmin, m. = Mandant (Dat., svāmī, Nom.); mantrin, m. = Berater (Gen. Pl., mantrī, Nom.); āgamanam = Ankunft (Akk.); nivedya, Abs. = mitgeteilt habend (auch nivedayitvā, Wz. vid, ni-vedayati); bhṛtakaḥ = Diener; niṣkrānta, Part. = hinausgegangen (m. Nom., Wz. kram, niṣ-krāmati)]

१५९६ छागं भूमौ निधाय परीक्ष्य च साशङ्कमवदत्
1596 Nachdem er den Bock auf den Boden gelegt und beäugt hatte, sprach er ängstlich
1596 chāgaṃ bhūmau nidhāya parīkṣya ca sāśaṅkam_avadat
[chāgaḥ = Bock (Ziegenbock, Widder, Akk.); bhūmiḥ, f. = Erdboden (bhūmau oder bhūmyām, Lok.); nidhāya, Abs. = abgesetzt habend (Wz. dhā, ni-dadhāti); parīkṣya, Abs. = geprüft habend (beäugt habend, Wz. īkṣ, parīkṣate = prüfen, beäugen); ca, Konj. = und; sāśaṅkam, Adv. = ängstlich (sa + āśaṅkā = mit + Angst, Komp.); vad, vadati, 1. = sagen (Impf.)]

१५९७ यज्ञायान्यस्माद्ग्रामाच्छागं क्रीत्वा ब्राह्मणः स्वग्रामं प्रातिष्ठत्
1597 Nachdem er für das Opfer aus einem anderen Dorf einen Ziegenbock gekauft hatte, brach der Brahmane zu seinem eigenen Dorf auf
1597 yajñāyānyasmād_grāmāc_chāgaṃ krītvā brāhmaṇaḥ sva-grāmaṃ prātiṣṭhat
[yajñaḥ = Opfer (yajñāya, Dat. = um des Opfers willen, oder yaṣṭum, Inf. = um zu opfern); anya, Pron. = ander (anyasmāt, Abl.); grāmaḥ = Dorf (grāmāt, Abl., grāmam, Akk.); chāgaḥ = Bock (Akk.); krītvā, Abs. = gekauft habend (Wz. krī, krīṇāti = kaufen, krīta = gekauft); brāhmaṇaḥ = Brahmane; sva, Pron. = eigen (svam grāmam oder sva-grāmam, Komp.); sthā, pra-tiṣṭhati, 1. = aufbrechen (nach + Akk., pra + atiṣṭhat = prātiṣṭhat, Impf.)]

१५९८ गुरावुषित्वा वेदमधीत्य नारीं परिणीय पुत्रं जनयित्वा पितॄनिष्ट्वा च ब्राह्मणो मृतः
1598 Nachdem er beim Lehrer gewohnt, den Veda studiert, eine Frau geheiratet, einen Sohn gezeugt und den Ahnen geopfert hatte, ist der Brahmane gestorben
1598 gurāv_uṣitvā vedam_adhītya nārīṃ pariṇīya putraṃ janayitvā pitṝn_iṣṭvā ca brāhmaṇo mṛtaḥ

[guruḥ, m. = Lehrer (gurau, Lok.); uṣitvā, Abs. = gewohnt habend (Wz. vas, vasati); vedaḥ = Veda (Akk.); adhītya, Abs. = studiert habend (Wz. adhi-i); nārī = Frau (Akk.); pariṇīya, Abs. = geheiratet habend (Wz. nī, pari-ṇayati); putraḥ = Sohn (Akk.); janayitvā, Abs. = gezeugt habend (Wz. jan, janayati); pitṛ, pitā, m. = Ahnen (Akk. Pl., Sa.: pitṝn_iṣṭvā: n würde zu ṇ, wenn »pitṝṇiṣṭvā« EIN Wort wäre); iṣṭvā, Abs. = geopfert habend (Wz. yaj, yajati); ca, Konj. = und; brāhmaṇaḥ = Brahmane; mṛta, Part. = gestorben (m. Nom., Wz. mṛ, mriyate)]

१५९९ भोजनं भुक्त्वा च पानं पीत्वा च योजनं व्रजित्वा च नरः क्रोशं सुप्तः
1599 Nachdem er die Mahlzeit gegessen und das Getränk getrunken hatte und eine Meile weit gewandert war, hat der Mann eine Stunde lang geschlafen
1599 bhojanaṃ bhuktvā ca pānaṃ pītvā ca yojanaṃ vrajitvā ca naraḥ krośaṃ suptaḥ
[bhojanam = Mahlzeit (Akk.); bhuktvā, Abs. = gegessen habend (Wz. bhuj, bhunakti); ca, Konj. = und; pānam = Getränk (Akk.); pītvā, Abs. = getrunken habend (Wz. pā, pibati); yojanam = Meile (Akk. = wie weit?); vrajitvā, Abs. = gewandert seiend (Wz. vraj, vrajati); naraḥ = Mann; krośaḥ = »Stunde« (»Heul-Distanz« eines Schakals, kruś, krośati = heulen, Akk. = wie lange?); supta, Part. = geschlafen (m. Nom., Wz. svap, svapiti)]

१६०० सेतुं बद्ध्वा लङ्कां प्रविश्य च जेता रामो दुष्टं रावणं हतवान्
1600 Nachdem er eine Brücke gespannt und in Sri Lanka eingedrungen war, hat der siegreiche Rama den bösen Ravana getötet
1600 setuṃ baddhvā laṅkāṃ praviśya ca jetā rāmo duṣṭaṃ rāvaṇaṃ hatavān
[setuḥ, m. = Brücke (Akk.); baddhvā, Abs. = gespannt habend (Wz. bandh, badhnāti); laṅkā, f. Eig. = Ceylon (Akk.); praviśya, Abs. = betreten habend (Wz. viś, pra-viśati); jetṛ, Adj. = siegreich (jetā, m. Nom.); rāmaḥ, m. Eig. = Rama; duṣṭa, Adj. = böse (m. Akk.); rāvaṇaḥ, m. Eig. = Ravana (Akk.); hatavat, Part. = getötet habend (hatavān, m. Nom., Wz. han, hanti)]

21.2. Gleichzeitigkeit

१६०१ केशेषु गृहीत्वा क्लीबा युध्यन्ते
1601 Die Eunuchen halten sich an den Haaren fest und kämpfen (FÜ.)
1601 keśeṣu gṛhītvā klībā yudhyante
[keśaḥ = Haar (Lok. Pl.); gṛhītvā, Abs. = ergriffen habend (Wz. grah, gṛhṇāti = ergreifen, gṛhīta = ergriffen, mit langem ī); klībaḥ = Eunuch (Pl.); yudh, yudhyate, 4. = kämpfen (PrPl.)]

१६०२ सरसस्तीरे स्थित्वा नटश्चन्द्रं पश्यति
1602 Der Schauspieler steht am Ufer des Sees und sieht den Mond (FÜ.)
1602 sarasas_tīre sthitvā naṭaś_candraṃ paśyati
[saras, n. = See (sarasaḥ, Gen.); tīram = Ufer (Lok.); sthitvā, Abs. = gestanden habend (Wz. sthā, tiṣṭhati); naṭaḥ = Schauspieler; candraḥ = Mond (Akk.); paś, paśyati, 4. = sehen (PrSg.)]

१६०३ सुकृतीः स्मृत्वा मित्रं न विमुखं भवेत्
1603 Eingedenk der guten Taten sollte sich der Freund nicht abwenden (FÜ.)
1603 sukṛtīḥ smṛtvā, mitraṃ na vimukhaṃ bhavet
[sukṛtiḥ, f. = gute Tat (Akk. Pl.); smṛtvā, Abs. = erinnert habend (eingedenk, Wz. smṛ, smarati = denken an, sich erinnern an); mitram = Freund; na, Ind. = nicht; vimukha, Adj. = abgewandt (n. Nom., Gegensatz: abhimukha = zugewandt); bhū, bhavati, 1. = sein (Opt.)]

१६०४ धैर्यमवलम्ब्य द्विड्भिः सह युध्येथाः
1604 Gestützt auf Beharrlichkeit solltest du gegen die Feinde kämpfen!
1604 dhairyam_avalambya dviḍbhiḥ saha yudhyethāḥ!
[dhairyam = Beharrlichkeit (Standhaftigkeit, Akk.); avalambya, Abs. = gestützt habend (auf + Akk., Wz. lamb, ava-lambate); dviṣ, dviṭ, m. = Feind (dviḍbhiḥ, Instr. Pl.); saha, Präp. + Instr. = gegen (»mit dem« = »gegen den Feind«); yudh, yudhyate, 4. = kämpfen (Opt.)]

21.3. Spezialkonstruktionen

१६०५ ओदनः पक्त्वा खाद्यते

1605 Der Reis wird gegessen, wenn er gekocht worden ist (FÜ.)

1605 odanaḥ paktvā khādyate

[odanaḥ = Reis (Nom.); paktvā, Abs. = gekocht habend (Wz. pac, pacati); khād, khādati, 1. = essen (Präs. Pass., Anm.: Die Konstruktionen »tena odanam, Akk., paktvā khādyate« und »tena odanaḥ, Nom., paktvā khādyate« sind grammatikalisch umstritten: Objektkonflikt!)]

१६०६ अलं ते वेश्यां गत्वा

1606 Geh nicht mehr zu der Dirne! (FÜ.)

1606 alaṃ te veśyāṃ gatvā!

[alam, Interj. = genug! (+ Abs. statt + Instr.); tvad, Pron. = du (te oder tava, Gen.); veśyā = Dirne (Akk.); gatvā, Abs. = gegangen seiend (in dieser Konstruktion wie ein Subst.)]

१६०७ त्वां मुक्त्वा न केनापि तादृग्दुःखं सोढम्

1607 Außer dir ist von keinem solch ein Leid ertragen worden

1607 tvāṃ muktvā na kenāpi tādṛg_duḥkhaṃ soḍham

[tvad, Pron. = du (tvām, Akk. = dich); muktvā, Präp. + Akk. = außer (tvāṃ muktvā, Abs. = dich verlassen habend = ohne dich, aber: tvām_ādāya = dich genommen habend = mit dir); na kimapi, Pron. = kein (na kena + api, m. Instr. = von keinem); tādṛś, Pron. = solch ein (tādṛk, n. Nom.); duḥkham = Leid (Nom.); soḍha, Part. = ertragen (n. Nom., Wz. sah, sahate)]

१६०८ वेदमनधीत्य खलो मुक्तिमलब्ध्वा नरकं गमिष्यति

1608 Weil er den Veda nicht studiert hat, wird der Bösewicht, weil er keine Erlösung erlangt hat, in die Hölle gelangen

1608 vedam_anadhītya khalo muktim_alabdhvā narakaṃ gamiṣyati

[vedaḥ = Veda (Akk.); an-adhītya, Abs. = nicht studiert habend (Ein Abs. ist »a«-negierbar); khalaḥ = Bösewicht; muktiḥ, f. = Erlösung (Akk.); a-labdhvā, Abs. = nicht erlangt habend (Wz. labh, labhate); narakaḥ = Hölle (Lok.); gam, gacchati, 1. = gelangen (+ Akk., Fut.)]

22. Locativus absolutus

22.1. Konditionalsatz als Locativus absolutus

१६०९ मूले हते हतं सर्वम्

1609 Wenn (oder da) die Wurzel vernichtet ist, ist alles vernichtet

1609 mūle hate, hataṃ sarvam

[mūlam = Wurzel (mūle hate = Lok. abs. = Subst. + Part. = Regelfall, Anm. 1: Der Lok. abs. ersetzt den Nebensatz, dessen logisches Subjekt mit dem Subjekt des Hauptsatzes NICHT identisch ist, Anm. 2: Üblich sind die Kombinationen von Subst. + Part. Perf. Pass. oder + Part. Präs. Akt. oder + Part. Perf. Akt. oder + Part. Präs. Pass. usw., weniger üblich die Kombinationen von Subst. + Adj. und von Pron. + Adj. usw.); hata, Part. = vernichtet (n. Lok. und n. Nom., Wz. han, hanti = töten); sarva, Pron. = all (sarvam, n. Nom. Sg. = alles)]

१६१० तनुषु विभवेषु नरा ज्ञातिभिस्त्यज्यन्ते

1610 Wenn wenig Geld vorhanden ist, werden die Menschen von Verwandten verlassen

1610 tanuṣu vibhaveṣu, narā jñātibhis_tyajyante

[tanu, Adj. = wenig (m. Lok. Pl.); vibhavaḥ = Reichtum (tanuṣu vibhaveṣu = Lok. abs. = Subst. + Adj. = Sonderfall, ergänze: satsu, m. Lok. Pl. = seiend); naraḥ = Mensch (narāḥ, Nom. Pl.); jñātiḥ, m. = Verwandte (Instr.); tyaj, tyajati, 1. = verlassen (Präs. Pass.)]

१६११ त्वयि रक्षितरि मम भयं नास्ति
1611 Wenn (oder da) du mein Beschützer bist, habe ich keine Angst
1611 tvayi rakṣitari, mama bhayaṃ nāsti
[tvad, Pron. = du (tvayi, Lok.); rakṣitṛ, rakṣitā, m. = Beschützer (tvayi rakṣitari = Lok. abs. = Pron. + Adj. = Sonderfall, ergänze: sati, m. Lok. Sg. = seiend); mad, Pron. = ich (mama, Gen. = meiner); bhayam = Angst (Nom.); na, Ind. = kein (+ Subst.); as, asti, 2. = haben (PrSg., »meiner ist keine Angst« = ich habe keine Angst)]

१६१२ अनिश्चिते नेतरि वृथा वक्तुः सर्वः श्रमः
1612 Wenn (oder da) der Führer entschlußlos ist, ist alle Mühe des Redners vergebens
1612 aniścite netari, vṛthā vaktuḥ sarvaḥ śramaḥ
[aniścita, Adj. = entschlußlos (m. Lok., a-niścita, Wz. ci, niś-cinoti); netṛ, netā, m. = Führer (aniścite netari = Lok. abs. = Subst. + Adj. = Sonderfall, ergänze: sati, m. Lok. = seiend); vṛthā, Adv. = vergebens; vaktṛ, vaktā, m. = Redner (Gen.); sarva, Pron. = all (sarvaḥ, m. Nom. Sg. = jeder); śramaḥ = Mühe]

१६१३ दुर्दशां गते नरि क्षुद्रो ऽप्यहितमाचरेत्
1613 Wenn ein Mensch in eine schlechte Lage geriete, würde ein Schuft trotzdem Schaden anrichten
1613 durdaśāṃ gate nari, kṣudro 'py_ahitam_ācaret
[durdaśā = schlechte Lebenslage (Akk.); gata, Part. = gelangt (in + Akk., gate, m. Lok., Wz. gam, gacchati); nṛ, nā, m. = Mensch (nari, Lok., gate nari = Lok. abs.); kṣudraḥ = Schuft (naraḥ kṣudraḥ, Adj. = gemein); api, Ind. = trotzdem; ahitam = Schaden, m. (Unglück, Akk.); car, ā-carati, 1. = praktizieren (»vornehmen« + Subst. = Streckverb, Opt., Nominalstil)]

१६१४ किंकरेणोह्यमाने भारे वयं क्षिप्रं चलामः
1614 Da die Last vom Diener getragen wird, können wir uns schnell fortbewegen
1614 kiṃkareṇohyamāne bhāre, vayaṃ kṣipraṃ calāmaḥ
[kiṃkaraḥ = Diener (kiṃ-kareṇa, Instr., »fac-totum«, Komp.); uhyamāna, Part. = getragen werdend (m. Lok., Wz. vah, vahati, uhyate); bhāraḥ = Last (bhāre uhyamāne = Lok. abs.); asmad, Pron. = wir (Nom. Pl.); kṣipram, Adv. = schnell; cal, calati, 1. = fortbewegen (PrPl.)]

22.2. Temporalsatz als Locativus absolutus

१६१५ सैनिकेष्विषून् क्षिपत्सु सेनापतिरश्वमारूढः
1615 Während die Soldaten Pfeile warfen, hat der Feldherr das Pferd bestiegen
1615 sainikeṣv_iṣūn kṣipatsu, senā-patir_aśvam_ārūḍhaḥ
[sainikaḥ = Soldat (sainikeṣu kṣipatsu = Lok. abs.); iṣuḥ, m. = Pfeil (Akk.); kṣipat, Part. = werfend (m. Lok. Pl., Wz. kṣip, kṣipati); senā-patiḥ, m. = Feldherr (senā-patiḥ, Komp. = Herr des Heeres); aśvaḥ = Pferd (Akk.); ārūḍha, Part. = bestiegen (m. Nom., Wz. ruh, ā-rohati)]

१६१६ दिनेषु गच्छत्सु बुद्धः पण्डितो ऽभवत्
1616 Als die Tage vergingen, ist Buddha klug geworden
1616 dineṣu gacchatsu, buddhaḥ paṇḍito 'bhavat
[dinam = Tag (Lok.); gacchat, Part. = vergehend (n. Lok. Pl., dineṣu gacchatsu = Lok. abs.); buddhaḥ, m. Eig. = Buddha; paṇḍita, Adj. = klug (m.); bhū, bhavati, 1. = werden (Impf.)]

१६१७ महीं रक्षति भूभृति जनाः सुखिनो ऽभवन् ह
1617 Als der König die Erde beschützte, waren die Leute gewiß glücklich
1617 mahīṃ rakṣati bhū-bhṛti, janāḥ sukhino 'bhavan ha
[mahī = Erde (Akk.); rakṣat, Part. = beschützend (rakṣati, m. Lok. Sg.); bhū-bhṛt, m. = König (rakṣati bhū-bhṛti = Lok. abs.); janaḥ = Leute (Nom. Pl.); sukhin, Adj. = glücklich (m. Nom. Pl.); bhū, bhavati, 1. = sein (Impf.); ha, Ind. = gewiß (Ind. in älteren Texten, oft Satzende)]

१६१८ त्वयि जीवति वयं वाव सुखेन जीवामः
1618 Solange du lebst, leben wir gewiß im Glück
1618 tvayi jīvati, vayaṃ vāva sukhena jīvāmaḥ
[tvad, Pron. = du (Lok.); jīvat, Part. = lebend (m. Lok. Sg., tvayi jīvati, Lok. abs.); asmad, Pron. = wir (vayam, Nom.); vāva, Ind. = gewiß (Ind. in älteren Texten, meist nachgestellt zur Betonung eines Wortes); sukhena, Adv. = glücklich; jīv, jīvati, 1. = leben (PrPl.)]

१६१९ सर्वनाशे समुत्पन्ने पण्डितो ऽर्धं त्यजति
1619 Bevor der Verlust des Ganzen entstanden ist, gibt der Kluge die Hälfte auf
1619 sarva-nāśe samutpanne, paṇḍito 'rdhaṃ tyajati
[sarva, Pron. = ganz (sarva-nāśaḥ = Gesamtverlust, Komp.); nāśaḥ = Verlust (Lok., Wz. naś); samutpanna, Part. = entstanden (m. Lok., nāśe utpanne, Lok. abs., Wz. pad, sam-ut-padyate); paṇḍitaḥ = Kluge; ardham = Hälfte (Akk.); tyaj, tyajati, 1. = aufgeben (PrSg.)]

१६२० मार्जारे गते मूषकाः फलके ऽनृत्यन्
1620 Sobald die Katze gegangen war, tanzten die Mäuse auf dem Tisch
1620 mārjāre gate, mūṣakāḥ phalake 'nṛtyan
[mārjāraḥ = Katze (mārjāre gate, Lok. abs.); gata, Part. = gegangen (m. Lok., Wz. gam, gacchati); mūṣakaḥ = Maus; phalakam = Tisch (Brett, Lok.); nṛt, nṛtyati, 4. = tanzen (Impf.)]

१६२१ बिडाले क्षीरं पीतवति बिलान्मूषक आगच्छत्
1621 Sobald die Katze die Milch getrunken hatte, kam die Maus aus dem Loch
1621 biḍāle kṣīraṃ pītavati, bilān_mūṣaka āgacchat
[biḍālaḥ = Katze (biḍāle pītavati, Lok. abs.); kṣīram = Milch (Akk.); pītavat, Part. = getrunken habend (m. Lok., Wz. pā, pīta); bilam = Loch (bilāt, Abl.); mūṣakaḥ = Maus (Nom.); gam, ā-gacchati, 1. = kommen (Impf.)]

१६२२ अरिषु जितेषु राजा प्रासादं प्रस्थितः
1622 Nachdem die Feinde besiegt worden waren, ist der König zum Palast aufgebrochen
1622 ariṣu jiteṣu, rājā prāsādaṃ prasthitaḥ
[ariḥ, m. = Feind (ariṣu jiteṣu, Lok. abs.); jita, Part. = besiegt (m. Lok. Pl.); rājan, m. = König (rājā, Nom.); prāsādaḥ = Palast (Akk.: Wohin? = zum Palast); prasthita, Part. = aufgebrochen (abgereist, m. Nom., Wz. sthā, pra-tiṣṭhati, Par. und auch pra-tiṣṭhate, Atm.)]

१६२३ कपिषु लङ्कां गृहीतवत्सु रामो ऽयोध्यां न्यवर्तत
1623 Nachdem die Affen Ceylon erobert hatten, kehrte Rama nach Ayodhya zurück
1623 kapiṣu laṅkāṃ gṛhītavatsu, rāmo 'yodhyāṃ nyavartata
[kapiḥ, m. = Affe (Lok. Pl., kapiṣu gṛhītavatsu, Lok. abs.); laṅkā, f. Eig. = Ceylon (Akk., Sri Lanka = śrī-laṅkā); gṛhītavat, Part. = genommen habend (m. Lok. Pl., Wz. grah, gṛhīta); rāmaḥ, m. Eig. = Rama; ayodhyā, f. Eig. = Oudh (bei den Briten Oudh, nun wieder Ayodhya, nahe Faizabad, Uttar Pradesh, Akk., Etymologie: a-yodhyā = die unbesiegbare, ergänze: purī = Stadt, Burg, Wz. yudh); vṛt, ni-vartate, 1. = zurückkehren (nach + Akk., Impf.)]

22.3. Konzessivsatz als Locativus absolutus

१६२४ औषधे खादितव्ये तया विषं भुक्तम्
1624 Obgleich sie das Heilmittel einnehmen sollte, hat sie das Gift eingenommen (FÜ.)
1624 auṣadhe khāditavye, tayā viṣaṃ bhuktam
[auṣadham = Heilmittel (Lok.); khāditavya, Ger. = zu essen (n. Lok., auṣadhe khāditavye, Lok. abs.); tad, Pron. = das (tayā, f. Instr. = durch sie, von ihr); viṣam = Gift (Nom.); bhukta, Part. = gegessen (n. Nom., Wz. bhuj, bhunakti)]

१६२५ राजानं विना न राज्यं बलवत्स्वपि मन्त्रिषु
1625 Ohne den König gibt es kein Königreich, auch wenn die Minister stark sind
1625 rājānaṃ vinā na rājyaṃ, balavatsv_api mantriṣu
[rājan, m. = König (Akk.); vinā, Präp. + Akk. = ohne; na, Ind. = kein (na + Subst.); rājyam = Königreich (Nom., erg.: vidyate = es gibt); balavat, Adj. = stark (m. Lok. Pl.); api, Ind. = auch; mantrin, m. = Minister (balavatsu mantriṣu, Lok. abs.)]

22.4. Konzessivsatz als Genitivus absolutus

१६२६ सिंहस्य वने भ्राम्यतो ऽप्यशङ्किता विहगा गायन्ति
1626 Auch wenn der Löwe im Wald herumstreift, singen die furchtlosen Vögel
1626 siṃhasya vane bhrāmyato 'py_aśaṅkitā vihagā gāyanti
[siṃhaḥ = Löwe (siṃhasya bhrāmyataḥ api = Gen. abs., Anm.: Der Gen. abs. kommt relativ selten vor und ist meist auf konzessive Konstruktionen beschränkt); vanam = Wald (Lok.); bhrāmyat, Part. = herumstreifend (m. Gen.); api, Ind. = auch; aśaṅkita, Adj. = furchtlos (aśaṅkitāḥ, m. Nom. Pl.); vihagaḥ = Vogel; gai, gāyati, 1. = singen (PrPl.)]

१६२७ ममेदं चित्रं पश्यन्त्याः शिरोवेदना समुत्पन्ना
1627 Beim Anblick dieses Bildes bekam ich Kopfschmerzen (FÜ.)
1627 mamedaṃ citraṃ paśyantyāḥ śiro-vedanā samutpannā
[mad, Pron. = ich (mama, Gen.); idam, Pron. = dies (n. Akk.); citram = Bild (Akk.); paśyat, Part. = sehend (f. Gen. Sg., mama paśyantyāḥ, Gen. abs., paśyantī, f. Part. Nom., Anm.: Satz im Original betrifft eine Frau); śiro-vedanā = Kopfschmerz (Nom. Sg., Komp., śiras = Kopf, vedanā = Schmerz); samutpanna, Part. = entstanden (f. Nom., Wz. pad, sam-ut-padyate)]

१६२८ पश्यतो गुरोः शिष्येणाविनयः कृतः
1628 Obwohl der Lehrer anwesend war, war der Schüler ungehorsam (FÜ.)
1628 paśyato guroḥ śiṣyeṇāvinayaḥ kṛtaḥ
[paśyat, Part. = sehend (paśyataḥ, m. Gen.); guruḥ, m. = Lehrer (Gen., paśyataḥ guroḥ = Gen. abs.); śiṣyaḥ = Schüler (śiṣyeṇa, Instr.); avinayaḥ = Ungehorsam; kṛta, Part. = gemacht (m. Nom., Wz. kṛ, karoti)]

23. Unpersönliche Konstruktionen

23.1. Unpersönliches Passiv (»gamyate«)

१६२९ सूर्येण प्रकाश्यते
1629 Die Sonne scheint (WÜ.: Es wird geschienen von der Sonne)
1629 sūryeṇa prakāśyate
[sūryaḥ = Sonne (Instr.); kāś, pra-kāśate, 1. = scheinen (pra-kāśyate, unpers. Pass. = es wird geschienen + Instr., Präs. Pass., Anm.: Merkmale des unpers. Pass. sind erstens der Instr. ohne Nom., also der fehlende Nom., zweitens die Anwendung auf intransitive Verben und drittens die ausschließliche Verwendung der dritten Person Singular Passiv)]

१६३० ईश्वरेण भूयते
1630 Gott existiert (WÜ.: Es wird existiert von Gott)
1630 īśvareṇa bhūyate
[īśvaraḥ = Gott (Instr.); bhū, bhavati, 1. = existieren (»wesen«, bhūyate, unpers. Pass. = es wird »gewest« + Instr., Präs. Pass.)]

१६३१ सरिद्भिरुह्यते
1631 Flüsse fließen (WÜ.: Es wird geflossen von den Flüssen)
1631 saridbhir_uhyate
[sarit, f. = Fluß (Instr.); vah, vahati, 1. = fließen (uhyate, unpers. Pass. = es wird geflossen + Instr., Präs. Pass.)]

१६३२ बालाभी रुद्यते
1632 Mädchen weinen (WÜ.: Es wird geweint von den Mädchen)
1632 bālābhī rudyate
[bālā = Mädchen (Instr., Sa.: bālābhiḥ + r = bālābhī + r); rud, roditi, 2. = weinen (rudyate, unpers. Pass. = es wird geweint + Instr., Präs. Pass.)]

१६३३ अनेन शीघ्रमुपाविश्यत
1633 Er setzte sich schnell (FÜ.)
1633 anena śīghram_upāviśyata
[idam, Pron. = dies (anena, m. Instr. = durch ihn); śīghram, Adv. = schnell; viś, upa-viśati, 6. = setzen (upa-viśyate, unpers. Pass. = es wird sich gesetzt, upa + aviśyata = upāviśyata, Impf. Pass. = es wurde sich gesetzt + Instr.)]

१६३४ मालिकेन पुनर्गेहं गम्यते
1634 Der Gärtner geht wieder in das Haus (FÜ.)
1634 mālikena punar_geham gamyate
[mālikaḥ = Gärtner (Instr.); punar, Adv. = wieder; geham = Haus (Akk. = in das Haus, Anm.: Die theoretisch mögliche Konstruktion mit »geham, Nom.« ist grammatikalisch umstritten: »Das Haus wird vom Gärtner wieder begangen«); gam, gacchati, 1. = gehen (gamyate, Präs. Pass., unpers. Pass.)]

१६३५ अमुना ग्राममगम्यत
1635 Er ging in das Dorf (FÜ.)
1635 amunā grāmam_agamyata
[adas, Pron. = jenes (amunā, Instr. = durch jenen); grāmaḥ = Dorf (Akk. = ins Dorf); gam, gacchati, 1. = gehen (Impf. Pass., gamyate, unpers. Pass., Anm.: Die theoretisch mögliche Konstruktion mit »amunā grāmaḥ, Nom., agamyata« ist grammatikalisch umstritten)]

१६३६ रामेण वनं गमिष्यते
1636 Rama wird in den Wald gehen (Von Rama wird in den Wald gegangen werden)
1636 rāmeṇa vanaṃ gamiṣyate
[rāmaḥ, m. Eig. = Rama (Instr.); vanam = Wald (Akk. = wohin?); gam, gacchati, 1. = gehen (gamiṣyate, Fut. Pass., unpers. Pass., gamiṣyati, Fut. Akt.: Das Fut. Pass. ist extrem selten, Sätze wie »mokṣyase pāpāt« sind meist Fut. Akt. Atm.: »Du wirst dich vom Übel befreien« statt Fut. Pass.: »Du wirst vom Übel befreit werden«, muñcati = befreien, pāpam = Übel)]

१६३७ जनै रथ्यासु स्थीयते
1637 Die Leute stehen auf den Straßen (Von Leuten wird auf den Straßen gestanden)
1637 janai rathyāsu sthīyate
[janaḥ = Leute (Instr., Sa.: janaiḥ + r = janai + r); rathyā = Straße (Lok.); sthā, tiṣṭhati, 1. = stehen (sthīyate, Präs. Pass., unpers. Pass.)]

१६३८ सुखमुपदिश्यते परस्य
1638 Andre zu belehren ist leicht (FÜ.)
1638 sukham_upadiśyate parasya
[sukham, Adv. = leicht; diś, upa-diśati, 6. = belehren (Präs. Pass., unpers. Pass., obwohl der Instr. fehlt und das Verb transitiv ist); para, Pron. = ander (m. Gen. = für einen anderen)]

१६३९ प्रायेणाक्षैर्दीव्यते । प्रायेणाक्षैर्दीव्यति
1639 Es wird meistens mit Würfeln gespielt. Man spielt meistens mit Würfeln
1639 prāyeṇākṣair_dīvyate. prāyeṇākṣair_dīvyati
[prāyeṇa, Adv. = meistens; akṣaḥ = Würfel (Instr.); div, dīvyati, 4. = spielen (mit + Instr., dīvyate, Präs. Pass., unpers. Pass., divyati, Aktiv, Anm. 1: Der Instr. des Agens fehlt hier, Anm. 2: Das Pass. von div und das formgleiche Atm. Akt. sind bei der Wz. div unüblich)]

१६४० युष्माभिरुद्येत
1640 Sprecht! (= Von euch sollte etwas gesagt werden!)
1640 yuṣmābhir_udyeta!
[yuṣmad, Pron. = ihr (yuṣmābhiḥ, Instr. = durch euch); vad, vadati, 1. = sagen (udyate, unpers. Pass. = es wird geredet, udyeta, Opt. Pass. = es sollte geredet werden + Instr.)]

१६४१ बालैः क्रीड्यताम्
1641 Kinder, spielt! (WÜ.: Es soll gespielt werden von den Kindern)
1641 bālaiḥ krīḍyatām
[bālaḥ = Kind (Instr.); krīḍ, krīḍati, 1. = spielen (krīḍyate, unpers. Pass. = es wird gespielt, krīḍyatām, Imp. Pass. = es soll gespielt werden + Instr.)]

१६४२ अत्रैव स्थीयताम्
1642 Bleibt hier stehen! (FÜ.)
1642 atraiva sthīyatām!
[atra, Adv. = hier; eva, Ind. = gerade; sthā, tiṣṭhati, 1. = stehen (Imp. Pass., sthīyate, unpers. Pass.)]

१६४३ सुखं स्थीयताम्
1643 Sachte! (FÜ.) oder Bleib ruhig stehen! (FÜ.)
1643 sukhaṃ sthīyatām!
[sukham, Adv. = zufrieden; sthā, tiṣṭhati, 1. = bleiben (Imp. Pass., sthīyate, unpers. Pass.)]

१६४४ तथा विधीयताम्
1644 So soll es gemacht werden! (FÜ.: So ist's richtig!)
1644 tathā vidhīyatām!
[tathā, Adv. = so (auf diese Weise); dhā, vi-dadhāti, 3. = machen (oder eigentlich anordnen, Imp. Pass., vidhīyate, unpers. Pass.)]

१६४५ गम्यताम्
1645 Abtreten! (FÜ.)
1645 gamyatām!
[gam, gacchati, 1. = gehen (Imp. Pass., gamyate, unpers. Pass., Anm.: Im Extremfall werden beim unpersönlichen Passiv weder Agens noch Patiens genannt)]

१६४६ प्रवेश्यताम्
1646 Eintreten! (WÜ.: Er soll hereingeschickt werden)
1646 praveśyatām!
[viś, pra-veśayati, 10. = eintreten lassen (Imp. Pass., praveśyate, unpers. Pass., Kaus.)]

१६४७ आस्यतां श्रूयतां च
1647 Hinsetzen und zuhören! (FÜ.)
1647 āsyatāṃ śrūyatāṃ ca!
[ās, āste, 2. = setzen (Imp. Pass., āsyate, unpers. Pass.); śru, śṛṇoti, 5. = hören (Imp. Pass., śrūyate, unpers. Pass., vgl. »svāgataṃ te, varārohe, āsyatām! = Grüß dich, du Schöne, nimm Platz!«, varārohā, f. Komp. = »Schön-Hüftige«, Vok., vara, Adj. = schön, ārohaḥ = Hüfte)]

23.2. Unpersönliches Partizip (»gatam«)

१६४८ मया युद्धम्
1648 Ich habe gekämpft (WÜ.: Es ist von mir gekämpft worden)
1648 mayā yuddham
[mad, Pron. = ich (mayā, Instr. = durch mich); yuddha, Part. = gekämpft (n. Nom., unpers. Part. + Instr., Wz. yudh, yudhyate, Anm.: Das unpers. Part. ist formal ein n. Nom. Sg. des Part. Perf. Pass., wobei das logische Subjekt im Instr. steht oder auch ganz fehlen kann)]

१६४९ त्वया गीतम्
1649 Du hast gesungen (WÜ.: Es ist von dir gesungen worden)
1649 tvayā gītam
[tvad, Pron. = du (tvayā, Instr. = durch dich); gīta, Part. = gesungen (n. Nom., unpers. Part. + Instr., Wz. gai, gāyati)]

१६५० वृक्षेण पतितम्
1650 Der Baum fiel (FÜ.)
1650 vṛkṣeṇa patitam
[vṛkṣaḥ = Baum (Instr.); patita, Part. = gefallen (n. Nom., unpers. Part. + Instr., Wz. pat, patati)]

१६५१ साधूक्तम्
1651 Gut gesagt! (WÜ.: Es ist gut gesagt worden)
1651 sādhūktam!
[sādhu, Adv. = gut; ukta, Part. = gesagt (n. Nom., unpers. Part., Wz. vac, vakti, Anm.: Der Instr. fehlt hier)]

१६५२ तेनोक्तम्। भोः प्रभो त्वं पशूनां सम्राट्
1652 Er sagte: »Oh Herr, du bist der König der Tiere«
1652 tenoktam. bhoḥ prabho, tvaṃ paśūnāṃ samrāṭ
[tad, Pron. = das (tena, m. Instr. = von ihm); ukta, Part. = gesagt (n. Nom. = es ist gesagt worden, unpers. Part. + Instr., Wz. vac, vakti); bhos, Interj. = oh!; prabhuḥ, m. = Herr (Vok.); tvad, Pron. = du (tvam, Nom.); paśuḥ, m. = Tier (Gen.); samrāj, samrāṭ, m. = Herrscher]

१६५३ सिंही जाले पतिता। ततस्तयोच्चै रुदितम्
1653 Die Löwin ist in das Netz gefallen. Deshalb hat sie laut geweint
1653 siṃhī jāle patitā. tatas_tayoccai ruditam
[siṃhī = Löwin; jālam = Netz (Lok.); patita, Part. = gefallen (f. Nom., Wz. pat, patati); tatas, Konj. = deshalb; tad, Pron. = das (tayā, f. Instr. = durch sie); uccais, Adv. = sehr (laut, Sa.: uccaiḥ + r = uccai + r); rudita, Part. = geweint (n. Nom. = es ist geweint worden, unpers. Part. + Instr., Wz. rud, roditi, Anm.: tayā ruditā, f., wäre falsch)]

23.3. Unpersönliches Gerundiv (»gantavyam«)

१६५४ अस्माभिरत्र स्थातव्यम्। नेदानीं कस्यापि गन्तव्यम्
1654 Wir sollen hier bleiben. Keiner soll jetzt gehen (WÜ.: Von uns ist hier zu bleiben. Für keinen ist jetzt zu gehen)
1654 asmābhir_atra sthātavyam. nedānīṃ kasyāpi gantavyam
[asmad, Pron. = wir (asmābhiḥ, Instr.); atra, Adv. = hier; sthātavya, Ger. = zu bleiben (n. Nom. Sg., Anm.: Das unpers. Ger. ist formal ein n. Nom. Sg.); na kimapi, Pron. = kein (na kasya api, m. Gen. Sg. = für keinen); idānīm, Adv. = jetzt; gantavya, Ger. = zu gehen (n. Nom. Sg.)]

१६५५ नूनमत्र कासारे नक्रेण भाव्यम्
1655 Sicherlich ist hier im See ein Krokodil (FÜ.)
1655 nūnam_atra kāsāre nakreṇa bhāvyam
[nūnam, Adv. = sicherlich; atra, Adv. = hier; kāsāraḥ = See (Lok., atra kāsāre = hier im See = in diesem See); nakraḥ = Krokodil (Instr.); bhāvya, Ger. = zu sein (bhāvyam, n. Nom., unpers. Ger., nakreṇa bhāvyam = »es ist ein zu Seiendes durch das Krokodil«)]

१६५६ न स्थातव्यं न गन्तव्यं दुर्जनेन समं क्वचित्
1656 Mit schlechten Leuten soll man nirgends zusammen stehen oder gehen (FÜ.)
1656 na sthātavyaṃ na gantavyaṃ durjanena samaṃ kvacit
[na kvacid, Adv. = nirgends (kva-cid); sthātavya, Ger. = zu stehen (n. Nom.); gantavya, Ger. = zu gehen (n. Nom., unpers. Ger. = »nirgendwo ist ein zu Stehendes oder zu Gehendes«); durjanaḥ = schlechter Mensch (Instr.); samam, Präp. + Instr. = mit]

१६५७ वृद्धेभ्यो धनं दातुं योग्यम्
1657 Es schickt sich, Greisen Geld zu geben (FÜ.)
1657 vṛddhebhyo dhanaṃ dātuṃ yogyam
[vṛddhaḥ = Greis (Dat. Pl.); dhanam = Geld (Akk.); dātum, Inf. = geben (Wz. dā, dadāti); yogya, Ger. = zupaß (n. Nom., unpers. Ger. = es kommt zupaß = es schickt sich + Inf., Wz. yuj, yunakti, Anm.: »yogyam, Nom.« bezieht sich nicht auf »dhanam, Akk.«, daher ist »yogyam« unpers. Ger.)]

१६५८ तया संनिहितया भवितव्यम्
1658 Sie müßte eigentlich da sein (FÜ.)
1658 tayā saṃnihitayā bhavitavyam
[tad, Pron. = das (tayā, f. Instr. = durch sie); saṃnihita, Adj. = anwesend (f. Instr., Wz. dhā, sam-ni-dadhāti); bhavitavya, Ger. = zu sein (n. Nom., unpers. Ger.: im Entstehen begriffen)]

24. Fragesätze

24.1. Entscheidungsfrage (»Etwa?«, »Doch?«)

१६५९ किं रमणीयान्यपि दिनानि न स्मरथ
1659 Erinnert ihr euch etwa nicht einmal an die erfreulichen Tage?
1659 kiṃ ramaṇīyāny_api dināni na smaratha?
[kim, Interr. = etwa?; ramaṇīya, Adj. = erfreulich (n. Akk. Pl.); na api, Ind. = nicht einmal; dinam = Tag (Akk.); smṛ, smarati, 1. = erinnern (an + Akk., PrPl.)]

१६६० किं त्वया तद्यूथं दृष्टम्। मया दृष्टम्
1660 Ist von dir die Herde gesehen worden? Ja! (WÜ.: Sie wurde von mir gesehen!)
1660 kiṃ tvayā tad_yūthaṃ dṛṣṭam? mayā dṛṣṭam!
[kim, Interr. = etwa?; tvad, Pron. = du (tvayā, Instr.); tad, Pron. = das (n. Nom.); yūtham = Herde (Nom.); dṛṣṭa, Part. = gesehen (n. Nom. Sg., Wz. dṛś); mad, Pron. = ich (mayā, Instr.)]

१६६१ एष ते निश्चयः। बाढम्। एष मे स्थिरो निश्चयः
1661 Ist dies dein Entschluß? Jawohl! Dies ist mein fester Entschluß!
1661 eṣa te niścayaḥ? bāḍham! eṣa me sthiro niścayaḥ!
[etad, Pron. = dies (eṣaḥ, m. Nom. Sg.); tvad, Pron. = du (te oder tava, Gen. = dein); niścayaḥ = Entschluß (oder Überzeugung, Nom.); bāḍham, Ind. = jawohl; mad, Pron. = ich (me oder

mama, Gen. = mein); sthira, Adj. = fest (m. Nom., Anm.: In der mündlichen Rede kann eine Frage auch durch Betonung eines Wortes, hier niścayaḥ, erzeugt werden, doch ist dies in gedruckten Texten nicht möglich, da Originaltexte kein Fragezeichen kennen)]

१६६२ कष्टं न पश्यसि रामस्यावस्थाम्
1662 Wie? Du bemerkst nicht Ramas Zustand? = Merkst du denn nicht, wie es ihm geht?
1662 kaṣṭaṃ, na paśyasi rāmasyāvasthām?
[kaṣṭam, Interj. = wie! (wie!, ach! oh Jammer! = halb-interrogative Interj.); na, Ind. = nicht; paś, paśyati, 4. = bemerken (PrSg., Anm.: Verb für invertierten Fragesatz vorangestellt); rāmaḥ, m. Eig. = Rama (Gen.); avasthā = Zustand (Gemütszustand, Verfassung, Akk.)]

१६६३ किमाचार्यः शिष्यं सेवते । न कथंचन
1663 Bedient etwa der Lehrer den Schüler? Keinesfalls!
1663 kim_ācāryaḥ śiṣyaṃ sevate? na kathaṃcana!
[kim, Interr. = etwa?; ācāryaḥ = Lehrer; śiṣyaḥ = Schüler (Akk.); sev, sevate, 1. = bedienen (PrSg.); na kathaṃcana, Adv. = keinesfalls]

१६६४ किमस्मिन् वने व्याधा भ्राम्यन्ति । बाढम्
1664 Streifen in diesem Wald etwa Jäger herum? Gewiß!
1664 kim_asmin vane vyādhā bhrāmyanti? bāḍham!
[kim, Interr. = etwa?; idam, Pron. = dies (asmin, n. Lok. = in diesem); vanam = Wald (Lok.); vyādhaḥ = Jäger; bhram, bhrāmyati, 4. = herumstreifen (PrPl.); bāḍham, Ind. = gewiß (ja)]

१६६५ किं दूताः संदेशं हरन्ति । अथ किम्
1665 Bringen die Boten eine Nachricht? Ja!
1665 kiṃ dūtāḥ saṃdeśaṃ haranti? atha kim!
[kim, Interr. = etwa?; dūtaḥ = Bote; saṃdeśaḥ = Nachricht (Akk.); hṛ, harati, 1. = bringen (PrPl.); atha kim, Ind. = ja (gewiß!, allerdings!)]

१६६६ अप्यवन्त्यामभवः । न
1666 Warst du etwa in Ujjain? Nein!
1666 apy_avantyām_abhavaḥ? na!
[api, Interr. = etwa? (api am Satzanfang); avantī, f. Eig. = Ujjain (Lok.); bhū, bhavati, 1. = sein (Impf.); na, Ind. = nein (Anm.: Das isolierte »na« als Antwort ist weitgehend unüblich, besser z.B. »na tatra abhavam = ich war nicht dort« usw.]

१६६७ अप्यत्र कुलपतिः संनिहितः
1667 Ist der Familienvater da?
1667 apy_atra kula-patiḥ saṃnihitaḥ
[api, Interr. = etwa? (api am Satzanfang); atra, Adv. = hier; kula-patiḥ, m. = Familienvater; saṃnihita, Adj. = anwesend (»da«, m. Nom.)]

१६६८ अपि कष्टं तपो वर्धते
1668 Macht die harte Askese Fortschritte? (FÜ.)
1668 api kaṣṭaṃ tapo vardhate?
[api, Interr. = etwa? (api am Satzanfang); kaṣṭa, Adj. = hart (qualvoll, n. Nom.); tapas, n. = Askese (Nom.); vṛdh, vardhate, 1. = entwickeln (PrSg.)]

१६६९ अपि योगेन तृप्तिं गच्छति
1669 Erlangt man durch Yoga Befriedigung?
1669 api yogena tṛptiṃ gacchati?
[api, Interr. = etwa?; yogaḥ = Yoga (Instr.); tṛptiḥ, f. = Befriedigung (Akk.); gam, gacchati, 1. = erlangen (+ Akk., PrSg., ebenso: tṛptim_ṛcchati, Wz. ṛ = erlangen, wörtlich: gehen + Akk.)]

१६७० भद्रे ऽपि शिरोवेदना सह्या

1670 Liebste, sind die Kopfschmerzen ertragbar? (FÜ.)

1670 bhadre 'pi śiro-vedanā sahyā?

[bhadre, Interj. = Liebste! (Vok. von bhadrā, f.); api, Interr. = etwa?; śiro-vedanā = Kopfschmerz (Nom. Sg., śiras + vedanā, Komp.); sahya, Ger. = ertragbar (f. Nom. Sg.)]

१६७१ अपि तेन स्वयं लेखो लिखितः। स स्वयमेनं लिखितवान्

1671 Ist der Brief von ihm selbst geschrieben worden? Er selbst hat ihn geschrieben

1671 api tena svayaṃ lekho likhitaḥ? sa svayam_enaṃ likhitavān

[api, Interr. = etwa?; tad, Pron. = das (tena, m. Instr., saḥ, m. Nom.); svayam, Pron. = selbst (Ind.); lekhaḥ = Brief (Nom., Akk.); enad, Pron. = dies (enam, m. Akk.); likhita, Part. = geschrieben (m. Nom. Sg.); likhitavat, Part. = geschrieben habend (m. Nom. Sg., Wz. likh, likhati)]

१६७२ अपि कुशलं भवतः। अहं कुशली

1672 Wie geht es Ihnen? Mir geht es gut!

1672 api kuśalaṃ bhavataḥ? ahaṃ kuśalī!

[api, Interr. = etwa? (vorangestellt); kuśalam = Wohl, n. (Nom.); bhavat, Pron. = Herr (Gen., »Wie ist das Wohl des Herrn?«); mad, Pron. = ich (aham, Nom.); kuśalin, Adj. = günstig (gut, m. Nom.)]

१६७३ कच्चित् पुस्तकानि चित्राणि च पुराणानि

1673 Die Bücher und Bilder sind doch alt?

1673 kaccit pustakāni citrāṇi ca purāṇāni?

[kaccid, Interr. = doch? (Ind., kad-cid = kac-cid, aber kaḥ-cid = kaś-cid); pustakam = Buch; citram = Bild (Akk.); ca, Konj. = und; purāṇa, Adj. = alt (antik, n. Nom. Pl.)]

१६७४ कच्चिद्दृष्टा त्वया नल दमयन्ती

1674 Von dir, oh Nala, ist doch Damayanti gesehen worden?

1674 kaccid_dṛṣṭā tvayā, nala, damayantī?

[kaccid, Interr. = doch? (Ind., wie Latein: nonne = hoffentlich doch?); dṛṣṭa, Part. = gesehen (f. Nom. Sg., Wz. dṛś); tvad, Pron. = du (tvayā, Instr. = von dir); nalaḥ, m. Eig. = Nala (Vok.); damayantī, f. Eig. = Damayanti (Nom.)]

१६७५ कच्चिदहमिव त्वमपीमां स्थितिं विस्मृतवान्

1675 Hast du auch etwa wie ich diese Regel vergessen?

1675 kaccid_aham_iva tvam_apīmāṃ sthitiṃ vismṛtavān?

[kaccid, Interr. = etwa? (kad + cid = kac-cid); mad, Pron. = ich (aham, Nom.); iva, Adv. = wie; tvad, Pron. = du (tvam, Nom.); api, Ind. = auch; idam, Pron. = dies (imām, f. Akk. Sg.); sthitiḥ, f. = Regel (Akk.); vismṛtavat, Part. = vergessen habend (m. Nom. Sg., Wz. smṛ, vi-smarati)]

१६७६ कच्चिन्नापराधं ते कृतवानस्मि

1676 Ich habe dir doch nicht einen Schaden zugefügt?

1676 kaccin-nāparādhaṃ te kṛtavān_asmi?

[kaccin-na, Interr. = doch nicht? (kaccid + na, Ind., wie Latein: num = hoffentlich nicht?); aparādhaḥ = Schaden, m. (Akk.); tvad, Pron. = du (te oder tava, Gen.); kṛtavat, Part. = gemacht habend (m. Nom., »für dich gemacht« = »dir zugefügt«); as, asti, 2. = sein (PrSg.)]

१६७७ नन्वहं ते प्रियः। बाढम्

1677 Ich bin doch dein Liebling? Gewiß!

1677 nanv_ahaṃ te priyaḥ? bāḍham!

[nanu, Interr. = doch? (na-nu = etwa nicht?); mad, Pron. = ich (aham, Nom.); tvad, Pron. = du (tava oder te, Gen.); priyaḥ = Liebling; bāḍham, Ind. = gewiß (ja, gewiß doch)]

१६७८ इयता धनेन भवान् न तुष्यति

1678 Über soviel Geld freuen Sie sich etwa nicht!?

1678 iyatā dhanena bhavān na tuṣyati!?

[iyat, Pron. = soviel (iyatā, n. Instr.); dhanam = Geld (Instr.); bhavat, Pron. = »Sie« (Herr, Nom., bhavān tuṣyati = Euer Gnaden freuen sich = Sie freuen sich); na, Ind. = nicht; tuṣ, tuṣyati, 4. = freuen (über + Instr., PrSg.)]

१६७९ न खलु वृषलस्य श्रवणपथमुपगतो ऽयं मया कृतः कौमुदीमहोत्सवप्रतिषेधः

1679 Hat denn nicht die von mir bewirkte Mondscheinfestverhinderung Chandraguptas Gehörgang erreicht? (WÜ.)

1679 na khalu vṛṣalasya śravaṇa-patham_upagato 'yaṃ mayā kṛtaḥ kaumudī-mahotsava-pratiṣedhaḥ?

[na khalu, Interr. = denn nicht?; vṛṣalaḥ, m. Eig. = Chandragupta (Gen., vṛṣalaḥ = »der Kastenlose«); śravaṇa-pathaḥ = Gehörgang (Komp.); upagata, Part. = erreicht (m. Nom. Sg., Wz. gam, upa-gacchati); idam, Pron. = dies (ayam, m. Nom.); mad, Pron. = ich (mayā, Instr.); kṛta, Part. = vorgenommen (m. Nom. Sg., Wz. kṛ, karoti); kaumudī-mahotsava-pratiṣedhaḥ = Mondscheinfestverhinderung (kaumudī = Vollmondschein, mahā + utsavaḥ = großes Fest, pratiṣedhaḥ = Verhinderung, Anm.: Nominalstil mit Streckverb: Wenn man indische Komp. durch deutsche Komp. übersetzt, kommt der Komposita-Nominalstil besser zum Ausdruck)]

१६८० अप्यस्ति ते शकुन्तलादर्शनं प्रति कुतूहलम्

1680 Existiert für dich in bezug auf den Shakuntala-Besuch ein Interesse? (FÜ.: Willst du Shakuntala besuchen? = api śakuntalāṃ draṣṭum_icchasi?)

1680 apy_asti te śakuntalā-darśanaṃ prati kutūhalam?

[api, Interr. = etwa?; as, asti, 2. = existieren (PrSg.); tvad, Pron. = du (te oder tava, Gen. = für dich); śakuntalā, f. Eig. = Shakuntala; darśanam = Besuch (Akk., Komp.); prati, Präp. + Akk. = bezüglich (in bezug auf); kutūhalam = Interesse (Nominalstil: Wenn Goethe »Shakuntala« im Original gelesen hätte, was hätte er dann zu Kalidasas Komposita-Nominalstil gesagt?)]

24.2. Interrogativadverb (»Wann?«, »Wo?«, »Warum?« usw.)

१६८१ कदा देवान् स्मरथ । भगवन् सदा जगत्कर्तॄन् स्मरामः

1681 Wann denkt ihr an die Götter? Oh Erhabener, wir denken immer an die Götter

1681 kadā devān smaratha? bhagavan, sadā jagat-kartṝn smarāmaḥ

[kadā, Interr. = wann?; devaḥ = Gott (Akk.); smṛ, smarati, 1. = denken (an + Akk., PrPl.); bhagavat, Adj. = »Herr« (Erhabener, bhagavan, m. Nom.); sadā, Adv. = immer; jagat-kartṛ, jagat-kartā, m. = Weltenschöpfer (Akk. Pl.)]

१६८२ कदा वेश्म गमिष्यसि । एष गच्छामि

1682 Wann wirst du zum Haus gehen? Ich gehe jetzt! (= Ich gehe schon!)

1682 kadā veśma gamiṣyasi? eṣa gacchāmi!

[kadā, Interr. = wann?; veśman, n. = Haus (veśma, n. Akk.); gam, gacchati, 1. = gehen (Fut., PrSg.); etad, deikt. Pron. = »jetzt!« (= gerade = schon = bereits, eṣaḥ, m. Nom. = der hier)]

१६८३ कदा श्वश्रूः काशीं प्रस्थास्यति

1683 Wann wird die Schwiegermutter nach Benares aufbrechen?

1683 kadā śvaśrūḥ kāśīṃ prasthāsyati?

[kadā, Interr. = wann?; śvaśrūḥ = Schwiegermutter; kāśī, f. Eig. = Benares (erst Kashi, dann Benares, heute Varanasi, Akk.); sthā, pra-tiṣṭhati, 1. = gehen (nach + Akk., Fut.)]

१६८४ क्व गच्छसि । देवगृहं गच्छामि

1684 Wohin gehst du? Ich gehe in den Tempel

1684 kva gacchasi? deva-gṛhaṃ gacchāmi

[kva, Interr. = wohin?; gam, gacchati, 1. = gehen (PrSg.); deva-gṛham = Tempel (Akk., »Gotteshaus«, Komp.)]

१६८५ कुत्राधुना गजं नयानि
1685 Wohin soll ich jetzt den Elefanten führen?
1685 kutrādhunā gajaṃ nayāni?
[kutra, Interr. = wohin?; adhunā, Adv. = jetzt; gajaḥ = Elefant (Akk.); nī, nayati, 1. = führen (Imp.)]

१६८६ जलं पीत्वा कुत्र ब्राह्मणो गमिष्यति
1686 Wohin wird der Brahmane gehen, nachdem er das Wasser getrunken hat?
1686 jalaṃ pītvā kutra brāhmaṇo gamiṣyati?
[jalam = Wasser (Akk.); pītvā, Abs. = getrunken habend (Wz. pā, pibati, pīta = getrunken); kutra, Interr. = wohin?; brāhmaṇaḥ = Brahmane; gam, gacchati, 1. = gehen (Fut.)]

१६८७ अरे क्व पुस्तकम्। तत्र फलके
1687 He, wo ist das Buch? Dort auf dem Tisch!
1687 are, kva pustakam? tatra phalake!
[are, Interj. = he!; kva, Interr. = wo?; pustakam = Buch; tatra, Adv. = dort; phalakam = Tisch (oder Bank, Lok.)]

१६८८ कुत्र कटो वर्तते। अत्र वरण्डे कटो ऽस्ति
1688 Wo ist die Matte? Die Matte ist hier auf der Veranda
1688 kutra kaṭo vartate? atra varaṇḍe kaṭo 'sti
[kutra, Interr. = wo?; kaṭaḥ = Matte (Strohmatte); vṛt, vartate, 1. = sein (PrSg.); atra, Adv. = hier; varaṇḍaḥ = Veranda (auch Howdah = Hindi für Pavillon auf dem Rücken des Elefanten, Lok.); as, asti, 2. = sein (PrSg.)]

१६८९ तादृशं वस्त्रमद्य कुत्र भवत्या प्राप्तुं शक्यते
1689 Wo kann heute schon solch ein Kleid von Ihnen gekauft werden?
1689 tādṛśaṃ vastram_adya kutra bhavatyā prāptuṃ śakyate?
[tādṛśa, Pron. = solch ein (n. Nom., Wz. dṛś); vastram = Kleid; adya, Adv. = heute; kutra, Interr. = wo?; bhavatī, Pron. = »Sie« (bhavatyā, f. Instr. = von Ihnen = von ihr); prāptum, Inf. = erlangen (Wz. āp, prāpnoti); śak, śaknoti, 5. = können (śakyate, Präs. Pass., prāptum śakyate = »es wird zu erlangen gekonnt« = es kann erlangt werden)]

१६९० क्व नु खल्वात्मानं विनोदयामि
1690 Wo wohl kann ich mich wirklich vergnügen?
1690 kva nu khalv_ātmānaṃ vinodayāmi?
[kva, Interr. = wo?; nu, Ind. = wohl; khalu, Ind. = wirklich; ātman, Pron. = sich (ātmānam, m. Akk. = mich); nud, vi-nodayati, 10. = vergnügen (amüsieren, PrSg.)]

१६९१ कुतो निर्धनस्य सुखम्
1691 Wie soll ein armer Mensch glücklich werden? (oder: Woher kommt für den Armen das Glück?)
1691 kuto nirdhanasya sukham?
[kutas, Interr. = woher? (wie?); nirdhana, Adj. = arm (mittellos, m. Gen.); sukham = Glück]

१६९२ कथं दुःखं सहै
1692 Wie soll/kann ich das Leid ertragen!?
1692 kathaṃ duḥkhaṃ sahai!?
[katham, Interr. = wie? (oder: wie!); duḥkham = Leid (Akk.); sah, sahate, 1. = ertragen (Imp.)]

१६९३ कथं व्याघ्राणां संनिधौ निवसानि
1693 Ach wie soll/kann ich in der Nähe der Tiger wohnen!?
1693 kathaṃ vyāghrāṇāṃ saṃnidhau nivasāni!?
[katham, Interr. = ach wie? (oder: ach wie!); vyāghraḥ = Tiger (Gen.); saṃnidhiḥ, m. = Nähe (Lok. = in der Nähe von + Gen.); vas, ni-vasati, 1. = wohnen (Imp., Interj.-Satz)]

१६९४ कथं भवान् मन्यते
1694 Was ist Ihre Meinung? (WÜ.: Wie denken Euer Gnaden?)
1694 kathaṃ bhavān manyate?
[katham, Interr. = wie?; bhavat, Pron. = »Sie« (bhavān, m. Nom. = Euer Gnaden); man, manyate, 4. = denken (PrSg.)]

१६९५ किमर्थं लुब्धकः श्वापदान् न गोपायति
1695 Warum beschützt der Jäger nicht die Raubtiere?
1695 kim-arthaṃ lubdhakaḥ śvāpadān na gopāyati?
[kim-artham, Interr. = warum?; lubdhakaḥ = Jäger (Wz. lubh, lubhyati = begehren, lubdha); śvāpadaḥ = Raubtier (Akk.); na, Ind. = nicht; gup, gopāyati, 10. = beschützen (PrSg.)]

१६९६ सेतुं निर्मातुमारभन्ते । तत् किमित्याशङ्कसे
1696 »Sie fangen an, die Brücke bauen.« - »Warum bist du dann besorgt?«
1696 setuṃ nirmātum_ārabhante. tat kim-ity_āśaṅkase?
[setuḥ, m. = Brücke (Akk.); nirmātum, Inf. = bauen (Wz. mā, nir-mimīte); rabh, ā-rabhate, 1. = anfangen (PrPl.); tad, Konj. = dann (folglich, demzufolge, ergo); kim-iti, Interr. = warum?; śaṅk, ā-śaṅkate, 1. = sorgen (PrSg.)]

१६९७ कस्मादेवं वदसि । कस्मात् सेवकं विहससि
1697 Warum sprichst du so? Warum lachst du den Diener aus?
1697 kasmād_evaṃ vadasi? kasmāt sevakaṃ vihasasi?
[kasmāt, Interr. = warum?; evam, Adv. = so; vad, vadati, 1. = sprechen (PrSg.); sevakaḥ = Diener (Akk.); has, vi-hasati, 1. = auslachen (+ Akk., PrSg.)]

१६९८ कुतश्चौराः स्थालीं हरन्ति
1698 Warum rauben die Diebe den Kessel?
1698 kutaś_caurāḥ sthālīṃ haranti?
[kutas, Interr. = warum?; cauraḥ = Dieb; sthālī = Kessel (Akk.); hṛ, harati, 1. = rauben (PrPl.)]

१६९९ पृथिवीं रक्षत्सु युष्मासु कुतो नो भयम्
1699 Warum sollen wir Angst haben, solange ihr die Erde beschützt? (FÜ.)
1699 pṛthivīṃ rakṣatsu yuṣmāsu, kuto no bhayam?
[pṛthivī = Erde (Akk.); rakṣat, Part. = beschützend (m. Lok. Pl., Wz. rakṣ, rakṣati); yuṣmad, Pron. = ihr (Lok., rakṣatsu yuṣmāsu = Lok. abs.); kutas, Interr. = woher? (ku-tas, ku-tra usw. basieren auf dem im Sanskrit sonst nicht benutzten Pronominalstamm »ku«); asmad, Pron. = wir (asmākam oder naḥ, Gen. = für uns, erg. asti = es gibt); bhayam = Angst (Nom.)]

१७०० भद्र किं शोचसि
1700 Liebster, warum bist du traurig?
1700 bhadra, kiṃ śocasi?
[bhadra, Interj. = Liebster! (Vok. von bhadraḥ); kim, Interr. = warum?; śuc, śocati, 1. = traurig sein (PrSg.)]

१७०१ किमयमित्थमाचरति
1701 Warum verhält er sich so?
1701 kim_ayam_ittham_ācarati?
[kim, Interr. = warum?; idam, Pron. = dies (ayam, m. Nom. = er); ittham, Adv. = so (derart,

auf diese Weise); car, ā-carati, 1. = benehmen (sich verhalten, PrSg.)]

१७०२ किं रमणीयेन दर्शनेन न माद्यसि
1702 Warum freust du dich nicht über den lieblichen Anblick?
1702 kiṃ ramaṇīyena darśanena na mādyasi?
[kim, Interr. = warum?; ramaṇīya, Adj. = lieblich (m. Instr.); darśanam = Anblick (Instr.); na, Ind. = nicht; mad, mādyati, 4. = freuen (über + Instr., PrSg.)]

१७०३ भो विप्र किं कुक्कुरः स्कन्धेनोह्यते
1703 Oh Priester, warum trägst du einen Hund auf der Schulter? (FÜ.)
1703 bho vipra, kiṃ kukkuraḥ skandhenohyate?
[bhos, Interj. = oh!; vipraḥ = Priester (Vok.); kim, Interr. = warum? (oder etwa?); kukkuraḥ = Hund (Nom.); skandhaḥ = Schulter (skandhena, Instr. = auf der Schulter, ergänze: tvayā = von dir); vah, vahati, 1. = tragen (uhyate, Präs. Pass.)]

१७०४ किं मृषा तर्केणान्विष्यते
1704 Warum soll umsonst geforscht werden? (FÜ.)
1704 kiṃ mṛṣā tarkeṇānviṣyate?
[kim, Interr. = warum?; mṛṣā, Adv. = umsonst (oder irrtümlich); tarkaḥ = Vermutung (tarkeṇa, Instr.); iṣ, anv-iṣyati, 4. = untersuchen (anviṣyate, Präs. Pass.)]

१७०५ किं वा व्यर्थं परिश्राम्यसीत्थम्
1705 Warum etwa mühst du dich derart vergeblich ab?
1705 kiṃ vā vyarthaṃ pariśrāmyasīttham?
[kim, Interr. = warum? (kim vā = warum etwa); vā, Konj. = oder; vyartham, Adv. = vergeblich; śram, pari-śrāmyati, 4. = abmühen (pariśrāmyasi, PrSg.); ittham, Adv. = derart]

24.3. Interrogativpronomen als Substantiv

24.3.1. Personen

१७०६ कः को ऽत्र
1706 Wer ist denn da?
1706 kaḥ ko 'tra?
[kim, Interr. = was? (kaḥ, m. Nom. = wer, kaḥ kaḥ = wer denn); atra, Adv. = hier]

१७०७ कात्रागता
1707 Wer ist hier gekommen?
1707 kātrāgatā?
[kim, Interr. = was? (kā, f. Nom. = wer = welche Frau); atra, Adv. = hier; āgata, Part. = gekommen (f. Nom., Wz. gam, ā-gacchati)]

१७०८ भोः को भवान्
1708 Herr, wer seid Ihr?
1708 bhoḥ, ko bhavān?
[bhos, Interj. = Herr!; kim, Interr. = was? (kaḥ, m. Nom. = wer); bhavat, Pron. = »Sie« (bhavān, m. Nom.)]

१७०९ का तस्य याता। तस्य याता दमयन्ती
1709 Wer ist dessen Schwägerin? Dessen Schwägerin ist Damayanti
1709 kā tasya yātā? tasya yātā damayantī
[kim, Interr. = was? (kā, f. Nom. = wer); tad, Pron. = das (tasya, m. Gen. = dessen); yātṛ, yātā,

f. = Schwägerin; damayantī, f. Eig. = Damayanti]

१७१० को वित्तेन न तृप्यति
1710 Wer ist mit Besitz nicht zufrieden?
1710 ko vittena na tṛpyati?
[kim, Interr. = was? (kaḥ, m. Nom. = wer); na, Ind. = nicht; vittam = Besitz; tṛp, tṛpyati, 4. = zufrieden sein (mit + Instr., PrSg.)]

१७११ के तेषु गेहेषु वसन्ति
1711 Wer wohnt in diesen Häusern?
1711 ke teṣu geheṣu vasanti?
[kim, Interr. = was? (ke, m. Nom. Pl. = welche); tad, Pron. = das (m. Lok. Pl.); geham = Haus (Lok.); vas, vasati, 1. = wohnen (PrPl.)]

१७१२ कस्य पुस्तकान्येतानि
1712 Wem gehören diese Bücher? (WÜ.: Wessen Bücher sind diese?)
1712 kasya pustakāny_etāni?
[kim, Interr. = was? (kaysa, m. Gen. = wessen); pustakam = Buch (erg.: santi = sind; kasya etāni santi = wessen sind diese = wem gehören sie); etad, Pron. = dies (etāni, n. Nom. Pl.)]

१७१३ कस्याः पुत्रा एते
1713 Wessen Söhne sind diese?
1713 kasyāḥ putrā ete?
[kim, Interr. = was? (kasyāḥ, f. Gen. = wessen = wessen Mutter); putraḥ = Sohn (Nom. Pl.); etad, Pron. = dies (ete, m. Nom. Pl. = diese = die da)]

१७१४ को बलवन्तं वायुं रोद्धुं समर्थः
1714 Wer ist fähig, den starken Wind zurückzuhalten?
1714 ko balavantaṃ vāyuṃ roddhuṃ samarthaḥ?
[kim, Interr. = was? (kaḥ, m. Nom. = wer); balavat, Adj. = stark (m. Akk.); vāyuḥ, m. = Wind (Akk.); roddhum, Inf. = zurückhalten (Wz. rudh, ruṇaddhi); samartha, Adj. = fähig (m. Nom.)]

१७१५ को ऽवबुध्यते कदा कस्य मृत्युकालो भविष्यति
1715 Wer erfährt, wann wessen Todesstunde sein wird?
1715 ko 'vabudhyate, kadā kasya mṛtyu-kālo bhaviṣyati?
[kim, Interr. = was? (kaḥ, m. Nom. = wer?, kasya, m. Gen. = wessen?); budh, ava-budhyate, 4. = erfahren (PrSg. Atm.); kadā, Interr. = wann?; mṛtyu-kālaḥ = Todesstunde (Komp., mṛtyuḥ, m. = Tod); bhū, bhavati, 1. = sein (Fut.)]

१७१६ पतञ्जलेः पिता पाणिनेः सूनुः । कः कस्य पितामहः
1716 Patandschalis Vater ist Paninis Sohn. Wer ist wessen Großvater?
1716 patañjaleḥ pitā pāṇineḥ sūnuḥ. kaḥ kasya pitā-mahaḥ?
[patañjaliḥ, m. Eig. = Patandschali (Patanjali, Gen.); pitṛ, pitā, m. = Vater; pāṇiniḥ, m. Eig. = Panini (Gen.); sūnuḥ, m. = Sohn; kim, Interr. = was? (kaḥ, m. Nom. = wer, kasya, m. Gen. = wessen); pitā-mahaḥ = Großvater]

१७१७ कस्यास्ति कृशे सौहृदम्
1717 Wer schließt Freundschaft mit einem Schwächling? (FÜ.)
1717 kasyāsti kṛśe sauhṛdam?
[kim, Interr. = was? (kasya, m. Gen.); as, asti, 2. = haben (PrSg., kasya asti = wessen ist = wer hat); kṛśa, Adj. = schwach (m. Lok.); sauhṛdam = Freundschaft (mit + Lok., Nom.)]

१७१८ एवं कृत्वा को न कत्थिष्यते
1718 Wer wird nach dieser Tat nicht gelobt werden? (FÜ.)

1718 evaṃ kṛtvā ko na katthiṣyate?
[evam, Adv. = so; kṛtvā, Abs. = getan habend; kim, Interr. = was? (kaḥ, m. Nom. = wer); na, Ind. = nicht; katth, katthate, 1. = loben (entweder Fut. Pass. = er wird gelobt werden, oder Fut. Atm. = er wird prahlen, in beiden Fällen katthiṣyate)]

१७१९ कस्तैः सह स्पर्धते

1719 Wer kann sich mit ihnen messen? (FÜ.)
1719 kas_taiḥ saha spardhate?
[kim, Interr. = was? (kaḥ, m. Nom. = wer); tad, Pron. = das (taiḥ, m. Instr. = mit diesen); saha, Präp. + Instr. = mit; spṛdh, spardhate, 1. = wetteifern (sich messen + Instr., PrSg.)]

१७२० विश्वस्मिन्नधुना कः कुलं पालयिष्यति

1720 Wer wird in der Welt jetzt die Familie beschützen?
1720 viśvasminn_adhunā kaḥ kulaṃ pālayiṣyati?
[viśva, Pron. = all (viśvasmin, n. Lok. = »in allem« = im All = in der Welt, »viśva = all, jeder« wurde später durch »sarva« verdrängt); adhunā, Adv. = jetzt; kim, Interr. = was? (kaḥ, m. Nom. = wer); kulam = Familie (Akk.); pāl, pālayati, 10. = beschützen (Fut.)]

१७२१ कं दुःखं प्रीणयति कं सुखं पीडयति

1721 Wen erfreut das Leid, wen quält das Glück?
1721 kaṃ duḥkhaṃ prīṇayati, kaṃ sukhaṃ pīḍayati?
[kim, Interr. = was? (kam, m. Akk. = wen); duḥkham = Leid (Nom.); prī, prīṇayati, 10. = erfreuen (+ Akk., PrSg.); sukham = Glück (Nom.); pīḍ, pīḍayati, 10. = quälen (+ Akk., PrSg.)]

१७२२ केन तत्त्वं बुध्यते

1722 Von wem wird die Wahrheit erkannt?
1722 kena tattvaṃ budhyate?
[kim, Interr. = was? (kena, m. Instr.); tattvam = Wahrheit (Wirklichkeit); budh, bodhati, 1. = erkennen (Präs. Pass.)]

१७२३ केनैतच्चित्रमभिलिखितम्

1723 Von wem ist dieses Bild gezeichnet worden?
1723 kenaitac_citram_abhilikhitam?
[kim, Interr. = was? (kena, m. Instr.); etad, Pron. = dies (etad, n. Nom. Sg., Sa.: d + c = c + c); citram = Bild (Nom.); abhilikhita, Part. = gezeichnet (n. Nom. Sg., Wz. likh, abhi-likhati)]

१७२४ मनसि परितुष्टे को ऽर्थवान् को दरिद्रः

1724 Wenn man in der Seele zufrieden ist, wer ist reich, wer ist arm?
1724 manasi parituṣṭe, ko 'rthavān, ko daridraḥ?
[manas, n. = Seele (manasi parituṣṭe, Lok. abs.); parituṣṭa, Part. = zufrieden (n. Lok., Wz. tuṣ); kim, Interr. = was? (kaḥ, m. Nom. = wer?); arthavat, Adj. = reich (arthavān, m. Nom.); daridra, Adj. = arm (m. Nom.)]

१७२५ पुरुषा अपि बाणा अपि गुणच्च्युताः कस्य न भयाय

1725 Wem gereichen Menschen und auch Pfeile, von der Tugend oder der Sehne gelöst, nicht zur Furcht? (Wortspiel)
1725 puruṣā api bāṇā api guṇa-cyutāḥ kasya na bhayāya?
[puruṣaḥ = Mensch; api - api, Konj. = sowohl - als auch; bāṇaḥ = Pfeil; guṇaḥ = Sehne (oder Tugend, Zweideutigkeit); cyuta, Part. = entfernt (m. Nom. Pl., Wz. cyu, cyavate = sich entfernen); kim, Interr. = was? (kasya, m. Gen. = für wen); na, Ind. = nicht; bhayam = Angst (Dat., bhayāya, ergänze: bhavati/kalpate = zur Angst gereichen)]

१७२६ को वा न पुनर्जायते। किं वा पुनर्जन्म न विद्यते

1726 Wer etwa wird nicht wiedergeboren? Gibt es etwa keine Wiedergeburt?

1726 ko vā na punar_jāyate? kiṃ vā punar-janma na vidyate?
[kim, Interr. = was? (kaḥ, m. Nom. = wer, »kaḥ vā« = »wer etwa?«, »oder wer etwa?«); vā, Konj. = oder (vā na = oder nicht, etwa nicht); punar, Adv. = wieder; jan, jāyate, 4. = geboren werden (PrSg.); kim, Interr. = etwa? (»kim vā«, Ind. = »oder etwa?«); punar-janman, n. = Wiedergeburt (janma, Nom.); na, Ind. = nicht; vid, 6., vidyate, Pass. = geben, es gibt (PrSg.)]

24.3.2. Sachen

१७२७ किमभ्यासेन दुष्करम्

1727 Was ist durch Übung schwierig?

1727 kim_abhyāsena duṣkaram?

[kim, Interr. = was? (n. Nom.); abhyāsaḥ = Übung (Instr.); duṣkara, Adj. = schwierig (n. Nom.)]

१७२८ किं रमणीयेन सोमेन

1728 Was nutzt ein lieblicher Wein?

1728 kiṃ ramaṇīyena somena?

[kim, Interr. + Instr. = was nutzt?; ramaṇīya, Adj. = lieblich (m. Instr.); somaḥ = Wein (Instr.)]

१७२९ किमौषधैरारोग्यस्य

1729 Was nutzen einem Gesunden die Heilmittel?

1729 kim_auṣadhair_ārogyasya?

[kim, Interr. + Instr. = was nutzt?; auṣadham = Heilmittel (Instr.); ārogya, Adj. = gesund (m. Gen., a-rogaḥ = Nicht-Krankheit)]

१७३० आपदि किं विषादेन संपदि किं विस्मयेन

1730 Was nutzt Verzweiflung im Unglück, was nutzt Erstaunen im Glück?

1730 āpadi kiṃ viṣādena, saṃpadi kiṃ vismayena?

[āpad, āpat, f. = Unglück (Lok.); kim, Interr. + Instr. = was nutzt?; viṣādaḥ = Verzweiflung (Instr.); saṃpad, saṃpat, f. = Glück (Lok.); vismayaḥ = Erstaunen (Instr., Wz. smi, vismayate)]

१७३१ मां निर्धनं हत्वा किं लभेध्वम्

1731 Was würdet ihr erlangen, nachdem ihr mich Armen getötet hättet? (FÜ.)

1731 māṃ nirdhanaṃ hatvā kiṃ labhedhvam?

[mad, Pron. = ich (mām, Akk. = mich); nirdhana, Adj. = arm (m. Akk., »mich Armen«); hatvā, Abs. = getötet habend (Wz. han, hanti); kim, Interr. = was? (n. Akk.); labh, labhate, 1. = erlangen (Opt.)]

१७३२ नग्नानां देशे रजकः किं करिष्यति

1732 Was wird ein Wäscher im Land der Nackten tun?

1732 nagnānāṃ deśe rajakaḥ kiṃ kariṣyati?

[nagna, Adj. = nackt (m. Gen.); deśaḥ = Land (Lok.); rajakaḥ = Wäscher (Wz. raj = rot färben, weil Wäscher auch Färber waren); kim, Interr. = was? (n. Akk.); kṛ, karoti, 8. = tun (Fut.)]

१७३३ असहायः समर्थो ऽपि किं करिष्यति

1733 Was wird ein Alleinstehender tun, auch wenn er tüchtig ist?

1733 asahāyaḥ samartho 'pi kiṃ kariṣyati?

[asahāya, Adj. = alleinstehend (m. Nom., a + sahāyaḥ = ohne + Gefährte); samartha, Adj. = tüchtig (m. Nom.); api, Ind. = auch; kim, Interr. = was? (n. Akk.); kṛ, karoti, 8. = tun (Fut.)]

१७३४ का सा पुरी को वा देशः

1734 Was ist das für eine Stadt oder was ist das für ein Land?

1734 kā sā purī ko vā deśaḥ?

[kim, Interr. = was? (kā, f. Nom., kaḥ, m. Nom.); tad, Pron. = das (sā, f. Nom.); purī = Stadt; vā, Konj. = oder; deśaḥ = Land (kim vā: oder etwa: Ist dies eine Stadt oder etwa ein Land?)]

24.4. Interrogativpronomen als Adjektiv

१७३५ का वार्त्ता
1735 Quid novis? (Was gibt es Neues?)
1735 kā vārttā?
[kim, Interr. = was? (kā, f. Nom. = welche); vārttā = Nachricht (Nom.)]

१७३६ का वेला वर्तते
1736 Wieviel Uhr ist es?
1736 kā velā vartate?
[kim, Interr. = was? (f. Nom. Sg.); velā = Uhrzeit (Nom.); vṛt, vartate, 1. = sein (PrSg.)]

१७३७ अतः किं फलम्
1737 Wem nützt das? = Cui bono?
1737 ataḥ kiṃ phalam?
[atas, Adv. = hiervon; kim, Interr. = was? (n. Nom. = was für ein); phalam = Nutzen (Nom.)]

१७३८ प्रतिवचनं मे श्रुत्वा कमन्यं प्रश्नं भवन्तः पृच्छन्ति
1738 Welche andere Frage stellen Sie, nachdem Sie meine Antwort gehört haben?
1738 prativacanaṃ me śrutvā, kam_anyaṃ praśnaṃ bhavantaḥ pṛcchanti?
[prativacanam = Antwort (Akk.); mad, Pron. = ich (me oder mama, Gen.); śrutvā, Abs. = gehört habend (Wz. śru, śṛṇoti); kim, Interr. = was? (kam, m. Akk. Sg.); anya, Pron. = ander (anyam, m. Akk. Sg.); praśnaḥ = Frage (Akk.); bhavat, Pron. = »Sie« (Nom. Pl.); pracch, pṛcchati, 6. = fragen (PrPl.)]

१७३९ कस्मिन् नगरे युष्माकं कुलं जीवति
1739 In welcher Stadt wohnt eure Familie?
1739 kasmin nagare yuṣmākaṃ kulaṃ jīvati?
[kim, Interr. = was? (n. Lok.); nagaram = Stadt (Lok.); yuṣmad, Pron. = ihr (yuṣmākam, Gen.); kulam = Familie; jīv, jīvati, 1. = leben (PrSg.)]

१७४० कस्यै देव्यै स्तोत्रं रचयेम
1740 Für welche Göttin sollten wir das Loblied verfassen?
1740 kasyai devyai stotraṃ racayema?
[kim, Interr. = was? (kasyai, f. Dat. Sg. = für welche); devī = Göttin (Dat.); stotram = Loblied (Akk.); rac, racayati, 10. = verfassen (Opt.)]

१७४१ केन हस्तेन खनित्रं वहसि
1741 Mit welcher Hand trägst du die Schaufel?
1741 kena hastena khanitraṃ vahasi?
[kim, Interr. = was? (kena, m. Instr.); hastaḥ = Hand (Instr.); khanitram = Schaufel (Akk., Neutra auf -tram sind oft Instrumente: yan-tram usw.); vah, vahati, 1. = tragen (PrSg.)]

१७४२ को ऽर्थः सुतेन जातेन
1742 Was nützt die Geburt eines Sohns? (FÜ.)
1742 ko 'rthaḥ sutena jātena?
[kim, Interr. = was? (kaḥ, m. Nom. = welcher); arthaḥ = Nutzen (durch + Instr.); sutaḥ = Sohn (Instr.); jāta, Adj. = geboren (m. Instr.)]

१७४३ इतः कियानर्थः
1743 Welchen Nutzen hat man hiervon? = à quoi bon?

1743 itaḥ kiyān_arthaḥ?
[itas, Adv. = hiervon; kiyat, Interr. = wieviel? (kiyān, m. Nom.); arthaḥ = Nutzen]

१७४४ कीदृशं वस्त्रं तवास्ति

1744 Was für ein Kleid hast du?
1744 kīdṛśaṃ vastraṃ tavāsti?
[kīdṛśa, Interr. = was für ein? (n. Nom., Wz. dṛś); vastram = Kleid (Nom.); tvad, Pron. = du (tava, Gen. = deiner); as, asti, 2. = haben (tava asti = »es ist deiner« = du hast es)]

१७४५ अहो बत कीदृशीमवस्थामापन्नो ऽस्मि

1745 Oh weh, in was für eine Lage bin ich geraten!?
1745 aho bata, kīdṛśīm_avasthām_āpanno 'smi!?
[aho bata, Interj. = oh weh!; kīdṛśa, Interr. = was für ein? (f. Akk. Sg., kīdṛśī, f. Adj. Nom.); avasthā = Lage (Akk.); āpanna, Part. = geraten (m. Nom. Sg., Wz. pad, ā-padyate); as, asti, 2. = sein (PrSg.)]

१७४६ कियन्मूल्यं भवता दातुं शक्यम्

1746 Welcher Preis ist von Ihnen zu geben möglich? (FÜ.: Wieviel wollen Sie zahlen?)
1746 kiyan_mūlyaṃ bhavatā dātuṃ śakyam?
[kiyat, Interr. = wie groß? (kiyat, n. Nom., Sa.: t + m = n_m); mūlyam = Preis (Nom.); bhavat, Pron. = »Sie« (bhavatā, m. Instr. = von Ihnen = von ihm); dātum, Inf. = geben (Wz. dā, dadāti); śakya, Adj. = möglich (+ Inf., n. Nom.)]

१७४७ कियता मूल्येनेदं पुस्तकं विक्रीयते

1747 Was kostet dieses Buch? (FÜ.)
1747 kiyatā mūlyenedaṃ pustakaṃ vikrīyate?
[kiyat, Interr. = wieviel? (kiyatā, n. Instr.); mūlyam = Preis (mūlyena, Instr.); idam, Pron. = dies (idam, n. Nom.); pustakam = Buch; krī, vi-krīṇāti, 9. = verkaufen (vikrīyate, Präs. Pass. = verkauft werden für + Instr., man unterscheide kṛ/kriyate, Pass., und krī/krīyate, Pass.)]

१७४८ भद्रे कियता कालेनागच्छसि

1748 Liebste, wann kommst du? (FÜ.)
1748 bhadre, kiyatā kālenāgacchasi?
[bhadre, Interj. = Liebste! (Vok. von bhadrā); kiyat, Interr. = wieviel? (kiyatā, m. Instr.); kālaḥ = Zeit (Instr., kiyatā kālena = »in wieviel Zeit« = wann); gam, ā-gacchati, 1. = kommen (PrSg.)]

१७४९ कियतो मासान् भवती काश्यां न्यवसत्

1749 Wieviele Monate wohnten Sie in Benares?
1749 kiyato māsān bhavatī kāśyāṃ nyavasat?
[kiyat, Interr. = wieviel? (kiyataḥ, m. Akk. Pl.); māsaḥ = Monat (Akk. Pl. = Monate lang); bhavatī, Pron. = »Sie« (bhavān, m. Nom. = »Sie« als Mann, bhavatī, f. Nom. = »Sie« als Frau); kāśī, f. Eig. = Benares (Varanasi, Lok.); vas, ni-vasati, 1. = wohnen (Impf.)]

१७५० कतमेन मार्गेण काकाः प्रनष्टाः

1750 In welcher Richtung sind die Krähen verschwunden?
1750 katamena mārgeṇa kākāḥ pranaṣṭāḥ?
[katama, Interr. = welches von vielen? (m. Instr.); mārgaḥ = Richtung (»Weg«, Instr. bei Angabe des Weges); kākaḥ = Krähe; pranaṣṭa, Part. = verschwunden (pra-naṣṭāḥ mit »n«, m. Nom. Pl., Wz. naś, pra-ṇaśyati mit »ṇ«)]

१७५१ कतमस्मिन् प्रदेशे द्वीपिनो व्याघ्राश्च वर्तन्ते

1751 In welchem Land leben Leoparden und Tiger?
1751 katamasmin pradeśe dvīpino vyāghrāś_ca vartante

[katama, Interr. = welches von vielen? (m. Lok.); pradeśaḥ = Land (Lok.); dvīpin, m. = Leopard (Nom. Pl., dvīpī, Nom. Sg.); vyāghraḥ = Tiger; ca, Konj. = und; vṛt, vartate, 1. = leben (PrPl.)]

१७५२ केनोडुपेन परलोकस्य नदीं तरिष्ये

1752 Mit welchem Kahn werde ich den Fluß zum Jenseits überqueren?

1752 kenoḍupena paralokasya nadīṃ tariṣye?

[kim, Interr. = was? (kena, m. Instr. = mit welchem); uḍupaḥ = Boot (Instr.); paralokaḥ = Jenseits (Gen., paraḥ + lokaḥ = »andere Welt«, Komp.); nadī = Fluß (Akk.); tṝ, tarati, 1. = überqueren (+ Akk., tariṣye, Fut. Atm., normalerweise tariṣyati, Fut. Par.)]

१७५३ एभिर्भूतैः स्मर कति कृतास्ते विप्रलम्भाः

1753 Gedenke, wieviele Enttäuschungen dir von diesen Wesen zugefügt worden sind!

1753 ebhir_bhūtaiḥ smara kati kṛtās_te vipralambhāḥ!

[idam, Pron. = dies (ebhiḥ, n. Instr. Pl.); bhūtam = Geschöpf (Instr.); smṛ, smarati, 1. = erinnern (Imp.); kati, Interr. = wieviele? (kati, Nom. Pl., Pluralwort, das im Nom. und Akk. keine Endung und kein Genus hat); kṛta, Part. = zugefügt (m. Nom. Pl., Wz. kṛ, karoti); tvad, Pron. = du (te = tubhyam, Dat. = dir, oder tava, Gen. = dir); vipralambhaḥ = Enttäuschung (Wz. labh, vi-pra-labhate = täuschen, lambhaḥ mit m, aber »lābhaḥ = Erlangung« ohne m)]

१७५४ खादन् न गच्छामि । हसन् न जल्पे । किं कारणं भवामि मूर्खः

1754 Ich esse nicht beim Gehen, ich lache nicht beim Sprechen. Welchen Grund gibt es, daß ich ein Tor bin?

1754 khādan na gacchāmi. hasan na jalpe. kiṃ kāraṇaṃ, bhavāmi mūrkhaḥ?

[khādat, Part. = essend (m. Nom., Wz. khād, khādati); na, Ind. = nicht (Anm.: »na« kann sich auf Part. oder Verb beziehen, z.B.: »Ich gehe nicht bei Essen«); gam, gacchati, 1. = gehen (PrSg.); hasat, Part. = lachend (m. Nom., Wz. has, hasati); jalp, jalpati, 1. = sprechen (PrSg., im Original Atm.); kim, Interr. = was? (n. Nom.); kāraṇam = Grund (Nom., kim kāraṇam = kasmāt kāraṇāt = aus welchem Grund); bhū, bhavati, 1. = sein (PrSg.); mūrkhaḥ = Tor]

24.5. Doppelfrage (»kim - uta« = »ob - oder«)

१७५५ इच्छस्येतन्न वा

1755 Willst du das oder nicht?

1755 icchasy_etan_na vā?

[iṣ, icchati, 6. = wollen (PrSg., Anm.: Die Spitzenstellung des Verbes ersetzt das Fragewort); etad, Pron. = dies (n. Akk., Sa.: etad + n = etan + n); na vā, Konj. = oder nicht]

१७५६ किं भो नृत्यं शिक्षेयोत गानम्

1756 Ob ich, Herr, den Tanz oder auch den Gesang lernen könnte?

1756 kiṃ bho nṛtyaṃ śikṣeyota gānam?

[kim - uta, Interr. = ob - oder (Doppelfrage); bhos, Interj. = Herr! (Sa.: bho + Tönende); nṛtyam = Tanz (Akk.); śikṣ, śikṣate, 1. = lernen (śikṣeya, Opt.); gānam = Gesang (Akk.)]

१७५७ किमिदं गुरुभिरुपदिष्टमुत शास्त्रेषु पठितमुत ज्ञानं मोक्षाय कल्पते

1757 Ob es von Lehrern vermittelt oder in Büchern gelesen worden ist, dieses Wissen gereicht zur Erlösung

1757 kim_idaṃ gurubhir_upadiṣṭam_uta śāstreṣu paṭhitam_uta, jñānaṃ mokṣāya kalpate

[kim - uta, Interr. = ob - oder; idam, Pron. = dies (n. Nom.); guruḥ, m. = Lehrer (Instr.); upadiṣṭa, Part. = gelehrt (n. Nom., Wz. diś, upa-diśati); śāstram = Buch (Lok. Pl.); paṭhita, Part. = gelesen (n. Nom., Wz. paṭh, paṭhati); uta, Konj. = oder (kim - uta - uta); jñānam = Wissen, n. (Nom.); mokṣaḥ = Erlösung (Dat.); kḷp, kalpate, 1. = gereichen (+ Dat., PrSg.)]

24.6. Mit Dual

१७५८ कुत्र युवयोः पुस्तके
1758 Wo sind eure beiden Bücher? (WÜ.: Wo sind die zwei Bücher von euch beiden?)
1758 kutra yuvayoḥ pustake?
[kutra, Interr. = wo?; yuṣmad, Pron. = ihr (yuvayoḥ, Gen. Du.); pustakam = Buch (Nom. Du.)]

१७५९ क्व मातुलस्य पुत्रौ वसतः
1759 Wo wohnen die beiden Söhne des Onkels?
1759 kva mātulasya putrau vasataḥ?
[kva, Interr. = wo?; mātulaḥ = Onkel (Gen.); putraḥ = Sohn (Du.); vas, vasati, 1. = wohnen (PrDu.)]

१७६० कतिशः सौनिका हस्तौ क्षालयन्तु
1760 Wie oft sollen Metzger die Hände waschen?
1760 katiśaḥ saunikā hastau kṣālayantu?
[katiśas, Interr. = wie oft?; saunikaḥ = Metzger; hastaḥ = Hand (Akk. Du.); kṣal, kṣālayati, 10. = waschen (Imp.)]

१७६१ किमिति धावथः। गजस्य भयाद्धावावः
1761 Warum rennt ihr beide? Wir beide rennen aus Angst vor dem Elefanten
1761 kim-iti dhāvathaḥ? gajasya bhayād_dhāvāvaḥ
[kim-iti, Interr. = warum?; dhāv, dhāvati, 1. = rennen (PrDu.); gajaḥ = Elefant (Gen.); bhayam = Angst (Abl. = aus Angst)]

१७६२ आवयोः कतरो निरपराधः
1762 Wer von uns beiden ist nicht schuldig?
1762 āvayoḥ kataro niraparādhaḥ?
[asmad, Pron. = wir (āvayoḥ, Gen. Du. = von uns beiden); katara, Interr. = welches von beiden? (kataraḥ, m. Nom.); niraparādha, Adj. = unschuldig (m. Nom., apa-rādhaḥ = Schuld)]

१७६३ फलयोः कतरदिच्छसि
1763 Welche der beiden Früchte wünscht du?
1763 phalayoḥ katarad_icchasi?
[phalam = Frucht (Gen. Du.); katara, Interr. = welches von beiden? (katarat, n. Akk. Sg., Deklination wie anya, Pron.: anyat, n. Nom. = anderes); iṣ, icchati, 6. = wünschen (PrSg.)]

१७६४ कयोस्ते वाससी स्तः
1764 Was ist das für ein Kleid? (FÜ.)
1764 kayos_te vāsasī staḥ?
[kim, Interr. = was? (kayoḥ, n. Gen. Du.); tad, Pron. = das (te, n. Nom. Du.); vāsas, n. = Kleid (vāsasī, Nom. Du. = Hemdhose, Anm.: Ein Dual ist ohne Plural: »kayoḥ vāsasoḥ te vāsasī« = »Welcher Kleider ist dies Kleid« = Was ist das für ein Kleid?); as, asti, 2. = sein (staḥ, PrDu.)]

१७६५ कौ गिरी आरोहः। कैलासमन्यं च पर्वतं हिमालये
1765 Welche zwei Berge bestiegst du? Den Kailas und einen anderen Berg im Himalaya
1765 kau girī ārohaḥ? kailāsam_anyaṃ ca parvataṃ himālaye
[kim, Interr. = was? (kau, m. Akk. Du.); giriḥ, m. = Berg (Akk. Du., kein Sa. nach Du.-Endung auf »ī«); ruh, ā-rohati, 1. = besteigen (ā + arohaḥ = ārohaḥ, Impf.); kailāsaḥ, m. Eig. = Kailas (oder Kailash, Akk.); anya, Pron. = ander (anyam, m. Akk.); ca, Konj. = und; parvataḥ = Berg (Akk.); himālayaḥ, m. Eig. = Himalaya (Lok.)]

१७६६ प्राप्तौ स्तः। को ऽन्य आगच्छति
1766 Die beiden sind angekommen. Wer sonst kommt noch?

1766 prāptau staḥ. ko 'nya āgacchati?
[prāpta, Part. = angekommen (m. Nom. Du., Wz. āp, āpnoti); as, asti, 2. = sein (PrDu.); kim, Interr. = was? (m. Nom. Sg.); anya, Pron. = sonst (m. Nom. Sg., kaḥ anyaḥ = wer sonst noch, welcher anderer); gam, ā-gacchati, 1. = kommen (PrSg.)]

25. Korrelativsätze

25.1. »yathā - tathā« = »wie - so«

१७६७ यथा कलहस्तथानुरागः
1767 Wie der Streit, so die Liebe
1767 yathā kalahas_tathānurāgaḥ
[yathā - tathā, Korr. = wie - so (Ind.); kalahaḥ = Streit (Nom.); anurāgaḥ = Liebe (Nom., Korrelativsätze haben »yathā, yadvad, yāvat, yati, yadā, yatas, yad« usw. im Vordersatz und dementsprechend »tathā, tadvad, tāvat, tati, tadā, tatas, tad« usw. im Hintersatz)]

१७६८ यथा वृक्षास्तथा फलानि
1768 Wie die Bäume, so die Früchte
1768 yathā vṛkṣās_tathā phalāni
[yathā - tathā, Korr. = wie - so (indeklinabel); vṛkṣaḥ = Baum; phalam = Frucht]

१७६९ यथा राजा तथा प्रजाः
1769 Qualis rex, talis grex (oder auf Hessisch: »Wie der Herr, so's Gescherr«)
1769 yathā rājā, tathā prajāḥ
[yathā - tathā, Korr. = wie - so; rājan, m. = König (rājā, Nom. Sg.); prajā = Untertan (prajāḥ, Pl. = Untertanen, prajā, Sg. = Geschöpf)]

१७७० यथा पुष्पाणि वृक्षं तथा गुणा हृदयं भूषयन्ति
1770 Wie die Blüten den Baum, so schmücken die Tugenden den Charakter
1770 yathā puṣpāṇi vṛkṣaṃ tathā guṇā hṛdayaṃ bhūṣayanti
[yathā - tathā, Korr. = wie - so; puṣpam = Blüte; vṛkṣaḥ = Baum (Akk.); guṇaḥ = Tugend (guṇāḥ, Pl.); hṛdayam = Herz (Charakter, Akk.); bhūṣ, bhūṣayati, 10. = schmücken (PrPl.)]

१७७१ यथा वशास्तथा वाचो यथा वाचस्तथा क्रियाः
1771 Wie der Wille, so die Worte, wie die Worte, so die Taten
1771 yathā vaśas_tathā vāco, yathā vācas_tathā kriyāḥ
[yathā - tathā, Korr. = wie - so; vaśaḥ = Wille; vāc, vāk, f. = Wort (Nom. Pl.); kriyā = Tat]

१७७२ यद्वत् पयांस्यापूर्यमाणं समुद्रं प्रविशन्ति तद्वत् कामा वीतरागस्य मुनेश्चित्तं प्रविशन्ति
1772 Wie die Wasser in das gefüllt werdende Meer eindringen, so dringen die Wünsche in die leidenschaftslose Seele des Weisen ein
1772 yadvat payāṃsy_āpūryamāṇaṃ samudraṃ praviśanti, tadvat kāmā vīta-rāgasya muneś_cittaṃ praviśanti
[yadvat - tadvat, Korr. = wie - so (selten für yathā - tathā); payas, n. = Wasser (payāṃsi, Nom. Pl.); āpūryamāṇa, Part. = gefüllt werdend (m. Akk., Wz. pṝ, ā-pūryate, Pass.); samudraḥ = Meer (Akk.); viś, pra-viśati, 6. = eindringen (+ Akk., PrPl.); kāmaḥ = Begierde (kāmāḥ, Pl.); vīta-rāga, Adj. = leidenschaftslos (m. Gen., Komp.: vi + ita = vīta = gegangen, beendet, wie deutsches Suffix »-los«); muniḥ, m. = »Schweiger« (Gen., Asket mit Gelübde des Schweigens = maunam); cittam = Seele (Akk.)]

25.2. »yatra - tatra« = »wo - dort«

१७७३ यत्र धर्मस्तत्र जयः
1773 Wo Recht ist, dort ist Sieg
1773 yatra dharmas_tatra jayaḥ
[yatra - tatra, Korr. = wo - dort (indeklinabel); dharmaḥ = Recht (Nom.); jayaḥ = Sieg (Nom.)]

१७७४ यत्र यत्र धूमस्तत्र तत्र वह्निः
1774 Wo auch immer Rauch ist, dort ist auch immer Feuer
1774 yatra yatra dhūmas_tatra tatra vahniḥ
[yatra - tatra, Korr. = wo - dort (doppelt: wo immer); dhūmaḥ = Rauch; vahniḥ, m. = Feuer]

१७७५ यत्र वीरो ऽपतत् तत्र ते ऽतिष्ठन् विलपन्तः
1775 Wo der Held fiel, dort standen sie jammernd
1775 yatra vīro 'patat, tatra te 'tiṣṭhan vilapantaḥ
[yatra - tatra, Korr. = wo - dort; vīraḥ = Held; pat, patati, 1. = fallen (apatat, Impf.); tad, Pron. = das (te, m. Nom. Pl. = sie); sthā, tiṣṭhati, 1. = stehen (atiṣṭhan, Impf.); vilapat, Part. = jammernd (m. Nom. Pl., Wz. lap, vi-lapati)]

१७७६ यत्र दर्दुरा वक्तारस्तत्र मौनं शोभनम्
1776 Wo die Frösche Redner sind, dort ist das Schweigen eine Zierde
1776 yatra dardurā vaktāras_tatra maunaṃ śobhanam
[yatra - tatra, Korr. = wo - dort; darduraḥ = Frosch; vaktṛ, vaktā, m. = Redner; maunam = Schweigen; śobhanam = Zierde]

25.2.1. »yatra« ohne »tatra«

१७७७ तन्मित्रं यत्र विश्वासो विद्यते
1777 Dort ist der Freund, wo es Vertrauen gibt
1777 tan_mitraṃ, yatra viśvāso vidyate
[tad, Adv. = dort (Ind., sonst Pron.-Komp.: tat-puruṣaḥ); yatra, Konj. = wo, wenn; mitram = Freund (n. Nom.); viśvāsaḥ = Vertrauen; vid, 6., vidyate, Pass. = geben, es gibt (Präs.)]

१७७८ नासौ धर्मो यत्र सत्यं नास्ति
1778 Nicht ist jenes Recht, wo es keine Wahrheit gibt
1778 nāsau dharmo, yatra satyaṃ nāsti
[na, Ind. = nicht; adas, Pron. = jenes (asau, m. Nom. = jener); dharmaḥ = Recht; yatra, Konj. = wo, wenn; satyam = Wahrheit; as, asti, 2. = sein (PrSg.)]

१७७९ किं वक्तारः करिष्यन्ति यत्र श्रोता न विद्यते
1779 Was werden die Redner tun, wo (oder wenn) es keinen Zuhörer gibt?
1779 kiṃ vaktāraḥ kariṣyanti, yatra śrotā na vidyate?
[kim, Interr. = was? (n. Akk.); vaktṛ, vaktā, m. = Redner (Nom. Pl.); kṛ, karoti, 8. = tun (Fut.); yatra, Konj. = wo, wenn; śrotṛ, śrotā, m. = Zuhörer (Sg.); na, Ind. = nicht; vid, 6., vidyate, Pass. = geben, es gibt (Präs. Pass.)]

25.3. »yāvat - tāvat« = »solange - als«

१७८० यावद्गिरयो दर्यश्च स्थास्यन्ति तावत् कवयः काव्यानि च प्रचरिष्यन्ति
1780 Solange Berge und Täler bestehen, werden Dichter und Gedichte fortbestehen
1780 yāvad_girayo daryaś_ca sthāsyanti, tāvat kavayaḥ kāvyāni ca pracariṣyanti
[yāvat - tāvat, Korr. = solange - als (Anm.: yāvat ist in dieser Bedeutung indeklinabel); giriḥ, m. = Berg; darī = Tal (siehe Übungssatz 478); ca, Konj. = und; sthā, tiṣṭhati, 1. = bestehen (Fut.); kaviḥ, m. = Dichter; kāvyam = Gedicht; car, pra-carati, 1. = fortbestehen (Fut.)]

१७८१ तावच्छोभते मूर्खो यावत् किंचिन्न भाषते
1781 Si tacuisses, philosophus mansisses (WÜ.: Der Narr glänzt, solange er nichts sagt)
1781 tāvac_chobhate mūrkho, yāvat kiṃcin_na bhāṣate
[yāvat - tāvat, Korr. = solange - als; śubh, śobhate, 1. = glänzen (PrSg., Sa.: tāvat + śobhate); mūrkhaḥ = Narr; na kiṃcid, Pron. = nichts (n. Akk.); bhāṣ, bhāṣate, 1. = sagen (PrSg.)]

१७८२ यावदहं खनित्रमानयामि तावदुपविश
1782 Nimm Platz, während ich die Schaufel hole!
1782 yāvad_ahaṃ khanitram_ānayāmi, tāvad_upaviśa!
[yāvat - tāvat, Korr. = solange - als; mad, Pron. = ich (aham, Nom.); khanitram = Schaufel (Akk.); nī, ā-nayati, 1. = holen (PrSg.); viś, upa-viśati, 6. = setzen (Imp.)]

25.3.1. »yāvat - tāvat« = »soviel - wie«

१७८३ अस्माकमतिथिभ्यः कियानाहारो दीयेत । यावन्तमाहारमिच्छन्ति तावान् दीयताम्
1783 »Wieviel Speise sollte unseren Gästen gereicht werden?« – »Es soll ihren soviel Speise gegeben werden, wie sie mögen«
1783 »asmākam_atithibhyaḥ kiyān_āhāro dīyeta?« – »yāvantam_āhāram_icchanti, tāvān dīyatām«
[asmad, Pron. = wir (asmākam, Gen. = unser); atithiḥ, m. = Gast (Dat.); kiyat, Interr. = wieviel? (kiyān, m. Nom.); āhāraḥ = Nahrung (Nom.); dā, dadāti, 3. = schenken (dīyeta, Opt. Pass., dīyatām, Imp. Pass., dīyate, Pass.); yāvat - tāvat, Korr. = soviel - wie (yāvantam, m. Akk., tāvān, m. Nom., in dieser Bedeutung deklinabel); iṣ, icchati, 6. = mögen (PrPl.)]

१७८४ यावन्ति हतस्य पशोश्चर्मणि लोमानि विद्यन्ते तावन्ति वर्षाणि हन्ता नरके वसेत्
1784 Ein Mörder sollte soviele Jahre in der Hölle leben, wie sich Haare am Fell eines getöteten Viehs befinden
1784 yāvanti hatasya paśoś_carmaṇi lomāni vidyante, tāvanti varṣāṇi hantā narake vaset
[yāvat - tāvat, Korr. = soviel - wie (yāvanti, n. Nom. Pl., tāvanti, n. Akk. Pl.); hata, Part. = getötet (m. Gen., Wz. han, hanti); paśuḥ, m. = Vieh (paśoḥ, Gen.); carman, n. = Fell (Lok., carma, Nom.); loman, n. = Haar (Nom. Pl., loma, Nom. Sg.); vid, 6., vidyate, Pass. = geben, es gibt (PrPl.); varṣam = Jahr (Akk. Pl. = Jahre lang); hantṛ, hantā, m. = Mörder; narakaḥ = Hölle (Lok.); vas, vasati, 1. = leben (Opt.)]

25.3.2. »yati - tati« = »soviel - wie«

१७८५ यति बालास्तति कन्याः पाठशालायां सन्ति
1785 In der Schule sind soviele Jungen wie Mädchen
1785 yati bālās_tati kanyāḥ pāṭha-śālāyāṃ santi
[yati - tati, Korr. = soviel - wie (Nom. Pl., Pluralwort, Nom. und Akk. Pl. ohne Endung und ohne Genus); bālaḥ = Junge (PrPl.); kanyā = Mädchen; pāṭha-śālā = Schule (Komp.); as, asti, 2. = sein (PrPl.)]

25.4. »yadi - tarhi/tadā« = »falls/wenn - dann«

१७८६ यत्ने कृते यदि न सिध्यति तर्हि को दोषः
1786 Falls man trotz aller Anstrengung keinen Erfolg hat, welchen Fehler hat man dann gemacht? (FÜ.)
1786 yatne kṛte yadi na sidhyati tarhi ko doṣaḥ?
[yatnaḥ = Anstrengung (yatne kṛte, Lok. abs.); kṛta, Part. = gemacht (m. Lok., Wz. kṛ, karoti); yadi - tarhi, Korr. = falls - dann (Anm.: »yarhi« kommt in den Puranas vor); na, Ind. = nicht; sidh, sidhyati, 4. = Erfolg haben (PrSg.); kim, Interr. = was? (kaḥ, m. Nom. = welcher?, im Original: ko 'tra doṣaḥ = kaḥ atra doṣaḥ = welcher Fehler ist hier); doṣaḥ = Fehler (Nom.)]

१७८७ यदि गुरुरागच्छेत् तर्हि तं सेवेथाः
1787 Falls der Lehrer kommen sollte, dann solltest du ihn bedienen
1787 yadi gurur_āgacchet, tarhi taṃ sevethāḥ
[yadi - tarhi, Korr. = falls - dann (mit Opt. im Haupt- und Nebensatz); guruḥ, m. = Lehrer; gam, ā-gacchati, 1. = kommen (Opt.); tad, Pron. = das (tam, m. Akk. = ihn); sev, sevate, 1. = bedienen (+ Akk., Opt.)]

१७८८ यदि नित्यानि कार्याणि कुर्यात तदा सिद्धार्थाः स्यात
1788 Wenn ihr regelmäßige Arbeiten verrichten würdet, dann würdet ihr erfolgreich sein
1788 yadi nityāni kāryāṇi kuryāta, tadā siddhārthāḥ syāta
[yadi - tadā, Korr. = falls - dann (+ Opt. im Haupt- und Nebensatz); nitya, Adj. = regelmäßig (n. Akk. Pl.); kāryam = Arbeit (Akk.); kṛ, karoti, 8. = verrichten (Opt.); siddhārtha, Adj. = erfolgreich (m. Nom. Pl., siddha + arthaḥ = »das Ziel erreicht habend«); as, asti, 2. = sein (Opt.)]

१७८९ यद्येवं कुर्यास्तर्हि न कदापि दीनः स्याः
1789 Wenn du so handeln würdest, dann würdest du niemals traurig sein
1789 yady_evaṃ kuryās_tarhi na kadāpi dīnaḥ syāḥ
[yadi - tarhi, Korr. = falls - dann (+ Opt. im Haupt- und Nebensatz); evam, Adv. = so; kṛ, karoti, 8. = handeln (kuryāḥ, Opt.); na kadāpi, Adv. = niemals; dīna, Adj. = traurig (m. Nom.); as, asti, 2. = sein (Opt.)]

१७९० यद्यायुर्वेदमभ्यस्येयं तदा वैद्यस्तुष्येत्
1790 Wenn ich Medizin studieren würde, dann würde sich der Arzt freuen
1790 yady_āyur-vedam_abhyasyeyaṃ, tadā vaidyas_tuṣyet
[yadi - tadā, Korr. = falls - dann (+ Opt. im Haupt- und Nebensatz); āyur-vedaḥ = Medizin (Akk., Komp.); as, abhy-asyati, 4. = studieren (+ Akk., Opt.); vaidyaḥ = Arzt; tuṣ, tuṣyati, 4. = freuen (Opt.)]

१७९१ यदि मनुष्याः श्रुतेः स्मृतेश्च विधीननुतिष्ठेयुस्तदा साधुभिः शस्येरन्
1791 Wenn die Leute die Vorschriften der religiösen und juristischen Schriften befolgen würden, dann würden sie von den Weisen gepriesen werden
1791 yadi manuṣyāḥ śruteḥ smṛteś_ca vidhīn_anutiṣṭheyus_tadā sādhubhiḥ śasyeran
[yadi - tadā, Korr. = falls - dann (+ Opt. im Haupt- und Nebensatz); manuṣyaḥ = Mensch; śrutiḥ, f. = Schrift (religiöse, Gen.); smṛtiḥ, f. = Schrift (juristische oder profane Schrift, Gen.); ca, Konj. = und; vidhiḥ, m. = Vorschrift (Akk.); sthā, anu-tiṣṭhati, 1. = befolgen (Opt.); sādhuḥ, m. = Weise (Instr.); śaṃs, śaṃsati, 1. = preisen (Opt. Pass., śasyate, Pass.)]

१७९२ यद्येषा कन्या केनाप्युपायेन लभ्येत तदा रतिर्भवेत्
1792 Falls dieses Mädchen durch irgendein Mittel erlangt werden würde, dann würde Liebesfreude entstehen (WÜ.)
1792 yady_eṣā kanyā kenāpy_upāyena labhyeta, tadā ratir_bhavet
[yadi - tadā, Korr. = falls - dann (+ Opt. im Haupt- und Nebensatz); etad, Pron. = dies (eṣā, f. Nom.); kanyā = Mädchen; kimapi, Pron. = irgendein (kenā + api = kenāpi, m. Instr. = durch irgendein); upāyaḥ = Mittel (List, Instr.); labh, labhate, 1. = erlangen (Opt. Pass., labhyate, Pass.); ratiḥ, f. = Liebesfreude; bhū, bhavati, 1. = entstehen (Opt.)]

25.4.1. »yadi« ohne »tarhi«

१७९३ यदि यूयं मम वचांस्यनुगच्छेत यूयमाशां न त्यजेत
1793 Wenn ihr meine Worte befolgt, werdet ihr die Hoffnung nicht aufgeben
1793 yadi yūyaṃ mama vacāṃsy_anugaccheta, yūyam_āśāṃ na tyajeta
[yadi, Konj. = wenn (+ Opt. im Haupt- und Nebensatz); yuṣmad, Pron. = ihr (yūyam, Nom.);

mad, Pron. = ich (mama, Gen. = meiner); vacas, n. = Ratschlag (Akk. Pl.); gam, anu-gacchati, 1. = befolgen (Opt.); āśā = Hoffnung (Akk.); na, Ind. = nicht; tyaj, tyajati, 1. = aufgeben (Opt.)]

१७९४ यदि माता नागच्छेच्छिशुर्ध्रुवं म्रियेत

1794 Der Säugling stirbt (stürbe) sicherlich, wenn die Mutter nicht kommt (käme)

1794 yadi mātā nāgacchec_chiśur_dhruvaṃ mriyeta

[yadi, Konj. = wenn (+ Opt. im Haupt- und Nebensatz); mātṛ, mātā, f. = Mutter; na, Ind. = nicht; gam, ā-gacchati, 1. = kommen (āgacchet, Opt.); śiśuḥ, m. = Säugling (Nom., Sa.: t + ś = c + ch); dhruvam, Adv. = sicherlich; mṛ, mriyate, 6. = sterben (Opt.)]

१७९५ यदि दुर्जना लोके जयेयुर्मुनयो भाषाया निवर्तेरन्

1795 Wenn Bösewichte in der Welt siegen, verschlägt es den Weisen die Sprache (FÜ.)

1795 yadi durjanā loke jayeyur_munayo bhāṣāyā nivarteran

[yadi, Konj. = wenn (+ Opt. im Haupt- und Nebensatz); durjanaḥ = schlechter Mensch (durjanāḥ, Nom. Pl.); lokaḥ = Welt (Lok.); ji, jayati, 1. = siegen (Opt.); muniḥ, m. = Weise; bhāṣā = Sprache (bhāṣāyāḥ, Abl.); vṛt, ni-vartate, 1. = abwenden (von + Abl., Opt.)]

25.5. »yadā - tadā« = »immer wenn - dann« und »als - dann«

१७९६ यदा धावसि तदा पतसि

1796 Immer wenn du läufst, dann fällst du

1796 yadā dhāvasi, tadā patasi

[yadā - tadā, Korr. = immer wenn - dann (temporal); dhāv, dhāvati, 1. = laufen (PrSg.); pat, patati, 1. = fallen (PrSg.)]

१७९७ यदा शिष्यः पृच्छति तदा गुरुः प्रतिभाषते

1797 Immer wenn der Schüler fragt, antwortet der Lehrer

1797 yadā śiṣyaḥ pṛcchati, tadā guruḥ pratibhāṣate

[yadā - tadā, Korr. = immer wenn - dann (temporal); śiṣyaḥ = Schüler; pracch, pṛcchati, 6. = fragen (PrSg.); guruḥ, m. = Lehrer; bhāṣ, prati-bhāṣate, 1. = antworten (PrSg.)]

१७९८ यदा विहगा व्याधमपश्यंस्तदा सहसोद्डयन्त

1798 Als die Vögel den Jäger sahen, flogen sie plötzlich auf

1798 yadā vihagā vyādham_apaśyaṃs_tadā sahasodaḍayanta

[yadā - tadā, Korr. = als - dann (temporal); vihagaḥ = Vogel; vyādhaḥ = Jäger (Akk.); paś, paśyati, 4. = sehen (Impf., Sa.: apaśyan + tadā = apaśyaṃs_tadā); sahasā, Adv. = plötzlich; ḍī, uḍ-ḍayate, 1. = auffliegen (ud-aḍayanta, Impf., aber Präs.: uḍ-ḍayante)]

१७९९ यदातिथयो गतास्तदा त्वमागच्छः

1799 Als die Gäste gegangen waren, kamst du

1799 yadātithayo gatās_tadā tvam_āgacchaḥ

[yadā - tadā, Korr. = als - dann (temporal); atithiḥ, m. = Gast; gata, Part. = gegangen (m. Nom., Wz. gam, gacchati); tvad, Pron. = du (tvam, Nom.); gam, ā-gacchati, 1. = kommen (ā + agacchaḥ = āgacchaḥ, Impf.)]

25.5.1. »yadā - tadā« = »wenn - dann«

१८०० यदा बुद्धिः शोभते तदा क्लेशः सह्यः

1800 Wenn der Verstand glänzt, dann ist die Mühe zu ertragen (WÜ.)

1800 yadā buddhiḥ śobhate, tadā kleśaḥ sahyaḥ

[yadā - tadā, Korr. = wenn - dann (oder falls - dann, konditional); buddhiḥ, f. = Verstand; śubh, śobhate, 1. = glänzen (PrSg.); kleśaḥ = Mühe (m. Nom., Wz. kliś, kliśnāti = quälen); sahya, Ger. = zu ertragen (m. Nom., Wz. sah, sahate)]

१८०१ यदा दिशो दहन्ति तदा धर्मो ध्वंसते
1801 Wenn die Weltgegenden brennen, dann geht das Gesetz zugrunde
1801 yadā diśo dahanti, tadā dharmo dhvaṃsate
[yadā - tadā, Korr. = wenn - dann; diś, dik, f. = Gegend (diśaḥ, Nom. Pl. = die ganze Welt); dah, dahati, 1. = brennen; dharmaḥ = Gesetz; dhvaṃs, dhvaṃsate, 1. = zugrunde gehen (PrPl. Atm., aber dhvaṃsayati, 10. = zugrunde richten, Kaus. Par.)]

१८०२ यदा भक्ताः प्रयागे गङ्गायां म्रियन्ते तदा सपदि स्वर्गं लभन्ते
1802 Wenn die Gläubigen in Allahabad im Ganges sterben, dann kommen sie sofort in den Himmel
1802 yadā bhaktāḥ prayāge gaṅgāyāṃ mriyante, tadā sapadi svargaṃ labhante
[yadā - tadā, Korr. = wenn - dann; bhaktaḥ = Gläubige; prayāgam, n. Eig. = Allahabad (Lok.); gaṅgā, f. Eig. = Ganges (Lok.); mṛ, mriyate, 6. = sterben (PrPl.); sapadi, Adv. = sofort; svargaḥ = Himmel (Akk.); labh, labhate, 1. = erlangen (PrPl.)]

25.6. »yatas - tatas« = »weil - deshalb«

१८०३ यतो मित्राणि तमत्यजंस्ततः स प्रतिवेशी न भाषते
1803 Weil die Freunde ihn verließen, redet dieser Nachbar nicht
1803 yato mitrāṇi tam_atyajaṃs_tataḥ sa prativeśī na bhāṣate
[yatas - tatas, Korr. = weil - deshalb (indeklinabel); mitram = Freund; tad, Pron. = das (tam, m. Akk. = ihn, saḥ, m. Nom. = er, dieser); tyaj, tyajati, 1. = verlassen (atyajan, Impf.); prativeśin, m. = Nachbar (Nom.); na, Ind. = nicht; bhāṣ, bhāṣate, 1. = sprechen (PrSg.)]

25.7. »yad - tad« = »was - das« oder »dasjenige, das«

१८०४ यद्भावि तद्भवतु
1804 Was sein muß, muß sein (FÜ.)
1804 yad_bhāvi, tad_bhavatu
[yad - tad, Korr. = was - das (yad - tad, n. Nom., Anm.: Die indeklinablen Korr. yathā usw. sind Korrelativ-Konjunktionen, die deklinablen Korr. yad usw. sind Korrelativ-Pronomen); bhāvin, Adj. = werdend (bhāvi, n. Nom. Sg. = notwendig); bhū, bhavati, 1. = werden (Imp.)]

१८०५ यः पृथिवीं पालयति स पार्थिव उच्यते
1805 Wer die Erde beschützt, der wird Fürst genannt
1805 yaḥ pṛthivīṃ pālayati, sa pārthiva ucyate
[yad - tad, Korr. = was - das (yaḥ, m. Nom. - saḥ, m. Nom. = wer - der); pṛthivī = Erde (Akk., pṛthu, Adj. = breit, pṛthvī, f. Adj. = die breite, ergänze Erde); pāl, pālayati, 10. = beschützen (PrSg.); pārthivaḥ = Fürst (Nom.); vac, vakti, 2. = nennen (ucyate, Präs. Pass.)]

१८०६ यद्यदेतेषामिष्टं तत्तत् क्रियताम्
1806 Was auch immer deren Wunsch ist, das soll getan werden (FÜ.)
1806 yad-yad_eteṣām_iṣṭaṃ, tat-tat kriyatām
[yad - tad, Korr. = was - das (n. Nom. Sg., verdoppelt = was auch immer, das); etad, Pron. = dies (eteṣām, m. Gen. Pl. = deren, für sie); iṣṭam = Wunsch (Nom., Wz. iṣ, icchati, iṣṭa = erwünscht); kṛ, karoti, 8. = tun (Imp. Pass., kriyate, Pass.)]

१८०७ उपायेन यच्छक्यं न तच्छक्यं पराक्रमैः
1807 Was durch List möglich ist, muß nicht mit Gewalt gemacht werden (FÜ.)
1807 upāyena yac_chakyaṃ, na tac_chakyaṃ parākramaiḥ
[upāyaḥ = Planung (planvolles Handeln, aber auch List, Instr.); yad - tad, Korr. = was - das (yat - tat, n. Nom. - n. Nom.); na, Ind. = nicht; śakya, Adj. = möglich (śakyam, n. Nom. Sg., Sa.: t + ś = c + ch); parākramaḥ = Gewalt (Instr. Pl.)]

१८०८ जीवितुं यः स्वयमिच्छेत् कथं सो ऽन्यं प्रघातयेत्
1808 Wer selbst leben will, wie könnte dieser einen anderen töten? (= Wie könnte derjenige, der selbst zu leben wünschte, einen anderen töten?)
1808 jīvituṃ yaḥ svayam_icchet, kathaṃ so 'nyaṃ praghātayet?
[jīvitum, Inf. = leben (Wz. jīv, jīvati); yad - tad, Korr. = was - das (yaḥ, m. Nom. Sg. - saḥ, m. Nom. Sg. = wer - der = derjenige, der); svayam, Pron. = selbst (Ind.); iṣ, icchati, 6. = wollen (Opt.); katham, Interr. = wie?; anya, Pron. = ander (anyam, m. Akk. Sg.); han, pra-ghātayati, 10. = töten (Opt.)]

१८०९ पुस्तकस्था या विद्या कार्यकाले समुत्पन्ने न सा विद्या
1809 Buchwissen ist kein Wissen, wenn die Zeit zum Handeln gekommen ist (FÜ.)
1809 pustaka-sthā yā vidyā, kārya-kāle samutpanne, na sā vidyā
[pustakam = Buch (Komp.); stha, Adj. = stehend (befindlich, f. Nom. Sg.); yad - tad, Korr. = was - das (yā, f. Nom. - sā, f. Nom. = diese - welche); vidyā = Wissen, n. (Nom.); kārya-kālaḥ = Zeit zum Handeln (Lok. abs.); samutpanna, Part. = entstanden (m. Lok., Wz. pad, sam-ut-padyate); na, Ind. = kein (na + Subst.)]

१८१० ते धन्या ये वीतरागा वने यौवनं नयन्ते
1810 Diese Glücklichen, die leidenschaftslos im Walde die Jugend verbringen!
1810 te dhanyā ye vīta-rāgā vane yauvanaṃ nayante!
[yad - tad, Korr. = was - das (ye - te, m. Nom. Pl.); dhanya, Adj. = glücklich (m. Nom. Pl., Anm.: »dhanam = Reichtum« und »dhanya = reich, glücklich« gehen vermutlich auf die im Sanskrit unübliche Wz. »dhan = laufen« zurück, vgl. »dhānyam = Getreide«, das unstreitig auf die Wz. »dhā« zurückgeht, siehe Übungssatz 1104); vīta-rāga, Adj. = leidenschaftslos (vīta-rāgāḥ, m. Nom. Pl., vīta + rāgaḥ = ohne Leidenschaft, Komp.); vanam = Wald (Lok.); yauvanam = Jugend (Akk.); nī, nayate, 1. = verbringen (PrPl., hier Atm., sonst Par.)]

१८११ धन्यास्ते नृपा ये निशि सुखं विश्राम्यन्ति
1811 Glücklich die Könige, die nachts zufrieden ruhen!
1811 dhanyās_te nṛpā ye niśi sukhaṃ viśrāmyanti!
[dhanya, Adj. = glücklich (m. Nom.); yad - tad, Korr. = was - das (te - ye, m. Nom. Pl. = diejenige - welche); nṛpaḥ = König (Nom. Pl.); niśi, Adv. = nachts (Lok. von niś, f. = Nacht); sukham, Adv. = zufrieden; śram, vi-śrāmyati, 4. = ruhen (PrPl.)]

१८१२ ये पूर्वे जन्मनि शूद्रा अजायन्त ते स्वान् धर्मान् सम्यगनुतिष्ठन्तः परे जन्मनि द्विजा जनिष्यन्ते
1812 Im nächsten Leben werden die ihre Pflichten richtig Erfüllenden als Brahmanen geboren werden, die im früheren Leben als Diener geboren wurden (WÜ.)
1812 ye pūrve janmani śūdrā ajāyanta, te svān dharmān samyag_anutiṣṭhantaḥ pare janmani dvijā janiṣyante
[yad - tad, Korr. = was - das (ye - te, m. Nom. Pl. = die - die); pūrva, Pron. = früh (n. Lok., als Adj.: pūrve, als Pron.: pūrvasmin); janman, n. = Leben, n. (Geburt, Lok.); śūdraḥ = Diener (Nom. Pl. als App.); jan, jāyate, 4. = geboren werden (ajāyanta, Impf., janiṣyante, Fut.); sva, Pron. = eigen (svān, m. Akk. Pl. = ihre); dharmaḥ = Pflicht (Akk.); samyak, Adv. = richtig (genau); anutiṣṭhat, Part. = befolgend (m. Nom. Pl., Wz. sthā, anu-tiṣṭhati); para, Pron. = nächst (n. Lok., als Adj.: pare, als Pron.: parasmin); dvijaḥ = Brahmane (Nom. Pl. als App.)]

25.7.1. »yad - tad« mit Akkusativ

१८१३ यद्वदति तत् सत्यम्
1813 Was er sagt, das ist die Wahrheit (= Das, was er sagt, ist die Wahrheit)
1813 yad_vadati, tat satyam
[yad - tad, Korr. = was - das (deklinabel, yat, n. Akk., tat, n. Nom.); vad, vadati, 1. = sagen; satyam = Wahrheit (Nom., ergänze: asti = ist)]

१८१४ यं पर्वतमारोहामः सो ऽतीव तुङ्गः
1814 Der Berg, den wir besteigen, ist sehr hoch
1814 yaṃ parvatam_ārohāmaḥ, so 'tīva tuṅgaḥ
[yad - tad, Korr. = was - das (yam, m. Akk. - saḥ, m. Nom. = den - der); parvataḥ = Berg (Akk.); ruh, ā-rohati, 1. = besteigen (+ Akk., PrPl.); atīva, Adv. = sehr (Präfix ati + Ind. iva); tuṅga, Adj. = hoch (m. Nom.)]

१८१५ यन्मूर्खो वदति तन्मतिमाञ्छ्रोतुं नेच्छति
1815 Was der Narr sagt, das will der Kluge nicht hören
1815 yan_mūrkho vadati, tan_matimāñ_chrotuṃ necchati
[yad - tad, Korr. = was - das (yat, n. Akk., tat, n. Akk.); mūrkhaḥ = Narr; vad, vadati, 1. = sagen (PrSg.); matimat, Adj. = klug (m. Nom., Sa.: matimān śrotum); śrotum, Inf. = hören (Wz. śru, śṛṇoti); na, Ind. = nicht; iṣ, icchati, 6. = wollen (+ Inf., na icchati, PrSg.)]

१८१६ यं द्विजातिं ह्यो ऽपश्यं तमेवाह्वयामि
1816 Ich rufe gerade den Brahmanen herbei, den ich gestern sah (= Den Brahmanen, den ich gestern sah, rufe ich gerade herbei)
1816 yaṃ dvijātiṃ hyo 'paśyaṃ, tam_evāhvayāmi
[yad - tad, Korr. = was - das (yam, m. Akk. - tam, m. Akk. = denjenigen, den); dvijātiḥ, m. = Brahmane (»Zweitgeborene«, Akk.); hyas, Adv. = gestern; paś, paśyati, 4. = sehen (Impf.); eva, Ind. = gerade; hve, ā-hvayati, 1. = herbeirufen (PrSg.)]

१८१७ यत् प्रमाणं ब्रह्मवित् करोति लोकस्तदनुवर्तते
1817 Was der Theologe zur Richtschnur macht, das befolgt man
1817 yat pramāṇaṃ brahma-vit karoti, lokas_tad_anuvartate
[yad - tad, Korr. = was - das (yat - tat, n. Akk. = welches - dieses, dabei yat attributiv); pramāṇam = Richtschnur (Akk.); brahma-vid, brahma-vit, m. = Theologe (Nom.); kṛ, karoti, 8. = machen (PrSg.); lokaḥ = man (Mensch); vṛt, anu-vartate, 1. = befolgen (+ Akk., PrSg.)]

१८१८ यं देवा हिंसितुमिच्छन्ति बुद्ध्यास्तं विश्लिष्यन्ति
1818 Wen die Götter töten wollen, den bringen sie um den Verstand (Zum Vergleich: Quem di diligunt, adolescens moritur)
1818 yaṃ devā hiṃsitum_icchanti, buddhyās_taṃ viśliṣyanti
[yad - tad, Korr. = was - das (yam - tam, m. Akk. = wen - den); devaḥ = Gott (Pl.); hiṃsitum, Inf. = töten (Wz. hiṃs, hinasti); iṣ, icchati, 6. = wollen (+ Inf., PrPl.); buddhiḥ, f. = Verstand (buddhyāḥ oder buddheḥ, Abl.); śliṣ, vi-śliṣyati, 4. = trennen (von + Abl., PrPl.)]

१८१९ यत् पूर्वं लिखितं तन्मार्जितुं कः क्षमः
1819 Wer ist imstande, das auszuwischen, was früher geschrieben worden ist?
1819 yat pūrvaṃ likhitaṃ, tan_mārjituṃ kaḥ kṣamaḥ?
[yad - tad, Korr. = was - das (yat, n. Nom. - tat, n. Akk.); pūrvam, Adv. = früher; likhita, Part. = geschrieben (n. Nom., Wz. likh, likhati); mārjitum, Inf. = auswischen (Wz. mṛj, mārṣṭi); kim, Interr. = was? (kaḥ, m. Nom. = wer); kṣama, Adj. = imstande (fähig zu + Inf., m. Nom.)]

१८२० याः कथाः पुराणेषु श्रूयन्ते ता एते नटा नट्यश्च नाटयन्ति
1820 Die Geschichten, die in den Puranas erzählt werden, stellen diese Schauspieler und Schauspielerinnen dar (= Diese Schauspieler und Schauspielerinnen führen die Geschichten auf, die in den Puranas erzählt werden)
1820 yāḥ kathāḥ purāṇeṣu śrūyante, tā ete naṭā naṭyaś_ca nāṭayanti
[yad - tad, Korr. = was - das (yāḥ, f. Nom. Pl. - tāḥ, f. Akk. Pl. = diejenigen, die); kathā = Geschichte; purāṇam = Sage (Lok. Pl. = in alten Geschichten); śru, śṛṇoti, 5. = hören (Präs. Pass.); etad, Pron. = dies (ete, m. Nom. Pl., m. wegen m. plus f.); naṭaḥ = Schauspieler; naṭī = Schauspielerin; ca, Konj. = und; naṭ, nāṭayati, 10. = darstellen (aufführen + Akk., PrPl.)]

१८२१ यमुपवनस्य सीम्नि वृक्षादुत्पतन्तं पक्षिणमपश्यं स मया पाशैरबध्यत
1821 Von mir wurde der Vogel mit Schlingen gefangen, den ich am Rand des Wäldchens von dem Baum auffliegen sah
1821 yam_upavanasya sīmni vṛkṣād_utpatantaṃ pakṣiṇam_apaśyaṃ, sa mayā pāśair_abadhyata
[yad - tad, Korr. = was - das (yam, m. Akk. - saḥ, m. Nom. = denjenigen, der); upavanam = Wäldchen (Gen.); sīman, f. = Grenze (sīmni oder sīmani, Lok.); vṛkṣaḥ = Baum (Abl.); utpatat, Part. = auffliegend (m. Akk., Wz. pat, ut-patati); pakṣin, m. = Vogel (Akk.); paś, paśyati, 4. = sehen (Impf.); mad, Pron. = ich (mayā, Instr.); pāśaḥ = Schlinge (Instr.); bandh, badhnāti, 9. = fangen (Impf. Pass., badhyate, Pass.)]

१८२२ यानि वस्तूनि पुरा महता श्रमेण साध्यान्यासंस्तान्यधुना यन्त्राणां सामर्थ्यादल्पेनोद्यमेन साध्यानि सन्ति
1822 Die Dinge, die früher mit großer Mühe erreichbar waren, sind heute dank der Maschinen mit geringer Mühe erreichbar
1822 yāni vastūni purā mahatā śrameṇa sādhyāny_āsaṃs_tāny_adhunā yantrāṇāṃ sāmarthyād_alpenodyamena sādhyāni santi
[yad - tad, Korr. = was - das (yāni, n. Nom. Pl. - tāni, n. Nom. Pl.); vastu, n. = Ding (Nom. Pl.); purā, Adv. = früher; mahat, Adj. = groß (m. Instr.); śramaḥ = Mühe (Instr.); sādhya, Adj. = erreichbar (n. Nom. Pl.); as, asti, 2. = sein (āsan, Impf., santi, PrPl.); adhunā, Adv. = jetzt; yantram = Maschine (Gen. Pl.); sāmarthyāt, Präp. + Gen. = kraft (und vaśena, Präp. = kraft, vermöge, dank); alpa, Adj. = gering (alpena, m. Instr.); udyamaḥ = Anstrengung (Instr.)]

25.7.2. »yad - tad« mit anderen Kasus

१८२३ यस्यार्थास्तस्य मित्राणि
1823 Wessen Gelder, dessen Freunde (FÜ.: Wer Geld hat, hat Freunde)
1823 yasyārthās_tasya mitrāṇi
[yad - tad, Korr. = was - das (yasya - tasya, m. Gen. = wessen - dessen); arthaḥ = Geld (Nom. Pl.: Güter); mitram = Freund (ergänze: as, asti: »yasya arthāḥ santi, tasya mitrāṇi santi«]

१८२४ बुद्धिर्यस्य बलं तस्य
1824 Wessen Verstand, dessen Kraft (FÜ.: Wer Verstand hat, hat Macht)
1824 buddhir_yasya, balaṃ tasya
[buddhiḥ, f. = Verstand; yad - tad, Korr. = was - das (yasya - tasya, m. Gen. = wessen - dessen); balam = Gewalt]

१८२५ यस्यान्नं खादामि तस्य साम गायामि
1825 Wes Brot ich eß, des Lied ich sing (WÜ.)
1825 yasyānnaṃ khādāmi, tasya sāma gāyāmi
[yad - tad, Korr. = was - das (yasya, m. Gen. - tasya, m. Gen. = wessen - dessen); annam = Speise (Akk.); khād, khādati, 1. = essen (PrSg.); sāman, n. = Lied (sāma, Akk. Sg.); gai, gāyati, 1. = singen (PrSg., Beispiel für wörtliche Rückübersetzung aus dem Deutschen)]

१८२६ यः पठति तस्य बुद्धिर्विकसति
1826 Wer liest, dessen Verstand blüht auf
1826 yaḥ paṭhati, tasya buddhir_vikasati
[yad - tad, Korr. = was - das (yaḥ, m. Nom. - tasya, m. Gen., wer - dessen); paṭh, paṭhati, 1. = lesen (PrSg.); buddhiḥ, f. = Verstand; kas, vi-kasati, 1. = aufblühen (PrSg.)]

१८२७ किं तया धेन्वा क्रियते यस्या दुग्धं नोपलभ्यते
1827 Was geschieht mit der Kuh, die keine Milch mehr gibt (FÜ.)
1827 kiṃ tayā dhenvā kriyate, yasyā dugdhaṃ nopalabhyate?

[kim, Interr. = was? (n. Nom.); yad - tad, Korr. = was - das (tayā, f. Instr., yasyāḥ, f. Abl. = von der); dhenuḥ, f. = Kuh (dhenvā, Instr.); kṛ, karoti, 8. = machen (Präs. Pass. = geschehen); dugdham = Milch (Nom.); na, Ind. = kein (+ Subst.); labh, upa-labhate, 1. = erlangen (von + Abl., upalabhyate, Präs. Pass.)]

१८२८ परार्थं यो ऽवटं खनति तस्मिन् सो ऽपि ध्रुवं पतति

1828 Wer andern eine Grube gräbt, fällt selbst hinein (FÜ.)

1828 parārthaṃ yo 'vaṭaṃ khanati, tasmin so 'pi dhruvaṃ patati

[parārtham, Adv. = »andern« (für einen anderen); yad - tad, Korr. = was - das (yaḥ - saḥ, m. Nom. = wer - der); avaṭaḥ = Grube (Akk.); khan, khanati, 1. = graben (PrSg.); tad, Pron. = das (tasmin, m. Lok.); api, Ind. = auch; dhruvam, Adv. = gewiß; pat, patati, 1. = fallen (PrSg.)]

१८२९ पूर्वे वयसि तत् कुर्याद्येन वृद्धः सुखं वसेत्

1829 Im der Jugend möge man das schaffen, wovon man als Greis zufrieden leben kann

1829 pūrve vayasi tat kuryād_yena vṛddhaḥ sukhaṃ vaset

[pūrva, Pron. = früh (n. Lok., Anm.: Deklination wie »sva«, also Lok. pūrvasmin oder pūrve); vayas, n. = Lebensalter (Lok., pūrve vayasi = in der Jugend); yad - tad, Korr. = was - das (tat, n. Akk. - yena, n. Instr. = das - wovon); kṛ, karoti, 8. = schaffen (kuryāt, Opt.); vṛddhaḥ = Greis; sukham, Adv. = zufrieden; vas, vasati, 1. = leben (Opt.)]

१८३० यस्मै ग्रन्थकर्त्रे पुस्तकं दत्तं स पुस्तकागाराद्गतः

1830 Der Autor, dem das Buch gegeben worden ist, ist aus der Bibliothek gegangen (FÜ.)

1830 yasmai grantha-kartre pustakaṃ dattaṃ, sa pustakāgārād_gataḥ

[yad - tad, Korr. = was - das (yasmai, m. Dat. = dem, saḥ, m. Nom. = der); grantha-kartṛ, grantha-kartā, m. = Autor (»Buch-Macher«, Dat.); pustakam = Buch; datta, Part. = gegeben (n. Nom., Wz. dā, dadāti); pustakāgāram = Bibliothek (Abl., pustakam + āgāram = »Bücher-Haus«, Komp., āgāram = Raum); gata, Part. = gegangen (m. Nom., Wz. gam, gacchati)]

१८३१ येषां कृतज्ञता नास्ति तेभ्यो गुरुः कुप्यति

1831 Denen, die keine Dankbarkeit zeigen, grollt der Lehrer (FÜ.)

1831 yeṣāṃ kṛta-jñatā nāsti, tebhyo guruḥ kupyati

[yad - tad, Korr. = was - das (yeṣāṃ, m. Gen. Pl. = deren, tebhyaḥ, m. Dat. Pl. = denen); kṛta-jñatā = Dankbarkeit; na, Ind. = kein (+ Subst.); as, asti, 2. = haben (PrSg., »deren ist keine Dankbarkeit«); guruḥ, m. = Lehrer; kup, kupyati, 4. = zürnen (+ Dat., PrSg.)]

१८३२ येषां न विद्या ते मनुष्यरूपेण मृगाश्चरन्ति

1832 Die ohne Wissen sind, wandeln als Tiere in Menschengestalt

1832 yeṣāṃ na vidyā, te manuṣya-rūpeṇa mṛgāś_caranti

[yad - tad, Korr. = was - das (yeṣāṃ, m. Gen. Pl. - te, m. Nom. Pl. = deren - diese); na, Ind. = kein (na vidyā asti = deren kein Wissen ist); manuṣyaḥ = Mensch (Komp.); rūpam = Gestalt (Instr., manuṣya-rūpeṇa = in Menschengestalt); mṛgaḥ = Tier (Nom. = als Tiere, App.); car, carati, 1. = gehen (wandeln, PrPl.)]

१८३३ न तेन वृद्धो भवति येनास्य शिरः पलितं

1833 Jemand wird nicht dadurch reif, daß sein Haupt grau wird

1833 na tena vṛddho bhavati, yenāsya śiraḥ palitaṃ

[na, Ind. = nicht; yad - tad, Korr. = was - das (yena - tena, n. Instr. = dadurch daß, indem); vṛddha, Adj. = reif (erwachsen, weise, m. Nom.); bhū, bhavati, 1. = werden (PrSg.); idam, Pron. = dies (asya, m. Gen. = dessen); śiras, n. = Haupt; palita, Adj. = grau (n. Nom.)]

१८३४ स एवैष उत्तरः प्रदेशो यस्मिन् प्रियया सह चिरमवसम्

1834 Dies hier ist der nördliche Landstrich, wo ich mit der Geliebten lange wohnte

1834 sa evaiṣa uttaraḥ pradeśo, yasmin priyayā saha ciram_avasam [yad - tad, Korr. = was - das (saḥ, m. Nom. = der, yasmin, m. Lok. = wo); eva, Ind. = hier (hebt »saḥ« hervor); etad, Pron. = dies (eṣaḥ, m. Nom.); uttara, Pron. = nördlich (m. Nom.); pradeśaḥ = Landstrich (Gegend, uttaraḥ pradeśaḥ = »Uttar Pradesh«); priyā = Geliebte (Instr.); saha, Präp. + Instr. = mit; ciram, Adv. = lange; vas, vasati, 1. = wohnen (Impf.)]

१८३५ येनैतदखिलं जगन्निरमीयत तस्मा ईश्वराय नमः

1835 Verehrung dem Gott, durch den diese ganze Welt geschaffen wurde!

1835 yenaitad_akhilaṃ jagan_niramīyata, tasmā īśvarāya namaḥ!

[yad - tad, Korr. = was - das (yena, m. Instr. - tasmai, m. Dat., Sa.: ai + ī = ā + ī); etad, Pron. = dies (n. Nom.); akhila, Adj. = ganz (n. Nom.); jagat, n. = Welt (Nom.); mā, nir-mimīte, 3. = erschaffen (Impf. Pass., nir-mīyate, Pass.); īśvaraḥ = Gott (Dat.); namas, n. = Verehrung (+ Dat., Nom.)]

१८३६ यस्य वित्तमस्ति स कुलीनः स पण्डितः स दर्शनीयः। सर्वे हि गुणाः काञ्चनमाश्रयन्ते

1836 Wer Besitz hat, der ist adlig, der ist gebildet, der ist hübsch. Denn alle Tugenden fliehen zum Gold

1836 yasya vittam_asti, sa kulīnaḥ sa paṇḍitaḥ sa darśanīyaḥ. sarve hi guṇāḥ kāñcanam_ āśrayante

[yad - tad, Korr. = was - das (yasya, m. Gen. - saḥ, m. Nom.); vittam = Besitz (Nom.); as, asti, 2. = haben (PrSg., »wessen Besitz ist« = »wer Besitz hat«); kulīna, Adj. = adlig (m. Nom., kulam = Adel, Geschlecht); paṇḍita, Adj. = gebildet (m. Nom.); darśanīya, Adj. = hübsch (ansehnlich, m. Nom.); sarva, Pron. = all (sarve, m. Nom. Pl.); hi, Konj. = denn; guṇaḥ = Tugend; kāñcanam = Gold (Akk.); śri, ā-śrayate, 1. = Zuflucht nehmen (zu + Akk., PrPl.)]

१८३७ अस्मिंल्लोके यत् क्रियते तस्य फलममुष्मिंल्लोके ऽनुभूयते

1837 Was in dieser Welt getan wird, dessen Ergebnis wird in jener Welt genossen

1837 asmiṃl_loke yat kriyate, tasya phalam_amuṣmiṃl_loke 'nubhūyate

[idam, Pron. = dies (asmin, m. Lok., Sa.: asmin + l = asmiṃl_l); lokaḥ = Welt (Lok.); yad - tad, Korr. = was - das (yad, n. Nom., tasya, m. Gen.); kṛ, karoti, 8. = tun (Präs. Pass.); phalam = Ergebnis (»Frucht« im übertragenen Sinne, Nom.); adas, Pron. = jenes (amuṣmin, m. Lok.); bhū, anu-bhavati, 1. = genießen (Präs. Pass.)]

१८३८ यासां विवाहाः स्वैः पुत्रैः सह समजायन्त ताभिः कन्याभी राजा दशरथो ऽयोध्यामगच्छत्

1838 König Dasharatha ging mit den Töchtern, deren Eheschließungen mit seinen Söhnen stattfanden, nach Ayodhya

1838 yāsāṃ vivāhāḥ svaiḥ putraiḥ saha samajāyanta, tābhiḥ kanyābhī rājā daśa-ratho 'yodhyām_agacchat

[yad - tad, Korr. = was - das (yāsām, f. Gen. Pl., tābhiḥ, f. Instr. Pl.); vivāhaḥ = Eheschließung; sva, Pron. = eigen (m. Instr. Pl.); putraḥ = Sohn (Instr.); saha, Präp. + Instr. = mit; jan, saṃ-jāyate, 4. = stattfinden (Impf., Nominalstil); kanyā = Tochter (Instr. Pl., Sa.: kanyābhiḥ + r = kanyābhī + r); rājan, m. = König (Nom.); daśa-rathaḥ, m. Eig. = Dasharatha (König von Ayodhya); ayodhyā, f. Eig. = Oudh (Ayodhya, Akk.); gam, gacchati, 1. = gehen (nach + Akk., Impf.)]

25.8. »yad« = »daß, so daß« und »yena = wodurch«

१८३९ न ह्येष स्थाणोरपराधो यदेनमन्धो न पश्यति

1839 Denn es ist nicht die Schuld des Baumstumpfs, daß der Blinde ihn nicht sieht

1839 na hy_eṣa sthāṇor_aparādho, yad_enam_andho na paśyati

[na, Ind. = nicht; hi, Konj. = denn; etad, Pron. = dies (eṣaḥ, m. Nom.); sthāṇuḥ, m. = Baumstumpf (Gen.); aparādhaḥ = Schuld; yad, Konj. = daß (Anm.: yad ist in dieser Bedeutung indeklinabel); enad, Pron. = dies (enam, m. Akk., kein Nom. vorhanden); andha, Adj. = blind (andhaḥ, m. Nom. = der Blinde); na, Ind. = nicht; paś, paśyati, 4. = sehen (PrSg.)]

१८४० एतद्दुःखस्य भेषजं यदेनन्नानुचिन्तयेत्
1840 Dies ist das Heilmittel für den Schmerz, daß man über ihn nicht nachdenke (WÜ.)
1840 etad_duḥkhasya bheṣajam, yad_enan_nānucintayet
[etad, Pron. = dies (n. Nom.); duḥkham = Schmerz (Gen. = für den Schmerz); bheṣajam = Heilmittel (Etymologie verworren); yad, Konj. = daß; enad, Pron. = dies (enad, n. Akk., kein Nom. vorhanden); na, Ind. = nicht; cint, anu-cintayati, 10. = nachdenken (über + Akk., Opt.)]

१८४१ किमप्रियं कृतं यत् पापं चिन्तयसि
1841 Was ist Unerfreuliches geschehen, daß du Böses planst?
1841 kim_apriyaṃ kṛtaṃ, yat pāpaṃ cintayasi?
[kim, Interr. = was? (n. Nom.); apriyam = Unerfreuliches (Nom.); kṛta, Part. = geschehen (n. Nom.); yad, Konj. = daß (so daß); pāpam = Böse, n.; cint, cintayati, 10. = planen (PrSg.)]

१८४२ किमेभिस्तव विप्रियं कृतं यदेषामनिष्टं कर्तुमुद्यतो ऽसि
1842 Was ist dir von diesen Schlimmes zugefügt worden, daß du begierig bist, ihnen Böses anzutun?
1842 kim_ebhis_tava vipriyaṃ kṛtaṃ, yad_eṣām_aniṣṭaṃ kartum_udyato 'si?
[kim, Interr. = was? (n. Nom.); idam, Pron. = dies (ebhiḥ, m. Instr. Pl. = von diesen, eṣām, m. Gen. Pl. = für diese); tvad, Pron. = du (tava, Gen. = für dich); vipriya, Adj. = schlimm (n. Nom.); kṛta, Part. = zugefügt (n. Nom., Wz. kṛ, karoti); yad, Konj. = daß (so daß); aniṣṭam = Böse, n. (Akk.); kartum, Inf. = antun (Wz. kṛ); udyata, Adj. = begierig (erpicht + Inf., m. Nom.); as, asti, 2. = sein (asi, PrSg.)]

१८४३ किं शक्यं कर्तुं यन्न नृपः क्रुध्यति
1843 Was kann getan werden, damit der König nicht zürnt?
1843 kiṃ śakyaṃ kartuṃ, yan-na nṛpaḥ krudhyati?
[kim, Interr. = was? (n. Nom.); śakya, Adj. = möglich (+ Inf., n. Nom.); kartum, Inf. = machen (»was ist möglich zu machen«); yan-na, Konj. = damit nicht (Sa.: yad + na = so daß nicht, englisch: lest, franz.: à moins que ne); nṛpaḥ = König; krudh, krudhyati, 4. = zürnen (PrSg.)]

१८४४ तस्य च्छात्त्रतां व्रजामि येन पण्डितो भवामि
1844 Ich schreite zu dessen Schülerschaft, wodurch ich gebildet werde (WÜ.)
1844 tasya cchāttratāṃ vrajāmi, yena paṇḍito bhavāmi
[tad, Pron. = das (tasya, m. Gen. = dessen); chāttratā = Schülerschaft (Akk., Sa.: kurzer Vokal + ch = Vokal + cch, getrennt geschrieben); vraj, vrajati, 1. = schreiten (PrSg., »vraj« + Subst. = Streckverb: zur Schülerschaft schreiten = Schüler werden, Nominalstil); yena, Konj. = wodurch (so daß); paṇḍita, Adj. = gebildet (m. Nom.); bhū, bhavati, 1. = werden (PrSg.)]

25.9. Doppelkorrelative

१८४५ यथा ये मां प्रपद्यन्ते तथा तानहं भजे
1845 So wie sie zu mir kommen, so nehme ich sie auf (FÜ.)
1845 yathā ye māṃ prapadyante, tathā tān_ahaṃ bhaje
[yathā - tathā, Korr. = wie - so; yad - tad, Korr. = was - das (ye, m. Nom. Pl. - tān, m. Akk. Pl.); mad, Pron. = ich (mām, Akk. = mich, aham, Nom.); pad, pra-padyate, 4. = flüchten (zu + Akk., PrPl.); bhaj, bhajate, 1. = empfangen (PrSg.)]

१८४६ यो यत्र कुशलः कार्ये तं तत्र विनियोजयेत्
1846 Wer bei einer Aufgabe geschickt ist, den sollte man damit beauftragen
1846 yo yatra kuśalaḥ kārye, taṃ tatra viniyojayet
[yad - tad, Korr. = was - das (yaḥ, m. Nom. - tam, m. Akk. = wer - den); yatra - tatra, Korr. = wo - dort (auch als Ersatz für yasmin - tasmin, Lok.); kuśala, Adj. = geschickt (m. Nom.); kāryam = Aufgabe (Lok.); yuj, vi-ni-yojayati, 10. = beauftragen (mit + Lok., Opt.)]

१८४७ यो यद्बीजं वपति सो ऽपि तत्फलं लभते
1847 Wer diesen Samen sät, der erlangt auch dessen Frucht
1847 yo yad-bījaṃ vapati, so 'pi tat-phalaṃ labhate
[yad - tad, Korr. = was - das (yaḥ - saḥ, m. Nom. als Substantive = wer - der, ferner: yat - tat, attributive Komp. = dieses - dessen = tad, n. - tasya); bījam = Same (Akk.); vap, vapati, 1. = säen (PrSg.); api, Ind. = auch; phalam = Frucht (Akk.); labh, labhate, 1. = erlangen (PrSg.)]

१८४८ यदेव यस्मै रोचते तत् तस्य सुन्दरं भवेत्
1848 Schön für einen ist das, was einem gerade gefällt (FÜ.)
1848 yad_eva yasmai rocate, tat tasya sundaraṃ bhavet
[yad - tad, Korr. = was - das (yat - tat, n. Nom. = was - das, ferner: yasmai, m. Dat. - tasya, m. Gen. = wem - dessen); eva, Ind. = gerade; ruc, rocate, 1. = gefallen (+ Dat., PrSg.); sundara, Adj. = schön (n. Nom., oder als Subst. = Schönes); bhū, bhavati, 1. = sein (Opt.)]

25.10. Korrelative mit Dual

१८४९ अमू तौ तरू यौ ह्यो ऽकृन्तम्
1849 Jenes sind die zwei Bäume, die ich gestern fällte
1849 amū tau tarū, yau hyo 'kṛntam
[adas, Pron. = jenes (amū, m. Nom. Du.); yad - tad, Korr. = was - das (tau, m. Nom. Du. - yau, m. Akk. Du.); taruḥ, m. = Baum (Nom. Du. und Akk. Du.); hyas, Adv. = gestern; kṛt, kṛntati, 6. = fällen, Baum (Impf., Der Satzbau »yau tāru hyaḥ akṛntam, tau amū« wäre zu kopflastig)]

१८५० यादृशो ऽयं तादृशौ तावपि
1850 So wie er ist, genauso sind auch diese beiden (FÜ.)
1850 yādṛśo 'yaṃ, tādṛśau tāv_api
[yādṛśa - tādṛśa, Korr. = wie - so (von welcher Art - von solcher Art, yādṛśaḥ, m. Nom. Sg., tādṛśau, m. Nom. Du.); idam, Pron. = dies (ayam, m. Nom. = er); tad, Pron. = das (tau, m. Nom. Du.); api, Ind. = auch]

१८५१ ययासुरो हतस्तस्यै देव्यै हविषी यच्छेव
1851 Wir beide sollten der Göttin, durch die der Dämon vernichtet worden ist, zwei Opfergaben darbringen
1851 yayāsuro hatas_tasyai devyai haviṣī yaccheva
[yad - tad, Korr. = was - das (yayā, f. Instr., tasyai, f. Dat.); asuraḥ = Dämon (Nom.); hata, Part. = vernichtet (m. Nom., Wz. han, hanti); devī = Göttin (Dat.); havis, n. = Opfergabe (haviṣī, Akk. Du.); yam, yacchati, 1. = darbringen (+ Dat. + Akk., Opt. Du.)]

१८५२ यदा प्रयागं प्रपद्येवहि तदा पितामहाय पत्त्रं लिखेव
1852 Wenn wir beide in Allahabad ankommen sollten, dann würden wir dem Großvater einen Brief schreiben
1852 yadā prayāgaṃ prapadyevahi, tadā pitā-mahāya pattraṃ likheva
[yadā - tadā, Korr. = wenn - dann (+ Opt. im Haupt- und Nebensatz); prayāgam, n. Eig. = Allahabad (Akk.); pad, pra-padyate, 4. = ankommen (in + Akk., Opt. Du.); pitā-mahaḥ = Großvater (Dat.); pattram = Brief (Akk.); likh, likhati, 6. = schreiben (+ Dat. + Akk., Opt. Du.)]

१८५३ याभ्यां चौर्यं कृतं तावपराधिनौ वधको ऽघातयत्
1853 Der Scharfrichter tötete die beiden Verbrecher, von denen der Diebstahl begangen worden ist
1853 yābhyāṃ cauryaṃ kṛtaṃ, tāv_aparādhinau vadhako 'ghātayat
[yad - tad, Korr. = was - das (yābhyām, m. Instr. Du., tau, m. Akk. Du.); cauryam = Diebstahl (Nom.); kṛta, Part. = gemacht (n. Nom., Wz. kṛ, karoti); aparādhin, m. = Verbrecher (Akk. Du.); vadhakaḥ = Scharfrichter; han, ghātayati, 10. = töten (Impf., Kaus. von han, hanti)]

१८५४ यदा शिवो विष्णुश्च पुराणा ऋचो निरर्थकानि च यजूंष्यपठतां तदावामर्थं नावागच्छाव
1854 Immer wenn Shiva und Vishnu alte Verse und unsinnige Opfersprüche vorlasen, verstanden wir beide nicht den Sinn
1854 yadā śivo viṣṇuś_ca purāṇā ṛco nirarthakāni ca yajūṃṣy_apaṭhatāṃ, tadāvām_ artham nāvāgacchāva
[yadā - tadā, Korr. = immer wenn - dann; śivaḥ, m. Eig. = Shiva; viṣṇuḥ, m. Eig. = Vishnu; ca, Konj. = und; purāṇa, Adj. = alt (purāṇāḥ, f. Akk. Pl.); ṛc, ṛk, f. = Vers (Rig-Veda-Vers, ṛcaḥ, Akk. Pl.); nirarthaka, Adj. = sinnlos (n. Akk. Pl.); yajus, n. = Opferspruch (Akk. Pl.); paṭh, paṭhati, 1. = vorlesen (Impf. Du.); asmad, Pron. = wir (āvām, Nom. Du. = wir beide); arthaḥ = Sinn (Akk.); na, Ind. = nicht; gam, ava-gacchati, 1. = verstehen (ava + agacchāva, Impf. Du.)]

26. Steigerungsformen

26.1. Superlativ

१८५५ आचारो वै प्रधानो धर्मः
1855 Anstand ist fürwahr eine vorzügliche Tugend
1855 ācāro vai pradhāno dharmaḥ
[ācāraḥ = Anstand; vai, Ind. = fürwahr; pradhāna, Superl. = vorzüglichst (oder vorzüglich, m. Nom., Anm.: Superlative und Komparative sind im Sanskrit oft nur Elative oder Positive, d.h. semantisch klare Steigerungsformen sind nur ansatzweise entwickelt); dharmaḥ = Tugend]

१८५६ दुहिता किल परं कृपणम्
1856 Eine Tochter ist fürwahr das größte Elend
1856 duhitā kila paraṃ kṛpaṇam
[duhitṛ, duhitā, f. = Tochter; kila, Ind. = fürwahr; para, Superl. = größt (n. Nom., »para« dient je nach Kontext als Positiv, Komparativ und Superlativ); kṛpaṇam = Elend, n.]

१८५७ संतोषः खलु पुरुषस्य परं निधानम्
1857 Die Zufriedenheit ist fürwahr der größte Schatz des Menschen
1857 saṃtoṣaḥ khalu puruṣasya paraṃ nidhānam
[saṃtoṣaḥ = Zufriedenheit; khalu, Ind. = fürwahr; puruṣaḥ = Mensch (Gen.); para, Superl. = größt (n. Nom.); nidhānam = Schatz]

१८५८ नरो नाम नार्याः परं भूषणम्
1858 Der Mann nämlich ist des Weibes höchste Zierde
1858 naro nāma nāryāḥ paraṃ bhūṣaṇam
[naraḥ = Mann; nāma, Adv. = nämlich; nārī = Frau (Gen.); para, Superl. = höchst (n. Nom.); bhūṣaṇam = Zierde]

१८५९ शीलं परमं भूषणं बोधथ
1859 Ihr erkennt den Charakter als größte Zierde
1859 śīlaṃ paramaṃ bhūṣaṇaṃ bodhatha
[śīlam = Charakter (Akk.); parama, Superl. = größt (n. Akk., parama gilt als Superl. zu para); bhūṣaṇam = Zierde (Akk.); budh, bodhati, 1. = erkennen (als + Akk. + Akk., PrPl.)]

१८६० पितरि रामस्य परम आदरः
1860 In bezug auf den Vater hat Rama größten Respekt
1860 pitari rāmasya parama ādaraḥ
[pitṛ, pitā, m. = Vater (Lok. = beim = in bezug auf); rāmaḥ, m. Eig. = Rama (Gen., ergänze asti = hat); parama, Superl. = größt (paramaḥ, m. Nom.); ādaraḥ = Achtung (Respekt + Lok.)]

१८६१ अहं ब्रह्मास्मि। अहमेव परब्रह्म। अहमेवेदं सर्वम्
1861 Ich bin Brahman. Ich bin wirklich das höchste Brahman. Ich bin dies wirklich alles
1861 ahaṃ brahmāsmi. aham_eva para-brahma. aham_evedaṃ sarvam
[mad, Pron. = ich (aham, Nom.); brahman, n. = Brahman (brahma, Nom.); as, asti, 2. = sein (asmi, PrSg.); eva, Ind. = wahrlich; para, Superl. = höchst (Komp.); idam, Pron. = dies (n. Nom., eva idam); sarva, Pron. = all (n. Nom.)]

१८६२ दैवमेव परं मन्ये पौरुषं तु निरर्थकम्
1862 Das Schicksal halte ich für das höchste, die Mannhaftigkeit dagegen für unnütz
1862 daivam_eva paraṃ manye, pauruṣaṃ tu nirarthakam
[daivam = Schicksal (Akk.); eva, Ind. = wahrlich; para, Superl. = höchst (n. Akk.); man, manyate, 4. = halten (für + Akk. + Akk., PrSg.); pauruṣam = Mannhaftigkeit (Akk.); tu, Konj. = dagegen; nirarthaka, Adj. = unnütz (n. Akk.)]

१८६३ कालिदासं महिष्ठं कविं भारते वन्दामहे
1863 Wir verehren Kalidasa als den größten Dichter in Indien
1863 kāli-dāsaṃ mahiṣṭhaṃ kaviṃ bhārate vandāmahe
[kāli-dāsaḥ, m. Eig. = Kalidasa (Akk.); mahiṣṭha, Superl. = größt (m. Akk.); kaviḥ, m. = Dichter (Akk.); bhāratam, n. Eig. = Indien (Lok.); vand, vandate, 1. = verehren (als + Akk. + Akk., PrPl.)]

१८६४ तुभ्यमिदमन्तिमं कुसुमं यच्छानि
1864 Dir will ich diese letzte Blume geben
1864 tubhyam_idam_antimaṃ kusumaṃ yacchāni
[tvad, Pron. = du (tubhyam, Dat. = dir); idam, Pron. = dies (n. Akk.); antima, Superl. = letzt (n. Akk.); kusumam = Blume (Akk.); yam, yacchati, 1. = geben (+ Dat. + Akk., Imp.)]

१८६५ अहो प्रियतमेन सुहृदा वियुक्ताः स्मः
1865 Ach, wir sind von dem liebsten Freund getrennt worden!
1865 aho, priyatamena suhṛdā viyuktāḥ smaḥ!
[aho, Interj. = ach!; priyatama, Superl. = liebst (m. Instr.); suhṛd, suhṛt, m. = Freund (Instr.); viyukta, Part. = getrennt (m. oder f. Nom. Pl., Wz. yuj, vi-yuṅkte); as, asti, 2. = sein (PrPl.)]

१८६६ अपरिणीतानां कन्यानां वधो ऽधमैर्नरैरादिश्यते
1866 Die Tötung unverheirateter Töchter wird von den gemeinsten Menschen befohlen
1866 apariṇītānāṃ kanyānāṃ vadho 'dhamair_narair_ādiśyate
[apariṇīta, Adj. = unverheiratet (f. Gen. Pl., pari-ṇīta = verheiratet, kanyāṃ pari-ṇayati = er heiratet die Tochter); kanyā = Tochter (Gen.); vadhaḥ = Tötung; adhama, Superl. = gemeinst (m. Instr. Pl.); naraḥ = Mensch (Instr.); diś, ā-diśati, 6. = befehlen (ā-diśyate, Präs. Pass.)]

१८६७ ग्रामस्य सीम्नि भगवतो विष्णोर्यशस्वितमं देवकुलं तिष्ठति
1867 Am Rande des Dorfes steht der berühmteste Tempel des erhabenen Vishnu
1867 grāmasya sīmni bhagavato viṣṇor_yaśasvitamaṃ deva-kulaṃ tiṣṭhati
[grāmaḥ = Dorf (Gen.); sīman, f. = Grenze (sīmni oder sīmani, Lok.); bhagavat, Adj. = erhaben (m. Gen.); viṣṇuḥ, m. Eig. = Vishnu (Gen.); yaśasvitama, Superl. = berühmtest (n. Nom., yaśasvin = berühmt); deva-kulam = Tempel (Komp.); sthā, tiṣṭhati, 1. = stehen (PrSg.)]

१८६८ प्रायेण ज्येष्ठाः पितृषु वल्लभाः कनिष्ठाश्च मातृषु
1868 Häufig sind bei Vätern die Ältesten und bei Müttern die Jüngsten die Lieblinge
1868 prāyeṇa jyeṣṭhāḥ pitṛṣu vallabhāḥ kaniṣṭhāś_ca mātṛṣu
[prāyeṇa, Adv. = häufig; jyeṣṭha, Superl. = ältest (m. Nom. Pl.); pitṛ, pitā, m. = Vater (Lok.); vallabhaḥ = Liebling; vallabha, Adj. = beliebt (m. Nom. = »Lieblinge von«, »beliebt bei« + Lok.); kaniṣṭha, Superl. = jüngst (m. Nom. Pl.); ca, Konj. = und; mātṛ, mātā, f. = Mutter (Lok.)]

26.1.1. »der größte von/unter«

१८६९ सर्वेषु पेयेषु जलं प्रधानम्
1869 Unter allen Getränken ist Wasser das vorzüglichste
1869 sarveṣu peyeṣu jalaṃ pradhānam
[sarva, Pron. = all (n. Lok.); peyam = Getränk (Lok. bei Superl., Wz. pā, pibati = trinken, peya, Ger. = zu trinken); jalam = Wasser; pradhāna, Superl. = vorzüglichst (n. Nom.)]

१८७० वीरेषु रामः श्रेष्ठः
1870 Unter den Helden ist Rama der beste
1870 vīreṣu rāmaḥ śreṣṭhaḥ
[vīraḥ = Held (Lok. bei Superl.); rāmaḥ, m. Eig. = Rama; śreṣṭha, Superl. = best (m. Nom.)]

१८७१ नृषु द्विजः श्रेष्ठः
1871 Unter den Menschen ist der Brahmane (= der »Zweitgeborene«) der beste
1871 nṛṣu dvijaḥ śreṣṭhaḥ
[nṛ, nā, m. = Mensch (Lok. bei Sup.); dvijaḥ = Brahmane; śreṣṭha, Superl. = best (m. Nom.)]

१८७२ बलिषु वीरेषु भीमो बलिष्ठः
1872 Unter den starken Helden ist Bhima der stärkste
1872 baliṣu vīreṣu bhīmo baliṣṭhaḥ.
[balin, Adj. = stark (m. Lok. bei Superl.); vīraḥ = Held (Lok.); bhīmaḥ, m. Eig. = Bhima; baliṣṭha, Superl. = stärkst (m. Nom.)]

१८७३ सर्वेषु पुत्रेषु रामो मम प्रियतमः
1873 Von allen Söhnen ist mir Rama der liebste
1873 sarveṣu putreṣu rāmo mama priyatamaḥ
[sarva, Pron. = all (m. Lok. Pl.); putraḥ = Sohn (Lok. bei Superl.); rāmaḥ, m. Eig. = Rama; mad, Pron. = ich (mama, Gen. = für mich, mir); priyatama, Superl. = liebst (m. Nom.)]

१८७४ द्विजानां जातिषु ब्राह्मणा मुख्याः
1874 Unter den Kasten der Zweitgeborenen sind die Brahmanen am vornehmsten
1874 dvijānāṃ jātiṣu brāhmaṇā mukhyāḥ
[dvijaḥ = Zweitgeborene (Gen.); jātiḥ, f. = Kaste (Lok. bei Superl.); brāhmaṇaḥ = Brahmane (Nom. Pl.); mukhya, Superl. = vornehmst (m. Nom. Pl., mukham = Haupt: »haupt-sächlich«)]

१८७५ काको विहगानां पटिष्ठः
1875 Die Krähe ist unter den Vögeln am klügsten
1875 kāko vihagānāṃ paṭiṣṭhaḥ
[kākaḥ = Krähe; vihagaḥ = Vogel (Gen. Pl. bei Superl.); paṭiṣṭha, Superl. = klügst (m. Nom.)]

१८७६ वर्णानां शूद्रः पापिष्ठः
1876 Unter allen Kasten ist die Dienerkaste die schlechteste
1876 varṇānāṃ śūdraḥ pāpiṣṭhaḥ
[varṇaḥ = Kaste (»Farbige«, Gen. bei Superl.); śūdraḥ = Diener (und Dienerkaste, m. Nom.); pāpiṣṭha, Superl. = schlechtest (m. Nom.)]

१८७७ सर्वेषां गुणानां विनयः श्रेष्ठो ऽविनयश्च पापिष्ठः
1877 Unter allen Tugenden ist die Bescheidenheit die beste und die Unbescheidenheit die schlechteste
1877 sarveṣāṃ guṇānāṃ vinayaḥ śreṣṭho 'vinayaś_ca pāpiṣṭhaḥ
[sarva, Pron. = all (sarveṣām, m. Gen. bei Superl.); guṇaḥ = Eigenschaft (Tugend, Gen.); vinayaḥ = Bescheidenheit; śreṣṭha, Superl. = best (m. Nom.); avinayaḥ = Unbescheidenheit; ca, Konj. = und; pāpiṣṭha, Superl. = schlechtest (m. Nom.)]

१८७८ मित्राणां प्रेष्ठाय मालामयच्छम्
1878 Dem liebsten unter den Freunden reichte ich einen Kranz
1878 mitrāṇāṃ preṣṭhāya mālām_ayaccham
[mitram = Freund (Gen. bei Superl. = unter den Freunden); preṣṭha, Superl. = liebst (n. Dat., weil auf mitram, n. bezogen); mālā = Kranz (Akk.); yam, yacchati, 1. = reichen (+ Dat. + Akk., Impf.)]

26.2. Komparativ

१८७९ कालिदासस्य काव्यानि स्वादुतराणि म्रदीयांसि चालोक्यन्ते
1879 Kalidasas Gedichte werden als lieblicher und weicher erachtet
1879 kāli-dāsasya kāvyāni svādutarāṇi mradīyāṃsi cālokyante
[kāli-dāsaḥ, m. Eig. = Kalidasa (Gen., Komp.); kāvyam = Gedicht (Nom. Pl.); svādutara, Kompar. = lieblicher (n. Nom. Pl.); mradīyas, Kompar. = weicher (n. Nom. Pl., mradīyān, m. Nom. Sg.); lok, ava-lokate, 1. = erachten (und ava-lok-ayati, Kaus., ava-lok-yate, Präs. Pass.)]

१८८० सर्वो लोक आत्मानं बुद्धिमत्तरं पटीयांसं वा मन्यते
1880 Alle Welt hält sich selbst für klüger oder gescheiter
1880 sarvo loka ātmānaṃ buddhimattaraṃ paṭīyāṃsaṃ vā manyate
[sarva, Pron. = all (sarvaḥ, m. Nom.); lokaḥ = Welt (sarvaḥ lokaḥ = alle Welt = jedermann); ātman, Pron. = sich (ātmānam, m. Akk. = sich selbst); buddhimattara, Kompar. = klüger (m. Akk.); paṭīyas, Kompar. = gescheiter (m. Akk. Sg., paṭīyān, m. Nom., »paṭu = scharf«, von Tönen, Intellekt usw.); vā, Konj. = oder; man, manyate, 4. = halten (für + Akk. + Akk., PrSg.)]

१८८१ बलवत्तरा दुर्बलान् मत्स्यानिव खादन्ति
1881 Die Stärkeren verschlingen die Schwachen wie die Fische
1881 balavattarā durbalān matsyān_iva khādanti
[balavattara, Kompar. = stärker (m. Nom. Pl.); durbala, Adj. = schwach (m. Akk. Pl.); matsyaḥ = Fisch (Akk.); iva, Adv. = wie; khād, khādati, 1. = verschlingen (PrPl.)]

१८८२ श्रेयसे यते
1882 Ich strebe nach Besserem (= Ich strebe nach dem Glück)
1882 śreyase yate
[śreyas, Kompar. = besser (n. Dat., śreyān, m. Nom., auch Subst.: śreyas, n. = Glück); yat, yatate, 1. = streben (+ Dat., PrSg.)]

१८८३ श्रेयांसि बहुविघ्नानि
1883 Die besseren Dinge haben die größeren Hindernisse (FÜ.)
1883 śreyāṃsi bahu-vighnāni
[śreyas, Kompar. = besser (n. Nom. Pl.); bahu-vighna, Adj. = hindernisreich (n. Nom. Pl., Komp.: bahu, Adj. = viel, vighnaḥ = Hindernis, »śreyasāṃ, Gen. Pl., bahavo vighnāḥ santi«)]

१८८४ गरीयसः पूजयेच्छ्रेयसे
1884 Die Ehrwürdigen sollte man um des Heils willen verehren
1884 garīyasaḥ pūjayec_chreyase
[garīyas, Kompar. = besser (m. Akk. Pl., oder: garīyas, Adj. = ehrwürdig, Elativ, oder Subst.: garīyān, m. Nom. = der Ehrwürdige); pūj, pūjayati, 10. = verehren (pūjayet, Opt.); śreyas, Kompar. = besser (n. Dat. Sg. Adj., oder: śreyas, n. Subst. = Heil, Sa.: t + ś = c_ch)]

१८८५ पुरुषस्य दिष्टं बलीयः
1885 Das Schicksal des Menschen ist stärker
1885 puruṣasya diṣṭaṃ balīyaḥ
[puruṣaḥ = Mensch (Gen.); diṣṭam = Bestimmung; balīyas, Kompar. = stärker (n. Nom.)]

१८८६ को बन्धुरर्जुनस्य ज्यायान् भ्राता
1886 Welcher Verwandter ist Arjunas älterer Bruder?
1886 ko bandhur_arjunasya jyāyān bhrātā?
[kim, Interr. = was? (kaḥ, m. Nom.); bandhuḥ, m. = Verwandte; arjunaḥ, m. Eig. = Ardschuna (Gen.); jyāyas, Kompar. = älter (jyāyān, m. Nom., auch »größer, mächtiger«, z.B. »jyāyān ka āvayoḥ? = wer ist mächtiger von uns beiden?«); bhrātṛ, bhrātā, m. = Bruder]

१८८७ कनीयांसं पौत्रं कनीयसीं वा पौत्रीमाह्वय
1887 Rufe den jüngeren Enkelsohn oder die jüngere Enkeltochter herbei!
1887 kanīyāṃsaṃ pautraṃ kanīyasīṃ vā pautrīm_āhvaya!
[kanīyas, Kompar. = jünger (kanīyāṃsam, m. Akk., kanīyān, m. Nom., kanīyasīm, f. Akk., kanīyasī, f. Adj. Nom.); pautraḥ = Enkelsohn (Enkel, m. Akk.); vā, Konj. = oder; pautrī = Enkeltochter (Enkelin, f. Akk.); hve, ā-hvayati, 1. = herbeirufen (āhvaya, Imp.)]

१८८८ कृष्णः सर्वदा प्रेयसो जनान् स्मरति
1888 Krishna denkt immer an liebe Menschen
1888 kṛṣṇaḥ sarvadā preyaso janān smarati
[kṛṣṇaḥ, m. Eig. = Krishna; sarvadā, Adv. = immer; preyas, Kompar. = lieber (oder Elativ = lieb, preyasaḥ, m. Akk. Pl., preyān, m. Nom.); janaḥ = Mensch (m. Akk.); smṛ, smarati, 1. = denken (an + Akk., PrSg.)]

१८८९ अत्र भूयांसो धान्यस्य राशयो वर्तन्ते
1889 Hier sind noch mehr Mengen des Getreides
1889 atra bhūyāṃso dhānyasya rāśayo vartante
[atra, Adv. = hier; bhūyas, Kompar. = mehr (oder größer, bhūyāṃsaḥ, m. Nom. Pl., bhūyān, m. Nom.); dhānyam = Getreide (Gen.); rāśiḥ, m. = Menge (Nom. Pl.); vṛt, vartate, 1. = sein (PrPl.)]

१८९० भूरिणा ध्यानेन तत्त्वमवगच्छेः
1890 Durch mehr Meditation würdest du die Wahrheit verstehen
1890 bhūriṇā dhyānena tattvam_avagaccheḥ
[bhūri, Kompar. = mehr (größer, n. Instr., Deklination wie Adj. śuci); dhyānam = Meditation (Instr.); tattvam = Wahrheit (Akk.); gam, ava-gacchati, 1. = verstehen (Opt.)]

१८९१ अल्पीयोभिर्दिवसैः पल्लवांल्लविष्यामः
1891 In wenigen Tagen werden wir die Schößlinge abschneiden
1891 alpīyobhir_divasaiḥ pallavāṃl_laviṣyāmaḥ
[alpīyas, Kompar. = wenig (Kompar. als Elativ, m. Instr. Pl., oder auch katipayair_divasaiḥ = in einigen Tagen, katipaya, Pron. = einige); divasaḥ = Tag (Instr.); pallavaḥ = Schößling (Akk., Sa.: pallavān + l = pallavāṃl_l); lū, lunāti, 9. = abschneiden (Fut., laviṣyati)]

१८९२ महीयांसः प्रकृत्या तूष्णीकाः
1892 Die ganz Großen sind von Natur aus schweigsam
1892 mahīyāṃsaḥ prakṛtyā tūṣṇīkāḥ
[mahīyas, Kompar. = größer (oder ganz groß, m. Nom. Pl.); prakṛtiḥ, f. = Natur (Instr. = von Natur aus); tūṣṇīka, Adj. = schweigsam (m. Nom. Pl.)]

१८९३ भो अमुष्मै बालाय लघीयांसं भारं यच्छ
1893 Herr, gib jenem Jungen die leichtere Last!
1893 bho, amuṣmai bālāya laghīyāṃsaṃ bhāraṃ yaccha!
[bhos, Interj. = Herr! (Sa.: bho vor Vokal); adas, Pron. = jenes (amuṣmai, m. Dat. = jenem); bālaḥ = Junge (Dat.); laghīyas, Kompar. = leichter (laghīyāṃsam, m. Akk.); bhāraḥ = Last (Akk.); yam, yacchati, 1. = geben (+ Dat. + Akk., Imp.)]

१८९४ द्रढीयसा चेतसा यूयमीश्वरं पूजयेत
1894 Ihr solltet mit festerem Entschluß Gott verehren
1894 draḍhīyasā cetasā yūyam_īśvaraṃ pūjayeta
[draḍhīyas, Kompar. = stärker (draḍhīyasā, n. Instr., dṛḍha = fest, z.B. dṛḍhena cetasā, von Wz. dṛh, dṛṃhati = befestigen, nur Vedisch); cetas, n. = Entschluß (Wille, Instr.); yuṣmad, Pron. = ihr (yūyam, Nom.); īśvaraḥ = Gott; pūj, pūjayati, 10. = verehren (Opt.)]

१८९५ भ्रातॄणां ज्येष्ठाय वसूनामधिको भागो दीयताम्
1895 Dem ältesten der Brüder soll der größere Teil des Vermögens gegeben werden
1895 bhrātṝṇāṃ jyeṣṭhāya vasūnām_adhiko bhāgo dīyatām
[bhrātṛ, bhrātā, m. = Bruder (Gen. Pl.); jyeṣṭha, Superl. = ältest (m. Dat.); vasu, n. = Vermögen (Gen. Pl.); adhika, Kompar. = größer (m. Nom.); bhāgaḥ = Teil (Nom.); dā, dadāti, 3. = geben (Imp. Pass., dīyate, Pass.)]

१८९६ पितुर्पश्यतो ऽपि स्वसा कनीयांसं भ्रातरं ताडयति
1896 Obwohl der Vater zusieht, schlägt die Schwester den jüngeren Bruder
1896 pitur_paśyato 'pi, svasā kanīyāṃsaṃ bhrātaraṃ tāḍayati
[pitṛ, pitā, m. = Vater (pituḥ paśyataḥ api, Gen. abs. = trotz des zusehenden Vaters); paśyat, Part. = sehend (m. Gen., Wz. paś, paśyati); api, Ind. = trotz (+ Gen. abs.); svasṛ, svasā, f. = Schwester; kanīyas, Kompar. = jünger (m. Akk.); bhrātṛ, bhrātā, m. = Bruder (Akk.); taḍ, tāḍayati, 10. = schlagen (PrSg.)]

१८९७ कतरद्गरीयो यद्वा जयेम यद्वा नो जयेयुः
1897 Was ist besser, daß wir siegten oder daß sie uns besiegten?
1897 katarad_garīyo yad-vā jayema yad-vā no jayeyuḥ?
[katara, Interr. = welches von beiden? (katarat, n. Nom. Sg.); garīyas, Kompar. = besser (garīyaḥ, n. Nom. Sg.); yad-vā - yad-vā, Korr. = ob - oder (daß oder daß); ji, jayati, 1. = siegen (jayema, Opt. = daß wir siegten, jayeyuḥ, Opt. = daß sie besiegten); asmad, Pron. = wir (naḥ oder asmān, Akk. = uns, Anm.: Dies ist Arjunas Ausgangsfrage in der Bhagavad-Gita, 2-6. Zuvor heißt es: »gurūn_a-hatvā śreyo bhoktuṃ bhaikṣyam = Es ist besser, die Lehrer nicht zu töten und Almosen zu essen«, bhaikṣyam = Bettelmahl, bhoktum, Inf. = essen, Wz. bhuj)]

१८९८ वज्रादपि कठोराणि कुसुमादपि मृदूनि चेतांसि विद्यन्ते
1898 Es gibt Herzen, die hart sind wie ein Diamant und gleichzeitig zart wie eine Blume
1898 vajrād_api kaṭhorāṇi kusumād_api mṛdūni cetāṃsi vidyante
[vajraḥ = Diamant (vajrāt, Abl. bei Kompar.); api - api, Konj. = nicht nur - sondern auch; kaṭhora, Adj. = hart (n. Nom. Pl., »hart im Vergleich zu einem Diamanten« = »härter als ein Diamant«); kusumam = Blume (Abl. bei Kompar.); mṛdu, Adj. = zart (n. Nom. Pl.); cetas, n. = Herz (figürlich, cetāṃsi, n. Nom. Pl.); vid, 6., vidyate, Pass. = geben, es gibt (PrPl.)]

26.2.1. »größer als«

१८९९ बलान्मतिर्गरीयसी
1899 Verstand ist wichtiger als Gewalt
1899 balān_matir_garīyasī
[balam = Gewalt (Abl., Sa.: balāt + m = balān + m); matiḥ, f. = Verstand; garīyas, Kompar. = wichtiger (als + Abl., garīyasī, f. Nom.)]

१९०० सुवर्णाल्लोहो लघीयान्
1900 Eisen ist leichter als Gold
1900 suvarṇāl_loho laghīyān
[suvarṇam = Gold (suvarṇāt, Abl. bei Kompar., Sa.: t + l = l + l); lohaḥ = Eisen (und Kupfer, m. Nom., auch loham, z.B. lohāni, Pl. = Metalle); laghīyas, Kompar. = leichter (m. Nom. Sg.)]

१९०१ अमुष्मात् सद्मनः श्रेय इदं वेश्म
1901 Dieses Haus ist besser als jener Wohnsitz
1901 amuṣmāt sadmanaḥ śreya idaṃ veśma
[adas, Pron. = jenes (amuṣmāt, n. Abl. = als jenes); sadman, n. = Wohnsitz (Abl. bei Kompar.); śreyas, Kompar. = besser (als + Abl., n. Nom.); idam, Pron. = dies (n. Nom.); veśman, n. = Haus (Nom., Anm.: Dieser Satztyp ist kaum entwickelt, weil sich im Sanskrit keine klare sematische Trennung zwischen Komparativen und Elativen ausgebildet hat)]

१९०२ मन्न कश्चिद्धन्यतरः
1902 Keiner ist glücklicher als ich
1902 man_na kaścid_dhanyataraḥ
[mad, Pron. = ich (mat, Abl. bei Kompar., Sa.: mat + na = man_na); na kiṃcid, Pron. = kein (na kaś-cid, m. Nom.); dhanyatara, Kompar. = glücklicher (oder reicher als + Abl., m. Nom.)]

१९०३ त्वदन्यो न को ऽपि जेष्यति
1903 Kein anderer als du wird siegen
1903 tvad_anyo na ko 'pi jeṣyati
[tvad, Pron. = du (tvat, Abl. bei Kompar.); anya, Pron. = ander (anderer als + Abl., m. Nom.); na kimapi, Pron. = kein (na kaḥ api = na ko 'pi, m. Nom.); ji, jayati, 1. = siegen (ji + syati = jeṣyati, Fut.)]

१९०४ विष्णोरन्यः शिवः
1904 Shiva ist anders als Vishnu
1904 viṣṇor_anyaḥ śivaḥ
[viṣṇuḥ, m. Eig. = Vishnu (Abl.); anya, Pron. = ander (anders als = verschieden von = ein anderer als + Abl. bei Kompar., m. Nom.); śivaḥ, m. Eig. = Shiva]

१९०५ सत्यान्नास्ति परो धर्मः
1905 Es gibt kein anderes Gesetz als die Wahrheit
1905 satyān_nāsti paro dharmaḥ
[satyam = Wahrheit (Abl. bei Kompar., Sa.: satyāt + n = satyān + n); na, Ind. = kein (+ Subst.); as, asti, 2. = sein (PrSg.); para, Pron. = ander (anderer als + Abl., m. Nom.); dharmaḥ = Gesetz]

१९०६ विवेकान्न परो बन्धुः
1906 Es gibt keinen anderen Freund als die Vernunft
1906 vivekān_na paro bandhuḥ
[vivekaḥ = Vernunft (vivekāt, Abl. bei Kompar.); na, Ind. = kein (+ Subst.); para, Pron. = ander (anderer als + Abl., m. Nom.); bandhuḥ, m. = Freund (Nom.)]

१९०७ न लोभादधिको दोषो न दानादधिको गुणः
1907 Kein Laster ist größer als die Gier, keine Tugend größer als die Freigebigkeit
1907 na lobhād_adhiko doṣo, na dānād_adhiko guṇaḥ
[na, Ind. = kein (na + Subst.); lobhaḥ = Gier (Abl.); adhika, Kompar. = größer (als + Abl., m. Nom.); doṣaḥ = Laster; dānam = Freigebigkeit (Abl.); guṇaḥ = Tugend]

१९०८ जननी जन्मभूमिश्च स्वर्गादपि गरीयसी
1908 Mutter und Heimat sind wichtiger als sogar der Himmel
1908 jananī janma-bhūmiś_ca svargād_api garīyasī
[jananī = Mutter (f.); janma-bhūmiḥ, f. = Heimat (Komp., janman = Geburt, bhūmiḥ = Erde); ca, Konj. = und; svargaḥ = Himmel (Abl., Sa.: bhūmiḥ ca svargāt); api, Ind. = sogar; garīyas, Kompar. = wichtiger (garīyasī, f. Nom. Sg., Anm.: Es müßte »garīyasyau, f. Du.« heißen, doch bezieht sich ein Adj. oft nur auf das letztgenannte Subst.)]

१९०९ भीमाद्बलीयसा शत्रुणा रणे नृपो जितः

1909 Der König ist von einem im Vergleich zu Bhima stärkeren Feind in der Schlacht besiegt worden

1909 bhīmād_balīyasā śatruṇā raṇe nṛpo jitaḥ

[bhīmaḥ, m. Eig. = Bhima (Abl. bei Kompar. = im Vergleich zu Bhima); balīyas, Kompar. = stärker (m. Instr.); śatruḥ, m. = Feind (Instr.); raṇaḥ = Schlacht (Lok.); nṛpaḥ = König; jita, Part. = besiegt (m. Nom., Wz. ji, jayati)]

१९१० तव ज्येष्ठो भ्राता त्वद्बलीयान् किंतु त्वं तस्मात् पटीयान्

1910 Dein ältester Bruder ist stärker als du, aber du bist klüger als er

1910 tava jyeṣṭho bhrātā tvad_balīyān, kiṃtu tvaṃ tasmāt paṭīyān

[tvad, Pron. = du (tava, Gen. = deiner, tvat, Abl. = als du, tvam, Nom. = du); jyeṣṭha, Superl. = ältest (m. Nom.); bhrātṛ, bhrātā, m. = Bruder; balīyas, Kompar. = stärker (als + Abl., balīyān, m. Nom.); kiṃtu, Konj. = aber; tad, Pron. = das (tasmāt, m. Abl. = als er, Anm.: Das Pron. »enad« kann hier nicht verwendet werden, weil es keinen Abl. hat, doch findet man statt »tasmāt paṭīyān« häufig »tat-paṭīyān« als Komp., allgemein tad + Adj., mad + Adj., tvad + Adj. usw.); paṭīyas, Kompar. = klüger (als + Abl., paṭīyān, m. Nom.)]

१९११ बालानामेष यविष्ठः किंतु बहुभ्यो ज्यायोभ्यो बालेभ्यः स धीमत्तरः

1911 Er ist der jüngste unter den Kindern, aber er ist klüger als viele ältere Kinder

1911 bālānām_eṣa yaviṣṭhaḥ, kiṃtu bahubhyo jyāyobhyo bālebhyaḥ sa dhīmattaraḥ

[bālaḥ = Kind (bālānām, Gen. bei Superl., bālebhyaḥ, Abl. bei Kompar.); etad, Pron. = dies (eṣaḥ, m. Nom. = er); yaviṣṭha, Superl. = jüngst (m. Nom.); kiṃtu, Konj. = aber; bahu, Adj. = viel (m. Abl. Pl.); jyāyas, Kompar. = älter (jyāyobhyaḥ, m. Abl. Pl.); tad, Pron. = das (saḥ, m. Nom. = er); dhīmattara, Kompar. = klüger (m. Nom.)]

26.2.2. »atiricyate = übertreffen«

१९१२ कर्मणो ज्ञानमतिरिच्यते

1912 Erkenntnis übertrifft die Tat (FÜ.)

1912 karmaṇo jñānam_atiricyate

[karman, n. = Tat (karmaṇaḥ, Abl.); jñānam = Erkenntnis (Nom.); ric, ati-ricyate, 4. = übertreffen (= besser sein als + Abl., PrSg. und Präs. Pass. formgleich, Ersatz für Kompar.)]

१९१३ वाचः कर्मातिरिच्यते

1913 Die Tat ist größer als das Wort (FÜ.: Verba docent, exempla trahunt)

1913 vācaḥ karmātiricyate

[vāc, vāk, f. = Wort (Abl. Sg.); karman, n. = Tat (karma, Nom. Sg.); ric, ati-ricyate, 4. = übertreffen (= größer sein als + Abl., PrSg., Ersatz für Kompar.)]

१९१४ मरणादकीर्तिरतिरिच्यते

1914 Unehre ist schlimmer als der Tod

1914 maraṇād_akīrtir_atiricyate

[maraṇam = Tod (Abl.); akīrtiḥ, f. = Unehre (Nom.); ric, ati-ricyate, 4. = übertreffen (= schlimmer sein als + Abl., PrSg., Ersatz für Kompar., Original: »saṃbhāvitasya ca akīrtiḥ maraṇād_atiricyate«, bhū, saṃ-bhāvayati = ehren, saṃbhāvitasya = für den Geehrten)]

Selbsttest: Was bedeutet dieser Vers?

यो मां पश्यति सर्वत्र सर्वं च मयि पश्यति ।
तस्याहं न प्रणश्यामि स च मे न प्रणश्यति ॥

27. Zahlwörter

27.1. Kardinalzahlen

१९१५ शून्यं संख्या
1915 Die Null ist eine Zahl
1915 śūnyaṃ saṃkhyā
[śūnyam = Null (Nom.); saṃkhyā = Zahl (Nom., Anm.: Die Null wurde von Indern erfunden und heißt als Ziffer »binduḥ, m.«, weil die »0« wie ein »Tropfen« aussieht)]

१९१६ गुल्मस्य पुरतो मूषकाणामेको मार्जारेण गृहीतः
1916 Eine der Mäuse ist von der Katze vor dem Gebüsch gefangen worden
1916 gulmasya purato mūṣakāṇām_eko mārjāreṇa gṛhītaḥ
[gulmaḥ = Gebüsch (Gen.); puratas, Präp. + Gen. = vor; mūṣakaḥ = Maus (Gen.); eka, Num. = eins (m. Nom.); mārjāraḥ = Katze (Instr.); gṛhīta, Part. = gefangen (m. Nom., Wz. grah, gṛhṇāti = ergreifen, Part. gṛh-ī-ta mit langem ī-Bindevokal)]

१९१७ एकस्मिन् पादे तपस्वी तिष्ठत्युभयोः पादयोर्योगी
1917 Der Asket steht auf einem Fuß, der Yogi auf beiden Füßen
1917 ekasmin pāde tapasvī tiṣṭhaty_ubhayoḥ pādayor_yogī
[eka, Num. = eins (ekasmin, m. Lok.); pādaḥ = Fuß (Lok. Sg., Lok. Du.); tapasvin, m. = Asket (Nom.); sthā, tiṣṭhati, 1. = stehen (PrSg.); ubha, Pron. = beide (Dualwort, ubhayoḥ, m. Du. Lok.); yogin, m. = Yogi (Nom.)]

१९१८ एकं दिनं शशी पूर्णः क्षीणस्तु बहूनि दिनानि
1918 Einen Tag lang ist der Mond voll, verschwunden dagegen viele Tage lang
1918 ekaṃ dinaṃ śaśī pūrṇaḥ, kṣīṇas_tu bahūni dināni
[eka, Num. = eins (n. Akk.); dinam = Tag (Akk. Sg. = einen Tag lang, Akk. Pl. = viele Tage lang); śaśin, m. = Mond (Nom.); pūrṇa, Adj. = voll (m. Nom.); kṣīṇa, Adj. = verschwunden (m. Nom., Wz. kṣi, kṣiṇāti, Part.: kṣī-ṇa); tu, Konj. = dagegen; bahu, Adj. = viel (n. Akk. Pl.)]

१९१९ यथैकेन चक्रेण रथो न वहेत् तथाल्पेनोद्यमेन कार्यं न सिध्येत्
1919 Genauso wie mit einem einzigen Rad kein Wagen fahren kann, genauso kann mit geringer Anstrengung keine Aufgabe gelingen
1919 yathaikena cakreṇa ratho na vahet, tathālpenodyamena kāryaṃ na sidhyet
[yathā - tathā, Korr. = wie - so (+ Opt. im Haupt- und Nebensatz, Sa.: yathā ekena cakreṇa, tathā alpena udyamena); eka, Num. = eins (n. Instr.); cakram = Rad (Instr.); rathaḥ = Wagen (Nom.); na, Ind. = kein (na + Subst.); vah, vahati, 1. = fahren (Opt.); alpa, Adj. = gering (m. Instr.); udyamaḥ = Anstrengung (Instr.); kāryam = Aufgabe (Nom.); sidh, sidhyati, 4. = gelingen (Opt.)]

१९२० शरद्यसौ परिव्राट् सकृद्गिरिं कैलासमव्रजत्
1920 Im Herbst wanderte jener Pilger einmal zum Berg Kailas
1920 śarady_asau parivrāṭ sakṛd_giriṃ kailāsam_avrajat
[śarad, śarat, f. = Herbst (śaradi, Lok.); adas, Pron. = jenes (asau, m. Nom. = jener, der dort); parivrāj, parivrāṭ, m. = Pilger; sakṛt, Num. = einmal; giriḥ, m. = Berg (Akk. als App.); kailāsaḥ, m. Eig. = Kailas (Kailash, Akk.); vraj, vrajati, 1. = wandern (zum + Akk., Impf.)]

१९२१ एकासां नारीनामेको नरो ऽस्त्यन्यासां तु नारीनां द्वौ नरौ स्तः
1921 Einige Frauen haben einen Mann, andere Frauen dagegen haben zwei Männer
1921 ekāsāṃ nārīnām_eko naro 'sty_anyāsāṃ tu nārīnāṃ dvau narau staḥ
[eka - anya, Pron. = einige - andere (ekāsām, f. Gen. Pl. - anyāsām, f. Gen. Pl.); nārī = Frau (Gen. Pl.); eka, Num. = eins (ekaḥ, m. Nom. = ein, eke, m. Nom. Pl. = einige, Anm.: »eka« hat

keinen Du., »dvi« hat keinen Sg. und Pl.); naraḥ = Mann (Nom. Sg., Nom. Du.); as, asti, 2. = haben (asti = PrSg., staḥ = PrDu., »der Frauen sind« = »die Frauen haben«); tu, Konj. = dagegen; dvi, Num. = zwei (dvau, m. Nom. Du.)]

१९२२ गङ्गायाः पुरी द्वौ क्रोशौ

1922 Vom Ganges ist die Burg zwei Meilen entfernt
1922 gaṅgāyāḥ purī dvau krośau
[gaṅgā, f. Eig. = Ganges (Abl.); purī = Burg (oder Stadt); dvi, Num. = zwei (dvau, m. Akk. Du.); krośaḥ = Meile (Akk. Du., wie weit? = Akk, + dūrā, f. Nom. = entfernt, oft adverbial, z.B.: krośa-mātraṃ gatvā drakṣyatha saraḥ = nach einer Meile werdet ihr den See sehen)]

१९२३ सार्थस्य नेतुर्द्वे धेनू द्वौ चाजावध्यगच्छम्

1923 Von dem Anführer der Karawane erwarb ich zwei Kühe und zwei Ziegenböcke
1923 sārthasya netur_dve dhenū dvau cājāv_adhyagaccham
[sārthaḥ = Karawane (Gen.); netṛ, netā, m. = Anführer (Abl.); dvi, Num. = zwei (dve, f. Akk. Du., dvau, m. Akk. Du., Anm.: »dvi« bleibt meist unübersetzt); dhenuḥ, f. = Kuh (Akk. Du.); ajaḥ = Ziegenbock (ajau, Akk. Du.); gam, adhi-gacchati, 1. = erwerben (+ Abl. + Akk., Impf.)]

१९२४ रामस्य त्रयः कनीयांसो भ्रातर आसन्

1924 Rama hatte drei jüngere Brüder
1924 rāmasya trayaḥ kanīyāṃso bhrātara āsan
[rāmaḥ, m. Eig. = Rama (Gen.); tri, Num. = drei (trayaḥ, m. Nom. Pl.); kanīyas, Kompar. = jünger (kanīyāṃsaḥ, m. Nom. Pl.); bhrātṛ, bhrātā, m. = Bruder (bhrātaraḥ, Nom. Pl.); as, asti, 2. = haben (Impf., »rāmasya āsan« = »des Rama waren« = »Rama hatte oder besaß«)]

१९२५ त्रिभिश्चक्रै रथो युक्तः

1925 Der Wagen ist mit drei Rädern verbunden (= hat drei Räder)
1925 tribhiś_cakrai ratho yuktaḥ
[tri, Num. = drei (tribhiḥ, n. Instr. Pl., trīṇi, n. Nom. Pl.); cakram = Rad (Instr., Sa.: cakraiḥ + r = cakrai + r); rathaḥ = Wagen (Nom.); yukta, Part. = verbunden (m. Nom., Wz. yuj, yunakti)]

१९२६ त्रीणि वर्षाणि कुमारी सीतोदीक्षेत

1926 Drei Jahre lang sollte Jungfrau Sita warten
1926 trīṇi varṣāṇi kumārī sītodīkṣeta
[tri, Num. = drei (trīṇi, n. Akk. Pl.); varṣam = Jahr (Akk. Pl. = drei Jahre lang); kumārī = Jungfrau (Nom. als App.); sītā, f. Eig. = Sita (Nom.); īkṣ, ud-īkṣate, 1. = warten (Opt.)]

१९२७ एते त्रयः पुरुषस्य गरिष्ठाः । आचार्यः पिता माता च

1927 Diese drei sind für den Menschen am wichtigsten: Lehrer, Vater und Mutter
1927 ete trayaḥ puruṣasya gariṣṭhāḥ: ācāryaḥ pitā mātā ca
[etad, Pron. = dies (ete, m. Nom. Pl.); tri, Num. = drei (trayaḥ, m. Nom. Pl.); puruṣaḥ = Mensch (Gen.); gariṣṭha, Superl. = wichtigst (m. Nom. Pl., Kongruenz: m. + f. = m.); ācāryaḥ = Lehrer (m.); pitṛ, pitā, m. = Vater (m.); mātṛ, mātā, f. = Mutter (m.); ca, Konj. = und]

१९२८ तस्य चत्वारः पुत्रास्तिस्रश्च दुहितर आसन्

1928 Er hatte vier Söhne und drei Töchter
1928 tasya catvāraḥ putrās_tisraś_ca duhitara āsan
[tad, Pron. = das (tasya, m. Gen. = dessen); catur, Num. = vier (catvāraḥ, m. Nom. Pl.); putraḥ = Sohn (m. Pl.); tri, Num. = drei (tisraḥ, f. Nom. Pl.); duhitṛ, duhitā, f. = Tochter (duhitaraḥ, Nom. Pl.); as, asti, 2. = haben (āsan, Impf. = »dessen waren« = »er hatte«)]

१९२९ भारतवर्षे चत्वारो वेदाः षड्दर्शनानि च विद्यन्ते

1929 Es gibt in Indien vier Veden und sechs Weltanschauungen
1929 bhārata-varṣe catvāro vedāḥ ṣaḍ_darśanāni ca vidyante

[bhārata-varṣam, n. Eig. = Indien (Lok., Komp.); catur, Num. = vier (catvāraḥ, m. Nom. Pl.); vedaḥ = Veda; ṣaṣ, Num. = sechs (Nom. Pl., Anm.: ṣaṭ hat kein Genus und im Nom. und Akk. zudem keine Endung); darśanam = Weltanschauung (Nom. Pl.: »Ansichten« = philosophische Systeme); ca, Konj. = und; vid, 6., vidyate, Pass. = geben, es gibt (PrPl.)]

१९३० ऋग्वेदस्य पञ्च शाखाः सन्ति

1930 Der Rig-Veda hat fünf Zweige

1930 ṛg-vedasya pañca śākhāḥ santi

[ṛg-vedaḥ = Rig-Veda (Gen., Komp.: ṛc, ṛk, f. = Rig-Veda-Vers, vedaḥ = Wissen); pañca, Num. = fünf (Nom. Pl., Anm.: pañca hat kein Genus und zudem im Nom. und Akk. keine Endung); śākhā = Zweig (Schulrichtung, z.B. āśvalāyana-śākhā, Nom. Pl.); as, asti, 2. = haben (PrPl.)]

१९३१ पञ्च वर्षाणि पुत्रं लालयेद्दश वर्षाणि च ताडयेत्

1931 Fünf Jahre lang sollte er den Sohn hätscheln und zehn Jahre lang schlagen

1931 pañca varṣāṇi putraṃ lālayed_daśa varṣāṇi ca tāḍayet

[pañca, Num. = fünf (Akk.); varṣam = Jahr (Akk. Pl.); putraḥ = Sohn (Akk.); lal, lālayati, 10. = hätscheln (Opt.); daśa, Num. = zehn (Akk. Pl., daśa hat kein Genus und zudem im Nom. und Akk. keine Endung); ca, Konj. = und; taḍ, tāḍayati, 10. = schlagen (Opt.)]

१९३२ पञ्चभिरुर्वीभिर्नदीभिः संगतः सिन्धुर्गङ्गाया वरीयान् दृश्यते

1932 Der mit fünf breiten Flüssen vereinte Indus scheint breiter als der Ganges zu sein

1932 pañcabhir_urvībhir_nadībhiḥ saṃgataḥ sindhur_gaṅgāyā varīyān dṛśyate

[pañca, Num. = fünf (pañcabhiḥ, Instr. Pl. ohne Genus); uru, Adj. = breit (urvībhiḥ, f. Instr. Pl., urvī, f. Adj. Nom., Steigerung: uru - varīyas - variṣṭha); nadī = Fluß (Instr. Pl.); saṃgata, Part. = vereint (m. Nom., Wz. gam, saṃ-gacchate); sindhuḥ, m. Eig. = Indus; gaṅgā, f. Eig. = Ganges (gaṅgāyāḥ, Abl. bei Kompar.); varīyas, Kompar. = breiter (als + Abl., varīyān, m. Nom.); dṛś, 1., dṛśyate, Pass. = scheinen (zu sein, aussehen, PrSg.)]

१९३३ षण्णां भ्रातॄणां सुमन्त्रो ज्येष्ठः

1933 Sumantra ist der älteste der sechs Brüder

1933 ṣaṇṇāṃ bhrātṝṇāṃ sumantro jyeṣṭhaḥ

[ṣaṣ, Num. = sechs (ṣaṇṇām, Gen. Pl., ṣaṭ hat im Nom. und Akk. keine Endung und kein Genus. Anm.: ṣaṭ ist eines der sehr raren Wörter mit ṣ-Anlaut); bhrātṛ, bhrātā, m. = Bruder (Gen. bei Superl.); sumantraḥ, m. Eig. = Sumantra; jyeṣṭha, Superl. = ältest (m. Nom.)]

१९३४ सुजनैः षड्दोषा हातव्याः सप्त च धर्माः कर्तव्याः

1934 Von den guten Menschen sind sechs Laster zu meiden und sieben Pflichten zu tun

1934 sujanaiḥ ṣaḍ_doṣā hātavyāḥ sapta ca dharmāḥ kartavyāḥ

[sujanaḥ = guter Mensch (Instr.); ṣaṣ, Num. = sechs (ṣaṭ, Nom. Pl. ohne Genus); doṣaḥ = Laster (Nom. Pl.); hātavya, Ger. = zu meiden (m. Nom. Pl., Wz. hā, jahāti); sapta, Num. = sieben (Nom. Pl., sapta hat im Nom. und Akk. keine Endung und kein Genus); ca, Konj. = und; dharmaḥ = Pflicht (Nom. Pl.); kartavya, Ger. = zu tun (m. Nom. Pl., Wz. kṛ, karoti)]

१९३५ दिवे सप्तानामृषीणां तारा राजन्ते

1935 Am Himmel leuchten die Sterne der sieben Seher (= des großen Bären)

1935 dive saptānām_ṛṣiṇāṃ tārā rājante

[divam = Himmel (Lok.); sapta, Num. = sieben (saptānām, Gen. Pl.); ṛṣiḥ, m. = Seher (Gen. Pl.); tārā = Stern (tārāḥ, Nom. Pl.); rāj, rājate, 1. = leuchten (PrPl., aber rañj, rajyati = röten)]

१९३६ अयं ग्रन्थकर्ताष्ट पुस्तकान्यरचयत्

1936 Dieser Autor verfaßte acht Bücher

1936 ayaṃ grantha-kartāṣṭa pustakāny_aracayat

[idam, Pron. = dies (ayam, m. Nom.); grantha-kartṛ, grantha-kartā, m. = Autor; aṣṭa, Num. =

acht (aṣṭa, Akk. Pl., aṣṭa im Nom. und Akk. ohne Endung und ohne Genus); pustakam = Buch (Akk. Pl.); rac, racayati, 10. = verfassen (Impf.)]

१९३७ मया नव ग्रन्थाः प्राकाश्यन्त
1937 Von mir wurden neun Bücher veröffentlicht
1937 mayā nava granthāḥ prākāśyanta
[mad, Pron. = ich (mayā, Instr.); nava, Num. = neun (nava, Nom. Pl., nava im Nom. und Akk. ohne Endung und ohne Genus); granthaḥ = Buch (Nom. Pl.); kāś, pra-kāśate, 1. = veröffentlichen (pra + akāśyanta = prākāśyanta, Impf. Pass., prakāśyate, Pass.)]

१९३८ कति रूपकास्त्वया प्रतिवेशिने देयाः। अहं प्रतिवेशिने दश रूपकान् धारयामि
1938 Wieviele Rupien mußt du dem Nachbarn geben? Ich schulde dem Nachbarn Rs. 10,-
1938 kati rūpakās_tvayā prativeśine deyāḥ? ahaṃ prativeśine daśa rūpakān dhārayāmi
[kati, Interr. = wieviele? (Nom. Pl., »kati« hat wie »daśa« im Nom. und Akk. keine Endung und kein Genus); rūpakaḥ = Rupie (Nom. und Akk. Pl.); tvad, Pron. = du (tvayā, Instr. = von dir); prativeśin, m. = Nachbar (Dat.); deya, Ger. = zu geben (m. Nom. Pl., Wz. dā, dadāti); mad, Pron. = ich (aham, Nom.); daśa, Num. = zehn (daśa, Akk. Pl. ohne Endung und Genus); dhṛ, dhārayati, 10. = schulden (oder verdanken + Dat. + Akk., PrSg.)]

१९३९ एका कन्या दशभिः पुत्रैस्तुल्या
1939 Eine Tochter ist zehn Söhnen gleich
1939 ekā kanyā daśabhiḥ putrais_tulyā
[eka, Num. = eins (ekā, f. Nom.); kanyā = Tochter; daśa, Num. = zehn (Instr. Pl. ohne Genus); putraḥ = Sohn (Instr.); tulya, Adj. = gleich (mit + Instr., f. Nom.)]

१९४० द्वादशभिर्वर्षैर्व्याकरणं श्रूयते
1940 Die Grammatik wird in zwölf Jahren gelernt
1940 dvādaśabhir_varṣair_vyākaraṇaṃ śrūyate
[dvādaśa, Num. = zwölf (Instr. Pl., dvā-daśa = 2 + 10 = 12, Zahl mit -daśa im Nom. und Akk. ohne Endung und Genus, Instr. = in welcher Zeit?); varṣam = Jahr (Instr. Pl.); vyākaraṇam = Grammatik (Nom.); śru, śṛṇoti, 5. = lernen (Präs. Pass.)]

१९४१ द्वादशाम्राणि चतुर्भी रूप्यैर्विक्रीयन्ते
1941 Zwölf Mangofrüchte kosten vier Rupien
1941 dvādaśāmrāṇi caturbhī rūpyair_vikrīyante
[dvādaśa, Num. = zwölf (dvādaśa, Nom. Pl., im Nom. und Akk. ohne Endung und ohne Genus); āmram = Mango (Nom. Pl. = Mangos oder Mangofrüchte); catur, Num. = vier (caturbhiḥ, n. Instr.); rūpyam = Rupie (Silber- oder Goldmünze, Instr., rūpyam = Prägung); krī, vi-krīṇāti, 9. = kosten (vikrīyante, Präs. Pass. = verkauft werden für + Instr. = kosten)]

१९४२ त्रिंशताश्वैश्च चत्वारिंशताश्वाभिश्च सह विंशतिरश्वपालाः पुरं प्राविशन्
1942 Mit dreißig Hengsten und vierzig Stuten drangen zwanzig Pferdehändler in die Stadt ein
1942 triṃśatāśvaiś_ca catvāriṃśatāśvābhiś_ca saha viṃśatir_aśva-pālāḥ puraṃ prāviśan
[triṃśat, Num. = dreißig (triṃśatā, Instr. Sg., triṃśat ist Singularwort ohne Genus, d.h. es paßt sich nicht dem Genus und Numerus des Bezugswortes an, und wird dekliniert wie ein f. Subst. von Typ sarit, f. = Fluß); aśvaḥ = Hengst (m. Instr. Pl.); ca, Konj. = und; catvāriṃśat, Num. = vierzig (catvāriṃśatā, Instr. Sg., catvāriṃśat ist Singularwort mit Dekl. wie sarit, f.); aśvā = Stute (f. Instr. Pl.); saha, Präp. + Instr. = mit; viṃśatiḥ, Num. = zwanzig (viṃśatiḥ, Nom. Sg., viṃśatiḥ ist ein Singularwort ohne Genus mit Dekl. wie ein f. Subst. vom Typ matiḥ, f. = Verstand); aśva-pālaḥ = Pferdehändler (m. Nom. Pl., Komp.); puram = Stadt (Akk.); viś, pra-viśati, 6. = eindringen (Impf.)]

१९४३ नवत्या गजैः पञ्चाशत् क्षत्रिया अशीतिमरीनभिधावन्ति
1943 Mit neunzig Elefanten greifen fünfzig Krieger achtzig Feinde an
1943 navatyā gajaiḥ pañcāśat kṣatriyā aśītim_arīn_abhidhāvanti
[navatiḥ, Num. = neunzig (navatyā, Instr. Sg., navatiḥ ist ein Adj. im Singular ohne Genus mit Deklination wie ein f. Subst. vom Typ matiḥ, f. = Verstand); pañcāśat, Num. = fünfzig (pañcāśat ist ein Adj. im Singular ohne Genus mit Deklination wie ein Subst. vom Typ sarit, f. = Fluß); gajaḥ = Elefant (m. Instr. Pl.); kṣatriyaḥ = Krieger (m. Nom. Pl.); aśītiḥ, Num. = achtzig (Akk. Sg., aśītiḥ ist ein Adj. im Singular ohne Genus mit Deklination wie ein f. Subst. vom Typ matiḥ); ariḥ, m. = Feind (m. Akk. Pl.); dhāv, abhi-dhāvati, 1. = angreifen (PrPl.)]

१९४४ त्वं जीव शतं शरदः
1944 Du sollst hundert Jahre lang leben!
1944 tvaṃ jīva śataṃ śaradaḥ!
[tvad, Pron. = du (tvam, Vok., Anm.: Entweder »tvam jīva = du sollst leben« oder »tvam, jīva = oh du, lebe«); jīv, jīvati, 1. = leben (Imp.); śatam, Num. = hundert (n. Akk. Sg., Anm.: śatam wird entweder wie ein neutrales Adj. im Singular oder als ein neutrales Pluralwort mit vorangestelltem Genitiv behandelt); śarad, śarat, f. = Jahr (f. Akk. Pl., wie lange? = Akk.)]

१९४५ पिपीलिकापि योजनानां शतानि गच्छति
1945 Auch eine Ameise geht Hunderte von Meilen
1945 pipīlikāpi yojanānāṃ śatāni gacchati
[pipīlikā = Ameise (weibliche, Sa.: pipīlikā api); api, Ind. = auch; yojanam = Meile (Gen.); śatam, Num. = hundert (śatāni, n. Akk. Pl., Anm.: śatam wird entweder wie ein neutrales Adj. im Singular oder als ein neutrales Pluralwort mit vorangestelltem Genitiv behandelt); gam, gacchati, 1. = gehen (+ Akk., PrSg., wie weit? = Akk.)]

१९४६ कियता मूल्येन ग्रन्थो गृहीतः। रूपकाणां शतेन
1946 Für welchen Preis ist das Buch gekauft worden? Für hundert Rupien
1946 kiyatā mūlyena grantho gṛhītaḥ? rūpakāṇāṃ śatena
[kiyat, Interr. = wieviel? (n. Instr. Sg. = für oder zu welchem Preis); mūlyam = Preis (Instr.); granthaḥ = Buch; gṛhīta, Part. = gekauft (m. Nom., Wz. grah, gṛhṇāti); rūpakaḥ = Rupie (Gen. bei Num. = »Hundert der Rupien«); śatam, Num. = hundert (n. Instr. Sg.)]

१९४७ तस्य सप्ततिर्जाया आसन् पञ्च शतान्युष्ट्राश्च
1947 Er hatte siebzig Frauen und fünfhundert Kamele
1947 tasya saptatir_jāyā āsan pañca śatāny_uṣṭrāś_ca
[tad, Pron. = das (tasya, m. Gen. = dessen); saptatiḥ, Num. = siebzig (Nom. Sg., saptatiḥ ist ein Adj. im Singular ohne Genus mit Deklination wie ein f. Subst. vom Typ matiḥ, f. = Verstand); jāyā = Ehefrau (jāyāḥ, f. Nom. Pl.); as, asti, 2. = haben (tasya āsan = dessen waren = er hatte, Impf.); pañca, Num. = fünf (Nom. Pl., pañca hat kein Genus und im Nom. und Akk. keine Endung); śatam, Num. = hundert (śatāni, n. Nom. Pl., pañca śatāni, n. Pl. = pañca-śatam, n. Sg. = 500, aber pañcādhika-śatam = pañca + »adhika = mehr als« + śatam = 105, sowie pañcona-śatam = pañca + »ūna = weniger als« + śatam = 95, also adhika = plus, ūna = minus, jeweils der zu addierenden oder zu subtrahierenden Zahl als Komp. angefügt, auch z.B. pañcāśad-adhika-śatam = 150); uṣṭraḥ = Kamel (Nom. Pl.); ca, Konj. = und]

१९४८ त्रीणि च शतानि च षष्टिश्च संवत्सरस्य दिनानि
1948 Das Jahr hat dreihundertsechzig Tage
1948 trīṇi ca śatāni ca ṣaṣṭiś_ca saṃvatsarasya dināni
[tri, Num. = drei (trīṇi, n. Nom. Pl.); ca, Konj. = und; śatam, Num. = hundert (śatāni, n. Nom. Pl., trīṇi śatāni = 300 = tri-śatam, n. Sg.); ṣaṣṭiḥ, Num. = sechzig (Nom. Sg., ṣaṣṭiḥ ist ein Adj. im Singular ohne Genus mit Deklination wie ein f. Subst. vom Typ matiḥ, f. = Verstand); saṃvatsaraḥ = Jahr (Gen.); dinam = Tag (n. Nom. Pl., ergänze: santi + Gen. = haben)]

१९४९ धेनूनां सहस्रेषु वत्सो मातरं विन्दति
1949 Unter Tausenden von Kühen findet das Kalb seine Mutter
1949 dhenūnāṃ sahasreṣu vatso mātaraṃ vindati
[dhenuḥ, f. = Kuh (Gen. Pl. bei Num.); sahasram, Num. = tausend (n. Lok. Pl., Anm.: sahasram wird entweder wie ein neutrales Adj. im Singular oder als ein neutrales Pluralwort mit vorangestelltem Genitiv behandelt); vatsaḥ = Kalb; mātṛ, mātā, f. = Mutter (Akk.); vid, vindati, 6. = finden (PrSg.)]

१९५० शत्रूणामेकादश सहस्राणि रणे हतानि
1950 Elftausend der Feinde sind in der Schlacht getötet worden
1950 śatrūṇām_ekādaśa sahasrāṇi raṇe hatāni
[śatruḥ, m. = Feind (Gen. Pl. bei Num.); ekādaśa, Num. = elf (Nom., ekā-daśa = 1 + 10 = 11, Num. mit -daśa im Nom. und Akk. ohne Endung und ohne Genus); sahasram, Num. = tausend (n. Nom. Pl.); raṇaḥ = Schlacht (Lok.); hata, Part. = getötet (gefallen, n. Nom. Pl.)]

27.2. Ordinalzahlen

१९५१ विनये हरिः प्रथमस्तिष्ठति
1951 In bezug auf Bescheidenheit ist Hari der erste
1951 vinaye hariḥ prathamas_tiṣṭhati
[vinayaḥ = Bescheidenheit (Lok.); hariḥ, m. Eig. = Hari; prathama, Num. = erst (m. Nom., auch Superl. = best); sthā, tiṣṭhati, 1. = sein (PrSg., prathamaḥ tiṣṭhati = er steht an der Spitze, Anm.: Die Ordinalia werden wie normale Adj. behandelt)]

१९५२ त्वं मे द्वितीयं हृदयं त्वममृतं ममाङ्गे
1952 Du bist mein zweites Herz, du bist der Nektar in meinem Körper
1952 tvaṃ me dvitīyaṃ hṛdayaṃ, tvam_amṛtaṃ mamāṅge
[tvad, Pron. = du (Nom.); mad, Pron. = ich (me oder mama, Gen. = meiner); dvitīya, Num. = zweit (n. Nom.); hṛdayam = Herz; amṛtam = Nektar; aṅgam = Körper (Lok.)]

१९५३ प्रथमेनान्धेनोक्तम्। तदनन्तरं द्वितीयेनान्धेन तथैवोक्तम्
1953 Der erste Blinde sagte: »...«. Dann sagte der zweite Blinde ebenso: »...« (FÜ.)
1953 prathamenāndhenoktam. tad-anantaraṃ dvitīyenāndhena tathaivoktam
[prathama, Num. = erst (prathamena, m. Instr.); andhaḥ = Blinde (andhena, Instr.); ukta, Part. = gesagt (uktam, n. Nom. = es ist gesagt worden, unpers. Part. + Instr., Wz. vac, vakti); tad-anantaram, Konj. = danach (»nach-dem«, Komp.); dvitīya, Num. = zweit (dvitīyena, m. Instr.); tathaiva, Adv. = ebenso (tathā eva)]

१९५४ तत् त्वमसि। छान्दोग्योपनिषत् षष्ठो ऽध्यायो ऽष्टमः खण्डः सप्तमः श्लोकः
1954 »Das bist du«, Chandogya-Upanishad, 6. Kapitel, 8. Abschnitt, 7. Satz
1954 tat tvam_asi. chāndogyopaniṣat, ṣaṣṭho 'dhyāyo 'ṣṭamaḥ khaṇḍaḥ saptamaḥ ślokaḥ
[tad, Pron. = das (Nom.); tvad, Pron. = du (tvam, Nom.); as, asti, 2. = sein (PrSg.); upaniṣad, upaniṣat, f. = Upanishad (Nom., chāndogyam, n. = »Gesangslehre«, Sa.: t-Auslaut bleibt vor ṣ-Anlaut unverändert); ṣaṣṭha, Num. = sechst (m. Nom., ṣaṣṭha mit »ṭh«, aber ṣaṣṭi mit »ṭ«); adhyāyaḥ = Kapitel (eines Buches); aṣṭama, Num. = acht (m. Nom.); khaṇḍaḥ = Abschnitt; saptama, Num. = siebt (m. Nom.); ślokaḥ = Vers]

१९५५ अथ पञ्चमो ऽङ्कः। इति नवमो ऽध्यायः
1955 Hier beginnt der fünfte Akt. Hier endet das neunte Kapitel
1955 atha pañcamo 'ṅkaḥ. iti navamo 'dhyāyaḥ
[atha, Ind. = incipit (= hier beginnt = incipit liber); pañcama, Num. = fünft (m. Nom.); aṅkaḥ = Akt (eines Dramas); iti, Ind. = explicit (= hier endet = explicit liber); navama, Num. = neunt (m. Nom.); adhyāyaḥ = Kapitel (eines Buches)]

१९५६ अद्य दशमो मास उपरतस्य तातस्य
1956 Heute ist der zehnte Monat des Hinscheidens meines Papas (FÜ.)
1956 adya daśamo māsa uparatasya tātasya
[adya, Adv. = heute; daśama, Num. = zehnt (daśamaḥ, m. Nom. + Subst. im Gen.); māsaḥ = Monat (Nom.); uparata, Adj. = verstorben (m. Gen.); tātaḥ = Papa (Vati, Gen.)]

१९५७ सैनिकास्त्रीन् दिवसानभ्रमन्। ते ऽपि त्रिभिर्दिवसैः पुरं प्राप्ताः। ते ऽपि त्रिभ्यो दिवसेभ्यो दुर्गं प्राविशन्। ते ऽपि तृतीये दिवसे यवनान् पराजयन्त
1957 Die Soldaten wanderten drei Tage lang. Und sie haben die Stadt in drei Tagen erreicht. Und sie drangen nach drei Tagen in die Festung ein. Und sie besiegten die Griechen am dritten Tag
1957 sainikās_trīn divasān_abhraman. te 'pi tribhir_divasaiḥ puraṃ prāptāḥ. te 'pi tribhyo divasebhyo durgaṃ prāviśan. te 'pi tṛtīye divase yavanān parājayanta
[sainikaḥ = Soldat; tri, Num. = drei (trīn, m. Akk. Pl., tribhiḥ, m. Instr. Pl., tribhyaḥ, m. Abl. Pl.); divasaḥ = Tag (Akk. Pl. = wieviele Tage lang?, Instr. Pl. = in wievielen Tagen?, Abl. Pl. = nach wievielen Tagen?, Lok. Sg. = am wievielten Tag?); bhram, bhramati, 1. = wandern (Impf.); tad, Pron. = das (te, m. Nom. Pl. = sie); api, Ind. = und; puram = Stadt (Akk.); prāpta, Part. = erreicht (m. Nom. Pl., Wz. āp, prāpnoti, Anm.: Sa. wäre hier theoretisch prāpṇoti); durgam = Festung (Akk.); viś, pra-viśati, 6. = eindringen (Impf.); tṛtīya, Num. = dritt (m. Lok. Sg.); yavanaḥ = Grieche (Akk.); ji, parā-jayate, 1. = besiegen (Impf., Wie lautet diese Zahl? »trayas-triṃśat sahasrāṇi trayas-triṃśac_chatāni ca trayas-triṃśac_ca«, Mahabh. 1-1-39)]

28. Das Wort »iti«

28.1. Direkte Rede

28.1.1. Aussagesätze

१९५८ एतत् तस्य वचनमिति भार्यावदत्
1958 »Das ist sein Befehl«, so sprach die Ehefrau
1958 etat tasya vacanam_iti bhāryāvadat
[etad, Pron. = dies (n. Nom.); tad, Pron. = das (tasya, m. Gen. = dessen = sein); vacanam = Befehl; iti, Ind. = so (Anm.: »iti« wird stets nachgestellt und ersetzt Anführungszeichen); bhāryā = Ehefrau (Nom.); vad, vadati, 1. = sprechen (avadat, Impf.)]

१९५९ तस्यां नद्यामपतामेति स तमुक्तवान्
1959 »Wir fielen in diesen Fluß«, so hat er ihm gesagt
1959 tasyāṃ nadyām_apatāmeti sa tam_uktavān
[tad, Pron. = das (tasyām, f. Lok. = in diese, saḥ, m. Nom. = er, tam, m. Akk. = ihn); nadī = Fluß (f. Lok.); pat, patati, 1. = fallen (apatāma, Impf.); iti, Ind. = so; uktavat, Part. = gesagt habend (m. Nom., Wz. vad, vadati + Akk.)]

१९६० गङ्गाया जलमपिबमित्युक्तं यतिना
1960 »Ich trank das Wasser des Ganges«, dies ist von dem Büßer gesagt worden
1960 gaṅgāyā jalam_apibam_ity_uktaṃ yatinā
[gaṅgā, f. Eig. = Ganges (Gen.); jalam = Wasser (Akk.); pā, pibati, 1. = trinken (Impf.); iti, Ind. = dies; ukta, Part. = gesagt (n. Nom., Wz. vad, vadati); yatiḥ, m. = Büßer (Instr.)]

१९६१ द्वारशालायां स्वप्स्यामीति द्वारस्थो ऽभाषत
1961 »Ich werde im Torhaus schlafen«, so sagte der Pförtner
1961 dvāra-śālāyāṃ svapsyāmīti dvāra-stho 'bhāṣata

[dvāra-śālā = Torhaus (Lok., Komp.: dvāram = Tor, śālā = Zimmer); svap, svapiti, 2. = schlafen (svapsyāmi, Fut.); iti, Ind. = so; dvāra-sthaḥ = Pförtner (Komp.: »Türsteher«); bhāṣ, bhāṣate, 1. = sagen (Impf.)]

१९६२ सर्वासु दिक्षु स्वैरं चरितुं मेध्यो हयो भवद्भिर्मोक्तव्य इति होतुर्निर्देशः

1962 »Um in alle Richtungen frei zu wandeln, ist das opferbereite Pferd von Euch freizulassen«, so lautet der Befehl des Priesters

1962 sarvāsu dikṣu svairaṃ carituṃ medhyo hayo bhavadbhir_moktavya iti hotur_ nirdeśaḥ

[sarva, Pron. = all (sarvāsu, f. Lok. Pl.); diś, dik, f. = Richtung (dikṣu, Lok. Pl.); svairam, Adv. = frei; caritum, Inf. = wandeln (Wz. car, carati); medhya, Adj. = opferbereit (m. Nom.); hayaḥ = Pferd; bhavat, Pron. = »Euch« (bhavadbhiḥ, Instr. Pl. = »von Euch«); moktavya, Ger. = freizulassen (m. Nom., Wz. muc, muñcati); iti, Ind. = so lautet; hotṛ, hotā, m. = Priester (Gen.); nirdeśaḥ = Befehl]

१९६३ एतावद्दुःखं सोढुमसमर्थास्मीत्युक्त्वा नारी विषण्णा भूत्वा वृक्षस्य तल उपाविशत्

1963 »Ich bin unfähig, soviel Leid zu ertragen«, nachdem sie auf diese Weise gesprochen hatte, ließ sich die Frau, da sie niedergeschlagen war, am Fuß des Baumes nieder

1963 etāvad_duḥkhaṃ soḍhum_asamarthāsmīty_uktvā nārī viṣaṇṇā bhūtvā vṛkṣasya tala upāviśat

[etāvat, Pron. = soviel (n. Akk.); duḥkham = Leid (Akk.); soḍhum, Inf. = ertragen (Wz. sah, sahate); asamartha, Adj. = unfähig (a-sam-arthā, f. Nom. + Inf.); as, asti, 2. = sein (asmi, PrSg.); iti, Ind. = so (auf diese Weise); uktvā, Abs. = gesprochen habend (Wz. vac, vakti); nārī = Frau; viṣaṇṇa, Adj. = niedergeschlagen (f. Nom., Wz. sad, vi-ṣīdati); bhūtvā, Abs. = gewesen seiend (Wz. bhū, bhavati); vṛkṣaḥ = Baum (Gen.); talam = Boden (tale, Lok.); viś, upa-viśati, 6. = niederlassen (upa + aviśat = upāviśat, Impf.)]

28.1.2. Ausrufesätze

१९६४ सो ऽहमहं स इति स हंसः

1964 »Da bin ich! Ich bin es!«, so sagt die Gans (Wortspiel)

1964 so 'ham_ahaṃ sa iti sa haṃsaḥ

[tad, deikt. Pron. = »da!« (saḥ, m. Nom. = er); mad, Pron. = ich (aham, Nom.); iti, Ind. = so (sagt); haṃsaḥ = Schwan (Anm.: »Gans« geht tatsächlich etymologisch auf haṃsaḥ zurück]

१९६५ इयं शय्येति गृहिण्यतिथिं प्रत्यभाषत

1965 »Dies hier ist das Bett!«, so antwortete die Hausfrau dem Gast

1965 iyaṃ śayyeti gṛhiṇy_atithiṃ pratyabhāṣata

[idam, deikt. Pron. = »hier!« (f. Nom.); śayyā = Bett (Nom.); iti, Ind. = so; gṛhiṇī = Hausfrau (Nom.); atithiḥ, m. = Gast (Akk.); bhāṣ, prati-bhāṣate, 1. = antworten (+ Akk., Impf.)]

१९६६ हे नप्तर्मा विषीदेति पितामहः

1966 »Ach Enkel, sei nicht traurig!«, so sagt der Großvater

1966 he naptar_mā viṣīdeti pitā-mahaḥ

[he, Interj. = ach!; naptṛ, naptā, m. = Enkel (Vok.); mā, Interj. = nicht! (mā + Imp.); sad, vi-ṣīdati, 1. = traurig sein (Imp., viṣīda iti); iti, Ind. = so (sagt); pitā-mahaḥ = Großvater (pitā-mahaḥ, Komp. = Opa väterlicherseits, pitā-mahī, Komp. = Oma väterlicherseits)]

28.1.3. Fragesätze

१९६७ कस्त्वमिति मामपृच्छन्

1967 »Wer bist du?«, so fragten sie mich

1967 kas_tvam_iti mām_apṛcchan

[kim, Interr. = was? (kaḥ, m. Nom. = wer); tvad, Pron. = du (tvam, Nom.); iti, Ind. = so; mad,

Pron. = ich (mām, Akk.); pracch, pṛcchati, 6. = fragen (+ Akk., Impf.)]

१९६८ का त्वमसीति योगी विवर्णस्य तनयां पृच्छति

1968 »Wer bist du?«, so fragt der Yogi die Tochter des Kastenlosen

1968 kā tvam_asīti yogī vivarṇasya tanayāṃ pṛcchati

[kim, Interr. = was? (kā, f. Nom. = wer); tvad, Pron. = du (tvam, Nom.); as, asti, 2. = sein (asi, PrSg.); iti, Ind. = so; yogin, m. = Yogi (yogī, Nom.); vivarṇaḥ = Kastenlose (Gen., vi-varṇaḥ = »falsche« Hautfarbe habend); tanayā = Tochter (Akk.); pracch, pṛcchati, 6. = fragen (PrSg.)]

१९६९ कदा पाटलिपुत्रान्न्यवर्तध्वमिति किंकरैरपृच्छ्यामहि

1969 »Wann kehrtet ihr von Patna zurück?«, so wurden wir von den Dienern gefragt

1969 kadā pāṭaliputrān_nyavartadhvam_iti kiṃkarair_apṛcchyāmahi

[kadā, Interr. = wann?; pāṭaliputram, n. Eig. = Patna (Abl.); vṛt, ni-vartate, 1. = zurückkehren (Impf.); iti, Ind. = so; kiṃkaraḥ = Diener (Instr.); pracch, pṛcchati, 6. = fragen (Impf. Pass.)]

१९७० अत्र त्वष्टा किमिच्छतीति कुतूहलेन श्वशुरो वध्वा सार्धममरावतीं प्रविशति

1970 »Was will hier der Demiurg?«, so fragend betritt aus Neugier der Schwiegervater zusammen mit der Braut den Olymp

1970 atra tvaṣṭā kim_icchatīti kutūhalena śvaśuro vadhvā sārdham_amarāvatīṃ praviśati

[atra, Adv. = hier; tvaṣṭṛ, tvaṣṭā, m. = Zimmermann (Weltbaumeister, Demiurg); kim, Interr. = was? (n. Akk.); iṣ, icchati, 6. = wollen (PrSg.); iti, Ind. = so fragend; kutūhalam = Neugier (Instr.); śvaśuraḥ = Schwiegervater; vadhūḥ = Braut (vadhvā, Instr.); sārdham, Präp. + Instr. = zusammen mit; amarāvatī = Olymp (Akk.); viś, pra-viśati, 6. = betreten (PrSg.)]

28.2. »Indirekte Rede«

१९७१ तेन किमभाष्यतेति स मामपृच्छत्

1971 »Was wurde von ihm gesagt?«, so fragte er mich (FÜ.: Er fragte mich, was er sagte)

1971 tena kim_abhāṣyateti sa mām_apṛcchat

[tad, Pron. = das (tena, m. Instr. = durch ihn); kim, Interr. = was? (n. Nom.); bhāṣ, bhāṣate, 1. = sagen (abhāṣyata, Impf. Pass., bhāṣyate, Pass.); iti, Ind. = so; tad, Pron. = das (saḥ, m. Nom. = er); mad, Pron. = ich (mām, Akk. = mich); pracch, pṛcchati, 6. = fragen (Impf., Anm.: Die im Sanskrit fehlende indirekte Rede mit Konjunktiv muß durch »iti« ersetzt werden)]

१९७२ स्वसार आगच्छन्निति मह्यं न्यवेद्यत

1972 Mir wurde mitgeteilt, daß die Schwestern ankamen (FÜ.)

1972 svasāra āgacchann_iti mahyaṃ nyavedyata

[svasṛ, svasā, f. = Schwester (Nom. Pl.); gam, ā-gacchati, 1. = kommen (Impf., Sa.: āgacchan + iti = āgacchann_iti); iti, Ind. = daß (indirekte Rede); mad, Pron. = ich (mahyam, Dat. = mir); vid, ni-vedayati, 10. = mitteilen (+ Dat., Impf. Pass., ni-vedyate, Pass.)]

१९७३ भवन्तः पुत्रैः सहागच्छन्त्विति श्रीमतो देवस्याज्ञा

1973 Der Befehl der erhabenen Majestät lautet, daß die Herrschaften mit den Söhnen kommen sollen (FÜ.)

1973 bhavantaḥ putraiḥ sahāgacchantv_iti śrīmato devasyājñā

[bhavat, Pron. = Herr (m. Nom. Pl.); putraḥ = Sohn (Instr.); saha, Präp. + Instr. = mit; gam, ā-gacchati, 1. = kommen (āgacchantu, Imp.); iti, Ind. = daß (indirekte Rede); śrīmat, Adj. = erhaben (»durchlauchtig«, śrīmataḥ, m. Gen.); devaḥ = König (Gen.); ājñā = Befehl (Nom.)]

१९७४ उटजं प्रविश्य क्व योगीत्यपृच्छत्

1974 Nachdem er die Hütte betreten hatte, fragte er, wo der Yogi sei (FÜ.)

1974 uṭajaṃ praviśya kva yogīty_apṛcchat

[uṭajaḥ = Hütte (Akk.); praviśya, Abs. = betreten habend (viś, pra-viśati); kva, Interr. = wo?; yogin, m. = Yogi (yogī, Nom.); iti, Ind. = so; pracch, pṛcchati, 6. = fragen (Impf.)]

१९७५ ज्ञायतां का वेला वर्तत इति

1975 Ich möchte wissen, wieviel Uhr es ist (FÜ.)

1975 jñāyatāṃ kā velā vartata iti

[jñā, jānāti, 9. = erkennen (Imp. Pass. = es soll erkannt werden = man möchte wissen, jñāyate, unpers. Pass.); kim, Interr. = was? (kā, f. Nom. Sg. = welche); velā = Uhrzeit (Nom.); vṛt, vartate, 1. = sein (Sa.: vartate, PrSg.); iti, Ind. = so fragend]

१९७६ दुर्जनानां धनं विधिना ह्रियतामित्यृषिणोद्यते

1976 Der Seher sagt, der Reichtum der Bösen solle vom Schicksal geraubt werden (FÜ.)

1976 durjanānāṃ dhanaṃ vidhinā hriyatām_ity_ṛṣiṇodyate

[durjanaḥ = schlechter Mensch (Gen.); dhanam = Reichtum; vidhiḥ, m. = Schicksal (Instr.); hṛ, harati, 1. = rauben (hriyatāṃ, Imp. Pass., hriyate, Pass.); iti, Ind. = daß; ṛṣiḥ, m. = Seher (ṛṣiṇā, Instr.); vad, vadati, 1. = sprechen (udyate, Präs. Pass.)]

१९७७ ग्रामे परिव्राण्न तिष्ठेन्नागैस्तु सार्धमरण्ये भ्राम्यन् ब्रह्म ध्यायेदिति वाङ्मे

1977 Ich bin der Meinung, daß ein Pilger nicht im Dorf bleiben, sondern mit Elefanten im Wald herumstreifend über Gott meditieren sollte (FÜ.)

1977 grāme parivrāṇ_na tiṣṭhen_nāgais_tu sārdham_araṇye bhrāmyan brahma dhyāyed_iti vāṅ_me

[grāmaḥ = Dorf (Lok.); parivrāj, parivrāṭ, m. = Pilger (Nom., Sa.: ṭ + Nasal = ṇ + Nasal); na, Ind. = nicht; sthā, tiṣṭhati, 1. = bleiben (tiṣṭhet, Opt., Sa.: t + Nasal = n + Nasal); nāgaḥ = Elefant (Instr.); tu, Konj. = sondern; sārdham, Präp. + Instr. = zusammen mit; araṇyam = Wald (Lok.); bhrāmyat, Part. = herumstreifend (m. Nom., Wz. bhram, bhrāmyati); brahman, n. = Gott (brahma, Akk.); dhyai, dhyāyati, 1. = meditieren (dhyāyet, Opt.); iti, Ind. = daß; vāc, vāk, f. = Rede (Nom., Sa.: k + Nasal = ṅ + Nasal); mad, Pron. = ich (me = mama, Gen.)]

28.3. Satzzitat

१९७८ अन्तकाले भूतानि मुह्यन्तीति श्रुतिः

1978 Es geht das Gerücht: »In der Todesstunde werden die Geschöpfe ohnmächtig«

1978 anta-kāle bhūtāni muhyantīti śrutiḥ

[anta-kālaḥ = Todesstunde (Lok., »End-Zeit«, Komp.); bhūtam = Geschöpf; muh, muhyati, 4. = ohnmächtig werden (PrPl., Aktiv); iti, Ind. = so; śrutiḥ, f. = Gerücht (es geht das Gerücht)]

१९७९ श्येनः कपोतान् भक्षयतीति सनातनी स्थितिः

1979 »Der Falke frißt die Tauben«, so heißt die ewige Regel

1979 śyenaḥ kapotān bhakṣayatīti sanātanī sthitiḥ

[śyenaḥ = Falke; kapotaḥ = Taube (Akk.); bhakṣ, bhakṣayati, 10. = fressen (PrSg.); iti, Ind. = so; sanātana, Adj. = ewig (sanātanī, f. Adj. Nom.); sthitiḥ, f. = Regel]

१९८० पापं परिहर्तव्यमिति साधवो मन्यन्ते

1980 Die Weisen denken, daß das Böse zu meiden sei (FÜ.)

1980 pāpaṃ parihartavyam_iti sādhavo manyante

[pāpam = Böse, n. (Nom.); parihartavya, Ger. = zu meiden (n. Nom., Wz. hṛ, pari-harati); iti, Ind. = so; sādhuḥ, m. = Weise; man, manyate, 4. = denken (PrPl.)]

१९८१ सुखं छायायां सुप्यत इत्यलसैर्जनैरुच्यते

1981 »Angenehm schläft es sich im Schatten«, so sagen träge Leute (FÜ.)

1981 sukhaṃ chāyāyāṃ supyata ity_alasair_janair_ucyate

[sukham, Adv. = angenehm (zufrieden); chāyā = Schatten (Lok.); svap, svapiti, 2. = schlafen (supyate, Präs. Pass., unpers. Pass.); iti, Ind. = so; alasa, Adj. = träge (alasaiḥ, m. Instr.); janaḥ = Leute (Instr.); vac, vakti, 2. = sagen (ucyate, Präs. Pass.)]

28.4. Wortzitat

१९८२ हरिरिति हरिरिति भिक्षुको जपति सकामम्
1982 »Hari! Hari!«, so rezitiert der Bettelmönch inbrünstig
1982 harir_iti harir_iti bhikṣuko japati sakāmam
[hariḥ, m. Eig. = Hari (m. Nom.); iti, Ind. = so; bhikṣukaḥ = Bettelmönch; jap, japati, 1. = rezitieren (Mantras murmeln, PrSg.); sakāmam, Adv. = inbrünstig (mit Inbrunst)]

१९८३ शकुन्तलेत्यस्य मातुराख्या
1983 »Shakuntala« ist der Name seiner Mutter
1983 śakuntalety_asya mātur_ākhyā
[śakuntalā, f. Eig. = Shakuntala (Nom. bei Wortzitat); iti, Ind. = dies; idam, Pron. = dies (asya, m. Gen. = dessen = seiner); mātṛ, mātā, f. = Mutter (Gen.); ākhyā = Name (Nom.)]

१९८४ किं तव नाम । मम नाम कृष्ण इति
1984 »Was ist dein Name?« - »Mein Name ist Krishna«
1984 kiṃ tava nāma? mama nāma kṛṣṇa iti
[kim, Interr. = was? (n. Nom.); tvad, Pron. = du (tava, Gen. = deiner); nāman, n. = Name (nāma, Nom.); mad, Pron. = ich (mama, Gen. = meiner); kṛṣṇaḥ, m. Eig. = Krishna (Nom. bei Wortzitat); iti, Ind. = »heißt« (»kṛṣṇaḥ iti« = »heißt Krishna«)]

१९८५ भृत्याः श्रीमन्तं राजानमायुष्मन्निति वदन्तु
1985 Untergebene sollen den erhabenen König mit »Majestät« anreden
1985 bhṛtyāḥ śrīmantaṃ rājānam_āyuṣmann_iti vadantu
[bhṛtyaḥ = Untergebene; śrīmat, Adj. = erhaben (m. Akk.); rājan, m. = König (Akk., rājā, Nom.); āyuṣmat, Adj. = »Majestät« (m. Vok., āyuṣmān, Nom. = »langlebend«, Sa.: āyuṣman + i = āyuṣmann_i); iti, Ind. = »Wortzitat«; vad, vadati, 1. = anreden (Imp.)]

28.5. Erläuterung (»das heißt«)

१९८६ इति प्रागेव निर्दिष्टम्
1986 Quod erat demonstrandum (WÜ.: So ist es gerade zuvor dargelegt worden)
1986 iti prāg_eva nirdiṣṭam
[iti, Ind. = so; prāk, Adv. = zuvor; eva, Ind. = gerade; nirdiṣṭa, Part. = erklärt (n. Nom., Wz. diś, unpers. Part.)]

१९८७ मया वृक्षा द्रष्टुमारभ्यन्त इति वृक्षान् द्रष्टुमारभे
1987 »Von mir werden Bäume zu sehen angefangen«, das heißt (in normalem Deutsch): Ich fange an, Bäume zu sehen (WÜ.)
1987 mayā vṛkṣā draṣṭum_ārabhyanta iti vṛkṣān draṣṭum_ārabhe
[mad, Pron. = ich (mayā, Instr. = durch mich); vṛkṣaḥ = Baum (vṛkṣāḥ, Nom. Pl., vṛkṣān, Akk. Pl.); draṣṭum, Inf. = sehen (Wz. dṛś); rabh, ā-rabhate, 1. = anfangen (ārabhyante, Präs. Pass. = »sie werden angefangen«, ārabhe, PrSg. = ich fange an); iti, Ind. = das heißt]

28.6. Sonstige Konstruktionen (»denn, damit, indem«)

१९८८ अत्र रक्षांसि न वसन्तीत्युपवनमशङ्किताः प्रविशन्ति
1988 Furchtlos betreten sie den Hain, denn dort hausen nicht die Unholde (WÜ:: »Hier hausen nicht die Unholde«, so betreten sie furchtlos den Hain)
1988 atra rakṣāṃsi na vasantīty_upavanam_aśaṅkitāḥ praviśanti
[atra, Adv. = hier (Anm.: Bei echter indirekter Rede würde »tatra = dort« stehen); rakṣas, n. = Unhold (m. Nom. Pl., Anm.: rakṣas vermutlich verwandt mit ṛkṣaḥ = Bär = »Schädiger«); na, Ind. = nicht; vas, vasati, 1. = hausen (PrPl.); iti, Ind. = denn; upavanam = Hain (Akk.); aśaṅkita, Adj. = furchtlos (m. Nom. Pl.); viś, pra-viśati, 6. = betreten (PrPl.)]

१९८९ नृपतयः पापान् दण्डयन्त्विति धर्मो न हीयते

1989 Die Könige sollen die Bösen bestrafen. So wird das Gesetz nicht mißachtet (FÜ.: Die Könige sollen die Bösen bestrafen, damit das Gesetz nicht mißachtet wird)

1989 nṛpatayaḥ pāpān daṇḍayantv_iti dharmo na hīyate

[nṛpatiḥ, m. = König; pāpa, Adj. = böse (m. Akk. Pl.); daṇḍ, daṇḍayati, 10. = bestrafen (Imp., Anm.: »daṇḍaḥ = Stock« ist vermutlich unarisches Lehnwort); iti, Ind. = damit; dharmaḥ = Gesetz; na, Ind. = nicht; hā, jahāti, 3. = mißachten (verlassen, aufgeben, hīyate, Präs. Pass.)]

१९९० बालो ऽपि नावमन्तव्यो मनुष्य इति भूमिपतिः

1990 Der König darf selbst als Kind nicht verachtet werden, indem man denkt, daß er als Kind nur ein Mensch sei (FÜ.)

1990 bālo 'pi nāvamantavyo, manuṣya iti, bhūmi-patiḥ

[bālaḥ = Kind (Nom.); api, Ind. = selbst; na, Ind. = nicht; avamantavya, Ger. = zu verachten (m. Nom., Wz. man, ava-manyate); manuṣyaḥ = Mensch (Nom.); iti, Ind. = indem (manuṣyaḥ iti = indem er nur als Mensch angesehen wird); bhūmi-patiḥ, m. = König (Komp.)]

28.7. Mit Dual

१९९१ यूयं वयं वयं यूयमित्यावयोर्मतिः

1991 »Ihr seid wir, wir sind ihr«, so ist unser beider Meinung

1991 yūyaṃ vayaṃ, vayaṃ yūyam_ity_āvayor_matiḥ

[yuṣmad, Pron. = ihr (yūyam, Nom.); asmad, Pron. = wir (vayam, Nom., āvayoḥ, Gen. Du.); iti, Ind. = so; matiḥ, f. = Meinung]

१९९२ सभासु पण्डितैः सह विवदावहा इति पारिषदयोर्निश्चयः

1992 »Wir beide wollen uns in den Versammlungen mit den Pandits streiten«, so lautet der Entschluß der beiden Höflinge

1992 sabhāsu paṇḍitaiḥ saha vivadāvahā iti pāriṣadayor_niścayaḥ

[sabhā = Versammlung (Lok. Pl.); paṇḍitaḥ = Pandit (Gelehrte, Instr. Pl.); saha, Präp. + Instr. = mit; vad, vi-vadate, 1. = streiten (vivadāvahai, Imp. Du.); iti, Ind. = so lautet; pāriṣadaḥ = Höfling (Gen. Du.); niścayaḥ = Entschluß]

१९९३ अक्षैर्वसुना दीव्यावेति क्षत्रियाभ्यामभाष्यत

1993 »Laß uns mit Würfeln um Geld spielen!«, so wurde von den beiden Kriegern gesagt

1993 akṣair_vasunā dīvyāveti kṣatriyābhyām_abhāṣyata

[akṣaḥ = Würfel (Instr. Pl.); vasu, n. = Geld (Instr. = um Geld); div, dīvyati, 4. = spielen (dīvyāva, Imp. Du.); iti, Ind. = so; kṣatriyaḥ = Krieger (Instr. Du.); bhāṣ, bhāṣate, 1. = sagen (Impf. Pass., bhāṣyate, Pass.)]

१९९४ इच्छामि पुनरपि पुण्यां भागीरथीमवगाहेवहीति सीता राममवदत्

1994 »Ich wünschte, wir beide tauchten noch einmal in den heiligen Ganges hinein!«, sagte Sita zu Rama

1994 icchāmi, punar-api puṇyāṃ bhāgī-rathīm_avagāhevahīti sītā rāmam_avadat

[iṣ, icchati, 6. = wünschen daß (PrSg. + Opt. im Nebensatz ohne »yad = daß«); punar-api, Adv. = noch einmal; puṇya, Adj. = rein (sauber und heilig, f. Akk. Sg.); bhāgī-rathī, f. Eig. = Ganges (Akk., Komp. »teilende Straße«, Wz. bhañj = spalten, teilen, Anm.: Das Wort gaṅgā selbst ist vermutlich eine reduplizierende Intensivbildung zur Wz. gam); gāh, ava-gāhate, 1. = hineintauchen (in + Akk., ava-gāhevahi, Opt. Du.); iti, Ind. = so; sītā, f. Eig. = Sita; rāmaḥ, m. Eig. = Rama (Akk.); vad, vadati, 1. = sagen (zu + Akk., Impf.)]

29. Unregelmäßige Nomen

29.1. Vokalische Deklinationen

29.1.1. »sakhi = Freund«

१९९५ प्रियं सखायमापृच्छस्व
1995 Sage dem lieben Freund Lebewohl!
1995 priyaṃ sakhāyam_āpṛcchasva!
[priya, Adj. = lieb (Akk.); sakhi, m. irr. = Freund (sakhāyam, Akk., sakhā, Nom.); pracch, ā-pṛcchate, 6. = verabschieden (+ Akk., Imp.)]

१९९६ भोः सखे क्षणमत्र तिष्ठ
1996 Hallo Freund, bleibe einen Augenblick hier stehen!
1996 bhoḥ sakhe, kṣaṇam_atra tiṣṭha!
[bhos, Interj. = hallo!; sakhi, m. irr. = Freund (sakhe, Vok.); kṣaṇaḥ = Augenblick (Akk. = einen Augenblick lang); atra, Adv. = hier; sthā, tiṣṭhati, 1. = stehen (Imp.)]

१९९७ वद सखे कस्माद्भयं योगिनः
1997 Sprich, oh Freund, woher rührt die Angst des Yogi? (FÜ.)
1997 vada, sakhe, kasmād_bhayaṃ yoginaḥ?
[vad, vadati, 1. = sprechen (Imp.); sakhi, m. irr. = Freund (Vok.); kasmāt, Interr. = woher? (warum); bhayam = Angst (Nom., ergänze: ud-bhavati = entsteht); yogin, m. = Yogi (Gen.)]

29.1.2. »patiḥ = Gatte«

१९९८ पत्नी पत्युः स्निह्यतु
1998 Die Gattin soll den Gatten lieben!
1998 patnī patyuḥ snihyatu!
[patnī = Gattin; patiḥ, m. irr. = Gatte (patyuḥ, Gen. Sg., patiḥ, Nom., Anm.: Als Komp. reguläre Deklination, z.B. senā-patiḥ = Heerführer); snih, snihyati, 4. = lieben (+ Gen., Imp.)]

१९९९ यावज्जायां न विन्दति तावदर्धः पतिर्भवेत्
1999 Solange man keine Frau findet, ist man wohl ein halber Mann
1999 yāvaj_jāyāṃ na vindati, tāvad_ardhaḥ patir_bhavet
[yāvat - tāvat, Korr. = solange - als; jāyā = Ehefrau (Akk.); na, Ind. = kein (na + Subst.); vid, vindati, 6. = finden (PrSg.); ardha, Adj. = halb (m. Nom.); patiḥ, m. irr. = Mann (Nom., Herr und/oder Ehemann); bhū, bhavati, 1. = sein (bhavet, Opt. = man dürfte sein, man ist wohl)]

29.1.3. »kroṣṭṛ = Schakal«

२००० क्रोष्टुभिः सार्धं क्रन्दाम
2000 Mit den Wölfen muß man heulen (FÜ.)
2000 kroṣṭubhiḥ sārdhaṃ krandāma
[kroṣṭṛ, m. irr. = Schakal (kroṣṭubhiḥ, Instr. Pl., kroṣṭā, Nom. Sg., Vermischung der Stämme auf ṛ und u); sārdham, Präp. + Instr. = zusammen mit; krand, krandati, 1. = heulen (Imp.)]

२००१ नरैः सह व्याधः क्रोष्टून्मृगयत
2001 Mit den Männern jagte der Jäger die Schakale
2001 naraiḥ saha vyādhaḥ kroṣṭūn_amṛgayata
[naraḥ = Mann (Instr.); saha, Präp. + Instr. = mit; vyādhaḥ = Jäger; kroṣṭṛ, m. irr. = Schakal (kroṣṭūn, Akk. Pl., kroṣṭā, Nom. Sg., Anm.: Vermischung der Stämme kroṣṭ-ṛ und kroṣṭ-u, Wz. kruś, krośati = schreien, kroṣṭā = »der Schreier«); mṛg, mṛgayate, 10. = jagen (Impf.)]

29.1.4. »strī = Weib«

२००२ स्त्री पत्ये रूप्याण्यर्पयति

2002 Das Weib gibt dem Herrn die Münzen zurück

2002 strī patye rūpyāṇy_arpayati

[strī, f. irr. = Weib (strī, Nom. ohne Visarga); patiḥ, m. irr. = Herr (patye, Dat.); rūpyam = Münze (Akk. Pl); ṛ, arpayati, 10. = zurückgeben (+ Dat. + Akk., PrSg.)]

२००३ स्त्रियो निसर्गादेव पण्डिताः

2003 Weiber sind schon von Natur aus schlau

2003 striyo nisargād_eva paṇḍitāḥ

[strī, f. irr. = Weib (striyaḥ, Nom. Pl., strī, Nom. Sg.); nisargaḥ = Natur (Abl., oder nisargeṇa, Instr. = von Natur aus); eva, Ind. = schon, Adv.; paṇḍita, Adj. = schlau (f. Nom.)]

२००४ वैद्यः स्त्रीं दुःखाद्रक्षति

2004 Der Arzt beschützt die Frau vor dem Leid

2004 vaidyaḥ strīṃ duḥkhād_rakṣati

[vaidyaḥ = Arzt; strī, f. irr. = Weib (strīm, Akk.); duḥkham = Leid (duḥkhāt, Abl.); rakṣ, rakṣati, 1. = beschützen (vor + Abl., PrSg.)]

२००५ भर्ता वै ह्याश्रयः स्त्रीणाम्

2005 Denn der Ernährer fürwahr ist der Zufluchtsort für die Frauen

2005 bhartā vai hy_āśrayaḥ strīṇām

[bhartṛ, bhartā, m. = Ernährer; vai, Ind. = fürwahr; hi, Konj. = denn; āśrayaḥ = Zuflucht; strī, f. irr. = Weib (Gen. Pl.)]

२००६ न हि स्त्रीभिः सह मन्त्रयितुं युज्यते

2006 Denn man sollte die Weiber nicht um Rat fragen (FÜ.)

2006 na hi strībhiḥ saha mantrayituṃ yujyate

[na, Ind. = nicht; hi, Konj. = denn (Anm.: nahi = na hi, oft Zusammenschreibung); strī, f. irr. = Weib (strībhiḥ, Instr., strī, Nom.); saha, Präp. + Instr. = mit; mantrayitum, Inf. = beraten (um Rat fragen + Instr.); yuj, 7., yujyate, Pass. = sollen (na yujyate + Inf. = man sollte nicht)]

२००७ किमेताः स्त्रियश्चञ्चलं यौवनं नावगच्छन्ति

2007 Warum verstehen die Weiber nicht, daß die Jugend unstet ist? (FÜ.)

2007 kim_etāḥ striyaś_cañcalaṃ yauvanaṃ nāvagacchanti?

[kim, Interr. = etwa?; etad, Pron. = dies (etāh, f. Nom. Pl.); strī, f. irr. = Weib (striyaḥ, m. Nom. Pl.); cañcala, Adj. = unstet (m. Akk.); yauvanam = Jugend (Akk.); na, Ind. = nicht; gam, avagacchati, 1. = verstehen (PrPl.)]

29.1.5. Einsilbige Feminina auf ī (»dhīḥ, bhīḥ, śrīḥ, hrīḥ«)

२००८ जाड्यं धियो हरति

2008 Trägheit raubt den Verstand (FÜ.)

2008 jāḍyaṃ dhiyo harati

[jāḍyam = Trägheit (jaḍa, Adj. = starr und tumb); dhīḥ, f. irr. = Verstand (dhiyaḥ, Akk. Pl. = Gedanken, dhīḥ, Nom. Sg.); hṛ, harati, 1. = rauben (PrSg.)]

२००९ धियो बलेन पुरुषा दुर्गाणि तरन्ति

2009 Vermöge des Verstandes überwinden die Menschen die Schwierigkeiten

2009 dhiyo balena puruṣā durgāṇi taranti

[dhīḥ, f. irr. = Verstand (dhiyaḥ oder dhiyāḥ, Gen. Sg.); balena, Präp. + Gen. = vermöge (kraft); puruṣaḥ = Mensch; durgam = Schwierigkeit (Akk.); tṝ, tarati, 1. = überwinden (PrPl.)]

२०१० धिया चटको जालादमुच्यत
2010 Durch Verstand wurde der Spatz aus dem Netz befreit
2010 dhiyā caṭako jālād_amucyata
[dhīḥ, f. irr. = Verstand (dhiyā, Instr.); caṭakaḥ = Spatz (Sperling); jālam = Netz (Abl.); muc, muñcati, 6. = befreien (aus + Abl., Impf. Pass., mucyate, Pass.)]

२०११ भीर्न क्वचित् संजायते सुभृतस्य
2011 Es gibt nirgendwo Angst für einen guten Knecht
2011 bhīr_na kvacit saṃjāyate subhṛtasya
[bhīḥ, f. irr. = Angst (Nom.); na kvacid, Adv. = nirgendwo; jan, saṃ-jāyate, 4. = geben, es gibt (oder entstehen, PrSg.); bhṛtaḥ = Knecht (su-bhṛtasya, Gen. = für einen guten Knecht)]

२०१२ साहसे श्रीः प्रतिवसति
2012 Im Wagnis wohnt das Glück (FÜ.: Wer wagt, gewinnt)
2012 sāhase śrīḥ prativasati
[sāhasam = Wagnis (Lok.); śrīḥ, f. irr. = Glück (Nom.); vas, prati-vasati, 1. = wohnen (PrSg.)]

२०१३ असंतोषः श्रियो मूलम्
2013 Die Unzufriedenheit ist der Anfang des Glückes
2013 asaṃtoṣaḥ śriyo mūlam
[asaṃtoṣaḥ = Unzufriedenheit; śrīḥ, f. irr. = Glück (śriyaḥ, Gen. Sg.); mūlam = Anfang]

२०१४ पद्मं श्रिया वसतिः
2014 Der Lotus ist der Wohnsitz der Glücksgöttin
2014 padmaṃ śriyā vasatiḥ
[padmam = Lotus; śrīḥ, f. irr. = Glücksgöttin (śriyāḥ oder śriyaḥ, Gen. Sg.); vasatiḥ, f. = Wohnung (Nom.)]

२०१५ श्रियः सदा धीरं पुरुषं निषेवन्ते
2015 Das Glück besucht immer den standhaften Mann
2015 śriyaḥ sadā dhīraṃ puruṣaṃ niṣevante
[śrīḥ, f. irr. = Glück (Nom. Pl.); sadā, Adv. = immer; dhīra, Adj. = standhaft (m. Akk.); puruṣaḥ = Mann (Akk.); sev, ni-ṣevate, 1. = besuchen (weilen bei + Akk., PrPl.)]

२०१६ दारिद्र्याद्ध्रीरुद्भवति ॥ दारिद्र्याद्द्ह्रीरुद्भवति ॥ दारिद्र्याद्ध्रीरुद्भवति ॥
2016 Aus Armut entsteht Scham
2016 dāridryād_dhrīr_udbhavati
[dāridryam = Armut (Abl.); hrīḥ, f. irr. = Scham (Sa.: dāridryāt + hrīḥ = dāridryād + dhrīḥ. Anm.: Die Devanagari-Ligatur ddhr besteht aus 3 Zeichen: d_dh_r, NICHT aus 4: d_d_h_r, womit die zusätzlich abgedruckte Ligatur dd_h_r falsch ist. Die echte Ligatur ddhr, die pro 10000 Halbverse 1,7mal vorkommt, p = 0,017%, s. S. 303, fehlt in unserem Devanagari-Font. Für das komplette Mahabharata würde man exakt 558 Ligaturen benötigen, von denen aber über 200 noch viel rarer wären als ddhr); bhū, ud-bhavati, 1. = entstehen (aus + Abl., PrSg.)]

२०१७ काव्यानि रचयाम च राज्ञ आश्रयामहै च श्रियं लभामहै चेतीह कवयो घोषयन्ति
2017 »Wir wollen Gedichte verfassen, bei den Königen Zuflucht nehmen und Glück erlangen«, so verkünden hier die Dichter
2017 kāvyāni racayāma ca rājña āśrayāmahai ca śriyaṃ labhāmahai cetīha kavayo ghoṣayanti
[kāvyam = Gedicht (Akk.); rac, racayati, 10. = verfassen (Imp.); ca, Konj. = und; rājan, m. = König (rājñaḥ, Akk. Pl., rājā, Nom.); śri, ā-śrayate, 1. = Zuflucht nehmen (bei + Akk., Imp.); śrīḥ, f. irr. = Glück (śriyam, Akk.); labh, labhate, 1. = erlangen (Imp.); iti, Ind. = so; iha, Adv. = hier (Sa.: ca iti iha); kaviḥ, m. = Dichter; ghuṣ, ghoṣayati, 10. = verkünden (PrPl.)]

29.1.6. Einsilbige Feminina auf ū (»bhūḥ, bhrūḥ«)

२०१८ अतिथयो भुवि निषीदन्तु
2018 Die Gäste sollen sich auf den Boden setzen
2018 atithayo bhuvi niṣīdantu
[atithiḥ, m. = Gast; bhūḥ, f. irr. = Boden (bhuvi oder bhuvām, Lok.); sad, ni-ṣīdati, 1. = setzen (Imp.)]

२०१९ भूभृता कृत्स्ना भूरधिष्ठीयते
2019 Vom König wird die ganze Erde regiert
2019 bhū-bhṛtā kṛtsnā bhūr_adhiṣṭhīyate
[bhū-bhṛt, m. = König (Instr., Komp., Wz. bhṛ, bharati = tragen); kṛtsna, Adj. = ganz (f. Nom. Sg.); bhūḥ, f. irr. = Erde (Nom.); sthā, adhi-tiṣṭhati, 1. = regieren (adhi-ṣṭhīyate, Präs. Pass. mit ṣ nach i)]

२०२० महाराजो जयतु चिरं च कृत्स्नां भुवमधितिष्ठतु
2020 Der Großkönig möge siegen und lange die ganze Erde regieren
2020 mahā-rājo jayatu ciraṃ ca kṛtsnāṃ bhuvam_adhitiṣṭhatu
[mahā-rājaḥ = Großkönig (Komp.); ji, jayati, 1. = siegen (Imp.); ciram, Adv. = lange; ca, Konj. = und; kṛtsna, Adj. = ganz (f. Akk.); bhūḥ, f. irr. = Erde (bhuvam, Akk.); sthā, adhi-tiṣṭhati, 1. = regieren (Imp.)]

२०२१ सुन्दर्या भ्रुवौ वक्रे दृश्येते
2021 Die Augenbrauen der Schönen sehen gekrümmt aus
2021 sundaryā bhruvau vakre dṛśyete
[sundarī = Schöne (sundaryāḥ, Gen.); bhrūḥ, f. irr. = Augenbraue (bhruvau, Nom. Du., bhrūḥ, Nom. Sg.); vakra, Adj. = krumm (gekrümmt, f. Nom. Du.); dṛś, 1., dṛśyate, Pass. = aussehen (= erscheinen = scheinen zu sein = sind anscheinend, Präs. Pass. Du.)]

२०२२ भ्रुवोरधस्तान्नेत्रे वर्तेते
2022 Unter den Brauen befinden sich die Augen
2022 bhruvor_adhastān_netre vartete
[bhrūḥ, f. irr. = Braue (Gen. Du.); adhastāt, Präp. + Gen. = unter (adhas + Suffix tāt, ebenso puras-tāt, Präp. = vor); netram = Auge (Nom. Du.); vṛt, vartate, 1. = befinden (PrDu.)]

२०२३ सा भ्रुवोर्मध्यमरञ्जयत्
2023 Sie färbte die Mitte der beiden Augenbrauen rot
2023 sā bhruvor_madhyam_arañjayat
[tad, Pron. = das (sā, f. Nom. = sie); bhrūḥ, f. irr. = Augenbraue (bhruvoḥ, Gen. Du.); madhyam = Mitte (Akk.); rañj, rañjayati, 10. = rot färben (Impf., rañj, rajyati = sich röten)]

29.1.7. Diphthongische Stämme (»go, nau«, zu »rai« siehe Satz 2057)

२०२४ क्षीरिण्यः सन्तु गावः
2024 Milchreich sollen die Kühe sein!
2024 kṣīriṇyaḥ santu gāvaḥ!
[kṣīrin, Adj. = milchreich (f. Nom. Pl., kṣīriṇī, f. Adj. Nom. Sg.); as, asti, 2. = sein (Imp.); go, f. irr. = Kuh (f. Nom. Pl., gauḥ, Nom. Sg., »go« hat doppeltes Genus: f. = Kuh, m. = Stier)]

२०२५ गवां क्षीरं गौर्न पिबति
2025 Eine Kuh trinkt nicht die Milch der Kühe
2025 gavāṃ kṣīraṃ gaur_na pibati
[go, f. irr. = Kuh (gavām, Gen. Pl., gauḥ, f. Nom., vgl. gauraḥ = der Gaur, indisches Wildrind); kṣīram = Milch (Akk.); na, Ind. = nicht; pā, pibati, 1. = trinken (PrSg.)]

२०२६ गोः क्षीरेण शिशवो मोदेरन्
2026 Die Säuglinge sollten sich über die Milch der Kuh freuen
2026 goḥ kṣīreṇa śiśavo moderan
[go, f. irr. = Kuh (goḥ, Gen., gauḥ, Nom.); kṣīram = Milch (Instr.); śiśuḥ, m. = Säugling; mud, modate, 1. = freuen (über + Instr., Opt.)]

२०२७ केदारे गावश्चरन्ति
2027 Die Kühe grasen auf der Wiese
2027 kedāre gāvaś_caranti
[kedāraḥ = Wiese (Lok.); go, f. irr. = Kuh (gāvaḥ, Nom. Pl.); car, carati, 1. = grasen (PrPl.)]

२०२८ बलवद्भ्यां गोभ्यां रथ उह्यते
2028 Der Wagen wird von zwei starken Ochsen (oder Stieren) gezogen
2028 balavadbhyāṃ gobhyāṃ ratha uhyate
[balavat, Adj. = stark (m. Instr. Du., oder balavatībhyām gobhyām, f. Instr. Du. = von zwei Kühen, balavatī, f. Adj.); go, m. irr. = Ochse (gobhyām, Instr. Du., Anm.: go, m. und go, f. werden gleich dekliniert); rathaḥ = Wagen; vah, vahati, 1. = ziehen (uhyate, Präs. Pass.)]

२०२९ गा रक्षेद्गवां हि रक्षणेन पुण्यं भवतीति ब्राह्मणा अमन्यन्त
2029 »Man beschütze die Kühe, denn durch den Schutz der Kühe entsteht Verdienst«, so dachten die Brahmanen (FÜ.: Die Brahmanen dachten, daß man Kühe beschützen solle, weil durch den Schutz der Kühe Verdienst entstehen würde)
2029 gā rakṣed_gavāṃ hi rakṣaṇena puṇyaṃ bhavatīti brāhmaṇā amanyanta
[go, f. irr. = Kuh (gāḥ, Akk. Pl., gavām, Gen. Pl.); rakṣ, rakṣati, 1. = beschützen (Opt.); hi, Konj. = denn; rakṣaṇam = Schutz (Instr.); puṇyam = Verdienst (Nom.); bhū, bhavati, 1. = entstehen (PrSg.); iti, Ind. = daß; brāhmaṇaḥ = Brahmane (Nom. Pl.); man, manyate, 4. = denken (Impf.)]

२०३० नौभिर्नाविका उदधिमतिक्रामन्ति
2030 Mit Schiffen überqueren die Seeleute das Meer
2030 naubhir_nāvikā udadhim_atikrāmanti
[nau, f. irr. = Schiff (naubhiḥ, Instr. Pl., nauḥ, Nom. Sg.); nāvikaḥ = Seemann (Pl. = Seeleute, Anm.: Lateinische Fremdwörter wie Navigation usw. gehen etymologisch auf nau zurück); udadhiḥ, m. = Meer (Akk.); kram, ati-krāmati, 1. = überqueren (PrPl.)]

२०३१ वायुरम्भसि नावं हरति
2031 Der Windgott raubt das Schiff im Wasser
2031 vāyur_ambhasi nāvaṃ harati
[vāyuḥ, m. = Windgott; ambhas, n. = Wasser (Lok.); nau, f. irr. = Schiff (Akk. Sg.); hṛ, harati, 1. = rauben (PrSg.)]

२०३२ वीचीनां देव्याः शक्त्या नावः कम्पन्ते
2032 Durch die Macht der Göttin der Wellen zittern die Schiffe
2032 vīcīnāṃ devyāḥ śaktyā nāvaḥ kampante
[vīciḥ, f. = Welle (Gen.); devī = Göttin (Gen.); śaktiḥ, f. = Kraft, f. (Instr.); nau, f. irr. = Schiff (nāvaḥ, Nom. Pl., nauḥ, Nom. Sg.); kamp, kampate, 1. = zittern (PrPl.)]

२०३३ नौषु युद्धमभवत्
2033 Auf den Schiffen fand ein Kampf statt
2033 nauṣu yuddham_abhavat
[nau, f. irr. = Schiff (nauṣu, Lok. Pl.); yuddham = Kampf; bhū, bhavati, 1. = stattfinden (Impf., Nominalstil = nauṣv_ayudhyata = es wurde gekämpft, Impf. Pass., oder nauṣu yuddham = es wurde gekämpft, unpers. Part., n. Nom., Wz. yudh, yudhyate, Part.: yuddha)]

२०३४ मूषका मज्जन्तीं नावं त्यजन्ति
2034 Die Ratten verlassen das sinkende Schiff
2034 mūṣakā majjantīṃ nāvaṃ tyajanti
[mūṣakaḥ = Ratte; majjat, Part. = sinkend (f. Akk. Sg., majjantī, f. Part. Nom., Wz. majj, majjati, 1. = sinken, magna, Part. Perf. Pass. = versunken); nau, f. irr. = Schiff (nāvam, Akk., nauḥ, Nom.); tyaj, tyajati, 1. = verlassen (PrPl., Beispiel für Rückübersetzung)]

२०३५ नावा हि ब्राह्मणैरुदधिर्न तीर्येत
2035 Denn von Brahmanen sollte das Meer nicht per Schiff überquert werden
2035 nāvā hi brāhmaṇair_udadhir_na tīryeta
[nau, f. irr. = Schiff (nāvā, Instr.); hi, Konj. = denn; brāhmaṇaḥ = Brahmane (Instr.); udadhiḥ, m. = Meer (Nom.); na, Ind. = nicht; tṝ, tarati, 1. = überqueren (Opt. Pass., tīryate, Pass.)]

२०३६ यदि नरपतिर्न स्यात् तर्हि नौरिव प्रजा विप्लवेत
2036 Wenn es keinen König gäbe, dann würde das Volk wie ein Schiff treiben
2036 yadi nara-patir_na syāt, tarhi naur_iva prajā viplaveta
[yadi - tarhi, Korr. = falls - dann (+ Opt. im Haupt- und Nebensatz); nara-patiḥ, m. = König (Nom., Komp.); na, Ind. = nicht; as, asti, 2. = geben, es gibt (syāt, Opt.); nau, f. irr. = Schiff (nauḥ, Nom.); iva, Adv. = wie; prajā = Volk; plu, vi-plavate, 1. = schwimmen (treiben, Opt.)]

29.1.8. »dyauḥ = Himmel«

२०३७ पिता द्यौश्च माता पृथिवी च युष्मान् गोपायताम्
2037 Vater Himmel und Mutter Erde sollen euch beschützen
2037 pitā dyauś_ca mātā pṛthivī ca yuṣmān gopāyatām
[pitṛ, pitā, m. = Vater (Nom. als App.); dyauḥ, f. irr. = Himmel (dyauḥ, Nom., Anm. 1: Es liegt Stammvermischung vor: »div«, »dyo« und »dyu«. Anm. 2: »divasaḥ = Tag«, »devaḥ = Gott«, »vi-dyut = Blitz« usw. sind alle mit »dyauḥ« verwandt. Wz. »dyut, dyotate 1. = leuchten«); ca, Konj. = und; mātṛ, mātā, f. = Mutter (Nom. als App.); pṛthivī = Erde (Nom.); yuṣmad, Pron. = ihr (yuṣmān, Akk. = euch); gup, gopāyati, 10. = beschützen (Imp. Du.)]

२०३८ यदि गङ्गायाः शुचिनि वारिणि म्रियेध्वं तदा दिवं लभेध्वम्
2038 Wenn ihr im reinen Wasser des Ganges sterben würdet, dann würdet ihr in den Himmel kommen
2038 yadi gaṅgāyāḥ śucini vāriṇi mriyedhvaṃ, tadā divaṃ labhedhvam
[yadi - tadā, Korr. = falls - dann (+ Opt. im Haupt- und Nebensatz); gaṅgā, f. Eig. = Ganges (Gen.); śuci, Adj. = rein (n. Lok. Sg.); vāri, n. = Wasser (Lok.); mṛ, mriyate, 6. = sterben (Opt.); dyauḥ, f. irr. = Himmel (divam, Akk.); labh, labhate, 1. = erlangen (Opt.)]

२०३९ अप्सरा रणे मृतान् क्षत्रियान् दिवो ऽनयत्
2039 Die Nymphe führte die in der Schlacht gefallenen Krieger in die Himmel
2039 apsarā raṇe mṛtān kṣatriyān divo 'nayat
[apsaras, f. = Nymphe (apsarāḥ, Nom. Sg. mit langem ā, »ap-saras« von ap = Wasser); raṇaḥ = Schlacht (Lok.); mṛta, Part. = gestorben (m. Akk. Pl., Wz. mṛ, mriyate); kṣatriyaḥ = Krieger (Akk. Pl.); dyauḥ, f. irr. = Himmel (divaḥ, Akk. Pl.); nī, nayati, 1. = führen (+ Akk., Impf.)]

29.1.9. »lakṣmīḥ = Glück«

२०४० चला लक्ष्मीश्चलाः प्राणाः
2040 Unstet ist das Glück, unstet ist das Leben
2040 calā lakṣmīś_calāḥ prāṇāḥ
[cala, Adj. = unstet (f. Nom.); lakṣmīḥ, f. irr. = Glück (Nom. Sg. lakṣmīḥ mit Visarga neben lakṣmī ohne ḥ, sonst regulär); prāṇaḥ = Leben, n. (prānaḥ, Sg. = Atem, prānāḥ, Pl. = Leben)]

२०४१ लक्ष्मीर्विष्णोर्जाया
2041 Die Glücksgöttin ist Vishnus Gattin
2041 lakṣmīr_viṣṇor_jāyā
[lakṣmīḥ, f. irr. = Glücksgöttin (Nom.); viṣṇuḥ, m. Eig. = Vishnu (Gen.); jāyā = Ehefrau (konkret: »enaṃ hāsyate lakṣmīḥ = ihn wird das Glück verlassen«, Wz. hā = verlassen, Fut.)]

29.1.10. »gṛhāḥ = Haus«

२०४२ इमे नो गृहाः
2042 Dies ist unser Gehöft
2042 ime no gṛhāḥ
[idam, Pron. = dies (ime, m. Nom. Pl.); asmad, Pron. = wir (naḥ oder asmākam, Gen. = unser); gṛhāḥ, m. irr. = Gehöft (»ime naḥ gṛhāḥ« = »idam asmākam gṛham«, Anm.: Im Sg. »gṛham, n. = Haus«, im Pl. erstens »gṛhāṇi, n. Pl. = Häuser = mehr als ein Haus« und zweitens »gṛhāḥ, m. Pl. = Gehöft = nur ein Haus, aber mit Hof und Gesinde«. Noch ein weiteres Beispiel: »vīraṃ gṛhān naya = führen den Helden zum Gehöft oder nach Hause«)]

29.2. Konsonantische Deklinationen

29.2.1. »yuvan = jung«

२०४३ प्रासादं निकषा युवा वीरो वसति
2043 In der Nähe des Palastes wohnt der junge Held
2043 prāsādaṃ nikaṣā yuvā vīro vasati
[prāsādaḥ = Palast (Akk.); nikaṣā, Präp. + Akk. = nahe (in der Nähe); yuvan, Adj. irr. = jung (m. Nom.); vīraḥ = Held; vas, vasati, 1. = wohnen (PrSg.)]

२०४४ युवत्या बालिकया गातुमारभ्यताम्
2044 Von dem jungen Mädchen soll zu singen angefangen werden (WÜ.)
2044 yuvatyā bālikayā gātum_ārabhyatām
[yuvan, Adj. irr. = jung (f. Instr., yuvati, f. Adj. Nom.); bālikā = Mädchen (Instr.); gātum, Inf. = singen (Wz. gai, gāyati); rabh, ā-rabhate, 1. = anfangen (+ Inf., ārabhyatām, Imp. Pass.)]

२०४५ वृद्धो धनी युवतिभिर्वेश्याभिः सह रमते
2045 Der alte Reiche verkehrt mit jungen Dirnen
2045 vṛddho dhanī yuvatibhir_veśyābhiḥ saha ramate
[vṛddha, Adj. = alt (m. Nom.); dhanin, m. = Reiche (dhanī, Nom.); yuvan, Adj. irr. = jung (yuvati, f. Adj. Nom., yuvatibhiḥ, f. Instr. Pl.); veśyā = Dirne (Instr.); saha, Präp. + Instr. = mit; ram, ramate, 1. = verkehren (mit + Instr., PrSg., Anm.: Nicht mit »rammeln« verwandt, obwohl »ramate« diese Bedeutung hat, indogermanische Wz. *rem = stützen, vgl. Rahmen)]

29.2.2. »śvan = Hund«

२०४६ युवानं श्वानं मा पीडय
2046 Quäle nicht den jungen Hund!
2046 yuvānaṃ śvānaṃ mā pīḍaya!
[yuvan, Adj. irr. = jung (yuvānam, m. Akk., yuvā, m. Nom.); śvan, m. irr. = Hund (śvānam, Akk., svā, Nom.); mā, Interj. = nicht! (mā + Imp.); pīḍ, pīḍayati, 10. = quälen (Imp.)]

२०४७ जीर्णः श्वा भर्तारमनुसरति
2047 Der altersschwache Hund folgt dem Herrn
2047 jīrṇaḥ śvā bhartāram_anusarati
[jīrṇa, Adj. = altersschwach (m. Nom.); śvan, m. irr. = Hund (śvā, Nom.); bhartṛ, bhartā, m. = Herr (Akk.); sṛ, anu-sarati, 1. = folgen (PrSg.)]

२०४८ यदि श्वा राजा क्रियते किं स उपानहं न खादति

2048 Wenn der Hund zum König gemacht wird, kaut er dann etwa keinen Schuh? (»Habits die hard«, Macht der Gewohnheit)

2048 yadi śvā rājā kriyate, kiṃ sa upānahaṃ na khādati?

[yadi, Konj. = wenn; śvan, m. irr. = Hund (svā, Nom.); rājan, m. = König (rājā, Nom.); kṛ, karoti, 8. = machen (kriyate, Präs. Pass. = gemacht werden zu + Nom. + Nom.); kim, Interr. = etwa?; tad, Pron. = das (saḥ, m. Nom. = er); upānah, upānat, f. = Schuh (Akk.); na, Ind. = nicht; khād, khādati, 1. = kauen (PrSg., Anm.: Im Original: »śvā yadi kriyate rājā, saḥ kim na aśnāti upānaham«, aś, aśnāti, 9. = essen)]

२०४९ शुना दष्टो द्विजातिः स्नानमाचरेत्

2049 Der von einem Hund gebissene Zweitgeborene sollte ein Bad nehmen

2049 śunā daṣṭo dvijātiḥ snānam_ācaret

[śvan, m. irr. = Hund (śunā, Instr.); daṣṭa, Part. = gebissen (m. Nom., Wz. daṃś, daśati); dvijātiḥ, m. = Zweitgeborene; snānam = Bad (Akk.); car, ā-carati, 1. = praktizieren (Opt.)]

२०५० श्वानं मा स्पृश । तीव्रैर्दन्तैस्त्वां दशेत्

2050 Faß den Hund nicht an! Er könnte dich mit scharfen Zähnen beißen

2050 śvānaṃ mā spṛśa! tīvrair_dantais_tvāṃ daśet

[śvan, m. irr. = Hund (śvānam, Akk.); mā, Interj. = nicht!; spṛś, spṛśati, 6. = berühren (Imp.); tīvra, Adj. = scharf (m. Instr.); dantaḥ = Zahn (Instr.); tvad, Pron. = du (tvām, Akk. = dich); daṃś, daśati, 1. = beißen (Opt.)]

२०५१ शुनः पुच्छमिव व्यर्थं जीवितं विद्यया विना

2051 Nutzlos wie der Schwanz des Hundes ist ein Leben ohne Wissenschaft

2051 śunaḥ puccham_iva vyarthaṃ jīvitaṃ vidyayā vinā

[śvan, m. irr. = Hund (śunaḥ, Gen. Sg.); puccham = Schwanz; iva, Adv. = wie; vyartha, Adj. = nutzlos (n. Nom.); jīvitam = Leben, n.; vidyā = Wissenschaft (Instr.); vinā, Präp. + Instr. = ohne]

29.2.3. »path = Pfad«

२०५२ क्षुधा बाधितो यवनः पथि मृतः

2052 Der vom Hunger gepeinigte Grieche ist auf dem Weg gestorben

2052 kṣudhā bādhito yavanaḥ pathi mṛtaḥ

[kṣudh, kṣut, f. = Hunger (Instr.); bādhita, Part. = gepeinigt (m. Nom., Wz. bādh, bādhate); yavanaḥ = Grieche (»Ionier«); path, m. irr. = Weg, m. (pathi, Lok., panthāḥ, Nom. Sg., vgl. pānthaḥ = Wanderer); mṛta, Part. = gestorben (m. Nom., Wz. mṛ, mriyate)]

२०५३ हे युवन् मह्यं पन्थानं दर्शय

2053 He Jüngling, zeige mir den Weg!

2053 he yuvan, mahyaṃ panthānaṃ darśaya!

[he, Interj. = he!; yuvan, m. irr. = Jüngling (yuvan, Vok., yuvā, Nom.); mad, Pron. = ich (mahyam, Dat. = mir, oder mām, Akk. = mich); path, m. irr. = Weg, m. (panthānam, Akk., panthāḥ, Nom. Sg.); dṛś, darśayati, 10. = zeigen (+ Dat. + Akk. oder + Akk. + Akk., Imp.)]

२०५४ केन पथा सख्या सह देवकुलमधावः

2054 Auf welchem Weg liefst du mit dem Freund zum Tempel?

2054 kena pathā sakhyā saha deva-kulam_adhāvaḥ?

[kim, Interr. = was? (kena, m. Instr.); path, m. irr. = Weg, m. (pathā, Instr., panthāḥ, Nom. Sg.); sakhi, m. irr. = Freund (sakhyā, Instr., sakhā, Nom.); saha, Präp. + Instr. = mit; deva-kulam = Tempel (»Gotteshaus«, Akk., Komp., Anm.: kulam = erstens Familie, Sippe, Klan, zweitens Haus, Gebäude); dhāv, dhāvati, 1. = laufen (zum + Akk., Impf.)]

२०५५ शिवास्ते पन्थानः सन्तु
2055 Gute Reise! (FÜ.)
2055 śivās_te panthānaḥ santu!
[śiva, Adj. = segensreich (m. Nom.); tvad, Pron. = du (te oder tava, Gen. = für dich); path, m. irr. = Weg, m. (panthānaḥ, Nom. Pl., panthāḥ, Nom. Sg.); as, asti, 2. = sein (Imp.)]

२०५६ गच्छसि चेत् कान्त पन्थानः सन्तु ते शिवाः
2056 Wenn du gehst, Geliebter, mögen dir die Wege gesegnet sein
2056 gacchasi cet, kānta, panthānaḥ santu te śivāḥ
[gam, gacchati, 1. = gehen (PrSg.); ced, Konj. = wenn (nachgestellt); kāntaḥ = Geliebter (m. Vok.); path, m. irr. = Weg, m. (panthānaḥ, Nom. Pl.); as, asti, 2. = sein (santu, Imp.); tvad, Pron. = du (te oder tava, Gen. = für dich); śiva, Adj. = segensreich (m. Nom. Pl.)]

२०५७ अग्ने सुपथास्मान् नय राये
2057 Feuergott, führe uns auf dem guten Pfad um des Reichtums willen!
2057 agne, supathāsmān naya rāye!
[agniḥ, m. = Feuergott (Vok.); path, m. irr. = Pfad (pathā, Instr., su-panthāḥ, Nom. Sg. = guter Pfad); asmad, Pron. = wir (asmān, Akk. = uns); nī, nayati, 1. = führen (Imp.); rai, m. irr. = Reichtum (rāye, Dat. = wegen, rāḥ, Nom., rai kommt nur in Veden und Upanishaden vor)]

29.2.4. »ahan = Tag«

२०५८ कुरुक्षेत्रे ऽहनी अयुध्यत
2058 In Nordindien wurde zwei Tage lang gekämpft
2058 kuru-kṣetre 'hanī ayudhyata
[kuru-kṣetram, n. Eig. = Nordindien (Lok. = im Kuru-Land, Sa.: e + a = e + '); ahan, n. irr. = Tag (ahar oder ahaḥ, Nom. Sg., ahanī oder ahnī, Akk. Du. = zwei Tage lang, aber auch Tag und Nacht = rātry_ahanī, z.B. »māsaḥ smṛto rātry_ahanī triṃśat« = »der Monat hat dreißig mal Tag und Nacht«, rātrī = Nacht, smṛta, Part. = erachtet); yudh, yudhyate, 4. = kämpfen (Impf Pass., yudhyate, unpers. Pass., kein Sa. nach Du.-Endung auf ī)]

२०५९ कियद्भिरहोभिः काश्याः प्रयागमक्रामत
2059 In wievielen Tagen schrittet ihr von Benares nach Allahabad?
2059 kiyadbhir_ahobhiḥ kāśyāḥ prayāgam_akrāmata?
[kiyat, Interr. = wieviel? (kiyadbhiḥ, n. Instr. Pl.); ahan, n. irr. = Tag (ahobhiḥ, Instr. Pl.); kāśī, f. Eig. = Benares (Abl.); prayāgam, n. Eig. = Allahabad (Akk.); kram, krāmati, 1. = schreiten (+ Abl. + Akk., Impf.)]

29.2.5. »puṃs = Mann«

२०६० क्रोधाद्विमूढः पुमाञ्छ्वानमदशत्
2060 Aus Zorn biß der verwirrte Mann den Hund
2060 krodhād_vimūḍhaḥ pumāñ_chvānam_adaśat
[krodhaḥ = Zorn (Abl.); vimūḍha, Adj. = verwirrt (m. Nom.); puṃs, m. irr. = Mann (pumān, Nom.); śvan, m. irr. = Hund (śvānam, Akk., Sa.: pumān śvānam = pumāñ + śvānam oder pumāñ + chvāvam); daṃś, daśati, 1. = beißen (Impf.)]

२०६१ सर्वो हि पुमान् पुत्रं जनयति वृक्षं च रोपयति
2061 Denn jeder Mann zeugt einen Sohn und pflanzt einen Baum
2061 sarvo hi pumān putraṃ janayati vṛkṣaṃ ca ropayati
[sarva, Pron. = jede (m. Nom. Sg.); puṃs, m. irr. = Mann (pumān, Nom.); putraḥ = Sohn (Akk.); jan, janayati, 10. = zeugen (PrSg., Kaus.); vṛkṣaḥ = Baum (Akk.); ruh, ropayati, 10. = pflanzen (PrSg., Kaus.)]

२०६२ एते पुमांसः पापं हृदयेषु गूहन्ति
2062 Diese Menschen verbergen die Sünde in den Herzen
2062 ete pumāṃsaḥ pāpaṃ hṛdayeṣu gūhanti
[etad, Pron. = dies (ete, m. Nom. Pl.); puṃs, m. irr. = Mensch (pumāṃsaḥ, Nom. Pl., pumān, Nom. Sg.); pāpam = Sünde (Akk.); hṛdayam = Herz (Lok.); guh, gūhati, 1. = verbergen (+ Akk. + Lok., PrPl.)]

२०६३ पथि पुंसां स्त्रीभिः सह समागमो ऽभवत्
2063 Auf dem Weg fand eine Zusammenkunft der Männer mit den Frauen statt
2063 pathi puṃsāṃ strībhiḥ saha samāgamo 'bhavat
[path, m. irr. = Weg, m. (pathi, Lok., panthāḥ, Nom. Sg.); puṃs, m. irr. = Mann (puṃsām, Gen. Pl., pumān, Nom.); strī, f. irr. = Frau (strībhiḥ, Instr. Pl., strī, Nom.); saha, Präp. + Instr. = mit; samāgamaḥ = Zusammenkunft (Treffen, Nom.); bhū, bhavati, 1. = stattfinden (Impf., Nominalstil)]

२०६४ असमर्थानां पुंसां कोप आत्मन उपद्रवाय भवति
2064 Der Zorn unfähiger Männer gereicht zum eigenen Schaden
2064 asamarthānāṃ puṃsāṃ kopa ātmana upadravāya bhavati
[asamartha, Adj. = unfähig (m. Gen.); puṃs, m. irr. = Mann (puṃsām, Gen. Pl.); kopaḥ = Zorn; ātman, Pron. = eigen (ātmanaḥ, m. Gen. Sg. = von sich selbst = eigen); upadravaḥ = Schaden, m. (Dat., Wz. dru, upa-dravati); bhū, bhavati, 1. = gereichen (+ Dat., PrSg.)]

29.2.6. Einsilbige Feminina auf r (»gir, dvār, dhur, pur«)

२०६५ बालिका मृद्वा गिरा गायन्तु
2065 Mädchen sollen mit weicher Stimme singen
2065 bālikā mṛdvā girā gāyantu
[bālikā = Mädchen (bālikāḥ, Pl.); mṛdu, Adj. = weich (mṛdvā, f. Instr., mṛdu, f. Adj. Nom.); gir, f. irr. = Stimme (girā, Instr., gīr oder gīḥ, Nom.); gai, gāyati, 1. = singen (Imp.)]

२०६६ वणिजो द्वार्षु स्थितेभ्यो दरिद्रेभ्यो वसूनि यच्छेयुः
2066 Kaufleute sollten den an den Türen stehenden Armen Waren geben
2066 vaṇijo dvārṣu sthitebhyo daridrebhyo vasūni yaccheyuḥ
[vaṇij, vaṇik, m. = Kaufmann (Nom. Pl.); dvār, f. irr. = Tür (Lok. Pl., Anm.: Wurzelhaftes r bleibt vor Endung ṣu); sthita, Part. = stehend (m. Dat. Pl., Wz. sthā, tiṣṭhati); daridra, Adj. = arm (m. Dat. Pl.); vasu, n. = Ware (Akk. Pl.); yam, yacchati, 1. = geben (+ Dat. + Akk., Opt.)]

२०६७ को ऽयं द्वारि तिष्ठतीति द्वारस्थः पृच्छति
2067 »Wer steht hier an der Tür?«, so fragt der Pförtner
2067 ko 'yaṃ dvāri tiṣṭhatīti dvāra-sthaḥ pṛcchati
[kim, Interr. = was? (kaḥ, m. Nom. = wer); idam, deikt. Pron. = »hier!« (ayam, m. Nom. = der hier); dvār, f. irr. = Tür (dvāri, Lok., dvār oder dvāḥ, Nom.); sthā, tiṣṭhati, 1. = stehen (PrSg.); iti, Ind. = so; dvāra-sthaḥ = Pförtner (Komp.); pracch, pṛcchati, 6. = fragen (PrSg.)]

२०६८ कुतो भवानागत इति द्वारि स्थितश्चार उच्चया गिरा राज्ञा पृष्टः
2068 »Woher sind Sie gekommen?«, so ist der in der Tür stehende Spion mit lauter Stimme vom König gefragt worden
2068 kuto bhavān_āgata iti dvāri sthitaś_cāra uccayā girā rājñā pṛṣṭaḥ
[kutas, Interr. = woher?; bhavat, Pron. = »Sie« (bhavān, m. Nom.); āgata, Part. = gekommen (āgataḥ, m. Nom., Wz. gam, ā-gacchati); iti, Ind. = so; dvār, f. irr. = Tür (dvāri, Lok.); sthita, Part. = stehend (m. Nom., Wz. sthā, tiṣṭhati); cāraḥ = Spion; ucca, Adj. = laut (f. Instr.); gir, f. irr. = Stimme (girā, Instr.); rājan, m. = König (rājñā, Instr.); pṛṣṭa, Part. = gefragt (m. Nom., Wz. pracch, pṛcchati)]

२०६९ ते धन्या ये दीनानां गिरो नाकर्णयन्ति

2069 Die Glücklichen, die die Stimmen der Traurigen nicht hören!

2069 te dhanyā ye dīnānāṃ giro nākarṇayanti!

[yad - tad, Korr. = was - das (te - ye, m. Nom. Pl. = die - welche); dhanya, Adj. = glücklich (m. Nom.); dīna, Adj. = traurig (m. oder f. Gen. Pl.); gir, f. irr. = Stimme (Akk. Pl., gīḥ, Nom. Sg.); na, Ind. = nicht; ākarṇ, ākarṇayati, 10. = hören (PrPl., ā + karṇ, Verb nur mit Präfix üblich)]

२०७० गर्दभा धुरं न वहन्ति। धुरि मा मां नियोजय

2070 Esel tragen kein Joch. Unterjoche mich nicht! (= Spanne mich nicht unter das Joch!)

2070 gardabhā dhuraṃ na vahanti. dhuri mā māṃ niyojaya!

[gardabhaḥ = Esel; dhur, f. irr. = Joch (Akk., dhūr oder dhūḥ, Nom., dhuri, Lok., Dekl. von dhur wie pur); na, Ind. = nicht; vah, vahati, 1. = tragen (PrSg.); mā, Interj. = nicht!; mad, Pron. = ich (Akk. = mich); yuj, ni-yojayati, 10. = unterjochen (= eine Last aufbürden, Imp.)]

२०७१ अन्नं प्राप्तुं महतीं पुरमटावः

2071 Um Nahrung zu erlangen, durchstreifen wir beide die große Stadt

2071 annaṃ prāptuṃ mahatīṃ puram_aṭāvaḥ

[annam = Nahrung (Akk.); prāptum, Inf. = erlangen (Wz. āp, prāpnoti); mahat, Adj. = groß (f. Akk., mahatī, f. Adj. Nom.); pur, f. irr. = Stadt (Akk., pūḥ, Nom., Anm.: Der Akk. ist formgleich mit puram, n. = Stadt); aṭ, aṭati, 1. = durchstreifen (+ Akk., PrDu.)]

२०७२ एतस्यां पुरि श्रीमतो वणिजः पुत्रो ऽजायत

2072 In dieser Stadt wurde der Sohn eines wohlhabenden Kaufmanns geboren

2072 etasyāṃ puri śrīmato vaṇijaḥ putro 'jāyata

[etad, Pron. = dies (etasyām, f. Lok.); pur, f. irr. = Stadt (puri, Lok.); śrīmat, Adj. = wohlhabend (m. Gen.); vaṇij, vaṇik, m. = Kaufmann (Gen.); putraḥ = Sohn; jan, jāyate, 4. = geboren werden (ajāyata, Impf. Aktiv, das theoretisch echte Pass. janyate kommt nicht vor)]

२०७३ अस्माकं पुरि युष्माकं सदो विद्यते

2073 In unserer Stadt befindet sich euer Wohnsitz

2073 asmākaṃ puri yuṣmākaṃ sado vidyate

[asmad, Pron. = wir (Gen.); pur, f. irr. = Stadt (puri, Lok., Nom.: pūḥ); yuṣmad, Pron. = ihr (Gen.); sadas, n. = Wohnsitz (Nom.); vid, 6., vidyate, Pass. = befinden (Präs. Pass.)]

२०७४ काभ्यः पूर्भ्यो दूता आगताः

2074 Aus welchen Städten sind die Boten gekommen?

2074 kābhyaḥ pūrbhyo dūtā āgatāḥ?

[kim, Interr. = was? (kābhyaḥ, f. Abl. Pl. = aus welchen); pur, f. irr. = Stadt (pūrbhyaḥ, Abl. Pl. mit langem ū, pūḥ, Nom. Sg.); dūtaḥ = Bote (Nom. Pl.); āgata, Part. = gekommen (m. Nom. Pl., Wz. gam, ā-gacchati)]

२०७५ भारतवर्षस्य पूर्षु दुःखिता विवर्णाश्च निर्धनाः शूद्राश्च धनिनो वैश्याश्च तेजस्विनः क्षत्रियाश्च मेधाविनो ब्राह्मणाश्च निवसन्ति

2075 In den Städten Indiens leben unglückliche Kastenlose, arme Diener, reiche Gewerbetreibende, mutige Krieger und kluge Priester

2075 bhārata-varṣasya pūrṣu duḥkhitā vivarṇāś_ca nirdhanāḥ śūdrāś_ca dhanino vaiśyāś_ca tejasvinaḥ kṣatriyāś_ca medhāvino brāhmaṇāś_ca nivasanti

[bhārata-varṣam, n. Eig. = Indien (Gen., Komp.: varṣam = Weltteil); pur, f. irr. = Stadt (pūrṣu, Lok. Pl. mit langem ū, pūḥ, Nom. Sg.); duḥkhita, Adj. = unglücklich (m. Nom. Pl.); vivarṇaḥ = Kastenlose; ca, Konj. = und; nirdhana, Adj. = hablos (m. Nom. Pl.); śūdraḥ = Diener (vierte Kaste); dhanin, Adj. = reich (m. Nom. Pl.); vaiśyaḥ = »Gewerbetreibende« (dritte Kaste); tejasvin, Adj. = mutig (m. Nom. Pl.); kṣatriyaḥ = Krieger (zweite Kaste); medhāvin, Adj. = klug (m. Nom. Pl.); brāhmaṇaḥ = Priester (erste Kaste); vas, ni-vasati, 1. = wohnen (PrPl.)]

29.2.7. Defektive Nomen ohne Nom. Vok. Akk. (»pad, mās, hṛd«)

२०७६ पुरुषस्य पद्भ्यां शूद्रो ऽजायत
2076 Aus den beiden Füßen des Weltgeistes entstand der Diener
2076 puruṣasya padbhyāṃ śūdro 'jāyata
[puruṣaḥ = Weltgeist (»Adam«, Gen.); pad, pat, m. irr. = Fuß (Abl. Du., Anm.: pad wird im Nom. Vok. Akk. durch pādaḥ ersetzt, also nur im Instr. Dat. Abl. Gen. Lok. verwendet); śūdraḥ = Diener (vierte Kaste, Diener-Kaste); jan, jāyate, 4. = entstehen (Impf.)]

२०७७ चतुर्थे मासि शिशोर्निष्क्रमणं गृहात् कर्तव्यम्
2077 Im vierten Monat soll der Säugling erstmals ausgeführt werden (WÜ.: Im vierten Monat ist das Ausführen des Säuglings aus dem Haus vorzunehmen)
2077 caturthe māsi śiśor_niṣkramaṇaṃ gṛhāt kartavyam
[caturtha, Num. = viert (m. Lok.); mās, m. irr. = Monat (māsi, Lok., Anm.: mās wird im Nom. Vok. Akk. durch māsaḥ ersetzt); śiśuḥ, m. = Säugling (Gen.); niṣkramaṇam = Spaziergang (Nom.); gṛham = Haus (Abl.); kartavya, Ger. = vorzunehmen (n. Nom., Nominalstil)]

२०७८ हृदि पुमानात्मनो दशां ध्यायेत्
2078 Im Herzen denke der Mensch über sein Schicksal nach
2078 hṛdi pumān_ātmano daśāṃ dhyāyet
[hṛd, hṛt, n. irr. = Herz (hṛdi, Lok., Anm.: hṛd wird im Nom. Vok. Akk. durch hṛdayam ersetzt); puṃs, m. irr. = Mensch (pumān, Nom.); ātman, Pron. = eigen (ātmanaḥ, Gen. = sein); daśā = Schicksal (Akk.); dhyai, dhyāyati, 1. = nachdenken (über + Akk., Opt.)]

29.2.8. »ap = Wasser«

२०७९ आभिरद्भिः दोषी प्रक्षालयत
2079 Wascht die Arme mit diesem Wasser!
2079 ābhir_adbhiḥ doṣī prakṣālayata!
[idam, Pron. = dies (ābhiḥ, f. Instr. Pl.); ap, f. irr. = Wasser (adbhiḥ, Instr. Pl., āpaḥ, Nom. Pl., Pluralwort, Anm.: Vor den bh-Pada-Endungen wird »b« durch »d« ersetzt); dos, n. irr. = Arm (doṣī, Akk. Du., meist im Instr. gebraucht, z.B. tāṃ dorbhyāṃ paryaṣvajata = er umarmte sie mit beiden Armen, Wz. svaj); kṣal, pra-kṣālayati, 10. = waschen (+ Instr. + Akk., Imp.)]

२०८० पान्थो ऽद्भिः पादौ क्षालयति
2080 Der Pilger wäscht die beiden Füße mit Wasser
2080 pāntho 'dbhiḥ pādau kṣālayati
[pānthaḥ = Wanderer; ap, f. irr. = Wasser (adbhiḥ, Instr. Pl.); pad, pat, m. irr. = Fuß (pādau, d.h. Akk. Du. von pādaḥ verwendet); kṣal, kṣālayati, 10. = waschen (+ Instr. + Akk., PrSg.)]

२०८१ अग्निरप्सु तिष्ठतीति होतॄणां मतिः
2081 Das Feuer ist im Wasser, so ist die Meinung der Priester
2081 agnir_apsu tiṣṭhatīti hotṝṇāṃ matiḥ
[agniḥ, m. = Feuer; ap, f. irr. = Wasser (apsu, Lok. Pl.); sthā, tiṣṭhati, 1. = befinden; iti, Ind. = so; hotṛ, hotā, m. = Priester (Gen. Pl.); matiḥ, f. = Meinung]

29.2.9. »anaḍuh = Ochse«

२०८२ अमून् युध्यमानाननडुहो ऽधिक्षिपामः
2082 Wir beschimpfen die dort kämpfenden Ochsen
2082 amūn yudhyamānān_anaḍuho 'dhikṣipāmaḥ
[adas, Pron. = jenes (amūn, m. Akk. = die dort); yudhyamāna, Part. = kämpfend (m. Akk. Pl., Wz. yudh, yudhyate); anaḍuh, m. irr. = Ochse (anaḍuhaḥ, Akk. Pl., anaḍvān, Nom. Sg., von anas, n. = Lastwagen, Karren + vahati = ziehen); kṣip, adhi-kṣipati, 6. = beschimpfen (PrPl.)]

२०८३ बलवन्तावनड्वाहौ लाङ्गलं वहताम्
2083 Zwei starke Ochsen sollen den Pflug ziehen
2083 balavantāv_anaḍvāhau lāṅgalaṃ vahatām
[balavat, Adj. = stark (balavantau, Nom. Du.); anaḍuh, m. irr. = Ochse (anaḍvāhau, Nom. Du., anaḍvān, Nom. Sg.); lāṅgalam = Pflug (Akk.); vah, vahati, 1. = ziehen (Imp. Du.)]

29.2.10. »āśis = Segen«

२०८४ ॐ शान्तिः शान्तिः शान्तिरित्याशीः
2084 »Om, Frieden, Frieden, Frieden«, so lautet der Segen
2084 oṃ śāntiḥ śāntiḥ śāntir_ity_āśīḥ
[om, Interj. = Om! (Anm.: Om ist in der Devanagari-Schrift EIN Schriftzeichen); śāntiḥ, f. = Frieden; āśis, f. irr. = Segen (Wunsch oder Hoffnung, āśīḥ als Nom. Sg. mit langem ī)]

२०८५ निराशीः स्थिरधीश्च भूत्वा युध्यस्व
2085 Kämpfe wunschlos und entschlossen! (FÜ.)
2085 nirāśīḥ sthira-dhīś_ca bhūtvā yudhyasva!
[nirāśis, Adj. irr. = wunschlos (= ohne Eigennutz, āśīḥ, Nom. Sg. mit langem ī, hier m.!); sthira-dhī, Adj. irr. = entschlossen (Nom. Sg. mit langem ī, hier m.!); ca, Konj. = und; bhūtvā, Abs. = geworden seiend (Wz. bhū, bhavati); yudh, yudhyate, 4. = kämpfen (Imp.)]

29.2.11. Mischstämme (»akṣi, asthi, dadhi, sakthi«)

२०८६ यो ऽन्येनाक्ष्णा न किंचित् पश्यति तं काणं बोधामः
2086 Wir erkennen den als einäugig, der mit dem anderen Auge nichts sieht
2086 yo 'nyenākṣṇā na kiṃcit paśyati, taṃ kāṇaṃ bodhāmaḥ
[yad - tad, Korr. = was - das (yaḥ, m. Nom. - tam, m. Akk.); anya, Pron. = ander (anyena, n. Instr.); akṣi, n. irr. = Auge (akṣṇā, Instr., akṣi, Nom., Anm.: Die Stämme akṣan und akṣi sind vermischt); na kiṃcid, Pron. = nichts (n. Akk.); paś, paśyati, 4. = sehen (PrSg.); kāṇa, Adj. = einäugig (m. Akk.); budh, bodhati, 1. = erkennen (+ Akk. + Akk., PrPl.)]

२०८७ अस्थ्नाद्भिश्चाद्य श्वाश्यते ॥ स्थ्न ॥ क्थ्न ॥
2087 Der Hund wird heute mit einem Knochen und mit Wasser gefüttert
2087 asthnādbhiś_cādya śvāśyate (sowie Wiedergabe der Ligaturen »sthn« und »kthn«)
[asthi, n. irr. = Knochen (asthnā, Instr., asthi, Nom., Anm.: Die Stämme asthan und asthi sind vermischt); ap, f. irr. = Wasser (adbhiḥ, Instr. Pl. mit »d« statt »b«, āpaḥ, Nom. Pl., Pluralwort); ca, Konj. = und; śvan, m. irr. = Hund (śvā, Nom.); adya, Adv. = heute (Sa.: ca adya); aś, āśayati, 10. = füttern (āśyate, Präs. Pass., Anm. 1: Wegen der Sandhis ist der Satz fast unlesbar, Anm. 2: Die Devanagari-Ligaturen »s-th-n« und »k-th-n« sind die seltensten überhaupt, denn sie kommen offenbar nur bei den zwei Wörtern asthn-e und sakthn-e vor)]

२०८८ अम्ब दध्ना शिशून् प्रीणय
2088 Mama, erfreue die Kinder mit Sauermilch!
2088 amba, dadhnā śiśūn prīṇaya!
[ambā, f. irr. = Mama (Mütterchen, amba, Vok. auf a statt e, sonst regelmäßig); dadhi, n. irr. = Sauermilch (dadhnā, Instr., dadhi, Nom., Anm.: Die Stämme dadhan und dadhi sind vermischt); śiśuḥ, m. = Kind (Akk.); prī, prīṇayati, 10. = erfreuen (+ Instr. + Akk., Imp.)]

२०८९ पद्मासन उपविश्य सखा पद्भ्यां सक्थिनी स्पृशति
2089 Nachdem er sich im Lotussitz niedergelassen hat, berührt der Freund mit den beiden Füßen die beiden Schenkel
2089 padmāsana upaviśya sakhā padbhyāṃ sakthinī spṛśati
[padmāsanam = Lotussitz (padmāsane, Lok., Komp.: padmam + āsanam); upaviśya, Abs. = niedergelassen habend (Wz. viś, upa-viśati); sakhi, m. irr. = Freund (sakhā, Nom.); pad, pat,

m. irr. = Fuß (padbhyām, Instr. Du.); sakthi, n. irr. = Schenkel (sakthinī, Akk. Du., sakthi, Nom. Sg.); spṛś, spṛśati, 6. = berühren (PrSg.)]

29.2.12. Richtungsadjektive auf ac (»avac, udac, prāc, pratyac, tiryac«)

२०९० अवाचीं ककुभं प्रति व्रजामः
2090 Wir schreiten gen Süden (FÜ.)
2090 avācīṃ kakubhaṃ prati vrajāmaḥ
[avāc, Adj. irr. = südlich (ava + ac = ab-wärts, avācīm, f. Akk., avācī, f. Adj. Nom., avāṅ, m. Nom., avāk, n. Nom., Anm.: »ac« geht zurück auf Wz. ac, añcati = biegen); kakubh, kakup, f. = Richtung (Akk.); prati, Präp. + Akk. = gen; vraj, vrajati, 1. = schreiten (PrPl.)]

२०९१ उदीचि देश इन्द्रप्रस्थं नाम महन्नगरं विद्यते
2091 Im nördlichen Land gibt es eine große Stadt namens Delhi
2091 udīci deśa indra-prasthaṃ nāma mahan_nagaraṃ vidyate
[udac, Adj. irr. = nördlich (ud + ac = auf-wärts, udīci, m. Lok., udaṅ, m. Nom., udak, n. Nom.); deśaḥ = Land (deśe, Lok.); indra-prastham, n. Eig. = Delhi (Nom.); nāma, Adv. = namens; mahat, Adj. = groß (n. Nom.); nagaram = Stadt (Nom.); vid, 6., vidyate, Pass. = geben, es gibt (PrSg.)]

२०९२ उदीच्या दिशो यवनेष्वागच्छत्सु नृप इन्द्रप्रस्थान्निष्क्रान्तः
2092 Als die Eindringlinge aus der nördlichen Richtung kamen, ist der König aus Delhi geflohen
2092 udīcyā diśo yavaneṣv_āgacchatsu, nṛpa indra-prasthān_niṣkrāntaḥ
[udac, Adj. irr. = nördlich (udīcyāḥ, f. Abl., udīcī, f. Adj. Nom.); diś, dik, f. = Richtung (diśaḥ, Abl.); yavanaḥ = Eindringling (z.B. Grieche, yavaneṣu āgacchatsu = Lok. abs.); āgacchat, Part. = kommend (m. Lok. Pl.); nṛpaḥ = König (Nom.); indra-prastham, n. Eig. = Delhi (indra-prasthāt, Abl.); niṣkrānta, Part. = geflohen (m. Nom., Wz. kram, niṣ-krāmati)]

२०९३ प्राच्यां दिशि ज्योतींष्युद्गच्छन्ति प्रतीच्यां च दिश्यस्तं गच्छन्ति
2093 Im Osten gehen die Gestirne auf und im Westen gehen sie unter (FÜ.)
2093 prācyāṃ diśi jyotīṃṣy_udgacchanti pratīcyāṃ ca diśy_astaṃ gacchanti
[prāc, Adj. irr. = östlich (pra + ac = vor-wärts, prācyām, f. Lok., prācī, f. Adj. Nom., prāṅ, m. Nom., prāk, n. Nom.); diś, dik, f. = Gegend (diśi, Lok.); jyotis, n. = Licht (jyotīṃṣi, Nom. Pl.); gam, ud-gacchati, 1. = aufgehen (PrPl.); pratyac, Adj. irr. = westlich (prati + ac = rück-wärts, pratīcyām, f. Lok., pratīcī, f. Adj. Nom., pratyaṅ, m. Nom., pratyak, n. Nom.); ca, Konj. = und; gam, astam gacchati, 1. = untergehen (PrPl., astaḥ = »Haus«, astam, Adv. = heim)]

२०९४ सिंहस्तिरश्चां राजा
2094 Der Löwe ist der König der Tiere
2094 siṃhas_tiraścāṃ rājā
[siṃhaḥ = Löwe; tiryac, m. irr. = Tier (tiras + ac = quer-wärts, im Gegensatz zum aufrecht gehenden Menschen, tiraścām, Gen. Pl., tiryaṅ, m. Nom., tiryak, n. Nom., tiraścī, f. Nom.); rājan, m. = König (rājā, Nom.)]

२०९५ कर्मणां विपाकेन पापाः पुनर्जन्मनि तिर्यक्षु जायन्ते
2095 Aufgrund des Lohnes der Taten werden die Bösen in der Wiedergeburt unter Tieren geboren
2095 karmaṇāṃ vipākena pāpāḥ punar-janmani tiryakṣu jāyante
[karman, n. = Tat (Gen. Pl., karma, Nom.); vipākaḥ = Ergebnis (Konsequenz, »Lohn«, Instr.); pāpa, Adj. = böse (m. Nom. Pl. = pāpāḥ janāḥ = durjanāḥ); punar-janman, n. = Wiedergeburt (Lok.); tiryac, m. irr. = Tier (tiryakṣu, Lok. Pl.); jan, jāyate, 4. = geboren werden (PrPl.)]

29.3. Reduplizierte Partizipien

29.3.1. Partizip Perfekt Aktiv (»jigīvas« = »gesiegt habend«)

२०९६ उद्याने तस्थिवद्भ्यां नराभ्यां स्तेनो दृष्टः

2096 Von den zwei im Garten gestanden habenden Männern ist der Dieb gesehen worden (WÜ.)

2096 udyāne tasthivadbhyāṃ narābhyāṃ steno dṛṣṭaḥ

[udyānam = Garten (Lok.); tasthivas, Part. = gestanden habend (m. Instr. Du., tasthivān, Nom., Wz. sthā, redupl. Perf.: 3. Pers. Sg.: tasth-au = er stand, 3. Pers. Pl.: tasth-uḥ, = sie standen, Anm. 1: Das redupl. Part. Perf. Aktiv ist äußerst rar und kommt nur bei wenigen Verben vor, Anm. 2: Im Deutschen übersetzen wir durch Nebensatz: »Die zwei Männer, die im Garten standen, haben den Dieb gesehen«, Anm. 3: Der schwächste Stamm, z.B. der Akk. Pl., entsteht, indem man in der 3. Pers. Pl. Perf. -uḥ durch -uṣaḥ ersetzt, z.B. tasth-uḥ, tasth-uṣaḥ, der stärkste Stamm, z.B. der Nom. Sg., entsteht meist, indem man -ivān anfügt); naraḥ = Mann (Instr. Du.); stenaḥ = Dieb (Nom.); dṛṣṭa, Part. = gesehen (m. Nom., Wz. dṛś)]

२०९७ नगरस्य समीपे तस्थिवत् सैन्यमपश्यम्

2097 Ich sah das in der Nähe der Stadt gestanden habende Heer (WÜ.)

2097 nagarasya samīpe tasthivat sainyam_apaśyam

[nagaram = Stadt (Gen.); samīpe, Präp. + Gen. = nahe (in der Nähe); tasthivas, Part. = gestanden habend (tasthivat, n. Akk. Sg., tasthivān, Nom. Sg., Wz. sthā, tasthau, tasthuḥ, redupl. Perf.); sainyam = Heer (Akk.); paś, paśyati, 4. = sehen (Impf.)]

२०९८ काशीमध्यूषुषां जनानां बहवः शिशव आसन्

2098 Die in Benares gewohnt habenden Leute hatten viele Kleinkinder (WÜ.)

2098 kāśīm_adhyūṣuṣāṃ janānāṃ bahavaḥ śiśava āsan

[kāśī, f. Eig. = Benares (Akk.); adhyūṣivas, Part. = gewohnt habend (in + Akk., adhyūṣuṣām, m. Gen. Pl., adhyūṣivān, Nom. Sg., Wz. vas, redupl. Perf.: 3. Pers. Sg.: adhy-uvāsa = er wohnte, 3. Pers. Pl.: adhy-ūṣuḥ = sie wohnten); janaḥ = Leute (Gen. Pl.); bahu, Adj. = viel (m. Nom. Pl.); śiśuḥ, m. = Kleinkind (Nom. Pl.); as, asti, 2. = haben (= sein + Gen., āsan, Impf. = »der Leute waren« = »die Leute hatten«)]

२०९९ पितुर्गृहं जग्मुषे भ्रात्रे किंकरेणान्नं दत्तम्

2099 Dem in das Haus des Vaters gegangen seienden Bruder ist von dem Diener das Essen gegeben worden (WÜ.)

2099 pitur_gṛhaṃ jagmuṣe bhrātre kiṃkareṇānnaṃ dattam

[pitṛ, pitā, m. = Vater (Gen.); gṛham = Haus (Akk.); jagmivas, Part. = gegangen seiend (jagmuṣe, m. Dat., jagmivān, Nom., Wz. gam, redupl. Perf.: jagāma = er ging, Pl.: jagmuḥ = sie gingen); bhrātṛ, bhrātā, m. = Bruder (Dat.); kiṃkaraḥ = Diener (kiṃ-kareṇa, Instr., »factotum«, Komp.); annam = Essen, n. (Nom.); datta, Part. = gegeben (n. Nom., Wz. dā, dadāti)]

२१०० धर्मस्य वर्त्मना जग्मिवद्भिर्यशो ऽधिगम्यते

2100 Von den auf dem Pfad der Tugend gegangen Seienden wird Ruhm erlangt (FÜ.)

2100 dharmasya vartmanā jagmivadbhir_yaśo 'dhigamyate

[dharmaḥ = Tugend (Gen.); vartman, n. = Pfad (Instr.); jagmivas, Part. = gegangen seiend (jagmivadbhiḥ, m. Instr. Pl., jagmivān, Nom., Wz. gam, jagāma, jagmuḥ, redupl. Perf.); yaśas, n. = Ruhm (yaśaḥ, n. Nom.); gam, adhi-gacchati, 1. = erlangen (Präs. Pass.)]

२१०१ काश्या आजग्मुषो नप्तॄन् पर्यष्वजामहि

2101 Wir umarmten die aus Benares gekommen seienden Enkel (WÜ.)

2101 kāśyā ājagmuṣo naptṝn paryaṣvajāmahi

[kāśī, f. Eig. = Benares (kāśyāḥ, Abl.); ājagmivas, Part. = gekommen seiend (ā-jagmuṣaḥ, m.

Akk. Pl., Wz. gam, redupl. Perf.: ā-jagāma = er kam, Pl.: ā-jagmuḥ); naptṛ, naptā, m. = Enkel (Akk. Pl.); svaj, pari-ṣvajate, 1. = umarmen (pary + aṣvajāmahi oder asvajāmahi, Impf.)]

२१०२ एतावतः शत्रूञ्जघ्नुषे शूराय राजा दुर्लभे रत्ने अयच्छत्

2102 Dem soviele Feinde getötet habenden Helden reichte der König zwei kostbare Juwelen (WÜ.)

2102 etāvataḥ śatrūñ_jaghnuṣe śūrāya rājā durlabhe ratne ayacchat

[etāvat, Pron. = soviel (etāvataḥ, m. Akk. Pl.); śatruḥ, m. = Feind (sātrūn, Akk. Pl., Sa.: n + j = ñ + j); jaghnivas, Part. = getötet habend (jaghnuṣe, m. Dat., jaghnivān, Nom., Wz. han, redupl. Part.: jaghāna = er tötete, 3. Pers. Pl.: jaghnuḥ = sie töteten); śūraḥ = Held (Dat.); rājan, m. = König (rājā, Nom.); durlabha, Adj. = kostbar (n. Akk. Du.); ratnam = Juwel (ratne, Akk. Du., nach Du.-»e« kein Sandhi); yam, yacchati, 1. = reichen (+ Dat. + Akk., Impf.)]

29.3.2. Das nicht-reduplizierte Partizip »vidvas«

२१०३ दारिद्र्यं धनं विदुषाम्

2103 Armut ist Reichtum für Gelehrte

2103 dāridryaṃ dhanaṃ viduṣām

[dāridryam = Armut; dhanam = Reichtum; vidvas, Adj. irr. = gelehrt (viduṣām, m. Gen. Pl., Anm.: »vidvas« ist formal ein nicht-redupl. Part. Perf., das jedoch meist als Subst. oder Adj. verwendet wird und, anders als die redupl. Part. des vorigen Abschnitts, häufig vorkommt)]

२१०४ विद्वान् गरिमाणं गच्छति । विद्वान् गरिमाणमृच्छति

2104 Als Gelehrter erlangt man Gewicht

2104 vidvān garimāṇaṃ gacchati. vidvān garimāṇam_ṛcchati

[vidvas, m. irr. = Gelehrte (vidvān, Nom.); gariman, m. = Gewicht (und Würde, Akk., garimā, Nom.); gam, gacchati, 1. = erlangen (PrSg., gacchati oder ṛcchati + Akk. = Adj. + bhū = vidvān garīyān bhavati = der Gelehrte wird gewichtig); ṛ, ṛcchati, 1. = erlangen (PrSg.)]

२१०५ आ परितोषाद्विदुषाम्

2105 In extenso (WÜ.: Bis zur Zufriedenheit der Gelehrten)

2105 ā paritoṣād_viduṣām

[ā, Präp. + Abl. = bis (Präp. vorangestellt); paritoṣaḥ = Zufriedenheit (Abl.); vidvas, Adj. irr. = gelehrt (viduṣām, m. Gen. Pl.)]

२१०६ अर्जुनाद्रामो विद्वत्तरः

2106 Rama ist gebildeter als Arjuna

2106 arjunād_rāmo vidvattaraḥ

[arjunaḥ, m. Eig. = Ardschuna (Abl. bei Kompar.); rāmaḥ, m. Eig. = Rama (Nom.); vidvattara, Kompar. = gebildeter (m. Nom., vidvas = gebildet)]

२१०७ अङ्ग विद्वन्मित्र मामध्यापय

2107 Bitte, wissender Freund, unterrichte mich!

2107 aṅga, vidvan_mitra, mām_adhyāpaya!

[aṅga, Interj. = bitte! (+ Vok. und/oder + Imp.); vidvas, Adj. irr. = wissend (n. Vok., Sa.: vidvat + mitra = vidvan_mitra); mitram = Freund (mitra, Vok.); mad, Pron. = ich (mām, Akk. = mich); i, adhy-āpayati, 10. = unterrichten (Imp., Kaus. von adhi-i, adhīte = studieren)]

२१०८ अस्मै विदुषे विप्राय दक्षिणां प्रयच्छ

2108 Gib diesem gelehrten Priester den Opferlohn!

2108 asmai viduṣe viprāya dakṣiṇāṃ prayaccha!

[idam, Pron. = dies (m. Dat.); vidvas, Adj. irr. = gelehrt (viduṣe, m. Dat.); vipraḥ = Priester (Dat.); dakṣiṇā = Opferlohn (Akk.); yam, pra-yacchati, 1. = geben (+ Dat. + Akk., Imp.)]

२१०९ विद्वद्भिरेव विदुषां श्रमो ज्ञायते

2109 Nur von den Gelehrten wird die Mühe der Gelehrten erkannt

2109 vidvadbhir_eva viduṣāṃ śramo jñāyate

[vidvas, m. irr. = Gelehrte (vidvadbhiḥ, Instr. Pl., viduṣām, Gen. Pl.); eva, Ind. = nur; śramaḥ = Mühe; jñā, jānāti, 9. = erkennen (jñāyate, Präs. Pass.)]

२११० विद्वांसो विद्वद्भिः सह समागमाय स्पृहयन्ति

2110 Die Gelehrten verlangen nach einer Zusammenkunft mit Gelehrten

2110 vidvāṃso vidvadbhiḥ saha samāgamāya spṛhayanti

[vidvas, m. irr. = Gelehrte (vidvāṃsaḥ, Nom. Pl., vidvadbhiḥ, Instr. Pl.); saha, Präp. + Instr. = mit; samāgamaḥ = Zusammenkunft (Dat.); spṛh, spṛhayati, 10. = verlangen (+ Dat., PrPl., Nominalstil)]

२१११ राजा पूज्यते स्वदेशे विद्वान् पूज्यते सर्वत्र

2111 Der König wird in der Heimat verehrt, der Gelehrte wird überall verehrt

2111 rājā pūjyate svadeśe, vidvān pūjyate sarvatra

[rājan, m. = König (rājā, Nom.); pūj, pūjayati, 10. = verehren (Präs. Pass.); svadeśaḥ = Heimat (Lok., sva-deśaḥ = eigenes Land, Komp.); vidvas, m. irr. = Gelehrte (vidvān, m. Nom.); sarvatra, Adv. = überall]

२११२ विद्वद्भिरुपदिष्टो दशरथो यज्ञमाहरत्

2112 Der von den Wissenden belehrte Dasharatha brachte ein Opfer dar

2112 vidvadbhir_upadiṣṭo daśa-ratho yajñam_āharat

[vidvas, Adj. irr. = wissend (m. Instr. Pl., vidvān, Nom.); upadiṣṭa, Part. = belehrt (m. Nom., Wz. diś, upa-diśati); daśa-rathaḥ, m. Eig. = Dasharatha; yajñaḥ = Opfer (Akk.); hṛ, ā-harati, 1. = darbringen (ā + aharat, Impf.)]

२११३ विद्वांस ऋषयः प्रभूतानि शास्त्राणि विहितवन्तः

2113 Die wissenden Seher haben viele Richtlinien niedergelegt

2113 vidvāṃsa ṛṣayaḥ prabhūtāni śāstrāṇi vihitavantaḥ

[vidvas, Adj. irr. = gelehrt (wissend, vidvāṃsaḥ, m. Nom. Pl.); ṛṣiḥ, m. = Seher; prabhūta, Adj. = viel (n. Akk. Pl.); śāstram = Vorschrift (Akk.); vihitavat, Part. = angeordnet habend (vihitavantaḥ, m. Nom. Pl., Wz. dhā, vi-hita)]

२११४ येनर्ग्वेदो ऽधीतस्तं युवानमपि विद्वांसं गणयामः

2114 Von dem der Rig-Veda studiert worden ist, den halten wir, obgleich jung, für einen Gelehrten (WÜ.)

2114 yenarg-vedo 'dhītas_taṃ yuvānam_api vidvāṃsaṃ gaṇayāmaḥ

[yad - tad, Korr. = was - das (yena, m. Instr. - tam, m. Akk. = von wem, denjenigen); ṛg-vedaḥ = Rig-Veda (Akk., Sa.: ṛc, im Auslaut ṛk, ṛk + vedaḥ = ṛg_vedaḥ, yena + ṛg = yena_rg); adhīta, Part. = studiert (m. Nom., Wz. adhi-i = adhī); yuvan, Adj. irr. = jung (yuvānam, m. Akk.); api, Ind. = obgleich (ergänze santam, m. Akk. = seienden); vidvas, m. irr. = Gelehrte (vidvāṃsam, m. Akk.); gaṇ, gaṇayati, 10. = halten (für + Akk. + Akk., PrPl.)]

29.4. Das Wort »sat«

२११५ एकं सद्विप्रा बहुधा वदन्ति

2115 Dem einen Wesen geben die Weisen viele Namen (FÜ.)

2115 ekaṃ sad_viprā bahudhā vadanti

[eka, Num. = eins (n. Akk.); sat, n. irr. = Sein, n. (Gott, Akk., Anm.: »sat« kann Subst., Adj. oder Part. sein); vipraḥ = Priester; bahudhā, Adv. = vielfach; vad, vadati, 1. = bezeichnen (PrPl., Vers geht so weiter: »agniṃ yamaṃ mātariśvānam_āhuḥ« = »sie nennen es Feuer, Tod und Wind«, agniḥ, yamaḥ, mātariśvan, jeweils m. Akk., āhuḥ, Perf. Pl. von ah = sagen)]

२११६ ॐ तत् सत्। तत् त्वमसि। तत्त्वमसि
2116 Om, das ist die Wahrheit. Das bist du. Du bist die Wirklichkeit
2116 oṃ tat sat. tat tvam_asi. tattvam_asi
[om, Interj. = Om! (»Amen«); tad, Pron. = das (n. Nom.); sat, n. irr. = Sein, n. (Wahrheit); mad, Pron. = ich (tvam, Nom. = du); as, asti, 2. = sein (PrSg.); tattvam = Wirklichkeit (Nom., »Dasheit«, Anm.: tattvam ist gebildet aus »tad, Pron. = das« + »Suffix -tva = -heit/-keit«, »sattvam = das Gute, das Wahre, konkreter der Charakter« aus sat + Suffix -tva)]

२११७ असतो मा सद्गमय तमसो मा ज्योतिर्गमय मृत्योर्मामृतं गमय
2117 Von dem Nichtsein führe mich zum Sein, von der Finsternis führe mich zum Licht, vom Tode führe mich zur Unsterblichkeit!
2117 asato mā sad_gamaya, tamaso mā jyotir_gamaya, mṛtyor_māmṛtaṃ gamaya!
[asat, n. irr. = Nichtsein (asatas, Abl.); mad, Pron. = ich (mā oder mām, Akk.); sat, n. irr. = Sein, n. (Akk., substantiviertes Part. Präs. n.); gam, gamayati, 10. = führen (+ Akk. + Akk., Imp. Kaus.); tamas, n. = Dunkelheit (tamasas, Abl.); jyotis, n. = Licht (Akk.); mṛtyuḥ, m. = Tod (Abl.); amṛtam = Unsterblichkeit (Akk., Sa.: mā + amṛtam)]

२११८ सन्तस्तं श्रोतुमर्हन्ति
2118 Die Guten sollen ihn anhören
2118 santas_taṃ śrotum_arhanti
[sat, m. irr. = Gute (santaḥ, m. Nom. Pl., san, m. Nom. Sg.); tad, Pron. = das (tam, m. Akk. = ihn); śrotum, Inf. = anhören (Wz. śru, śṛṇoti); arh, arhati, 1. = sollen (+ Inf., PrPl.)]

२११९ संदेहे ऽन्तःकरणस्य प्रवृत्तयः प्रमाणं सताम्
2119 Im Zweifel sind die Regungen des Herzens Richtschnur für die Guten
2119 saṃdehe 'ntaḥ-karaṇasya pravṛttayaḥ pramāṇaṃ satām
[saṃdehaḥ = Zweifel (Lok.); antaḥ-karaṇam = Herz (Gen., »Macher im Innern«); pravṛttiḥ, f. = Botschaft (konkret: Nachricht, abstrakt: Regung, m. Pl.); pramāṇam = Richtschnur (Nom.); sat, m. irr. = Gute (satām, Gen. Pl. = für die Guten)]

२१२० विपदि सद्भिरुच्चैः स्थीयते
2120 Im Unglück wird von Guten kräftig ausgeharrt (WÜ.)
2120 vipadi sadbhir_uccaiḥ sthīyate
[vipad, vipat, f. = Unglück (Lok.); sat, Adj. irr. = gut (sadbhiḥ, m. Instr., san, Nom.); uccais, Adv. = kräftig; sthā, tiṣṭhate, 1. = ausharren (»durchstehen«, sthīyate, Präs. Pass., unpers. Pass.)]

२१२१ प्राणात्यये ऽप्यसन्तः सद्भिर्नाभ्यर्थ्यन्ते
2121 Selbst in Lebensgefahr werden die Bösen nicht von den Guten um Hilfe gebeten
2121 prāṇātyaye 'py_asantaḥ sadbhir_nābhyarthyante
[prāṇātyayaḥ = Lebensgefahr (Lok., Komp.: prāṇaḥ = Leben, n., aty-ayaḥ = Gefahr, Wz. ati_i, aty_eti = vorübergehen, atīta, Part. = vergangen); api, Ind. = selbst; asat, Adj. irr. = böse (asantaḥ, m. Nom. Pl., asan, m. Nom.); sat, Adj. irr. = gut (sadbhiḥ, m. Instr. Pl.); na, Ind. = nicht; arth, abhy-arthayate, 10. = bedrängen (inständig bitten, abhy-arthyante, Präs. Pass.)]

२१२२ सर्वे हंसाः कृष्णा इति यदुक्तं तदसत्
2122 Die Aussage »Alle Schwäne sind schwarz« ist falsch (FÜ.)
2122 sarve haṃsāḥ kṛṣṇā iti yad_uktaṃ tad_asat
[sarva, Pron. = all (sarve, m. Nom. Pl.); haṃsaḥ = Schwan (Ironische Anm.: haṃsaḥ heißt eigentlich Gans, und Gänse sind weder weiß noch schwarz, sondern allenfalls grau); kṛṣṇa, Adj. = schwarz (m. Nom. Pl.); iti, Ind. = dies; yad - tad, Korr. = was - das (n. Nom. - n. Nom.); ukta, Part. = gesagt (uktam, n. Nom.); asat, Adj. irr. = falsch (n. Nom., »iti yad uktam tad asat« = »dies was gesagt worden ist, das ist falsch«)]

२१२३ स त्वां न स्मरिष्यति बोधितो ऽपि सन्
2123 Er wird sich nicht an dich erinnern, auch wenn man ihn erinnert
2123 sa tvāṃ na smariṣyati, bodhito 'pi san
[tad, Pron. = das (saḥ, m. Nom. er); tvad, Pron. = du (tvām, Akk. = dich); na, Ind. = nicht; smṛ, smarati, 1. = erinnern (Fut.); bodhita, Part. = erinnert (m. Nom., Wz. budh, bodhayati + Akk. + Akk. = jemanden an etwas erinnern); api, Ind. = auch; sat, Part. irr. = seiend (san, m. Nom., Wz. as, asti)]

२१२४ अकालो नास्ति धर्मस्य जीविते चञ्चले सति
2124 Es gibt keine Unzeit für die Pflicht, weil das Leben unstet ist
2124 akālo nāsti dharmasya, jīvite cañcale sati
[akālaḥ = Unzeit; na, Ind. = kein (+ Subst.); as, asti, 2. = geben, es gibt (PrSg.); dharmaḥ = Pflicht (Gen. = für die Pflicht); jīvitam = Leben, n. (Lok.); cañcala, Adj. = unstet (n. Lok.); sat, Part. irr. = seiend (sati, n. Nom. Sg., jīvite cañcale sati = Lok. abs.)]

२१२५ दुर्जनः परिहर्तव्यो विद्यया भूषितो ऽपि सन्। किं मणिना भूषितः सर्पो न भयंकरः
2125 Ein Bösewicht ist zu meiden, auch wenn er mit Wissen geschmückt ist. Ist eine mit einem Edelstein geschmückte Schlange etwa nicht furchterregend?
2125 durjanaḥ parihartavyo vidyayā bhūṣito 'pi san. kiṃ maṇinā bhūṣitaḥ sarpo na bhayaṃ-karaḥ?
[durjanaḥ = schlechter Mensch; parihartavya, Ger. = zu meiden (m. Nom.); vidyā = Wissen, n. (Instr.); bhūṣita, Part. = geschmückt (m. Nom., Wz. bhūṣ); api, Ind. = auch; sat, Part. irr. = seiend (san, m. Nom., Wz. as, asti); kim, Interr. = etwa?; maṇiḥ, m. = Edelstein (Instr.); sarpaḥ = Schlange; na, Ind. = nicht; bhayaṃ-kara, Adj. = furchterregend (m. Nom., »angstmachend«, Komp., Anm.: Dies war der letzte Satz der Sanskrit-Lektionen, der im Gegensatz zu den nun folgenden Aphorismen noch sprachlich vereinfacht und normiert gewesen ist)]

30. Aphorismen

२१२६ भिन्नरुचिर्लोकः
2126 Die Geschmäcker sind verschieden (= De gustibus non est disputandum)
2126 bhinna-rucir_lokaḥ
[bhinna-ruci, Adj. = verschiedenartig (»geschmacksgeteilt«, m. Nom., Komp.: ruciḥ, f. = Geschmack, bhid, bhinna, Part. = geteilt); lokaḥ = Leute (Nom. Sg., Anm. 1: »Nyāyas« sind im Prosa abgefaßte Aphorismen, die meist mit einem Namen bezeichnet werden, z.B. »aṅgāra-nyāya« = »Spruch von der Holzkohle«, Anm. 2: Die zitierten rund 100 Aphorismen gehören zu den besten Nyāyas, die zudem mit dem erlernten Sanskritwissen verstanden werden können, Anm. 3: Die Nyāyas wurden im Original belassen, d.h. sie wurden weder gekürzt noch sprachlich vereinfacht, wobei auch einige sehr seltene Wörter vorkommen, Anm. 4: Bei der deutschen Übersetzung der Nyāyas wurde eine freie Wiedergabe gewählt und damit auf »FÜ.« und »WÜ.« verzichtet, Anm. 5: In den Nyāyas kommen athematische Verben vor, aber nur in 3. Pers. Sg. Präs. Akt., Anm. 6: Neben den wenigen Prosa-Nyāyas gibt es unzählige Sprüche in Versform: »su-bhāṣitam = Schön-Gesagtes«. Otto Böhtlingk's dreibändiges Werk »Indische Sprüche«, Jena 1873, enthält 7613 Sprüche in Versform)]

२१२७ यत्र क्रिया निष्फला तत्रास्य न्यायस्य प्रवृत्तिः
2127 Dieser Aphorismus wird dann benutzt, wenn eine Handlung erfolglos ist
2127 yatra kriyā niṣphalā, tatrāsya nyāyasya pravṛttiḥ
[yatra - tatra, Korr. = wo - dort; kriyā = Handlung; niṣphala, Adj. = erfolglos (f. Nom.); idam, Pron. = dies (asya, m. Gen.); nyāyaḥ = Aphorismus (in Prosaform, Gen.); pravṛttiḥ, f. = Anwendung (Der Satz ist ein Beispiel für die Anwendung des Wortes »nyāya« selbst)]

30.1. Geflügelte Worte

२१२८ अभ्यर्हितं पूर्वम्

2128 Das Wichtige zuerst!
2128 abhyarhitaṃ pūrvam
[abhyarhita, Adj. = wichtig (oder ehrwürdig: abhi + arhita, n. Nom., daher Bedeutung meist »Ehre, wem Ehre gebührt« sowie salopp »Alter vor Schönheit«); pūrvam, Adv. = zuerst]

२१२९ आशामोदकतृप्तः

2129 Er ist mit der Hoffnung zufrieden
2129 āśā-modaka-tṛptaḥ
[āśā = Hoffnung (Komp., Wz. ā-śās = erhoffen); modakaḥ = Süßigkeit (Komp.); tṛpta, Adj. = zufrieden (m. Nom., ergänze: puruṣaḥ = Mensch, Sinn: Vorfreude ist auch eine Freude)]

२१३० कुड्यं विना चित्रकर्मेव

2130 Wie ein Bild ohne Wand (= Wolkenkuckucksheim)
2130 kuḍyaṃ vinā citra-karmeva
[kuḍyam = Wand (auch Leinwand, Akk.); vinā, Präp. + Akk. = ohne; citra-karman, n. = Gemälde (citra-karma, Nom. Komp.); iva, Adv. = wie]

२१३१ क्षते क्षारमिव

2131 Wie Salz auf der Wunde
2131 kṣate kṣāram_iva
[kṣatam = Wunde (Lok., Wz. kṣan, kṣaṇoti = verletzen); kṣāram = Salz (etymologisch unklar); iva, Adv. = wie (kṣāraṃ kṣate kṣipati = Salz auf die Wunde streuen)]

२१३२ ग्राव्णि रेखेव

2132 Wie eine Linie im Stein (= Wie in Stein gemeißelt)
2132 grāvṇi rekheva
[grāvan, m. = Stein (grāvaṇi oder grāvṇi, Lok.); rekhā = Linie (Nom.); iva, Adv. = wie (Sinn: »Etwas ist so unveränderlich wie eine Linie im Stein«)]

२१३३ शते पञ्चाशत्

2133 Das Größere umfaßt das Kleinere
2133 śate pañcāśat
[śatam, Num. = hundert (n. Lok.); pañcāśat, Num. = fünfzig (Konkret: »Fünfzig sind in Hundert bereits enthalten«, vgl. pars pro toto)]

२१३४ श्वलीढमिव पायसम्

2134 Wer Pech berührt, besudelt sich
2134 śva-līḍham_iva pāyasam
[śvan, m. irr. = Hund (Komp.); līḍha, Part. = geleckt (n. Nom., Wz. lih, leḍhi); iva, Adv. = wie; pāyasam = Milchreis (Konkret: Das ist unrein »wie der vom Hund abgeleckte Milchreis«)]

२१३५ निरङ्कुशाः कवयः

2135 Dichter sind frei (= Das ist dichterische Freiheit = licentia poetica)
2135 niraṅkuśāḥ kavayaḥ
[niraṅkuśa, Adj. = frei (m. Nom. Pl., nir-aṅkuśaḥ = ohne Widerhaken, d.h. hier ohne die Beschränkungen der Grammatik); kaviḥ, m. = Dichter]

२१३६ लाङ्गलं जीवनम्

2136 Pflug heißt Leben
2136 lāṅgalaṃ jīvanam
[lāṅgalam = Pflug; jīvanam = Leben, n. (vgl. »Schwerter zu Pflugscharen«)]

२१३७ स्वभावो दुरतिक्रमः
2137 Keiner kann über seinen eigenen Schatten springen
2137 svabhāvo duratikramaḥ
[svabhāvaḥ = Natur (sva = eigene); duratikrama, Adj. = schwer überwindbar (dur-ati-kramaḥ, m. Nom., vgl. Übungssatz 2048)]

30.2. Geflügelte Sätze

२१३८ न हि सर्वः सर्वं जानाति
2138 Denn nicht jeder weiß alles
2138 na hi sarvaḥ sarvaṃ jānāti
[na, Ind. = nicht; hi, Konj. = denn; sarva, Pron. = all (sarvaḥ, m. Nom. = jeder, sarvam, n. Akk. = alles); jñā, jānāti, 9. = wissen (PrSg.)]

२१३९ विद्या ददाति विनयम्
2139 Wissen macht bescheiden
2139 vidyā dadāti vinayam
[vidyā = Wissen; dā, dadāti, 3. = geben (PrSg.); vinayaḥ = Bescheidenheit (Akk.)]

२१४० विद्ययामृतमश्नुते
2140 Durch Wissen erlangt man Unsterblichkeit
2140 vidyayāmṛtam_aśnute
[vidyā = Wissenschaft (vidyayā, Instr.); amṛtam = Unsterblichkeit (Akk.); aś, aśnute, 5. = erlangen (PrSg.)]

२१४१ अस्त्रमस्त्रेण शाम्यति
2141 Waffen werden durch Waffen zum Schweigen gebracht
2141 astram_astreṇa śāmyati
[astram = Waffe (Nom. Sg., Instr. Sg.); śam, śāmyati, 4. = beruhigen (sich, PrSg. Aktiv)]

२१४२ वज्रं वज्रेण भिद्यते
2142 Das Schwert wird durch das Schwert gebrochen
2142 vajraṃ vajreṇa bhidyate
[vajraḥ = Diamant (Nom., Instr.); bhid, bhinatti, 7. = brechen (bhidyate, Präs. Pass.)]

२१४३ अयमपरो गण्डस्योपरि स्फोटः
2143 Hier ist eine Beule auf der andern (= Ein Übel kommt selten allein)
2143 ayam_aparo gaṇḍasyopari sphoṭaḥ
[idam, deikt. Pron. = »hier!« (ayam, m.); apara, Pron. = ander (m. Nom.); gaṇḍaḥ = Beule (beim Anschwellen, Gen.); upari, Präp. + Gen. = über; sphoṭaḥ = Beule (beim Platzen)]

२१४४ अपवादैरुत्सर्गा बाध्यन्ते
2144 Ausnahmen widerlegen die Regel (im Deutschen: Ausnahmen bestätigen die Regel)
2144 apavādair_utsargā bādhyante
[apavādaḥ = Ausnahme (Widerlegung, Instr.); utsargaḥ = Regel (Nom. Pl.); bādh, bādhate, 1. = beeinträchtigen (Präs Pass., Variante: »pūrvam hi apavādāḥ abhiniviśante, paścāt utsargāḥ« = »Zuerst treten die Ausnahmen in Kraft, danach die Regeln«, abhi-ni-viśate, Atm. Akt. = in Kraft treten)]

२१४५ तप्तं तप्तेन संबध्यते
2145 Gleich und Gleich gesellt sich gern
2145 taptaṃ taptena saṃbadhyate
[taptam = Hitze (Nom., Instr.); bandh, saṃ-badhnāti, 9. = verbinden (Präs. Pass. + Instr.,

»Heißes verbindet sich mit Heißem«, andere Variante: »yogyaḥ yogyena saṃbadhyate« = »Tüchtige schließen sich zusammen« oder »Vereint sind wir stark««, yogya, Adj. = tüchtig)]

२१४६ सदृशात् सदृशोद्भवः

2146 Aus Gleichem entsteht Gleiches

2146 sadṛśāt sadṛśodbhavaḥ

[sadṛśa, Pron. = gleich (Ähnlichkeit bei Vater/Sohn usw., sadṛśāt, m. oder n. Abl., ferner als Komp. sadṛśa-udbhavaḥ, Nom.); udbhavaḥ = Geburt (= das Entstehen)]

२१४७ तुष्यतु दुर्जनः

2147 Gefährliche Menschen stelle man zufrieden (oder: Mit den Wölfen muß man heulen)

2147 tuṣyatu durjanaḥ

[tuṣ, tuṣyati, 4. = erfreuen (sich, Imp. Akt.); durjanaḥ = schlechter Mensch (Nom. Sg.)]

२१४८ त्यजेदेकं कुलस्यार्थे

2148 Die Arterhaltung hat Vorrang

2148 tyajed_ekaṃ kulasyārthe

[tyaj, tyajati, 1. = aufgeben (Opt.); eka, Pron. = einzelnes (m. Akk., erg. puruṣam); kulam = Herde (Familie, Gen.); arthe, Präp. + Gen. = wegen (»Man opfere/verlasse einen einzelnen Menschen zugunsten der Familie, eine Familie zugunsten des Dorfes usw.«)]

२१४९ उदरे भृते कोशो भृतः

2149 Panem et circenses (= Viele wollen nur einen gefüllten Bauch)

2149 udare bhṛte, kośo bhṛtaḥ

[udaraḥ = Bauch (udare bhṛte = Lok. abs.); bhṛta, Adj. = gefüllt (m. Lok., m. Nom.); kośaḥ = Vorratskammer (Sinn: »Wenn der Bauch gefüllt ist, so gilt die Kammer bereits als gefüllt« und nicht »Wer die Kammer füllt, kann sich auch den Bauch füllen«)]

२१५० बीजं विना नाङ्कुरो जायते

2150 Ohne Samen wächst kein Sproß

2150 bījaṃ vinā nāṅkuro jāyate

[bījam = Same (Akk.); vinā, Präp. + Akk. = ohne; na, Ind. = nicht; aṅkuraḥ = Sproß (Schößling); jan, jāyate, 4. = entstehen (PrSg.)]

२१५१ द्विर्बद्धं सुबद्धं भवति

2151 Doppelt genäht hält besser

2151 dvir_baddhaṃ, subaddhaṃ bhavati

[dvis, Num. = zweimal (Ind.); baddha, Part. = gebunden (n. Nom., su-baddha = gut gebunden, Wz. bandh, badhnāti); bhū, bhavati, 1. = sein (PrSg.)]

२१५२ सकृत् कृते कृतः शास्त्रार्थः

2152 Einmal ist genug

2152 sakṛt kṛte, kṛtaḥ śāstrārthaḥ

[sakṛt, Num. = einmal; kṛta, Part. = getan (kṛte, m. Lok. = verkürzter Lok. abs., kṛtaḥ, m. Nom. = es ist ausgeführt worden, Wz. kṛ, karoti); śāstram = Schrift (Komp.: śāstrasya oder śāstrāṇām); arthaḥ = Ziel (»Einmal ausgeführt, ist der Zweck der Shastras erfüllt«, mithin »Es genügt, eine rituelle Vorschrift einmal zu praktizieren, um der Schrift Genüge zu tun«)]

२१५३ सर्वं बलवतः पथ्यम्

2153 Dem Starken ist alles erlaubt (= Macht vor Recht)

2153 sarvaṃ balavataḥ pathyam

[sarva, Pron. = all (n. Nom.); balavat, Adj. = stark (m. Gen. Sg.); pathya, Adj. = zulässig (erlaubt, n. Nom., Anm.: Urbedeutung von path-ya: »begehbar« von path, panthāḥ = Pfad)]

२१५४ श्येनः कपोतानत्तीति सनातनी स्थितिः
2154 »Der Falke frißt die Tauben«, so heißt die ewige Regel
2154 śyenaḥ kapotān_attīti sanātanī sthitiḥ
[śyenaḥ = Falke; kapotaḥ = Taube (Akk.); ad, atti, 2. = essen (atti, PrSg.); iti, Ind. = so; sanātana, Adj. = ewig (sanātanī, f. Adj. Nom.); sthitiḥ, f. = Rege (Anm.: In der textkritischen Mahabharata-Ausgabe heißt es dagegen: »śyenāḥ kapotān khādanti sthitir eṣā sanātanī«, vgl. auch noch den Übungssatz 1979 als weitere Variante dieses häufig benutzten Spruchs)]

२१५५ भक्षिते ऽपि लशुने न शान्तो व्याधिः
2155 Trotz Knoblauch keine Genesung
2155 bhakṣite 'pi laśune, na śānto vyādhiḥ
[bhakṣita, Part. = gegessen (n. Lok., Wz. bhakṣ, bhakṣayati); api, Ind. = trotz; laśunam = Knoblauch (bhakṣite laśune = Lok. abs.); na, Ind. = nicht; śānta, Part. = aufgehört (m. Nom., Wz. śam, śāmyati); vyādhiḥ, m. = Krankheit]

२१५६ मरणाद्वरं व्याधिः
2156 Krankheit ist besser als der Tod
2156 maraṇād_varaṃ vyādhiḥ
[maraṇam = Tod (Abl.); varam, Adv. = besser (als + Abl., Ind.); vyādhiḥ, m. = Krankheit (Nom.)]

२१५७ यत् कृतकं तदनित्यम्
2157 Das Künstliche ist unbeständig
2157 yat kṛtakaṃ tad_anityam
[yad - tad, Korr. = was - das (n. Nom.); kṛtaka, Adj. = künstlich (nicht natürlich, n. Nom.); anitya, Adj. = unbeständig (n. Nom.)]

२१५८ यादृशो यक्षस्तादृशो बलिः
2158 Wie der Kobold, so das Opfer (= Wie du mir, so ich dir, oder: Jedem das Seine)
2158 yādṛśo yakṣas_tādṛśo baliḥ
[yādṛśa - tādṛśa, Korr. = wie - so (m. Nom.); yakṣaḥ = Kobold (Haus- oder Baumgeist usw., gut oder schlecht); baliḥ, m. = Opfer (Spende bzw. Opfergabe)]

२१५९ यादृक् श्रूयते तादृगवगम्यते
2159 Wie es gelehrt wird, so wird es verstanden
2159 yādṛk śrūyate, tādṛg_avagamyate
[yādṛk - tādṛk, Korr. = wie - so (Ind.); śru, śṛṇoti, 5. = lehren (śrūyate, Präs. Pass. = gelehrt werden, also in dieser Bedeutung immer Pass.); gam, ava-gacchati, 1. = verstehen (Präs. Pass., »Ein schlechter Lehrer hat schlechte Schüler«)]

२१६० यावत् तैलं तावद्व्याख्यानम्
2160 Solange Öl in den Lampen ist, kann die Rezitation weitergehen
2160 yāvat tailaṃ, tāvad_vyākhyānam
[yāvat - tāvat, Korr. = solange - wie (Ind.); tailam = Öl; vyākhyānam = Erzählung (oder Rezitation, Wz. khyā, vy-ā-khyāti, 2. = erzählen)]

२१६१ सेयमुभयतःपाशा रज्जुः
2161 Dies ist ein zweischlaufiges Seil
2161 seyam_ubhayataḥ-pāśā rajjuḥ
[tad, Pron. = das (sā, f. Nom.); idam, Pron. = dies (iyam, f. Nom. = dies hier); ubhayatas, Präp. + Akk. = beiderseits (Komp.); pāśaḥ = Schlinge (f. Adj. Nom. Sg. = »zweischlaufig«); rajjuḥ, f. = Seil (Sinn ähnlich wie Buridans Esel zwischen zwei gleich großen Heuhaufen, d.h. man kann sich nicht für das eine oder das andere entscheiden, vgl. Spruch 2211)]

२१६२ शीर्षे सर्पो देशान्तरे वैद्यः
2162 Alles ist verloren
2162 śīrṣe sarpo deśāntare vaidyaḥ
[śīrṣaḥ = Kopf (Lok.); sarpaḥ = Schlange; deśāntaram = Ausland (Lok., Komp.: antaraḥ deśaḥ = anderes Land, Komp. mit Vertauschung von Vorderglied und Schlußglied); vaidyaḥ = Arzt (»Oh weh! Eine Schlange befindet sich auf meinem Kopf, und der Arzt ist im Ausland«)]

२१६३ दोहने ज्ञायते सम्यग्गौरेषा
2163 Die Kuh wird erst beim Melken erkannt (= The proof of the pudding is in the eating)
2163 dohane jñāyate samyag_gaur_eṣā (ergänze: gavayo na hi)
[dohanam = Melken (Lok.); jñā, jānāti, 9. = erkennen (Präs. Pass.); samyak, Adv. = richtig; go, f. irr. = Kuh (gauḥ, Nom.); etad, Pron. = dies (eṣā, f. Nom., mit Ergänzung: Erst beim Melken erkennt man richtig, daß dies eine Kuh ist und kein Bulle = gavayaḥ = Gayal-Rind)]

२१६४ क्रिया हि विकल्प्यते न वस्तु
2164 Eigenschaften mögen sich ändern, das Wesen bleibt
2164 kriyā hi vikalpyate, na vastu
[kriyā = Tat; hi, Konj. = denn; kḷp, vi-kalpate, 1. = ändern (Präs. Pass. = sich ändern); na, Ind. = nicht; vastu, n. = Ding]

२१६५ क्वोष्ट्रः क्व च नीराजना
2165 Was hat ein Kamel mit der Weihe zu tun? (Weihe = Lustration = rituelle Reinigung)
2165 kvoṣṭraḥ kva ca nīrājanā?
[kva - kva ca, Interr. = was - und was? (»kva X und kva ca Y« = »Was hat X mit Y zu tun?« - »Gar nichts!«); uṣṭraḥ = Kamel (Nom.); nīrājanā = Reinigung (= Weihung der Rosse usw. vor Kriegsbeginn durch König = rājan, Wz. nis + rāj, nīrājayati = weihen, Sa.: niḥ + r = nīr)]

२१६६ तेजसां हि न वयः समीक्ष्यते
2166 Denn bei Erfolgreichen spielt das Alter keine Rolle
2166 tejasāṃ hi na vayaḥ samīkṣyate
[tejas, m. = »Profi« (Gen. Pl., tejāḥ, m. Nom. = Erfolgreicher, tejas, n. = Erfolg); hi, Konj. = denn; na, Ind. = nicht; vayas, n. = Alter, n. (Nom.); īkṣ, sam-īkṣate, 1. = prüfen (Präs. Pass.)]

२१६७ क्लेशः फलेन पुनर्नवतां विधत्ते
2167 Die Anstrengung erhält durch den Erfolg neuen Auftrieb
2167 kleśaḥ phalena punar_navatāṃ vidhatte
[kleśaḥ = Mühe; phalam = Lohn (Instr.); punar, Adv. = wieder; navatā = Neuheit (Akk.); dhā, vi-dhatte, 3. = gewähren (PrSg., dhatte, Atm., dadhāti, Par.)]

२१६८ गिरिमुत्पाट्य मूषिकोद्धृता
2168 Es kreißte der Berg und gebar eine Maus (Der Latein-Spruch »Parturiunt montes, nascetur ridiculus mus« kam möglicherweise über indische Fabeln in den Westen)
2168 girim_utpāṭya mūṣikoddhṛtā
[giriḥ, m. = Berg (Akk.); utpāṭya, Abs. = aufgerissen habend (Wz. paṭ, ut-pāṭayati); mūṣikā = Maus (f. Nom. = »Mäusin«); uddhṛta, Part. = gefördert (f. Nom., Wz. dhṛ, ud-dhārayati oder hṛ, ud-dharati = herausziehen, Anm.: Der ganze Vers heißt: Ein Löwe, der im steinigen Loch eines Maulwurfs gräbt, bricht sich nur die Krallen oder bekommt als Lohn nur eine Maus)]

२१६९ उत्पद्यन्ते विलीयन्ते दरिद्राणां मनोरथाः
2169 Die Wunschträume der Armen kommen und gehen
2169 utpadyante vilīyante daridrāṇāṃ mano-rathāḥ
[pad, ut-padyate, 4. = entstehen (PrPl.); lī, vi-līyate, 4. = auflösen (PrPl. Akt.); daridraḥ = Arme (Gen.); mano-rathaḥ = Wunschtraum]

२१७० मुनिर्मनुते मूर्खो मुच्यते
2170 Der Asket meditiert, und der Narr wird erlöst
2170 munir_manute, mūrkho mucyate
[muniḥ, m. = Asket; man, manute, 8. = meditieren (PrSg., vgl. aber: man, manyate, 4. = denken); mūrkhaḥ = Narr; muc, muñcati, 6. = erlösen (Präs. Pass.)]

२१७१ यः कुरुते स एव भुङ्क्ते
2171 Man erntet immer die Früchte der eigenen Taten
2171 yaḥ kurute, sa eva bhuṅkte
[yad - tad, Korr. = was - das (yaḥ - saḥ, m. Nom.); kṛ, kurute, 8. = handeln (PrSg. Atm.); eva, Ind. = allein; bhuj, bhuṅkte, 7. = genießen (den Lohn der Tat, PrSg., gegenteiliger Spruch: »The seed you sow another reaps, the wealth you find another keeps«)]

२१७२ यः कारयति स करोत्येव
2172 Wer befiehlt, ist selbst der Täter (= Wer veranlaßt, handelt selbst)
2172 yaḥ kārayati, sa karoty_eva
[yad - tad, Korr. = was - das (yaḥ - saḥ, m. Nom.); kṛ, kārayati, 10. = veranlassen (PrSg. Kaus.); kṛ, karoti, 8. = tun (PrSg.); eva, Ind. = nur (Abertausende deutsche Schreibtischtäter, die 6 Millionen Juden vergasen ließen, haben das Kausativgesetz stets von sich gewiesen)]

२१७३ शान्ते कर्मणि वेतालोदयः
2173 Am Ende der Opferhandlung begann der Tanz der Vampire
2173 śānte karmaṇi vetālodayaḥ
[śānta, Part. = aufgehört (n. Nom., Wz. śam, śāmyati); karman, n. = Opferhandlung (oder Geisterbeschwörung, Lok. abs.); vetālaḥ = Vampir (Komp.); udayaḥ = Erscheinen, n. (Sinn: »Die ich rief, die Geister, werd' ich nun nicht los«)]

२१७४ अत्यन्तपराजयाद्वरं संशयो ऽपि
2174 Selbst eine prekäre Situation ist besser als die totale Niederlage
2174 atyanta-parājayād_varaṃ saṃśayo 'pi
[atyanta, Adj. = völlig (Komp.); parājayaḥ = Niederlage (Abl.); varam, Adv. = besser (als + Abl.); saṃśayaḥ = Ungewißheit (heikle Lage); api, Ind. = selbst (vgl. Übungssatz 1619]

२१७५ यस्य नास्ति स्वयं प्रज्ञा शास्त्रं तस्य करोति किम्
2175 Was nützen einem die Lehrbücher, wenn man keinen Verstand hat?
2175 yasya nāsti svayaṃ prajñā, śāstraṃ tasya karoti kim?
[yad - tad, Korr. = was - das (yasya - tasya, m. Gen. = wessen - dessen); na, Ind. = nicht; as, asti, 2. = haben (+ Gen., PrSg.); svayam, Pron. = selbst (Ind.); prajñā = Verstand; śāstram = Lehrbuch (Nom.); kṛ, karoti, 8. = machen (bewirken, PrSg.); kim, Interr. = was? (n. Nom.)]

२१७६ प्रयोजनमनुदृश्य न मन्दो ऽपि प्रवर्तते
2176 Selbst ein Narr handelt nicht ohne ein Ziel vor Augen
2176 prayojanam_anudṛśya na mando 'pi pravartate
[prayojanam = Zweck (Ziel, Akk., vgl. »kim_atra prayojanam? = cui bono«); anudṛśya, Abs. = erwogen habend (Wz. dṛś = paś: anu-paśyati); na, Ind. = nicht; mandaḥ = Narr (»Depp«); api, Ind. = selbst; vṛt, pra-vartate, 1. = handeln (aktiv werden = Inchoativ, PrSg.)]

२१७७ अपन्थानं तु गच्छन्तं सोदरो ऽपि विमुञ्चति
2177 Sogar der Bruder muß seinen Bruder verlassen, falls er vom rechten Pfad abkommt
2177 apanthānaṃ tu gacchantaṃ (ergänze sodaraṃ) sodaro 'pi vimuñcati
[apath, m. irr. = Irrweg (apanthānam, Akk. Sg.); tu, Konj. = jedoch; gacchat, Part. = gehend (m. Akk. Sg., Wz. gam); sodaraḥ = Zwillingsbruder (oder leiblicher Bruder: sa = mit + udaraḥ = Mutterleib, Nom., zudem Akk.); api, Ind. = selbst; muc, vi-muñcati, 6. = verlassen (PrSg.)]

२१७८ बुभुक्षितः किं न करोति पापम्
2178 Gibt es eine Sünde, die ein Hungriger nicht begeht?
2178 bubhukṣitaḥ kiṃ na karoti pāpam?
[bubhukṣita, Adj. = hungrig (m. Nom., reduplizierende Desiderativbildung zur Wz. bhuj); kim, Interr. = etwa?; na, Ind. = nicht; kṛ, karoti, 8. = tun (PrSg.); pāpam = Sünde (Akk.)]

२१७९ लिप्यते न स पापेन पद्मपत्त्रमिवाम्भसि
2179 Dem Reinen ist alles rein (Omnia munda mundo)
2179 lipyate na sa pāpena padma-pattram_ivāmbhasi
[lip, limpati, 6. = besudeln (Präs. Pass.); na, Ind. = nicht; tad, Pron. = das (saḥ, m. Nom. = er); pāpam = Sünde (Instr.); padma-pattram = Lotusblatt (Komp.); iva, Adv. = wie; ambhas, n. = Wasser (ambhasi, Lok.)]

२१८० यत्र वह्निर्नास्ति तत्र धूमो ऽपि नास्ति
2180 Wo es kein Feuer gibt, dort gibt es auch keinen Rauch
2180 yatra vahnir_nāsti, tatra dhūmo 'pi nāsti
[yatra - tatra, Korr. = wo - dort; vahniḥ, m. = Feuer; na, Ind. = nicht; as, asti, 2. = sein (PrSg.); dhūmaḥ = Rauch; api, Ind. = auch (vgl. Kontraposition der Implikation in der Logistik]

२१८१ अम्बुनि मज्जन्त्यलाबूनि ग्रावाणः प्लवन्ते
2181 Kürbisflaschen versinken im Wasser, während Steine schwimmen (Paradoxon)
2181 ambuni majjanty_alābūni, grāvāṇaḥ plavante (Variante: śilāḥ plavante)
[ambu, n. = Wasser (Lok.); majj, majjati, 1. = versinken (PrPl.); alābu, n. = Kürbisflasche; grāvan, m. = Stein (oder śilā = Stein, Nom. Pl.); plu, plavate, 1. = schwimmen (treiben, PrPl.)]

२१८२ अशक्तो ऽहं गृहारम्भे शक्तो ऽहं गृहभञ्जने
2182 Ein Haus kann ich nicht bauen, aber sehr wohl zerstören
2182 aśakto 'haṃ gṛhārambhe, śakto 'haṃ gṛha-bhañjane
[aśakta, Adj. = unfähig (zum + Lok., m. Nom.); mad, Pron. = ich (aham, Nom.); gṛhārambhaḥ = Hausbau (Lok. Komp., ārambhaḥ = Anfang); śakta, Adj. = fähig (+ Lok., m. Nom.); gṛha-bhañjanam = Hausabbruch (Lok. Komp., Wz. bhañj, bhanakti = zerstören)]

२१८३ आम्राश्च सिक्ताः पितरश्च प्रीणिताः
2183 Es wurden zwei Fliegen mit einer Klappe geschlagen
2183 āmrāś_ca siktāḥ pitaraś_ca prīṇitāḥ
[āmraḥ = Mangobaum; ca - ca, Konj. = sowohl - als auch; sikta, Part. = gegossen (m. Nom. Pl., Wz. sic, siñcati); pitṛ, pitā, m. = Ahnen (Pl.); prīṇita, Part. = erfreut (m. Nom. Pl., Wz. prī, prīṇayati, »Die Mangobäume wurden gegossen und die Ahnen, die unter diesen Bäumen begraben sind, wurden »in einem Abwasch« verehrt«)]

२१८४ आम्रान् पृष्टः कोविदारानाचष्टे
2184 Über Mangobäume befragt, spricht er ausweichend über Paradiesbäume
2184 āmrān pṛṣṭaḥ kovidārān_ācaṣṭe
[āmraḥ = Mangobaum (Akk.); pṛṣṭa, Part. = befragt (m. Nom., Wz. pracch); kovidāraḥ = Paradiesbaum (Bauhinia variegata, Akk.); cakṣ, ā-caṣṭe, 2. = nennen (+ Akk., PrSg.)]

२१८५ अर्के चेन्मधु विन्देत किमर्थं पर्वतं व्रजेत्
2185 Warum soll man zum Berg wandern, wenn man den Honig ganz in der Nähe findet? (= »Willst du immer weiter schweifen? Sieh, das Gute liegt so nah. Lerne nur ...«)
2185 arke cen_madhu vindeta, kim-arthaṃ parvataṃ vrajet?
[arkaḥ = »Sonnenbaum« (calatropis gigantea = giant milkweed, deutscher Name unbekannt, Lok.); ced, Konj. = wenn; madhu, n. = Honig (Akk.); vid, vindati, 6. = finden (Opt., hier Atm.); kim-artham, Interr. = warum?; parvataḥ = Berg (Akk.); vraj, vrajati, 1. = wandern (Opt.)]

२१८६ निरस्तपादपे देश एरण्डो ऽपि द्रुमायते
2186 In einem baumlosen Land gilt selbst der Rizinus noch als Baum
2186 nirasta-pādape deśa eraṇḍo 'pi drumāyate
[nirasta, Adj. = zerstört (»ohne«, Komp., Wz. as, nir-asyati = wegwerfen); pādapaḥ = Baum (nirasta-pādapa, Adj. = baumlos, m. Lok., pāda-pa = Fuß-Trinker = Baum, Wz. pā, pibati); deśaḥ = Land (deśe, Lok.); eraṇḍaḥ = Rizinus; api, Ind. = selbst; druma, drumāyate, 10. = Baum sein (als Baum gelten, PrSg., drumaḥ = Baum, Sinn: »sich mit Notlösung abfinden«)]

२१८७ विना मलयमन्यत्र चन्दनं न प्ररोहति
2187 Ein Sandelbaum gedeiht nur an der Malabar-Küste
2187 vinā malayam_anyatra candanaṃ na prarohati
[vinā, Präp. + Akk. = außer; malayaḥ, m. Eig. = Malabar-Küste (Akk.); anyatra, Adv. = anderswo; candanam = Sandelbaum; na, Ind. = nicht; ruh, pra-rohati, 1. = gedeihen (PrSg., Sinn: »Wer selbst Profi werden will, sollte sich an Profis und nicht an Amateure halten«)]

२१८८ न हि विवाहानन्तरं वरपरीक्षा क्रियते
2188 Denn nach der Hochzeit ist die Prüfung des Bräutigams zwecklos
2188 na hi vivāhānantaraṃ vara-parīkṣā kriyate
[na, Ind. = nicht; hi, Konj. = denn; vivāhaḥ = Hochzeit (Komp.); anantaram, Präp. + Abl. = nach; varaḥ = Bräutigam (Komp.); parīkṣā = Prüfung; kṛ, karoti, 8. = machen (Präs. Pass., vgl. »Marry in haste and repent at leisure« sowie »Drum prüfe, wer sich ewig bindet«)]

२१८९ क्वचिन्न हि वरघाताय कन्यामुद्वाहयति
2189 Denn man verheiratet nirgends die Braut zur Vernichtung des Freiers
2189 kvacin_na hi vara-ghātāya kanyām_udvāhayati
[na kvacid, Adv. = nirgends; hi, Konj. = denn; varaḥ = Freier (Komp.); ghātaḥ = Vernichtung (Dat.); kanyā = Braut (Akk.); vah, ud-vāhayati, 10. = verheiraten (PrSg. Kaus.)]

२१९० हितं मनोहारि च दुर्लभं वचः
2190 Heilsame und zugleich entzückende Worte findet man selten
2190 hitaṃ mano-hāri ca durlabhaṃ vacaḥ
[hita, Adj. = heilsam (n. Nom.); mano-hārin, Adj. = entzückend (n. Nom. Komp.); ca, Konj. = und; durlabha, Adj. = schwer zu erlangen (n. Nom.); vacas, n. = Rede]

२१९१ विक्रीते करिणि किमङ्कुशे विवादः
2191 Wenn man teure Waren verkaufen will, soll man nicht wegen der Zugaben feilschen (Warum Streiterei wegen des Stachelstocks, wenn der Elefant verkauft wurde?)
2191 vikrīte kariṇi kim_aṅkuśe vivādaḥ?
[vikrīta, Part. = verkauft (m. Lok., Wz. krī, vi-krīṇāti); karin, m. = Elefant (vikrīte kariṇi = Lok. abs.); kim, Interr. = warum?; aṅkuśaḥ = Stachelstock (Lok.); vivādaḥ = Streit (über + Lok.)]

२१९२ कूप उदधावपि घटस्तुल्यं जलं गृह्णाति
2192 Im Brunnen wie auch im Meer schöpft ein Krug die gleiche Menge Wasser
2192 kūpa udadhāv_api ghaṭas_tulyaṃ jalaṃ gṛhṇāti
[kūpaḥ = Brunnen (kupe, Lok.); udadhiḥ, m. = Meer (Lok.); api, Ind. = auch; ghaṭaḥ = Krug; tulya, Adj. = gleich (n. Akk.); jalam = Wasser (Akk.); grah, gṛhṇāti, 9. = fassen (PrSg.)]

२१९३ कूपस्तृष्णां हन्ति सततं न तु वारिधिः
2193 Der Brunnen löscht den Durst, niemals aber das Meer
2193 kūpas_tṛṣṇāṃ hanti, satataṃ na tu vāridhiḥ
[kūpaḥ = Brunnen; tṛṣṇā = Durst (Akk.); han, hanti, 2. = töten (hanti, PrSg., hier: er löscht); na satatam, Adv. = niemals; tu, Konj. = aber; vāridhiḥ, m. = Meer (vāri-dhiḥ = Wasser-Behälter)]

२१९४ कांश्चित्तुच्छयति प्रपूरयति वा कांश्चिन्नयत्युन्नतिम्
2194 Einige leert es und einige füllt es und einige führt es nach oben
2194 kāṃścit_tucchayati prapūrayati vā kāṃścin_nayaty_unnatim
[kiṃcid, Pron. = einige (kān + cid = kāṃścid, m. Akk. Pl.); tucchay, tucchayati, 10. = leeren (PrSg., Anm.: Ergänze erstens »vidhiḥ, Nom. = Schicksal« sowie zweitens »ghaṭān, Akk. Pl. = Eimer = Hülle = Mensch«); pṝ, pra-pūrayati, 10. = füllen (PrSg.); vā, Konj. = oder; nī, nayati, 1. = bringen (PrSg.); unnatiḥ, f. = Höhe (Akk., Wz. nam, ud + namati = »nach oben biegen« = »sich erheben«, Metapher vom »Tretrad = ghaṭī-yantram« als Sinnbild des Schicksals)]

२१९५ किं त्वं न पश्यसि घटीर्जलयन्त्रचक्रे। रिक्ता भवन्ति भरिता भरिताश्च रिक्ताः। किमत्र चित्रम्
2195 Siehst du etwa nicht die Eimer am Tretrad? Mal sind sie voll und mal sind sie leer, und wieder voll und wieder leer. Wen wundert's?
2195 kiṃ tvaṃ na paśyasi ghaṭīr_jala-yantra-cakre? riktā bhavanti bharitā, bharitāś_ca riktāḥ. kim_atra citram?
[kim, Interr. = etwa?; tvad, Pron. = du (tvam, Nom.); na, Ind. = nicht; paś, paśyati, 4. = sehen (PrSg.); ghaṭī = Eimer (ghaṭīḥ, f. Akk. Pl., vgl. ghaṭaḥ, m. = Eimer); jala-yantra-cakram = Tretrad (Lok. Komp.); rikta, Adj. = leer (f. Nom. Pl.); bhū, bhavati, 1. = sein (PrPl.); bharita, Adj. = voll (f. Nom. Pl.); ca, Konj. = und; atra, Adv. = hierüber; citra, Adj. = sonderbar (n. Nom., kim citram = was Wunder?)]

२१९६ ब्राह्मणेभ्यो दधि दीयतां तक्रं कौण्डिन्याय
2196 Den Brahmanen gibt man Sauermilch, dem Kaundinya jedoch die Buttermilch (= Eines schickt sich nicht für alle)
2196 brāhmaṇebhyo dadhi dīyatāṃ takraṃ kauṇḍinyāya
[brāhmaṇaḥ = Brahmane (Dat.); dadhi, n. irr. = Sauermilch (Nom. Sg.); dā, dadāti, 3. = geben (Imp. Pass., dīyate, Präs. Pass.); takram = Buttermilch (Nom.); kauṇḍinyaḥ, m. Eig. = Kaundinya (hier: Name für eine VIP-Person = »very important person«, für die eine »Extrawurst« gebraten wird)]

२१९७ यस्य नास्ति पुत्रो न तस्य पुत्रस्य क्रीडनकानि क्रियन्ते
2197 Spielzeuge werden nicht für den gemacht, der keine Kinder hat
2197 yasya nāsti putro, na tasya putrasya krīḍanakāni kriyante
[yad - tad, Korr. = was - das (yasya - tasya, m. Gen.); na, Ind. = nicht; as, asti, 2. = haben (+ Gen., PrSg.); putraḥ = Sohn (Nom., Gen.); krīḍanakam = Spielzeug; kṛ, karoti, 8. = machen (Präs. Pass.)]

२१९८ न हि निन्दा निन्द्यं निन्दितुं प्रयुज्यते किं तर्हि निन्दितादितरत् प्रशंसितुम्
2198 Denn der Tadel soll nicht das zu Tadelnde tadeln, sondern vielmehr etwas anderes als das Getadelte loben (= Wer den einen tadelt, lobt damit zugleich einen anderen)
2198 na hi nindā nindyaṃ ninditum prayujyate, kiṃ tarhi ninditād_itarat praśaṃsitum
[na, Ind. = nicht; hi, Konj. = denn; nindā = Tadel; nindya, Ger. = zu tadeln (n. Akk.); ninditum, Inf. = tadeln (Wz. nind, nindati); yuj, 7., pra-yujyate, Pass. = sollen (Präs. Pass. = dienen zu + Inf.); kiṃ tarhi, Konj. = sondern vielmehr; nindita, Part. = getadelt (n. Abl.); itara, Pron. = ander (itarat, n. Akk. Sg. = etwas anderes als + Abl.); praśaṃsitum, Inf. = loben (Wz. śaṃs, pra-śaṃsati)]

२१९९ न हि पूतं स्याद्गोक्षीरं श्वदृतौ धृतम्
2199 In einem Hundebalg würde selbst Kuhmilch unrein werden
2199 na hi pūtaṃ syād_go-kṣīraṃ śva-dṛtau dhṛtam
[na, Ind. = nicht; hi, Konj. = denn; pūta, Adj. = rein (n. Nom., Wz. pū, punāti = reinigen); as, asti, 2. = sein (Opt.); go-kṣīram = Kuhmilch (Komp.); śva-dṛtiḥ, m. = Hundebalg (Lok., śvan = Hund, dṛtiḥ = Schlauch, Komp.); dhṛta, Part. = aufbewahrt (n. Nom., Wz. dhṛ, dharati = halten, vgl. Satz 2179)]

२२०० न हि देवदत्तस्य हन्तरि हते देवदत्तस्य प्रादुर्भावो भवति
2200 Durch die Hinrichtung des Mörders wird der Ermordete nicht zum Leben erweckt
2200 na hi deva-dattasya hantari hate deva-dattasya prādur-bhāvo bhavati
[na, Ind. = nicht; hi, Konj. = denn; deva-dattaḥ, m. Eig. = nomen nescio (Gen., Anm.: deva-dattaḥ = »gott-gegeben« dient oft als Name für eine beliebige Person = irgend jemand); hantṛ, hantā, m. = Mörder (hantari hate = Lok. abs.); hata, Part. = getötet (m. Lok., Wz. han, hanti); prādur-bhāvaḥ = Erscheinen, n. (Zum-Vorschein-Bringen, Komp., Etymologie von prādus ist unklar); bhū, bhavati, 1. = stattfinden (PrSg., Nominalstil)]

२२०१ न हि यद्देवदत्तस्य युध्यमानस्य स्थानमवगतं तदेव भुञ्जानस्यापि भवति
2201 Devadatta nimmt im Kampf einen anderen Platz ein als beim Essen
2201 na hi yad_deva-dattasya yudhyamānasya sthānam_avagataṃ tad_eva bhuñjānasya 'pi bhavati
[na, Ind. = nicht; hi, Konj. = denn; yad - tad, Korr. = was - das (n. Nom.); deva-dattaḥ, m. Eig. = Devadatta (Gen.); yudhyamāna, Part. = kämpfend (m. Gen., yudh, yudhyate); sthānam = Platz (Nom.); avagata, Part. = verstanden (n. Nom., Wz. gam, ava-gacchati); eva, Ind. = gerade; bhuñjāna, Part. = essend (m. Gen., Wz. bhuj, bhuṅkte = er ißt, bhuñj-ate = sie essen, bhuñj-āna = essend); api, Ind. = selbst; bhū, bhavati, 1. = sein (PrSg., Sinn: Der Mensch spielt in verschiedenen Situationen verschiedene Rollen)]

२२०२ अङ्गुल्यग्रं न तेनैवाङ्गुल्यग्रेण स्पृश्यते
2202 Eine Fingerspitze kann nicht mit ein- und derselben Fingerspitze berührt werden (Niemand kann sich über seine Grenzen hinwegsetzen)
2202 aṅguly-agraṃ na tenaivāṅguly-agreṇa spṛśyate
[aṅgulī = Finger (Komp.); agram = Spitze (Komp.); aṅguly-agram = Fingerspitze (Nom., Instr.); na, Ind. = nicht; tad, Pron. = das (tena, n. Instr.); eva, Ind. = selbst; spṛś, spṛśati, 6. = berühren (Präs. Pass.)]

२२०३ न हि सुशिक्षितो ऽपि नटबतुः स्वस्कन्धमधिरोढुं पटुः
2203 Auch wenn ein Artist noch so sehr übt, kann er sich niemals auf seine eigene Schulter setzen
2203 na hi suśikṣito 'pi naṭa-batuḥ sva-skandham_adhiroḍhuṃ paṭuḥ
[na, Ind. = nicht; hi, Konj. = denn; śikṣita, Adj. = geschult (m. Nom., su = gut); api, Ind. = auch; naṭaḥ = Artist (Komp.); baṭuḥ, m. = Junge; sva, Pron. = eigen (Komp.); skandhaḥ = Schulter (Akk.); adhiroḍhum, Inf. = besteigen (Wz. ruh, adhi-rohati); paṭu, Adj. = klug (m. Nom. + Inf., Variante: na hi naṭaḥ śikṣitaḥ san svaskandham adhirokṣyati, Fut., Anm.: Shankara sagt einen Satz zuvor in seinem Kommentar zur Stelle 3.3.54 der Brahma-Sutras: »na hy_agnir_uṣṇaḥ san svātmānaṃ dahati«: Auch heißes Feuer verbrennt die Seele nicht)]

२२०४ न हि सोपानत्के पादे पुनरप्युपानहं प्रतिमुञ्चति
2204 Denn man kann sich denselben Schuh nicht zweimal anziehen
2204 na hi sopānatke pāde punar-apy_upānahaṃ pratimuñcati
[na, Ind. = nicht; hi, Konj. = denn; sopānatka, Adj. = beschuht (m. Lok., sa + upānah + Suffix ka); pādaḥ = Fuß (Lok.); punar-api, Adv. = noch einmal; upānah, upānat, f. = Schuh (Akk.); muc, prati-muñcati, 6. = anziehen (befestigen an + Lok., PrSg.)]

२२०५ दुर्बलैरपि बाध्यन्ते पुरुषाः पार्थिवाश्रितैः
2205 Nach oben buckeln und nach unten treten (= »Radfahrer«-Gesinnung)
2205 durbalair_api bādhyante puruṣāḥ pārthivāśritaiḥ
[durbala, Adj. = schwach (m. Instr.); api, Ind. = auch; bādh, bādhate, 1. = plagen (Präs. Pass.); puruṣaḥ = Untertan; pārthivaḥ = Fürst (Komp.); āśritaḥ = Diener (Instr., Wz. śri, śrayate, ā-śrita = gestützt auf + Komp., »Wer dem Fürsten dient, kann die Untertanen schikanieren, auch wenn er selbst schwach ist«)]

२२०६ न हि स्वतो ऽसती शक्तिः कर्तुमन्येन शक्यते

2206 Was man nicht aus eigener Kraft vollbringen kann, kann man auch nicht durch fremde Hilfe vollbringen

2206 na hi svato 'satī śaktiḥ kartum_anyena śakyate

[na, Ind. = nicht; hi, Konj. = denn; svatas, Adv. = selbst (aus eigener Kraft); asat, Part. irr. = fehlend (nicht seiend, asatī, f. Part. Nom. Sg.); śaktiḥ, f. = Kraft, f. (Nom. Sg.); kartum, Inf. = machen (Wz. kṛ, karoti); anya, Pron. = ander (m. oder n. Instr. Sg.); śak, śaknoti, 5. = können (Präs. Pass. + Inf. Akt.)]

२२०७ पश्यस्यद्रौ ज्वलदग्निं न पुनः पादयोरधः

2207 Du sieht das lodernde Feuer auf dem Berg, aber nicht unter den Füßen

2207 paśyasy_adrau jvalad_agniṃ, na punaḥ pādayor_adhaḥ

[paś, paśyati, 4. = bemerken (PrSg.); adriḥ, m. = Gebirge (adrau, Lok.); jvalat, Part. = lodernd (Komp. = jvalantam, m. Akk. Sg., Wz. jval, jvalati); agniḥ, m. = Feuer (Akk.); na punar, Konj. = aber nicht; pādaḥ = Fuß (Gen. Du.); adhas, Präp. + Gen. = unter]

२२०८ भस्मीभूतस्य देहस्य पुनरागमनं कुतः

2208 Woher kommt die Wiedergeburt für den zu Asche gewordenen Körper?

2208 bhasmī-bhūtasya dehasya punar-āgamanaṃ kutaḥ?

[bhasmī-bhūta, Part. = eingeäschert (m. Gen., bhasman, n. = Asche, Komp.); dehaḥ = Körper (Gen.); punar-āgamanam = Wiedergeburt (Wiederkehr); kutas, Interr. = woher? (wie?)]

२२०९ मिथिलायां प्रदीप्तायां न मे दह्यति किंचन

2209 Wenn Mithila in Flammen steht, wird von mir nichts verbrannt

2209 mithilāyāṃ pradīptāyāṃ na me dahyati kiṃcana

[mithilā, f. Eig. = Tirhut (oder Janakpur, nördlich von Patna, Lok. abs.); pradīpta, Part. = auflodernd (Part. Perf. Pass. mit aktiver Bedeutung, f. Lok. Sg., Wz. dīp, dīpyate); na kiṃcana, Pron. = nichts (n. Nom.); mad, Pron. = ich (me oder mama, Gen. = von mir); dah, dahati, 1. = verbrennen (hier dahyati statt dahyate, Präs. Pass., vgl. »I couldn't care less« sowie das gegenteilige Sprichwort: »Tua res agitur, paries cum proximus ardet«)]

२२१० यत् करभस्य पृष्ठे न माति तत् कण्ठे निबध्यते

2210 Was nicht mehr auf den Rücken eines Kamels paßt, wird eben am Hals befestigt (»Immer noch eins drauf!«, »Wer am Fallen ist, dem gebe man noch einen Stoß«)

2210 yat karabhasya pṛṣṭhe na māti, tat kaṇṭhe nibadhyate

[yad - tad, Korr. = was - das (n. Nom.); karabhaḥ = Kamel (junges Kamel oder junger Elefant, Gen.); pṛṣṭham = Rücken (Lok.); na, Ind. = nicht; mā, māti, 2. = passen (Platz finden + Lok., PrSg.); kaṇṭhaḥ = Hals (Lok.); bandh, ni-badhnāti, 9. = befestigen (an + Lok., ni-badhyate, Präs. Pass., vgl. auch »It's the last straw that breaks the camel's back«)]

२२११ इतो व्याघ्र इतस्तटी

2211 Hie der Tiger, hie der Abgrund

2211 ito vyāghra itas_taṭī

[itas - itas, Adv. = hie - hie; vyāghraḥ = Tiger; taṭī = Abhang (vgl. Aphorismus 2161)]

२२१२ मधु पश्यसि दुर्बुद्धे प्रपातं नानुपश्यसि

2212 Du sieht den Honig, Narr, und beachtest nicht den Absturz

2212 madhu paśyasi, durbuddhe, prapātaṃ nānupaśyasi

[madhu, n. = Honig (Akk.); paś, paśyati, 4. = sehen (PrSg.); durbuddhi, Adj. = töricht (m. Vok.); prapātaḥ = Absturz (Akk.); na, Ind. = nicht; paś, anu-paśyati, 4. = beachten (PrSg., Variante: »madhu yaḥ kevalaṃ dṛṣṭvā prapātaṃ nānupaśyati sa bhraṣṭo madhulobhena = wer nur den Honig sieht und nicht den Abgrund, stürzt wegen Honiggier«, kevalam = nur, bhraṣṭa, Part. = gestürzt, Wz. bhraṃś, bhraśyati = stürzen, madhu-lobhaḥ = Honig-Gier)]

२२१३ वृश्चिकभिया पलायमान आशीविषमुखे निपतितः
2213 Er floh aus Furcht vor dem Skorpion und stürzte in den Rachen der Giftschlange (Incidit in Scyllam, qui vult vitare Charybdim)
2213 vṛścika-bhiyā palāyamāna āśī-viṣa-mukhe nipatitaḥ
[vṛścikaḥ = Skorpion (Komp.); bhīḥ, f. irr. = Angst (bhiyā, Abl. = aus Angst vor + Komp.); palāyamāna, Part. = fliehend (m. Nom., Wz. palāy, palāyate); āśī-viṣaḥ = Giftschlange (Komp., āśis, f. irr. = Gebiß der Schlange, viṣam = Gift, Anm.: »āśis, f. irr. = Wunsch« ist mit »āśis, f. irr. = Gebiß der Schlange« nicht etymologisch verwandt); mukham = Rachen (Lok.); nipatita, Part. = gestürzt (m. Nom., Wz. pat, ni-patati)]

२२१४ न हि गोधा सर्पन्ती सर्पणादहिर्भवति
2214 Ein kriechender Leguan wird durch das Kriechen noch nicht zum Drachen
2214 na hi godhā sarpantī sarpaṇād_ahir_bhavati
[na, Ind. = nicht; hi, Konj. = denn; godhā = Leguan; sarpat, Part. = kriechend (sarpantī, f. Part. Nom. Sg., sarpan, m. Nom. Sg., Wz. sṛp, sarpati, Klasse 1); sarpaṇam = Kriechen, n. (Abl. = wegen des Kriechens); ahiḥ, m. = Drachen (oder Schlange, Nom.); bhū, bhavati, 1. = werden (zu + Nom. + Nom., PrSg.)]

२२१५ प्रासादशिखरारूढः काको न गरुडायते
2215 Auch wenn eine Krähe auf die Zinne des Palastes steigt, wird sie trotzdem noch lange nicht zum Feuervogel
2215 prāsāda-śikharārūḍhaḥ kāko na garuḍāyate
[prāsādaḥ = Palast (Komp.); śikharaḥ = Zinne (Komp.); ārūḍha, Part. = bestiegen (m. Nom., Wz. ruh, ā-rohati); kākaḥ = Krähe; na, Ind. = nicht; garuḍa, garuḍāyate, 10. = Garuda sein (= als Garuda gelten); garuḍaḥ, m. Eig. = »Feuervogel« (auf dem Vishnu reitet, mythologisch)]

२२१६ श्वा कर्णे वा पुच्छे वा छिन्ने श्वैव भवति नाश्वो न गर्दभः
2216 Ein Hund bleibt ein Hund, auch wenn ihm Ohr oder Schwanz abgeschnitten wurde, und wird weder ein Pferd noch ein Esel
2216 śvā karṇe vā pucche vā chinne śvaiva bhavati nāśvo na gardabhaḥ
[śvan, m. irr. = Hund (śvā, Nom.); karṇaḥ = Ohr (Lok.); vā, Konj. = oder; puccham = Schwanz (Lok.); chinna, Part. = abgeschnitten (m. und n. Lok. Sg., Wz. chid, chinatti); eva, Ind. = fürwahr; bhū, bhavati, 1. = werden (zu + Nom. + Nom.); na, Ind. = nicht; aśvaḥ = Pferd (Nom.); gardabhaḥ = Esel (Nom.)]

२२१७ पिण्डं हित्वा करं लेढि
2217 Er läßt den Bissen fallen und leckt die Hand
2217 piṇḍaṃ hitvā karaṃ leḍhi
[piṇḍaḥ = Stück (Bissen, Reiskloß, Akk.); hitvā, Abs. = aufgegeben habend (Wz. hā, jahāti = verzichten oder verlieren); karaḥ = Hand (Akk.); lih, leḍhi, 2. = lecken (PrSg., Sinn ungefähr: »Aus lauter Dankbarkeit verzichtet er auf das Geschenk«)]

२२१८ पतन्तमनुधावतो बद्धो ऽपि गतः
2218 Während er den fliehenden Vogel verfolgte, entkam der schon gefangene Vogel
2218 patantam_anudhāvato baddho 'pi gataḥ
[patat, Part. = fliegend (oder hier fliehend, patantam, m. Akk. Sg., Wz. pat, patati, ergänze pakṣiṇam, m. Akk., pakṣin, m. = Vogel); anudhāvat, Part. = verfolgend (anudhāvataḥ, m. Gen., Wz. dhāv, anu-dhāvati, verkürzter Gen. abs.); baddha, Part. = gefangen (m. Nom., Wz. bandh, badhnāti); api, Ind. = auch; gata, Part. = entkommen (m. Nom., Wz. gam, gacchati)]

२२१९ वृद्धिमिष्टवतो मूलमपि ते नष्टम्
2219 Während du auf den Zins gewartet hast, ging das Kapital verloren
2219 vṛddhim_iṣṭavato mūlam_api te naṣṭam

[vṛddhiḥ, f. = Zins (Wachstum des Kapitals, Akk.); iṣṭavat, Part. = gewünscht habend (m. Gen., Wz. iṣ, iṣṭa); mūlam = Kapital; api, Ind. = sogar; tvad, Pron. = du (Gen.: te iṣṭavataḥ = für dich als gewünscht habenden); naṣṭa, Part. = verloren (n. Nom., Wz. naś, naśyati)]

२२२० वराटकान्वेषणे प्रवृत्तश्चिन्तामणिं लब्धवान्

2220 Er ging aus, um Muscheln zu suchen, und fand den Stein des Weisen

2220 varāṭakānveṣaṇe pravṛttaś_cintā-maṇiṃ labdhavān

[varāṭakaḥ = Kaurimuschel (der Porzellanschnecke, Komp.); anveṣaṇam = Suche (Lok.); pravṛtta, Part. = beschäftigt (anfangend mit + Lok., m. Nom., Wz. vṛt, pra-vartate); cintā-maṇiḥ, m. = Stein des Weisen (Akk., Komp.); labdhavat, Part. = gefunden habend (m. Nom., Wz. labh, labdha)]

२२२१ वरं सांशयिकान्निष्कादसांशयिकः कार्षापणः

2221 Lieber ein sicherer Cent als ein unsicherer Euro

2221 varaṃ sāṃśayikān_niṣkād_asāṃśayikaḥ kārṣāpaṇaḥ

[varam, Adv. = lieber (als + Abl.); sāṃśayika, Adj. = zweifelhaft (sāṃśayikāt, m. Abl.); niṣkaḥ = »Mark« (Abl.); asāṃśayika, Adj. = sicher (m. Nom.); kārṣāpaṇaḥ = »Groschen«]

२२२२ न हि काकिण्यां नष्टायां तदन्वेषणं कार्षापणेन क्रियते

2222 Denn für die Suche nach einem verlorenen Dukaten gibt man keinen Heller aus

2222 na hi kākiṇyāṃ naṣṭāyāṃ tad_anveṣaṇaṃ kārṣāpaṇena kriyate

[na, Ind. = nicht; hi, Konj. = denn; kākiṇī = »Pfennig« (kākiṇyām naṣṭāyām = Lok. abs.); naṣṭa, Part. = verloren (f. Lok. Sg.); tad, Pron. = das (Komp. statt f. Gen. Sg.); anveṣaṇam = Suche; kārṣāpaṇaḥ = »Groschen« (Instr. = für einen Groschen); kṛ, karoti, 8. = vornehmen (Präs. Pass., tasyāḥ kākiṇyāḥ anveṣaṇam kriyate = die Suche des Pf. wird vorgenommen)]

२२२३ योजनानां शतं गच्छेच्छनैर्यान्ती पिपीलिका

2223 Auch eine langsam gehende Ameise kann Hunderte von Meilen zurücklegen

2223 yojanānāṃ śataṃ gacchec_chanair_yāntī pipīlikā

[yojanam = Meile (Gen. Pl.); śatam, Num. = hundert (n. Akk. Sg.); gam, gacchati, 1. = gehen (Opt.); śanais, Adv. = langsam (Sa.: gacchet + śanaiḥ = gacchec + chanaiḥ); yāt, Part. = gehend (yāntī, f. Part. Nom. mit »n«, also nicht yātī, weil Verb der Klasse 2 mit ā-Auslaut: yā, yāti, 2. = gehen, schreiten); pipīlikā = Ameise]

२२२४ न हि सहस्रेणाप्यन्धैः पाटच्चरेभ्यो गृहं रक्ष्यते

2224 Selbst mit tausend Blinden kann man ein Haus nicht vor Einbrechern beschützen

2224 na hi sahasreṇāpy_andhaiḥ pāṭaccarebhyo gṛhaṃ rakṣyate

[na, Ind. = nicht; hi, Konj. = denn; sahasram, Num. = tausend (sahasreṇa, n. Instr. Sg.); api, Ind. = selbst; andhaḥ = Blinde (m. Instr. Pl.); pāṭaccaraḥ = Einbrecher (Abl., pāṭac-caraḥ etymologisch unklar); gṛham = Haus (Nom.); rakṣ, rakṣati, 1. = beschützen (Präs. Pass.)]

२२२५ नो खल्वन्धाः सहस्रमपि पान्थाः पन्थानं विन्दन्ति

2225 Nicht einmal tausend blinde Reisende finden diesen Weg

2225 no khalv_andhāḥ sahasram_api pānthāḥ panthānaṃ vindanti

[no, Ind. = nicht (na u = no = und nicht); khalu, Ind. = fürwahr; andha, Adj. = blind (m. Nom. Pl.); sahasram, Num. = tausend (n. Nom. Sg.); api, Ind. = selbst; pānthaḥ = Reisende; path, m. irr. = Weg, m. (panthānam, Akk., panthāḥ, Nom.); vid, vindati, 6. = finden (PrPl.)]

२२२६ न हि विधिशतेनापि तथा पुरुषः प्रवर्तते यथा लोभेन

2226 Selbst durch Hunderte von Vorschriften wird ein Mensch nicht so stark motiviert wie durch die Habgier

2226 na hi vidhi-śatenāpi tathā puruṣaḥ pravartate yathā lobhena

[na, Ind. = nicht; hi, Konj. = denn; vidhiḥ, m. = Vorschrift (Komp.); śatam, Num. = hundert (śatena, n. Instr. Sg. = durch Hunderte von + Komp.); api, Ind. = selbst; yathā - tathā, Korr. = wie - so; puruṣaḥ = Mensch; vṛt, pra-vartate, 1. = motivieren (in Gang kommen, PrSg.); lobhaḥ = Habgier (Instr.)]

२२२७ वाक्यभेदो न युज्यते

2227 Man zerpflücke keinen Satz (falls er eindeutig ist)
2227 vākya-bhedo na yujyate
[vākyam = Satz (Komp.); bhedaḥ = Teilung; na, Ind. = nicht; yuj, 7., yujyate, Pass. = sollen (Präs Pass., Spruch der indischen Semantik, ferner: »saṃdigdhasya vākya-śeṣān_nirṇayaḥ = die Bedeutung einer mehrdeutigen Textstelle kann aus dem Kontext erschlossen werden«, saṃdigdha, Adj. = mehrdeutig, vākya-śeṣaḥ = Rest des Textes, nirṇayaḥ = Deduktion)]

२२२८ अनन्यलभ्यः शब्दार्थः

2228 Der Sinn eines Wortes ist nicht anders ermittelbar (vgl. Satz 2230)
2228 ananya-labhyaḥ śabdārthaḥ
[ananya, Pron. = nicht anders (Komp., anyaḥ prakāraḥ = andere Weise); labhya, Ger. = zu erlangen (m. Nom.); śabdaḥ = Wort (Komp.); arthaḥ = Sinn (Spruch der indischen Semantik)]

२२२९ अभ्यन्तरे हि समुदाये ऽवयवे ऽपि

2229 Was für das Ganze gilt, gilt auch für seine Teile
2229 abhyantare hi samudāye 'vayave 'pi
[abhyantara, Adj. = enthalten (in + Lok., m. Lok.); hi, Konj. = denn; samudāyaḥ = Ganzes (Lok., Wz. sam-ud-i = verbinden); avayavaḥ = Teil (Lok., Wz. ava-yu = teilen); api, Ind. = auch (Spruch der indischen Semantik, aber auch als allgemeiner Aphorismus verwendet)]

२२३० अवयवप्रसिद्धेः समुदायप्रसिद्धिर्बलीयसी

2230 Die Bedeutung des Ganzen ist stärker als die Bedeutung seiner Teile
2230 avayava-prasiddheḥ samudāya-prasiddhir_balīyasī
[avayavaḥ = Teil (Komp.); prasiddhiḥ, f. = Bedeutung (Abl., Nom.); samudāyaḥ = Ganzes (Komp.); balīyas, Kompar. = stärker (balīyasī, f. Adj. Nom., Spruch der indischen Semantik: Die Bedeutung eines ganzen Wortes, z.B. »dvijaḥ = Brahmane«, läßt sich nicht bzw. nicht immer aus der Bedeutung seiner Wortbestandteile, hier »dvi = zwei« und »ja = geboren« von »jan, jāyate = geboren werden« ableiten, denn die Bedeutung von »Zweitgeborerer« ist weiter gefaßt, weshalb auch die Gleichung »dvijaḥ = Vogel« gilt, weil der Vogel zweimal, zum ersten Mal als Ei und zum zweiten Mal als Vogel im engeren Sinne geboren wird)]

२२३१ भूतं भव्याय कल्पते

2231 Die Vergangenheit wirkt sich auf die Zukunft aus
2231 bhūtaṃ bhavyāya kalpate
[bhūtam = Vergangenheit; bhavyam = Zukunft (Dat.); kḷp, kalpate, 1. = auswirken (PrSg.)]

२२३२ आदवन्ते च यन्नास्ति वर्तमाने ऽपि तत्तथा

2232 Was nicht gestern war oder morgen sein wird, das ist auch heute nicht
2232 ādav_ante ca yan_nāsti vartamāne 'pi tat_tathā
[ādiḥ, m. = Anfang (ādau, Lok.); antaḥ = Ende (Lok.); ca, Konj. = und; yad - tad, Korr. = was - das (n. Nom.); na, Ind. = nicht; as, asti, 2. = existieren (PrSg.); vartamānam = Gegenwart (Lok., Wz. vṛt, vartate, vartamāna, Part.); api, Ind. = auch; tathā, Adv. = so]

२२३३ प्रत्यक्षे किमनुमानम्

2233 Die sinnliche Wahrnehmung macht die Schlußfolgerung überflüssig
2233 pratyakṣe kim_anumānam?
[pratyakṣam = Wahrnehmung (Empirie, verkürzter Lok. abs.); kim, Interr. = warum?; anumānam = Schlußfolgerung (Deduktion)]

२२३४ दृष्टे संभवत्यदृष्टकल्पना न

2234 Die sinnliche Wahrnehmung macht die gedankliche Vorstellung überflüssig

2234 dṛṣṭe saṃbhavaty_adṛṣṭa-kalpanā na

[dṛṣṭam = Wahrnehmung (Lok., dṛṣṭam = gesehen, adṛṣṭam = nicht-gesehen); bhū, saṃbhavati, 1. = entstehen (PrSg.); kalpanā = Vorstellung; na, Ind. = nicht (»Wenn etwas gesehen worden ist, so entsteht nicht mehr die vage Vorstellung des Nicht-Gesehenen«)]

२२३५ न यद्गिरिशृङ्गमारुह्य गृह्यते तदप्रत्यक्षम्

2235 Was schwer erkennbar ist, wird dadurch nicht unerkennbar

2235 na yad_giri-śṛṅgam_āruhya gṛhyate tad_apratyakṣam

[na, Ind. = nicht; yad - tad, Korr. = was - das (n. Nom.); giriḥ, m. = Berg (Komp.); śṛṅgam = Gipfel (Akk.); āruhya, Abs. = bestiegen habend (Wz. ruh, ā-rohati); grah, gṛhṇāti, 9. = wahrnehmen (erfassen, gṛhyate, Präs. Pass.); apratyakṣa, Adj. = unwahrnehmbar (n. Nom.)]

२२३६ नागृहीतविशेषणा बुद्धिर्विशेष्यमुपसंक्रामति

2236 Ohne Kenntnis der Eigenschaften kennt man auch nicht das Ding

2236 nāgṛhīta-viśeṣaṇā buddhir_viśeṣyam_upasaṃkrāmati

[na, Ind. = nicht; a-gṛhīta, Part. = unverstanden (Komp., Wz. grah, gṛhṇāti); viśeṣaṇam = Adjektiv (»accidens« = »Prädikat«, viśeṣaṇa, Adj. = adjektivisch, f. Nom.); buddhiḥ, f. = Verstand; viśeṣyam = Substantiv (»substantia« = »Objekt«, Akk.); kram, upa-saṃ-krāmati, 1. = verstehen (PrSg., schreiten + Akk.: »Nicht schreitet der zum Wesen des Dings an sich, der dessen Eigenschaften nicht erfaßt«, Variante: »na ajñāta-viśeṣaṇa-buddhiḥ viśeṣyam saṃkrāmati«, a-jñāta = nicht erkannt)]

२२३७ न खलु धीमतां कश्चिदविषयो नाम

2237 Denn für Wissenschaftler gibt es kein Nicht-Objekt (Sie interessieren sich für alles)

2237 na khalu dhīmatāṃ kaścid_aviṣayo nāma

[na kiṃcid, Pron. = kein (na kaścid, m. Nom.); khalu, Ind. = fürwahr; dhīmat, Adj. = klug (m. Gen. Pl.); aviṣayaḥ = Nicht-Objekt (viṣayaḥ = Objekt der sinnlichen Wahrnehmung oder der Untersuchung); nāma, Adv. = nämlich (Anm.: Der diesem Satz im Original vorangehende Satz heißt: »Obwohl wir Hinterdörfler sind, kennen wir die Welt« = »vanaukasaḥ api santaḥ laulika-jñāḥ vayam«, laulika = weltlich, lokaḥ = Welt)]

२२३८ उत्कृष्टदृष्टिर्निकृष्टे ऽध्यसितव्या

2238 In dem Niederen ist auch das Höhere zu sehen

2238 utkṛṣṭa-dṛṣṭir_nikṛṣṭe 'dhyasitavyā

[utkṛṣṭa, Adj. = erhaben (Komp., kṛṣ, ut-karṣati = nach oben ziehen, ni-karṣati = nach unten ziehen); dṛṣṭiḥ, f. = Blick (Idee); nikṛṣṭa, Adj. = niedrig (n. Lok.); adhyasitavya, Ger. = zuzuschreiben (f. Nom., Wz. as, adhy-asyati = zuschreiben oder speziell in einem niederen Ding, z.B. der Sonne, ein höheres Ding, z.B. Gott, erblicken)]

२२३९ पुनर्दर्शनाय। कुशलं भूयात्

2239 Auf Wiedersehen! Alles Gute!

2239 punar_darśanāya! kuśalaṃ bhūyāt!

[punar, Adv. = wieder; darśanam = Besuch (»Sehen«, Dat.); kuśalam = Wohl, n. (Nom.); bhū, bhavati, 1. = sein (bhavet, Opt. oder bhū-yāt, Prekativ = es möge sein)]

२२४० पूर्णमदः पूर्णमिदं पूर्णात् पूर्णमुदच्यते। पूर्णस्य पूर्णमादाय पूर्णमेवावशिष्यते॥

2240 Jetzt nach Studium des Sanskrit-Kompendiums ist Ihnen Sanskrit schon so vertraut, daß Sie diesen berühmten Spruch und viele andere Originaltexte ohne fremde Hilfe übersetzen können. Dazu brauchen Sie nur noch ein Wörterbuch (siehe Seite 432).

Teil 2: Schriftlehre

Sanskrit wird in Indien in der Devanagari-Schrift geschrieben (deva-nāgarī lipiḥ, f. = Schrift der Gottesstadt), die z.B. auch für Hindi und Marathi verwendet wird, doch ist für Sanskrit wegen seiner Besonderheiten ein spezieller Zeichensatz erforderlich.

1. Grundzeichen

Zum Erlernen sind die Grundzeichen hier in größerem Schriftgrad wiedergegeben (Devanagari – Transliteration – IPA-Umschrift, vgl. vereinfachte Aussprache, S. 308):

अ	**a**	ɐ	आ	**ā**	aː	इ	**i**	i	ई	**ī**	iː			
उ	**u**	u	ऊ	**ū**	uː	ऋ	**ṛ**	ɽ̩	ॠ	**ṝ**	ɽ̩ː	ऌ	**ḷ**	l̩
ए	**e**	eː	ऐ	**ai**	a͡ːɪ	ओ	**o**	oː	औ	**au**	a͡ːʊ			
क	**ka**	kɐ	ख	**kha**	kʰɐ	ग	**ga**	gɐ	घ	**gha**	gʰɐ	ङ	**ṅa**	ŋɐ
च	**ca**	t͡ɕɐ	छ	**cha**	t͡ɕʰɐ	ज	**ja**	d͡ʑɐ	झ	**jha**	d͡ʑʰɐ	ञ	**ña**	ɲɐ
ट	**ṭa**	ʈɐ	ठ	**ṭha**	ʈʰɐ	ड	**ḍa**	ɖɐ	ढ	**ḍha**	ɖʰɐ	ण	**ṇa**	ɳɐ
त	**ta**	tɐ	थ	**tha**	tʰɐ	द	**da**	dɐ	ध	**dha**	dʰɐ	न	**na**	nɐ
प	**pa**	pɐ	फ	**pha**	pʰɐ	ब	**ba**	bɐ	भ	**bha**	bʰɐ	म	**ma**	mɐ
य	**ya**	jɐ	र	**ra**	ɽɐ	ल	**la**	lɐ	व	**va**	vɐ			
श	**śa**	ɕɐ	ष	**ṣa**	ʂɐ	स	**sa**	sɐ						
ह	**ha**	ɦɐ										ॐ	**aum**	

Die Sanskrit-Grundzeichen umfassen 13 Vokalzeichen und 33 Konsonantenzeichen.

Die ursprüngliche Sanskrit-Aussprache ist nicht genau bekannt. Nicht einmal die Aussprache des häufigsten Lautes अ (= 20% aller Sanskrit-Laute!) ist exakt bekannt. Vermutlich sprach man अ nicht als offenes [a], sondern als Murmellaut [ɐ] aus.

2. Vokal-Besonderheiten

Vokale werden nur am Wortanfang mit ganzen Zeichen geschrieben. Im Wortinnern ist der kurze a-Vokal Bestandteil des Konsonanten. Folgt einem Konsonanten am Wortende kein Vokal, so wird unter den Konsonanten der Virāma (= Strich) gesetzt:

z.B. क् त् प् म् = k t p m (im Gegensatz zu क त प म = ka ta pa ma)

Nicht-a-Vokale werden im Wortinnern und Wortende mit Matra-Zeichen dargestellt, die über/unter und hinter (und beim »i« vor) dem jeweiligen Konsonanten stehen:

k-a	k-ā	k-i	k-ī	k-u	k-ū	k-ṛ	k-ṝ	k-ḷ	k-e	k-ai	k-o	k-au
क	का	कि	की	कु	कू	कृ	कॄ	कॢ	के	कै	को	कौ

Merke: दु du, दू dū, दृ dṛ, रु ru, रू rū, हु hu, हू hū, हृ hṛ

3. r-Besonderheiten

Der nicht vor/nach Vokal stehende r-Konsonant wird, wenn r einem Konsonanten (oder ṛ) vorangeht, durch Haken über dem folgenden Konsonanten, wenn r einem Konsonanten folgt, durch Strich unter dem vorangehenden Konsonanten dargestellt:

रक्षितर्	rakṣitar (Vok.)	r-Zeichen vor Vokal (Wortanfang) + nach Vokal (Wortende)
मूर्धन्	mūrdhan (Kopf)	r-Haken ganz rechts oben über dem Konsonanten (hier dh)
मूर्ध्नि	mūrdhni (Lok.)	r-Haken ganz rechts oben über der Ligatur (hier dhn)
ग्रावन्	grāvan (Stein)	r-Strich unter dem Konsonanten (hier r unter g)

Anm.: Der r-Haken heißt »repha«, der r-Strich »vattu« und das normale r »rakāra«.

4. Avagraha, Anusvara, Visarga und Anunasika (siehe Sandhiregeln)

Wenn der kurze a-Vokal am Wortanfang sandhibedingt entfällt (Sandhiregeln R05 und R17), wird statt अ (a) der Avagraha ऽ (') als Apostroph oder Elision gesetzt:

z.B. सार्थो ऽटति (sārtho 'ṭati = sārthaḥ aṭati = Die Karawane wandert)

Der Anusvara ṃ, der am Wortende sandhibedingt das m und im Wortinnern den Klassennasal ersetzt, ist in der Devanagari-Schrift ein Punkt über dem Konsonanten:

z.B. संधि saṃdhi statt सन्धि sandhi. Merke das ṃ im r-Haken, z.B. शीर्षं śīrṣaṃ

Der Visarga ḥ, der sandhibedingt für s und r steht, sieht aus wie ein Doppelpunkt:

z.B. देवः devaḥ statt देवस् devas (P01); कर्तः kartaḥ statt कर्तर् kartar (P09)

Der extrem seltene Anunasika ṃl wird in diesem Buch als Anusvara + l dargestellt. Die alternative Darstellung erfolgt durch ṃ im Halbmond (ardha-candraḥ) + l:

z.B. वृक्षांल्लुम्पति, Halbmond: वृक्षाँल्लुम्पति (vṛkṣāṃl_lumpati = Er bricht die Bäume)

5. Danda (Trennzeichen am Ende eines Satzes/Absatzes bzw. Halbverses/Verses)

z.B. क्रामामः । धावथ ॥ = krāmāmaḥ. dhāvatha. = Wir schreiten. Ihr rennt.

6. Ziffern (Die arabischen Ziffern stammen aus Indien; vgl. ८ mit 4, ४ mit 8 usw.)

०	१	२	३	४	५	६	७	८	९
0	1	2	3	4	5	6	7	8	9

7. Exkurs: Devanagari-Drucktypen

Devanagari gibt es erst seit 200 Jahren als Druckschrift. Zuvor wurden Sanskrittexte ausschließlich mit der Hand geschrieben. Zu den ersten Sanskrittexten, die in Indien in Drucktypen gesetzt wurden, gehört Kalidasas »Ritusamhara«, Kalkutta 1792.

Matras: Nicht-a-Vokale im Wortinnern (mātrā = wörtlich: »Maß«) wurden zumeist als »fliegende Akzente« realisiert. Zum Verständnis: Wenn man auf dem PC »`« und dann »a« tippt, wird »`« auf »a« plaziert und es entsteht »à«. Ähnlich in Devanagari: Wenn man »क« und dann »ु« tippt, plaziert sich »ु« unter »क« und es entsteht »कु«.

Ligaturen: Ligaturen wurden zumeist aus Buchstabenteilen zusammengesetzt, z.B. aus »ब्« als der linken Hälfte von »ब«, aus »य्« als der rechten Hälfte von »य« usw. Beispiel: »ब्द« (»bd«) entstand durch Verbindung des »ब्« (»halbes b«) mit »द« (»d«) und z.B. »ड्य« (»ḍy«) durch Kombination des »ड« (»ḍ«) mit dem »य्« (»halbes y«) usw. Dabei hinterlassen die kombinierten Buchstabenteile oftmals unästhetische Fugen. Hinzu kommt, daß sich viele Ligaturen nicht aus Buchstabenteilen stückeln lassen. Daher enthielten bisherige Devanagari-Druckschriften eine Anzahl echter Ligaturen, die jedoch zum Satz von Originaltexten nicht ausreichend waren.

»Sanskrit 2003«: Als Meilenstein in der Geschichte der Devanagari-Druckschriften erschien Ende 2003 die Drucktype »Sanskrit 2003«, die von Swami Satchidananda und mir in monatelanger Teamarbeit entwickelt wurde. »Sanskrit 2003« ist die erste Devanagari-Drucktype, die für alle wirklich belegten Konsonantenverbindungen nur echte Ligaturen, die nicht aus Buchstabenteilen zusammengestückelt sind, enthält. Zuvor schrieb ich das linguistische Buch »Konsonantenverbindungen in Sanskrit« mit Statistiken und Belegen aus Originaltexten zu den Konsonantenverbindungen. Es stellte sich nämlich heraus, daß in den letzten 200 Jahren von Sanskritisten seit den allerersten Anfängen (z.B. Charles Wilkins, 1808) bis in die jüngste Gegenwart (z.B. Madhav M. Deshpande, 1997) über 300 Ligaturen erfunden wurden, die in Sanskrittexten aus linguistischen Gründen überhaupt nicht vorkommen können.

Auf meinem Sanskritweb (www.sanskritweb.net) finden sich viele Druckschriften für Devanagari und für Transliteration (z.B. die mit Zustimmung des weltberühmten Schriftkünstlers Hermann Zapf von mir für die ISO-Norm 15919 »Transliteration of Devanagari and related Indic scripts into Latin characters« entwickelte Druckschrift »URW Palladio HOT«) nebst ausführlichen Handbüchern. So umfaßt z.B. allein mein technisches Handbuch zur Devanagari-Druckschrift »Sanskrit 2003« über 130 Seiten.

8. Ligaturen

Aufeinanderfolgende Konsonanten werden in der Devanagari-Schrift zu Ligaturen. Zum Kennenlernen sind die Ligaturen hier in größerem Schriftgrad wiedergegeben. Von den rund 800 Ligaturen des klassischen Sanskrit (es gibt auch Ligaturen, die nur in vedischen Sanskrittexten vorkommen, z.B. ktvy) umfaßt folgende Teilauswahl die 360 häufigsten Ligaturen (Häufigkeit > 0,010%), gesetzt aus der »Sanskrit 2003«. Häufigkeiten beziehen sich auf (16silbige Schloka-)Verszeilen (s. Seite 48, Satz 311): 1% bedeutet, daß die Konsonantenverbindung 1 x pro 100 Verszeilen vorkommt; 0,010% besagt, daß die Konsonantenverbindung 1 x pro 10000 Verszeilen auftaucht (z.B. enthält die Bhagavad-Gita 700 Verse und damit 2 x 700 = 1400 Verszeilen).

क्क	kka (0,070%)	ग्ग	gga (0,025%)	ङ्क्ष्व	ṅkṣva (0,025%)	ज्व	jva (0,435%)
क्च	kca (0,064%)	ग्ज	gja (0,025%)	ङ्ख	ṅkha (0,330%)	ञ्च	ñca (1,779%)
क्त	kta (4,850%)	ग्ज्य	gjya (0,030%)	ङ्ख्य	ṅkhya (0,052%)	ञ्छ	ñcha (0,044%)
क्त्य	ktya (0,162%)	ग्ण	gṇa (0,020%)	ङ्ग	ṅga (2,091%)	ञ्ज	ñja (1,057%)
क्त्र	ktra (0,118%)	ग्द	gda (0,034%)	ङ्ग्य	ṅgya (0,018%)	ञ्ज्ञ	ñjña (0,021%)
क्त्व	ktva (0,687%)	ग्ध	gdha (0,249%)	ङ्ग्र	ṅgra (0,019%)	ञ्श	ñśa (0,528%)
क्थ	ktha (0,013%)	ग्ध्व	gdhva (0,018%)	ङ्घ	ṅgha (0,038%)	ञ्श्र	ñśra (0,073%)
क्न	kna (0,102%)	ग्न	gna (1,290%)	ङ्घ्र	ṅghra (0,109%)	ञ्श्व	ñśva (0,018%)
क्प	kpa (0,088%)	ग्न्य	gnya (0,081%)	ङ्न	ṅna (0,030%)	ट्क	ṭka (0,030%)
क्प्र	kpra (0,037%)	ग्ब	gba (0,023%)	ङ्म	ṅma (0,137%)	ट्ट	ṭṭa (0,091%)
क्म	kma (0,140%)	ग्भ	gbha (0,101%)	च्च	cca (1,716%)	ट्प	ṭpa (0,015%)
क्य	kya (1,308%)	ग्भ्य	gbhya (0,018%)	च्च्य	ccya (0,022%)	ट्य	ṭya (0,037%)
क्र	kra (5,207%)	ग्म	gma (0,364%)	च्छ	ccha (4,297%)	ट्श	ṭśa (0,014%)
क्ल	kla (0,391%)	ग्य	gya (0,191%)	च्छ्र	cchra (0,535%)	ट्स	ṭsa (0,032%)
क्व	kva (0,300%)	ग्र	gra (2,453%)	च्छ्व	cchva (0,033%)	ठ्य	ṭhya (0,013%)
क्श	kśa (0,043%)	ग्र्य	grya (0,150%)	च्य	cya (1,111%)	ड्ग	ḍga (0,167%)
क्ष	kṣa (9,976%)	ग्ल	gla (0,052%)	ज्ज	jja (0,584%)	ड्भ	ḍbha (0,049%)
क्ष्ण	kṣṇa (0,305%)	ग्व	gva (0,126%)	ज्ज्ञ	jjña (0,061%)	ड्य	ḍya (0,097%)
क्ष्म	kṣma (0,247%)	घ्न	ghna (0,545%)	ज्ज्य	jjya (0,017%)	ड्र	ḍra (0,018%)
क्ष्म्य	kṣmya (0,026%)	घ्र	ghra (0,743%)	ज्ज्व	jjva (0,033%)	ड्व	ḍva (0,037%)
क्ष्य	kṣya (1,476%)	घ्व	ghva (0,016%)	ज्ञ	jña (4,640%)	ढ्य	ḍhya (0,043%)
क्ष्व	kṣva (0,176%)	ङ्क	ṅka (0,505%)	ज्म	jma (0,061%)	ण्ट	ṇṭa (0,068%)
क्स	ksa (0,069%)	ङ्क्त	ṅkta (0,091%)	ज्य	jya (1,937%)	ण्ठ	ṇṭha (0,095%)
ख्य	khya (1,307%)	ङ्क्ष	ṅkṣa (0,195%)	ज्र	jra (0,329%)	ण्ड	ṇḍa (4,570%)

ण्ड्य	ṇḍya (0,045%)	त्स्म	tsma (0,033%)	ध्र	dhra (0,335%)	न्म	nma (2,803%)
ण्ड्र	ṇḍra (0,018%)	त्स्य	tsya (0,529%)	ध्व	dhva (0,897%)	न्य	nya (7,223%)
ण्ण	ṇṇa (0,077%)	त्स्र	tsra (0,016%)	न्क	nka (0,806%)	न्र	nra (0,539%)
ण्म	ṇma (0,050%)	त्स्व	tsva (0,191%)	न्क्र	nkra (0,066%)	न्व	nva (2,650%)
ण्य	ṇya (1,523%)	थ्य	thya (0,363%)	न्क्ल	nkla (0,013%)	न्व्य	nvya (0,089%)
ण्व	ṇva (0,137%)	थ्व	thva (0,018%)	न्क्ष	nkṣa (0,112%)	न्स	nsa (1,767%)
त्क	tka (1,883%)	द्ग	dga (0,483%)	न्ख	nkha (0,025%)	न्स्थ	nstha (0,038%)
त्क्र	tkra (0,135%)	द्ग्र	dgra (0,018%)	न्ग	nga (0,304%)	न्स्म	nsma (0,017%)
त्क्व	tkva (0,018%)	द्घ	dgha (0,061%)	न्घ	ngha (0,043%)	न्स्व	nsva (0,103%)
त्क्ष	tkṣa (0,166%)	द्द	dda (0,868%)	न्त	nta (12,919%)	न्ह	nha (0,345%)
त्ख	tkha (0,025%)	द्द्य	ddya (0,025%)	न्त्य	ntya (0,820%)	प्त	pta (2,664%)
त्त	tta (7,464%)	द्द्र	ddra (0,109%)	न्त्र	ntra (0,536%)	प्त्व	ptva (0,035%)
त्त्य	ttya (0,081%)	द्द्व	ddva (0,119%)	न्त्र्य	ntrya (0,088%)	प्न	pna (0,608%)
त्त्र	ttra (0,099%)	द्ध	ddha (6,155%)	न्त्व	ntva (0,144%)	प्म	pma (0,055%)
त्त्व	ttva (1,339%)	द्ध्य	ddhya (0,217%)	न्त्स्य	ntsya (0,023%)	प्य	pya (2,285%)
त्थ	ttha (0,536%)	द्ध्र	ddhra (0,017%)	न्थ	ntha (0,133%)	प्र	pra (21,172%)
त्न	tna (0,625%)	द्ध्व	ddhva (0,215%)	न्द	nda (2,632%)	प्ल	pla (0,300%)
त्न्य	tnya (0,038%)	द्न	dna (0,037%)	न्द्य	ndya (0,095%)	प्स	psa (0,523%)
त्प	tpa (1,918%)	द्ब	dba (0,418%)	न्द्र	ndra (2,427%)	प्स्य	psya (0,235%)
त्प्र	tpra (0,910%)	द्ब्र	dbra (0,277%)	न्द्व	ndva (0,085%)	ब्ज	bja (0,014%)
त्फ	tpha (0,071%)	द्भ	dbha (1,687%)	न्ध	ndha (2,396%)	ब्द	bda (0,460%)
त्म	tma (4,163%)	द्भ्य	dbhya (0,071%)	न्ध्य	ndhya (0,067%)	ब्ध	bdha (0,464%)
त्म्य	tmya (0,052%)	द्भ्र	dbhra (0,057%)	न्ध्र	ndhra (0,046%)	ब्ध्व	bdhva (0,095%)
त्य	tya (9,763%)	द्म	dma (0,263%)	न्न	nna (5,086%)	ब्य	bya (0,030%)
त्र	tra (14,060%)	द्य	dya (5,591%)	न्न्य	nnya (0,027%)	ब्र	bra (4,583%)
त्र्य	trya (0,158%)	द्र	dra (5,763%)	न्न्व	nnva (0,025%)	ब्व	bva (0,031%)
त्व	tva (8,125%)	द्र्य	drya (0,016%)	न्प	npa (1,195%)	भ्ण	bhṇa (0,017%)
त्व्य	tvya (0,015%)	द्व	dva (5,162%)	न्प्र	npra (0,714%)	भ्य	bhya (3,240%)
त्स	tsa (3,350%)	द्व्य	dvya (0,115%)	न्फ	npha (0,014%)	भ्र	bhra (1,242%)
त्स्त	tsta (0,017%)	द्व्र	dvra (0,020%)	न्ब	nba (0,319%)	भ्व	bhva (0,055%)
त्स्त्र	tstra (0,016%)	ध्न	dhna (0,033%)	न्ब्र	nbra (0,120%)	म्ण	mṇa (0,021%)
त्स्थ	tstha (0,072%)	ध्म	dhma (0,066%)	न्भ	nbha (0,493%)	म्न	mna (0,542%)
त्स्न	tsna (0,217%)	ध्य	dhya (2,680%)	न्भ्र	nbhra (0,054%)	म्प	mpa (0,245%)

म्ब	mba (0,755%)
म्ब्य	mbya (0,014%)
म्भ	mbha (0,483%)
म्य	mya (2,118%)
म्र	mra (0,129%)
म्ल	mla (0,059%)
य्य	yya (0,200%)
य्व	yva (0,017%)
र्क	rka (0,321%)
र्क्ष्य	rkṣya (0,024%)
र्ख	rkha (0,020%)
र्ग	rga (1,698%)
र्ग्य	rgya (0,023%)
र्ग्र	rgra (0,030%)
र्घ	rgha (0,379%)
र्घ्य	rghya (0,035%)
र्ङ्ग	rṅga (0,030%)
र्च	rca (0,365%)
र्च्छ	rccha (0,026%)
र्च्य	rcya (0,038%)
र्छ	rcha (0,081%)
र्ज	rja (2,240%)
र्ज्ञ	rjña (0,028%)
र्ज्य	rjya (0,050%)
र्ज्व	rjva (0,020%)
र्ण	rṇa (3,357%)
र्ण्य	rṇya (0,047%)
र्त	rta (4,314%)
र्त्त	rtta (0,033%)
र्त्म	rtma (0,040%)
र्त्य	rtya (0,182%)
र्त्र	rtra (0,021%)
र्त्व	rtva (0,023%)
र्त्स	rtsa (0,017%)
र्त्स्न्य	rtsnya (0,032%)
र्थ	rtha (4,883%)
र्थ्य	rthya (0,032%)
र्द	rda (1,873%)
र्द्ध	rddha (0,017%)
र्द्य	rdya (0,035%)
र्द्र	rdra (0,132%)
र्द्व	rdva (0,142%)
र्ध	rdha (1,434%)
र्ध्न	rdhna (0,062%)
र्ध्म	rdhma (0,015%)
र्ध्य	rdhya (0,021%)
र्ध्र	rdhra (0,031%)
र्ध्व	rdhva (0,185%)
र्न	rna (1,118%)
र्न्य	rnya (0,023%)
र्प	rpa (0,532%)
र्ब	rba (0,731%)
र्ब्र	rbra (0,112%)
र्भ	rbha (1,285%)
र्भ्य	rbhya (0,033%)
र्भ्र	rbhra (0,042%)
र्म	rma (9,114%)
र्म्य	rmya (0,080%)
र्य	rya (6,633%)
र्ल	rla (0,225%)
र्व	rva (11,898%)
र्व्य	rvya (0,146%)
र्श	rśa (1,443%)
र्श्व	rśva (0,103%)
र्ष	rṣa (4,117%)
र्ष्ट	rṣṭa (0,025%)
र्ष्ण	rṣṇa (0,174%)
र्ष्य	rṣya (0,026%)
र्ह	rha (1,688%)
र्ह्य	rhya (0,018%)
र्ह्र	rhra (0,019%)
ल्क	lka (0,117%)
ल्क्य	lkya (0,097%)
ल्ग	lga (0,232%)
ल्प	lpa (0,754%)
ल्ब	lba (0,095%)
ल्म	lma (0,145%)
ल्य	lya (1,178%)
ल्ल	lla (0,563%)
ल्व	lva (0,145%)
व्य	vya (6,095%)
व्र	vra (1,172%)
श्च	śca (12,999%)
श्च्य	ścya (0,044%)
श्छ	ścha (0,187%)
श्न	śna (0,297%)
श्प	śpa (0,026%)
श्म	śma (0,380%)
श्य	śya (3,276%)
श्र	śra (5,604%)
श्ल	śla (0,204%)
श्व	śva (3,454%)
श्व्य	śvya (0,032%)
ष्क	ṣka (0,576%)
ष्क्र	ṣkra (0,060%)
ष्ट	ṣṭa (4,855%)
ष्ट्य	ṣṭya (0,237%)
ष्ट्र	ṣṭra (1,252%)
ष्ट्व	ṣṭva (1,405%)
ष्ठ	ṣṭha (4,521%)
ष्ठ्य	ṣṭhya (0,015%)
ष्ण	ṣṇa (1,793%)
ष्ण्य	ṣṇya (0,047%)
ष्प	ṣpa (0,451%)
ष्प्र	ṣpra (0,073%)
ष्म	ṣma (1,504%)
ष्य	ṣya (3,440%)
ष्व	ṣva (1,145%)
स्क	ska (0,713%)
स्त	sta (13,762%)
स्त्य	stya (0,332%)
स्त्र	stra (2,764%)
स्त्र्य	strya (0,020%)
स्त्व	stva (1,339%)
स्थ	stha (3,492%)
स्थ्य	sthya (0,030%)
स्न	sna (0,432%)
स्प	spa (1,003%)
स्फ	spha (0,145%)
स्म	sma (4,964%)
स्म्य	smya (0,055%)
स्य	sya (13,483%)
स्र	sra (1,481%)
स्व	sva (4,801%)
स्स्व	ssva (0,016%)
ह्ण	hṇa (0,273%)
ह्न	hna (0,201%)
ह्म	hma (2,980%)
ह्य	hya (2,118%)
ह्र	hra (0,341%)
ह्ल	hla (0,134%)
ह्व	hva (0,420%)

Teil 3: Sanskrit-Grammatik

1. Allgemeines

1. Sanskrit (saṃ-s-kṛta, Part. = geordnet, saṃskṛtam, n. = Kunstsprache, saṃskṛta-bhāṣā, f. = Sanskritsprache) ist eine indogermanische Sprache, deren Laut-, Flexions- und Wortbildungsregeln (nicht jedoch deren Syntaxregeln) um etwa 400 v. Chr. von dem indischen Grammatiker Pāṇini in einer bis heute gültigen Form normiert worden sind.
2. Die indischen Sprachen gliedern sich in Altindisch (Vedisch, Sanskrit), Mittelindisch (Prakrit, Pali usw.) und Neuindisch (Hindi, Marathi, Bengali usw.):

   a) Das auf die vier Veden beschränkte, ca. 1200 v. Chr. ausgeformte Vedisch verfügt noch über einen größeren Formenreichtum (z.B. gibt es verschiedene Infinitive usw.).

   b) Sanskrit im engeren Sinne beginnt etwa ab den Upanishaden, d.h. ab ca. 800 v. Chr., auch wenn die ältesten Upanishaden noch vedische Sprachbesonderheiten aufweisen.

   Das hypothetische Ursanskrit war ein nordindischer Volksdialekt, etwas weiter östlich als das nordwestlich beheimatete Urvedisch, vgl. Vedisch: r-aghu, Sanskrit: l-aghu (r/l).
3. Sprachtypologisch gehört Sanskrit wie Deutsch zu den stammflektierenden Sprachen (z.B. pibāmi, pibasi; ich trinke, du trinkst). In Sanskrit gibt es über 1.200 Wortwurzeln, auf die sich viele der über 200.000 Sanskritwörter etymologisch zurückführen lassen; z.B. lassen sich von der Wz. »bhū« (indogermanische Wz.: *bheu, Deutsch: »bau-en«) mit Hilfe der Wortbildungssuffixe sowie der Präfixe eine Fülle von Wörtern bilden.
4. Der Lautvorrat des Sanskrit weicht stark vom Deutschen ab. Einerseits gibt es im Sanskrit viele aspirierte Konsonanten (kh, gh usw.) und sonstige »exotische« Laute (z.B. die Zerebrale ṭ, ṭh, ḍ, ḍh, ṇ, die man heute in der Linguistik als Retroflexe bezeichnet), andererseits fehlen wichtige Vokale und Konsonanten, z.B. das kurze e oder das f.
5. Die beiden typischen Merkmale und zugleich die beiden großen Hürden des Sanskrit sind die Sandhis und die Komposita. Wegen der Sandhis, d.h. der euphonischen Wortverbindungen, die indes oft zu einem Hiatus statt zur gewünschten Assimilation führen, können selbst einfachste Sätze ohne Kenntnis der Sandhiregeln sowie ohne Kenntnis des Wörter dieser Sätze nicht analysiert werden. Wegen der Komposita mit »Monsterwörtern« vom Typ »Einkommensteuerdurchführungsverordnung« werden die Flexionen ad absurdum geführt. Wegen der Sandhis und der Komposita in Verbindung mit der Tatsache, daß die Wortstellung im Sanskrit mehr oder weniger willkürlich ist, ist das fließende Lesen eines Sanskrittextes prinzipiell unmöglich, da es keine eindeutigen Regeln für die Zerlegung in die »desandhisierten« (»dekomponierten«) Bestandteile gibt. Das folgende Beispiel für Fortgeschrittene macht dies deutlich:

   Wie »desandhisiert« man »nāṇunāṭat«, wenn man keine Vokabeln kennt?

nāṇunā aṭat?	nāṇunā, f. Nom.; ṭ, ṭati, 1.: a+ṭat, Impf.?
na āṇunā aṭat?	na, Ind.; āṇunā, f. Nom.; ṭ, ṭati, 1.: a+ṭat, Impf.?
na aṇunā āṭat?	na, Ind.; aṇu, n. Instr.; aṭ, aṭati, 1.: a+aṭat, Impf.?
nāṇu-nāṭat?	nāṇu, Komp.; nāṭ, nāṭati, 1.: nāṭat, n. Part. Präs.?
nāṇunā āṭat?	nāṇuḥ, m. Instr.; āṭad, āṭat, konsonant. Subst.? usw.

   Dieses Zerlegungsproblem würde bei jeder beliebigen Sprache existieren, wenn man die Wörter eines Satzes willkürlich anordnen und zusammenschreiben würde:

Verballhornung:	verbumeratinetprincipiodeumeratverbumetapud
Originaltext:	in principio erat verbum et verbum erat apud deum

6. Im Sanskrit sind die meisten Wörter flektierbar. Zu den unflektierbaren Wörtern gehören Adverbien, Konjunktionen, Präpositionen, Absolutive, Infinitive, Interjektionen, einige Interrogative und Korrelative sowie einige sonstige »Indeklinabilia«.

7. Bei den Verben unterscheidet man Wurzel (z.B. bhū), Stamm (bhav), Bildevokal (z.B. a) und Endung (z.B. ti): »bhav-a-ti« = »er ist«. Bei den Nomen geht man vom Stamm aus.

8. Nach vorhandenem/fehlendem Bildevokal lassen sich erstens bei den Nomen vokalische (z.B. dev-a = Gott) und konsonantische (z.B. mṛd = Lehm) Deklinationen und zweitens bei den Verben thematische (z.B. pat-a-ti = er fällt) und athematische (z.B. as-ti = er ist) Konjugationen unterscheiden.

9. Bei den konsonantischen Nomen und thematischen Verben gibt es ablautbedingte schwache (z.B. dviṣ-) und starke (dveṣ-) Stämme sowie bei den Nomen zudem schwache (z.B. sīm-n), mittlere (sīm-a) und starke (sīm-ān) Stämme.

10. Zu den Nomen gehören Substantive und Adjektive einschließlich der Komparative und Superlative, Partizipien (teils auch Verben) und Gerundive sowie im weiteren Sinne auch Pronomen und Zahlwörter. Das Nominalsystem ist im Sanskrit komplexer als im Lateinischen, da man acht Kasus (u.a. Vokativ, Instrumental, Ablativ, Lokativ), drei Genera und drei Numeri (u.a. Dual = Zweizahl) unterscheidet und da sich die Endungen wegen der vielen a/ā-Laute (über 25% aller Sanskrit-Laute!) schlecht einprägen lassen.

11. Zu den Verben gehören zehn thematische und athematische »Präsens«-Klassen sowie allgemeine Zeitformen, Partizipien (teils auch Nomen) und die nicht-konjugierbaren Infinitive und Absolutive. Das Verbalsystem ist im Sanskrit weniger komplex als im Lateinischen, obwohl Dual-Formen hinzukommen. Zwischen Imperfekt, Perfekt und Aorist wird nicht semantisch unterschieden, und das fehlende Plusquamperfekt wird durch das Absolutiv ersetzt. Anstelle der vedischen Konjunktive gibt es im Sanskrit nur den Imperativ (1. Person: »ich will«, 2. Person: normaler Imp., 3. Person: »er soll«), den Optativ (»sollte«, »möchte«, »würde«) und den Konditional (»hätte«, »wäre«, Irrealis).

12. Der Satzbau ist im Sanskrit wegen der häufigen Komposita vorwiegend auf Hauptsätze beschränkt, wobei mit den acht Fällen sehr unterschiedliche kausale, finale, adverbiale und sonstige Zusammenhänge ausgedrückt werden können, die im Deutschen oder Lateinischen meist einen Nebensatz erforderlich machen würden. Die mangels Konjunktiv fehlende indirekte Rede muß durch die direkte Rede mittels »iti« ersetzt werden. Syntaktisch bedeutsam sind Korrelativsätze, die es in dieser Form weder im Deutschen noch im Lateinischen gibt.

13. Die Literatur des Sanskrit hat einen gigantischen Umfang und ist größer als die lateinische und griechische Literatur zusammen. Der Wortschatz ist entsprechend umfangreich und deshalb für die Indogermanistik höchst ergiebig. Obgleich sich die Formenlehre seit Panini nicht mehr geändert hat, unterlag der Wortschatz bis heute ständigen semantischen Veränderungen, wobei auch Neologismen gebildet wurden, z.B. »ākāśa-vāṇī« = »Ätherstimme« = Radio, »nistantrī« = »das Schnurlose« = Handy.

14. Bei der Volksbefragung Census 2000 haben rund 50.000 von rund 1.000.000.000 Indern Sanskrit als »gesprochene Sprache« angekreuzt. In Wirklichkeit entwickelte sich aber Sanskrit seit Panini zu einer extrem komplizierten Kunstsprache (saṃskṛta = künstlich), die sich von der natürlichen Umgangssprache (prākṛta = natürlich) so weit entfernte, daß das streng reglementierte Panini-Sanskrit als eine Umgangssprache unmöglich ist. Deshalb gibt es in Indien eine Bewegung, die ein »Non-Paninian Colloquial Sanskrit« (z.B. ohne Sandhis usw.) propagiert, was dazu führte, daß die Heidelberger Universität seit Sommer 2000 jährlich einen Kurs für Sanskrit als Umgangssprache durchführte. Unser Kompendium behandelt indes nur das reglementierte Sanskrit der alten Inder, doch wurden gelegentlich Sätze mit belegbaren Neuwörtern eingestreut (z.B. Rupie).

2. Lautlehre

2.1. Alphabetische Reihenfolge

1.	Avagraha	»'«	ava-grahaḥ = »Pause«
2.	Vokale (kurz und lang)	a, ā, i, ī, u, ū, ṛ, ṝ, ḷ	ṛ, ṝ, ḷ = liquide, silbische Vokale
3.	Diphthonge (alle lang)	e, ai, o, au	e = ē, ai = āi, o = ō, au = āu
4.	Anusvara	ṃ	anu-svāraḥ = »Nachklang«
5.	Visarga	ḥ	vi-sargaḥ = »Entleerung«
6.	Gutturale (»Velare«)	k, kh, g, gh, ṅ	k, kh = stimmlos; g, gh, ṅ stimmhaft
7.	Palatale	c, ch, j, jh, ñ	c, ch = stimmlos; j, jh, ñ stimmhaft
8.	Zerebrale (»Retroflexe«)	ṭ, ṭh, ḍ, ḍh, ṇ	ṭ, ṭh = stimmlos; ḍ, ḍh, ṇ stimmhaft
9.	Dentale	t, th, d, dh, n	t, th = stimmlos; d, dh, n stimmhaft
10.	Labiale	p, ph, b, bh, m	p, ph = stimmlos; b, bh, m stimmhaft
11.	Halbvokale	y, r, l, v	y-palatal, r-zerebral, l-dental, v-labial
12.	Zischlaute	ś, ṣ, s	ś-palatal, ṣ-zerebral, s-dental
13.	Hauchlaut	h	
14.	Anunasika	ṃl (wie ṃ-l)	anu-nāsikaḥ = »näselnd«

2.2. Diakritische Zeichen

mit Unterpunkten: ṛ, ḷ, ṭ, ḍ, ṇ, ṃ, ṣ, ḥ; mit Längenstrichen: ā, ī, ū; andere Zeichen: ṅ, ñ, ś, ṝ

' Avagraha	Elision des »a«, z.B. aśvo 'pi = aśvaḥ api = auch das Pferd
- Divis	Trennstrich bei Zusammensetzung, z.B. yoga-sūtram = Yoga-Sutra
_ Unterstrich	Trennstrich bei Zusammenschreibung, z.B. tac_cakram = das Rad

Die Umschrift für Laien verzichtet auf Diakritika (Krishna statt kṛṣṇa, Shiva statt śiva usw.).

2.3. Klassifikation der Vokale und Konsonanten

	Tenues		**Mediae**		**Nasale**	**Zisch.**	**Halbv.**	**Vokale**		**Diphthong.**	
Gutturale	k	kh	g	gh	ṅ	(ḥ)	(h)	a	ā	–	–
Palatale	c	ch	j	jh	ñ	ś	y	i	ī	e	ai
Zerebrale	ṭ	ṭh	ḍ	ḍh	ṇ	ṣ	r	ṛ	ṝ	–	–
Dentale	t	th	d	dh	n	s	l	ḷ	–	–	–
Labiale	p	ph	b	bh	m	(ḥ)	v	u	ū	o	au

Kurze einfache Vokale: a, i, u, ṛ, ḷ	Nasale: ṅ, ñ, ṇ, n, m, ṃ, ṃl (tönend-stimmhaft-weich)
Lange einfache Vokale: ā, ī, ū, ṝ, –	Zischlaute: ś, ṣ, s (tonlos-stimmlos-hart)
Ähnliche Vokale: a/ā, i/ī, u/ū, ṛ/ṝ	Hauchlaute: h (tönend) + ḥ (tonlos)
Diphthonge (alle lang): e, ai, o, au	Tonlose: Tenues + Zischlaute + ḥ
Halbvokale: y, r, l, v	Tönende: Mediae + Nasale + Halbvokale + Vokale + h
Vokale: Einfache V. + Diphthonge	Aspiratae: kh, ch, ṭh, th, ph + gh, jh, ḍh, dh, bh

Als Diphthonge gelten e und o, obwohl sie einfache Vokale sind im Gegensatz zu ai und au. Der Konsonant jh kommt nur in ein paar Wörtern vor, der Vokal ḷ nur in dem einen Wort kḷp, und der Anunasika ṃl kommt in Wörtern gar nicht vor, dafür aber bei der Sandhiregel R30. Der Langvokal ṝ kommt nur in Wortendungen vor, nicht im Wortinnern (s. Paradigma P09).

2.4. Vereinfachte Sanskrit-Aussprache für Deutsche

1. Bei den kurzen Vokalen (a, i, u usw.) und bei den langen Vokalen (ā, ī, ū usw.) muß man exakt auf die Länge achten, die bedeutungsunterscheidend ist. Man spreche z.B. »kula« (Herde) wie "kulla", aber »kūla« (Ufer) wie "kuhla", »śiva« (Gottheit) wie "Schiwwa" und folglich nicht wie "Schiewa", denn »śīva« (śīvan) wäre die Boa constrictor.
2. Man spreche ṛ wie »ri« (»Ring«), ṝ wie »rī« (»Riege«), ḷ wie »lri« (also »kḷp« wie "klrip").
3. Die vier Diphthonge e (»Ehe«), o (»Ohr«), ai (»Laich«) und au (»Bauch«) sind stets lang. Man spreche also z.B. »kevalam« wie "kehwalam", »hotṛ« wie "hohtri" usw.
4. Die Gutturale k, g, die Dentale t, d und die Labiale p, b spreche man wie im Deutschen.
5. Bei den Palatalen spreche man c wie »tsch« in »Tschandu« und j wie »dsch« in »Dschungel«, also c ungefähr wie »t-ś« und j ungefähr wie »d-ś«.
6. Die Zerebrale ṭ, ḍ sowie ṇ, ṛ, ṝ, r, ṣ spreche man mit nach hinten und oben gerollter Zungenspitze, doch ist auch eine rein dentale Aussprache (ṭ wie t) völlig ausreichend, weil diese Laute nur ganz selten bedeutungsunterscheidend sind.
7. Für die Halbvokale gilt: y wie »Jahr«, r wie »Rat«, l wie »Lied«, v wie »Wasser«, also Sanskrit-y wie Deutsch-j, Sanskrit-v wie Deutsch-w. (Der f-Laut fehlt in Sanskrit.)
8. Bei den allesamt stimmlosen, d.h. tonlosen, harten Zischlauten spreche man s wie »s« in »sie«, ś wie »sch« in »schön« und ṣ wie »sch« in »rösch« (sch nach r-Laut = zerebral).
9. Bei den Nasalen spreche man ṅ wie »Anker« (guttural: ṅ vor k), ñ wie »Pantscha« (palatal: ñ vor c), ṇ wie »Rind« (zerebral: ṇ nach r), n wie »Tante« (dental: n vor t) und m wie »Lampe« (labial: m vor p).
10. Die harten Aspiraten kh, ch, ṭh, th, ph (kh usw. ist jeweils ein einziger Laut!) sollte man mit hartem ḥ und die weichen Aspiraten gh, jh, ḍh, dh, bh mit weichem h sprechen, weil sie oft bedeutungsunterscheidend sind, z.B. »gāhete« (die beiden tauchen), aber »gāhethe« (ihr beide taucht). Man übe dies mit Wörtern wie »Rat-haus« = »Ra-thaus«.
11. Anusvara: Am Wortende spreche man »ṃ« wie labiales m aus, z.B. »vanaṃ paśyāmi« wie "wannam paschjahmi". Im Wortinnern wird »ṃ« unterschiedlich ausgesprochen:
    a) als französisch-nasalierter Vokal vor den vier Halbvokalen y, r, l, v (z.B. saṃvat) und vor den drei Zischlauten ś, ṣ, s (z.B. saṃsāra) und vor dem »h« (z.B. siṃha = "singha"),
    b) als Nasal, der zu dem folgenden Konsonanten paßt, z.B. »saṃkaṭa« wie "saṅkaṭa" (guttural), »saṃjaya« wie "sañjaya" (palatal), »saṃdhi« wie "sandhi" (dental, Sandhi), »saṃpatti« wie "sampatti" (labial).
12. Hauchlaute: »h« ist tönend und steht vor Vokal/Kons. (z.B. hṛd, vahni), »ḥ« ist tonlos und steht nur nach Vokal am Silbenende (z.B. duḥ-kham) bzw. Wortende (z.B. yogaḥ).
13. Die heutige Aussprache der Inder weicht von der ursprünglichen Aussprache teils ab:
    a) »ḥ« wird heute vielfach als tönendes »h« mit Nachklang des vorangehenden Vokals gesprochen, z.B. »vrīhiḥ« wie "vrīhihi", wodurch das Wort allerdings n+1-silbig wird.
    b) »h« wird manchmal wie deutsches »ch« gesprochen, z.B. »brahma« wie "brachma".
    c) »a« ist heute oft nur noch ein Murmel-e, z.B. »nāma« fast wie der deutsche "Name".
    d) »jñ« wird in »jñānam« usw. oft wie "gy" (Hindi) oder "dny" (Marathi) gesprochen. Der Sandhi taj_jñānam = "tadsch_dschnahnamm" belegt die ursprüngliche Aussprache.

2.5. Vereinfachte Sanskrit-Betonung für Deutsche

Die Langsilbe (mit langem Vokal: j-ī-v, oder zwei Konsonanten nach kurzem Vokal: n-i-nd) trägt den Akzent zurück bis zur viertletzten Silbe: zweitletzte Silbe: 'karaḥ, 'eva, de'vānām, bha'ranti; drittletzte Silbe: hi'mālayaḥ, pi'pīlikā, 'gacchati; viertletzte Silbe: 'ninditavān. Alternative: Man spreche ohne Akzent ganz langsam unter Beachtung der langen Vokale. Damit vermeidet man Vokalkürzungen bei mehreren Langvokalen innerhalb eines Wortes; so spreche man z.B. »devānām« als 'deh'wah'nahm (richtig) statt "deh'wahnamm" (falsch). Die Inder selbst sprechen metrisches Sanskrit intoniert-melodisch, also in einem Singsang.

2.6. Ablautgesetze: Abstufung der Vokale: tief-mittel-hoch

Tiefstufe	**a**	silbisch	**i/ī**	silbisch	**u/ū**	silbisch	**ṛ/ṝ**	silbisch
1. Guna	**a**	—	**e**	ay	**o**	av	—	ar oder ra
2. Vriddhi	**ā**	—	**ai**	āy	**au**	āv	—	ār oder rā
Samprasarana	—		ya wird zu i		va wird zu u		ra wird zu ṛ	

z.B.: r**a**m: vir**a**mati, vir**ā**maḥ; d**i**v: d**i**vasaḥ, d**e**vaḥ, d**ai**vam; j**i**: j**ay**ati, j**āy**in; b**u**dh: b**u**ddhaḥ, b**o**ddhum, b**au**ddhaḥ; dr**u**: dr**av**ati, dr**āv**aṇam; k**ṛ**ṣ: k**ar**ṣati, k**ār**ṣin; d**ṛ**ś: d**ra**ṣṭum, ad**rā**kṣīt. Samprasarana: v**ya**dh: v**i**dhyati; **va**h: **u**hyate (Pass.); s**va**p: s**u**pta (Part.); p**ra**cch: p**ṛ**cchati

Guṇaḥ (m.)	Steigerung der Mittelstufe:	a bleibt a, i wird e, u wird o
Vṛddhiḥ (f.)	Steigerung der Hochstufe:	a wird ā, e wird ai, o wird au
Saṃprasāraṇam (n.)	Halbvokal-Abschwächung:	ya wird i, va wird u, ra wird ṛ

2.7. Unübliche und seltene Anlaute am Wortanfang

Völlig unübliche Anlaute: ṝ, ḷ; th; ṅ, ñ, ṇ; ṃ, ḥ	Sehr seltene Anlaute: jh; ṭ, ṭh, ḍ, ḍh, ṣ

2.8. Zulässige Auslaute am Wortende »in pausa« (= am Ende des Satzes oder Verses)

Alle Vokale:	a, ā, i, ī, u, ū, e, ai, o, au (häufig), ṛ (sehr selten)	ṝ, ḷ (völlig unüblich)
8 Konsonanten:	**t**, **n**, **m**, **ḥ** (häufig), **k**, **ṭ**, **p**, **ṅ** (selten)	ṇ, y, l, v (völlig unüblich)

Vor Anwendung der Sandhiregeln wird der **konsonantische Auslaut** zunächst, sofern er unzulässig ist, in einen der 8 möglichen zulässigen Auslaute t, n, m, ḥ, k, ṭ, p, ṅ verwandelt. Danach wird auf diesen zulässigen Auslaut die entsprechende Sandhiregel angewandt:

In einem ersten Schritt werden alle unzulässigen aspirierten und stimmhaften Konsonanten in die entsprechenden nicht-aspirierten, stimmlosen Konsonanten verwandelt:

kh, g, gh werden zu	k	zulässiger Auslaut	nicht-nasale Gutturale
ch, j, jh werden zu	c	unzulässiger Auslaut	nicht-nasale Palatale
ṭh, ḍ, ḍh werden zu	ṭ	zulässiger Auslaut	nicht-nasale Zerebrale
th, d, dh werden zu	t	zulässiger Auslaut	nicht-nasale Dentale
ph, b, bh werden zu	p	zulässiger Auslaut	nicht-nasale Labiale

Der dabei unzulässige palatale konsonantische Auslaut c wird dann in k oder ṭ verwandelt:

z.B. sraj (Girlande)	wird über srac in srak verwandelt
z.B. samrāj (Herrscher)	wird über samrāc in samrāṭ verwandelt

Die übrigen unzulässigen konsonantischen Auslaute werden wie folgt verwandelt:

s wird in ḥ verwandelt	z.B. devas, devaḥ = Gott
r wird in ḥ verwandelt	z.B. punar, punaḥ = wieder
ñ wird in ṅ verwandelt	z.B. prāñ, prāṅ = östlich (siehe Seite 339, Punkt 4)
h wird in k oder ṭ verwandelt	z.B. madhulih, madhuliṭ = Biene
ś wird in k oder ṭ verwandelt	z.B. diś, dik = Richtung
ṣ wird in k oder ṭ verwandelt	z.B. ṣaṣ, ṣaṭ = sechs

3. Sandhiregeln

3.1. Satzsandhis: Sandhis zwischen Wörtern im Satz

R00: Am Satzende steht der zulässige Auslaut »in pausa« (siehe vorangehende Seite). Satzsandhis finden also nur zwischen Wörtern im Satz statt, nicht am Ende des Satzes.

3.1.1. Auslautende nicht-diphthongische Vokale vor vokalischen Anlauten

R01: Die Endvokale a/ā, i/ī, u/ū (und theoretisch ṛ/ṝ) verschmelzen mit den ähnlichen Anfangsvokalen a/ā, i/ī, u/ū (und theoretisch ṛ/ṝ) in die langen, ähnlichen Vokale ā, ī, ū (und theoretisch ṝ), falls die langen Endvokale ī und ū keine Dual-Endungen sind. Zusammenschreibung, d.h. die Wörter werden dann zusammengeschrieben.

R01: a/ā + a/ā = ā, i/ī + i/ī = ī, u/ū + u/ū = ū, (ṛ + ṛ = ṝ)

mātā agacchat	mātāgacchat	die Mutter ging
mātā āgacchat	mātāgacchat	die Mutter kam
nāri īkṣate	nārīkṣate	oh Frau, er sieht (Vok.)
nārī īkṣate	nārīkṣate	die Frau sieht (Nom.)

Diese Beispiele verdeutlichen die Mehrdeutigkeiten, die durch Sandhis entstehen können.

R02: Die a/ā-Endvokale verschmelzen mit den unähnlichen Anfangsvokalen i/ī, u/ū, ṛ (und theoretisch ṝ) in die Guna-Diphthonge e, o und ar. Zusammenschreibung.

R02: a/ā + i/ī = e, a/ā + u/ū = o, a/ā + ṛ = ar

na + īkṣe = nekṣe = ich sehe nicht
tena uktam = tenoktam = von ihm ist gesagt worden
yathā ṛṣiḥ = yatharṣiḥ = wie der Seher

R03: Die a/ā-Endvokale verschmelzen mit den diphthongischen Anlauten e/ai, o/au (und theoretisch ar/ār) in die Vriddhi-Diphthonge ai, au (und theoretisch ār). Zusammenschreibung.

R03: a/ā + e/ai = ai, a/ā + o/au = au, (a/ā + ar/ār = ār)

tathā eva = tathaiva = genau so
yathā aiśvaryam = yathaiśvaryam = wie die Herrschaft
na odanaḥ = naudanaḥ = nicht der Reis
na auñchat = nauñchat = er sammelte nicht (uñchati, Impf.)
sā arpayati = sārpayati = sie gibt etwas zurück, Wz. ṛ; hierfür R01: a/ā + a/ā = ā

R04: Die Nicht-a/ā-Endvokale i/ī, u/ū (und theoretisch ṛ/ṝ) gehen vor den unähnlichen Anfangsvokalen in die Halbvokale y, v (und theoretisch r) über, falls die langen Endvokale ī und ū keine Dual-Endungen sind. Zusammenschreibung.

R04: i/ī + Nicht-i/ī-Vokal = y + Nicht-i/ī-Vokal, u/ū + Nicht-u/ū-Vokal = v + Nicht-u/ū-Vokal

nārī aikṣata = nāry_aikṣata = die Frau sah
vadhu īkṣasva = vadhv_īkṣasva = oh Frau, sieh!
(kartṛ akarot = kartr_akarot = »das Täter tat«, ṛ-Auslaut unüblich)

3.1.2. Auslautende diphthongische Vokale vor vokalischen Anlauten

R05: Nach den auslautenden Guna-Diphthongen e und o wird der anlautende a-Vokal durch den Avagraha »'« ersetzt, falls der e-Auslaut keine Dual-Endung ist. Meist Getrenntschreibung mit Leertaste vor Avagraha.

R05: e + a = e + ', o + a = o + '

dyotate avati ca = dyotate 'vati ca = sie scheint und erquickt
gṛhe agaccham = gṛhe 'gaccham = ich ging in das Haus (Lok.)
guro ava = guro 'va = oh Lehrer, erquicke! (vgl. R17)

R06: Nach den auslautenden Guna-Diphthongen e und o bleibt der anlautende Nicht-a-Vokal erhalten, und e und o werden auf dem Umweg über ay und av beide in a verwandelt, falls der e-Auslaut keine Dual-Endung ist. Der Hiatus bleibt. Getrenntschreibung.

R06: e + Nicht-a-Vokal = a (theoretisch auch ay) + Nicht-a-Vokal
o + Nicht-a-Vokal = a (theoretisch auch av) + Nicht-a-Vokal

yoge ālasyam = yoga ālasyam = Trägheit im Yoga (Lok.)
guro īkṣasva = gura īkṣasva = oh Lehrer, sieh!

Die Varianten yogay_ālasyam und gurav_īkṣasva sind unüblich.

R07: Die auslautenden Vriddhi-Diphthonge ai und au werden vor vokalischen Anlauten umgewandelt, und zwar bei ai auf dem Umweg über āy in ā (Getrenntschreibung mit Hiatus) und bei au direkt in āv (Zusammenschreibung), auch wenn die Auslaute ai und au Dual-Endungen sind.

R07: ai + Vokal = ā (theoretisch auch āy) + Vokal
au + Vokal = āv (theoretisch auch ā) + Vokal

īkṣāvahai indum = īkṣāvahā indum = wir beide wollen den Mond sehen
nṛpau ādiśataḥ = nṛpāv_ādiśataḥ = die beiden Könige befehlen

Die Varianten īkṣāvahāy_indum und nṛpā ādiśataḥ sind unüblich.

R08: Die auslautenden Dual-Endungen ī, ū und e (Deklination und auch Konjugation) bleiben vor allen anlautenden Vokalen unverändert.

gāhete uḍupau = es tauchen zwei Boote (Dual Konjugation)
īkṣāvahe indum = wir beide sehen den Mond (Dual Konjugation)
kanye aiṣke = ich sah die beiden Mädchen (Dual Deklination)
gurū avataḥ = die beiden Lehrer erquicken (Dual Deklination)
kapī īkṣe = ich sehe die beiden Affen (Dual Deklination)

Für andere vokalische Dual-Endungen gelten die normalen Vokal-Sandhiregeln, z.B. für au (nṛpau = zwei Könige), für ai (gāhāvahai = laß uns beide tauchen) usw.

R09: Bei vokalisch auslautenden Vokativen und Interjektionen, die als selbständige Sätze aufgefaßt werden, KANN der Sandhi entfallen.

yodha asya oder yodhāsya = oh Krieger, wirf!
he ava oder he 'va = ach, tröste!

3.1.3. Auslautende Vokale vor konsonantischen Anlauten

R10: Nach auslautenden kurzen Vokalen wird anlautendes »ch« in den Doppelkonsonanten »cch« verwandelt. Getrenntschreibung.

na chāyām vindāmi = na cchāyāṃ vindāmi = ich finde keinen Schatten

Vergleiche dazu den Sonderfall der Wörter »mā« und »ā« vor dem ch-Anlaut (R43, Punkt 4).

R11: Zwischen auslautenden beliebigen Vokalen und allen anlautenden Konsonanten außer »ch« finden keine Sandhis statt und die Wörter werden getrennt geschrieben.

guro nṛpeṇa saha gacchāmaḥ = oh Lehrer, wir gehen mit dem König

3.1.4. Auslautender s/r-Visarga nach beliebigen Vokalen vor Tonlosen

Definition: s/r-Visarga = ḥ, das etymologisch auf s (deva-s) oder r (puna-r) beruht.

R12: Der s/r-Visarga-Auslaut ḥ bleibt vor den anlautenden tonlosen Gutturalen k, kh und Labialen p, ph sowie vor den palatalen (ś), zerebralen (ṣ) und dentalen (s) Zischlauten unverändert, auch wenn dem Visarga ein Nicht-a/ā-Vokal vorausgeht. Getrenntschreibung. Hinweis: Der zerebrale Zischlaut ṣ ist im Anlaut extrem selten.

R12: ḥ + k/kh oder p/ph oder ś/ṣ/s = kein Sandhi

aśvaḥ khādati, kapiḥ pibati = das Pferd frißt, der Affe säuft
naraḥ ṣṭhīvati, guruḥ śapate = der Mann spuckt, der Lehrer flucht
meghāḥ punaḥ saranti = die Wolken ziehen wieder (punar: r-Visarga)

R13: Der s/r-Visarga-Auslaut ḥ wird vor den anlautenden tonlosen Palatalen c, ch, Zerebralen ṭ, ṭh und Dentalen t, th in den entsprechenden palatalen (ś), zerebralen (ṣ) oder dentalen (s) Zischlaut verwandelt, auch wenn dem Visarga ein Nicht-a/ā-Vokal vorausgeht. Zusammenschreibung. Anm.: Die zerebralen Konsonanten ṭ/ṭh sind im Anlaut sehr selten.

R13: ḥ + c/ch = ś_c/ch, ḥ + ṭ/ṭh = ṣ_ṭ/ṭh, ḥ + t/th = s_t/th

kūrmaḥ calati = kūrmaś_calati = die Schildkröte bewegt sich
kapiḥ ṭīkate = kapiṣ_ṭīkate = der Affe trippelt
punaḥ tarati = punas_tarati = wieder rettet er (punar: r-Visarga)

3.1.5. Auslautender s/r-Visarga nach Nicht-a/ā-Vokalen vor Tönenden

R14: Der s/r-Visarga-Auslaut ḥ wird vor allen tönenden Anlauten (außer vor dem r-Anlaut) in r verwandelt, wenn dem Visarga ein Nicht-a/ā-Vokal vorausgeht. Zusammenschreibung.

R14: Nicht-a/ā-Vokal + ḥ + Nicht-r-Tönende = Nicht-a/ā-Vokal + r + Nicht-r-Tönende

yodhaiḥ agacchat = yodhair_agacchat = er ging mit dem Soldaten
kapiḥ īkṣate = kapir_īkṣate = der Affe blickt
guruḥ hasati = gurur_hasati = der Lehrer lacht
pūḥ dṛśyate = pūr_dṛśyate = die Stadt wird gesehen (pur: r-Visarga)

R15: Der s/r-Visarga-Auslaut ḥ wird vor anlautendem tönendem r entfernt, wenn dem Visarga ein Nicht-a/ā-Vokal vorausgeht. Dabei werden die kurzen Nicht-a/ā-Vokale i und u zu ī und ū gedehnt. Die bereits langen Nicht-a/ā-Vokale bleiben lang. Getrenntschreibung.

R15: Nicht-a/ā-Vokal + ḥ + r = langer Nicht-a/ā-Vokal + nichts + r

taruḥ rohati = tarū rohati = der Baum wächst
bālaiḥ rūpavadbhiḥ = bālai rūpavadbhiḥ = mit schönen Kindern
gīḥ rocate = gī rocate = die Stimme gefällt (gir: r-Visarga)
gopayoḥ rathaḥ = gopayo rathaḥ = der Wagen der zwei Hirten

3.1.6. Auslautender s-Visarga nach a/ā-Vokalen vor Tönenden

R16: Auslautendes »aḥ«, also a + ḥ, wird vor allen tönenden Konsonanten in den Diphthong o verwandelt, falls der ḥ-Auslaut für s und nicht für r steht. Getrenntschreibung.

R16: aḥ + tönender Konsonant = o + tönender Konsonant

vṛkṣaḥ rohati = vṛkṣo rohati = der Baum wächst (R16 gilt also auch für »aḥ« vor »r«)

R17: Auslautendes »aḥ«, also a + ḥ, wird vor dem kurzen a-Anlaut in den Diphthong o verwandelt, und der a-Anlaut wird durch den Avagraha »'« ersetzt, falls der ḥ-Auslaut für s und nicht für r steht. Meist Getrenntschreibung mit Leertaste vor dem Avagraha.

R17: aḥ + a = o + »'«

kaḥ api gāyati = ko 'pi gāyati = irgend jemand singt
nadyaḥ avahan = nadyo 'vahan = die Flüsse flossen

R18: Auslautendes »aḥ«, also a + ḥ, wird vor anlautenden Nicht-a-Vokalen in den a-Vokal verwandelt, falls der ḥ-Auslaut für s und nicht für r steht. Getrenntschreibung mit Hiatus.

R18: aḥ + Nicht-a-Vokal = a + Nicht-a-Vokal

nṛpaḥ ādiśat = nṛpa ādiśat = der König befahl
naraḥ īkṣate = nara īkṣate = der Mensch sieht

R19: Auslautendes »āḥ«, also ā + ḥ, wird vor allen tönenden Anlauten, d.h. vor Vokalen und vor tönenden Konsonanten einschließlich r, in den ā-Vokal verwandelt, falls der ḥ-Auslaut für s und nicht für r steht. Getrenntschreibung mit Hiatus vor vokalischen Anlauten.

R19: āḥ + Tönende = ā + Tönende

dāsāḥ gacchanti = dāsā gacchanti = die Sklaven gehen
narāḥ īkṣante = narā īkṣante = die Menschen erblicken
vṛkṣāḥ rohanti = vṛkṣā rohanti = Bäume wachsen (āḥ vor r)

3.1.7. Auslautender r-Visarga nach a/ā-Vokalen vor Tönenden

Der-r-Visarga kommt zum Glück selten vor, denn hier muß man stets etymologisch prüfen, ob ḥ ursprünglich ein r war. Falls diesem r eine **Nicht-a/ā-Vokal** vorausgeht (z.B. »-ur«), erübrigt sich allerdings diese schwierige etymologische Prüfung, weil dann stets die Regeln R12-R15 für s/r-Visarga angewandt werden, gleichviel ob ḥ etymologisch für s oder r steht.

R20: Auslautende »aḥ« und »āḥ« werden vor allen Nicht-r-Tönenden, d.h. vor Vokalen und vor tönenden Konsonanten außer r, in »ar« oder »ār« verwandelt, falls sich der ḥ-Auslaut etymologisch gesehen auf r statt auf s zurückführen läßt. Zusammenschreibung.

R20: aḥ/āḥ + Nicht-r-Tönende = ar/ār + Nicht-r-Tönende

prātaḥ gacchati = prātar_gacchati = er geht morgens; also nicht "prāto gacchati"
pitaḥ īkṣasva = pitar_īkṣasva = oh Vater, sieh! (Vok.); also nicht "pita īkṣasva"
dvāḥ dṛśyate = dvār_dṛśyate = die Tür wird gesehen; also nicht "dvā dṛśyate"

R21: Auslautende »aḥ« und »āḥ« werden vor dem tönenden r-Anlaut beide in den ā-Vokal verwandelt, falls der ḥ-Auslaut für r und nicht für s steht. Getrenntschreibung.

R21: aḥ + r = ā + r, āḥ + r = ā + r

punaḥ rohati = punā rohati = er wächst wieder (a wird lang); also nicht "puno rohati"
dvāḥ rocate = dvā rocate = die Tür gefällt (ā war schon lang); also hier wie bei s-Visarga

a) **r nach a/ā** kommt nur bei der ṛ-Dekl. (Vok.) und bei einigen Wörtern wie punar = wieder, prātar = morgens und dvār = Tür vor. Nur hier gelten die obigen Sonderregeln R20-R21.

b) **r nach Nicht-a/ā** kommt bei den Konj.-Endungen auf »-ur« (Perf. Du. und Opt. Par. Pl.), bei der ṛ-Dekl. (kart-ur) und bei Wörtern wie g-ir = Stimme, dh-ur = Joch, p-ur = Stadt vor. Dann gelten aber die Regeln R12-R15 für s/r-Visarga nach Nicht-a/ā. Wir umgehen daher einfach die Etymologie und flektieren z.B. bharey-us statt bharey-ur, kart-us statt kart-ur.

3.1.8. Auslautender labialer m-Nasal vor Vokalen und Konsonanten

R22: Der m-Auslaut wird mit allen Anfangsvokalen zusammengeschrieben, wobei m auch nach einem kurzem Vokal vor einem Anfangsvokal niemals verdoppelt wird.

vanam agacchat = vanam_agacchat = er ging zum Wald

R23: Der m-Auslaut wird vor sämtlichen konsonantischen Anlauten in den Anusvara ṃ verwandelt. Getrenntschreibung. R23 ist die am häufigsten angewandte Sandhiregel.

bhāram vahāmi = bhāraṃ vahāmi = ich trage die Last

3.1.9. Auslautender gutturaler ṅ-Nasal vor Vokalen und Konsonanten

R24: Der ṅ-Auslaut wird nach einem kurzen a (und theoretisch auch nach i, u, ṛ) vor einem beliebigen (langen oder kurzen) Anfangsvokal verdoppelt. Dagegen bleibt ṅ nach einem langen Vokal stets unverändert. Zusammenschreibung.

R24: aṅ + Vokal = aṅṅ + Vokal

pratyaṅ āsīnaḥ = pratyaṅṅ_āsīnaḥ = nach Westen sitzend

R25: Der ṅ-Auslaut bleibt vor konsonantischen Anlauten unverändert. Getrenntschreibung.

pratyaṅ deśaḥ = das westliche Land
prāṅ jīvati = der Mensch aus dem Osten lebt

Die Sandhiregeln R24/R25 kommen nur bei den Richtungsadjektiven vor, siehe P17.

3.1.10. Auslautender dentaler n-Nasal vor Vokalen und Konsonanten

R26: Der n-Auslaut wird nach den kurzen Vokalen a, i (und theoretisch nach u, ṛ) vor einem beliebigen (langen oder kurzen) Anfangsvokal verdoppelt. Dagegen bleibt n nach einem langen Vokal stets unverändert. Zusammenschreibung.

R26: an + Vokal = ann + Vokal, in + Vokal = inn + Vokal

gacchan īkṣate = gacchann_īkṣate = gehend schaut er
yogin āgaccha = yoginn_āgaccha = oh Yogi, komm!
aśvān īkṣe = āśvān_īkṣe = ich sehe die Pferde

R27: Der n-Auslaut wird vor den tönenden Palatalen j, jh und Zerebralen ḍ, ḍh in den palatalen (ñ) oder zerebralen (ṇ) Nasal verwandelt. Zusammenschreibung. Vor den tönenden Dentalen d, dh bleibt das dentale n unverändert. Daher hier Getrenntschreibung zulässig, vgl. R31. Hinweis: jh, ḍ und ḍh kommen im Anlaut kaum vor, so daß die Regel R27 praktisch nur für die Kombination n + j gilt.

R27: n + j/jh = ñ_j/jh, n + ḍ/ḍh = ṇ_ḍ/ḍh

arīn jayati = arīñ_jayati = er besiegt die Feinde
pakṣin ḍīyasva = pakṣiṇ_ḍīyasva = oh Vogel, flieg!

R28: Der n-Auslaut wird vor den tonlosen Palatalen c, ch, Zerebralen ṭ, ṭh und Dentalen t, th in den Anusvara ṃ verwandelt, wonach der palatale (ś), zerebrale (ṣ) oder dentale (s) Zischlaut eingeschoben wird. Zusammenschreibung.

R28: n + c/ch = ṃś_c/ch, n + ṭ/ṭh = ṃṣ_ṭ/ṭh, n + t/th = ṃs_t/th

abharan ca = abharaṃś_ca = und sie trugen
śaśin tvarasva = śaśiṃs_tvarasva = oh Mond, eile!
hasan ṭikate = hasaṃṣ_ṭikate = lachend trippelt er

Der Palatal ch ist im Anlaut sehr selten, die Zerebrallaute ṭ/ṭh sind im Anlaut extrem selten, und der Dental th ist im Anlaut unüblich, so daß R28 fast nur bei c und t angewandt wird.

R29: Der n-Auslaut verschmilzt mit dem anlautenden palatalen Zischlaut ś zu dem Doppelkonsonanten »ñ_ch« (häufiger) oder »ñ_ś« (seltener). Zusammenschreibung.

R29: n + ś = ñ_ch oder ñ_ś

tān śaśān paśyāmi = tāñ_chaśān paśyāmi = ich sehe die Hasen
yacchan śrāddham = yacchañ_śrāddham = das Ahnenopfer reichend

Man vergleiche R29 (n + ś) mit R34 (t + ś).

R30: Der n-Auslaut wird vor dem anlautenden l in den Anunasika-Nasal ṃl (= französisch-nasaliertes l) verwandelt. Zusammenschreibung. Der Anunasika kommt nur bei R30 vor.

R30: n + l = ṃl_l (zur Darstellung des Anunasika in Devanagari siehe Seite 300)

paśyan lokān = paśyaṃl_lokān = die Leute sehend

R31: Vor anderen als den oben genannten konsonantischen Anlauten wird der n-Auslaut nicht verändert. Getrenntschreibung zulässig.

girīn gacchāmaḥ = wir gehen zu den Bergen (n + Guttural)
granthān paṭhati = er liest die Bücher (n + Labial)
tarūn dahanti = sie verbrennen die Bäume (n + tönender Dental)
anayan yūtham = sie führten die Herde (n + Halbvokal)
rājan smara = oh König, erinnere dich! (n + dentaler Zischlaut s)
paśyan ṣaṭ kākān = sechs Krähen sehend (n + zerebraler Zischlaut ṣ)

Übersicht: (ṅ/ñ/ṅ-Nasale sind im Anlaut unüblich; Zahl = Nummer der Sandhiregel)

n + Gutturale	k	kh	g	gh	(ṅ)	k kh g gh ṅ
n + Palatale	28	28	27	27	(ñ)	c ch j jh ñ
n + Zerebrale	28	28	27	27	(ṇ)	ṭ ṭh ḍ ḍh ṇ
n + Dentale	28	28	d	dh	n	t th d dh n
n + Labiale	p	ph	b	bh	m	p ph b bh m
n + Halbvokale	y	r	30	v		y r l v
n + Zischlaute	29	ṣ	s			ś ṣ s
n + Hauchlaut	h					h

3.1.11. Auslautender dentaler t-Konsonant vor Vokalen und Konsonanten

R32: Der t-Auslaut wird vor anlautenden Palatalen c, ch, j, jh und Zerebralen ṭ, ṭh, ḍ, ḍh in die nicht-aspirierten Palatale c, j oder Zerebrale ṭ, ḍ assimiliert. Zusammenschreibung. Hinweis: jh, ṭ, ṭh, ḍ, ḍh sind im Anlaut selten, so daß diese Regel praktisch nur bei den Anlauten c, ch und j angewandt wird.

R32: t + c = c_c t + ch = c_ch t + j = j_j t + jh = j_jh
t + ṭ = ṭ_ṭ t + ṭh = ṭ_ṭh t + ḍ = ḍ_ḍ t + ḍh = ḍ_ḍh

tat cakram = tac_cakram = das Rad
mṛt chādayati = mṛc_chādayati = der Lehm bedeckt
tat jalam = taj_jalam = das Wasser
suhṛt ṭīkate = suhṛṭ_ṭīkate = der Freund trippelt

R33: Der t-Auslaut verschmilzt mit dem anlautenden l zu dem Doppelkonsonanten »l_l«. Hier kein Anunasika! Zusammenschreibung.

R33: t + l = l_l

tat lokāt labhe = tal_lokāl_labhe = das erlange ich von der Welt

R34: Der t-Auslaut verschmilzt mit dem anlautenden palatalen Zischlaut ś zu dem palatalen Doppelkonsonanten »c_ch«. Zusammenschreibung.

R34: t + ś = c_ch

tat śrutvā = tac_chrutvā = dies gehört habend
suhṛt śāmyati = suhṛc_chāmyati = der Freund beruhigt sich

Hinweis: Die Varianten tac_śrutvā und suhṛc_śāmyati sind unüblich.

R35: Der auslautende t-Dental wird vor anlautenden Nasalen in den EIGENEN dentalen n-Nasal verwandelt. Zusammenschreibung. Hinweis: Von den Nasalen ṅ, ñ, ṇ, n und m kommen nur n und m im Anlaut vor, so daß sich die Regel nur auf n/m bezieht.

R35: t + Nasal = n + Nasal

nagarāt nagaram = nagarān_nagaram = von Stadt zu Stadt
jagat-nāthaḥ = jagan-nāthaḥ, Komp. = »Juggernaut« (Sanskrit-Fremdwort im Englischen)

R36: Der auslautende tonlose t-Dental verschmilzt mit dem tönenden h-Anlaut zu dem tönenden Doppeldental »d_dh«. Zusammenschreibung.

R36: t + h = d_dh

āsīt hanuḥ = āsīd_dhanuḥ = es war das Kinn
suhṛt hasati = suhṛd_dhasati = der Freund lacht

Die Zusammenschreibung wird durch »d_dh« angedeutet, denn bei »dd_h« könnte man drei Laute »d_d_h« vermuten.

R37: Der tonlose dentale t-Auslaut wird vor allen sonstigen Tönenden (also vor allen Vokalen sowie vor den tönenden Gutturalen g, gh, Dentalen d, dh, Labialen b, bh und vor den Halbvokalen y, r, v) in den tönenden d-Auslaut verwandelt. Zusammenschreibung.

R37: t + Vokal = d + Vokal; t + g/gh, d/dh, b/bh, y/r/v = d + g/gh, d/dh, b/bh, y/r/v

suhṛt ahasat = suhṛd_ahasat = der Freund lachte
nagarāt girim = nagarād_girim = von der Stadt zum Berg
suhṛt dhāvati = suhṛd_dhāvati = der Freund läuft (vgl. R36)
āsīt dhanuḥ = āsīd_dhanuḥ = es war der Bogen (vgl. R36)

R38: Der tonlose t-Auslaut bleibt vor allen sonstigen Tonlosen (vor den tonlosen Gutturalen k, kh, Dentalen t, th, Labialen p, ph und vor den tonlosen Zischlauten ṣ und s) unverändert. Getrenntschreibung zulässig.

R38: t + k/kh, t/th, p/ph, ṣ/s = t + k/kh, t/th, p/ph, ṣ/s

grāmāt kāsāram = vom Dorf zum See (t + gutturale Tenuis)
suhṛt tvarate = der Freund eilt (t + dentale Tenuis)
apaṭhat pustakam = er las das Buch (t + labiale Tenuis)
āsīt siṃhaḥ = es war einmal ein Löwe (t + dentaler Zischlaut s)
yoṣit ṣṭhīvati = die Frau spuckt (ṣ ist im Anlaut sehr selten)

Übersicht: (ṅ/ñ/ṅ-Nasale sind im Anlaut unüblich; Zahl = Nummer der Sandhiregel)

t + Gutturale	k	kh	37	37	(ṅ)	k	kh	g	gh	ṅ
t + Palatale	32	32	32	32	(ñ)	c	ch	j	jh	ñ
t + Zerebrale	32	32	32	32	(ṇ)	ṭ	ṭh	ḍ	ḍh	ṇ
t + Dentale	t	th	37	37	35	t	th	d	dh	n
t + Labiale	p	ph	37	37	35	p	ph	b	bh	m
t + Halbvokale	37	37	33	37		y	r	l	v	
t + Zischlaute	34	ṣ	s			ś	ṣ	s		
t + Hauchlaut	36					h				

3.1.12. Die seltenen Auslaute k, ṭ und p vor Vokalen und Konsonanten

R39: Die auslautenden Konsonanten k, ṭ und p werden vor anlautenden Nasalen in ihre EIGENEN gutturalen (ṅ), zerebralen (ṇ) oder labialen (m) Nasale verwandelt. Zusammenschreibung.

R39: k + Nasal = ṅ + Nasal, ṭ + Nasal = ṇ + Nasal, p + Nasal = m + Nasal

vāk muñcati = vāṅ_muñcati = Sprache befreit
kīdṛk naraḥ = kīdṛṅ_naraḥ = welch ein Mensch?
madhuliṭ nadati = madhuliṇ_nadati = die Biene tönt
kakup mṛgyate = kakum_mṛgyate = die Richtung wird gesucht

R40: Die auslautenden tonlosen Konsonanten k, ṭ und p verschmelzen mit dem tönenden h-Anlaut zu den entsprechenden gutturalen (g_gh), zerebralen (ḍ_ḍh) und labialen (b_bh) Doppelkonsonanten. Zusammenschreibung.

R40: k + h = g_gh, ṭ + h = ḍ_ḍh, p + h = b_bh

vāk harṣayati = vāg_gharṣayati = Sprache erfreut
madhuliṭ hasati = madhuliḍ_ḍhasati = die Biene lacht
kakup hi = kakub_bhi = denn die Richtung

R41: Die auslautenden tonlosen Konsonanten k, ṭ und p werden vor allen Tönenden (außer den Nasalen und außer h) in ihre eigenen gutturalen (g), zerebralen (ḍ) und labialen (b) Tönenden verwandelt. Zusammenschreibung.

R41: k/ṭ/p + Tönende (außer Nasale und h) = g/ḍ/b + Tönende (außer Nasale und h)

vāk gharṣayati = vāg_gharṣayati = Sprache schleift (vgl. R40)
vaṇik bhāṣate = vaṇig_bhāṣate = der Kaufmann spricht
samrāṭ āsīt = samrāḍ_āsīt = er war einmal ein Herrscher
kakup api = kakub_api = auch die Richtung

R42: Die auslautenden tonlosen Konsonanten k, ṭ und p bleiben vor allen Tonlosen (also vor k, kh; c, ch; ṭ, ṭh; t, th; p, ph; ś, ṣ, s) unverändert. Getrenntschreibung zulässig.

vaṇik krīṇāti	der Kaufmann bezahlt	(k, kh)
vaṇik cintayati	der Kaufmann plant	(c, ch)
vaṇik ṭīkate	der Kaufmann trippelt	(ṭ, ṭh)
vaṇik tiṣṭhati	der Kaufmann steht	(t, th)
vaṇik paśyati	der Kaufmann sieht	(p, ph)
vaṇik śāmyati	der Kaufmann ruht sich aus	(ś)
vaṇik ṣṭhīvati	der Kaufmann spuckt	(ṣ)
vaṇik sīdati	der Kaufmann sitzt	(s)
samrāṭ ṭīkate	der Herrscher trippelt	
kakup pravāsāya	die Richtung für die Reise	

Hinweis: Auslautendes p kommt fast nie vor, und auslautende k und ṭ sind selten, so daß die Sandhiregeln R39-R42 kaum angewandt werden. Die Auslaute p, k und ṭ sind deshalb so selten, weil sie als Flexionsendungen nicht vorkommen.

3.1.13. Satzsandhi-Sonderfälle

R43: Bei einigen Wörtern gibt es wortspezifische Sandhiregeln:

1. »amī« (m. Nom. Pl. von adas = jenes) wird vor anlautenden Vokalen niemals verändert. Getrenntschreibung mit Hiatus.

amī aśvāḥ = jene Pferde

2. »saḥ« (m. Nom. Sg. von tad = das) und »eṣaḥ« (m. Nom. Sg. von etad = dies) werden vor dem a-Anlaut nach Regel R17 in »so«/»eṣo« verwandelt, doch verlieren »saḥ« und »eṣaḥ« vor ALLEN ANDEREN Anlauten und somit auch vor ALLEN Konsonanten den Visarga. »saḥ/eṣaḥ« mit ḥ stehen also nur am Satzende. Getrenntschreibung.

saḥ bālaḥ = sa bālaḥ = der Junge (tönender Konsonant)
saḥ karaḥ = sa karaḥ = die Hand (tonloser Konsonant)
saḥ āgacchat = sa āgacchat = er kam (Nicht-a-Vokal)
saḥ agacchat = so 'gacchat = er ging (a-Vokal)

3. »bhoḥ« (Interj. = ach Herr!) verliert den Visarga vor ALLEN Tönenden, also vor allen Vokalen und allen tönenden Konsonanten, doch wird »bhoḥ« vor Tonlosen wie üblich nach den Regeln R12 und R13 behandelt. Getrenntschreibung.

bhoḥ bhoḥ kadāpi = bho bhoḥ kadāpi = ach Herr, irgendwann!
bhoḥ agacchaḥ = bho agacchaḥ = ach, du gingst!
bhoḥ tāta = bhos_tāta = ach, Papa!

4. Nach »mā« (Negation »nicht«) und »ā« (Präposition »bis zu«) wird anlautendes »ch« als Satzsandhi gelegentlich in »cch« verwandelt. Getrenntschreibung. (Als Wortsandhi wird Präfix ā + ch jedoch stets zu ā-cch, vgl. »ā-cchettum«, Inf., mit »chettum«, Inf. = schneiden)

mā chādaya = mā cchādaya = bedecke nicht!

3.1.14. Getrenntschreibung von Wörtern im Satz

vorgeschrieben bei	ṃ oder ḥ + Konsonant Vokal + Vokal bei Hiatus Vokal + Konsonant
unzulässig bei	Konsonant + Vokal Konsonant + Konsonant, wenn Sandhi stattfindet
zulässig bei	Konsonant + Konsonant, wenn kein Sandhi stattfindet

3.1.15. Devanagari und Transliteration

In der Devanagari-Schrift werden die zulässigen UND unzulässigen Konsonant-Konsonant-Kombinationen je nach vorhandenen Ligaturen mehr oder weniger willkürlich getrennt oder zusammengeschrieben. In unserer Umschrift deuten wir unzulässige Getrenntschreibungen durch Grundlinienstrich (_) an, damit eine computermäßige Umsetzung der Transliteration in die Devanagari-Schrift möglich ist.

3.2. Wortsandhis: Sandhis zwischen Wortteilen im Wort

3.2.1. Zerebralregeln (Zerebralisationsgesetze)

R44: Im Wortinnern wird das dentale n in das zerebrale ṇ verwandelt, wenn dem n die zerebralen Sonderlaute ṛ, ṝ, r, ṣ (also nicht ṭ, ṭh, ḍ, ḍh, ṇ) entweder direkt vorausgehen oder keine anderen Laute als Vokale, Gutturale (k, kh, g, gh, ṅ) oder Labiale (p, ph, b, bh, m) oder y, v, h, ṃ dazwischenstehen, UND wenn dem n ein Vokal oder ein n, m, y, v direkt folgt.

Damit wird z.B. das n nicht in ṇ verwandelt, wenn das n am Wortende steht (z.B. brahman), oder wenn dem n ein Dental, Palatal oder ein l, ś, s vorausgeht oder wenn dem n ein normaler Zerebral (ṭ/ṭh/ḍ/ḍh) oder ein ṇ, gefolgt von einem Vokal, vorausgeht.

brahman (Gott): brahmaṇā mit ṇ, weil Zerebral-r vorausgeht
pitā (Vater): pitṝṇām mit ṇ, weil Zerebral-ṝ vorausgeht
rathaḥ (Wagen): rathena mit n, weil Dental-th vorausgeht

Folgt ein n direkt auf n, werden beide nn zu ṇṇ, z.B. ni + sanna = niṣaṇṇa. Sonst sind zwei ṇ hintereinander, getrennt durch einen Vokal, verboten, z.B. richtig prāṇena, falsch prāṇeṇa, denn mit ṇ + Vokal hat das vorangehende ṛ/ṝ/r/ṣ die Zerebralregel bereits erschöpft.

n-ṇ-Testfragen: Hauptkriterium: ṛ/ṝ/r/ṣ vor n

1. Steht das n nicht im Auslaut?	n-ṇ-Wechsel möglich
2. Folgt dem n irgendein Vokal?	n-ṇ-Wechsel möglich
3. Folgt dem n ein n/m/y/v-Laut?	n-ṇ-Wechsel möglich
4. Steht ṛ/ṝ/r/ṣ irgendwo vor n?	n-ṇ-Wechsel möglich
5. Steht ein Vokal nach ṛ/ṝ/r/ṣ vor n?	dann wird n zu ṇ
6. Steht Guttural/Labial nach ṛ/ṝ/r/ṣ vor n?	dann wird n zu ṇ
7. Steht y/v/h/ṃ nach ṛ/ṝ/r/ṣ vor n?	dann wird n zu ṇ

R45: Im Wortinnern wird das dentale s in das zerebrale ṣ verwandelt, wenn dem s ein Nicht-a/ā-Vokal oder k oder r (oder l laut Stenzler) entweder unmittelbar vorausgehen oder keine anderen Laute als ṃ und ḥ dazwischenstehen, UND wenn dem s entweder ein Vokal oder nur einer der Dentale t, th, n (die dann zu ṭ, ṭh, ṇ werden) oder ein m, y, v direkt folgt.

Damit wird z.B. das s dann nicht in ṣ verwandelt, wenn dem s ein a/ā-Vokal vorausgeht.

havis (Opfer): havīṃṣi mit ṣ, weil Nicht-a/ā-Vokal vorausgeht
vāc (Wort): vākṣu mit ṣ, weil k vorausgeht
manas (Geist): manasā mit s, weil a/ā-Vokal vorausgeht

Zwei ṣ hintereinander, getrennt durch Nicht-a/ā-Vokal, sind erlaubt, z.B. puruṣeṣu, Lok. Pl.

s-ṣ-Testfragen: Hauptkriterium: Nicht-a/ā-Vokal oder k/r vor s

1. Steht das s nicht im Auslaut?	s-ṣ-Wechsel möglich
2. Folgt dem s irgendein Vokal?	s-ṣ-Wechsel möglich
3. Folgt dem s ein t/th/n/m/y/v-Laut?	dann wird s zu ṣ
4. Steht ein Nicht-a/ā-Vokal direkt vor s?	dann wird s zu ṣ
5. Steht ein k/r-Laut direkt vor s?	dann wird s zu ṣ
6. Steht nur ṃ/ḥ nach k/r oder Nicht-a/ā?	dann wird s zu ṣ

Beispiele für s-ṣ-Wechsel

ṃṣ: yajūṃṣi, cakṣūṃṣi; jyotīṃṣi, havīṃṣi; aber: rakṣāṃ**s**i (Nom. Pl.)
ḥṣ: āyuḥṣu, yajuḥṣu; haviḥṣu, arciḥṣu; aber: manaḥ**s**u (Lok. Pl.)
ṣu: triṣu, triṣv_api; guruṣu, guruṣv_api; deveṣu, deveṣv_api; pitṛṣu (Lok. Pl.); aber: ku**s**umam
kṣ: ṛkṣu, ṛtvikṣu, dikṣu, bhiṣakṣu, rukṣu, vaṇikṣu, srakṣu (Lok. Pl.); aber: ṛtvik-**s**uhṛd (Komp.)
ṣṭ: iṣṭaḥ, ākṛṣṭaḥ, duṣṭam (Part. Perf. Pass.); vṛṣṭiḥ (wortintern)
ṣṭḥ: kaniṣṭhaḥ, jyeṣṭhaḥ, baliṣṭhaḥ (Superl.); goṣṭham (wortintern)
ṣy: udeṣyati, smariṣyati (Fut.); anviṣyati, amuṣyā (wortintern)
ṣṇ: niṣṇātaḥ; kṛṣṇaḥ, tūṣṇīm, viṣṇuḥ (wortintern); aber: ati-**s**nigdha (Präf. + sn-Anlaut)
ṣm: amuṣmai, grīṣme, lakṣmīḥ (wortintern); aber: anu-**s**marati (Präf. + sm-Anlaut)
ṣp: niṣphalaḥ, puṣpāṇi, niṣpadyante (siehe Sonderregel R53)
ṣk: duṣkaram, niṣkān, niṣkramaṇam (siehe Sonderregel R53)

Kuriosum: Die von Stenzler erfundene "Regel", daß s auch nach l in ṣ zerebralisiert werde, haben spätere Autoren (Kielhorn, Fick, Morgenroth usw.) allen Ernstes in ihre Grammatiken übernommen, obwohl Whitney bereits 1888 feststellte, daß diese "Regel" frei erfunden ist.

Beispiele für erfolgten n-ṇ-Wechsel (Zerebralisation auslösender Laut ist fett markiert)

akṣa**r**āṇi, aci**r**eṇa, anusa**r**āṇi, anta**r**eṇa, andh**r**āṇām, apa**r**iṇītānām, a**r**īṇām, aś**r**ūṇi, ast**r**āṇi, ācā**r**eṇa, ām**r**āṇi, ā**r**yāṇām, īk**ṣ**amāṇā, īśva**r**eṇa, u**r**ūṇi, uṣṭ**r**āṇām, **ṛ**ṣīṇām, kaṭho**r**āṇi, ka**r**avāṇi, ka**r**eṇa, ka**r**maṇām, kā**r**yāṇi, kiṃka**r**eṇa, kumā**r**eṇa, ku**r**ūṇām, kuśi**ṣ**yeṇa, kṛcch**r**eṇa, kṛt**r**imeṇa, k**r**ameṇa, krū**r**eṇa, k**ṣ**ayiṇyaḥ, kṣī**r**iṇyaḥ, k**ṣ**īreṇa, kṣud**r**āṇi, kṣet**r**āṇi, khanit**r**eṇa, gant**ṝ**ṇī, ga**r**imāṇam, ga**r**haṇīyāḥ, gi**r**īṇām, gu**r**uṇā, g**ṛ**hāṇi, g**ṛ**hiṇī, g**ṛ**hiṇyā, g**r**āvāṇaḥ, cak**r**eṇa, ca**r**maṇi, cit**r**āṇi, jha**ṣ**āṇām, tak**r**eṇa, ta**r**uṇyaḥ, ta**r**ūṇām, ta**r**keṇa, tā**r**akāṇi, tīv**r**eṇa, t**r**īṇi, darid**r**āṇām, dā**r**uṇā, du**r**gāṇi, do**ṣ**iṇaḥ, do**ṣ**eṇa, dvā**r**āṇi, dveṣṭ**ṝ**ṇām, dha**r**meṇa, nak**r**eṇa, na**r**āṇām, nā**r**īṇām, ni**r**vāpaṇam, nirvi**ṣ**eṇa, niṣk**r**amaṇam, ni**ṣ**ṇātaḥ, n**ṛ**pāṇām, n**ṛ**peṇa, n**ṝ**ṇām, pak**ṣ**iṇam, patt**r**āṇi, parāk**r**ameṇa, pa**r**iṇayāmi, pa**r**iṇītāḥ, pa**r**ihīṇaḥ, paru**ṣ**āṇi, pa**r**yaṇayat, put**r**āṇām, pu**r**āṇeṣu, puru**ṣ**eṇa, pu**ṣ**pāṇām, p**r**aṇamasi, p**r**aṇaśyati, p**r**aṇuditā, p**r**amāṇam, p**r**ayāṇāt, p**r**āṇinaḥ, p**r**āṇiṣu, p**r**āyeṇa, p**r**īṇayati, bā**ṣ**pāṇām, b**r**ahmaṇaḥ, bhak**ṣ**aṇāt, bhad**r**āṇi, bhik**ṣ**ukeṇa, bhū**r**iṇā, bhū**ṣ**aṇaiḥ, bhrāt**ṝ**ṇām, manu**ṣ**yāṇām, mant**r**iṇam, mā**r**geṇa, mārjā**r**eṇa, mit**r**āṇām, mū**r**khāṇām, mū**ṣ**akāṇām, m**ṛ**gayamāṇaḥ, m**r**iyamāṇaḥ, yant**r**āṇām, rak**ṣ**aṇena, **r**amaṇaiḥ, **r**āmeṇa, **r**āvaṇam, **r**ūpakāṇām, **r**ogiṇaḥ, lak**ṣ**aṇam, vakt**ṝ**ṇi, va**r**ṇānām, var**ṣ**āṇi, vā**r**iṇi, vip**r**ayogeṇa, vi**ṣ**eṇa, vī**r**āṇām, vṛk**ṣ**eṇa, vyāgh**r**āṇām, śat**r**uṇā, śa**r**āṇām, śāst**r**āṇi, śik**ṣ**yamāṇaḥ, śi**ṣ**yāṇām, śūd**r**āṇām, ś**r**ameṇa, śvaś**r**ūṇām, sa**r**peṇa, sa**r**vāṇi, sahas**r**āṇi, su**r**abhiṇi, sū**r**yeṇa, st**r**īṇām, ha**r**iṇā, ha**r**iṇyā, ha**r**myāṇām, hi**r**aṇyena, hot**ṝ**ṇām; mit ṃ nach ṛ z.B. d**ṛ**ṃhaṇam (vedisch).

Beispiele für nicht-erfolgten n-ṇ-Wechsel (Zerebralisation verhindernder Laut markiert)

aparā**dh**inaḥ, apariṇī**t**ānām, ar**c**anam, ar**j**unasya, asamar**th**ānām, ākṛṣ**ṭ**ena, ārā**dh**anāya, ār**th**inaḥ, ṛ**ṇ**inaḥ, kāṣ**ṭh**ānām, kṛtsnam, kṛṣ**ṇā**ni, kṛṣ**ṇe**na, krī**ḍ**anāya, kro**dh**ena, kro**ś**ena, garhi**t**āni, ghṛ**t**ena, tiṣ**ṭh**āni, dar**ś**anāni, dur**j**anaḥ, duṣkṛ**t**āni, duṣ**ṭ**ānām, dṛṣ**ṭ**āni, dhūr**t**ena, para**ś**unā, parā**j**ayena, pāra**s**īkānām, pra**j**ānām, pra**t**ikūlāni, pra**t**inivarte, prative**ś**inām, pra**dh**ānam, praba**l**ena, prabhū**t**āni, pramā**d**ena, pravar**t**anam, pra**s**annam, pra**s**avanāt, pra**s**ādena, prā**ṇi**nām, prā**s**yāni, priya**t**amena, bhāra**t**ānām, bhṛ**t**yena, mūr**dh**ni, mṛ**t**yunā, mṛ**d**ūni, rak**t**āni, rakṣa**ṇe**na, ra**t**nena, ra**th**ena, ra**th**yānām, rama**ṇī**yena, rā**j**ānaḥ, ro**d**anam, var**ṇā**nām, var**t**manā, var**dh**amānam, viṣā**d**ena, vṛ**t**tena, vra**t**ena, saṃmār**j**anam, sukṛ**t**inām, hari**t**āni, hira**ṇye**na, hṛ**d**ayāni. Ausnahmen zur Regel R44 sind z.B. pranaṣṭaḥ und prāpnoti.

Die n-ṇ-Zerebralregel ist eine heimtückische Regel, da sie sich über eine beliebige Distanz erstrecken kann (z.B. yogena, aber: vi-pra-yogeṇa), sogar teils über die Wortgrenze hinweg (z.B. rāma + ayanam = rāmāyaṇam). Dagegen wirkt die s-ṣ-Regel nur auf sehr kurze Distanz.

3.2.2. Wortsandhis bei konsonantischen Nomen (siehe Kapitel 4.13. ff. ab Seite 333 ff.)

R46: Vor den vokalisch anlautenden Endungen (am, ā, e, as, i usw.) wird die Stammform konsonantischer Nomen nicht verändert, d.h. tönende Stammauslaute bleiben tönend und tonlose Stammauslaute bleiben tonlos. Dies widerspricht den Satzsandhiregeln.

marut, marut, m. = Wind (marut = Stammform, marut = Nominativform)
marut-am, marut-ā, marut-e, marut-i usw.
suhṛd, suhṛt, m. = Freund (suhṛd = Stammform, suhṛt = Nominativform)
suhṛd-am, suhṛd-ā, suhṛd-e, suhṛd-i usw.
manas, manaḥ, n. = Geist (manas = Stammform, manaḥ = Nominativform)
manas-ā, manas-e, manas-i usw.
havis, haviḥ, n. = Opfer (havis = Stammform, haviḥ = Nominativform)
haviṣ-ā, haviṣ-e, haviṣi usw. (mit Zerebralisierung von s in ṣ)

Nach den Satzsandhiregeln müßte z.B. ein tonloser Dentalauslaut vor vokalischem Anlaut tönend werden, z.B. "marud-ā", was aber nicht der Fall ist.

R47: Vor den konsonantisch anlautenden Endungen (tönend: bhyām, bhis, bhyas; tonlos: su) wird der konsonantische Auslaut der Nominativform entsprechend den Satzsandhiregeln verändert, wobei Stamm und Endung natürlich stets zusammengeschrieben werden.

vāc, vāk, m. = Wort (vāc = Stammform, vāk = Nominativform)
vāg-bhyām (k + b = g_b), vāg-bhis, vāg-bhyas;
vāk-ṣu (k + su = k_ṣu mit Zerebralisierung von s zu ṣ)
suhṛd, suhṛt, m. = Freund (suhṛd = Stammform, suhṛt = Nominativform)
suhṛd-bhyām (t + b = d_b), suhṛd-bhis, suhṛd-bhyas;
suhṛt-su (t + su = t_su)
manas, manaḥ, n. = Geist (manas = Stammform, manaḥ = Nominativform)
mano-bhyām (aḥ + b = o_b), mano-bhis, mano-bhyas;
manaḥsu (aḥ + su = aḥ_su)
havis, haviḥ, n. = Opfer (havis = Stammform, haviḥ = Nominativform)
havir-bhyām (iḥ + b = ir_b), havir-bhis, havir-bhyas;
haviḥ-ṣu (iḥ + su = iḥ_ṣu mit Zerebralisierung von s zu ṣ)

R48: Wenn Neutra vor dem konsonantischen Auslaut der Stammform einen Nasal einschieben, so wird bei Tenues und Mediae der Klassennasal des Auslauts und bei den Zischlauten und h der Anusvara verwendet.

Tenues:	-k = -ṅk	-c = -ñc	-ṭ = -ṇṭ	-t = -nt	-p = -mp
Mediae:	-g = -ṅg	-j = -ñj	-ḍ = -ṇḍ	-d = -nd	-b = -mb
Zischlaute:	-ś = -ṃś	-ṣ = -ṃṣ	-s = -ṃs		
Hauchlaut h:	-h = -ṃh				

jagat (Welt):	jaga-nt-i, n. Nom. Pl. (Dental-n vor Dental-t)
asṛj (Blut):	asṛ-ñj-i, n. Nom. Pl. (Palatal-ñ vor Palatal-j)
manas (Geist):	manā-ṃs-i, n. Nom. Pl. (Anusvara vor Zischlaut)

R49: Wenn bei dreistämmigen konsonantischen Nomen auf »an« dem schwachen Stamm auf n ein Palatal (c, ch, j, jh) unmittelbar vorausgeht, so wird das Dental-n zum Palatal-ñ. Dies gilt praktisch nur für rājan (vergleiche yajñaḥ, jñānam usw., die unverändert bleiben): rājan (König): rā-jñ-ā (Instr.) statt "rā-jn-ā"; aber rā-jan-i (Lok.) statt "rā-jañ-i" (erfunden).

3.2.3. Wortsandhis bei Verben und Verbalnomen

R50 ff. sind keine Regeln, sondern Eselsbrücken, die nicht verallgemeinert werden dürfen, denn bei den Verben gibt es viele Spezialsandhis, die nur für einzelne Verben gelten.

R50: Bei den mit »t« anlautenden Suffixen von Partizipien, Absolutiven und Infinitiven finden oft (= nicht immer) folgende Veränderungen statt:

a) ṣ/ś + t = ṣ + ṭ

iṣ + ta	iṣ-ṭa, Part.	gewünscht
dṛś + tvā	dṛṣ-ṭvā, Abs.	gesehen habend
dṛś + tum	draṣ-ṭum, Inf.	sehen

b) j + t = k + t oder ṣ + ṭ

yuj + ta	yuk-ta, Part.	verbunden
sṛj + ta	sṛṣ-ṭa, Part.	erzeugt

c) h + t = g/d + dh, oder h + t = nichts + ḍh (mit Vokaldehnung)

duh + ta	dug-dha, Part.	gemolken
dah + tvā	dag-dhvā, Abs.	verbrannt habend
nah + ta	nad-dha, Part.	geschnürt
lih + ta	lī-ḍha, Part.	geleckt (mit Vokaldehnung)

d) Media aspirata + t = Media + dh

budh + ta	bud-dha, Part.	erwacht
labh + tum	lab-dhum, Inf.	erlangen

e) Nasal + t = nichts + t (gilt nicht für Infinitive)

gam + ta	ga-tvā, Abs.	gegangen seiend
han + ta	ha-ta, Part.	getötet
man + tum	man-tum, Inf.	denken

R51: Bei dem mit »sy« (nicht mit »iṣy«) anlautenden Futur-Suffix finden oft (= nicht immer) folgende Veränderungen statt:

a) j/ś/ṣ/h + sy = k + ṣy

viś + syati	vek-ṣyati, Fut.	er wird eintreten
tyaj + syati	tyak-ṣyati, Fut.	er wird verlassen
dah + syati	dhakṣyati, Fut.	er wird verbrennen (mit Aspiration, siehe unten)

b) s + sy = t/s + sy

vas + syati	vat-syati, Fut.	er wird wohnen (Einzelfall)

c) Media aspirata + sy = Tenuis + sy

budh + syati	bhot-syati, Fut.	er wird erkennen (b aspirierbar)
labh + syati	lap-syati, Fut.	er wird erlangen (l nicht aspirierbar)

Wenn der Wurzelanlaut aspirierbar ist (budh: ja, labh: nein), dann wird er aspiriert.

R52: Bei dem »y« des Passiv-Suffixes finden keine Konsonantensandhis statt, doch wird der Wurzelvokal oder die Wurzelsilbe oft verändert.

budh + yate	budh-yate	es wird erkannt	(keine Änderung)
pā + yate	pī-yate	es wird getrunken	(anderer Wurzelvokal)
vad + yate	ud-yate	es wird gesagt	(Samprasarana)

R53: Wenn einem Verb ein Verbalpräfix (oder Nominalpräfix) vorangestellt wird, so finden oft folgende Zerebralisationen von n zu ṇ und von s zu ṣ statt:

a) Der n-Anlaut von Wurzeln kann zu ṇ zerebralisiert werden, wenn das Verbalpräfix ein r (nir = nis, pari, parā, pra) enthält, oder wenn das Nominalpräfix »dus« (dur) vorliegt.

pra + namati	pra-ṇamati	er verbeugt sich
pari + nayati	pari-ṇayati	er heiratet
nis + nayati	nir-ṇayati	er führt heraus
dus + nāman	dur-ṇāman	von schlechtem Leumund (Adj.)

b) Ein Zweitpräfix kann selbst der n/ṇ-Zerebralisierung unterliegen.

pra + ni + dadhāti   pra-ṇi-dadhāti   er legt nieder

c) Vor mit tonlosen Gutturalen (k, kh) und tonlosen Labialen (p, ph) anlautenden Wurzeln bleibt das auslautende »as« von Präfixen oft unverändert, d.h. es wird nicht zu »aḥ«.

namas + karoti = namas-karoti = er erweist die Ehre = er grüßt

d) Vor mit tonlosen Gutturalen (k, kh) und tonlosen Labialen (p, ph) anlautenden Wurzeln wird das auslautende s von Präfixen nach Nicht-a/ā-Vokalen oft zerebralisiert, d.h. s wird ṣ.

nis + krāmati	niṣ-krāmati	er geht hinaus
āvis + karoti	āviṣ-karoti	er offenbart
dus + kṛtam	duṣ-kṛtam	Missetat

e) Wenn das Präfix auf ein i oder u auslautet oder wenn es sich um das Verbalpräfix »nis« oder das Nominalpräfix »dus« handelt, so wird das anlautende s der Wurzel oder des Partizipialstamms oft in ṣ zerebralisiert, wenn auf das s kein m oder r folgt.

pari + svajate	pari-ṣvajate	er umarmt
abhi + siñcati	abhi-ṣiñcati	er begießt oder weiht
ni + sīdati	ni-ṣīdati	er setzt sich
ni + snāta	ni-ṣṇāta	»mit allen Wassern gewaschen«
vi + smarati	vi-smarati	er vergißt (auf s folgt m)
anu + sthita	anu-ṣṭhita	befolgt (Part.)
nis + siñcati	niḥ-ṣiñcati	er gießt aus
dus + supta	duḥ-ṣupta	schlecht geschlafen (Part.)

f) Das Augment des Imperfekts macht eine Zerebralisierung häufig wieder rückgängig.

ni + asīdat = ny-asīdat oder ny-aṣidat = er setzte sich
pari + asvajata = pary-asvajata oder pary-aṣvajata = er umarmte

R54: Das a-Augment des Imperfekts verschmilzt mit einem vokalischen Wurzelanlaut in den Vriddhi-Diphthong:

pra + īkṣate = prekṣate = er erblickt (Präs.)	a + ī	= e	(Präf.)
a + īkṣata = aikṣata = er sah (Impf.)	a + ī	= ai	(Aug.)
pra + a + īkṣata = praikṣata = er erblickte (Impf.)	a + a + ī	= ai	(Präf. + Aug.)

R55: Vor dem a-Bildevokal der thematischen Verben gehen bei Wurzeln mit offener Silbe, d.h. bei vokalisch auslautenden Wurzeln, im Falle der Gunierung, z.B. bei der Verbklasse 1, die echten Diphthonge e und o in die jeweiligen silbischen Diphthonge ay und av über.

j-i	j-e	j-ay	jay-a-ti	siegen	e + a	ay + a (gunierte Wz.)
n-ī	n-e	n-ay	nay-a-ti	führen		
dr-u	dr-o	dr-av	drav-a-ti	fließen	o + a	av + a (gunierte Wz.)
bh-ū	bh-o	bh-av	bhav-a-ti	sein		
g-ai	g-ai	g-āy	gāy-a-ti	singen	ai + a	āy + a (Sonderfall)

R56: Die Wurzelvokale von Wurzeln mit prosodisch langer, geschlossener Silbe (1 Kurzvokal + 2 Konsonanten oder 1 Langvokal + 1 Konsonant) können nicht guniert werden.

nind, nindati = tadeln	(nicht "nendati")	1 Kurzvokal + 2 Konsonanten
cumb, cumbati = küssen	(nicht "combati")	1 Kurzvokal + 2 Konsonanten
jīv, jīvati = leben	(nicht "jevati")	1 Langvokal + 1 Konsonant
pūj, pūjayati = verehren	(nicht "pojayati")	1 Langvokal + 1 Konsonant

R57: Die einfachen Vokale i/ī und u/ū gehen bisweilen vor Vokalen in iy und uv über, z.B. bei bestimmten athematischen Verben und z.B. bei den irregulären, einsilbigen Nomen.

brū, brūte, 2. = sprechen	br-uv-ate, PrPl. = sie sprechen (siehe P115)
bhū, bhavati, 1. = sein	babh-ūv-a, Perf. = er war (Sonderfall, siehe P153)
dhīḥ, f. irr. = Gedanke	dh-iy-as, Nom. Pl. = die Gedanken (siehe P08)

R58: Globalregel: Vor Endungen, die mit Vokal, Halbvokal oder Nasal anlauten, bleiben konsonantische Auslaute in der Regel unverändert, d.h. die Satzsandhiregeln werden dann nicht angewandt.

dyot-ate = glänzen	(nicht "dyod-ate")	Tenuis vor Vokal
kamp-ate = zittern	(nicht "kamb-ate")	Tenuis vor Vokal
nṛt-yati = tanzen	(nicht "nṛd-yati")	Tenuis vor Halbvokal
as-yati = werfen	(nicht "o-yati")	Zischlaut vor Halbvokal

3.2.3.1. Wortsandhis bei athematischen Verben

Auf eine Darstellung der internen Sandhis bei **athematischen** Verben wird hier verzichtet, weil in dem großen Kapitel 8.16. alle athematischen Verben vollständig konjugiert werden, womit sich die Formulierung abstrakter und ohnehin oft nicht eindeutiger Regeln erübrigt.

4. Deklination der Nomen

4.1. Übersicht: Substantiv-Deklinationen

putraḥ	Sohn	a-Dekl., m.	extrem häufig
putrā	Tochter	ā-Dekl., f.	extrem häufig
sūtram	Faden	a-Dekl., n.	extrem häufig
kapiḥ, m.	Affe	i-Dekl., m.	häufig
kīrtiḥ, f.	Ruhm	i-Dekl., f.	häufig
vāri, n.	Wasser	i-Dekl., n.	extrem selten
iṣuḥ, m.	Pfeil	u-Dekl., m.	häufig
dhenuḥ, f.	Kuh	u-Dekl., f.	extrem selten
aśru, n.	Träne	u-Dekl., n.	selten
nārī	Frau	ī-Dekl., f.	extrem häufig
vadhūḥ	Braut	ū-Dekl., f.	extrem selten
bhīḥ, f. irr.	Angst, einsilbig	ī-Dekl., f.	extrem selten
bhrūḥ, f. irr.	Braue, einsilbig	ū-Dekl., f.	extrem selten
go-pā, m. (!) irr.	Kuhhirte	ā-Dekl., m.	unklassisch bzw. vedisch
su-dhī, m. (!) irr.	der Wohlgemute	ī-Dekl., m.	unklassisch bzw. vedisch
khala-pū, m. (!) irr.	Tennenfeger	ū-Dekl., m.	unklassisch bzw. vedisch
kartṛ, kartā, m.	der Täter	ṛ-Dekl., m.	sehr häufig
kartṛ, kartṛ, n.	»das« Täter (Agens)	ṛ-Dekl., n.	extrem selten
pitṛ, pitā, m.	Vater	ṛ-Dekl., m.	nur Verwandtschaftswörter
mātṛ, mātā, f.	Mutter	ṛ-Dekl., f.	nur Verwandtschaftswörter
manas, n.	Gemüt	as-Dekl., n.	häufig
su-manas, m.	»Wohlgemut«	as-Dekl., m.	m. fast nur als Kompositum
su-manas, f.	Blume	as-Dekl., f.	f. fast nur als Kompositum
jyotis, n.	Licht	is-Dekl., n.	sehr selten
nir-jyotis, m.	der Lichtlose	is-Dekl., m.	m. fast nur als Kompositum
nir-jyotis, f.	die Lichtlose	is-Dekl., f.	f. fast nur als Kompositum
cakṣus, n.	Auge	us-Dekl., n.	selten
a-cakṣus, m.	der Blinde	us-Dekl., m.	m. fast nur als Kompositum
a-cakṣus, f.	die Blinde	us-Dekl., f.	f. fast nur als Kompositum
yogin, m.	Yogi	in-Dekl., m.	extrem häufig
bhāvin, n.	das Seiende	in-Dekl., n.	extrem selten
adhvan, m.	Weg	an-Dekl., m.	selten
sīman, f.	Grenze	an-Dekl., f.	extrem selten
carman, n.	Fell	an-Dekl., n.	selten
dviṣ, dviṭ, m.	Feind	Wz.-Dekl., m.	sehr selten als Simplex
āpad, āpat, f.	Not	Wz.-Dekl., f.	sehr selten als Simplex
jagat, jagat, n.	Welt	Wz.-Dekl., n.	extrem selten als Simplex

4.2. Übersicht: Adjektiv-Deklinationen

pāpa, Adj.	m.f.n.	böse	a-Dekl.	extrem häufig
pāpatara, Kompar.	m.f.n.	böser	a-Dekl.	häufig
pāpatama, Superl.	m.f.n.	bösest	a-Dekl.	häufig
śuci, Adj.	m.f.n.	rein	i-Dekl.	selten
tanu, Adj.	m.f.n.	dünn	u-Dekl.	häufig
tanvī, Adj.	f.	dünn	ī-Dekl.	häufig
garīyas, Kompar.	m. n.	wichtiger	yas-Dekl.	selten
garīyasī, Kompar.	f.	wichtiger	ī-Dekl.	selten
vaktṛ, Adj.	m. n.	redegewandt	ṛ-Dekl.	m. häufig, n. sehr selten
vaktrī, Adj.	f.	redegewandt	ī-Dekl.	häufig
doṣin, Adj.	m. n.	lasterhaft	in-Dekl.	extrem häufig
doṣiṇī, Adj.	f.	lasterhaft	ī-Dekl.	extrem häufig
matimat, Adj.	m. n.	klug	mat-Dekl.	selten
matimatī, Adj.	f.	klug	ī-Dekl.	selten
balavat, Adj.	m. n.	stark	vat-Dekl.	sehr häufig
balavatī, Adj.	f.	stark	ī-Dekl.	sehr häufig
iyat, Pron.-Adj.	m. n.	soviel	yat-Dekl.	sehr selten
iyatī, Pron.-Adj.	f.	soviel	ī-Dekl.	sehr selten
su-manas, Adj.	m.f.n.	wohlgemut	as-Dekl.	fast nur als Kompositum
nir-jyotis, Adj.	m.f.n.	lichtlos	is-Dekl.	fast nur als Kompositum
a-cakṣus, Adj.	m.f.n.	blind	us-Dekl.	fast nur als Kompositum
veda-vid, Adj.	m.f.n.	vedakundig	Wz.-Dekl.	fast nur als Kompositum
prāc, Adj.	m. n.	östlich	ac-Dekl.	extrem selten
prācī, Adj.	f.	östlich	ī-Dekl.	extrem selten

4.3. Übersicht: Partizip- und Gerundiv-Deklinationen (vgl. Paradigmen P41–P44)

yaj-at	-at [stark -ant]	Part. Präs. Akt. Par.	m. n.	at-Part.-Dekl.	sehr häufig
yaj-ant-ī	-ant-ī	Part. Präs. Akt. Par.	f.	ī-Adj.-Dekl.	sehr häufig
yaj-a-māna	-a-māna [-āna]	Part. Präs. Akt. Atm.	m.f.n	a-Adj.-Dekl.	häufig
ij-ya-māna	-ya-māna	Part. Präs. Pass.	m.f.n.	a-Adj.-Dekl.	häufig
yak-ṣy-at	-[i]sy-at	Part. Fut. Akt. Par.	m. n.	at-Part.-Dekl.	selten
yak-ṣy-a(n)tī	-[i]sy-antī	Part. Fut. Akt. Par.	f.	ī-Adj.-Dekl.	selten
yak-ṣya-māṇa	-[i]sya-māna	Part. Fut. Akt. Atm.	m.f.n.	a-Adj.-Dekl.	selten
yak-ṣya-māṇa	-[i]sya-māna	Part. Fut. Pass.	m.f.n.	a-Adj.-Dekl.	sehr selten
yaṣ-ṭavya	-[i]tavya	Part. Fut. Pass. Ger.	m.f.n.	a-Adj.-Dekl.	sehr häufig
yaj-ya, ij-ya	-ya	Part. Fut. Pass. Ger.	m.f.n.	a-Adj.-Dekl.	sehr häufig
yaj-anīya	-anīya	Part. Fut. Pass. Ger.	m.f.n.	a-Adj.-Dekl.	sehr häufig
iṣ-ṭa	-ta [oder -na]	Part. Perf. Pass.	m.f.n.	a-Adj.-Dekl.	sehr häufig
iṣ-ṭa-vat	-ta-vat	Part. Perf. Akt.	m. n.	vat-Adj.-Dekl.	häufig
iṣ-ṭa-vatī	-ta-vat-ī	Part. Perf. Akt.	f.	ī-Adj.-Dekl.	häufig
īji-vas	-vas	Part. Perf. Akt. Par.	m. n.	vas-Part.-Dekl.	sehr selten
īj-uṣī	-uṣ-ī	Part. Perf. Akt. Par.	f.	ī-Adj.-Dekl.	sehr selten
īj-āna	-āna	Part. Perf. Akt. Atm.	m.f.n.	a-Adj.-Dekl.	sehr selten

4.4. Vokalische a-Deklinationen: Subst. m. f. n.

P01	devaḥ, m. Gott	nakraḥ, m. Krokodil	vanam, n. Wald	mitram, n. Freund	ajā, f. Ziege
Nom.	dev-as	nakr-as	van-am	mitr-am	aj-ā
Vok.	dev-a	nakr-a	van-a	mitr-a	aj-e
Akk.	dev-am	nakr-am	van-am	mitr-am	aj-ām
Instr.	dev-ena	nakr-eṇa (R44)	van-ena	mitr-eṇa	aj-ayā
Dat.	dev-āya	nakr-āya	van-āya	mitr-āya	aj-āyai
Abl.	dev-āt	nakr-āt	van-āt	mitr-āt	aj-āyās
Gen.	dev-asya	nakr-asya	van-asya	mitr-asya	aj-āyās
Lok.	dev-e	nakr-e	van-e	mitr-e	aj-āyām
NVA.	dev-au	nakr-au	van-e	mitr-e	aj-e
IDA.	dev-ābhyām	nakr-ābhyām	van-ābhyām	mitr-ābhyām	aj-ābhyām
GL.	dev-ayos	nakr-ayos	van-ayos	mitr-ayos	aj-ayos
NV.	dev-ās	nakr-ās	van-āni	mitr-āṇi (R44)	aj-ās
Akk.	dev-ān	nakr-ān	van-āni	mitr-āṇi (R44)	aj-ās
Instr.	dev-ais	nakr-ais	van-ais	mitr-ais	aj-ābhis
DA.	dev-ebhyas	nakr-ebhyas	van-ebhyas	mitr-ebhyas	aj-ābhyas
Gen.	dev-ānām	nakr-āṇām (R44)	van-ānām	mitr-āṇām	aj-ānām
Lok.	dev-eṣu (R45)	nakr-eṣu	van-eṣu	mitr-eṣu	aj-āsu

Man beachte die Zerebralregeln R44 (n-ṇ-Wechsel) und R45 (s-ṣ-Wechsel).

4.5. Vokalische a-Deklinationen: Adj. m. f. n., Part., Ger., Kompar., Superl., Num.

P02	pāpaḥ, m. böse, m.	pāpam, n. böse, n.	pāpā, f. böse, f.	jitaḥ, m. besiegt, m.	dvitīyā, f. zweit, f.
Nom.	pāp-as	pāp-am	pāp-ā	jit-as	dvitīy-ā
Vok.	pāp-a	pāp-a	pāp-e	jit-a	dvitīy-e
Akk.	pāp-am	pāp-am	pāp-ām	jit-am	dvitīy-ām
Instr.	pāp-ena	pāp-ena	pāp-ayā	jit-ena	dvitīy-ayā
Dat.	pāp-āya	pāp-āya	pāp-āyai	jit-āya	dvitīy-āyai
Abl.	pāp-āt	pāp-āt	pāp-āyās	jit-āt	dvitīy-āyās
Gen.	pāp-asya	pāp-asya	pāp-āyās	jit-asya	dvitīy-āyās
Lok.	pāp-e	pāp-e	pāp-āyām	jit-e	dvitīy-āyām
NVA.	pāp-au	pāp-e	pāp-e	jit-au	dvitīy-e
IDA.	pāp-ābhyām	pāp-ābhyām	pāp-ābhyām	jit-ābhyām	dvitīy-ābhyām
GL.	pāp-ayos	pāp-ayos	pāp-ayos	jit-ayos	dvitīy-ayos
NV.	pāp-ās	pāp-āni	pāp-ās	jit-ās	dvitīy-ās
Akk.	pāp-ān	pāp-āni	pāp-ās	jit-ān	dvitīy-ās
Instr.	pāp-ais	pāp-ais	pāp-ābhis	jit-ais	dvitīy-ābhis
DA.	pāp-ebhyas	pāp-ebhyas	pāp-ābhyas	jit-ebhyas	dvitīy-ābhyas
Gen.	pāp-ānām	pāp-ānām	pāp-ānām	jit-ānām	dvitīy-ānām
Lok.	pāp-eṣu	pāp-eṣu	pāp-āsu	jit-eṣu	dvitīy-āsu

cintitaḥ, m.	cintitam, n.	cintitā, f.	»gedacht«, Part. Perf. Pass.
yatamānaḥ, m.	yatamānam, n.	yatamānā, f.	»strebend«, Part. Präs. Akt. Atm.
nīyamānaḥ, m.	nīyamānam, n.	nīyamānā, f.	»geführt werdend«, Part. Präs. Pass.
hantavyaḥ, m.	hantavyam, n.	hantavyā, f.	»zu töten«, Gerundiv
pāpataraḥ, m.	pāpataram, n.	pāpatarā, f.	»böser«, Komparativ
pāpatamaḥ, m.	pāpatamam, n.	pāpatamā, f.	»bösest«, Superlativ
prathamaḥ, m.	prathamam, n.	prathamā, f.	»erst«, Ordinalzahl

4.6. Vokalische i-Deklinationen: Subst. m. f. n.

P03	kaviḥ, m. Dichter	giriḥ, m. Berg	vāri, n. Wasser	matiḥ, f. Verstand	rātriḥ, f. Nacht
Nom.	kav-is	gir-is	vār-i	mat-is	rātr-is
Vok.	kav-e	gir-e	vār-i [-e]	mat-e	rātr-e
Akk.	kav-im	gir-im	vār-i	mat-im	rātr-im
Instr.	kav-inā	gir-iṇā	vār-iṇā	mat-yā	rātr-yā
Dat.	kav-aye	gir-aye	vār-iṇe	mat-yai [-aye]	rātr-yai [-aye]
AG.	kav-es	gir-es	vār-iṇas	mat-yās [-es]	rātr-yās [-es]
Lok.	kav-au	gir-au	vār-iṇi	mat-yām [-au]	rātr-yām [-au]
NVA.	kav-ī	gir-ī	vār-iṇī	mat-ī	rātr-ī
IDA.	kav-ibhyām	gir-ibhyām	vār-ibhyām	mat-ibhyām	rātr-ibhyām
GL.	kav-yos	gir-yos	vār-iṇos	mat-yos	rātr-yos
NV.	kav-ayas	gir-ayas	vār-īṇi	mat-ayas	rātr-ayas
Akk.	kav-īn	gir-īn	vār-īṇi	mat-īs	rātr-īs
Instr.	kav-ibhis	gir-ibhis	vār-ibhis	mat-ibhis	rātr-ibhis
DA.	kav-ibhyas	gir-ibhyas	vār-ibhyas	mat-ibhyas	rātr-ibhyas
Gen.	kav-īnām	gir-īṇām	vār-īṇām	mat-īnām	rātr-īṇām
Lok.	kav-iṣu	gir-iṣu	vār-iṣu	mat-iṣu	rātr-iṣu

»vāri« ist einziges Neutrum der i-Deklination. Die Neutra »akṣi = Auge«, »asthi = Knochen«, »dadhi = Sauermilch« und »sakthi = Schenkel« sind irreguläre Mischstämme, siehe P21.

4.7. Vokalische i-Deklinationen: Adj. m. f. n.

P04	bhūriḥ, m. viel, m.	bhūri, n. viel, n. Regel	bhūri, n. viel, n. Ausnahme	bhūriḥ, f. viel, f.	śuciḥ, m. rein, m.
Nom.	bhūr-is	bhūr-i	bhūr-i	bhūr-is	śuc-is
Vok.	bhūr-e	bhūr-i [-e]	bhūr-i [-e]	bhūr-e	śuc-e
Akk.	bhūr-im	bhūr-i	bhūr-i	bhūr-im	śuc-im
Instr.	bhūr-iṇā	bhūr-iṇā	bhūr-iṇā	bhūr-yā	śuc-inā
Dat.	bhūr-aye	bhūr-iṇe	bhūr-aye	bhūr-yai [-aye]	śuc-aye
AG.	bhūr-es	bhūr-iṇas	bhūr-es	bhūr-yās [-es]	śuc-es
Lok.	bhūr-au	bhūr-iṇi	bhūr-au	bhūr-yām [-au]	śuc-au
NVA.	bhūr-ī	bhūr-iṇī	bhūr-iṇī	bhūr-ī	śuc-ī
IDA.	bhūr-ibhyām	bhūr-ibhyām	bhūr-ibhyām	bhūr-ibhyām	śuc-ibhyām
GL.	bhūr-yos	bhūr-iṇos	bhūr-yos	bhūr-yos	śuc-yos
NV.	bhūr-ayas	bhūr-īṇi	bhūr-īṇi	bhūr-ayas	śuc-ayas
Akk.	bhūr-īn	bhūr-īṇi	bhūr-īṇi	bhūr-īs	śuc-īn
Instr.	bhūr-ibhis	bhūr-ibhis	bhūr-ibhis	bhūr-ibhis	śuc-ibhis
DA.	bhūr-ibhyas	bhūr-ibhyas	bhūr-ibhyas	bhūr-ibhyas	śuc-ibhyas
Gen.	bhūr-īṇām	bhūr-īṇām	bhūr-īṇām	bhūr-īṇām	śuc-īnām
Lok.	bhūr-iṣu	bhūr-iṣu	bhūr-iṣu	bhūr-iṣu	śuc-iṣu

1. Neutrale i-Adjektive können außer im Nom. Vok. Akk. auch ausnahmsweise nach den maskulinen i-Adjektiven dekliniert werden.
2. Nicht nur im Falle einer Konsonantenhäufung werden feminine Subst. und feminine Adj. auf i im Dat. Abl. Gen. Lok. Sg. auch oft nach den Maskulina auf i dekliniert.
3. Man beachte hier wie auch bei allen anderen Deklinationen stets die Zerebralregel R44, d.h. den möglichen n-ṇ-Wechsel. Man vergleiche z.B. »bhūrīṇām« mit »śucīnām«.

4.8. Vokalische u-Deklinationen: Subst. m. f. n.

P05	induḥ, m. Mond	guruḥ, m. Lehrer	ambu, n. Wasser	dāru, n. Holz	hanuḥ, f. Kinn
Nom.	ind-us	gur-us	amb-u	dār-u	han-us
Vok.	ind-o	gur-o	amb-u [-o]	dār-u [-o]	han-o
Akk.	ind-um	gur-um	amb-u	dār-u	han-um
Instr.	ind-unā	gur-uṇā	amb-unā	dār-uṇā	han-vā
Dat.	ind-ave	gur-ave	amb-une	dār-uṇe	han-vai [-ave]
AG.	ind-os	gur-os	amb-unas	dār-uṇas	han-vās [-os]
Lok.	ind-au	gur-au	amb-uni	dār-uṇi	han-vām [-au]
NVA.	ind-ū	gur-ū	amb-unī	dār-uṇī	han-ū
IDA.	ind-ubhyām	gur-ubhyām	amb-ubhyām	dār-ubhyām	han-ubhyām
GL.	ind-vos	gur-vos	amb-unos	dār-uṇos	han-vos
NV.	ind-avas	gur-avas	amb-ūni	dār-ūṇi	han-avas
Akk.	ind-ūn	gur-ūn	amb-ūni	dār-ūṇi	han-ūs
Instr.	ind-ubhis	gur-ubhis	amb-ubhis	dār-ubhis	han-ubhis
DA.	ind-ubhyas	gur-ubhyas	amb-ubhyas	dār-ubhyas	han-ubhyas
Gen.	ind-ūnām	gur-ūṇām	amb-ūnām	dār-ūṇām	han-ūnām
Lok.	ind-uṣu	gur-uṣu	amb-uṣu	dār-uṣu	han-uṣu

Es gibt nur ganz wenige feminine u-Substantive, z.B.: hanuḥ, f. = Kinn; dhenuḥ, f. = Kuh; rajjuḥ, f. = Seil; cañcuḥ, f. = Schnabel.

4.9. Vokalische u-Deklinationen: Adj. m. f. n.

P06	cāruḥ, m. lieb, m.	cāru, n. lieb, n. Regel	cāru, n. lieb, n. Ausnahme	cāruḥ, f. lieb, f.	mṛdvī, f. weich, f.
Nom.	cār-us	cār-u	cār-u	cār-us	mṛdv-ī
Vok.	cār-o	cār-u [-o]	cār-u [-o]	cār-o	mṛdv-i
Akk.	cār-um	cār-u	cār-u	cār-um	mṛdv-īm
Instr.	cār-uṇā	cār-uṇā	cār-uṇā	cār-vā	mṛdv-yā
Dat.	cār-ave	cār-uṇe	cār-ave	cār-vai [-ave]	mṛdv-yai
AG.	cār-os	cār-uṇas	cār-os	cār-vās [-os]	mṛdv-yās
Lok.	cār-au	cār-uṇi	cār-au	cār-vām [-au]	mṛdv-yām
NVA.	cār-ū	cār-uṇī	cār-uṇī	cār-ū	mṛdv-yau
IDA.	cār-ubhyām	cār-ubhyām	cār-ubhyām	cār-ubhyām	mṛdv-ībhyām
GL.	cār-vos	cār-uṇos	cār-vos	cār-vos	mṛdv-yos
NV.	cār-avas	cār-ūṇi	cār-ūṇi	cār-avas	mṛdv-yas
Akk.	cār-ūn	cār-ūṇi	cār-ūṇi	cār-ūs	mṛdv-īs
Instr.	cār-ubhis	cār-ubhis	cār-ubhis	cār-ubhis	mṛdv-ībhis
DA.	cār-ubhyas	cār-ubhyas	cār-ubhyas	cār-ubhyas	mṛdv-ībhyas
Gen.	cār-ūṇām	cār-ūṇām	cār-ūṇām	cār-ūṇām	mṛdv-īnām
Lok.	cār-uṣu	cār-uṣu	cār-uṣu	cār-uṣu	mṛdv-īṣu

1. Neutrale u-Adjektive können außer im Nom. Vok. Akk. auch ausnahmsweise nach den maskulinen u-Adjektiven dekliniert werden.
2. Nicht nur im Falle einer Konsonantenhäufung werden feminine Subst. und feminine Adj. auf u im Dat. Abl. Gen. Lok. Sg. auch oft nach den Maskulina auf u dekliniert.
3. Bei femininen u-Adjektiven erfolgt oft ein Wechsel in die ī-Deklination, z.B. mṛduḥ, f. oder mṛdvī, f. (Konsonantenhäufung, z.B. mṛ-dvy-ā, bleibt dann regelmäßig bestehen).

4.10. Mehrsilbige vokalische ī- und ū-Deklinationen: Subst. sowie Adj. und Part., nur f.

P07	**nadī, f.** Fluß (Subst.)	**darī, f.** Höhle (Subst.)	**gurvī, f.** schwer, f. (Adj.)	**hasantī** lachend, f. (Part. Präs. Akt.)	**camūḥ, f.** Heer (Subst.)
Nom.	nad-ī	dar-ī	gurv-ī	hasant-ī	cam-ūs
Vok.	nad-i	dar-i	gurv-i	hasant-i	cam-u
Akk.	nad-īm	dar-īm	gurv-īm	hasant-īm	cam-ūm
Instr.	nad-yā	dar-yā	gurv-yā	hasant-yā	cam-vā
Dat.	nad-yai	dar-yai	gurv-yai	hasant-yai	cam-vai
AG.	nad-yās	dar-yās	gurv-yās	hasant-yās	cam-vās
Lok.	nad-yām	dar-yām	gurv-yām	hasant-yām	cam-vām
NVA.	nad-yau	dar-yau	gurv-yau	hasant-yau	cam-vau
IDA.	nad-ībhyām	dar-ībhyām	gurv-ībhyām	hasant-ībhyām	cam-ūbhyām
GL.	nad-yos	dar-yos	gurv-yos	hasant-yos	cam-vos
NV.	nad-yas	dar-yas	gurv-yas	hasant-yas	cam-vas
Akk.	nad-īs	dar-īs	gurv-īs	hasant-īs	cam-ūs
Instr.	nad-ībhis	dar-ībhis	gurv-ībhis	hasant-ībhis	cam-ūbhis
DA.	nad-ībhyas	dar-ībhyas	gurv-ībhyas	hasant-ībhyas	cam-ūbhyas
Gen.	nad-īnām	dar-īṇām	gurv-īṇām	hasant-īnām	cam-ūnām
Lok.	nad-īṣu	dar-īṣu	gurv-īṣu	hasant-īṣu	cam-ūṣu

1. Feminina auf ī sind extrem häufig (Subst. und f. Adj.; ferner f. Part. Akt.: Präs./Fut./Perf.)
2. Feminina auf ū sind extrem selten: 7 Subst. (kadrūh, camūḥ, jambūḥ, juhūḥ, vadhūḥ, śvaśrūḥ, sarayūḥ) und 2 Adj. (tanū, f. = zart, -sū, f. = -erzeugend), die auch Subst. sind.

4.11. Einsilbige irreguläre ī- und ū-Deklinationen: Subst. f. und Adj. f. (m.)

P08	**dhīḥ, f.** Gedanke	**bhūḥ, f.** Erde	**su-bhrū, f. (und m.!)** schönbrauig, Adj.	**strī, f. irr.** Weib
Nom.	dhīs	bhūs	su-bhrūs	strī
Vok.	dhīs	bhūs	su-bhrūs [su-bhru f.]	stri
Akk.	dhiyam	bhuvam	su-bhruvam [su-bhrūm f.]	striyam [strīm]
Instr.	dhiyā	bhuvā	su-bhruvā	striyā
Dat.	dhiyai [dhiye]	bhuvai [bhuve]	su-bhruvai [su-bhruve]	striyai
AG.	dhiyās [dhiyas]	bhuvās [bhuvas]	su-bhruvās [su-bhruvas]	striyās
Lok.	dhiyām [dhiyi]	bhuvām [bhuvi]	su-bhruvām [su-bhruvi]	striyām
NVA.	dhiyau	bhuvau	su-bhruvau	striyau
IDA.	dhībhyām	bhūbhyām	su-bhrūbhyām	strībhyām
GL.	dhiyos	bhuvos	su-bhruvos	striyos
NV.	dhiyas	bhuvas	su-bhruvas	striyas
Akk.	dhiyas	bhuvas	su-bhruvas	striyas [strīs]
Instr.	dhībhis	bhūbhis	su-bhrūbhis	strībhis
DA.	dhībhyas	bhūbhyas	su-bhrūbhyas	strībhyas
Gen.	dhīnām [dhiyām]	bhūnām [bhuvām]	su-bhrūṇām [su-bhruvām]	strīṇām
Lok.	dhīṣu	bhūṣu	su-bhūṣu	strīṣu

1. Einsilbige Substantive auf ī und ū sind so selten, daß man sie als irregulär ansehen muß, doch kommen sie als m. und f. Adjektive am Ende von Komposita vor, z.B. »su-bhrūṇāṃ strīṇāṃ su-dhiyo narāḥ santi« = » Schönbrauige Frauen (f. Gen. Pl.) haben kluge Männer (m. Nom. Pl.)«. Maskulina haben dann teils die [eingeklammerten] Alternativ-Endungen.
2. Das Subst. strī hat gegenüber dhī noch andere Unregelmäßigkeiten.

4.12. Vokalische ṛ-Deklinationen: Subst. und Adj. m. f. (n.)

P09	**kartṛ** kartā, m. Täter	**pitṛ** pitā, m. Vater	**mātṛ** mātā, f. Mutter	**svasṛ** svasā, f. Schwester	**dātṛ** dātṛ, n. gebend, n.
Nom.	kart-ā	pit-ā	māt-ā	svas-ā	dāt-ṛ
Vok.	kart-ar	pit-ar	māt-ar	svas-ar	dāt-ṛ [datar]
Akk.	kart-āram	pit-aram (!)	māt-aram (!)	svas-āram	dāt-ṛ
Instr.	kart-rā	pit-rā	māt-rā	svas-rā	dāt-ṛṇā
Dat.	kart-re	pit-re	māt-re	svas-re	dāt-ṛṇe
AG.	kart-us	pit-us	māt-us	svas-us	dāt-ṛṇas
Lok.	kart-ari	pit-ari	māt-ari	svas-ari	dāt-ṛṇi
NVA.	kart-ārau	pit-arau (!)	māt-arau (!)	svas-ārau	dāt-ṛṇī
IDA.	kart-ṛbhyām	pit-ṛbhyām	māt-ṛbhyām	svas-ṛbhyām	dāt-ṛbhyām
GL.	kart-ros	pit-ros	māt-ros	svas-ros	dāt-ṛṇos
NV.	kart-āras	pit-aras (!)	māt-aras (!)	svas-āras	dāt-ṝṇi
Akk.	kart-ṝn	pit-ṝn	māt-ṝs	svas-ṝs	dāt-ṝṇi
Instr.	kart-ṛbhis	pit-ṛbhis	māt-ṛbhis	svas-ṛbhis	dāt-ṛbhis
DA.	kart-ṛbhyas	pit-ṛbhyas	māt-ṛbhyas	svas-ṛbhyas	dāt-ṛbhyas
Gen.	kart-ṝṇām	pit-ṝṇām	māt-ṝṇām	svas-ṝṇām	dāt-ṝṇām
Lok.	kart-ṛṣu	pit-ṛṣu	māt-ṛṣu	svas-ṛṣu	dāt-ṛṣu

1. Dem Typ kartā folgen alle maskulinen Nomina agentis einschließlich der maskulinen Tätigkeitsadjektive (z.B. »kartāraḥ kavayaḥ« = die handelnden Dichter) sowie die maskulinen Verwandtschaftsnamen **naptā** = Enkel und **bhartā** = Gatte.
2. Dem Typ pitā folgen alle maskulinen Verwandtschaftsnamen außer naptā und bhartā.
3. Dem Typ mātā folgen alle femininen Verwandtschaftsnamen außer svasā = Schwester.
4. Der feminine Verwandtschaftsname **svasā** = Schwester ist insofern irregulär, als er die bei femininen Verwandtschaftsnamen sonst nicht vorkommenden Langvokale aufweist (svasāram statt "svasaram"). Vgl. Akk. Sg., Nom. Vok. Akk. Du. und Nom. Vok. Pl.
5. Die Neutra vom Typ dātṛ = »Spendendes« kommen als Adjektive selten und als Substantive fast nie vor. Ein Textbeleg: »brahma ... kartṛ śāśvatam = Das Brahman ist das ewige Agens«, Mahabharata, Band 12, Kapitel 290, Vers 96.
6. Feminine Nomina agentis und feminine Tätigkeitsadjektive folgen der ī-Deklination, z.B. dātrī = Spenderin, als f. Adj.: die großzügige.
7. Beim Vokativ Sg. (kart-ar) gehört das »r« zum Stamm und wird sandhimäßig wie »punar, Adv. = wieder« behandelt. Beispiele: »kartar_dhāva! = Täter, lauf!«, »kartaḥ kuru! = Täter, handle!« (siehe Sandhiregeln R20 und R21).
8. Beim Ablativ/Genitiv Sg. (kartuḥ, pituḥ usw.) ist es dagegen sandhimäßig gleichgültig, ob aus etymologischer Sicht ursprünglich ein »s« oder ein »r« vorlag (letzteres wird vermutet, siehe Thumb/Hauschild, Handbuch des Sanskrit, Band 2, 1959, Seite 79), weshalb wir hier kurzerhand kartus, pitus usw. deklinieren (vgl. Sandhiregel R21).
9. nṛ, nā, m. = Mann hat im Gen. Pl. wahlweise nṝṇām (Regel) oder nṛṇām (Ausnahme) und wird meist durch naraḥ (a-Deklination) ersetzt.

Die Tätigkeitsadjektive dienen auch als periphrastisches Futur (siehe Kapitel 8.13.), z.B.:

»gantā asmi« = »gantāsmi« = »ich bin im Begriff zu gehen« (gantṛ)

»rātrau yodhā jetāraḥ« = »nachts werden Krieger siegreich sein« (jetṛ)

4.13. Konsonantische Deklination: Einstämmige Wurzelnomen, Subst. m. f. n.

P10	**marut** marut, m. Wind	**vāc** vāk, f. Wort	**dṛṣad** dṛṣat, f. Stein	**jagat** jagat, n. Welt	**Endungen**	
					m. f.	**n.**
NV.	marut	vāk	dṛṣat	jagat	–	–
Akk.	marut-am	vāc-am	dṛṣad-am	jagat	am	–
Instr.	marut-ā	vāc-ā	dṛṣad-ā	jagat-ā	ā	ā
Dat.	marut-e	vāc-e	dṛṣad-e	jagat-e	e	e
AG.	marut-as	vāc-as	dṛṣad-as	jagat-as	as	as
Lok.	marut-i	vāc-i	dṛṣad-i	jagat-i	i	i
NVA.	marut-au	vāc-au	dṛṣad-au	jagat-ī	au	ī
IDA.	marud-bhyām	vāg-bhyām	dṛṣad-bhyām	jagad-bhyām	bhyām	bhyām
GL.	marut-os	vāc-os	dṛṣad-os	jagat-os	os	os
NVA.	marut-as	vāc-as	dṛṣad-as	jagant-i	as	i
Instr.	marud-bhis	vāg-bhis	dṛṣad-bhis	jagad-bhis	bhis	bhis
DA.	marud-bhyas	vāg-bhyas	dṛṣad-bhyas	jagad-bhyas	bhyas	bhyas
Gen.	marut-ām	vāc-ām	dṛṣad-ām	jagat-ām	ām	ām
Lok.	marut-su	vāk-ṣu	dṛṣat-su	jagat-su	su	su

Diese einstämmigen Nomen sind entweder einsilbige Wurzelnomen (= substantivierte Wz. mit konsonantischem Auslaut), z.B. diś, oder mehrsilbige Nomen, die wie Wurzelnomen behandelt werden, z.B. marut. Weil ein beliebiger Konsonant im Auslaut stehen kann (außer s [P11] und n [P16]), benötigt man zur Deklination die Stammform (z.B. vāc, Wz. vac) und die Nominativform = Pausaform (z.B. vāk). Zu internen Wortsandhis siehe R46 und R47. Maskulina und Feminina werden identisch dekliniert. Neutra haben im NVA. Du. Pl. eigene Endungen, und im NVA. Plural fügen Neutra denjenigen Nasal ein, der dem Auslaut der Stammform entspricht. Zischlaute und h fügen stets ṃ ein (siehe Wortsandhi R48):

-k = -ṅk; -c = -ñc; -ṭ = -ṇṭ; -t = -nt; -p = -mp; -ś = -ṃś; -ṣ = -ṃṣ; -s = -ṃs; -h = -ṃh

Einstämmige Substantive können als Schlußglied eines Kompositums auch Adjektive sein:

(veda)-vid	= (veda)-kundig	-vidas, m. f. Nom. Pl.	-vindi, n. Nom. Pl.
(paśu)-gup	= (tier)-schützend	-gupas, m. f. Nom. Pl.	-gumpi, n. Nom. Pl.
(sarva)-śak	= (alles)-könnend	-śakas, m. f. Nom. Pl.	-śaṅki, n. Nom. Pl.
(śeṣa)-bhuj	= (reste)-verzehrend	-bhujas, m. f. Nom. Pl.	-bhuñji, n. Nom. Pl.

Stammform	**Nom.-Form**			**Nom. Pl.**	**Instr. Pl.**	**Lok. Pl.**
samrāj	samrāṭ	m.	Herrscher	samrāj-as	samrāḍ-bhis	samrāṭ-su
dviṣ	dviṭ	m.	Feind	dviṣ-as	dviḍ-bhis	dviṭ-su
madhulih	madhuliṭ	m.	Biene	madhulih-as	madhuliḍ-bhis	madhuliṭ-su
suyudh	suyut	m.	Kämpfer	suyudh-as	suyud-bhis	suyut-su
diś	dik	f.	Richtung	diś-as	dig-bhis	dik-ṣu
prāvṛṣ	prāvṛṭ	f.	Regenzeit	prāvṛṣ-as	prāvṛḍ-bhis	prāvṛṭ-su
kakubh	kakup	f.	Gegend	kakubh-as	kakub-bhis	kakup-su
upānah	upānat	f.	Schuh	upānah-as	upānad-bhis	upānat-su
viyat	viyat	n.	Himmel	viyant-i	viyad-bhis	viyat-su
asṛj	asṛk	n.	Blut	asṛñj-i	asṛg-bhis	asṛk-ṣu
sudṛś	sudṛk	n.	Schönes	sudṛṃś-i	sudṛg-bhis	sudṛk-ṣu
-duh	-dhuk	m.f.	-melkend	-duh-as	-dhug-bhis	-dhuk-ṣu
-druh	-dhruṭ	m.f.	-schadend	-druh-as	-dhruḍ-bhis	-dhruṭ-su

Zur Aspiration von -duh, -druh usw. siehe Paradigma P22

4.14. Konsonantische Deklination: Einstämmige auf as, is, us, Subst. (m. f.) n.

P11	**manas, n.** Geist	**havis, n.** Opfer	**āyus, n.** Leben	**okas, m.** Bewohner m. = f.	**arcis, f.** Strahl m. = f.	**nahus, m.** Nachbar m. = f.
Nom.	manas	havis	āyus	okās (!)	arcis	nahus
Vok.	manas	havis	āyus	okas	arcis	nahus
Akk.	manas	havis	āyus	okas-am	arciṣ-am	nahuṣ-am
Instr.	manas-ā	haviṣ-ā	āyuṣ-ā	okas-ā	arciṣ-ā	nahuṣ-ā
Dat.	manas-e	haviṣ-e	āyuṣ-e	okas-e	arciṣ-e	nahuṣ-e
AG.	manas-as	haviṣ-as	āyuṣ-as	okas-as	arciṣ-as	nahuṣ-as
Lok.	manas-i	haviṣ-i	āyuṣ-i	okas-i	arciṣ-i	nahuṣ-i
NVA.	manas-ī	haviṣ-ī	āyuṣ-ī	okas-au	arciṣ-au	nahuṣ-au
IDA.	mano-bhyām	havir-bhyām	āyur-bhyām	oko-bhyām	arcir-bhyām	nahur-bhyām
GL.	manas-os	haviṣ-os	āyuṣ-os	okas-os	arciṣ-os	nahuṣ-os
NVA.	manāṃs-i	havīṃṣ-i	āyūṃṣ-i	okas-as	arciṣ-as	nahuṣ-as
Instr.	mano-bhis	havir-bhis	āyur-bhis	oko-bhis	arcir-bhis	nahur-bhis
DA.	mano-bhyas	havir-bhyas	āyur-bhyas	oko-bhyas	arcir-bhyas	nahur-bhyas
Gen.	manas-ām	haviṣ-ām	āyuṣ-ām	okas-ām	arciṣ-ām	nahuṣ-ām
Lok.	manaḥ-su	haviḥ-ṣu	āyuḥ-ṣu	okaḥ-su	arciḥ-ṣu	nahuḥ-ṣu

1. Neutra auf as (nur Subst.) sind vergleichsweise häufig.
2. Neutra auf is und us (nur Subst.) sind aber sehr selten.
3. Maskulina und Feminina auf as, is, us sind als Simplex-Nomen unüblich, d.h. »okas«, »arcis« und »nahus« sind unklassisch bzw. vedisch, doch sind sie oft Schlußglieder von Bahuvrihi-Komposita (siehe Seite 394), die nachträglich substantiviert werden können:

   su-manas, Adj. = wohl-gemut; als Substantiv: »die Blume«
   a-cakṣus, Adj. = augen-los; als Substantiv: »der Blinde«
   sa-jyotis, Adj. = licht-voll; nir-jyotis, Adj. = licht-los (dunkel)

   sumanāḥ kaviḥ m. = der freundliche Dichter (mit langem ā, da m.)
   sumanāḥ kanyā f. = die freundliche Tochter (mit langem ā, da f.)
   sumanaḥ kāryam n. = das freundliche Vorhaben (theoretisch möglich)

   Echte Bahuvrihis mit manas (vgl. Seite 395): prīta-manāḥ śūraḥ = der euphorische Held (prīta = erfreut); dīna-manāḥ śūraḥ = der melancholische Held (dīna = betrübt), usw.
4. Maskulina und Feminina werden identisch dekliniert.
5. Maskulina und Feminina auf as dehnen nur im Nom. Sg. den a-Vokal.
6. Maskulina und Feminina auf is und us dehnen niemals den i/u-Vokal.
7. Neutra dehnen im NVA. Pl. den Vokal (a, i, u) und fügen vor dem Zischlaut (s oder ṣ) den Anusvara (ṃ) ein: Starker Stamm (siehe Übersicht über Stammabstufung, Seite 342)
8. Bei den Wörtern auf is und us geht s vor vokalischen Endungen in ṣ und vor den mit tönendem b beginnenden bhyām/bhis/bhyas-Endungen in r über.
9. Bei den Wörtern auf as bleibt as vor vokalischen Endungen.
10. Vor den bhyām/bhis/bhyas-Endungen geht as in o über.
11. Im Lok. Pl. gibt es zwei Sandhivarianten:

manaḥ-su	āyuḥ-ṣu	haviḥ-ṣu	Regel
manas-su	āyuṣ-ṣu	haviṣ-ṣu	Ausnahme

4.15. Konsonantische Deklination: Zweistämmige auf mat, vat und yat, m. f. n.

P12	**balavat** stark, m. Adj., m.	**matimat** klug, n. Adj., n.	**kiyat** wieviel, m. Pron.-Adj.	**kṛtavat** gemacht habend, n. Part.	**mahat** groß, m. Adj. irr., m.
Nom.	balavān	matimat	kiyān	kṛtavat	mahān
Vok.	balavan	matimat	kiyan	kṛtavat	mahan
Akk.	balavant-am	matimat	kiyant-am	kṛtavat	mahānt-am
Instr.	balavat-ā	matimat-ā	kiyat-ā	kṛtavat-ā	mahat-ā
Dat.	balavat-e	matimat-e	kiyat-e	kṛtavat-e	mahat-e
AG.	balavat-as	matimat-as	kiyat-as	kṛtavat-as	mahat-as
Lok.	balavat-i	matimat-i	kiyat-i	kṛtavat-i	mahat-i
NVA.	balavant-au	matimat-ī	kiyant-au	kṛtavat-ī	mahānt-au
IDA.	balavad-bhyām	matimad-bhyām	kiyad-bhyām	kṛtavad-bhyām	mahad-bhyām
GL.	balavat-os	matimat-os	kiyat-os	kṛtavat-os	mahat-os
NV.	balavant-as	matimant-i	kiyant-as	kṛtavant-i	mahānt-as
Akk.	balavat-as	matimant-i	kiyat-as	kṛtavant-i	mahat-as
Instr.	balavad-bhis	matimad-bhis	kiyad-bhis	kṛtavad-bhis	mahad-bhis
DA.	balavad-bhyas	matimad-bhyas	kiyad-bhyas	kṛtavad-bhyas	mahad-bhyas
Gen.	balavat-ām	matimat-ām	kiyat-ām	kṛtavat-ām	mahat-ām
Lok.	balavat-su	matimat-su	kiyat-su	kṛtavat-su	mahat-su

1. Adjektive auf mat und vat sind von Substantiven abgeleitet:

āyus, f. = Leben	āyuṣ-mat, Adj. = langlebig	āyuṣ-mān, m. Nom. Sg.
mūrtiḥ, f. = Gestalt	mūrti-mat, Adj. = leibhaftig	mūrti-mān, m. Nom. Sg.
yaśas, n. = Ruhm	yaśas-vat, Adj. = berühmt	yaśas-vān, m. Nom. Sg.
vittam, n. = Besitz	vitta-vat, Adj. = reich	vitta-vān, m. Nom. Sg.

2. Die Wörter auf yat sowie yāvat/tāvat/etāvat sind Pronominaladjektive:

   iyat = soviel, kiyat = wieviel?, yāvat = wieviel, tāvat/etāvat = soviel

3. Die Wörter auf ta-vat sind Partizipien (nicht-redupl. Part. Perf. Akt.), die vom Stamm des Part. Perf. Pass. gebildet und dann exakt wie die Adjektive auf vat dekliniert werden:

kṛta, Part. = gemacht	kṛta-vat, Part. = gemacht habend	kṛta-vān, m. Nom. Sg.
gīta, Part. = gesungen	gīta-vat, Part. = gesungen habend	gīta-vān, m. Nom. Sg.
cita, Part. = gesammelt	cita-vat, Part. = gesammelt habend	cita-vān, m. Nom. Sg.
pīta, Part. = getrunken	pīta-vat, Part. = getrunken habend	pīta-vān, m. Nom. Sg.

4. Starker Stamm: -vant, -mant, -yant, kurz: -ant
5. Schwacher Stamm: -vat, -mat, -yat, kurz: -at
6. Zur Stammabstufung siehe Kapitel 4.22, Seite 342
7. Feminina fügen ī an den schwachen vat/mat/yat-Stamm (ī-Dekl.), formgleich mit n.Du.

Nom.	Maskulina	Neutra	Feminina	
Nom. Sg.	gatavān	gatavat	**gatavatī**	gegangen seiend
Nom. Du.	gatavantau	**gatavatī**	gatavatyau	
Nom. Pl.	gatavantas	gatavanti	gatavatyas	

8. Das Pron. »bhavat = Sie« wird wie balavat dekliniert:

   bhavān, m. Nom. Sg. = »Herr, Sie«, bhavatī, f. Nom. Sg. = »Frau, Sie«

9. »mahat, Adj. irr. = groß« hat den starken Stamm »mahānt« (außer Vok. Sg.); f.: mahatī

4.16. Konsonantische Deklination: Zweistämmige auf at, Part. Präs. und Part. Fut.

P13	**tudat, 6.** hauend, m.	**hasat, 1.** lachend, n.	**dadat, 3.** gebend, m.	**dadat, 3.** gebend, n.	**yāt, 2.** gehend, m.	**sat, 2.** seiend, n.
NV.	tudan	hasat	dadat (m.!)	dadat	yān (mit ā!)	sat
Akk.	tudant-am	hasat	dadat-am	dadat	yānt-am	sat
Instr.	tudat-ā	hasat-ā	dadat-ā	dadat-ā	yāt-ā	sat-ā
Dat.	tudat-e	hasat-e	dadat-e	dadat-e	yāt-e	sat-e
AG.	tudat-as	hasat-as	dadat-as	dadat-as	yāt-as	sat-as
Lok.	tudat-i	hasat-i	dadat-i	dadat-i	yāt-i	sat-i
NVA.	tudant-au	hasant-ī	dadat-au	dadat-ī	yānt-au	sat-ī
IDA.	tudad-bhyām	hasad-bhyām	dadad-bhyām	dadad-bhyām	yād-bhyām	sad-bhyām
GL.	tudat-os	hasat-os	dadat-os	dadat-os	yāt-os	sat-os
NV.	tudant-as	hasant-i	dadat-as	dadat-i	yānt-as	sant-i
Akk.	tudat-as	hasant-i	dadat-as	dadat-i	yāt-as	sant-i
Instr.	tudad-bhis	hasad-bhis	dadad-bhis	dadad-bhis	yād-bhis	sad-bhis
DA.	tudad-bhyas	hasad-bhyas	dadad-bhyas	dadad-bhyas	yād-bhyas	sad-bhyas
Gen.	tudat-ām	hasat-ām	dadat-ām	dadat-ām	yāt-ām	sat-ām
Lok.	tudat-su	hasat-su	dadat-su	dadat-su	yāt-su	sat-su

1. Die Deklination auf at betrifft **Part. Präs. Akt. Par.** (»tudan, m. Nom. Sg. = schlagend«) und **Part. Fut. Akt. Par.** (»totsyan, m. Nom. Sg. = um zu schlagen, schlagen werdend«):

gaṇ, 10. = zählen	pra-yā, 2. = aufbrechen (Wz. auf langes ā)
gaṇayati, Präs. Par. = er zählt	prayāti, Präs. Par. = er bricht auf
gaṇayan, Part. Präs. Par., m. Nom. Sg.	prayān, Part. Präs. Par. (mit langem ā)
gaṇayiṣyati, Fut. = er wird zählen	prayāsyati, Fut. = er wird aufbrechen
gaṇayiṣyan, Part. Fut. Par., m. Nom. Sg.	prayāsyan, Part. Fut. Par., m. Nom. Sg.

2. Beachte: Einige Partizipialformen sind mit Konjugationsformen identisch, z.B. gacchati: a) »er geht«, PrSg., b) »auf den Gehenden«, m. Lok. Sg.

3. Bei **Neutra** kann der **n. NVA. Dual** (der extrem selten vorkommt) vom starken Stamm auf -ant (»mit n«) oder vom schwachen Stamm auf -at (»ohne n«) gebildet werden:

Verben der Klassen	1, 4, 10	meistens **nur** starker Stamm
Verben der Klassen	6 sowie 2 bei Wz. auf ā	starker **oder** schwacher Stamm
Verben aller Klassen	Futur	starker **oder** schwacher Stamm
Verben der Klassen	2, 3, 5, 7, 8, 9	meistens **nur** schwacher Stamm

sthā, tiṣṭhati	1. = stehen	NVA. Dual: tiṣṭhantī
div, dīvyati	4. = spielen	NVA. Dual: dīvyantī
gaṇ, gaṇayati	10. = zählen	NVA. Dual: gaṇayantī
tud, tudati	6. = schlagen	NVA. Dual: tudantī oder tudatī
yā, yāsyati	Fut. = gehen werden	NVA. Dual: yāsyantī oder yāsyatī

4. Partizipien reduplizierender Verben (Klasse 3) haben durchgehend schwachen Stamm.

5. **Feminina** folgen der ī-Dekl. (P07). Der **f. Nom. Sg.** ist identisch mit dem **n. NVA. Dual**:

Nom.	Maskulinum	Neutrum	Femininum	
Nom. Sg.	gacchan	gacchat	**gacchantī**	gehend
Nom. Du.	gacchantau	**gacchantī**	gacchantyau	
Nom. Pl.	gacchantas	gacchanti	gacchantyas	

In den Originaltexten schwankt die Deklination sehr häufig (teils gacchatī, teils gacchantī), so daß sich das Auswendiglernen all dieser Regeln zu »mit n« und »ohne n« kaum lohnt.

4.17. Konsonantische Deklination: Zweistämmige auf in/min/vin, Adj. und Subst.

P14	**svāmin, m.** Herr, m.	**tapasvin, n.** asketisch, n.	**rogin, m.** krank, m.	**rogiṇī, f.** krank, f.	**yogin, m.** Yogi, m.
Nom.	svāmī	tapasvi	rogī	rogiṇ-ī	yogī
Vok.	svāmin	tapasvi/tapasvin	rogin	rogiṇ-i	yogin
Akk.	svāmin-am	tapasvi	rogiṇ-am	rogiṇ-īm	yogin-am
Instr.	svāmin-ā	tapasvin-ā	rogiṇ-ā	rogiṇ-yā	yogin-ā
Dat.	svāmin-e	tapasvin-e	rogiṇ-e	rogiṇ-yai	yogin-e
AG.	svāmin-as	tapasvin-as	rogiṇ-as	rogiṇ-yās	yogin-as
Lok.	svāmin-i	tapasvin-i	rogiṇ-i	rogiṇ-yām	yogin-i
NVA.	svāmin-au	tapasvin-ī	rogiṇ-au	rogiṇ-yau	yogin-au
IDA.	svāmi-bhyām	tapasvi-bhyām	rogi-bhyām	rogiṇ-ībhyām	yogi-bhyām
GL.	svāmin-os	tapasvin-os	rogiṇ-os	rogiṇ-yos	yogin-os
NV.	svāmin-as	tapasvīn-i	rogiṇ-as	rogiṇ-yas	yogin-as
Akk.	svāmin-as	tapasvīn-i	rogiṇ-as	rogiṇ-īs	yogin-as
Instr.	svāmi-bhis	tapasvi-bhis	rogi-bhis	rogiṇ-ībhis	yogi-bhis
DA.	svāmi-bhyas	tapasvi-bhyas	rogi-bhyas	rogiṇ-ībhyas	yogi-bhyas
Gen.	svāmin-ām	tapasvin-ām	rogiṇ-ām	rogiṇ-īnām	yogin-ām
Lok.	svāmi-ṣu	tapasvi-ṣu	rogi-ṣu	rogiṇ-īṣu	yogi-ṣu

1. Diese Nomen auf in/min/vin haben den Stamm auf -in vor Vokalen und auf -i vor Kons.
2. Feminina fügen ī an den Stamm auf -in und folgen der ī-Deklination, z.B. yogin, yoginī

4.18. Konsonantische Deklination: Komparative auf yas, Part. Perf. Akt. Par. auf vas

P15	**preyas, m.** lieber, m.	**bhūyas, n.** mehr, n.	**vidvas, m.** wissend, m.	**vidvas, n.** wissend, n.	**preyasī, f.** lieber, f.
Nom.	preyān	bhūyas	vidvān	vidvat	preyas-ī
Vok.	preyan	bhūyas	vidvan	vidvat	preyas-i
Akk.	preyāṃs-am	bhūyas	vidvāṃs-am	vidvat	preyas-īm
Instr.	preyas-ā	bhūyas-ā	viduṣ-ā	viduṣ-ā	preyas-yā
Dat.	preyas-e	bhūyas-e	viduṣ-e	viduṣ-e	preyas-yai
AG.	preyas-as	bhūyas-as	viduṣ-as	viduṣ-as	preyas-yās
Lok.	preyas-i	bhūyas-i	viduṣ-i	viduṣ-i	preyas-yām
NVA.	preyāṃs-au	bhūyas-ī	vidvāṃs-au	viduṣ-ī	preyas-yau
IDA.	preyo-bhyām	bhūyo-bhyām	vidvad-bhyām	vidvad-bhyām	preyas-ībhyām
GL.	preyas-os	bhūyas-os	viduṣ-os	viduṣ-os	preyas-yos
NV.	preyāṃs-as	bhūyāṃs-i	vidvāṃs-as	vidvāṃs-i	preyas-yas
Akk.	preyas-as	bhūyāṃs-i	viduṣ-as	vidvāṃs-i	preyas-īs
Instr.	preyo-bhis	bhūyo-bhis	vidvad-bhis	vidvad-bhis	preyas-ībhis
DA.	preyo-bhyas	bhūyo-bhyas	vidvad-bhyas	vidvad-bhyas	preyas-ībhyas
Gen.	preyas-ām	bhūyas-ām	viduṣ-ām	viduṣ-ām	preyas-īnām
Lok.	preyaḥ-su	bhūyaḥ-su	vidvat-su	vidvat-su	preyas-īṣu

1. Die Komparative auf yas (siehe hierzu die Tabelle im Kapitel »5. Steigerungsformen«) haben 2 Stämme: stark: -yāṃs, schwach: -yas. Die Feminina folgen der ī-Deklination durch Anfügung des ī an den schwachen Stamm: preyas-ī, bhūyas-ī usw.
2. Die (reduplizierten) Partizipien haben 3 Stämme: stark: -vāṃs, mittel: -vat, schwach: -uṣ. Das häufige Part. »vidvas« ist nicht redupliziert. Die reduplizierten Part. Perf. Akt. Par., siehe folgende Tabelle, sind dagegen sehr selten. Die Feminina folgen der ī-Deklination durch Anfügung des ī an den schwächsten Stamm: viduṣ-ī, jagmuṣ-ī, ījuṣ-ī usw.

Beispiele für redupliziertes Part. Perf. Akt. Par. (siehe die Perfekt-Paradigmen ab P146)

Wz.		**Nom. Sg.**	**Nom. Pl.**	**Akk. Pl.**	**Instr. Pl.**
sthā	stehen	tasthivān	tasthivāṃsas	tasthuṣas	tasthivadbhis
nī	führen	ninīvān	ninīvāṃsas	ninyuṣas	ninīvadbhis
bhū	sein	babhūvān	babhūvāṃsas	babhūvuṣas	babhūvadbhis
tan	spannen	tenivān	tenivāṃsas	tenuṣas	tenivadbhis
han	töten	jaghnivān	jaghnivāṃsas	jaghnuṣas	jaghnivadbhis
gam	gehen	jagmivān	jagmivāṃsas	jagmuṣas	jagmivadbhis
kṛ	tun	cakṛvān	cakṛvāṃsas	cakruṣas	cakṛvadbhis
yaj	opfern	ījivān	ījivāṃsas	ījuṣas	ījivadbhis
śru	hören	śuśruvān	śuśruvāṃsas	śuśruvuṣas	śuṣruvadbhis

1. Das redupl. Part. Perf. Akt. **Par.** kommt nur bei ein paar Verben vor und wird sonst durch das nicht-redupl. Part. (P12) ersetzt, z.B. jagmivān = gatavān = gegangen seiend.
2. Das redupl. Part. Perf. Akt. **Atm.** ist überaus rar: dā, dad-āna; yaj, īj-āna; nī, niny-āna (ersetze -uṣas durch -āna). Dekl. wie ein a-Adj. (P02), z.B. ījānaḥ, m. = geopfert habend.

4.19. Konsonantische Deklination: Dreistämmige auf an/man/van, Subst. m. f. n.

P16	**grāvan, m.** Stein	**ātman, m.** Selbst	**nāman, n.** Name	**karman, n.** Tat	**yuvan, m.** Jüngling, irr.
Nom.	grāvā	ātmā	nāma	karma	yuvā
Vok.	grāvan	ātman	nāma, nāman	karma, karman	yuvan
Akk.	grāvāṇ-am	ātmān-am	nāma	karma	yuvān-am
Instr.	grāvṇ-ā	ātman-ā	nāmn-ā	karmaṇ-ā	yūn-ā
Dat.	grāvṇ-e	ātman-e	nāmn-e	karmaṇ-e	yūn-e
AG.	grāvṇ-as	ātman-as	nāmn-as	karmaṇ-as	yūn-as
Lok.	grāv(a)ṇ-i	ātman-i	nām(a)n-i	karmaṇ-i	yūn-i
NVA.	grāvāṇ-au	ātmān-au	nām(a)n-ī	karmaṇ-ī	yuvān-au
IDA.	grāva-bhyām	ātma-bhyām	nāma-bhyām	karma-bhyām	yuva-bhyām
GL.	grāvṇ-os	ātman-os	nāmn-os	karmaṇ-os	yūn-os
NV.	grāvāṇ-as	ātmān-as	nāmān-i	karmāṇ-i	yuvān-as
Akk.	grāvṇ-as	ātman-as	nāmān-i	karmāṇ-i	yūn-as
Instr.	grāva-bhis	ātma-bhis	nāma-bhis	karma-bhis	yuva-bhis
DA.	grāva-bhyas	ātma-bhyas	nāma-bhyas	karma-bhyas	yuva-bhyas
Gen.	grāvṇ-ām	ātman-ām	nāmn-ām	karmaṇ-ām	yūn-ām
Lok.	grāva-su	ātma-su	nāma-su	karma-su	yuva-su

1. Die Subst. auf an haben 3 Stämme: stark: -ān, mittel: -a, schwach: -n oder -an, wenn 2 Konsonanten vorausgehen. Also nicht ātm-n-as, sondern ātm-an-as, da »tm« bereits 2 Konsonanten sind. Ferner kann im Lok. Sg. aller Nomen sowie im NVA. Du. der Neutra der Stamm auf -an verwendet werden, auch wenn keine Konsonantenhäufung vorliegt.
2. Die extrem seltenen Feminina auf an werden exakt wie die Maskulina auf an dekliniert, z.B. **sīman**, f. (Grenze), Sg.: sīmā, sīman, sīmānam, sīmn-ā/e/as/as, simni, Pl.: sīmān-as
3. Bei **rājan**, m. (König) geht n direkt nach j in ñ über:

   Sg.: rājā, rājan, rājānam, rājñ-ā/e/as/as, rājñi/rājani
   Du.: rājān-au/au/au, rāja-bhyām/bhyām/bhyām, rājñ-os/os
   Pl.: rājān-as/as, rājñas, rāja-bhis/bhyas/bhyas, rājñām, rājasu
4. yuvan hat die Stämme yuvān (stark), yuva (mittel) und yūn (schwach) und wird als ein irr. m. Substantiv (Jüngling) sowie auch als ein irr. Adjektiv (jung) gebraucht.

4.20. Konsonantische Deklination: Richtungsadjektive auf ac, Adj. m. n. f.

P17	**prāc, m.** östlich, m.	**prāc, n.** östlich, n.	**prācī, f.** östlich, f.	**pratyac, m.** westlich, m.	**pratyac, n.** westlich, n.
Nom.	prāṅ	prāk	prāc-ī	pratyaṅ	pratyak
Vok.	prāṅ	prāk	prāc-i	pratyaṅ	pratyak
Akk.	prāñc-am	prāk	prāc-īm	pratyañc-am	pratyak
Instr.	prāc-ā	prāc-ā	prāc-yā	pratīc-ā	pratīc-ā
Dat.	prāc-e	prāc-e	prāc-yai	pratīc-e	pratīc-e
AG.	prāc-as	prāc-as	prāc-yās	pratīc-as	pratīc-as
Lok.	prāc-i	prāc-i	prāc-yām	pratīc-i	pratīc-i
NVA.	prāñc-au	prāc-ī	prāc-yau	pratyañc-au	pratīc-ī
IDA.	prāg-bhyām	prāg-bhyām	prāc-ībhyām	pratyag-bhyām	pratyag-bhyām
GL.	prāc-os	prāc-os	prāc-yos	pratīc-os	pratīc-os
NV.	prāñc-as	prāñc-i	prāc-yas	pratyañc-as	pratyañc-i
Akk.	prāc-as	prāñc-i	prāc-īs	pratīc-as	pratyañc-i
Instr.	prāg-bhis	prāg-bhis	prāc-ībhis	pratyag-bhis	pratyag-bhis
DA.	prāg-bhyas	prāg-bhyas	prāc-ībhyas	pratyag-bhyas	pratyag-bhyas
Gen.	prāc-ām	prāc-ām	prāc-īnām	pratīc-ām	pratīc-ām
Lok.	prāk-ṣu	prāk-ṣu	prāc-īṣu	pratyak-ṣu	pratyak-ṣu

1. Diese zweistämmigen (prāc usw.) und dreistämmigen Adjektive (udac usw.) werden von der Wurzel »ac«, das heißt »-wärts« (westwärts, ostwärts usw.) oder »-recht« (waagrecht, senkrecht usw.), mittels Verbalpräfixen gebildet und gehören zu den irregulären Adjektiven, weil sie auf einige wenige Richtungsadjektive beschränkt sind.
2. Die femininen Adjektive werden durch Anfügung des ī an den mittleren Stamm (siehe Instr. Sg.) gebildet: prācī, avācī, apācī, parācī, pratīcī, udīcī, nīcī, samīcī, anūcī, tiraścī (vokalische ī-Deklination).
3. Der m. Nom. Sg. lautet ursprünglich z.B. prāñc: Zunächst fällt das palatale c ab (prāñ) und dann wird das palatale ñ in das gutturale ṅ verwandelt (prāṅ), siehe dazu Seite 309. Der Auslaut ṅ kommt praktisch nur bei den Richtungsadjektiven vor.
4. Allgemein gilt die Auslautregel, daß im absoluten Auslaut am Wortende »in pausa« nur **ein** Konsonant stehen darf. Im Falle einer Häufung von Konsonanten, z.B. prā-ñc, fallen alle außer dem ersten ab, der dann in den jeweils zulässigen Auslaut verwandelt wird. Diese Auslautregel wird auch beim Imperfekt der athematischen Verben angewandt, wenn der Stamm konsonantisch auslautet (siehe z.B. P88: abibhar + t = abhibar, doch gibt es bei diesen Verben auch Ausnahmen, z.B. P126: aśās + t = aśāt statt aśās)

Übersicht über die Richtungsadjektive

Stamm	m. Nom.	n. Nom.	Instr. Sg.	Instr. Pl.	Lok. Pl.	»-wärts«
prāc	prāṅ	prāk	prācā	prāgbhis	prākṣu	östlich
avāc	avāṅ	avāk	avācā	avāgbhis	avākṣu	südlich
apāc	apāṅ	apāk	apācā	apāgbhis	apākṣu	rückwärts
parāc	parāṅ	parāk	parācā	parāgbhis	parākṣu	seitwärts
pratyac	pratyaṅ	pratyak	pratīcā	pratyagbhis	pratyakṣu	westlich
udac	udaṅ	udak	udīcā	udagbhis	udakṣu	nördlich
nyac	nyaṅ	nyak	nīcā	nyagbhis	nyakṣu	abwärts
samyac	samyaṅ	samyak	samīcā	samyagbhis	samyakṣu	recht
anvac	anvaṅ	anvak	anūcā	anvagbhis	anvakṣu	entlang
tiryac	tiryaṅ	tiryak	tiraścā	tiryagbhis	tiryakṣu	waagrecht

4.21. Irreguläre Substantive und Adjektive

P18	**go, f.** Kuh	**nau, f.** Schiff	**rai, m.** Sache	**dyaus, f.** Himmel	**dos, n.** Arm	**gopā, m. (!)** Viehhirte
NV.	gaus	naus	rās	dyaus	dos	gopās
Akk.	gām	nāvam	rāyam	divam	dos	gopām
Instr.	gavā	nāvā	rāyā	divā	doṣā	gopā
Dat.	gave	nāve	rāye	dive	doṣe	gope
AG.	gos	nāvas	rāyas	divas	doṣas	gopas
Lok.	gavi	nāvi	rāyi	divi	doṣi	gopi
NVA.	gāvau	nāvau	rāyau	divau	doṣī	gopau
IDA.	gobhyām	naubhyām	rābhyām	dyubhyām	dorbhyām	gopābhyām
GL.	gavos	nāvos	rāyos	divos	doṣos	gopos
NV.	gāvas	nāvas	rāyas	divas	doṃṣi	gopās
Akk.	gās	nāvas	rāyas	divas	doṃṣi	gopas
Instr.	gobhis	naubhis	rābhis	dyubhis	dorbhis	gopābhis
DA.	gobhyas	naubhyas	rābhyas	dyubhyas	dorbhyas	gopābhyas
Gen.	gavām	nāvām	rāyām	divām	doṣām	gopām
Lok.	goṣu	nauṣu	rāsu	dyuṣu	doḥṣu	gopāsu

1. go, nau und rai sind diphthongische Stämme. »rai« kommt nur in den Upanishaden vor.
2. dyaus hat verschiedene Stämme: dyau, div, dyu. »Dyaus« ist verwandt mit »Zeus«.
3. dos wird analog zu »havis, cakṣus usw.« dekliniert und wird meist im Dual gebraucht.
4. go-pā, m. ist ein vedisches Relikt. Ebenso m. ī/ū-Stämme, z.B. grāma-ṇī, m. = Gauführer

P19	**gir, f.** Stimme	**pur, f.** Stadt	**dvār, f.** Tür	**āśis, f.** Segen	**śvan, m.** Hund	**puṃs, m.** Mann
Nom.	gīr	pūr	dvār	āśīs	śvā	pumān
Vok.	gīr	pūr	dvār	āśīs/āśis	śvan	puman
Akk.	giram	puram	dvāram	āśiṣam	śvānam	pumāṃsam
Instr.	girā	purā	dvārā	āśiṣā	śunā	puṃsā
Dat.	gire	pure	dvāre	āśiṣe	śune	puṃse
AG.	giras	puras	dvāras	āśiṣas	śunas	puṃsas
Lok.	giri	puri	dvāri	āśiṣi	śuni	puṃsi
NVA.	girau	purau	dvārau	āśiṣau	śvānau	pumāṃsau
IDA.	gīrbhyām	pūrbhyām	dvārbhyām	āśīrbhyām	śvabhyām	pumbhyām
GL.	giros	puros	dvāros	āśiṣos	śunos	puṃsos
NV.	giras	puras	dvāras	āśiṣas	śvānas	pumāṃsas
Akk.	giras	puras	dvāras	āśiṣas	śunas	puṃsas
Instr.	gīrbhis	pūrbhis	dvārbhis	āśīrbhis	śvabhis	pumbhis
DA.	gīrbhyas	pūrbhyas	dvārbhyas	āśīrbhyas	śvabhyas	pumbhyas
Gen.	girām	purām	dvārām	āśiṣām	śunām	puṃsām
Lok.	gīrṣu	pūrṣu	dvārṣu	āśīḥṣu	śvasu	puṃsu

1. Bei gir, pur, dvār usw. ist das r ein ursprüngliches r. Daher lautet z.B. der Instr. Pl. von dvār nicht dvā-bhis, sondern dvār-bhis. Man beachte ferner, daß der Stammvokal im Nom. Vok. Sg. und vor den Pada-Endungen bhyām, bhis, bhyas und su verlängert wird.
2. āśis folgt teils »arcis« und teils »gir«.
3. śvan hat die Stämme śvān (stark), śva (mittel), śun (schwach).
4. puṃs hat die Stämme pumāṃs (stark), pum (mittel), puṃs (schwach). Sandhiwidrig wird s nicht zu ṣ, d.h. R45 wird bei dem irregulären Nomen puṃs NICHT angewandt.

P20	path, m. Pfad	sakhi, m. Freund	patiḥ, m. Herr	ahan, n. Tag	ap, f. Wasser
Nom.	panthās	sakhā	patis	ahar	–
Vok.	panthās	sakhe	pate	ahar	–
Akk.	panthānam	sakhāyam	patim	ahar	–
Instr.	pathā	sakhyā	patyā	ahnā	–
Dat.	pathe	sakhye	patye	ahne	–
AG.	pathas	sakhyus	patyus	ahnas	–
Lok.	pathi	sakhyau	patyau	ahni/ahani	–
NVA.	panthānau	sakhāyau	patī	ahnī/ahanī	–
IDA.	pathibhyām	sakhibhyām	patibhyām	ahobhyām	–
GL.	pathos	sakhyos	patyos	ahnos	–
NV.	panthānas	sakhāyas	patayas	ahāni	āpas
Akk.	pathas	sakhīn	patīn	ahāni	apas
Instr.	pathibhis	sakhibhis	patibhis	ahobhis	adbhis
DA.	pathibhyas	sakhibhyas	patibhyas	ahobhyas	adbhyas
Gen.	pathām	sakhīnām	patīnām	ahnām	apām
Lok.	pathiṣu	sakhiṣu	patiṣu	ahaḥsu	apsu

1. path hat die Stämme panthān (stark), pathi (mittel), path (schwach).
2. sakhi und patiḥ sind irr. Wörter der vokalischen i-Deklination.
3. Bei ahar bleibt nur externes r, daher z.B. »ahar_ahar« = Tag für Tag.
4. Bei dem Pluralwort ap enden die Stämme auf labiales p und dentales d.

P21	akṣi, n. (akṣan) Auge	asthi, n. (asthan) Knochen	dadhi, n. (dadhan) Sauermilch	sakthi, n. (sakthan) Schenkel	kroṣṭṛ, m. (kroṣṭuḥ) Schakal
Nom.	akṣi	asthi	dadhi	sakthi	kroṣṭā
Vok.	akṣi/e	asthi/e	dadhi/e	sakthi/e	kroṣṭo
Akk.	akṣi	asthi	dadhi	sakthi	kroṣṭāram
Instr.	akṣṇā	asthnā	dadhnā	sakthnā	kroṣṭrā
Dat.	akṣṇe	asthne	dadhne	sakthne	kroṣṭre
AG.	akṣṇas	asthnas	dadhnas	sakthnas	kroṣṭus
Lok.	akṣ(a)ṇi	asth(a)ni	dadh(a)ni	sakth(a)ni	kroṣṭari
NVA.	akṣiṇī	asthinī	dadhinī	sakthinī	kroṣṭārau
IDA.	akṣibhyām	asthibhyām	dadhibhyām	sakthibhyām	kroṣṭubhyām
GL.	akṣṇos	asthnos	dadhnos	sakthnos	kroṣṭros
NV.	akṣīṇi	asthīni	dadhīni	sakthīni	kroṣṭāras
Akk.	akṣīṇi	asthīni	dadhīni	sakthīni	kroṣṭūn
Instr.	akṣibhis	asthibhis	dadhibhis	sakthibhis	kroṣṭubhis
DA.	akṣibhyas	asthibhyas	dadhibhyas	sakthibhyas	kroṣṭubhyas
Gen.	akṣṇām	asthnām	dadhnām	sakthnām	kroṣṭūnām
Lok.	akṣiṣu	asthiṣu	dadhiṣu	sakthiṣu	kroṣṭuṣu

1. Bei akṣi/asthi/dadhi/sakthi endet der schwache Stamm (Instr. Dat. Abl. Gen. Lok. Sg., Gen. Lok. Du., Gen. Pl.) auf akṣṇ/asthn/dadhn/sakthn analog zu den dreistämmigem Subst. vom Typ »nāman: nāmnā« usw. Ansonsten werden sie wie »vāri« dekliniert.
2. kroṣṭṛ gehört teils zur ṛ-Deklination und teils zur u-Deklination.

P22	anaḍuh, m. Ochse (dreistämmig)	brahma-han, m. Brahmanenmörder (dreistämmig)	kāma-duh, f. Wunschkuh (einstämmig)	a-budh, m. Tor (un-klug) (einstämmig)
Nom.	anaḍvān	brahma-hā	kāma-dhuk	abhut
Vok.	anaḍvan	brahma-han	kāma-dhuk	abhut
Akk.	anaḍvāham	brahma-haṇam	kāma-duham	abudham
Instr.	anaḍuhā	brahma-ghnā	kāma-duhā	abudhā
Dat.	anaḍuhe	brahma-ghne	kāma-duhe	abudhe
AG.	anaḍuhas	brahma-ghnas	kāma-duhas	abudhas
Lok.	anaḍuhi	brahma-ghni/haṇi	kāma-duhi	abudhi
NVA.	anaḍvāhau	brahma-haṇau	kāma-duhau	abudhau
IDA.	anaḍudbhyām	brahma-habhyām	kāma-dhugbhyām	abhudbhyām
GL.	anaḍuhos	brahma-ghnos	kāma-duhos	abudhos
NV.	anaḍvāhas	brahma-haṇas	kāma-duhas	abudhas
Akk.	anaḍuhas	brahma-ghnas	kāma-duhas	abudhas
Instr.	anaḍudbhis	brahma-habhis	kāma-dhugbhis	abhudbhis
DA.	anaḍudbhyas	brahma-habhyas	kāma-dhugbhyas	abhudbhyas
Gen.	anaḍuhām	brahma-ghnām	kāma-duhām	abudhām
Lok.	anaḍutsu	brahma-hasu	kāma-dhukṣu	abhutsu

1. »anaḍuh« (Kompositum der Wörter »anas = Last« + »vah = ziehen«) hat die Stämme »anaḍvāh« (stark), »anaḍut« (mittel) und »anaḍuh« (schwach).
2. »-han« (»-tötend«) hat die Stämme »han«/»haṇ« (stark), »ha« (mittel) und »ghn« (schwach). Sandhiwidrig wird »ghn« nicht zu »ghṇ«, d.h. R44 wird NICHT angewandt.
3. Bei mit h oder Aspirata auslautenden Wörtern (meist am Ende von Komposita) wird ein aspirierbarer Anlaut aspiriert, wenn der Auslaut das h oder die Aspiration verliert.

-melkend	duh	dhuk	dhugbhis	-leckend	lih	liṭ	liḍbhis
-verbrennend	dah	dhak	dhagbhis	-schnürend	nah	nat	nadbhis
-schädigend	druh	dhruṭ	dhruḍbhis	-erkennend	budh	bhut	bhudbhis
-verbergend	guh	ghuṭ	ghuḍbhis	-kämpfend	yudh	yut	yudbhis

4.22. Übersicht über die Stammabstufung bei zwei- und dreistämmigen Nomen

	3stämmig, m. f.			3stämmig, n.			2stämmig, m. f.			2stämmig, n.		
	Sg.	Du.	Pl.	Sg.	Du.	Pl.	Sg.	Du.	Pl.	Sg.	Du.	Pl.
Nom.	stark	stark	stark	mi	schw	stark	stark	stark	stark	schw	schw	stark
Vok.	stark	stark	stark	mi	schw	stark	stark	stark	stark	schw	schw	stark
Akk.	stark	stark	schw	mi	schw	stark	stark	stark	schw	schw	schw	stark
Instr.	schw	mi	mi	schw	mi	mi	schw	schw	schw	schw	schw	schw
Dat.	schw	mi	mi	schw	mi	mi	schw	schw	schw	schw	schw	schw
Abl.	schw	mi	mi	schw	mi	mi	schw	schw	schw	schw	schw	schw
Gen.	schw	schw	schw	schw	schw	schw	schw	schw	schw	schw	schw	schw
Lok.	schw	schw	mi	schw	schw	mi	schw	schw	schw	schw	schw	schw

stark = stark (stärkst), mi = mittel, schw = schwach (schwächst bei den Dreistämmigen)

1. Pada-Endungen (bhyām/bhis/bhyas/su) haben den mittleren Stamm (»padam« = Wort), wenn das Nomen dreistämmig ist, ansonsten den schwachen Stamm.
2. Beim Nom. Vok. m. Sg. ist die Stammbildung wegen Vokalkürzung (z.B. Vok. »rājan«) oder Wegfall des Konsonanten (z.B. Nom. »rājā« ohne n statt "rājān") oft unregelmäßig.

5. Steigerungsformen

Steigerung	Komparativ		Superlativ	
regelmäßig	pāpa-tara	-tara (Dekl. P02)	pāpa-tama	-tama (Dekl. P02)
unregelmäßig	pāp-īyas	-(ī)yas (Dekl. P15)	pāp-iṣṭha	-(i)ṣṭha (Dekl. P02)
indeklinabel	pāpa-tarām	-tarām (Adverb)	pāpa-tamām	-tamām (Adverb)

Beispiele für regelmäßige Steigerungen				
lieb	Adj. auf a	priya = lieb	priya-tara = lieber	priya-tama = liebst
rein	Adj. auf i	śuci	śuci-tara	śuci-tama
schwer	Adj. auf u	guru	guru-tara	guru-tama
stark	Adj. auf vat	balavat	balavat-tara	balavat-tama
klug	Adj. auf mat	dhīmat	dhīmat-tara	dhīmat-tama
reich	Adj. auf in	dhanin	dhani-tara	dhani-tama
sehr	Adv.	uccais	uccais-tarām	uccais-tamām, Ind.
wissend	Part.	vidvas	vidvat-tara	vidvat-tama
gehen	Verb	gacchati	gacchati-tarām	gacchati-tamām, Ind.
Beispiele für unregelmäßige Steigerungen				
klein	Adj.	alpa = klein	alp-īyas = kleiner	alp-iṣṭha = kleinst
weit	Adj.	uru	var-īyas	var-iṣṭha
mager	Adj.	kṛśa	kraś-īyas	kraś-iṣṭha
schnell	Adj.	kṣipra	kṣep-īyas	kṣep-iṣṭha
gemein	Adj.	kṣudra	kṣod-īyas	kṣod-iṣṭha
schwer	Adj.	guru	gar-īyas	gar-iṣṭha
lang	Adj.	dīrgha	drāgh-īyas	drāgh-iṣṭha
fern	Adj.	dūra	dav-īyas	dav-iṣṭha
fest	Adj.	dṛḍha	draḍh-īyas	draḍh-iṣṭha
klug	Adj.	paṭu	paṭ-īyas	paṭ-iṣṭha
böse	Adj.	pāpa	pāp-īyas	pāp-iṣṭha
breit	Adj.	pṛthu	prath-īyas	prath-iṣṭha
stark	Adj.	balin	bal-īyas	bal-iṣṭha
zahlreich	Adj.	bahula	baṃh-īyas	baṃh-iṣṭha
gewaltig	Adj.	bhṛśa	bhraś-īyas	bhraś-iṣṭha
groß	Adj.	mahat	mah-īyas	mah-iṣṭha
weich	Adj.	mṛdu	mrad-īyas	mrad-iṣṭha
jung	Adj.	yuvan	yav-īyas	yav-iṣṭha
leicht	Adj.	laghu	lagh-īyas	lagh-iṣṭha
reich	Adj.	vasu(mat)	vas-īyas	vas-iṣṭha
kräftig	Adj.	sthūla	sthav-īyas	sthav-iṣṭha
kurz	Adj.	hrasva	hras-īyas	hras-iṣṭha
nah	Adj.	(antika)	ned-īyas	ned-iṣṭha
jung	Adj.	(yuvan)	kan-īyas	kan-iṣṭha
alt	Adj.	(vṛddha)	jyā-yas	jye-ṣṭha
viel	Adj.	(bahu, bhūri)	bhū-yas	bhūy-iṣṭha
gut	Adj.	(su-)	śre-yas	śre-ṣṭha
lieb	Adj.	priya	pre-yas	pre-ṣṭha
fest	Adj.	sthira	sthe-yas	sthe-ṣṭha

Anm.: Einige irreguläre Steigerungen (z.B. kṣodīyas, baṃhīyas usw.) kommen fast nie vor.

6. Deklination der Pronomen

6.1. Personalpronomen = Geschlechtslose Pronomen

P23	**mad** ich, Sg.	**tvad** du, Sg.	**asmad** wir, Pl.	**yuṣmad** ihr, Pl.	wir zwei, Du.	ihr zwei, Du.
Nom.	aham	tvam	vayam	yūyam	āvām	yuvām
Akk.	mām	tvām	asmān	yuṣmān	āvām	yuvām
Instr.	mayā	tvayā	asmābhis	yuṣmābhis	āvābhyām	yuvābhyām
Dat.	mahyam	tubhyam	asmabhyam	yuṣmabhyam	āvābhyām	yuvābhyām
Abl.	mat	tvat	asmat	yuṣmat	āvābhyām	yuvābhyām
Gen.	mama	tava	asmākam	yuṣmākam	āvayos	yuvayos
Lok.	mayi	tvayi	asmāsu	yuṣmāsu	āvayos	yuvayos
	Enklitische Kurzformen der Personalpronomen					
Akk.	mā	tvā	nas	vas	nau	vām
Dat.	me	te	nas	vas	nau	vām
Gen.	me	te	nas	vas	nau	vām

Sg. und Pl. haben eigene Stammformen (mad, tvad, asmad, yuṣmad), die als Anfangsglieder von Komposita verwendet werden, z.B. »mad_bhaktaḥ« = mama bhaktaḥ = mein Verehrer.

Die Enklitika (nur für Akk., Dat. und Gen.) dürfen nicht am Satzanfang und nicht vor »ca«, »vā« und »eva« stehen, also falsch: »mā ca« = »und mich«, richtig: »māṃ ca«. In den Epen findet man Enklitika auch für andere Kasus, z.B. »me« für Instr. (mayā) und Abl. (mat).

6.2. Artikel und Demonstrativpronomen

P24	**tad, Pron. = das**			**etad, Pron. = dies**		
	der, m.	die, f.	das, n.	dieser, m.	diese, f.	dieses, n.
Nom.	sas	sā	tat	eṣas	eṣā	etat
Akk.	tam	tām	tat	etam	etām	etat
Instr.	tena	tayā	tena	etena	etayā	etena
Dat.	tasmai	tasyai	tasmai	etasmai	etasyai	etasmai
Abl.	tasmāt	tasyās	tasmāt	etasmāt	etasyās	etasmāt
Gen.	tasya	tasyās	tasya	etasya	etasyās	etasya
Lok.	tasmin	tasyām	tasmin	etasmin	etasyām	etasmin
NA.	tau	te	te	etau	ete	ete
IDA.	tābhyām	tābhyām	tābhyām	etābhyām	etābhyām	etābhyām
GL.	tayos	tayos	tayos	etayos	etayos	etayos
Nom.	te	tās	tāni	ete	etās	etāni
Akk.	tān	tās	tāni	etān	etās	etāni
Instr.	tais	tābhis	tais	etais	etābhis	etais
DA.	tebhyas	tābhyas	tebhyas	etebhyas	etābhyas	etebhyas
Gen.	teṣām	tāsām	teṣām	eteṣām	etāsām	eteṣām
Lok.	teṣu	tāsu	teṣu	eteṣu	etāsu	eteṣu

1. »tad« wird als Artikel (der, die, das), als Personalpronomen in der 3. Person (er, sie es) sowie als substantivisches und adjektivisches Demonstrativpronomen gebraucht.
2. »etad« wird als substantivisches (»Ich sah diesen« = »Ich sah ihn«) und adjektivisches Demonstrativpronomen (»Ich sah diesen Mann« = Pron. + Subst.) gebraucht.
3. »tad« verweist häufiger auf »jenes dort« und »etad« häufiger auf »dieses hier«.

6.3. Rückverweisendes Pronomen: enad

P25	enad, Pron. = dies			
	ihn, m.	sie, f.	es, n.	
Akk.	enam	enām	enat	»enad« kommt nur in einigen Kasus vor und wird als meist substantivisches Pronomen verwendet, das auf eine zuvor erwähnte Person oder Sache rückverweist, z.B.:
Instr.	enena	enayā	enena	
Akk.	enau	ene	ene	»tāṃ paśyāmi ... enāṃ ca cumbāmi«
GL.	enayos	enayos	enayos	»Ich sehe sie ... und küsse sie«
Akk.	enān	enās	enāni	

6.4. Demonstrativpronomen: idam und adas

P26	idam, Pron. = dies			adas, Pron. = jenes		
	dieser, m.	diese, f.	dieses, n.	jener, m.	jene, f.	jenes, n.
Nom.	ayam	iyam	idam	asau	asau	adas
Akk.	imam	imām	idam	amum	amūm	adas
Instr.	anena	anayā	anena	amunā	amuyā	amunā
Dat.	asmai	asyai	asmai	amuṣmai	amuṣyai	amuṣmai
Abl.	asmāt	asyās	asmāt	amuṣmāt	amuṣyās	amuṣmāt
Gen.	asya	asyās	asya	amuṣya	amuṣyās	amuṣya
Lok.	asmin	asyām	asmin	amuṣmin	amuṣyām	amuṣmin
NA.	imau	ime	ime	amū	amū	amū
IDA.	ābhyām	ābhyām	ābhyām	amūbhyām	amūbhyām	amūbhyām
GL.	anayos	anayos	anayos	amuyos	amuyos	amuyos
Nom.	ime	imās	imāni	amī	amūs	amūni
Akk.	imān	imās	imāni	amūn	amūs	amūni
Instr.	ebhis	ābhis	ebhis	amībhis	amūbhis	amībhis
DA.	ebhyas	ābhyas	ebhyas	amībhyas	amūbhyas	amībhyas
Gen.	eṣām	āsām	eṣām	amīṣām	amūṣām	amīṣām
Lok.	eṣu	āsu	eṣu	amīṣu	amūṣu	amīṣu

1. »idam« (dieses hier) und »adas« (jenes dort) können beide als substantivische und adjektivische Pronomen verwendet werden.
2. »idam« (dies) ist meist mit »etad« (dies), »adas« (jenes) aber nur teils mit »tad« (jenes) austauschbar.
3. »idam« und »enad« sind seltener als »tad«, aber »adas« ist derart selten, daß man z.B. »amuṣya« (Gen.) nur ein einziges Mal in den Epen (Mahabharata, Ramayana) antrifft, während beispielsweise »tasya« (Gen.) dort ungefähr in jedem zehnten Vers vorkommt.

»dies und jenes«

1. etad + idam: das Nähere - das Anwesende - auf der Erde = dieses
2. tad + adas: das Fernere - das Abwesende - im Himmel = jenes

Vokativ und Pronomen

Bei allen Pronomen gibt es normalerweise keinen Vokativ. Bei bestimmten Ausrufesätzen, z.B. »tvaṃ gaccha!«, läßt sich jedoch der Nominativ als Vokativ interpretieren (»Oh du, geh!« statt »Geh du!«).

Zu den Sandhi-Sonderregeln bei »amī« und »saḥ/eṣaḥ« siehe R43

6.5. Korrelativ- und Interrogativpronomen

P27	yad, Korr. = was			kim, Interr. = was?		
	welcher	welche	welches	welcher?	welche?	welches?
Nom.	yas	yā	yat	kas	kā	kim
Akk.	yam	yām	yat	kam	kām	kim
Instr.	yena	yayā	yena	kena	kayā	kena
Dat.	yasmai	yasyai	yasmai	kasmai	kasyai	kasmai
Abl.	yasmāt	yasyās	yasmāt	kasmāt	kasyās	kasmāt
Gen.	yasya	yasyās	yasya	kasya	kasyās	kasya
Lok.	yasmin	yasyām	yasmin	kasmin	kasyām	kasmin
NA.	yau	ye	ye	kau	ke	ke
IDA.	yābhyām	yābhyām	yābhyām	kābhyām	kābhyām	kābhyām
GL.	yayos	yayos	yayos	kayos	kayos	kayos
Nom.	ye	yās	yāni	ke	kās	kāni
Akk.	yān	yās	yāni	kān	kās	kāni
Instr.	yais	yābhis	yais	kais	kābhis	kais
DA.	yebhyas	yābhyas	yebhyas	kebhyas	kābhyas	kebhyas
Gen.	yeṣām	yāsām	yeṣām	keṣām	kāsām	keṣām
Lok.	yeṣu	yāsu	yeṣu	keṣu	kāsu	keṣu

1. Das substantivische (»wer geht, der«) und adjektivische (»welcher«) Pronomen »yad« geht dem »tad« voraus und ist deshalb kein Relativ-, sondern ein Korrelativpronomen:

   »Ich gebe dem Mann, welchen ich sehe, das Buch« – Normales Deutsch
   »Welchem Mann ich das Buch gebe, den sehe ich« – Anomales Deutsch
   »yasmai narāya pustakaṃ yacchāmi, taṃ paśyāmi« – Normales Sanskrit

2. Das Interrogativpronomen »kim« wird sowohl substantivisch (»Wer geht?«) also auch adjektivisch (»Welcher Mann geht?«) verwendet.

6.6. Pronominaladjektive und -substantive vom Typ »anya« = »ander«

P28	anya, Pron. = ander		
	anderer	andere	anderes
Nom.	anyas	anyā	anyat !
Akk.	anyam	anyām	anyat !
Instr.	anyena	anyayā	anyena
Dat.	anyasmai	anyasyai	anyasmai
Abl.	anyasmāt	anyasyās	anyasmāt
Gen.	anyasya	anyasyās	anyasya
Lok.	anyasmin	anyasyām	anyasmin
NA.	anyau	anye	anye
IDA.	anyābhyām	anyābhyām	anyābhyām
GL.	anyayos	anyayos	anyayos
Nom.	anye	anyās	anyāni
Akk.	anyān	anyās	anyāni
Instr.	anyais	anyābhis	anyais
DA.	anyebhyas	anyābhyas	anyebhyas
Gen.	anyeṣām	anyāsām	anyeṣām
Lok.	anyeṣu	anyāsu	anyeṣu

Der »anya«-Deklination folgen:

anya = ander
anyatara = einer von zweien
itara = ander
ekatama = einer von vielen
katama = welcher von vielen?
katara = welcher von beiden?

Normal nach a-Deklination:

anyatama = einer von vielen

! = Markiert die Unterschiede bei den verschiedenen Deklinationstypen der Pronominaladjektive

Die »anya«-Deklination (any-aḥ) folgt exakt der »yad«-Deklination (y-aḥ).

6.7. Pronominaladjektive und -substantive vom Typ »sarva« = »jedes, alles«

P29	sarva, Pron. = jedes, alles		
	jeder	jede	jedes
Nom.	sarvas	sarvā	sarvam !
Akk.	sarvam	sarvām	sarvam !
Instr.	sarveṇa	sarvayā	sarveṇa
Dat.	sarvasmai	sarvasyai	sarvasmai
Abl.	sarvasmāt	sarvasyās	sarvasmāt
Gen.	sarvasya	sarvasyās	sarvasya
Lok.	sarvasmin	sarvasyām	sarvasmin
NA.	sarvau	sarve	sarve
IDA.	sarvābhyām	sarvābhyām	sarvābhyām
GL.	sarvayos	sarvayos	sarvayos
Nom.	sarve	sarvās	sarvāṇi
Akk.	sarvān	sarvās	sarvāṇi
Instr.	sarvais	sarvābhis	sarvais
DA.	sarvebhyas	sarvābhyas	sarvebhyas
Gen.	sarveṣām	sarvāsām	sarveṣām
Lok.	sarveṣu	sarvāsu	sarveṣu

Der »sarva«-Deklination folgen:

sarva = all (Sanskrit)
viśva = all (Vedisch)
eka = ein (Sg. oder Pl.)
ekaḥ, m. Sg. = ein gewisser
eke, m. Pl. = einige, mehrere
an-eke, m. Pl. = mehrere
ekatara = einer von zweien
ubhaya = beide (Pl., kein Du.)
(z.B. ubhayeṣām = für beide)

Normal nach ī-Deklination:
ubhayī, f. = beide (Pl., kein Du.)
(z.B. ubhayyaḥ devyaḥ, f. Pl.)

Normal nach a-Deklination:
ubha = beide (Du., kein Pl.)
(z.B. ubhau devau, m. Du.)

Man beachte die Zerebralisierung bei »sarveṇa« und »sarvāṇi«.

6.8. Pronominaladjektive und -substantive vom Typ »sva« = »eigen, sein«

P30	sva, Pron. = eigen, sein		
	sein	seine	seines
Nom.	svas	svā	svam !
Akk.	svam	svām	svam !
Instr.	svena	svayā	svena
Dat.	svasmai	svasyai	svasmai
Abl.	svasmāt [svāt] !	svasyās	svasmāt [svāt] !
Gen.	svasya	svasyās	svasya
Lok.	svasmin [sve] !	svasyām	svasmin [sve] !
NA.	svau	sve	sve
IDA.	svābhyām	svābhyām	svābhyām
GL.	svayos	svayos	svayos
Nom.	sve [svās] !	svās	svāni
Akk.	svān	svās	svāni
Instr.	svais	svābhis	svais
DA.	svebhyas	svābhyas	svebhyas
Gen.	sveṣām	svāsām	sveṣām
Lok.	sveṣu	svāsu	sveṣu

Der »sva«-Deklination folgen:

sva = eigen
antara = ander, äußer
adhara = westlich, unter, hinter
para = ander, folgend
apara = ander, künftig
avara = westlich, unter, hinter
uttara = nördlich, folgend
dakṣiṇa = südlich, rechts
pūrva = östlich, früher

Normal nach a-Deklination:
nija = eigen

! = Markiert die Unterschiede bei den diversen Deklinationstypen der Pronominaladjektive

1. »sva«-Pronomen haben Zweitformen im m. n. Abl. Lok. Sg. und m. Nom. Pl.
2. »sva«-Pronomen sind teils sehr selten, z.B. »antara« und »avara«.

Der a-Deklination (jedoch im m. Nom. Pl. auch -e statt -ās) folgen:

ardha = halb   m. Nom. Pl.:   ardhās oder ardhe
katipaya = einiges   m. Nom. Pl.:   katipayās oder katipaye
carama = letzt   m. Nom. Pl.:   caramās oder carame
prathama = erst   m. Nom. Pl.:   prathamās oder prathame

6.9. Indefinitpronomen: kiṃ-cid, kiṃ-cana, kim-api: irgendein

P31	kiṃcid			kimapi		
	irgendeiner	irgendeine	irgendein	irgendeiner	irgendeine	irgendein
Nom.	kaścid	kācid	kiṃcid	ko 'pi	kāpi	kimapi
Akk.	kaṃcid	kāṃcid	kiṃcid	kamapi	kāmapi	kimapi
Instr.	kenacid	kayācid	kenacid	kenāpi	kayāpi	kenāpi
Dat.	kasmaicid	kasyaicid	kasmaicid	kasmā[y]api	kasyā[y]api	kasmā[y]api
Abl.	kasmāccid	kasyāścid	kasmāccid	kasmādapi	kasyā api	kasmādapi
Gen.	kasyacid	kasyāścid	kasyacid	kasyāpi	kasyā api	kasyāpi
Lok.	kasmiṃścid	kasyāṃcid	kasmiṃścid	kasminnapi	kasyāmapi	kasminnapi
NA.	kaucid	kecid	kecid	kāvapi	ke api (R08)	ke api
IDA.	kābhyāṃcid	kābhyāṃcid	kābhyāṃcid	kābhyāmapi	kābhyāmapi	kābhyāmapi
GL.	kayościd	kayościd	kayościd	kayorapi	kayorapi	kayorapi
Nom.	kecid	kāścid	kānicid	ke 'pi (R05)	kā api	kānyapi
Akk.	kāṃścid	kāścid	kānicid	kānapi	kā api	kānyapi
Instr.	kaiścid	kābhiścid	kaiścid	kairapi	kābhirapi	kairapi
DA.	kebhyaścid	kābhyaścid	kebhyaścid	kebhyo 'pi	kābhyo 'pi	kebhyo 'pi
Gen.	keṣāṃcid	kāsāṃcid	keṣāṃcid	keṣāmapi	kāsāmapi	keṣāmapi
Lok.	keṣucid	kāsucid	keṣucid	keṣvapi	kāsvapi	keṣvapi

Sg.: irgend jemand, ein gewisser; **Du.:** »irgendzwei«, ein Paar; **Pl.:** irgendwelche, einige

1. **Bildung:** Interrogativpronomen + Zusatz cid oder cana oder api. Einige der Formen kommen im Originaltexten fast nie vor.
2. **Sandhi:** Satzsandhi mit Zusammenschreibung außer bei Hiatus. Für die Deklination von kiṃ-cana ersetze man »cid« durch »cana«.

Weitere Indefinitpronomen:

1. yaḥ kaḥ (+ api/cid/cana) = jemand, jeder beliebige
2. yaḥ yaḥ - saḥ saḥ = wer auch immer, der auch immer

6.10. Weitere Pronomen sowie andere Wörter, die mit Pronomen verwandt sind

Korrelative werden immer nur paarweise verwendet:

Undeklinierbare Korrelative

yatas - tatas = weil - darum
yatra - tatra = wo - dort
yathā - tathā = wie - so
yadā - tadā = wenn - dann
yadi - tarhi = falls - dann

Deklinierbare Korrelative

yad - tad = was - das
yati - tati = wieviele - soviele
yāvat - tāvat = wieviel - soviel
yādṛś - tādṛś = welch ein - solch ein
yādṛśa - tādṛśa = welch ein - solch ein

ātman (selbst, sich)

Das Reflexivpronomen »ātman« folgt der konsonantischen Deklination der dreistämmigen Subst. auf an (z.B. Akk.: ātmānam, siehe P16) und wird ohne Rücksicht auf Genus und Numerus wie das maskuline Singularwort »Selbst« behandelt.

– ātmānaṃ paśyāmi = ich sehe das Selbst = ich sehe mich selbst
– ātmānaṃ paśyāmaḥ = wir sehen das Selbst = wir sehen uns selbst
– ātmānaṃ paśyanti = sie sehen das Selbst = sie sehen sich selbst

svayam (selbst)

Das indeklinable Pronomen »svayam« steht für betontes »selbst« oder »allein«, z.B.: »svayaṃ bhāraṃ vahāmi« = ich selbst/ich allein trage die Last (und kein anderer)

sva – svīya – svakīya – nija (eigen)

Diese Possessivpronomen (sein, eigen) werden adjektivisch verwendet, z.B. »svān vā svīyān vā svakīyān vā nijān vā putrān« = »seine Söhne« (Pl.). »sva« ist Pronominaladjektiv (P30), während »svīya/svakīya« und »nija« der a-Deklination folgen (P02).

yati – tati (wieviel – soviel); kati? (wieviel?)

Diese Wörter werden nur im Plural dekliniert und haben kein Genus und im Nom. Akk. Pl. keine Endung. NA. IDA. GL.: yat-i, yat-i, yat-ibhis, yat-ibhyas, ya-ibhyas, yat-īnām, yat-iṣu

yāvat – tāvat (wieviel – soviel); etāvat (soviel); kīvat? (wieviel?)

Diese Pronomen werden als Maskulina und Neutra wie »balavat« (siehe P12) dekliniert. Feminina: yāvatī, tāvatī nach ī-Deklination (P07). Das Pronomen »kīvat?« ist vedisch.

iyat (soviel), kiyat? (wieviel?)

Die Deklination dieser Pronomen folgt dem Muster »balavat« (siehe P12). Die Feminina iyatī und kiyatī folgen der ī-Deklination (P07).

madīya, tvadīya, asmadīya, yuṣmadīya (mein, dein, unser, euer)
māmaka, tāvaka, āsmāka, yauṣmāka (mein, dein, unser, euer)
māmakīna, tāvakīna, āsmākīna, yauṣmākīṇa (mein, dein, unser, euer)

Diese seltenen Possessivpronomen folgen der vokalischen a-Deklination (siehe P02). Meist wird statt »madīyaṃ pustakam« usw. (mein Buch oder das meinige Buch usw.) der Genitiv des Personalpronomens verwendet, also »mama pustakam« usw.

tadīya, etadīya, yadīya (Ersatz für dessen, deren)

Diese seltenen Possessivpronomen treten an die Stelle der Genitive von tad, etad und yad, z.B. »tadīyaṃ pustakam« (sein Buch) statt »tasya pustakam« (dessen Buch).

tādṛś/tādṛśa, yādṛś/yādṛśa; etādṛś/etādṛśa, īdṛś/īdṛśa; kīdṛś/kīdṛśa?

Diese Pronomen (tādṛś, etādṛś, īdṛś usw. = solch ein; yādṛś = welch ein; kīdṛś = welch ein?) folgen der Deklination der Wurzelwörter, also wie P10 (Nom. m. f.: tādṛk, īdṛk, kīdṛk, z.B. »īdṛṅ_naraḥ« = solch ein Mensch), oder der a-Deklination (īdṛśaḥ, Nom. m., īdṛśī, Nom. f., z.B. »kīdṛśo naraḥ« und »kīdṛśī nārī«).

bhavat (Sie/Euer-Anrede)

Das Pronomen »bhavat« (Deklination wie »balavat«, f.: bhavatī) wird als höfliche Anrede (Euer Gnaden = Sie) verwendet, z.B. »bhavān hasati« = »Euer Gnaden geruhen zu lachen« = »Sie lachen«. Auch im Plural üblich, z.B. »bhavadbhiḥ« = »von Durchlaucht« = »von Ihnen«.

anyonyam, parasparam (gegenseitig)

Diese Reziprokpronomen werden meist als erstarrter Akk. Sg. verwendet, z.B. »anyonyaṃ tāḍayataḥ [anyo 'nyaṃ tāḍayati = Der eine schlägt den anderen] = Die beiden schlagen sich gegenseitig«; »parasparaṃ bhāvayantaḥ śreyo 'vāpsyatha [āp, avāpsyatha, 2. Pers. Pl. Fut.] = Indem ihr euch gegenseitig unterstützt, werdet ihr das Beste erreichen«.

7. Deklination der Zahlwörter

P32	**eka, Num. Sg. = 1**			**eka, Pron. Pl. = einige**		
	m.	f.	n.	m.	f.	n.
Nom.	ekas	ekā	ekam	eke	ekās	ekāni
Akk.	ekam	ekām	ekam	ekān	ekās	ekāni
Instr.	ekena	ekayā	ekena	ekais	ekābhis	ekais
Dat.	ekasmai	ekasyai	ekasmai	ekebhyas	ekābhyas	ekebhyas
Abl.	ekasmāt	ekasyās	ekasmāt	ekebhyas	ekābhyas	ekebhyas
Gen.	ekasya	ekasyās	ekasya	ekeṣām	ekāsām	ekeṣām
Lok.	ekasmin	ekasyām	ekasmin	ekeṣu	ekāsu	ekeṣu

P33	**dvi, m.f.n. Du. = 2**			»dvi« ist das Dualwort schlechthin.
	m.	f.	n.	
NA.	dvau	dve	dve	Man beachte:
IDA.	dvābhyām	dvābhyām	dvābhyām	Nur die Kardinalzahlen 1-4 haben
GL.	dvayos	dvayos	dvayos	drei Genus (Geschlechter): m.f.n.

P34	**tri, m.f.n. Pl. = 3**			**catur, m.f.n. Pl. = 4**		
	m.	f.	n.	m.	f.	n.
Nom.	trayas	tisras	trīṇi	catvāras	catasras	catvāri
Akk.	trīn	tisras	trīṇi	caturas	catasras	catvāri
Instr.	tribhis	tisṛbhis	tribhis	caturbhis	catasṛbhis	caturbhis
DA.	tribhyas	tisṛbhyas	tribhyas	caturbhyas	catasṛbhyas	caturbhyas
Gen.	trayāṇām	tisṛṇām	trayāṇām	caturṇām	catasṛṇām	caturṇām
Lok.	triṣu	tisṛṣu	triṣu	caturṣu	catasṛṣu	caturṣu

P35	**pañca, Pl. = 5**	**ṣaṣ, Pl. = 6**	**aṣṭa, Pl. = 8**		**daśa, Pl. = 10**
	kein Genus	kein Genus	kein Genus, zwei Varianten		kein Genus
NA.	pañca	ṣaṭ	aṣṭa	aṣṭau	daśa
Instr.	pañcabhis	ṣaḍbhis	aṣṭabhis	aṣṭābhis	daśabhis
DA.	pañcabhyas	ṣaḍbhyas	aṣṭabhyas	aṣṭābhyas	daśabhyas
Gen.	pañcānām	ṣaṇṇām	aṣṭānām	aṣṭānām	daśānām
Lok.	pañcasu	ṣaṭsu	aṣṭasu	aṣṭāsu	daśasu

P36	**viṃśati, f. Sg. = 20**		**triṃśat = 30**	**śatam = 100**	**viṃśatiḥ** wie »matiḥ«
	zwei Varianten		f. Sg.	n. Sg.	(i-Deklination, f. Sg.)
Nom.	viṃśatis	viṃśatis	triṃśat	śatam	siehe Paradigma P03
Akk.	viṃśatim	viṃśatim	triṃśatam	śatam	
Instr.	viṃśatyā	viṃśatyā	triṃśatā	śatena	**triṃśat** wie »marut«
Dat.	viṃśatyai	viṃśataye	triṃśate	śatāya	(Einstämmige, f. Sg.)
Abl.	viṃśatyās	viṃśates	triṃśatas	śatāt	siehe Paradigma P10
Gen.	viṃśatyās	viṃśates	triṃśatas	śatasya	
Lok.	viṃśatyām	viṃśatau	triṃśati	śate	**śatam** wie »vanam«, P01

Kardinalzahlen		**Ordinalzahlen**
1 eka	21 eka-viṃśati	1. prathama (-aḥ, -ā, -am)
2 dvi	22 dvā-viṃśati	2. dvitīya (-aḥ, -ā, -am)
3 tri	23 trayo-viṃśati	3. tṛtīya (-aḥ, -ā, -am); turīya (-aḥ, -ā, -am)
4 catur	24 catur-viṃśati	4. caturtha (-aḥ, -ī, -am)
5 pañca	25 paṇca-viṃśati	5. pañcama (-aḥ, -ī, -am)
6 ṣaṣ	26 ṣaḍ-viṃśati	6. ṣaṣṭha (-aḥ, -ī, -am)
7 sapta (A)	27 sapta-viṃśati	7. saptama (-aḥ, -ī, -am)
8 aṣṭa	28 aṣṭā-viṃśati	8. aṣṭama (-aḥ, -ī, -am)
9 nava (A)	29 nava-viṃśati	9. navama (-aḥ, -ī, -am)
10 daśa (A)	30 triṃśat	10. daśama (-aḥ, -ī, -am)
11 ekā-daśa (A)	31 eka-triṃśat	20. viṃśati-tama (-aḥ, -ī, -am)
12 dvā-daśa (A)	32 dvā-triṃśat	30. triṃśat-tama (-aḥ, -ī, -am)
13 trayo-daśa (A)	33 trayas-triṃśat	100. śata-tama (-aḥ, -ī, -am)
14 catur-daśa (A)	34 catus-triṃśat	1000. sahasra-tama (-aḥ, -ī, -am)
15 pañca-daśa (A)	35 pañca-triṃśat	Ordinalzahlen folgen a) als Maskulina/Neutra der a-Deklination, b) als Feminina der a-Dekl. (1.-3.) oder der ī-Deklination (ab 4.).
16 ṣoḍaśa (A)	36 ṣaṭ-triṃśat	
17 sapta-daśa (A)	37 sapta-triṃśat	
18 aṣṭā-daśa (A)	38 aṣṭā-triṃśat	
19 nava-daśa (A)	39 nava-triṃśat	**Indeklinable Zahlwörter** (einige Bespiele):
20 viṃśati	(A) = Dekl. wie pañca	ekadhā = einfach, Ind.
30 triṃśat	(B) = Dekl. wie triṃśat	dvidhā = zweifach, Ind.
40 catvāriṃśat (B)	(C) = Dekl. wie viṃśati	tridhā = dreifach, Ind.
50 pañcāśat (B)	(D) = Dekl. wie śatam	sakṛt = einmal, Ind.
60 ṣaṣṭi (C)	500 pañca-śatam	dvis = zweimal, Ind.
70 saptati (C)	1000 sahasram (D)	tris = dreimal, Ind.
80 aśīti (C)	10000 ayutam (D)	ekaśas = einzeln, Ind.
90 navati (C)	100000 lakṣam (D)	dviśas = zu zweit, Ind.
100 śatam	1000000 prayutam (D)	triśas = zu dritt, Ind.

1. Die Zahl 1 ist sowohl Zahlwort (Sg.) als auch Pronomen (Sg. oder Pl.): ekaṃ pustakam = 1 Buch, ekaḥ śaṭhaḥ = ein gewisser Schurke.
2. Die Zahl 2 ist wegen des Duals aller Nomen selten: dve pustake = pustake = 2 Bücher.
3. Die Zahlen 3-4 werden als Adjektive verwendet, die im Kasus und im Genus mit dem Substantiv übereinstimmen: trīṇi/catvāri mitrāṇi = 3/4 Freunde.
4. Die Zahlen 5-19 sind Adjektive mit pluralischer Deklination ohne Genus, die folglich nur im Kasus mit dem Substantiv übereinstimmen: pañca/daśa kumārāḥ/kumāryaḥ = 5/10 Jünglinge/Jungfrauen.
5. Die Zahlen 20-99 sind entweder feminine, singularische Adj., die nur im Kasus mit dem Bezugswort übereinstimmen (viṃśatiḥ/triṃśat narāḥ/nāryaḥ = 20/30 Männer/Frauen), oder sie sind feminine, singularische Subst., denen das Bezugswort im Gen. Plural folgt (catvāriṃśat/pañcāśat narāṇām/nārīṇām = 40/50 Männer/Frauen).
6. Die Zahlen 100 und 1000 werden wie die Zahlen 20-99 meistens als Singularwörter behandelt, nur sind 100 und 1000 Neutra: śatam/sahasram aśvān/dhenūḥ = 100/1000 Pferde/Kühe (Akk. Pl.) oder śatam/sahasram aśvānām/dhenūnām = 100/1000 von Pferden/Kühen (Gen. Pl.). Die Zahlen 100 und 1000 können aber als Doppelzahlwörter (dve śate = 200, trīṇi śatāni = 300) sowie als unbestimmte Zahlwörter (sahasrāṇi dhenūnām = Tausende von Kühen) auch im Dual und Plural verwendet werden.
7. In den Originaltexten gibt es bei den Zahlwörtern viele weitere Eigentümlichkeiten.

8. Konjugation der Verben

8.1. Morphologische Übersicht

		Beispielverben	Stammbildungs-Grundregeln	
1.	**Präsens-System** Präs.+Impf.+Imp.+Opt.		Im einzelnen gibt es viele Sonderregeln und Ausnahmen bei der Stammbildung	
	Thematische Konj.			
	Klasse 1	bhṛ, bhar-a-ti	Guna-Wz. + Thema-»a« + Endung	
	Klasse 4	puṣ, puṣ-y-a-ti	Wz. + »y« + Thema-»a« + Endung	
	Klasse 6	tud, tud-a-ti	Wz. + Thema-»a« + Endung	
	Klasse 10	cur, cor-ay-a-ti	Guna-Wz. + »ay« + Thema-»a« + Endung	
	Athematische Konj.			
	Klasse 2	dviṣ, dveṣ-ṭi	stark	Guna-Wz. + Endung
		dviṣ, dviṣ-ṭha*	schwach*	Wz. + Endung, *z.B. 2. Pers. Pl.
	Klasse 3	hu, ju-ho-ti	stark	Guna-Wz. redupl. + Endung
		hu, ju-hu-tha	schwach	Wz. redupliziert + Endung
	Klasse 5	āp, āp-no-ti	stark	Wz. + Affix-»no« + Endung
		āp, āp-nu-tha	schwach	Wz. + Affix-»nu« + Endung
	Klasse 7	bhid, bhi-na-t-ti	stark	Wz. + Infix-»na« + Endung
		bhid, bhi-n-t-tha	schwach	Wz. + Infix-»n« + Endung
	Klasse 8	tan, tan-o-ti	stark	Wz. + Affix-»o« + Endung
		tan, tan-u-tha	schwach	Wz. + Affix-»u« + Endung
	Klasse 9	jñā, jā-nā-ti	stark	Wz. + Affix-»nā« + Endung
		jñā, jā-nī-tha	schwach	Wz. + Affix-»nī« + Endung
2.	**Perfekt-System**	tud, tu-tod-a	stark	Guna-Wz. redupl. + Endung
		tud, tu-tud-a	schwach	Wz. redupliziert + Endung
3.	**Aorist-System**	tud, a-taut-s-īt	Viele Bildungsregeln, hier sigmatischer Aor.	
4.	**Futur-System**	tud, tot-sy-a-ti	Guna-Wz. + »sy« + Thema-»a« + Endung	
5.	**Passiv-System**	tud, tud-y-a-te	Wz. + »y« + Thema-»a« + Endung	

8.2. Semantische Übersicht

	Aktiv		Passiv	
Präs.	bharati	er trägt	bhriyate	er wird getragen
Impf.	abharat	er trug	abhriyata	er wurde getragen
Perf.	babhāra	er trug	babhre	er wurde getragen
Aor.	abhārṣīt	er trug	abhāri	er wurde getragen
Fut.	bhariṣyati	er wird tragen	bhariṣyate	er wird getragen werden
Imp.	bhara!	trage!	bhriyasva!	werde getragen!
Imp.	bharāṇi	ich will tragen	bhriyai	ich will getragen werden
Opt.	bhareyam	ich möchte tragen	bhriyeya	ich möchte getragen werden
Imp.	bharatu	er soll tragen	bhriyatām	er soll getragen werden
Opt.	bharet	er sollte tragen	bhriyeta	er sollte getragen werden
Opt.	bharet	er würde tragen	bhriyeta	er würde getragen werden
Kond.	abhariṣyat	er hätte getragen	abhariṣyata	er wäre getragen worden

8.3. Erläuterungen

1. Die **Wurzel** ist die kleinste Einheit, aus der man durch Suffixe usw. den **Stamm** bildet, der auch mit der Wurzel identisch sein kann (z.B »tud« = Wz. = Stamm). Man zählt rund 2000 Wurzeln, von denen aber nur rund 1200 in den alten Sanskrittexten belegbar sind.
2. Ein **finites Verb** läßt sich in maximal 5 Bestandteile zerlegen, z.B. »sam-a-bhriy-a-ta« (»es wurde zusammengetragen«): 1. Präfix »sam«, 2. Augment »a«, 3. Stamm »bhriy« (3a: Wz. bhṛ, 3b: Passiv-Bildungssuffix »y«), 4. Themavokal »a«, 5. Endung »ta«.
3. Das **Präsens-System** (Präs./Impf./Imp./Opt.) hat denselben Stamm für 1. Präsens Aktiv im engeren Sinne, sowie für 2. Imperfekt Aktiv, 3. Imperativ Aktiv und 4. Optativ Aktiv.
4. Das Präsens-System umfaßt **10 Verbklassen**, wobei manche Verben mehreren Klassen angehören (z.B. »ḍī, ḍayate = fliegen«, 1. Klasse, sowie »ḍī, ḍīyate = fliegen«, 4. Klasse).
5. Die zehn Präsens-Verbklassen werden in **thematische Verben**, die den Thema- bzw. Bildevokal »a« zwischen Stamm und Endung aufweisen, und **athematische Verben**, die ohne das Thema-»a« gebildet werden, zusammengefaßt (»thema« = griech. Stamm).
6. Die allesamt aktiven Präsens-Klassen (Präs. Akt., Impf. Akt., Imp. Akt. und Opt. Akt.), haben zwei verschiedene Endungssysteme: **Parasmaipada** (»parasmai, Dat., padam« = »Wort für einen anderen«, z.B. »yajati = für einen anderen opfern«) und **Atmanepada** (»ātmane, Dat., padam« = »Wort für einen selbst«, z.B. »yajate = für sich selbst opfern«). Im klassischen Sanskrit gibt nur ganz selten einen semantischen Unterschied zwischen Par. und Atm., so daß die Übersetzung von Par. als »Aktiv« und von Atm. als »Medium« irreführend ist: Es gibt Verben, die nur im Par. oder nur im Atm. konjugiert werden und doch aktivische (nicht-mediale, nicht-reflexive) Bedeutung haben (z.B. jayati, nur Par., und vi-jayate, nur Atm., jeweils: besiegen). Und es gibt Verben, die im Par. **und** im Akt. konjugiert werden und doch jeweils dieselbe Bedeutung haben (z.B. cintayati, Par., und cintayate, Atm., jeweils: nachdenken). Daher ist der Ausdruck »Aktiv Atmanepada« auch kein Widerspruch. Dagegen wäre "Aktiv Medium" eine contradictio in adjecto.
7. Das **Futur-System** hat die Endungen des thematischen Präsens Aktiv Parasmaipada. Das **Passiv-System** hat die Endungen des thematischen Präsens Aktiv Atmanepada.
8. Sanskrit unterscheidet (anders als das ältere Vedisch) semantisch nicht mehr zwischen Imperfekt, Perfekt und Aorist. Daher wurden – zugunsten des Imperfekts – zunächst der Aorist und in späterer Zeit dann auch das Perfekt immer seltener verwendet.
9. Beim Imperativ muß man semantisch zwischen der ersten, zweiten und dritten Person unterscheiden. Ähnliches gilt für den Optativ. Außerdem tritt der Optativ sowie der (sehr seltene) Konditional an die Stelle des im Sanskrit nicht vorhandenen Konjunktivs.

8.4. Aufbau der Konjugationstabellen

Um möglichst viele Paradigmen abdrucken zu können, verwenden wir die folgende Matrix:

Paradigma					
Präsens			Imperfekt		
1. Person Sg. 2. Person Sg. 3. Person Sg.	1. Person Du. 2. Person Du. 3. Person Du.	1. Person Pl. 2. Person Pl. 3. Person Pl.	1. Person Sg. 2. Person Sg. 3. Person Sg.	1. Person Du. 2. Person Du. 3. Person Du.	1. Person Pl. 2. Person Pl. 3. Person Pl.
Imperativ			Optativ		
1. Person Sg. 2. Person Sg. 3. Person Sg.	1. Person Du. 2. Person Du. 3. Person Du.	1. Person Pl. 2. Person Pl. 3. Person Pl.	1. Person Sg. 2. Person Sg. 3. Person Sg.	1. Person Du. 2. Person Du. 3. Person Du.	1. Person Pl. 2. Person Pl. 3. Person Pl.

8.5. Thematische und athematische Konjugationsendungen

8.5.1. Thematische Konjugationsendungen einschließlich des Themavokals »a«

Thematische Parasmaipada-Endungen einschließlich Thema-»a« der Klassen 1, 4, 6, 10					
Präsens			Imperfekt		
-āmi	-āvas	-āmas	-am	-āva	-āma
-asi	-athas	-atha	-as	-atam	-ata
-ati	-atas	-anti	-at	-atām	-an
Imperativ			Optativ		
-āni	-āva	-āma	-eyam	-eva	-ema
-a	-atam	-ata	-es	-etam	-eta
-atu	-atām	-antu	-et	-etām	-eyus

Thematische Atmanepada-Endungen einschließlich Thema-»a« der Klassen 1, 4, 6, 10					
Präsens			Imperfekt		
-e	-āvahe	-āmahe	-e	-āvahi	-āmahi
-ase	-ethe	-adhve	-athās	-ethām	-adhvam
-ate	-ete	-ante	-ata	-etām	-anta
Imperativ			Optativ		
-ai	-āvahai	-āmahai	-eya	-evahi	-emahi
-asva	-ethām	-adhvam	-ethās	-eyāthām	-edhvam
-atām	-etām	-antām	-eta	-eyātām	-eran

Das Thema-»a« verschmilzt mit den Endungen **nicht** nach Sandhiregeln: z.B. wird das »a« vor m und v zu ā gelängt, entfällt vor am und an (Impf. Par.), vor e (1. Pers. Sg. Präs. Atm), verschmilzt im gesamten Opt. Atm. mit ī zu e, in der 1. Pers. Sg. Impf. Atm. mit i zu e, usw.

8.5.2. Athematische Konjugationsendungen

Athematische Parasmaipada-Endungen der Klassen 2, 3, 5, 7, 8, 9					
Präsens			Imperfekt		
-mi	-vas	-mas	**-am**	-va	-ma
-si	-thas	-tha	**-s**	-tam	-ta
-ti	-tas	-anti [-ati]	**-t**	-tām	-an [-us]
Imperativ			Optativ		
-āni	**-āva**	**-āma**	-yām	-yāva	-yāma
-dhi/hi [-/āna]	-tam	-ta	-yās	-yātam	-yāta
-tu	-tām	-antu [-atu]	-yāt	-yātām	-yus

Athematische Atmanepada-Endungen der Klasse 2, 3, 5, 7, 8, 9					
Präsens			Imperfekt		
-e	-vahe	-mahe	-i	-vahi	-mahi
-se	-āthe	-dhve	-thās	-āthām	-dhvam
-te	-āte	-ate	-ta	-ātām	-ata
Imperativ			Optativ		
-ai	**-āvahai**	**-āmahai**	-īya	-īvahi	-īmahi
-sva	-āthām	-dhvam	-īthās	-īyāthām	-īdhvam
-tām	-ātām	-atām	-īta	-īyātām	-īran

1. Nur bei den 13 **fett** gedruckten Endungen wird der **starke** Stamm des Verbs benutzt.
2. Die 4 Endungen [-ati], [-atu], [-us], [-āna] sind **irregulär**, alle anderen Endungen regulär. Die 3 Nasalverlust-Endungen [-ati], [-atu], [-us] kommen bei reduplizierten Wurzeln vor. Bei der 2. Pers. Sg. Imp. Par. gelten -hi (nach Vokal) und -dhi (nach Kons.) als regulär.

8.6. Thematische Konjugation (Klassen: 1, 4, 6, 10) im Aktiv: Präs., Impf., Imp., Opt.

Die thematischen Verben werden konjugiert, indem man von der in Sanskrit-Wörterbüchern aufgeführten 3. Pers. Sg. »-ati« (Par.) bzw. »-ate« (Atm.) abstreift und dann die auf der vorangehenden Seite aufgeführten Endungen für Par. oder Atm. wie folgt anfügt:

P37	**bhṛ, bharati, 1. = tragen (Parasmaipada)**				
Präsens (er trägt)			Imperfekt (er trug)		
bhar-āmi	bhar-āvas	bhar-āmas	abhar-am	abhar-āva	abhar-āma
bhar-asi	bhar-athas	bhar-atha	abhar-as	abhar-atam	abhar-ata
bhar-ati	bhar-atas	bhar-anti	abhar-at	abhar-atām	abhar-an
Imperativ (er soll tragen)			Optativ (er sollte tragen)		
bhar-āṇi	bhar-āva	bhar-āma	bhar-eyam	bhar-eva	bhar-ema
bhar-a	bhar-atam	bhar-ata	bhar-es	bhar-etam	bhar-eta
bhar-atu	bhar-atām	bhar-antu	bhar-et	bhar-etām	bhar-eyus

P38	**bhṛ, bharate, 1. = tragen (Atmanepada)**				
Präsens (er trägt)			Imperfekt (er trug)		
bhar-e	bhar-āvahe	bhar-āmahe	abhar-e	abhar-āvahi	abhar-āmahi
bhar-ase	bhar-ethe	bhar-adhve	abhar-athās	abhar-ethām	abhar-adhvam
bhar-ate	bhar-ete	bhar-ante	abhar-ata	abhar-etām	abhar-anta
Imperativ (er soll tragen)			Optativ (er sollte tragen)		
bhar-ai	bhar-āvahai	bhar-āmahai	bhar-eya	bhar-evahi	bhar-emahi
bhar-asva	bhar-ethām	bhar-adhvam	bhar-ethās	bhar-eyāthām	bhar-edhvam
bhar-atām	bhar-etām	bhar-antām	bhar-eta	bhar-eyātām	bhar-eran

1. Nur die Imperativ-Endung »āni« kann der Zerebralisierung zu »āṇi« unterworfen sein. Dies ist die einzige Sandhiregel, die bei athematischen Verben zu berücksichtigen ist:

   bhav-āni, asy-āni, diś-āni usw. unverändert, aber z.B. bhar-āṇi, wegen r vor n (R44).

2. Im Impf. wird das **Augment** »a« vor den Stammanlaut gestellt. Bei den wenigen vokalisch anlautenden Stämmen verschmilzt das Augment »a« mit dem Anlautvokal zum **Vriddhi**-Diphthong:

   av-ati, āv-at; asy-ati, āsy-at; īkṣ-ate, aikṣ-ata; icch-ati, aicch-at; uñch-ati, auñch-at usw.

3. Präfixe stehen vor dem Stammanlaut oder im Impf. vor dem Augment:

   ut-tiṣṭhati, ud-atiṣṭhat; pari-patati, pary-apatat; ava-rohati, avā-rohat usw.

Häufigkeitsverteilung der Personalendungen

Von sämtlichen Endungen kommen nur jeweils die 3. Pers. Sg. und Pl. häufig vor, ferner die 2. Pers. Sg. und Pl. Imperativ. Die Dual-Endungen sind naturgemäß alle selten, aber auch Atmanepada-Endungen (Aktiv: siehe P38, Passiv: siehe P39) sind teilweise extrem selten. So kommen z.B. im Mahabharata, Ramayana, Brahma-Purana, Bhagavata-Purana, Rig-Veda, Shatapatha-Brahmana, Manu-Smriti und Shakuntala (= insgesamt rund 17.500.000 Zeichen) im Optativ »-eyāthām« (Du.) 0mal, »-edhvam« (Pl.) 0mal und »-eyātām« (Du.) nur 24mal vor. Im Präsens kommt z.B. »-ethe« (Du.) 31mal vor: 1mal im Shakuntala, 30mal im Vedischen. Die 2. Pers. Pl. Präs. Atm. »-adhve« findet man zwar im Rig-Veda und Shatapatha (15mal), nicht aber in den Epen, die »-adhve« durch »-adhvam« ersetzen (2. Pers. Pl. Imp. Atm., teils mit Präsensbedeutung). Umgekehrt kommt z.B. die Endung »-antu« (3. Pers. Pl. Imp. Par.) über 1000mal vor, und auch »-antām« (3. Pers. Pl. Imp. Atm.) ist als Atm.-Endung häufig. Am häufigsten sind jedoch die 3. Pers. Sg. und Pl. von Präs. Par. und Impf. Par. So kommt z.B. »-anti« (3. Pers. Pl. Präs. Par.) in den obigen Texten insgesamt fast 10.000mal vor.

8.7. Bildung der Präsens-Stämme der thematischen Verben

Die thematischen Verben der Klassen 1, 4, 6 und 10 haben immer regelmäßige Endungen:

	Parasmaipada	**Atmanepada**
Klasse 1:	bhū, bhav-ati, 1. = sein	kāś, kāś-ate, 1. = scheinen
Klasse 4:	as, asy-ati, 4. = werfen	yudh, yudhy-ate, 4. = kämpfen
Klasse 6:	diś, diś-ati, 6. = zeigen	lajj, lajj-ate, 6. = sich schämen
Klasse 10:	gaṇ, gaṇay-ati, 10. = zählen	spṛh, spṛhay-ate, 10. = begehren

Der Stamm für Präs., Impf., Imp. und Opt. Akt. wird jedoch meistens unregelmäßig gebildet, so daß neben der Wurzel in der Regel auch der Stamm auswendig gelernt werden muß:

Bedeutung	**Klasse**	**Wurzel**	**Stamm**	theoretischer Stamm	**Kommentar**
gehen	1.	gam	gacch-ati	"gam-ati"	eigener Stamm
reichen	1.	yam	yacch-ati	"yam-ati"	eigener Stamm
beißen	1.	daṃś	daś-ati	"daṃś-ati"	Nasalverlust
sehen	1.	īkṣ	īkṣ-ate	"ekṣate"	Langsilbe
verbergen	1.	guh	gūh-ati	"goh-ati"	Langsilbe (R56)
leben	1.	jīv	jīv-ati	"jev-ati"	Langsilbe
tadeln	1.	nind	nind-ati	"nend-ati"	Langsilbe
bitten	1.	bhikṣ	bhikṣ-ati	"bhekṣ-ati"	Langsilbe
sitzen	1.	sad	sīd-ati	"sad-ati"	Vokalwechsel
riechen	1.	ghrā	jighr-ati	"ghr-ati"	Reduplikation
trinken	1.	pā	pib-ati	"p-ati"	Reduplikation
stehen	1.	sthā	tiṣṭh-ati	"sth-ati"	Reduplikation
schreiten	1.	kram	krām-ati	"kram-ati"	Vriddhi-Dehnung
singen	1.	gai	gāy-ati	"gayati"	Vriddhi-Dehnung
entstehen	4.	jan	jāy-ate	"jany-ate"	eigener Stamm
zähmen	4.	dam	dāmy-ati	"damy-ati"	Vriddhi-Dehnung
beruhigen	4.	śam	śāmy-ati	"śamy-ati"	Vriddhi-Dehnung
ermüden	4.	śram	śrāmy-ati	"śramy-ati"	Vriddhi-Dehnung
fallen	4.	bhraṃś	bhraśy-ati	"bhraṃśy-ati"	Nasalverlust
durchbohren	4.	vyadh	vidhy-ati	"vyadhy-ati"	Samprasarana
fragen	6.	pracch	pṛcch-ati	"pracch-ati"	Samprasarana
wünschen	6.	iṣ	icch-ati	"iṣ-ati"	eigener Stamm
sterben	6.	mṛ	mriy-ate	"mara-te"	»riy« statt »ar«
zerstreuen	6.	kṝ	kir-ati	"kar-ati"	»ir« statt »ar«
schneiden	6.	kṛt	kṛnta-ti	"kṛt-ati"	Nasalierung
befreien	6.	muc	muñc-ati	"muc-ati"	Nasalierung
begießen	6.	sic	siñc-ati	"sic-ati"	Nasalierung
beschmieren	6.	lip	limp-ati	"lip-ati"	Nasalierung
plündern	6.	lup	lump-ati	"lup-ati"	Nasalierung
finden	6.	vid	vind-ati	"vid-ati"	Nasalierung
zurückgeben	10.	ṛ	arpay-ati	"aray-ati"	eigener Stamm
töten	10.	han	ghātay-ati	"hanay-ati"	eigener Stamm
planen	10.	cint	cintay-ati	"centay-ati"	Langsilbe (R56)
verehren	10.	pūj	pūjay-ati	"pojay-ati"	Langsilbe
schmücken	10.	bhūṣ	bhūṣay-ati	"bhoṣay-ati"	Langsilbe
anziehen	10.	dhṛ	dhāray-ati	"dharay-ati"	Vriddhi-Dehnung

Einige theoretische Stämme waren im Vedischen noch üblich, z.B. gamati, marate usw.

8.8. Konjugation der Verben aller 10 Klassen im Passiv: Präs., Impf., Imp., Opt.

P39	**tud, tudati, 6. = schlagen, tudyate, Passiv = geschlagen werden**				
Präsens Passiv (er wird geschlagen)			Imperfekt Passiv (er wurde geschlagen)		
tudy-e	tudy-āvahe	tudy-āmahe	atudy-e	atudy-āvahi	atudy-āmahi
tudy-ase	tudy-ethe	tudy-adhve	atudy-athās	atudy-ethām	atudy-adhvam
tudy-ate	tudy-ete	tudy-ante	atudy-ata	atudy-etām	atudy-anta
Imperativ Pass. (er soll geschlagen werden)			Optativ Passiv (er sollte geschlagen werden)		
tudy-ai	tudy-āvahai	tudy-āmahai	tudy-eya	tudy-evahi	tudy-emahi
tudy-asva	tudy-ethām	tudy-adhvam	tudy-ethās	tudy-eyāthām	tudy-edhvam
tudy-atām	tudy-etām	tudy-antām	tudy-eta	tudy-eyātām	tudy-eran

1. Der Passiv-Stamm aller thematischen und athematischen Verben wird gebildet

   a) bei den Klassen 1 bis 9 durch Anfügung von **»y« direkt an die Wurzel**

   b) bei der Klasse 10 durch Anfügung von **»y« an den Stamm OHNE »ay«**

   wobei es oft Sonderfälle gibt, die man den Sanskrit-Wörterbüchern entnehmen muß.
2. An den Passiv-Stamm werden dann die Endungen des Präsens Aktiv Atmanepada der thematischen Konjugation (siehe Paradigma P38) angehängt.
3. Bei Atmanepada-Verben der Klasse 4 sind Präs. Akt. Atm. und Präs. Pass. formgleich:

   ḍī, ḍīyate: a) fliegen: Präs. Akt. Atm., b) geflogen werden: Präs. Pass.

8.9. Konjugation der Verben aller 10 Klassen im Aktiv und Passiv: Futur und Kond.

P40	**totsyati, Fut. = er wird schlagen**		**atotsyat, Kond. = er hätte geschlagen**		
Futur Aktiv			Konditional Aktiv		
totsy-āmi	totsy-āvas	totsy-āmas	atotsy-am	atotsy-āva	atotsy-āma
totsy-asi	totsy-athas	totsy-atha	atotsy-as	atotsy-atam	atotsy-ata
totsy-ati	totsy-atas	totsy-anti	atotsy-at	atotsy-atām	atotsy-an
Futur Passiv (oder Fut. Akt. Atm.)			Konditional Passiv (oder Kond. Akt. Atm.)		
totsy-e	totsy-āvahe	totsy-āmahe	atotsy-e	atotsy-āvahi	atotsy-āmahi
totsy-ase	totsy-ethe	totsy-adhve	atotsy-athās	atotsy-ethām	atotsy-adhvam
totsy-ate	totsy-ete	totsy-ante	atotsy-ata	atotsy-etām	atotsy-anta

1. Der Futur-Stamm wird gebildet

   a) bei den Klassen 1 bis 9 durch Anfügung von **»sy« oder »iṣy« direkt an die Wurzel**

   b) bei der Klasse 10 durch Anfügung von regelmäßig **»iṣy« an den Stamm MIT »ay«**

   wobei der Wurzel- oder Stammvokal meist guniert wird.
2. Das Futur Aktiv verwendet die Endungen des Präs. Par. der thematischen Konjugation, (siehe Paradigma P37). Das Futur Passiv verwendet die Endungen des Präs. Atm. der thematischen Konjugation (siehe P38) und ist damit formgleich mit dem Fut. Akt. Atm.
3. In den Epen findet man für die 2. Pers. Pl. Fut. Akt. Atm. meist die Endung »-adhvam« statt »-adhve«, z.B. »yūyaṃ cariṣyadhvam« = »ihr werdet wandern« (Wz. car, carati).
4. Der extrem seltene Konditional verwendet den Futur-Stamm mit dem Augment und den Endungen des Imperfekts der thematischen Konjugation, und zwar der Kond. Akt. die Endungen des Impf. Par. (siehe P37) und der Kond. Pass. die Endungen des Impf. Atm., formgleich mit dem Kond. Akt. Atm. (siehe P38). Der Konditional entspricht semantisch dem deutschen Irrealis (»hätte gehabt«, »wäre gewesen«).

8.10. Bildung der Futur- und Passiv-Stämme der Verben aller 10 Klassen

Diese Stämme sind oft irregulär gebildet und müssen dem Wörterbuch entnommen werden. Nur von 200 der rund 1200 belegbaren Wurzeln läßt sich ein Futur in den Texten belegen.

Hilfsregeln für die Passiv-Stammbildung

1. Wurzeln haben oft Samprasarana (»ya« wird »i«, »va« wird »u« usw.)
   Beispiel: vac, ucyate = gesagt werden; vyadh, vidhyate = getroffen werden
2. Wurzeln auf »an« verlieren teilweise das »n« unter Vokaldehnung.
   Beispiel: khan, khāyate/khanyate = gegraben werden; jan, jāyate = geboren werden
3. Wurzeln mit geschlossener Silbe verlieren oft den Infix-Nasal.
   Beispiel: bandh, badhyate = gebunden werden; bhañj, bhajyate = gebrochen werden
4. Wurzeln auf die Langvokale »ā« und »ai« substituieren teilweise »ī«.
   Beispiel: pā, pīyate = getrunken werden; aber jñā, jñāyate = erkannt werden
5. Wurzeln auf die Kurzvokale »i« und »u« verlängern oft den Vokal.
   Beispiel: śru, śrūyate = gehört werden; ci, cīyate = gesammelt werden
6. Wurzeln auf »ṛ« und »ṝ« verwandeln den Vokal in »ar«, »ri«, »īr« oder »ūr«.
   Beispiel: kṛ, kriyate = gemacht werden; kṝ, kīryate = verstreut werden

Wz.	Präsens	Kl.	Bedeutung	Futur-Stämme		Passiv-Stamm
gam	gacch-ati	1.	gehen	–	gam-iṣy-ati	gam-y-ate
gai	gāy-ati	1.	singen	gā-sy-ati	–	gī-y-ate
ji	jay-ati	1.	siegen	je-ṣy-ati	jay-iṣy-ati	jī-y-ate
ḍī	ḍay-ate	1.	fliegen	–	(ḍay-iṣy-ate)	ḍī-y-ate
tṝ	tar-ati	1.	überqueren	–	tar-iṣy-ati	tīr-y-ate
tyaj	tyaj-ati	1.	verlassen	tyak-ṣy-ati	tyaj-iṣy-ati	tyaj-y-ate
daṃś	daś-ati	1.	beißen	(daṅkṣy-ati)	daś-iṣy-ati	daś-y-ate
nam	nam-ati	1.	grüßen	naṃ-sy-ati	nam-iṣy-ati	nam-y-ate
nī	nay-ati	1.	führen	ne-ṣy-ati	nay-iṣy-ati	nī-y-ate
pac	pac-ati	1.	kochen	pak-ṣy-ati	–	pac-y-ate
pā	pib-ati	1.	drinken	pā-sy-ati	–	pī-y-ate
budh	bodh-ati	1.	erkennen	bhot-sy-ati	–	budh-y-ate
bhū	bhav-ati	1.	sein	–	bhav-iṣy-ati	bhū-y-ate
bhṛ	bhar-ati	1.	tragen	–	bhar-iṣy-ati	bhri-y-ate
ram	ram-ate	1.	vergnügen	raṃ-sy-ate	–	ram-y-ate
ruh	roh-ati	1.	wachsen	rok-ṣy-ati	–	ruh-y-ate
labh	labh-ate	1.	erlangen	(lap-sy-ate)	lap-iṣy-ati	labh-y-ate
vad	vad-ati	1.	sagen	–	vad-iṣy-ati	ud-y-ate
vap	vap-ati	1.	säen	vap-sy-ati	vap-iṣy-ati	up-y-ate
vas	vas-ati	1.	wohnen	vat-sy-ati	vas-iṣy-ati	uṣ-y-ate
vah	vah-ati	1.	tragen	vak-ṣy-ati	vah-iṣy-ati	uh-y-ate
vṛdh	vardh-ate	1.	wachsen	vart-sy-ati	(vardh-iṣy-ate)	(vṛdh-y-ate)
śaṃs	śaṃs-ati	1.	preisen	–	śaṃs-iṣy-ati	śas-y-ate
sad	sīd-ati	1.	sitzen	sat-sy-ati	sīd-iṣy-ati	sad-y-ate
sthā	tiṣṭh-ati	1.	stehen	sthā-sy-ati	–	sthī-y-ate
hṛ	har-ati	1.	wegnehmen	–	har-iṣy-ati	hri-y-ate
kṛ	kāray-ati	10.	veranlassen	–	kāray-iṣy-ati	kār-y-ate
gaṇ	gaṇay-ati	10.	zählen	–	gaṇay-iṣy-ati	gaṇ-y-ate
cur	coray-ati	10.	stehlen	–	coray-iṣy-ati	cor-y-ate
tul	tolay-ati	10.	wiegen	–	tolay-iṣy-ati	tol-y-ate

8.11. Zusammenfassendes Konjugationsbeispiel: yaj, yajati, yajate, 1. = opfern

P41	**yajati, Parasmaipada**				
Präs. Akt. Par. (er opfert)			Impf. Akt. Par. (er opferte)		
yaj-āmi yaj-asi yaj-ati	yaj-āvas yaj-athas yaj-atas	yaj-āmas yaj-atha yaj-anti	ayaj-am ayaj-as ayaj-at	ayaj-āva ayaj-atam ayaj-atām	ayaj-āma ayaj-ata ayaj-an
Imp. Akt. Par. (er soll opfern)			Opt. Akt. Par. (er sollte opfern)		
yaj-āni yaj-a yaj-atu	yaj-āva yaj-atam yaj-atām	yaj-āma yaj-ata yaj-antu	yaj-eyam yaj-es yaj-et	yaj-eva yaj-etam yaj-etām	yaj-ema yaj-eta yaj-eyus

P42	**yajate, Atmanepada**				
Präs. Akt. Atm. (er opfert)			Impf. Akt. Atm. (er opferte)		
yaj-e yaj-ase yaj-ate	yaj-āvahe yaj-ethe yaj-ete	yaj-āmahe yaj-adhve yaj-ante	ayaj-e ayaj-athās ayaj-ata	ayaj-āvahi ayaj-ethām ayaj-etām	ayaj-āmahi ayaj-adhvam ayaj-anta
Imp. Akt. Amt. (er soll opfern)			Opt. Akt. Atm. (er sollte opfern)		
yaj-ai yaj-asva yaj-atām	yaj-āvahai yaj-ethām yaj-etām	yaj-āmahai yaj-adhvam yaj-antām	yaj-eya yaj-ethās yaj-eta	yaj-evahi yaj-eyāthām yaj-eyātām	yaj-emahi yaj-edhvam yaj-eran

P43	**ijyate, Passiv**				
Präs. Pass. (er wird geopfert)			Impf. Pass. (er wurde geopfert)		
ijy-e ijy-ase ijy-ate	ijy-āvahe ijy-ethe ijy-ete	ijy-āmahe ijy-adhve ijy-ante	aijy-e aijy-athās aijy-ata	aijy-āvahi aijy-ethām aijy-etām	aijy-āmahi aijy-adhvam aijy-anta
Imp. Pass. (er soll geopfert werden)			Opt. Pass. (er sollte geopfert werden)		
ijy-ai ijy-asva ijy-atām	ijy-āvahai ijy-ethām ijy-etām	ijy-āmahai ijy-adhvam ijy-antām	ijy-eya ijy-ethās ijy-eta	ijy-evahi ijy-eyāthām ijy-eyātām	ijy-emahi ijy-edhvam ijy-eran

P44	**yakṣyati, Futur**		**ayakṣyat, Konditional**		
Fut. Akt. Par. (er wird opfern)			Kond. Akt. Par. (er hätte geopfert)		
yakṣy-āmi yakṣy-asi yakṣy-ati	yakṣy-āvas yakṣy-athas yakṣy-atas	yakṣy-āmas yakṣy-atha yakṣy-anti	ayakṣy-am ayakṣy-as ayakṣy-at	ayakṣy-āva ayakṣy-atam ayakṣy-atām	ayakṣy-āma ayakṣy-ata ayakṣy-an
Fut. Pass. (er wird geopfert werden)*			Kond. Pass. (er wäre geopfert worden)*		
yakṣy-e yakṣy-ase yakṣy-ate*	yakṣy-āvahe yakṣy-ethe yakṣy-ete	yakṣy-āmahe yakṣy-adhve yakṣy-ante	ayakṣy-e ayakṣy-athās ayakṣy-ata*	ayakṣy-āvahi ayakṣy-ethām ayakṣy-etām	ayakṣy-āmahi ayakṣy-adhvam ayakṣy-anta

*yakṣy-ate Futur Pass. **oder** Futur Akt. Atm. (fast immer liegt Futur Aktiv Atm. vor)

*ayakṣy-ata Kond. Pass. **oder** Kond. Akt. Atm. (fast immer liegt Kond. Aktiv Atm. vor)

8.12. Das unregelmäßige Verb »as, asti, 2. = sein«

P45	**as, asti**, 2. = sein, nur Par., starker Stamm: as, schwacher Stamm: s								
Präsens Par. üblich [Präs. Atm. unüblich]						Imperfekt Par.			
as-mi	[he]	s-vas	[svahe]	s-mas	[smahe]	ās-am	ās-va	ās-ma	
a-si	[se]	s-thas	[sāthe]	s-tha	[dhve]	āsī-s	ās-tam	ās-ta	
as-ti	[ste]	s-tas	[sāte]	s-anti	[sate]	āsī-t	ās-tām	ās-an	
Imperativ Par.						Optativ Par.			
as-āni		as-āva		as-āma		s-yām	s-yāva	s-yāma	
e-dhi		s-tam		s-ta		s-yās	s-yātam	s-yāta	
as-tu		s-tām		s-antu		s-yāt	s-yātām	s-yus	

1. »as« hat weder ein Passiv noch ein Futur. Diese Zeitformen müssen durch das Verb »bhū, 1. = sein« ersetzt werden: bhūyate, Präs. Pass., bhaviṣyati, Fut. Akt.
2. »as« wird nur im Par. konjugiert. Das unübliche Präs. Atm. ist oben [eingeklammert]. Auch manche Par.-Formen, z.B. »edhi, Imp. = sei«, kommen in Texten fast nie vor. Mithin ist »as« ein »häufiges defektives Verb«, bei dem einige Formen extrem häufig (z.B. asti), andere Formen dagegen extrem selten (z.B. edhi) vorkommen.
3. Beim periphrastischen Futur dient »as« als Hilfsverb.

8.13. Periphrastisches Futur

P46	**yaṣṭṛ, yaṣṭā, m. = Opferer, Opfernder (yaṣṭrī, f. = Opferin, Opfernde)**		
1.	yaṣṭāsmi	yaṣṭā	m. Nom. Sg. + asmi = ich bin/werde Opferer sein
2.	yaṣṭāsi	yaṣṭā	m. Nom. Sg. + asi = du bist/wirst Opferer sein
3.	yaṣṭā		m. Nom. Sg.
	yaṣṭrī		f. Nom. Sg.
1.	yaṣṭāsvas	yaṣṭā	m. Nom. Sg. + svas = wir beide sind/werden Opferer sein
2.	yaṣṭāsthas	yaṣṭā	m. Nom. Sg. + sthas = ihr beide seid/werdet Opferer sein
3.	yaṣṭārau		m. Nom. Du.
	yaṣṭryau		f. Nom. Du.
1.	yaṣṭāsmas	yaṣṭā	m. Nom. Sg. + smas = wir sind/werden Opferer sein
2.	yaṣṭāstha	yaṣṭā	m. Nom. Sg. + stha = ihr seid/werdet Opferer sein
3.	yaṣṭāras		m. Nom. Pl.
	yaṣṭryas		f. Nom. Pl.

1. In der dritten Person entspricht das periphrastische Futur den normalen Substantiven bzw. Nomina agentis der ṛ-Deklination (yaṣṭā = der Opfernde = der sich anschickt oder im Begriff ist zu opfern = derjenige, der opfern wird).
2. In der seltenen ersten und zweiten Person verschmilzt der auf ā endende **m.** Nom. Sg. des ṛ-Substantivs, ohne Rücksicht auf Genus (m., f.) und Numerus (Du., Pl.) des Subjekts des Satzes, mit dem Präs. Akt. des Hilfsverbs »as«. Zusammenschreibung!
3. Für das periphrastische Futur gibt es verschiedene Übersetzungsmöglichkeiten, z.B.:
   »yogī yaṣṭā = der Yogi ist ein Opferer **oder** ist im Begriff zu opfern **oder** wird opfern«
   »yaṣṭāsmas = wir sind im Begriff zu opfern **oder** wir werden opfern«
4. Das Atmanepada von »as« wird für das periphrastische Futur fast niemals verwendet:
   yaṣṭāhe, yaṣṭāse; yaṣṭāsvahe, yaṣṭāsāthe; yaṣṭāsmahe, yaṣṭādhve

8.14. Verbalnomen: Partizipien, Absolutive, Infinitive, Gerundive

8.14.1. Partizipien (deklinabel)

1. Partizipien können als Substantive oder Adjektive oder Verben verwendet werden:

– »vidvān smayate«	»Der Wissende lächelt«
– »mṛtaḥ smayate«	»Der Gestorbene lächelt«
– »smayamāno vidvān mṛtaḥ«	»Der lächelnde Wissende ist gestorben«
– »mṛto vidvān smitaḥ«	»Der gestorbene Wissende hat gelächelt«

2. Zur Deklination siehe die Übersicht 4.3 sowie die Paradigmen P02, P07, P12, P13, P15. Man studiere ferner die Liste der Partizipien in dem systematischen Wortarten-Register.

3. **Part. Perf. Pass.** (z.B. ji-taḥ = besiegt): An die Wurzel wird »ta/ita« (z.B. ga-ta, pat-ita), selten »na« (chid, chin-na = geschnitten), angefügt. Zu den Wurzeln, die »na« anfügen, gehören Wz. auf »d«, das in »n« assimiliert wird, z.B. sad, san-na (gesessen), Wz. auf ṝ, z.B. kṝ, kīr-ṇa (ausgestreut), pṝ, pūr-ṇa = gefüllt, sowie verschiedene andere Wz., z.B. hā, hī-na (verlassen), majj, mag-na (versunken), vij, vijate (wanken), vig-na (bestürzt).

   Verben der Klasse 10 einschließlich Kausative hängen »ita« an den Stamm OHNE »ay«, z.B.: cur, cor-ay-ati, 10.: cor-ita, Part. = gestohlen. Zur Deklination siehe Paradigma P02.

4. **Part. Perf. Akt.** (z.B. jita-vat = besiegt habend): Man fügt »vat« an das Perf. Perf. Pass., z.B. kṛta-vat (gemacht habend), chinna-vat (geschnitten habend). Zur Dekl. siehe P12.

5. **Redupl. Part. Perf. Akt.** (z.B. cakṛvas = getan habend): Extrem selten! Siehe Kap. 4.18. Der schwächste Stamm entsteht, indem man bei der 3. Pers. Pl. Par. des redupl. Perf. »us« streicht und durch »uṣas« ersetzt, z.B. ten-us, ten-uṣas = gespannt habend, P149.

6. **Redupl. Part. Perf. Atm.** (z.B. cakr-āṇa [-āna, nie -māna] = getan habend): Extrem rar!

7. **Part. Präs. Akt. Par.** (z.B. jayat/jayant = siegend): Der starke Stamm entsteht, indem man bei der 3. Pers. Pl. Präs. Par. das »i« tilgt, z.B. jayant-i, jayant (= starker Stamm). Redupl. Verben (P81–P93, P122–P125) haben keinen starken Stamm. Zur Dekl. siehe P13. Z.B.: bharant-i, bharant (P37); dviṣant-i, dviṣant (P137); Achtung: juhvat-i, juhvat! (P86); sunvant-i, sunvant (P49); kurvant-i, kurvant (P47); yuñjant-i, yuñjant (P94).

8. **Part. Präs. Akt. Atm.** (z.B. jay-a-māna = siegend): Das Part. wird gebildet, indem man bei der 3. Pers. Pl. Präs. Atm. »ante/ate« tilgt und dann bei den thematischen Verben »a-māna« (a-māṇa), bei athematischen Verben »āna« (āṇa) anfügt. Zur Dekl. siehe P02. Z.B.: bhar-ante, bhar-a-māṇa (P38); dviṣ-ate, dviṣ-āṇa (P138); juhv-ate, juhv-āna (P87); sunv-ate, sunv-āna (P50); kurv-ate, kurv-āṇa (P48); yuñj-ate, yuñj-āna (P95).

9. **Part. Präs. Pass.** (z.B. jīy-a-māna = besiegt werdend): Das Part. wird gebildet, indem man bei der 3. Pers. Pl. Präs. Pass. »ante« streicht und dafür »a-māna« (a-māṇa) anfügt. Unterschiede zwischen themat./athemat. Wz. kann es nicht geben. Zur Dekl. siehe P02.

10. **Part. Fut. Akt. Par.** (z.B. jeṣyat/jeṣyant = siegen werdend): Der starke Stamm entsteht, indem man bei der 3. Pers. Pl. Fut. Akt. Par. das »i« tilgt, z.B. jeṣyant-i, Part.: jeṣyant. Dekl. wie ein Part. Präs. Akt. Par. (siehe P13). Dieses und das folgende Part. sind selten.

11. **Part. Fut. Akt. Atm.** (z.B. yotsy-a-māna = kämpfen werdend): Das Part. entsteht, indem man bei der 3. Pers. Pl. Fut. Akt. Atm. »ante« tilgt und »a-māna« (a-māṇa) anfügt. Unterschiede zwischen themat./athemat. Wz. kann es nicht geben. Zur Dekl. siehe P02.

12. **Part. Fut. Pass.** (z.B. hoṣya-māṇa = geopfert werdend, Wz. hu): Bildung wie Part. Fut. Akt. Atm. und Dekl. wie P02, doch kommt das extrem rare Part. Fut. Pass. fast nie vor.

8.14.2. Absolutive (indeklinabel) auf tvā [itvā] und ya [tya]

1. Die Suffixe »tvā« [itvā] sowie »ya« [tya] der Absolutive sind indeklinabel. Das Absolutiv dient als Ersatz für das im Sanskrit fehlende Plusquamperfekt (Vorzeitigkeit-Ersatz):

   - »bhuktvā, vanam_agacchat« = wörtlich: »Gegessen habend, ging er in den Wald«

2. Verben der Klassen 1 bis 9 OHNE Präfix hängen zur Bildung der Absolutive die Suffixe »tvā« oder »itvā« an die Wurzel, die meist analog zum Part. Perf. Pass. behandelt wird:

   - muc, muñcati, 6. = befreien: muk-ta, muk-tvā = befreit habend; »ohne« (Quasi-Präp.)
   - smi, smayate, 1. = lächeln: smi-ta, smi-tvā = gelächelt habend
   - sev, sevate, 1. = bedienen: sev-ita, sev-itvā = bedient habend

3. Verben der Klassen 1 bis 9 MIT Präfix hängen das Suffix »ya« (bei Wurzeln mit kurzem Vokalauslaut das Suffix »tya«) an die Wurzel:

   - dā, ā-dadāti, 3. = nehmen: ā-dā-ya = genommen habend; »mit« (Quasi-Präp.)
   - man, ava-manyate, 4. = verachten: ava-man-ya = verachtet habend
   - ji, vi-jayati, 1. = besiegen: vi-ji-tya = besiegt habend

4. Verben der Klasse 10 OHNE Präfix hängen meist »itvā« an den Stamm MIT »ay«:

   - kṛ, kār-ay-ati, 10.: kāray-itvā = veranlaßt habend

5. Verben der Klasse 10 MIT Präfix hängen meist »ya« an den Stamm OHNE »ay«:

   - ā-karṇ-ay-ati, 10.: ā-karṇ-ya = gehört habend

8.14.3. Infinitive (indeklinabel) auf tum [itum]

1. Wurzeln der Klasse 1 bis 9 hängen »tum« oder »itum« an die gunierte Wurzel:
   - tṝ, tarati, 1. = überqueren: tar-itum/tar-tum (Wz. mit beiden Inf.-Varianten)
   - ji, jayati, 1. = siegen: je-tum

2. Wurzeln der Klasse 10 hängen »itum« an den gunierten Stamm MIT »ay«:
   - cur, cor-ay-ati, 10. = stehlen: coray-itum

3. Der Infinitiv kommt nur in bestimmten Konstruktionen vor, z.B.:
   - »gantum_icchāmi« = »ich wünsche zu gehen«

8.14.4. Gerundive (Dekl. wie a-Adj.) auf tavya [itavya], anīya und ya

1. Das Gerundiv (= Participium necessitatis) ersetzt das extrem seltene Part. Fut. Pass. und wird wie ein Adjektiv der vokalischen a-Deklination (siehe Paradigma P02) flektiert:

   - kar-tavy-aḥ/-ā/-am, kar-y-aḥ/-ā/-am, kar-aṇīy-aḥ/-ā/-am = »machbar, zu machen«

2. Das Gerundiv wird gebildet, indem die Suffixe »tavya«/»itavya«, »anīya« oder »ya« an die mit Guna oder auch mit Vriddhi versehenen Wurzeln angehängt werden. Die jeweils üblichen Varianten des Gerundivs muß man den Sanskrit-Wörterbüchern entnehmen:

   - bhav-itavya, bhav-ya, bhāv-ya, bhav-anīya = »was sein soll«, »zukünftig«

8.15. Beispiele für Partizipien (Part. Perf. Pass.), Absolutive und Infinitive

1.	Part. Perf. Passiv:	Wz. + »ta« oder »ita«, selten Wz. + »na«, jeweils deklinabel
2.	Absolutive:	Wz. + »tvā« oder »itvā«, jeweils indeklinabel
3.	Infinitive:	Wz. + »tum« oder »itum«, Wz. guniert, jeweils indeklinabel

Die Verbalnomen müssen zusätzlich zu der Wurzel auswendig gelernt werden, weil es viele Unregelmäßigkeiten gibt und nicht jede Wurzel über alle Arten von Verbalnomen verfügt.

Wurzel	Partizip	Absolutiv	Infinitiv	Bedeutung	Kommentar
kṣip	kṣip-ta	kṣip-tvā	kṣep-tum	werfen	reguläre Bildung
rud	rud-ita	rud-itvā	rod-itum	weinen	reguläre Bildung
yaj	iṣ-ṭa	iṣ-ṭvā	yaṣ-ṭum	opfern	Samprasarana
vac	uk-ta	uk-tvā	vak-tum	sagen	Samprasarana
vad	ud-ita	ud-itvā	vad-itum	sagen	Samprasarana
vap	up-ta	up-tvā	(vap-tum)	säen	Samprasarana
vas	uṣ-ita	uṣ-itvā	vas(i)-tum	wohnen	Samprasarana
svap	sup-ta	sup-tvā	svap-tum	schlafen	Samprasarana
pracch	pṛṣ-ṭa	pṛṣ-ṭvā	praṣ-ṭum	fragen	Samprasarana
hve	hū-ta	hū-tvā	hvā-tum	rufen	Samprasarana
śās	śiṣ-ṭa	śās-itvā	śās-tum	befehlen	Samprasarana
man	ma-ta	ma-tvā	man-tum	denken	Nasalverlust
han	ha-ta	ha-tvā	han-tum	töten	Nasalverlust
gam	ga-ta	ga-tvā	gan-tum	gehen	Nasalverlust
nam	na-ta	na-tvā	nan-tum	verbeugen	Nasalverlust
yam	ya-ta	ya-tvā	yan-tum	reichen	Nasalverlust
ram	ra-ta	ra-tvā	ran-tum	erfreuen	Nasalverlust
khan	khā-ta	kha-tvā	khan-itum	graben	Vokaldehnung
dam	dān-ta	dam-itvā	(dam-itum)	zähmen	Vokaldehnung
bhram	bhrān-ta	bhrān-tvā	bhrān-tum	herumstreifen	Vokaldehnung
śam	śān-ta	śam-itvā	(śam-itum)	beruhigen	Vokaldehnung
dah	dag-dha	dag-dhvā	dag-dhum	verbrennen	h-Auslaut
ruh	rū-ḍha	rū-ḍhvā	ro-ḍhum	wachsen	h-Auslaut
lih	lī-ḍha	lī-ḍhvā	le-ḍhum	lecken	h-Auslaut
vah	ū-ḍha	ū-ḍhvā	vo-ḍhum	tragen	h-Auslaut
sah	so-ḍha	(sah-itvā)	so-ḍhum	ertragen	h-Auslaut
nah	nad-dha	(nad-dhvā)	nad-dhum	schnüren	h-Auslaut
krudh	krud-dha	krud-dhvā	krod-dhum	zürnen	Aspirata-Auslaut
bandh	bad-dha	bad-dhvā	band-dhum	binden	Aspirata-Auslaut
budh	bud-dha	bud-dhvā	bod-dhum	erwachen	Aspirata-Auslaut
rudh	rud-dha	rud-dhvā	rod-dhum	hemmen	Aspirata-Auslaut
vyadh	vid-dha	vid-dhvā	ved-dhum	treffen	Asp.-A. + Sampr.
mā	mi-ta	mi-tvā	mā-tum	messen	Vokalwechsel
sthā	sthi-ta	sthi-tvā	sthā-tum	stehen	Vokalwechsel
pā	pī-ta	pī-tvā	pā-tum	trinken	Vokalwechsel
gai	gī-ta	gī-tvā	gā-tum	singen	Vokalwechsel
dhā	hi-ta	(hi-tvā)	dhā-tum	setzen	Vokalwechsel
dā	dat-ta	dat-tvā	dā-tum	geben	Reduplikation
ā-dā	āt-ta	ā-dā-ya	ā-dā-tum	nehmen	Reduplikation
hā	hī-na	hi-tvā	hā-tum	verlassen	na statt ta
chid	chin-na	chit-tvā	chet-tum	spalten	na statt ta
tṝ	tīr-ṇa	(tīr-tvā)	tar-(i)tum	überqueren	na statt ta
pṝ	pūr-ṇa	(pūr-tvā)	pūr-itum	füllen	na statt ta
bhañj	bhag-na	bhaṅk-tvā	bhaṅk-tum	brechen	na statt ta
bhid	bhin-na	bhit-tvā	bhet-tum	spalten	na statt ta
majj	mag-na	(maṅk-tvā)	majj-itum	sinken	na statt ta
cur	cor-ita	coray-itvā	coray-itum	stehlen	Klasse 10
cint	cint-ita	cintay-itvā	cintay-itum	denken	Klasse 10
tarj	tarj-ita	tarjay-itvā	tarjay-itum	drohen	Klasse 10
kṛ	kār-ita	kāray-itvā	kāray-itum	veranlassen	Klasse 10

8.16. Athematische Konjugation (Klassen: 3, 5, 7, 8, 9) im Aktiv: Präs., Impf., Imp., Opt.

In diesem Kapitel werden nahezu alle athematischen Verben, die im Sanskrit vorkommen, **vollständig** konjugiert, womit sich die Darstellung abstrakter Konjugationsregeln erübrigt. Über das Sanskrit-Deutsch-Register lassen sich die konjugierten Paradigmen aufsuchen.

1. In dem Kapitel 8.5.2. sind die regulären Endungen (nebst den 4 irregulären Endungen) aufgeführt. In den Paradigmen heben wir die irregulären Endungen durch (!) hervor.
2. Aus lerntechnischen Gründen setzen wir die regulären und irregulären Endungen stets vom Verbstamm durch einen Trennstrich ab (z.B. aśnā + ti = aśnā-ti = er ißt).
3. Wenn nun aber ein vokalischer Auslaut des Stamms auf den vokalischen Anlaut einer Endung trifft (z.B. aśnā + āni = āśnāni), so können wir die Endung nicht mehr durch Strich absetzen. In diesem Fall unterstellen wir, daß der vokalische Stammauslaut vor den vokalisch anlautenden Endungen entfällt, um die Endung hervorheben zu können (z.B. aśn[ā] + āni = āśn-āni), obwohl de facto Vokalsandhi vorliegt (aśnā + āni = aśnāni).
4. Bei der 1. Pers. Sg. Impf. Par. ist dies allerdings nicht möglich (z.B. āśnā + am = āśnām); In diesem Sonderfall setzen wir zumindest das »m« ab (z.B. āśnā + am = āśnā-m).
5. Man beachte, daß manche Endungen athematischer Verben fast niemals vorkommen: z.B. findet man in den beiden Epen (Mahabharata + Ramayana = über 130 000 Verse) für -īdhvam nur 9 Belege, für -īyātām nur 4 Belege und für -īyāthām keinen einzigen Beleg. Darüber hinaus sind im Kapitel 8.16.7. die sehr seltenen Verben mit Stern * markiert.
6. In der Kopfzeile der Paradigmen ist der jeweils erstgenannte starke/schwache Stamm der Normalstamm. Nach dem Schrägstrich folgen sandhibedingte Sonderstämme, z.B. karo: Normalstamm, karav: Sonderstamm; kuru: Normalstamm, kurv/kur: Sonderstämme

8.16.1. Das häufigste athematische Verb »kṛ, karoti, kurute, 8. = tun, machen«

1. **Stammbildung:** unregelmäßig. Starker Stamm: karo (vor Konsonant), karav (vor Vokal). Schwacher Stamm: kur (vor mit v und m **und vor mit y** beginnenden konsonantischen Endungen), kuru (vor allen anderen Konsonanten), kurv (vor Vokalen).
2. **Endungen:** regelmäßig (siehe Kapitel 8.5.2.). Ausnahme: Die 2. Pers. Sg. Imp. Par. hat gar keine Endung (»kuru« = reiner Stamm).

P47	**kṛ, karoti**, 8. = tun, Par., stark: karo/karav, schwach: kuru/kurv/kur				
karo-mi	kur-vas	kur-mas	akarav-am	akur-va	akur-ma
karo-ṣi	kuru-thas	kuru-tha	akaro-s	akuru-tam	akuru-ta
karo-ti	kuru-tas	kurv-anti	akaro-t	akuru-tām	akurv-an
karav-āṇi	karav-āva	karav-āma	kur-yām	kur-yāva	kur-yāma
kuru (!)	kuru-tam	kuru-ta	kur-yās	kur-yātam	kur-yāta
karo-tu	kuru-tām	kurv-antu	kur-yāt	kur-yātām	kur-yus

P48	**kṛ, kurute**, 8. = tun, Atm., stark: karo/karav, schwach: kuru/kurv/kur				
kurv-e	kur-vahe	kur-mahe	akurv-i	akur-vahi	akur-mahi
kuru-ṣe	kurv-āthe	kuru-dhve	akuru-thās	akurv-āthām	akuru-dhvam
kuru-te	kurv-āte	kurv-ate	akuru-ta	akurv-ātām	akurv-ata
karav-ai	karav-āvahai	karav-āmahai	kurv-īya	kurv-īvahi	kurv-īmahi
kuru-ṣva	kurv-āthām	kuru-dhvam	kurv-īthās	kurv-īyāthām	kurv-īdhvam
kuru-tām	kurv-ātām	kurv-atām	kurv-īta	kurv-īyātām	kurv-īran

Sandhis: Man beachte grundsätzlich für sämtliche athematische Verben, daß die Endungen »si«, »se«, »sva« und »āni« zu »ṣi«, »ṣe«,»ṣva« und »āṇi« zerebralisiert werden können.

8.16.2. Verben der Klassen 5 und 8

1. **Klasse 5:** Die Wurzeln dieser Klasse enden auf Vokal (z.B. su) oder Konsonant (z.B. āp). An diese Wurzeln tritt **no** (starker Stamm) oder **nu** (schwacher Stamm).

2. **Stammbildung:** a) bei den Wurzeln mit **vokalischem** Auslaut (z.B. su): Starker Stamm: su-no (vor Konsonant), su-nav (vor Vokal). Schwacher Stamm: su-nu oder häufiger su-n (vor v und m), su-nu (vor anderen Konsonanten), su-nv (vor Vokal), b) bei den Wurzeln mit **konsonantischem** Auslaut (z.B. āp): Starker Stamm: āp-no (vor Konsonant), āp-nav (vor Vokal). Schwacher Stamm: āp-nu (vor Konsonant), āp-nuv (vor Vokal).

4. **Endungen:** regelmäßig (siehe Kapitel 8.5.2.). Ausnahme: Die 2. Pers. Sg. Imp. Par. hat keine Endung, falls vor »nu« ein **Vokal** steht (z.B. »s**u**nu = presse aus!«), ansonsten die reguläre Endung »hi«, falls vor »nu« ein **Konsonant** steht (z.B. »ā**p**nu-hi = erreiche!«).

5. **Klasse 8:** Die 5 Wurzeln dieser Klasse enden (außer kṛ) alle auf **n** (kṣan, tan, man, van). An diese Wurzeln tritt **o** (starker Stamm) oder **u** (schwacher Stamm), so daß die Stämme der Klasse 8 letztlich wie die Stämme der Klasse 5 auf **no** bzw. **nu** konjugiert werden. Stammbildung (z.B. tan): Starker Stamm: tan-o (vor Konsonant), tan-av (vor Vokal), tan-u oder ta-n (vor v und m), tan-u (vor allen anderen Konsonanten), tan-v (vor Vokalen).

P49	**su, sunoti**, 5. = auspressen, Par., stark: suno/sunav, schwach: sunu/sunv/sun				
suno-mi	sun(u)-vas	sun(u)-mas	asunav-am	asun(u)-va	asun(u)-ma
suno-ṣi	sunu-thas	sunu-tha	asuno-s	asunu-tam	asunu-ta
suno-ti	sunu-tas	sunv-anti	asuno-t	asunu-tām	asunv-an
sunav-āni	sunav-āva	sunav-āma	sunu-yām	sunu-yāva	sunu-yāma
sunu (!)	sunu-tam	sunu-ta	sunu-yās	sunu-yātam	sunu-yāta
suno-tu	sunu-tām	sunv-antu	sunu-yāt	sunu-yātām	sunu-yus

P50	**su, sunute**, 5. = auspressen, Atm., stark: suno/sunav, schwach: sunu/sunv/sun				
sunv-e	sun(u)-vahe	sun(u)-mahe	asunv-i	asun(u)-vahi	asun(u)-mahi
sunu-ṣe	sunv-āthe	sunu-dhve	asunu-thās	asunv-āthām	asunu-dhvam
sunu-te	sunv-āte	sunv-ate	asunu-ta	asunv-ātām	asunv-ata
sunav-ai	sunav-āvahai	sunav-āmahai	sunv-īya	sunv-īvahi	sunv-īmahi
sunu-ṣva	sunv-āthām	sunu-dhvam	sunv-īthās	sunv-īyāthām	sunv-īdhvam
sunu-tām	sunv-ātām	sunv-atām	sunv-īta	sunv-īyātām	sunv-īran

dhū, dhunoti, dhunute, 5. = schütteln (Konjugation wie su. Ersetze su... durch dhu...)
du, dunoti, 5. = verbrennen, nur figürlich (Konjugation wie su. Ersetze su... durch du...)

P51	**ci, cinoti**, 5. = sammeln, Par., stark: cino/cinav, schwach: cinu/cinv/cin				
cino-mi	cin(u)-vas	cin(u)-mas	acinav-am	acin(u)-va	acin(u)-ma
cino-ṣi	cinu-thas	cinu-tha	acino-s	acinu-tam	acinu-ta
cino-ti	cinu-tas	cinv-anti	acino-t	acinu-tām	acinv-an
cinav-āni	cinav-āva	cinav-āma	cinu-yām	cinu-yāva	cinu-yāma
cinu (!)	cinu-tam	cinu-ta	cinu-yās	cinu-yātam	cinu-yāta
cino-tu	cinu-tām	cinv-antu	cinu-yāt	cinu-yātām	cinu-yus

P52	**ci, cinute**, 5. = sammeln, Atm., stark: cino/cinav, schwach: cinu/cinv/cin				
cinv-e	cin(u)-vahe	cin(u)-mahe	acinv-i	acin(u)-vahi	acin(u)-mahi
cinu-ṣe	cinv-āthe	cinu-dhve	acinu-thās	acinv-āthām	acinu-dhvam
cinu-te	cinv-āte	cinv-ate	acinu-ta	acinv-ātām	acinv-ata
cinav-ai	cinav-āvahai	cinav-āmahai	cinv-īya	cinv-īvahi	cinv-īmahi
cinu-ṣva	cinv-āthām	cinu-dhvam	cinv-īthās	cinv-īyāthām	cinv-īdhvam
cinu-tām	cinv-ātām	cinv-atām	cinv-īta	cinv-īyātām	cinv-īran

P53	**vṛ, vṛṇoti**, 5. = verhüllen, Par., stark: vṛṇo/vṛṇav, schwach: vṛṇu/vṛṇv/vṛṇ				
vṛṇo-mi	vṛṇ(u)-vas	vṛṇ(u)-mas	avṛṇav-am	avṛṇ(u)-va	avṛṇ(u)-ma
vṛṇo-ṣi	vṛṇu-thas	vṛṇu-tha	avṛṇo-s	avṛṇu-tam	avṛṇu-ta
vṛṇo-ti	vṛṇu-tas	vṛṇv-anti	avṛṇo-t	avṛṇu-tām	avṛṇv-an
vṛṇav-āni	vṛṇav-āva	vṛṇav-āma	vṛṇu-yām	vṛṇu-yāva	vṛṇu-yāma
vṛṇu (!)	vṛṇu-tam	vṛṇu-ta	vṛṇu-yās	vṛṇu-yātam	vṛṇu-yāta
vṛṇo-tu	vṛṇu-tām	vṛṇv-antu	vṛṇu-yāt	vṛṇu-yātām	vṛṇu-yus

P54	**vṛ, vṛṇute**, 5. = verhüllen, Atm., stark: vṛṇo/vṛṇav, schwach: vṛṇu/vṛṇv/vṛṇ				
vṛṇv-e	vṛṇ(u)-vahe	vṛṇ(u)-mahe	avṛṇv-i	avṛṇ(u)-vahi	avṛṇ(u)-mahi
vṛṇu-ṣe	vṛṇv-āthe	vṛṇu-dhve	avṛṇu-thās	avṛṇv-āthām	avṛṇu-dhvam
vṛṇu-te	vṛṇv-āte	vṛṇv-ate	avṛṇu-ta	avṛṇv-ātām	avṛṇv-ata
vṛṇav-ai	vṛṇav-āvahai	vṛṇav-āmahai	vṛṇv-īya	vṛṇv-īvahi	vṛṇv-īmahi
vṛṇu-ṣva	vṛṇv-āthām	vṛṇu-dhvam	vṛṇv-īthās	vṛṇv-īyāthām	vṛṇv-īdhvam
vṛṇu-tām	vṛṇv-ātām	vṛṇv-atām	vṛṇv-īta	vṛṇv-īyātām	vṛṇv-īran

P55	**śru, śṛṇoti**, 5. = hören, Par., stark: śṛṇo/śṛṇav, schwach: śṛṇu/śṛṇv/śṛṇ				
śṛṇo-mi	śṛṇ(u)-vas	śṛṇ(u)-mas	aśṛṇav-am	aśṛṇ(u)-va	aśṛṇ(u)-ma
śṛṇo-ṣi	śṛṇu-thas	śṛṇu-tha	aśṛṇo-s	aśṛṇu-tam	aśṛṇu-ta
śṛṇo-ti	śṛṇu-tas	śṛṇv-anti	aśṛṇo-t	aśṛṇu-tām	aśṛṇv-an
śṛṇav-āni	śṛṇav-āva	śṛṇav-āma	śṛṇu-yām	śṛṇu-yāva	śṛṇu-yāma
śṛṇu (!)	śṛṇu-tam	śṛṇu-ta	śṛṇu-yās	śṛṇu-yātam	śṛṇu-yāta
śṛṇo-tu	śṛṇu-tām	śṛṇv-antu	śṛṇu-yāt	śṛṇu-yātām	śṛṇu-yus

P56	**śru, śṛṇute**, 5. = hören, Atm., stark: śṛṇo/śṛṇav, schwach: śṛṇu/śṛṇv/śṛṇ				
śṛṇv-e	śṛṇ(u)-vahe	śṛṇ(u)-mahe	aśṛṇv-i	aśṛṇ(u)-vahi	aśṛṇ(u)-mahi
śṛṇu-ṣe	śṛṇv-āthe	śṛṇu-dhve	aśṛṇu-thās	aśṛṇv-āthām	aśṛṇu-dhvam
śṛṇu-te	śṛṇv-āte	śṛṇv-ate	aśṛṇu-ta	aśṛṇv-ātām	aśṛṇv-ata
śṛṇav-ai	śṛṇav-āvahai	śṛṇav-āmahai	śṛṇv-īya	śṛṇv-īvahi	śṛṇv-īmahi
śṛṇu-ṣva	śṛṇv-āthām	śṛṇu-dhvam	śṛṇv-īthās	śṛṇv-īyāthām	śṛṇv-īdhvam
śṛṇu-tām	śṛṇv-ātām	śṛṇv-atām	śṛṇv-īta	śṛṇv-īyātām	śṛṇv-īran

stṛ, stṛṇoti, stṛṇute, 5. = ausstreuen (Konjugation wie śru. Ersetze śṛṇ... durch stṛṇ...)
kṣan, kṣaṇoti, kṣaṇute, 8. = verletzen (Konjugation wie śru. Ersetze śṛṇ... durch kṣaṇ...)

P57	**tan, tanoti**, 8. = strecken, Par., stark: tano/tanav, schwach: tanu/tanv/tan				
tano-mi	tan(u)-vas	tan(u)-mas	atanav-am	atan(u)-va	atan(u)-ma
tano-ṣi	tanu-thas	tanu-tha	atano-s	atanu-tam	atanu-ta
tano-ti	tanu-tas	tanv-anti	atano-t	atanu-tām	atanv-an
tanav-āni	tanav-āva	tanav-āma	tanu-yām	tanu-yāva	tanu-yāma
tanu (!)	tanu-tam	tanu-ta	tanu-yās	tanu-yātam	tanu-yāta
tano-tu	tanu-tām	tanv-antu	tanu-yāt	tanu-yātām	tanu-yus

P58	**tan, tanute**, 8. = strecken, Atm., stark: tano/tanav, schwach: tanu/tanv/tan				
tanv-e	tan(u)-vahe	tan(u)-mahe	atanv-i	atan(u)-vahi	atan(u)-mahi
tanu-ṣe	tanv-āthe	tanu-dhve	atanu-thās	atanv-āthām	atanu-dhvam
tanu-te	tanv-āte	tanv-ate	atanu-ta	atanv-ātām	atanv-ata
tanav-ai	tanav-āvahai	tanav-āmahai	tanv-īya	tanv-īvahi	tanv-īmahi
tanu-ṣva	tanv-āthām	tanu-dhvam	tanv-īthās	tanv-īyāthām	tanv-īdhvam
tanu-tām	tanv-ātām	tanv-atām	tanv-īta	tanv-īyātām	tanv-īran

van, vanoti, vanute, 8. = bitten (dieses Verb war nur in den Veden und Brahmanas üblich)
si, sinoti, sinute, 5. = binden (als finites Verb unüblich, nur Part. »sita = gebunden« üblich)
hi, hinoti, hinute, 5. = schicken (Konjugation wie tan. Ersetze tan... durch hin...)

P59	**āp, āpnoti**, 5. = erlangen, nur Par., stark: āpno/āpnav, schwach: āpnu/āpnuv				
āpno-mi āpno-ṣi āpno-ti	āpnu-vas āpnu-thas āpnu-tas	āpnu-mas āpnu-tha āpnuv-anti	āpnav-am āpno-s āpno-t	āpnu-va āpnu-tam āpnu-tām	āpnu-ma āpnu-ta āpnuv-an
āpnav-āni āpnu-hi āpno-tu	āpnav-āva āpnu-tam āpnu-tām	āpnav-āma āpnu-ta āpnuv-antu	āpnu-yām āpnu-yās āpnu-yāt	āpnu-yāva āpnu-yātam āpnu-yātām	āpnu-yāma āpnu-yāta āpnu-yus

P60	**śak, śaknoti**, 5. = können, nur Par., stark: śakno/śaknav, schwach: śaknu/śaknuv				
śakno-mi śakno-ṣi śakno-ti	śaknu-vas śaknu-thas śaknu-tas	śaknu-mas śaknu-tha śaknuv-anti	aśaknav-am aśakno-s aśakno-t	aśaknu-va aśaknu-tam aśaknu-tām	aśaknu-ma aśaknu-ta aśaknuv-an
śaknav-āni śaknu-hi śakno-tu	śaknav-āva śaknu-tam śaknu-tām	śaknav-āma śaknu-ta śaknuv-antu	śaknu-yām śaknu-yās śaknu-yāt	śaknu-yāva śaknu-yātam śaknu-yātām	śaknu-yāma śaknu-yāta śaknu-yus

P61	**sādh, sādhnoti**, 5. = erlangen, nur Par., st.: sādhno/sādhnav, sch.: sādhnu/sādhnuv				
sādhno-mi sādhno-ṣi sādhno-ti	sādhnu-vas sādhnu-thas sādhnu-tas	sādhnu-mas sādhnu-tha sādhnuv-anti	asādhnav-am asādhno-s asādhno-t	asādhnu-va asādhnu-tam asādhnu-tām	asādhnu-ma asādhnu-ta asādhnuv-an
sādhnav-āni sādhnu-hi sādhno-tu	sādhnav-āva sādhnu-tam sādhnu-tām	sādhnav-āma sādhnu-ta sādhnuv-antu	sādhnu-yām sādhnu-yās sādhnu-yāt	sādhnu-yāva sādhnu-yātam sādhnu-yātām	sādhnu-yāma sādhnu-yāta sādhnu-yus

rādh, rādhnoti, 5. = besänftigen (Konjugation wie sādh. Ersetze s... durch r...)

P62	**dambh, dabhnoti**, 5. = täuschen, nur Par., st.: dabhno/-nav, sch.: dabhnu/dabhnuv				
dabhno-mi dabhno-ṣi dabhno-ti	dabhnu-vas dabhnu-thas dabhnu-tas	dabhnu-mas dabhnu-tha dabhnuv-anti	adabhnav-am adabhno-s adabhno-t	adabhnu-va adabhnu-tam adabhnu-tām	adabhnu-ma adabhnu-ta adabhnuv-an
dabhnav-āni dabhnu-hi dabhno-tu	dabhnav-āva dabhnu-tam dabhnu-tām	dabhnav-āma dabhnu-ta dabhnuv-antu	dabhnu-yām dabhnu-yās dabhnu-yāt	dabhnu-yāva dabhnu-yātam dabhnu-yātām	dabhnu-yāma dabhnu-yāta dabhnu-yus

stambh, stabhnoti, 5. = stützen (Konjugation wie dambh. Ersetze d... durch st...)

P63	**aś, aśnute**, 5. = erlangen, nur Atm., stark: [aśno:] aśnav, schwach: aśnu/aśnuv				
aśnuv-e aśnu-ṣe aśnu-te	aśnu-vahe aśnuv-āthe aśnuv-āte	aśnu-mahe aśnu-dhve aśnuv-ate	āśnuv-i āśnu-thās āśnu-ta	āśnu-vahi āśnuv-āthām āśnuv-ātām	āśnu-mahi āśnu-dhvam āśnuv-ata
aśnav-ai aśnu-ṣva aśnu-tām	aśnav-āvahai aśnuv-āthām aśnuv-ātām	aśnav-āmahai aśnu-dhvam aśnuv-atām	aśnuv-īya aśnuv-īthās aśnuv-īta	aśnuv-īvahi aśnuv-īyāthām aśnuv-īyātām	aśnuv-īmahi aśnuv-īdhvam aśnuv-īran

P64	**man, manute**, 8. = denken, nur Atm., stark: [mano:] manav, schwach: manu/manv				
manv-e manu-ṣe manu-te	man(u)-vahe manv-āthe manv-āte	man(u)-mahe manu-dhve manv-ate	amanv-i amanu-thās amanu-ta	aman(u)-vahi amanv-āthām amanv-ātām	aman(u)-mahi amanu-dhvam amanv-ata
manav-ai manu-ṣva manu-tām	manav-āvahai manv-āthām manv-ātām	manav-āmahai manu-dhvam manv-atām	manv-īya manv-īthās manv-īta	manv-īvahi manv-īyāthām manv-īyātām	manv-īmahi manv-īdhvam manv-īran

8.16.3. Verben der Klasse 9

1. **Stammbildung:** An die Wurzel, die bisweilen verändert wird (z.B. wird Wz. jñā durch Nasalverlust zu jā, Wz. pū durch Vokalkürzung zu pu usw.), wird im starken Stamm **nā** (z.B. jā-nā) und im schwachen Stamm **nī** (z.B. jā-nī) angefügt. Im einzelnen gilt dann: Starker Stamm: jā-nā (vor Konsonant), jā-n (vor Vokal, außer bei der 1. Pers. Sg. Impf.: ajā-nā + am = ajānām. Eigentlich liegt Vokalsandhi vor, auch bei ai: jā-nā + ai = jānai, siehe Sandhiregel R03). Schwacher Stamm: jā-nī (vor Konsonant), jā-n (vor Vokal).
2. **Endungen:** regelmäßig (siehe Kapitel 8.5.2.). Ausnahme: **Konsonantisch auslautende** Wurzeln (aś sowie kliś, granth, grah, puṣ, bandh, manth, muṣ, mṛd, stambh usw.) bilden die 2. Pers. Sg. Imp. Par., indem sie **āna** direkt an die Wurzel anfügen: aś-āna usw.

P65	**jñā, jānāti**, 9. = erkennen, Par., stark: jānā/jān, schwach: jānī/jān				
jānā-mi	jānī-vas	jānī-mas	ajānā-m	ajānī-va	ajānī-ma
jānā-si	jānī-thas	jānī-tha	ajānā-s	ajānī-tam	ajānī-ta
jānā-ti	jānī-tas	jān-anti	ajānā-t	ajānī-tām	ajān-an
jān-āni	jān-āva	jān-āma	jānī-yām	jānī-yāva	jānī-yāma
jānī-hi	jānī-tam	jānī-ta	jānī-yās	jānī-yātam	jānī-yāta
jānā-tu	jānī-tām	jān-antu	jānī-yāt	jānī-yātām	jānī-yus

P66	**jñā, jānīte**, 9. = erkennen, Atm., stark: jānā/jān, schwach: jānī/jān				
jān-e	jānī-vahe	jānī-mahe	ajān-i	ajānī-vahi	ajānī-mahi
jānī-ṣe	jān-āthe	jānī-dhve	ajānī-thās	ajān-āthām	ajānī-dhvam
jānī-te	jān-āte	jān-ate	ajānī-ta	ajān-ātām	ajān-ata
jān-ai	jān-āvahai	jān-āmahai	jān-īya	jān-īvahi	jān-īmahi
jānī-ṣva	jān-āthām	jānī-dhvam	jān-īthās	jān-īyāthām	jān-īdhvam
jānī-tām	jān-ātām	jān-atām	jān-īta	jān-īyātām	jān-īran

P67	**krī, krīṇāti**, 9. = kaufen, Par., stark: krīṇā/krīṇ, schwach: krīṇī/krīṇ				
krīṇā-mi	krīṇī-vas	krīṇī-mas	akrīṇā-m	akrīṇī-va	akrīṇī-ma
krīṇā-si	krīṇī-thas	krīṇī-tha	akrīṇā-s	akrīṇī-tam	akrīṇī-ta
krīṇā-ti	krīṇī-tas	krīṇ-anti	akrīṇā-t	akrīṇī-tām	akrīṇ-an
krīṇ-āni	krīṇ-āva	krīṇ-āma	krīṇī-yām	krīṇī-yāva	krīṇī-yāma
krīṇī-hi	krīṇī-tam	krīṇī-ta	krīṇī-yās	krīṇī-yātam	krīṇī-yāta
krīṇā-tu	krīṇī-tām	krīṇ-antu	krīṇī-yāt	krīṇī-yātām	krīṇī-yus

P68	**krī, krīṇīte**, 9. = kaufen, Atm., stark: krīṇā/krīṇ, schwach: krīṇī/krīṇ				
krīṇ-e	krīṇī-vahe	krīṇī-mahe	akrīṇ-i	akrīṇī-vahi	akrīṇī-mahi
krīṇī-ṣe	krīṇ-āthe	krīṇī-dhve	akrīṇī-thās	akrīṇ-āthām	akrīṇī-dhvam
krīṇī-te	krīṇ-āte	krīṇ-ate	akrīṇī-ta	akrīṇ-ātām	akrīṇ-ata
krīṇ-ai	krīṇ-āvahai	krīṇ-āmahai	krīṇ-īya	krīṇ-īvahi	krīṇ-īmahi
krīṇī-ṣva	krīṇ-āthām	krīṇī-dhvam	krīṇ-īthās	krīṇ-īyāthām	krīṇ-īdhvam
krīṇī-tām	krīṇ-ātām	krīṇ-atām	krīṇ-īta	krīṇ-īyātām	krīṇ-īran

prī, prīṇāti, prīṇīte, 9. = erfreuen (Konjugation wie krī. Ersetze k... durch p...)

P69	**aś, aśnāti**, 9. = essen, nur Par., stark: aśnā/aśn, schwach: aśnī/aśn				
aśnā-mi	aśnī-vas	aśnī-mas	āśnā-m	āśnī-va	āśnī-ma
aśnā-si	aśnī-thas	aśnī-tha	āśnā-s	āśnī-tam	āśnī-ta
aśnā-ti	aśnī-tas	aśn-anti	āśnā-t	āśnī-tām	āśn-an
aśn-āni	aśn-āva	aśn-āma	aśnī-yām	aśnī-yāva	aśnī-yāma
aś-āna (!)	aśnī-tam	aśnī-ta	aśnī-yās	aśnī-yātam	aśnī-yāta
aśnā-tu	aśnī-tām	aśn-antu	aśnī-yāt	aśnī-yātām	aśnī-yus

P70	**pū, punāti**, 9. = reinigen, Par., stark: punā/pun, schwach: punī/pun				
punā-mi	punī-vas	punī-mas	apunā-m	apunī-va	apunī-ma
punā-si	punī-thas	punī-tha	apunā-s	apunī-tam	apunī-ta
punā-ti	punī-tas	pun-anti	apunā-t	apunī-tām	apun-an
pun-āni	pun-āva	pun-āma	punī-yām	punī-yāva	punī-yāma
punī-hi	punī-tam	punī-ta	punī-yās	punī-yātam	punī-yāta
punā-tu	punī-tām	pun-antu	punī-yāt	punī-yātām	punī-yus

P71	**pū, punīte**, 9. = reinigen, Atm., stark: punā/pun, schwach: punī/pun				
pun-e	punī-vahe	punī-mahe	apun-i	apunī-vahi	apunī-mahi
punī-ṣe	pun-āthe	punī-dhve	apunī-thās	apun-āthām	apunī-dhvam
punī-te	pun-āte	pun-ate	apunī-ta	apun-ātām	apun-ata
pun-ai	pun-āvahai	pun-āmahai	pun-īya	pun-īvahi	pun-īmahi
punī-ṣva	pun-āthām	punī-dhvam	pun-īthās	pun-īyāthām	pun-īdhvam
punī-tām	pun-ātām	pun-atām	pun-īta	pun-īyātām	pun-īran

dhū, dhunāti, dhunīte, 9. = schütteln (Konjugation wie pū. Ersetze p... durch dh...)
lū, lunāti, lunīte, 9. = abschneiden (Konjugation wie pū. Ersetze p... durch l...)

P72	**stṛ, stṛṇāti**, 9. = ausstreuen, Par., stark: stṛṇā/stṛṇ, schwach: stṛṇī/stṛṇ				
stṛṇā-mi	stṛṇī-vas	stṛṇī-mas	astṛṇā-m	astṛṇī-va	astṛṇī-ma
stṛṇā-si	stṛṇī-thas	stṛṇī-tha	astṛṇā-s	astṛṇī-tam	astṛṇī-ta
stṛṇā-ti	stṛṇī-tas	stṛṇ-anti	astṛṇā-t	astṛṇī-tām	astṛṇ-an
stṛṇ-āni	stṛṇ-āva	stṛṇ-āma	stṛṇī-yām	stṛṇī-yāva	stṛṇī-yāma
stṛṇī-hi	stṛṇī-tam	stṛṇī-ta	stṛṇī-yās	stṛṇī-yātam	stṛṇī-yāta
stṛṇā-tu	stṛṇī-tām	stṛṇ-antu	stṛṇī-yāt	stṛṇī-yātām	stṛṇī-yus

P73	**stṛ, stṛṇīte**, 9. = ausstreuen, Atm., stark: stṛṇā/stṛṇ, schwach: stṛṇī/stṛṇ				
stṛṇ-e	stṛṇī-vahe	stṛṇī-mahe	astṛṇ-i	astṛṇī-vahi	astṛṇī-mahi
stṛṇī-ṣe	stṛṇ-āthe	stṛṇī-dhve	astṛṇī-thās	astṛṇ-āthām	astṛṇī-dhvam
stṛṇī-te	stṛṇ-āte	stṛṇ-ate	astṛṇī-ta	astṛṇ-ātām	astṛṇ-ata
stṛṇ-ai	stṛṇ-āvahai	stṛṇ-āmahai	stṛṇ-īya	stṛṇ-īvahi	stṛṇ-īmahi
stṛṇī-ṣva	stṛṇ-āthām	stṛṇī-dhvam	stṛṇ-īthās	stṛṇ-īyāthām	stṛṇ-īdhvam
stṛṇī-tām	stṛṇ-ātām	stṛṇ-atām	stṛṇ-īta	stṛṇ-īyātām	stṛṇ-īran

gṝ, gṛṇāti, gṛṇīte, 9. = anrufen (Konjugation wie stṛ. Ersetze st... durch g...)
vṛ, vṛṇāti, vṛṇīte, 9. = wählen (Konjugation wie stṛ); meist wird vṛṇīte, Atm., verwendet

P74	**grah, gṛhṇāti**, 9. = greifen, Par., stark: gṛhṇā/gṛhṇ, schwach: gṛhṇī/gṛhṇ				
gṛhṇā-mi	gṛhṇī-vas	gṛhṇī-mas	agṛhṇā-m	agṛhṇī-va	agṛhṇī-ma
gṛhṇā-si	gṛhṇī-thas	gṛhṇī-tha	agṛhṇā-s	agṛhṇī-tam	agṛhṇī-ta
gṛhṇā-ti	gṛhṇī-tas	gṛhṇ-anti	agṛhṇā-t	agṛhṇī-tām	agṛhṇ-an
gṛhṇ-āni	gṛhṇ-āva	gṛhṇ-āma	gṛhṇī-yām	gṛhṇī-yāva	gṛhṇī-yāma
gṛh-āṇa (!)	gṛhṇī-tam	gṛhṇī-ta	gṛhṇī-yās	gṛhṇī-yātam	gṛhṇī-yāta
gṛhṇā-tu	gṛhṇī-tām	gṛhṇ-antu	gṛhṇī-yāt	gṛhṇī-yātām	gṛhṇī-yus

P75	**grah, gṛhṇīte**, 9. = greifen, Atm., stark: gṛhṇā/gṛhṇ, schwach: gṛhṇī/gṛhṇ				
gṛhṇ-e	gṛhṇī-vahe	gṛhṇī-mahe	agṛhṇ-i	agṛhṇī-vahi	agṛhṇī-mahi
gṛhṇī-ṣe	gṛhṇ-āthe	gṛhṇī-dhve	agṛhṇī-thās	agṛhṇ-āthām	agṛhṇī-dhvam
gṛhṇī-te	gṛhṇ-āte	gṛhṇ-ate	agṛhṇī-ta	agṛhṇ-ātām	agṛhṇ-ata
gṛhṇ-ai	gṛhṇ-āvahai	gṛhṇ-āmahai	gṛhṇ-īya	gṛhṇ-īvahi	gṛhṇ-īmahi
gṛhṇī-ṣva	gṛhṇ-āthām	gṛhṇī-dhvam	gṛhṇ-īthās	gṛhṇ-īyāthām	gṛhṇ-īdhvam
gṛhṇī-tām	gṛhṇ-ātām	gṛhṇ-atām	gṛhṇ-īta	gṛhṇ-īyātām	gṛhṇ-īran

P76	**stambh, stabhnāti**, 9. = stützen, nur Par., st.: stabhnā/stabhn, sch.: stabhnī/stabhn				
stabhnā-mi	stabhnī-vas	stabhnī-mas	astabhnā-m	astabhnī-va	astabhnī-ma
stabhnā-si	stabhnī-thas	stabhnī-tha	astabhnā-s	astabhnī-tam	astabhnī-ta
stabhnā-ti	stabhnī-tas	stabhn-anti	astabhnā-t	astabhnī-tām	astabhn-an
stabhn-āni	stabhn-āva	stabhn-āma	stabhnī-yām	stabhnī-yāva	stabhnī-yāma
stabh-āna (!)	stabhnī-tam	stabhnī-ta	stabhnī-yās	stabhnī-yātam	stabhnī-yāta
stabhnā-tu	stabhnī-tām	stabhn-antu	stabhnī-yāt	stabhnī-yātām	stabhnī-yus

Anm.: stambh, stabhnāti kommt als finites Verb der 9. Klasse nur in vedischen Texten vor.

P77	**kliś, kliśnāti**, 9. = quälen, nur Par., stark: kliśnā/kliśn, schwach: kliśnī/kliśn				
kliśnā-mi	kliśnī-vas	kliśnī-mas	akliśnā-m	akliśnī-va	akliśnī-ma
kliśnā-si	kliśnī-thas	kliśnī-tha	akliśnā-s	akliśnī-tam	akliśnī-ta
kliśnā-ti	kliśnī-tas	kliśn-anti	akliśnā-t	akliśnī-tām	akliśn-an
kliśn-āni	kliśn-āva	kliśn-āma	kliśnī-yām	kliśnī-yāva	kliśnī-yāma
kliś-āna (!)	kliśnī-tam	kliśnī-ta	kliśnī-yās	kliśnī-yātam	kliśnī-yāta
kliśnā-tu	kliśnī-tām	kliśn-antu	kliśnī-yāt	kliśnī-yātām	kliśnī-yus

Anm.: Man beachte, daß man kliś**n**āsi schreibt, **nicht** kliś**ṇ**āsi (ś ist Palatal-Zischlaut, R44).

P78	**dṝ, dṛṇāti**, 9. = bersten, nur Par., stark: dṛṇā/dṛṇ, schwach: dṛṇī/dṛṇ (Verb sehr rar!)				
dṛṇā-mi	dṛṇī-vas	dṛṇī-mas	adṛṇā-m	adṛṇī-va	adṛṇī-ma
dṛṇā-si	dṛṇī-thas	dṛṇī-tha	adṛṇā-s	adṛṇī-tam	adṛṇī-ta
dṛṇā-ti	dṛṇī-tas	dṛṇ-anti	adṛṇā-t	adṛṇī-tām	adṛṇ-an
dṛṇ-āni	dṛṇ-āva	dṛṇ-āma	dṛṇī-yām	dṛṇī-yāva	dṛṇī-yāma
dṛṇī-hi	dṛṇī-tam	dṛṇī-ta	dṛṇī-yās	dṛṇī-yātam	dṛṇī-yāta
dṛṇā-tu	dṛṇī-tām	dṛṇ-antu	dṛṇī-yāt	dṛṇī-yātām	dṛṇī-yus

pṝ, pṛṇāti, 9. = füllen (Kl. 9. nur in ältesten Texten. Konj. wie dṝ. Ersetze dṛṇ... durch pṛṇ...)
kṣi, kṣiṇāti, 9. = zerstören (nur in ältesten Texten. Konj. wie dṝ. Ersetze dṛṇ... durch kṣiṇ...)

P79	**puṣ, puṣṇāti**, 9. = nähren, nur Par., stark: puṣṇā/puṣṇ, schwach: puṣṇī/puṣṇ				
puṣṇā-mi	puṣṇī-vas	puṣṇī-mas	apuṣṇā-m	apuṣṇī-va	apuṣṇī-ma
puṣṇā-si	puṣṇī-thas	puṣṇī-tha	apuṣṇā-s	apuṣṇī-tam	apuṣṇī-ta
puṣṇā-ti	puṣṇī-tas	puṣṇ-anti	apuṣṇā-t	apuṣṇī-tām	apuṣṇ-an
puṣṇ-āni	puṣṇ-āva	puṣṇ-āma	puṣṇī-yām	puṣṇī-yāva	puṣṇī-yāma
puṣ-āṇa (!)	puṣṇī-tam	puṣṇī-ta	puṣṇī-yās	puṣṇī-yātam	puṣṇī-yāta
puṣṇā-tu	puṣṇī-tām	puṣṇ-antu	puṣṇī-yāt	puṣṇī-yātām	puṣṇī-yus

muṣ, muṣṇāti, 9. = stehlen (Konjugation wie puṣ. Ersetze p... durch m...)

P80	**granth, grathnāti**, 9. = binden, nur Par., st.: grathnā/grathn, schw.: grathnī/grathn				
grathnā-mi	grathnī-vas	grathnī-mas	agrathnā-m	agrathnī-va	agrathnī-ma
grathnā-si	grathnī-thas	grathnī-tha	agrathnā-s	agrathnī-tam	agrathnī-ta
grathnā-ti	grathnī-tas	grathn-anti	agrathnā-t	agrathnī-tām	agrathn-an
grathn-āni	grathn-āva	grathn-āma	grathnī-yām	grathnī-yāva	grathnī-yāma
gra(n)th-āna (!)	grathnī-tam	grathnī-ta	grathnī-yās	grathnī-yātam	grathnī-yāta
grathnā-tu	grathnī-tām	grathn-antu	grathnī-yāt	grathnī-yātām	grathnī-yus

bandh, badhnāti, 9. = binden (Konjugation wie granth. Ersetze grath... durch badh...)
manth, mathnāti, 9. = quirlen (Konjugation wie granth. Ersetze grath... durch math...)
mṛd, mṛdnāti, 9. = quetschen (Konjugation wie granth. Ersetze grath... durch mṛd...)

Optionales »n« in 2. Pers. Sg. Imp.: gra(n)th-āna, ba(n)dh-āna, ma(n)th-āna; aber: mṛd-āna.

8.16.4. Verben der Klasse 3

1. **Stammbildung:** Die Wurzel wird redupliziert und dann für den starken Stamm guniert (bei ṛ, bhṛ, bhī, hrī, hu), während Wurzeln auf ā (dā, dhā, mā, hā) das Vriddhi-ā behalten.
2. **Endungen:** unregelmäßig (vgl. Kapitel 8.5.2.): 3. Pers. Pl. Präs. Par. hat -**ati statt -anti**, 3. Pers. Pl. Imp. Par. hat -**atu statt -antu**, 3. Pers. Pl. Imp. Par. hat **-us statt -an** (mit Guna bei Wz. auf ī, u, ṛ). Wegen Nasalverlust sind die dritten Personen der Verben dieser Klasse nur mit Mühe erkennbar. Vergleiche: dadāti (Sg.), dadati (Pl.); mimāte (Du.), mimate (Pl.) usw. Die 2. Pers. Sg. Imp. Par. (Grundregel: hi nach Vokal und dhi nach Konsonant) ist bei dā, dhā und hu unregelmäßig: de-hi, dhe-hi und juhu-dhi.

P81	**dā, dadāti,** 3. = geben, Par., stark: dadā/dad, schwach: dad/dat				
dadā-mi	dad-vas	dad-mas	adadā-m	adad-va	adad-ma
dadā-si	dat-thas	dat-tha	adadā-s	adat-tam	adat-ta
dadā-ti	dat-tas	dad-ati (!)	adadā-t	adat-tām	adad-us (!)
dad-āni	dad-āva	dad-āma	dad-yām	dad-yāva	dad-yāma
dehi (!)	dat-tam	dat-ta	dad-yās	dad-yātam	dad-yāta
dadā-tu	dat-tām	dad-atu (!)	dad-yāt	dad-yātām	dad-yus

P82	**dā, datte**, 3. = geben, Atm., stark: dadā/dad, schwach: dad/dat				
dad-e	dad-vahe	dad-mahe	adad-i	adad-vahi	adad-mahi
dat-se	dad-āthe	dad-dhve	adat-thās	adad-āthām	adad-dhvam
dat-te	dad-āte	dad-ate	adat-ta	adad-ātām	adad-ata
dad-ai	dad-āvahai	dad-āmahai	dad-īya	dad-īvahi	dad-īmahi
dat-sva	dad-āthām	dad-dhvam	dad-īthās	dad-īyāthām	dad-īdhvam
dat-tām	dad-ātām	dad-atām	dad-īta	dad-īyātām	dad-īran

P83	**dhā, dadhāti**, 3. = setzen, Par., stark: dadhā/dadh, schwach: dadh, dhat				
dadhā-mi	dadh-vas	dadh-mas	adadhā-m	adadh-va	adadh-ma
dadhā-si	dhat-thas	dhat-tha	adadhā-s	adhat-tam	adhat-ta
dadhā-ti	dhat-tas	dadh-ati (!)	adadhā-t	adhat-tām	adadh-us (!)
dadh-āni	dadh-āva	dadh-āma	dadh-yām	dadh-yāva	dadh-yāma
dhehi (!)	dhat-tam	dhat-ta	dadh-yās	dadh-yātam	dadh-yāta
dadhā-tu	dhat-tām	dadh-atu (!)	dadh-yāt	dadh-yātām	dadh-yus

P84	**dhā, dhatte**, 3. = setzen, Atm., stark: dadhā/dadh, schwach: dadh, dhad/dhat				
dadh-e	dadh-vahe	dadh-mahe	adadh-i	adadh-vahi	adadh-mahi
dhat-se	dadh-āthe	dhad-dhve	adhat-thās	adadh-āthām	adhad-dhvam
dhat-te	dadh-āte	dadh-ate	adhat-ta	adadh-ātām	adadh-ata
dadh-ai	dadh-āvahai	dadh-āmahai	dadh-īya	dadh-īvahi	dadh-īmahi
dhat-sva	dadh-āthām	dhad-dhvam	dadh-īthās	dadh-īyāthām	dadh-īdhvam
dhat-tām	dadh-ātām	dadh-atām	dadh-īta	dadh-īyātām	dadh-īran

Anm.: Wenn das **aus**lautende **dh** seine Aspiration verliert, wird das **an**lautende **d** aspiriert. Zwei Aspiratae direkt hintereinander (z.B. "da**dh-dh**ve") sind in Sanskrit niemals zulässig. Zur Aspiration siehe auch die Paradigmen P22 (Nomen), P98-P99, P104, P140-P145 (Verben).

P85	**mā, mimīte**, 3. = messen, nur Atm., stark: mim, schwach: mimī/mim				
mim-e	mimī-vahe	mimī-mahe	amim-i	amimī-vahi	amimī-mahi
mimī-ṣe	mim-āthe	mimī-dhve	amimī-thās	amim-āthām	amimī-dhvam
mimī-te	mim-āte	mim-ate	amimī-ta	amim-ātām	amim-ata
mim-ai	mim-āvahai	mim-āmahai	mim-īya	mim-īvahi	mim-īmahi
mimī-ṣva	mim-āthām	mimī-dhvam	mim-īthās	mim-īyāthām	mim-īdhvam
mimī-tām	mim-ātām	mim-atām	mim-īta	mim-īyātām	mim-īran

P86	**hu, juhoti**, 3. = opfern, fast immer Par., stark: juho/juhav, schwach: juhu/juhv				
juho-mi juho-ṣi juho-ti	juhu-vas juhu-thas juhu-tas	juhu-mas juhu-tha juhv-ati (!)	ajuhav-am ajuho-s ajuho-t	ajuhu-va ajuhu-tam ajuhu-tām	ajuhu-ma ajuhu-ta ajuhav-us (!)
juhav-āni juhu-dhi (!) juho-tu	juhav-āva juhu-tam juhu-tām	juhav-āma juhu-ta juhv-atu (!)	juhu-yām juhu-yās juhu-yāt	juhu-yāva juhu-yātam juhu-yātām	juhu-yāma juhu-yāta juhu-yus

P87	**hu, juhute**, 3. = opfern, sehr selten Atm., stark: juho/juhav, schwach: juhu/juhv				
juhv-e juhu-ṣe juhu-te	juhu-vahe juhv-āthe juhv-āte	juhu-mahe juhu-dhve juhv-ate	ajuhv-i ajuhu-thās ajuhu-ta	ajuhu-vahi ajuhv-āthām ajuhv-ātām	ajuhu-mahi ajuhu-dhvam ajuhv-ata
juhav-ai juhu-ṣva juhu-tām	juhav-āvahai juhv-āthām juhv-ātām	juhav-āmahai juhu-dhvam juhv-atām	juhv-īya juhv-īthās juhv-īta	juhv-īvahi juhv-īyāthām juhv-īyātām	juhv-īmahi juhv-īdhvam juhv-īran

P88	**bhṛ, bibharti**, 3. = tragen, Par., stark: bibhar, schwach: bibhṛ/bibhr				
bibhar-mi bibhar-ṣi bibhar-ti	bibhṛ-vas bibhṛ-thas bibhṛ-tas	bibhṛ-mas bibhṛ-tha bibhr-ati (!)	abibhar-am abibhar (r+s=r) abibhar (r+t=r)	abibhṛ-va abibhṛ-tam abibhṛ-tām	abibhṛ-ma abibhṛ-ta abibhar-us (!)
bibhar-āṇi bibhṛ-hi bibhar-tu	bibhar-āva bibhṛ-tam bibhṛ-tām	bibhar-āma bibhṛ-ta bibhr-atu (!)	bibhṛ-yām bibhṛ-yās bibhṛ-yāt	bibhṛ-yāva bibhṛ-yātam bibhṛ-yātām	bibhṛ-yāma bibhṛ-yāta bibhṛ-yus

P89	**bhṛ, bibhṛte**, 3. = tragen, Atm., stark: bibhar, schwach: bibhṛ/bibhr				
bibhr-e bibhṛ-ṣe bibhṛ-te	bibhṛ-vahe bibhr-āthe bibhr-āte	bibhṛ-mahe bibhṛ-dhve bibhr-ate	abibhr-i abibhṛ-thās abibhṛ-ta	abibhṛ-vahi abibhr-āthām abibhr-ātām	abibhṛ-mahi abibhṛ-dhvam abibhr-ata
bibhar-ai bibhṛ-ṣva bibhṛ-tām	bibhar-āvahai bibhr-āthām bibhr-ātām	bibhar-āmahai bibhṛ-dhvam bibhr-atām	bibhr-īya bibhr-īthās bibhr-īta	bibhr-īvahi bibhr-īyāthām bibhr-īyātām	bibhr-īmahi bibhr-īdhvam bibhr-īran

Anm.: Das »r« von »abibhar« ist wurzelhaft. Daher gelten hier die Sandhiregeln R20/R21.

pṛ, piparti, 3. = retten (Konj. wie bhṛ) wurde nachvedisch durch pālayati/pārayati ersetzt.

P90	**bhī, bibheti**, 3. = fürchten, nur Par., stark: bibhe/bibhay, schw.: bibhī/bibhi/bibhy				
bibhe-mi bibhe-ṣi bibhe-ti	bibhī[i]-vas bibhī[i]-thas bibhī[i]-tas	bibhī[i]-mas bibhī[i]-tha bibhy-ati (!)	abibhay-am abibhe-s abibhe-t	abibhī[i]-va abibhī[i]-tam abibhī[i]-tām	abibhī[i]-ma abibhī[i]-ta abibhay-us (!)
bibhay-āni bibhī[i]-hi bibhe-tu	bibhay-āva bibhī[i]-tam bibhī[i]-tām	bibhay-āma bibhī[i]-ta bibhy-atu (!)	bibhī[i]-yām bibhī[i]-yās bibhī[i]-yāt	bibhī[i]-yāva bibhī[i]-yātam bibhī[i]-yātām	bibhī[i]-yāma bibhī[i]-yāta bibhī[i]-yus

Anm.: Der schwache Stamm ist wahlweise bibhī oder bibhi, z.B. bibhīvas oder bibhivas.

P91	**hā, jahāti**, 3. = verlasssen, nur Par., stark: jahā/jah, schwach: jahī/jahi/jah				
jahā-mi jahā-si jahā-ti	jahī[i]-vas jahī[i]-thas jahī[i]-tas	jahī[i]-mas jahī[i]-tha jah-ati (!)	ajahā-m ajahā-s ajahā-t	ajahī[i]-va ajahī[i]-tam ajahī[i]-tām	ajahī[i]-ma ajahī[i]-ta ajah-us (!)
jah-āni jahī[i]-hi jahā-tu	jah-āva jahī[i]-tam jahī[i]-tām	jah-āma jahī[i]-ta jah-atu (!)	jah-yām jah-yās jah-yāt	jah-yāva jah-yātam jah-yātām	jah-yāma jah-yāta jah-yus

Anm.: Der schwache Stamm ist wahlweise jahī oder jahi, aber im Optativ nur jah.

P92	**hrī, jihreti**, 3. = sich schämen, nur Par., stark: jihre/jihray, schwach: jihrī/jihriy				
jihre-mi	jihrī-vas	jihrī-mas	ajihray-am	ajihrī-va	ajihrī-ma
jihre-ṣi	jihrī-thas	jihrī-tha	ajihre-s	ajihrī-tam	ajihrī-ta
jihre-ti	jihrī-tas	jihriy-ati (!)	ajihre-t	ajihrī-tām	ajihray-us (!)
jihray-āṇi	jihray-āva	jihray-āma	jihrī-yām	jihrī-yāva	jihrī-yāma
jihrī-hi	jihrī-tam	jihrī-ta	jihrī-yās	jihrī-yātam	jihrī-yāta
jihre-tu	jihrī-tām	jihriy-atu (!)	jihrī-yāt	jihrī-yātām	jihrī-yus

P93	**ṛ, iyarti**, 3. = gehen, Par., stark: iyar, schwach: iyṛ/iyr				
iyar-mi	iyṛ-vas	iyṛ-mas	aiyar-am	aiyṛ-va	aiyṛ-ma
iyar-ṣi	iyṛ-thas	iyṛ-tha	aiyar (r+s=r)	aiyṛ-tam	aiyṛ-ta
iyar-ti	iyṛ-tas	iyr-ati (!)	aiyar (r+s=r)	aiyṛ-tām	aiyar-us (!)
iyar-āṇi	iyar-āva	iyar-āma	iyṛ-yām	iyṛ-yāva	iyṛ-yāma
iyṛ-hi	iyṛ-tam	iyṛ-ta	iyṛ-yās	iyṛ-yātam	iyṛ-yāta
iyar-tu	iyṛ-tām	iyr-atu (!)	iyṛ-yāt	iyṛ-yātām	iyṛ-yus

Anm.: Dieses nur in vedischen Texten in der Klasse 3 gebrauchte Verb (später: ṛ, ṛcchati. 1.) wird hier durchkonjugiert, weil es das einzige vokalisch anlautende Verb der Klasse 3 ist.

8.16.5. Verben der Klasse 7

1. **Stammbildung:** Vor den konsonantischen Auslaut der Wurzel wird ein Nasal als Infix eingefügt, im starker Stamm **na**, im schwachen Stamm **n** (z.B. Wz. bhid: bhi**na**d, bhi**n**d).
2. **Nasalsandhi:** Das **na** des **starken** Stamms wird zu **ṇa** zerebralisiert, wenn die übliche Zerebralregel R44 erfüllt ist (so wird z.B. ru**n**adh zu ru**ṇ**adh wegen r vor n gemäß R44). Dagegen wird das **n** des **schwachen** Stamms stets in denjenigen Nasal verwandelt, der dem jeweiligen konsonantischen Stammauslaut entspricht, der vor der Endung steht (z.B. wird yu**n**k zu yu**ṅ**k [guttural], yu**n**j zu yu**ñ**j [palatal], aber ru**n**t bleibt ru**n**t [dental]).
3. **Endungen:** regelmäßig (siehe Kapitel 8.5.2.).

P94	**yuj, yunakti**, 7. = jochen, Par., stark: yunaj/yunak, schwach: yuñj/yuṅk/yuṅg				
yunaj-mi	yuñj-vas	yuñj-mas	ayunaj-am	ayuñj-va	ayuñj-ma
yunak-ṣi	yuṅk-thas	yuṅk-tha	ayunak (k+s=k)	ayuṅk-tam	ayuṅk-ta
yunak-ti	yuṅk-tas	yuñj-anti	ayunak (k+t=k)	ayuṅk-tām	ayuñj-an
yunaj-āni	yunaj-āva	yunaj-āma	yuñj-yām	yuñj-yāva	yuñj-yāma
yuṅg-dhi	yuṅk-tam	yuṅk-ta	yuñj-yās	yuñj-yātam	yuñj-yāta
yunak-tu	yuṅk-tām	yuñj-antu	yuñj-yāt	yuñj-yātām	yuñj-yus

P95	**yuj, yuṅkte**, 7. = jochen, Atm., stark: yunaj/yunak, schwach: yuñj/yuṅk/yuṅg				
yuñj-e	yuñj-vahe	yuñj-mahe	ayuñj-i	ayuñj-vahi	ayuñj-mahi
yuṅk-ṣe	yuñj-āthe	yuṅg-dhve	ajuṅk-thās	ayuñj-āthām	ayuṅg-dhvam
yuṅk-te	yuñj-āte	yuñj-ate	ajuṅk-ta	ayuñj-ātām	ayuñj-ata
yunaj-ai	yunaj-āvahai	yunaj-āmahai	yuñj-īya	yuñj-īvahi	yuñj-īmahi
yuṅk-ṣva	yuñj-āthām	yuṅg-dhvam	yuñj-īthās	yuñj-īyāthām	yuñj-īdhvam
yuṅk-tām	yuñj-ātām	yuñj-atām	yuñj-īta	yuñj-īyātām	yuñj-īran

Sandhis: Stamm yunaj bleibt unverändert vor Vokalen (a, ā, ai) und vor v und m, wird aber zu yunak vor Tonlosen (s, t, th). Stamm yuñj bleibt unverändert vor Vokalen (a, ā, ī) und vor v, m und y, wird aber zu yuṅk vor Tonlosen (s, t, th) und yuṅg vor Tönenden (d, dh).

bhuj, bhunakti, bhuṅkte, 7. = genießen (Konjugation wie yuj. Ersetze yu... durch bhu...)

P96	**bhid, bhinatti**, 7. = spalten, Par., stark: bhinad/bhinat, schwach: bhind/bhint				
bhinad-mi	bhind-vas	bhind-mas	abhinad-am	abhind-va	abhind-ma
bhinat-si	bhint-thas	bhint-tha	abhinat (t+s=t)	abhint-tam	abhint-ta
bhinat-ti	bhint-tas	bhind-anti	abhinat (t+t=t)	abhint-tām	abhind-an
bhinad-āni	bhinad-āva	bhinad-āma	bhind-yām	bhind-yāva	bhind-yāma
bhind-dhi	bhint-tam	bhint-ta	bhind-yās	bhind-yātam	bhind-yāta
bhinat-tu	bhint-tām	bhind-antu	bhind-yāt	bhind-yātām	bhind-yus

P97	**bhid, bhintte**, 7. = spalten, Atm., stark: bhinad/bhinat, schwach: bhind/bhint				
bhind-e	bhind-vahe	bhind-mahe	abhind-i	abhind-vahi	abhind-mahi
bhint-se	bhind-āthe	bhind-dhve	abhint-thās	abhind-āthām	abhind-dhvam
bhint-te	bhind-āte	bhind-ate	abhint-ta	abhind-ātām	abhind-ata
bhinad-ai	bhinad-āvahai	bhinad-āmahai	bhind-īya	bhind-īvahi	bhind-īmahi
bhint-sva	bhind-āthām	bhind-dhvam	bhind-īthās	bhind-īyāthām	bhind-īdhvam
bhint-tām	bhind-ātām	bhind-atām	bhind-īta	bhind-īyātām	bhind-īran

chid, chinatti, chintte, 7. = abschneiden (Konjugation wie bhid. Ersetze bhi... durch chi...)

P98	**rudh, ruṇaddhi**, 7. = hemmen, Par., stark: ruṇadh/ruṇat, schwach: rundh/runt				
ruṇadh-mi	rundh-vas	rundh-mas	aruṇadh-am	arundh-va	arundh-ma
ruṇat-si	rund-dhas	rund-dha	aruṇat (t+s=t)	arund-dham	arund-dha
ruṇad-dhi	rund-dhas	rundh-anti	aruṇat (t+t=t)	arund-dhām	arundh-an
ruṇadh-āni	ruṇadh-āva	ruṇadh-āma	rundh-yām	rundh-yāva	rundh-yāma
rund-dhi	rund-dham	rund-dha	rundh-yās	rundh-yātam	rundh-yāta
ruṇad-dhu	rund-dhām	rundh-antu	rundh-yāt	rundh-yātām	rundh-yus

P99	**rudh, runddhe**, 7. = hemmen, Atm., stark: ruṇadh/ruṇat, schwach: rundh/runt				
rundh-e	rundh-vahe	rundh-mahe	arundh-i	arundh-vahi	arundh-mahi
runt-se	rundh-āthe	rund-dhve	arund-dhās	arundh-āthām	arund-dhvam
rund-dhe	rundh-āte	rundh-ate	arund-dha	arundh-ātām	arundh-ata
ruṇadh-ai	ruṇadh-āvahai	ruṇadh-āmahai	rundh-īya	rundh-īvahi	rundh-īmahi
runt-sva	rundh-āthām	rund-dhvam	rundh-īthās	rundh-īyāthām	rundh-īdhvam
rund-dhām	rundh-ātām	rundh-atām	rundh-īta	rundh-īyātām	rundh-īran

Tönung + Aspiration von **dh** gehen auch auf **tonlose** Dentale über: rundh + te = rund-dhe. Dies ist bei dhā (P84) nicht der Fall: dadh + te = dhat-te. Zum »h-Sandhi« siehe duh (P140).

P100	**bhañj, bhanakti**, 7. = brechen, nur Par., st.: bhanaj/bhanak, s.: bhañj/bhaṅk/bhaṅg				
bhanaj-mi	bhañj-vas	bhañj-mas	abhanaj-am	abhañj-va	abhañj-ma
bhanak-ṣi	bhaṅk-thas	bhaṅk-tha	abhanak (k+s=k)	abhaṅk-tam	abhaṅk-ta
bhanak-ti	bhaṅk-tas	bhañj-anti	abhanak (k+t=k)	abhaṅk-tām	abhañj-an
bhanaj-āni	bhanaj-āva	bhanaj-āma	bhañj-yām	bhañj-yāva	bhañj-yāma
bhaṅg-dhi	bhaṅk-tam	bhaṅk-ta	bhañj-yās	bhañj-yātam	bhañj-yāta
bhanak-tu	bhaṅk-tām	bhañj-antu	bhañj-yāt	bhañj-yātām	bhañj-yus

Anm.: »bhanakti« nur 1mal im Rigveda (6.68.6), »bhañjanti« nur 1mal im Ramayana (6.4.57).

P101	**añj, anakti**, 7. = salben, nur Par., stark: anaj/anak, schwach: añj/aṅk/aṅg				
anaj-mi	añj-vas	añj-mas	ānaj-am	āñj-va	āñj-ma
anak-ṣi	aṅk-thas	aṅk-tha	ānak (k+s=k)	āṅk-tam	āṅk-ta
anak-ti	aṅk-tas	añj-anti	ānak (k+t=k)	āṅk-tām	āñj-an
anaj-āni	anaj-āva	anaj-āma	añj-yām	añj-yāva	añj-yāma
aṅg-dhi	aṅk-tam	aṅk-ta	añj-yās	añj-yātam	añj-yāta
anak-tu	aṅk-tām	añj-antu	añj-yāt	añj-yātām	añj-yus

P102	**ric, riṇakti**, 7. = leeren, Par. (vedisch), stark: riṇac/riṇak, schwach: riñc/riṅk/riṅg				
riṇac-mi riṇak-ṣi riṇak-ti	riñc-vas riṅk-thas riṅk-tas	riñc-mas riṅk-tha riñc-anti	ariṇac-am ariṇak (k+s=k) ariṇak (k+t=k)	ariñc-va ariṅk-tam ariṅk-tām	ariñc-ma ariṅk-ta ariñc-an
riṇac-āni riṅg-dhi riṇak-tu	riṇac-āva riṅk-tam riṅk-tām	riṇac-āma riṅk-ta riñc-antu	riñc-yām riñc-yās riñc-yāt	riñc-yāva riñc-yātam riñc-yātām	riñc-yāma riñc-yāta riñc-yus

P103	**ric, riṅkte**, 7. = leeren, Atm. (unüblich), stark: riṇac/riṇak, schwach: riñc/riṅk/riṅg				
riñc-e riṅk-ṣe riṅk-te	riñc-vahe riñc-āthe riñc-āte	riñc-mahe riṅg-dhve riñc-ate	ariñc-i ariṅk-thās ariṅk-ta	ariñc-vahi ariñc-āthām ariñc-ātām	ariñc-mahi ariṅg-dhvam ariñc-ata
riṇac-ai riṅk-ṣva riṅk-tām	riṇac-āvahai riñc-āthām riñc-ātām	riṇac-āmahai riṅg-dhvam riñc-atām	riñc-īya riñc-īthās riñc-īta	riñc-īvahi riñc-īyāthām riñc-īyātām	riñc-īmahi riñc-īdhvam riñc-īran

vṛj, vṛṇakti, vṛṅkte, 7. = wenden (Konjugation wie ric. Ersetze ri durch vṛ und c durch j).

Anm.: ric und vṛj kommen als finite Verben der 7. Klasse fast nur in vedischen Texten vor.

P104	**indh, inddhe**, 7. = anzünden, nur Atm., st.: inadh, sch.: indh/int (indh+te = ind-dhe)				
indh-e int-se ind-dhe	indh-vahe indh-āthe indh-āte	indh-mahe ind-dhve indh-ate	aindh-i aind-dhās aind-dha	aindh-vahi aindh-āthām aindh-ātām	aindh-mahi aind-dhvam aindh-ata
inadh-ai int-sva ind-dhām	inadh-āvahai indh-āthām indh-ātām	inadh-āmahai ind-dhvam indh-atām	indh-īya indh-īthās indh-īta	indh-īvahi indh-īyāthām indh-īyātām	indh-īmahi indh-īdhvam indh-īran

Anm.: Der wurzelhafte Nasal von i**n**dh bleibt im schwachen Stamm erhalten (Wz. = Stamm). Auch die Wz. indh kommt als finites Verb fast nur in den Veden und in den Brahmanas vor.

P105	**hiṃs, hinasti**, 7. = schädigen, nur Par., stark: hinas/hina, schwach: hiṃs, Imp.: hind				
hinas-mi hinas-si hinas-ti	hiṃs-vas hiṃs-thas hiṃs-tas	hiṃs-mas hiṃs-tha hiṃs-anti	ahinas-am ahina-s (s+s=s) ! ahina-t (s+t=t) !	ahiṃs-va ahiṃs-tam ahiṃs-tām	ahiṃs-ma ahiṃs-ta ahiṃs-an
hinas-āni hind-dhi (!) hinas-tu	hinas-āva hiṃs-tam hiṃs-tām	hinas-āma hiṃs-ta hiṃs-antu	hiṃs-yām hiṃs-yās hiṃs-yāt	hiṃs-yāva hiṃs-yātam hiṃs-yātām	hiṃs-yāma hiṃs-yāta hiṃs-yus

Anm.: Das wurzelhafte ṃ von hi**ṃ**s bleibt im schwachen Stamm erhalten (Wz. = Stamm). Die 2. und 3. Pers. Sg. Impf. werden behandelt, als hätten sie den Stamm hina statt hinas. Die 2. Pers. Sg. Imp. hat hind als Stamm. Entgegen R45 heißt es hiṃ**s**anti, nicht "hiṃ**ṣ**anti".

P106	**piṣ, pinaṣṭi**, 7. = zermahlen, nur Par., stark: pinaṣ/pinak/pinaṭ, schwach: piṃṣ mit ṃ				
pinaṣ-mi pinak-ṣi pinaṣ-ṭi	piṃṣ-vas piṃṣ-ṭhas piṃṣ-ṭas	piṃṣ-mas piṃṣ-ṭha piṃṣ-anti	apinaṣ-am apinaṭ (ṭ+s=ṭ) apinaṭ (ṭ+t=ṭ)	apiṃṣ-va apiṃṣ-ṭam apiṃṣ-ṭām	apiṃṣ-ma apiṃṣ-ṭa apiṃṣ-an
pinaṣ-āṇi piṇḍ-ḍhi (!) pinaṣ-ṭu	pinaṣ-āva piṃṣ-ṭam piṃṣ-ṭām	pinaṣ-āma piṃṣ-ṭa piṃṣ-antu	piṃṣ-yām piṃṣ-yās piṃṣ-yāt	piṃṣ-yāva piṃṣ-yātam piṃṣ-yātām	piṃṣ-yāma piṃṣ-yāta piṃṣ-yus

śiṣ, śinaṣṭi, 7. = als Rest übriglassen (Konjugation wie piṣ. Ersetze pi... durch śi...)

Anm.: piṣ und śiṣ sind als finite Verben sehr selten. Für śiṣ tritt meist das Pass. śiṣyate ein. Sandhis: ṣ + t/th = ṣ + ṭ/ṭh; ṣ + si = k + ṣi. Beachte die 2. Pers. Imp.: piṃṣ + dhi = piṇḍ + ḍhi

8.16.6. Verben der Klasse 2

1. **Stammbildung:** unregelmäßig. Die Wurzel ist der Stamm. Einige Verben haben keine Stammabstufung. Die übrigen Verben haben im starken Stamm Guna oder auch Vriddhi.
2. **Endungen:** teils regelmäßig (siehe Kapitel 8.5.2.), teils unregelmäßig (-ati/-atu/-us).
3. **Sandhis:** Bei den Wurzeln der Klasse 2 gibt es viele irreguläre, teils nur bei bestimmten Verben vorkommende Sandhis. Wir beginnen daher mit den einfacheren Paradigmen.

P107	**yā, yāti**, 2. = gehen, nur Par., einheitlicher Stamm: yā				
yā-mi	yā-vas	yā-mas	ayā-m	ayā-va	ayā-ma
yā-si	yā-thas	yā-tha	ayā-s	ayā-tam	ayā-ta
yā-ti	yā-tas	yā-nti	ayā-t	ayā-tām	ayā-n [ay-us] !
yā-ni	yā-va	yā-ma	yā-yām	yā-yāva	yā-yāma
yā-hi	yā-tam	yā-ta	yā-yās	yā-yātam	yā-yāta
yā-tu	yā-tām	yā-ntu	yā-yāt	yā-yātām	yā-yus

Wurzeln, die auf ā enden, haben keine Stammabstufung und werden nur im Par. konjugiert. Das auslautende ā verschmilzt mit vokalisch anlautenden Endungen, z.B. yā + anti = yānti. Nur bei der 3. Pers. Pl. Impf. (Regelfall: ayā + an = ayān) kann ā entfallen und die Endung us verwendet werden (ayā + us = ayus). Man verwechsle nicht yānti (P107) mit yanti (P129).

khyā, khyāti, 2. = erzählen (Konjugation wie yā. Ersetze y... durch khy...)
dhyai (dhyā), dhyāti, 2. = denken (Konjugation wie yā. Ersetze y... durch dhy...)
pā, pāti, 2. = schützen (Konjugation wie yā. Ersetze y... durch p...)
bhā, bhāti, 2. =scheinen (Konjugation wie yā. Ersetze y... durch bh...)
mā, māti, 2. = messen (Konjugation wie yā. Ersetze y... durch m...)
mlai (mlā), mlāti, 2. = schwinden (Konjugation wie yā. Ersetze y... durch ml...)
vā, vāti, 2. = wehen (Konjugation wie yā. Ersetze y... durch v...)
snā, snāti, 2. = baden (Konjugation wie yā. Ersetze y... durch sn...)

glai (glā), glāti, 2. = erschöpft sein, **do (dā), dāti**, 2. = schneiden, und **lā, lāti**, 2. = nehmen (Konjugation dieser drei Verben wie das Muster yā) kommen in Sanskrittexten fast nie vor.

P108	**trai (trā), trāti**, 2. = retten, nur Par., einheitlicher Stamm: trā				
trā-mi	trā-vas	trā-mas	atrā-m	atrā-va	atrā-ma
trā-si	trā-thas	trā-tha	atrā-s	atrā-tam	atrā-ta
trā-ti	trā-tas	trā-nti	atrā-t	atrā-tām	atrā-n [atr-us]
trā-ṇi	trā-va	trā-ma	trā-yām	trā-yāva	trā-yāma
trā-hi	trā-tam	trā-ta	trā-yās	trā-yātam	trā-yāta
trā-tu	trā-tām	trā-ntu	trā-yāt	trā-yātām	trā-yus

drā, drāti, 2. = a) eilen, b) schlafen (2 Wz.); (Konjugation wie trā. Ersetze tr... durch dr...)
rā, rāti, 2. = gewähren (Konjugation wie trā. Ersetze tr... durch r...); rā kommt fast nie vor.

P109	**ad, atti**, 2. = essen, nur Par., Stamm: ad/at (2. u. 3. Pers. Impf. hat Themavokal »a«)				
ad-mi	ad-vas	ad-mas	ād-am	ād-va	ād-ma
at-si	at-thas	at-tha	ād-a-s (!)	āt-tam	āt-ta
at-ti	at-tas	ad-anti	ād-a-t (!)	āt-tām	ād-an
ad-āni	ad-āva	ad-āma	ad-yām	ad-yāva	ad-yāma
ad-dhi	at-tam	at-ta	ad-yās	ad-yātam	ad-yāta
at-tu	at-tām	ad-antu	ad-yāt	ad-yātām	ad-yus

Verben mit kurzem »a« haben keine Stammabstufung, denn »a« ist bereits gunierter Vokal.

Die Verben **stu** und **ru** können ohne/mit Bindevokal ī vor Konsonanten konjugiert werden:

P110	**stu, stauti**, 2. = loben, Par., stark: stau/stav, schwach: stu/stuv – Ohne-ī-Variante				
stau-mi stau-ṣi stau-ti	stu-vas stu-thas stu-tas	stu-mas stu-tha stuv-anti	astav-am astau-s astau-t	astu-va astu-tam astu-tām	astu-ma astu-ta astuv-an
stav-āni stu-hi stau-tu	stav-āva stu-tam stu-tām	stav-āma stu-ta stuv-antu	stu-yām stu-yās stu-yāt	stu-yāva stu-yātam stu-yātām	stu-yāma stu-yāta stu-yus

P111	**stu, stute**, 2. = loben, Atm., stark: stau/stav, schwach: stu/stuv – Ohne-ī-Variante				
stuv-e stu-ṣe stu-te	stu-vahe stuv-āthe stuv-āte	stu-mahe stu-dhve stuv-ate	astuv-i astu-thās astu-ta	astu-vahi astuv-āthām astuv-ātām	astu-mahi astu-dhvam astuv-ata
stav-ai stu-ṣva stu-tām	stav-āvahai stuv-āthām stuv-ātām	stav-āmahai stu-dhvam stuv-atām	stuv-īya stuv-īthās stuv-īta	stuv-īvahi stuv-īyāthām stuv-īyātām	stuv-īmahi stuv-īdhvam stuv-īran

P112	**stu, stauti**, 2. = loben, Par., stark: stavī/stav, schwach: stuvī/stuv – Mit-ī-Variante				
stavī-mi stavī-ṣi stavī-ti	stuvī-vas stuvī-thas stuvī-tas	stuvī-mas stuvī-tha stuv-anti	astav-am astavī-s astavī-t	astuvī-va astuvī-tam astuvī-tām	astuvī-ma astuvī-ta astuv-an
stav-āni stuvī-hi stavī-tu	stav-āva stuvī-tam stuvī-tām	stav-āma stuvī-ta stuv-antu	stuvī-yām stuvī-yās stuvī-yāt	stuvī-yāva stuvī-yātam stuvī-yātām	stuvī-yāma stuvī-yāta stuvī-yus

P113	**stu, stute**, 2. = loben, Atm., stark: stavī/stav, schwach: stuvī/stuv – Mit-ī-Variante				
stuv-e stuvī-ṣe stuvī-te	stuvī-vahe stuv-āthe stuv-āte	stuvī-mahe stuvī-dhve stuv-ate	astuv-i astuvī-thās astuvī-ta	astuvī-vahi astuv-āthām astuv-ātām	astuvī-mahi astuvī-dhvam astuv-ata
stav-ai stuvī-ṣva stuvī-tām	stav-āvahai stuv-āthām stuv-ātām	stav-āmahai stuvī-dhvam stuv-atām	stuv-īya stuv-īthās stuv-īta	stuv-īvahi stuv-īyāthām stuv-īyātām	stuv-īmahi stuv-īdhvam stuv-īran

Sandhi: u + Vokal = uv + Vokal (statt v + Vokal); st**au** ist Vriddhi, st**av** ist Guna (o = av)

ru, rauti, 2. = brüllen (Konjugation wie Par von stu. Ersetze st... durch r... Beachte rav-**ā**ṇi)

P114	**brū, bravīti**, 2. = sagen, Par., stark: bravī/brav, schwach: brū/bruv				
bravī-mi bravī-ṣi bravī-ti	brū-vas brū-thas brū-tas	brū-mas brū-tha bruv-anti	abrav-am abravī-s abravī-t	abrū-va abrū-tam abrū-tām	abrū-ma abrū-ta abruv-an
brav-āṇi brū-hi [bravīhi] bravī-tu	brav-āva brū-tam brū-tām	brav-āma brū-ta bruv-antu	brū-yām brū-yās brū-yāt	brū-yāva brū-yātam brū-yātām	brū-yāma brū-yāta brū-yus

P115	**brū, brūte**, 2. = sagen, Atm., stark: bravī/brav, schwach: brū/bruv				
bruv-e brū-ṣe brū-te	brū-vahe bruv-āthe bruv-āte	brū-mahe brū-dhve bruv-ate	abruv-i abrū-thās abrū-ta	abrū-vahi abruv-āthām abruv-ātām	abrū-mahi abrū-dhvam abruv-ata
brav-ai brū-ṣva brū-tām	brav-āvahai bruv-āthām bruv-ātām	brav-āmahai brū-dhvam bruv-atām	bruv-īya bruv-īthās bruv-īta	bruv-īvahi bruv-īyāthām bruv-īyātām	bruv-īmahi bruv-īdhvam bruv-īran

Starker St.: bravī vor Kons., brav vor Vokal. Schwacher St.: brū vor Kons., bruv vor Vokal. »brū« wird nur im Präsensstamm benutzt, dagegen »vac« (P134) fast nur im Perfektstamm.

Die folgenden Verben **an, śvas, svap, rud** fügen ein **i** vor allen Konsonanten außer vor y ein. Bei rud gibt es Stammabstufung, bei an, śvas, svap nicht. Vor den Endungen der 2. und 3. Pers. Sg. Impf. wird ein **ī** eingefügt oder alternativ ein **a** (»Themavokal«):

P116	**an, aniti**, 2. = atmen, nur Par., Stamm: an/ani, 2./3. Pers. Impf.: anī [ana]				
ani-mi	ani-vas	ani-mas	ān-am	āni-va	āni-ma
ani-ṣi	ani-thas	ani-tha	ānī-s [āna-s]	āni-tam	āni-ta
ani-ti	ani-tas	an-anti	ānī-t [āna-t]	āni-tām	ān-an
an-āni	an-āva	an-āma	an-yām	an-yāva	an-yāma
ani-hi	ani-tam	ani-ta	an-yās	an-yātam	an-yāta
ani-tu	ani-tām	an-antu	an-yāt	an-yātām	an-yus

P117	**śvas, śvasiti**, 2. = schnaufen, nur Par., Stamm: śvas/śvasi, śvasī [svasa]				
śvasi-mi	śvasi-vas	śvasi-mas	aśvas-am	aśvasi-va	aśvasi-ma
śvasi-ṣi	śvasi-thas	śvasi-tha	aśvasī-s [aśvasa-s]	aśvasi-tam	aśvasi-ta
śvasi-ti	śvasi-tas	śvas-anti	aśvasī-t [aśvasa-t]	aśvasi-tām	aśvas-an
śvas-āni	śvas-āva	śvas-āma	śvas-yām	śvas-yāva	śvas-yāma
śvasi-hi	śvasi-tam	śvasi-ta	śvas-yās	śvas-yātam	śvas-yāta
śvasi-tu	śvasi-tām	śvas-antu	śvas-yāt	śvas-yātām	śvas-yus

P118	**svap, svapiti**, 2. = schlafen, nur Par., Stamm: svap/svapi, svapī [svapa]				
svapi-mi	svapi-vas	svapi-mas	asvap-am	asvapi-va	asvapi-ma
svapi-ṣi	svapi-thas	svapi-tha	asvapī-s [asvapa-s]	asvapi-tam	asvapi-ta
svapi-ti	svapi-tas	svap-anti	asvapī-t [asvapa-t]	asvapi-tām	asvap-an
svap-āni	svap-āva	svap-āma	svap-yām	svap-yāva	svap-yāma
svapi-hi	svapi-tam	svapi-ta	svap-yās	svap-yātam	svap-yāta
svapi-tu	svapi-tām	svap-antu	svap-yāt	svap-yātām	svap-yus

P119	**rud, roditi**, 2. = weinen, nur Par., stark: rod/rodi, rodī [roda], schwach: rud/rudi				
rodi-mi	rudi-vas	rudi-mas	arod-am	arudi-va	arudi-ma
rodi-ṣi	rudi-thas	rudi-tha	arodī-s [aroda-s]	arudi-tam	arudi-ta
rodi-ti	rudi-tas	rud-anti	arodī-t [aroda-t]	arudi-tām	arud-an
rod-āni	rod-āva	rod-āma	rud-yām	rud-yāva	rud-yāma
rudi-hi	rudi-tam	rudi-ta	rud-yās	rud-yātam	rud-yāta
rodi-tu	rudi-tām	rud-antu	rud-yāt	rud-yātām	rud-yus

P120	**nu, nauti**, 2. = preisen, nur Par., stark: nau [Vriddi]/nav[Guna], schwach: nu/nuv				
nau-mi	nu-vas	nu-mas	anav-am	anu-va	anu-ma
nau-ṣi	nu-thas	nu-tha	anau-s	anu-tam	anu-ta
nau-ti	nu-tas	nuv-anti	anau-t	anu-tām	anuv-an
nav-āni	nav-āva	nav-āma	nu-yām	nu-yāva	nu-yāma
nu-hi	nu-tam	nu-ta	nu-yās	nu-yātam	nu-yāta
nau-tu	nu-tām	nuv-antu	nu-yāt	nu-yātām	nu-yus

Als finites Verb kommt »nu« nur in vedischen Texten vor. Das gleiche gilt für:
yu, yauti, 2. = anschirren (Konjugation wie nu. Ersetze n... durch y...), vedisch

P121	**sū, sūte**, 2. = gebären, nur Atm., nur schwacher Stamm: sū, vor Vokalen: suv				
suv-e	sū-vahe	sū-mahe	asuv-i	asū-vahi	asū-mahi
sū-ṣe	suv-āthe	sū-dhve	asū-thās	asuv-āthām	asū-dhvam
sū-te	suv-āte	suv-ate	asū-ta	asuv-ātām	asuv-ata
suv-ai	suv-āvahai	suv-āmahai	suv-īya	suv-īvahi	suv-īmahi
sū-ṣva	suv-āthām	sū-dhvam	suv-īthās	suv-īyāthām	suv-īdhvam
sū-tām	suv-ātām	suv-atām	suv-īta	suv-īyātām	suv-īran

Die folgenden, unverändert-reduplizierten Wurzeln der Klasse 2 **cakās, jakṣ, jāgṛ, daridrā** (alle Par.) haben die 3 irregulären Endungen (-ati statt -anti, -atu statt -antu, -us statt -an; ajāgar-us mit Guna; adaridr-us mit ā-Wegfall) der echten reduplizierenden Verbklasse 3.

P122	**cakās, cakāsti**, 2. = glänzen, nur Par., einheitlicher Stamm: cakās				
cakās-mi cakās-si cakās-ti	cakās-vas cakās-thas cakās-tas	cakās-mas cakās-tha cakās-ati (!)	acakās-am acakās (s+s=s) acakāt (s+t=t)	acakās-va acakās-tam acakās-tām	acakās-ma acakās-ta acakās-us (!)
cakās-āni cakā-dhi (!) cakās-tu	cakās-āva cakās-tam cakās-tām	cakās-āma cakās-ta cakās-atu (!)	cakās-yām cakās-yās cakās-yāt	cakās-yāva cakās-yātam cakās-yātām	cakās-yāma cakās-yāta cakās-yus

P123	**jakṣ, jakṣiti**, 2. = essen, nur Par., Stamm: jakṣ (vor Vokal), jakṣi (vor Kons. außer y)				
jakṣi-mi jakṣi-ṣi jakṣi-ti	jakṣi-vas jakṣi-thas jakṣi-tas	jakṣi-mas jakṣi-tha jakṣi-ati (!)	ajakṣ-am ajakṣī-s [ajakṣa-s] ajakṣī-t [ajakṣa-t]	ajakṣi-va ajakṣi-tam ajakṣi-tām	ajakṣi-ma ajakṣi-ta ajakṣ-us (!)
jakṣ-āṇi jakṣi-hi jakṣi-tu	jakṣ-āva jakṣi-tam jakṣi-tām	jakṣ-āma jakṣi-ta jakṣ-atu (!)	jakṣ-yām jakṣ-yās jakṣ-yāt	jakṣ-yāva jakṣ-yātam jakṣ-yātām	jakṣ-yāma jakṣ-yāta jakṣ-yus

Bei »jakṣ« liegt eine Mischkonjugation mit den Verben vom Typ »an, aniti« vor, siehe dort.

P124	**jāgṛ, jāgarti**, 2. = erwachen, nur Par., stark: jāgar, schwach: jāgṛ, jāgr (vor Vokal)				
jāgar-mi jāgar-ṣi jāgar-ti	jāgṛ-vas jāgṛ-thas jāgṛ-tas	jāgṛ-mas jāgṛ-tha jāgr-ati (!)	ajāgar-am ajāgar (r+s=r) ajāgar (r+t=r)	ajāgṛ-va ajāgṛ-tam ajāgṛ-tām	ajāgṛ-ma ajāgṛ-ta ajāgar-us (!)
jāgar-āṇi jāgṛ-hi jāgar-tu	jāgar-āva jāgṛ-tam jāgṛ-tām	jāgar-āma jāgṛ-ta jāgr-atu (!)	jāgṛ-yām jāgṛ-yās jāgṛ-yāt	jāgṛ-yāva jāgṛ-yātam jāgṛ-yātām	jāgṛ-yāma jāgṛ-yāta jāgṛ-yus

P125	**daridrā, daridrāti**, 2. = arm sein, nur Par., st.: daridrā/daridr, schw.: daridri/daridr				
daridrā-mi daridrā-si daridrā-ti	daridri-vas daridri-thas daridri-tas	daridri-mas daridri-tha daridr-ati (!)	adaridrā-m adaridrā-s adaridrā-t	adaridri-va adaridri-tam adaridri-tām	adaridri-ma adaridri-ta adaridr-us (!)
daridr-āṇi daridri-hi daridrā-tu	daridr-āva daridri-tam daridri-tām	daridr-āma daridri-ta daridr-atu (!)	daridri-yām daridri-yās daridri-yāt	daridri-yāva daridri-yātam daridri-yātām	daridri-yāma daridri-yāta daridri-yus

P126	**śās, śāsti**, 2. = befehlen, nur Par., Stamm: śās (vor Vokal und dhi), śiṣ (vor Kons.)				
śās-mi śās-si śās-ti	śiṣ-vas śiṣ-ṭhas śiṣ-ṭas	śiṣ-mas śiṣ-ṭha śās-ati (!)	aśās-am aśās (s+s=s) aśāt (s+t=t)	aśiṣ-va aśiṣ-ṭam aśiṣ-ṭām	aśiṣ-ma aśiṣ-ṭa aśās-us (!)
śās-āni śā-dhi (!) śās-tu	śās-āva śiṣ-ṭam śiṣ-ṭām	śās-āma śiṣ-ṭa śās-atu (!)	śiṣ-yām śiṣ-yās śiṣ-yāt	śiṣ-yāva śiṣ-yātam śiṣ-yātām	śiṣ-yāma śiṣ-yāta śiṣ-yus

Auch śās benutzt die irregulären Endungen ati/atu/us. Sandhi: śās + dhi = śādhi (befiehl!)

P127	**han, hanti**, 2. = töten, nur Par., stark: han, schwach: han, ha [vor t/th], ghn [vor a]				
han-mi haṃ-si han-ti	han-vas ha-thas ha-tas	han-mas ha-tha ghn-anti	ahan-am ahan (n+s=n) ahan (n+t=n)	ahan-va aha-tam aha-tām	ahan-ma aha-ta aghn-an
han-āni jahi (!) han-tu	han-āva ha-tam ha-tām	han-āma ha-ta ghn-antu	han-yām han-yās han-yāt	han-yāva han-yātam han-yātām	han-yāma han-yāta han-yus

P128	**śī, śete**, 2. = liegen, nur Atm., nur starker Stamm: śe/śay, śer (in 3. Pers. Pl.)				
śay-e śe-ṣe śe-te	śe-vahe śay-āthe śay-āte	śe-mahe śe-dhve śer-ate (!)	aśay-i aśe-thās aśe-ta	aśe-vahi aśay-āthām aśay-ātām	aśe-mahi aśe-dhvam aśer-ata (!)
śay-ai śe-ṣva śe-tām	śay-āvahai śay-āthām śay-ātām	śay-āmahai śe-dhvam śer-atām (!)	śay-īya śay-īthās śay-īta	śay-īvahi śay-īyāthām śay-īyātām	śay-īmahi śay-īdhvam śay-īran

Stamm: śe vor Konsonant; śay vor Vokal, aber śer in der 3. Pers. Pl. im Präs., Impf. und Imp.

P129	**i, eti**, 2. = gehen, nur Par., stark: e/ay [mit Aug.: ai/āy], schw.: i/y [mit Aug.: ai, āy]				
e-mi e-ṣi e-ti	i-vas i-thas i-tas	i-mas i-tha y-anti	āy-am ai-s ai-t	ai-va ai-tam ai-tām	ai-ma ai-ta āy-an
ay-āni i-hi e-tu	ay-āva i-tam i-tām	ay-āma i-ta y-antu	i-yām i-yās i-yāt	i-yāva i-yātam i-yātām	i-yāma i-yāta i-yus

P130	**i, adhi-i**, 2. = lernen, nur Atm., st.: adhy-ay, schw.: adhī/adhīy [mit Aug.: adhyai(y)]				
adhīy-e adhī-ṣe adhī-te	adhī-vahe adhīy-āthe adhīy-āte	adhī-mahe adhī-dhve adhīy-ate	adhyaiy-i adhyai-thās adhyai-ta	adhyai-vahi adhyaiy-āthām adhyaiy-ātām	adhyai-mahi adhyai-dhvam adhyaiy-ata
adhyay-ai adhī-ṣva adhī-tām	adhyay-āvahai adhīy-āthām adhīy-ātām	adhyay-āmahai adhī-dhvam adhīy-atām	adhīy-īya adhīy-īthās adhīy-īta	adhīy-īvahi adhīy-īyāthām adhīy-īyātām	adhīy-īmahi adhīy-īdhvam adhīy-īran

Augment (a + i = ai): ai + an = **āy**-an; aber: adhi + ai = adhy-ai, adhy-ai + ata = adhy-**aiy**-ata

P131	**ās, āste**, 2. = sitzen, nur Atm., einheitlicher Stamm: ās (Sandhi: ās + dh = ā + dh)				
ās-e ās-se ās-te	ās-vahe ās-āthe ās-āte	ās-mahe ā-dhve (!) ās-ate	ās-i ās-thās ās-ta	ās-vahi ās-āthām ās-ātām	ās-mahi ā-dhvam (!) ās-ata
ās-ai ās-sva ās-tām	ās-āvahai ās-āthām ās-ātām	ās-āmahai ā-dhvam (!) ās-atām	ās-īya ās-īthās ās-īta	ās-īvahi ās-īyāthām ās-īyātām	ās-īmahi ās-īdhvam ās-īran

P132	**vas, vaste**, 2. = kleiden, nur Atm., einheitlicher Stamm: ās (Sandhi: as + dh = a + dh)				
vas-e vas-se vas-te	vas-vahe vas-āthe vas-āte	vas-mahe va-dhve (!) vas-ate	avas-i avas-thās avas-ta	avas-vahi avas-āthām avas-ātām	avas-mahi ava-dhvam (!) avas-ata
vas-ai vas-sva vas-tām	vas-āvahai vas-āthām vas-ātām	vas-āmahai va-dhvam (!) vas-atām	vas-īya vas-īthās vas-īta	vas-īvahi vas-īyāthām vas-īyātām	vas-īmahi vas-īdhvam vas-īran

ās + dhve = ādhve (wie Satzsandhi), aber: vas + dhve = vadhve (Satzsandhi wäre "vodhve")

P133	**vaś, vaṣṭi**, 2. = wünschen, nur Par., stark: vaś/vak/vaṣ/vaṭ, schwach: uś/uṣ/uḍ				
vaś-mi vak-ṣi vaṣ-ṭi	uś-vas uṣ-ṭhas uṣ-ṭas	uś-mas uṣ-ṭha uś-anti	avaś-am avaṭ (ṭ+s=ṭ) avaṭ (ṭ+t=ṭ)	auś-va auṣ-ṭam auṣ-ṭām	auś-ma auṣ-ṭa auś-an
vaś-āni uḍ-ḍhi vaṣ-ṭu	vaś-āva uṣ-ṭam uṣ-ṭām	vaś-āma uṣ-ṭa uś-antu	uś-yām uś-yās uś-yāt	uś-yāva uś-yātam uś-yātām	uś-yāma uś-yāta uś-yus

Das Verb vaś hat Samprasarana im schwachen Stamm. Augment: a + uśva = auśva usw.

P134	**vac, vakti**, 2. = sprechen, nur Par., Stamm: vac (vor Vokal), vak (vor Kons.)				
vac-mi	vac-vas	vac-mas	avac-am	avac-va	avac-ma
vak-ṣi	vak-thas	vak-tha	avak (k+s=k)	avak-tam	avak-ta
vak-ti	vak-tas	vac-anti	avak (k+t=k)	avak-tām	avac-an
vac-āni	vac-āva	vac-āma	vac-yām	vac-yāva	vac-yāma
vag-dhi	vak-tam	vak-ta	vac-yās	vac-yātam	vac-yāta
vak-tu	vak-tām	vac-antu	vac-yāt	vac-yātām	vac-yus

P135	**vid, vetti**, 2. = wissen, nur Par., stark: ved/vet, schwach: vid/vit				
ved-mi [veda]	vid-vas [vidva]	vid-mas [vidma]	aved-am	avid-va	avid-ma
vet-si [vettha]	vit-thas [vidathus]	vit-tha [vida]	avet (t+s=t)	avit-tam	avit-ta
vet-ti [veda]	vit-tas [vidatus]	vid-anti [vidus]	avet (t+t=t)	avit-tām	avid-us (!)
ved-āni	ved-āva	ved-āma	vid-yām	vid-yāva	vid-yāma
vid-dhi	vit-tam	vit-ta	vid-yās	vid-yātam	vid-yāta
vet-tu	vit-tām	vid-antu	vid-yāt	vid-yātām	vid-yus

Anm.: Die 3. Pers. Pl. Impf. lautet avidus oder (selten) avidan. Die eingeklammerten Formen betreffen das Perfekt von vid, das präsentische Bedeutung hat: veda = vedmi = ich weiß.

P136	**mṛj, mārṣṭi**, 2. = abwischen, nur Par., st.: mārj/mārk/mārṣ/mārṭ, sch.: mṛj/mṛṣ/mṛṭ				
mārj-mi	mṛj-vas	mṛj-mas	amārj-am	amṛj-va	amṛj-ma
mārk-ṣi	mṛṣ-ṭhas	mṛṣ-ṭha	amārṭ (ṭ+s=ṭ)	amṛṣ-ṭam	amṛṣ-ṭa
mārṣ-ṭi	mṛṣ-ṭas	mṛj-anti	amārṭ (ṭ+t=ṭ)	amṛṣ-ṭām	amṛj-an
mārj-āni	mārj-āva	mārj-āma	mṛj-yām	mṛj-yāva	mṛj-yāma
mṛḍ-ḍhi	mṛṣ-ṭam	mṛṣ-ṭa	mṛj-yās	mṛj-yātam	mṛj-yāta
mārṣ-ṭu	mṛṣ-ṭām	mṛj-antu	mṛj-yāt	mṛj-yātām	mṛj-yus

Anm.: mṛj hat Vriddhi statt Guna im starken Stamm. Sandhi: ṭ (= j) + dhi = ḍ + ḍhi (mṛḍḍhi)

P137	**dviṣ, dveṣṭi**, 2. = hassen, Par., stark: dveṣ/dveṭ, dvek vor s, schwach: dviṣ/dviṭ/dviḍ				
dveṣ-mi	dviṣ-vas	dviṣ-mas	adveṣ-am	adviṣ-va	adviṣ-ma
dvek-ṣi	dviṣ-ṭhas	dviṣ-ṭha	adveṭ (ṭ+s=ṭ)	adviṣ-ṭam	adviṣ-ṭa
dveṣ-ṭi	dviṣ-ṭas	dviṣ-anti	adveṭ (ṭ+t=ṭ)	adviṣ-ṭām	adviṣ-an [adviṣ-us]
dveṣ-āṇi	dveṣ-āva	dveṣ-āma	dviṣ-yām	dviṣ-yāva	dviṣ-yāma
dviḍ-ḍhi	dviṣ-ṭam	dviṣ-ṭa	dviṣ-yās	dviṣ-yātam	dviṣ-yāta
dveṣ-ṭu	dviṣ-ṭām	dviṣ-antu	dviṣ-yāt	dviṣ-yātām	dviṣ-yus

P138	**dviṣ, dviṣṭe**, 2. = hassen, Atm., stark: dveṣ/dveṭ, schwach: dviṣ/dviḍ, dvik vor s				
dviṣ-e	dviṣ-vahe	dviṣ-mahe	adviṣ-i	adviṣ-vahi	adviṣ-mahi
dvik-ṣe	dviṣ-āthe	dviḍ-ḍhve	adviṣ-ṭhās	adviṣ-āthām	adviḍ-ḍhvam
dviṣ-ṭe	dviṣ-āte	dviṣ-ate	adviṣ-ṭa	adviṣ-āṭām	adviṣ-ata
dveṣ-ai	dveṣ-āvahai	dveṣ-āmahai	dviṣ-īya	dviṣ-īvahi	dviṣ-īmahi
dvik-ṣva	dviṣ-āthām	dviḍ-ḍhvam	dviṣ-īthās	dviṣ-īyāthām	dviṣ-īdhvam
dviṣ-ṭām	dviṣ-ātām	dviṣ-atām	dviṣ-īta	dviṣ-īyātām	dviṣ-īran

Sandhis: ṣ + s = k + ṣ; ṣ + t/th = ṣ + ṭ/ṭh; ṣ + dh = ḍ + ḍh; ṣ in Pausa: ṭ (2./3. Pers. Sg. Impf.)

P139	**cakṣ, caṣṭe**, 2. = erblicken, nur Atm., Stamm: cakṣ, cak vor s, caṣ vor t, caḍ vor dh				
cakṣ-e	cakṣ-vahe	cakṣ-mahe	acakṣ-i	acakṣ-vahi	acakṣ-mahi
cak-ṣe	cakṣ-āthe	caḍ-ḍhve	acaṣ-ṭhās	acakṣ-āthām	acaḍ-ḍhvam
caṣ-ṭe	cakṣ-āte	cakṣ-ate	acaṣ-ṭa	acakṣ-ātām	acakṣ-ata
cakṣ-ai	cakṣ-āvahai	cakṣ-āmahai	cakṣ-īya	cakṣ-īvahi	cakṣ-īmahi
cak-ṣva	cakṣ-āthām	caḍ-ḍhvam	cakṣ-īthās	cakṣ-īyāthām	cakṣ-īdhvam
caṣ-ṭām	cakṣ-ātām	cakṣ-atām	cakṣ-īta	cakṣ-īyātām	cakṣ-īran

P140	**duh, dogdhi**, 2. = melken, Par., stark: doh/dhok/dog, schwach: duh/dug				
doh-mi dhok-ṣi dog-dhi	duh-vas dug-dhas dug-dhas	duh-mas dug-dha duh-anti	adoh-am adhok (k+s=k) adhok (k+t=k)	aduh-va adug-dham adug-dhām	aduh-ma adug-dha aduh-an
doh-āni dug-dhi dog-dhu	doh-āva dug-dham dug-dhām	doh-āma dug-dha duh-antu	duh-yām duh-yās duh-yāt	duh-yāva duh-yātam duh-yātām	duh-yāma duh-yāta duh-yus

P141	**duh, dugdhe**, 2. = melken, Atm., stark: doh, schwach: duh/dhuk/dhug/dug				
duh-e dhuk-ṣe dug-dhe	duh-vahe duh-āthe duh-āte	duh-mahe dhug-dhve duh-ate	aduh-i adug-dhās adug-dha	aduh-vahi aduh-āthām aduh-ātām	aduh-mahi adhug-dhvam aduh-ata
doh-ai dhuk-ṣva dug-dhām	doh-āvahai duh-āthām duh-ātām	doh-āmahai dhug-dhvam duh-atām	duh-īya duh-īthās duh-īta	duh-īvahi duh-īyāthām duh-īyātām	duh-īmahi duh-īdhvam duh-īran

h-Sandhis: h + m/v/y = h + m/v/y; h + s = k + ṣ MIT Wz.-Anlaut-Aspiration; h + t/th = g + dh OHNE Wz.-Anlaut-Aspiration; h + dh = g + dh MIT Wz.-Anlaut-Aspiration. Vergleiche P83.

P142	**dih, degdhi**, 2. = einschmieren, Par., stark: deh/dhek/deg, schwach: dih/dig				
deh-mi dhek-ṣi deg-dhi	dih-vas dig-dhas dig-dhas	dih-mas dig-dha dih-anti	adeh-am adhek (k+s=k) adhek (k+t=k)	adih-va adig-dham adig-dhām	adih-ma adig-dha adih-an
deh-āni dig-dhi deg-dhu	deh-āva dig-dham dig-dhām	deh-āma dig-dha dih-antu	dih-yām dih-yās dih-yāt	dih-yāva dih-yātam dih-yātām	dih-yāma dih-yāta dih-yus

P143	**dih, digdhe**, 2. = einschmieren, Atm., stark: deh, schwach: dih/dhik/dhig/dig				
dih-e dhik-ṣe dig-dhe	dih-vahe dih-āthe dih-āte	dih-mahe dhig-dhve dih-ate	adih-i adig-dhās adig-dha	adih-vahi adih-āthām adih-ātām	adih-mahi adhig-dhvam adih-ata
deh-ai dhik-ṣva dig-dhām	deh-āvahai dih-āthām dih-ātām	deh-āmahai dhig-dhvam dih-atām	dih-īya dih-īthās dih-īta	dih-īvahi dih-īyāthām dih-īyātām	dih-īmahi dih-īdhvam dih-īran

P144	**lih, leḍhi**, 2. = lecken, Par., stark: leh/lek/leṭ, le+ḍh bei t, schw.: lih, lī+ḍh bei t/th				
leh-mi lek-ṣi (leh+si) le-ḍhi (leh+ti)	lih-vas lī-ḍhas lī-ḍhas	lih-mas lī-ḍha (lih+tha) lih-anti	aleh-am aleṭ (ṭ+s=ṭ) aleṭ (ṭ+t=ṭ)	alih-va alī-ḍham alī-ḍhām	alih-ma alī-ḍha alih-an
leh-āni lī-ḍhi (lih+dhi) le-ḍhu (leh+tu)	leh-āva lī-ḍham lī-ḍhām	leh-āma lī-ḍha (lih+ta) lih-antu	lih-yām lih-yās lih-yāt	lih-yāva lih-yātam lih-yātām	lih-yāma lih-yāta lih-yus

P145	**lih, līḍhe**, 2. = lecken, Atm., stark: leh, schwach: lih/lik, lī+ḍh bei t/th und bei dh				
lih-e lik-ṣe (lih+se) lī-ḍhe (lih+te)	lih-vahe lih-āthe lih-āte	lih-mahe lī-ḍhve (lih+dhve) lih-ate	alih-i alī-ḍhās alī-ḍha	alih-vahi alih-āthām alih-ātām	alih-mahi alī-ḍhvam alih-ata
leh-ai lik-ṣva (lih+sva) lī-ḍhām (lih+tām)	leh-āvahai lih-āthām lih-ātām	leh-āmahai lī-ḍhvam (lih+dhv.) lih-atām	lih-īya lih-īthās lih-īta	lih-īvahi lih-īyāthām lih-īyātām	lih-īmahi lih-īdhvam lih-īran

Sandhi: leh/lih + t/th/dh = le/lī + ḍh, Stamm und Endung sind somit nicht mehr trennbar. Für **duh** sind einige Endungen belegbar, für **lih** nur »leḍhi«, und für **dih** nur Part. »digdha«. Hinweis: Die übrigen Wz. der Klasse 2 (īś, īṣṭe; īḍ, īṭṭe usw.) kommen nur in den Veden vor.

8.16.7. Übungssätze zur athematischen Konjugation im Aktiv: Präs., Impf., Imp., Opt.

*** = sehr selten im Präsenssystem** (im Vedischen ggf. im Präs. Impf. Imp. Opt. Akt. üblich, aber im Sanskrit allenfalls üblich als Passiv, Futur, Kausativ, Perfekt oder als Verbalnomen). Die Sätze, oft Originalzitate, sind in der Reihenfolge der athematischen Paradigmen sortiert. Die schon in den Sanskrit-Lektionen erlernten Vokabeln werden als bekannt vorausgesetzt.

[A1] – Klassen 5 und 8 (siehe Kapitel 8.16.2.)

***su:** sunu somam! (Presse den Soma aus!) – z.B. unbelegbar in Mahabharata und Ramayana

du: kāmaḥ śarīre hṛdayaṃ dunoti (Die Liebe verbrennt das Herz im Leib; Verb nur figürlich)

dhū: kṛtāni pāpāny_avādhunvan (Sie schüttelten die begangenen Sünden ab, ava-dhū)

ci: udyogena vaṇig_vittam_acinot (Mit Fleiß häufte der Händler Besitz an); vṛkṣam_āruhya phalāni pracinvanti (Sie klettern auf den Baum [Abs.] und sammeln Früchte, pra-ci)

vṛ: sā śubhe netre samāvṛṇot (Sie verhüllte schöne Augen, samā-vṛ); tāṃ vāsasā samavṛṇot (Er bedeckte sie mit dem Gewand, saṃ-vṛ); mukham_apāvṛṇu! (Öffne den Mund!, apā-vṛ); śiṣyebhyo yoga-śāstraṃ vyavṛṇot (Er offenbarte den Schülern die Yoga-Lehre, vi-vṛ)

śru: śṛṇu me vacaḥ! (Höre meinen Rat!); rathasya ghoṣam_aśṛṇvan (Sie hörten den Lärm des Wagens); idaṃ rahasyaṃ śṛṇuyām (Ich möchte dieses Geheimnis erfahren)

stṛ: rājā śaraiḥ sainikān_āstṛṇot (Der König bedeckte die [toten] Soldaten mit Pfeilen, ā-stṛ)

***kṣan:** paraśunā śīrṣam_akṣaṇoḥ (Du verletztest den Kopf mit der Axt) – Part. kṣata üblich

tan: jālāni tanvate (Netze dehnen sich aus); ṭīkāṃ tanute (Er verbreitet einen Kommentar)

hi: prahiṇomi dūtān (Ich sende die Boten, pra-hi); kasmān_na hinoṣi vajram? (Warum wirfst du nicht den Donnerkeil?); taṃ prahiṇvanti prāṇāḥ (Ihn verlassen die Lebensgeister)

āp: parāṃ kīrtim_avāpnuhi! (Erlange den höchsten Ruhm! ava-āp); ātmānam_ātmanā hatvā, kiṃ phalam_āpnumaḥ? (Wenn wir uns selbst besiegen, welchen Lohn erlangen wir?)

śak: na śaknomi parityaktuṃ tat_pañjaram_ity_uktaṃ śukena (Ich kann diesen Käfig nicht verlassen, so sagte der Papagei); tad_vaktuṃ na śaknumaḥ (Das können wir nicht sagen); na hy_enam_aśaknuvan raṇe jetum (Denn sie konnten ihn nicht in der Schlacht besiegen)

***sādh:** ghaṭam_asādhnot (Er brachte den Topf zustande) – Üblich ist nur sādhayati, Kaus.

***rādh:** dharme kasmād_aparādhnuyuḥ (Warum sollten sie von dem Gesetz abweichen?) Ohne Präfix apa ist rādh unüblich, apa-rādh + Lok. = verstoßen gegen, abweichen von

***dambh:** dabhnuhi nāgān! (Täusche die Schlangen!) – Auch in ältesten Texten sehr selten

***stambh:** kaḥ sindhuṃ stabhnoti? (Wer kann den Indus aufhalten?) – Nur üblich als Kaus.

aś: śriyo dhātā kiṃ phalam_aśnute? (Welchen Lohn erhält der Spender des Glücks?)

***man:** taṃ manmahe rājānam (Wir halten ihn für den König) – Nur in der 4. Klasse üblich

[A2] – Klasse 9 (siehe Kapitel 8.16.3.)

jñā: ko jānīte mṛtyu-kālam? (Wer kennt [seine] Todesstunde?); kathaṃ nv_īśvaraṃ jānīyām? (Wie kann ich Gott erkennen?); satyaṃ me prati-jānīhi! (Versprich mir die Wahrheit!)

krī: vaṇijaḥ paṇyaṃ vi-krīṇate (Kaufleute verkaufen Ware, paṇyam Sg. n.); kaccit_sahasrair_mūrkhāṇām_ekaṃ krīṇāsi paṇḍitam? (Tauschst du etwa einen Weisen für tausend Toren?)

prī: eṣa, tapasā prītaḥ, prīṇāti devatāḥ (Er, erfreut von [seiner] Askese, erfreut die Götter)

aś: dvijāḥ svādūny_annāny_aśnanti (Brahmanen essen süße Speißen); enad_aśāna! (Iß es!)

pū: karmabhiḥ puruṣaḥ pāpaṃ punāti (Mit Opferhandlungen reinigt der Mensch die Sünde)

***dhū:** üblich sind nur Kaus. dhūnayati, Part. dhūta, Abs. ava-dhūya (abgeschüttelt habend)

lū: siṃhasya mukhaṃ lunāsi (Du trennst den Kopf des Löwen ab); Part. lūna abgeschnitten

***stṛ:** vi-stṛṇīhi yaśo bhuvi! (Verbreite den Ruhm auf Erden!) – Üblich als 5. Klasse und Kaus.

gṝ: tasya janma karmāṇi ca gṛṇīhi naḥ! (Erzähl uns von dessen Geburt und Taten!); gṛṇanti svastīti stuvanti ca tvāṃ stutibhiḥ (Sie rufen »Heil« und preisen dich mit Lobeshymnen)

vṛ: anyaṃ patim_āśu vṛṇīṣva! (Wähle rasch einen anderen Gatten! = Entscheide dich für ...); dharmaṃ tu yaḥ pravṛṇīte sa buddhaḥ (Wer aber das Recht wählt, der ist weise, pra-vṛ)

grah: praṇamya, pitur_pādāv_agṛhṇāt (Er verbeugte sich und ergriff die Füße des Vaters); kasmād_gṛhṇāsi me vāsaḥ? (Warum trägst du mein Kleid?); coraṃ gṛhāṇa! (Faß den Dieb!)

***stambh:** in den Veden üblich, in Sanskrit nur Part. (stambhita) sowie Perf. (ta-stambh-ire)

kliś: mātaraṃ pitaraṃ guruṃ kliśnīyur_api hiṃsyur_vā, yadi rājā na pālayet (Sie würden Mutter, Vater, Lehrer quälen oder schädigen, wenn der König nicht Schutz böte, hiṃs, 7.)

***dṝ:** 9. Klasse unüblich, Kaus. üblich, z.B. girīn dārayiṣyāmi (Ich werde die Berge aufreißen)

***pṝ:** 9. Klasse im klassischen Sanskrit nicht üblich, dafür Pass. pūryate und Kaus. pūrayati, vedisch üblich, z.B. ūrvaṃ nadyaḥ pṛṇanti (Die Flüsse füllen das Becken, ūrvaḥ, m. Akk.)

***kṣi:** 9. Klasse auch in den Veden rar, z.B. paśūn kṣiṇāti (Er vernichtet Vieh), dafür belegbar als 5. Klasse: kṣiṇoti, z.B. gātrāṇi prākṣiṇot (Er zerstörte die Glieder = gātram Pl., pra-kṣi)

puṣ: ahaṃ puṣṇāmi sarvā oṣadhīḥ (Ich nähre alle Kräuter, oṣadhiḥ, f. Pl.); mahatā snehena mātaraḥ sutān puṣṇanti (Mit großer Liebe hegen Mütter Söhne) – 4. Klasse ist üblicher

muṣ: daivaṃ prajñāṃ muṣṇāti, pāśair_iva naraḥ sitaḥ (Das Schicksal raubt den Verstand, wie durch Fesseln ist der Mensch gebunden = sita, Part., sinoti als finites Verb unüblich)

***granth:** svayam_icchayā śāstrāṇi grathnāti (Er verfaßt aus eigenem Antrieb Lehrbücher); üblich nur als Part. grathita, vedisch auch als finites Verb. Dagegen ist granthaḥ sehr alt, z.B.: āśu granthasya vaktā sa vai paṇḍitaḥ (Wer ein Buch schnell liest, ist ein Gelehrter)

bandh: kedārasya khaṇḍaṃ badhāna! (Schließe den [undichten] Abschnitt im Rieselfeld!); jālair_matsyān badhnanti (Sie fangen Fische mit Netzen); na māṃ karmāṇi ni-badhnanti (Taten binden mich nicht); śirasi maṇiṃ prati-badhnātu (Er befestige das Juwel am Kopf)

manth: araṇiṃ mathnāti (Er reibt das Feuerholz, araṇiḥ, f. Akk., Urbedeutung von manth); śūrā mathnanti mahatīṃ camūṃ (Die Helden reiben das große Heer auf)

mṛd: mahārājas_tava camūm_amṛdnāt (Der Maharadscha vernichtete dein Heer)

[A3] – Klasse 3 (siehe Kapitel 8.16.4.)

dā: baliṃ ca bhikṣaṃ ca viprāya dehi! (Gib dem Priester die Opfergaben und Almosen, Sg.); ādatsva vacanaṃ me! (Nimm meinen Rat an! ā-dadāti); asya ratnāny_ādadāma vasūni ca! (Laß uns seine Edelsteine und Güter wegnehmen!); kim_icchasi, bhikṣuka, kiṃ dadāni te? (Was willst du, Bettelmönch, was soll ich dir geben?); »dadyur_na ca yāceyur«, ity_ucyate (»Geben ist seliger als nehmen«, so heißt es = Sie sollten geben und nicht zurückfordern)

dhā: kālo nityam_upādhatte sukhaṃ duḥkhaṃ ca nṝṇām (Zeit bringt stets Freud und Leid für die Menschen, upā-dhā); sā nārī navāni vāsāṃsi dhatte (Diese Frau trägt neue Kleider); bhayāt_vyadadhāt saṃvṛtaṃ mukhaṃ (Vor lauter Angst machte er den Mund zu, vi-dhā = kṛ = machen, saṃ-vṛ-ta = geschlossen, zu); vidhehi kāmān me! (Erfülle meine Wünsche!)

***mā:** buddhimattaraṃ tvāṃ vākyair_anumimīmahe (Aus deinen Reden ermessen wir, daß du klüger bist, anu-mā + Instr. + Akk.) – Ohne Präfix als 3. Klasse nur in vedischen Texten

hu: anye juhvaty_indriyāṇi tapaso 'gniṣu (Andere opfern [ihre] Sinne in Feuern der Askese, indriyam = Sinnesorgan, »Indra's Organ«); snāhi juhudhi! (Bade und opfere! snā, 2.)

bhṛ: ātmany_evātmānaṃ bibharti (Er trägt das Selbst im Selbst, FÜ.: Er ruht in sich selbst); sādhavo duḥkhaṃ bibhrati (Weise tragen das Leid); mātaro daśa māsān bibhrati garbhān (Mütter tragen zehn Monate lang [ihre] Leibesfrüchte, garbhaḥ = Embryo, Fötus)

bhī: kiṃ nv_araṇyeṣu na bibheṣi? (Fürchtest du dich etwa nicht in den Wäldern?)

hā: patito bhūmau mām_ajahāt smṛtiḥ (Ich fiel auf den Boden und verlor das Gedächtnis); na taṃ jahāti, na tena hīyate sā (Sie verläßt ihn nicht, noch wird sie von ihm verlassen)

***hrī:** jihremi putreṇa saha guruṃ gantum (Ich schäme mich, mit dem Sohn zum Lehrer zu gehen) – Verb ist extrem selten, z.B. kein einziger Beleg in Mahabharata und Ramayana

[A4] – Klasse 7 (siehe Kapitel 8.16.5.)

yuj: astrāṇi mā yuṅkṣva! (Setze keine Waffen ein!); vidhir_balīyān. sarvāṇi bhūtāni vidhir_niyuṅkte (Das Gesetz ist stärker. Das Gesetz bindet alle Geschöpfe, Akk. Pl., ni-yuj)

bhuj: yo vetti sa bhunakti mahīm (Wer [viel] weiß, genießt die Welt); na māṃsaṃ bhuñjīta (Man sollte kein Fleisch essen); bhogān bhuṅkte (Er ist ein Genießer, FÜ.)

bhid: pipīlikāḥ svāny_aṇḍāni na bhindanti (Ameisen zerbrechen nicht ihre eigenen Eier); vrataṃ bhinddhi! (Löse das Gelübde!); kaḥ setuṃ bhindyāt? (Wer bräche die Brücke ab?)

chid: tṛṣṇāṃ chinddhi! (Vernichte die Gier!); ratnāny_ācchinat (Er stahl Perlen, ā-cchid); kṣamayā krodham_ucchindyuḥ (Mit Geduld vernichte man [Opt. Pl.] den Zorn, ud-chid)

rudh: ye mārgam_anu-rundhanti, te nirayaṃ yānti (Wer den Weg versperrt, geht zur Hölle)

***bhañj:** kapir_upavanaṃ bhanakti (Der Affe zerstört den Hain) – Üblich sind Part. und Perf.

***añj:** jihvā manas_te hṛdayaṃ nirvyanakti (Die Zunge offenbart deinen Geist und dein Herz, jihvā = Zunge, [nir-]vy-añj = offenbaren) – Ohne Präfix ist »añj = salben« sehr selten.

***ric:** Vedisch nur Par. üblich, Sanskrit nur Part. (rikta), Pass. (ricyate) und Kaus. (recayati)

***vṛj:** Vedisch sehr häufig, aber im Sanskrit nur als Kaus. »varjayati, 10. = abwenden« üblich

***indh:** Vedisch als Verb üblich, aber im Sanskrit nur Part. (iddha) und Pass. (idhyate) üblich

hiṃs: amitraṃ kurute mitraṃ, mitraṃ dveṣṭi hinasti ca (Den Feind macht er zum Freund, und den Freund haßt und verletzt er); alpam_api viṣaṃ hinasti (Auch wenig Gift schadet)

***piṣ:** lobhaṃ tarasā pinaṣmi (Ich zermalme die Gier mit Gewalt, taras, n.); Part. piṣṭa üblich

***śiṣ:** enān vi-śinaṣṭi (Jene überragt er) – Akt. sehr selten, dafür Pass. śiṣyate und Part. śiṣṭa

[A5] – Klasse 2 (siehe Kapitel 8.16.6.)

yā: anye yānti cāyānti cāpare (Andere gehen und andere kommen, yā, ā-yā); gaṅgām_ayāt (Er ging zum G.); abravīn_māṃ bālā āyāntu (Er sagte: Die Knaben sollen zu mir kommen)

khyā: ātmānam_ā-khyāti hi karmabhir_naraḥ (Durch seine Taten offenbart sich der Mensch)

***dhyai:** na kāryam_anu-dhyāti (Er bedenkt nicht die Pflicht) – Meistens 1. Klasse: dhyāyati

pā: sūryaḥ prājāḥ pāti, sūryaḥ prājā atti ca (Die Sonne schützt und verzehrt die Menschen); pāntu vaḥ satataṃ devāḥ (Die Götter mögen euch ewig schützen); pāhi śiśum! (das Baby)

bhā: ādityānāṃ yathā viṣṇus_tathaiva pratibhāti me (So wie er für die Sonnen [er]scheint, so [er]scheint Vishnu auch mich, prati-bhā + Gen.); sūryo bhāti (Die Sonne scheint)

***mā:** In den Veden belegbar, im Sanskrit aber nur als Part. (mita) und Pass. (mīyate) üblich

***mlai:** vasante vṛkṣā na mlānti (Im Frühling welken keine Bäume) – Als 1. Klasse: mlāyati

vā: abruvan vāti surabhir_gandhaḥ sumanasām (Sie sagten: Es weht ein lieblicher Duft der Blumen); sadā ca vāyavo vānti (Und immer wehen die Winde); na nirvāti (Er vergeht nicht)

snā: yaḥ snāti, saḥ sarva-pāpair_mucyate (Wer rituell badet, wird von allen Sünden befreit)

trai: adharmāt trāhi māṃ, rājan! (Rette mich [Bewahre mich] vor dem Unrecht, oh König!); tato nas_trātu (Davor möge man uns bewahren); nas_trātum_arhasi (Du sollst uns retten)

ad: mūṣakān_atti biḍālo, biḍālam_atti śvā. jīvanti durbalair_balavattarāḥ (Die Mäuse frißt die Katze, die Katze frißt der Hund. Es leben [also] die Stärkeren von dem Schwachen)

stu: nāmabhis_tvāṃ bahuvidhaiḥ stuvanti (Sie preisen dich mit vielen [bahu-vidha] Namen); astuvan vāsudevaṃ prajā-patim (Sie priesen Vasudeva als den Herrn der Geschöpfe)

ru: rodity_atha rauty_unmādavat (Er weint und schreit wie verrückt = un-māda-vat, Adv.)

brū: sā bhāryā yā priyaṃ brūte (Das ist die wahre Ehefrau, die nur Liebliches spricht, FÜ.); na mṛṣā bravīmi (Ich rede nicht fälschlich, mṛṣā, Adv. = Ich lüge nicht); siehe oben yā, vā

***an:** tasmin sarvaṃ prati-ṣṭhitaṃ yat prāṇiti (In ihm ruht alles, was [ein]atmet = pra + an)

śvas: na vi-śvasiti kasyacid (Er vertraut keinem); praty-ā-śvasihi! (Atme erst einmal durch!)

svap: sukhaṃ svapiti (Er schläft zufrieden); nārībhir_asvapan (Sie schliefen mit den Frauen)

rud: akasmāt pra-hasati cākasmāt pra-roditi (Plötzlich lacht er und dann plötzlich weint er)

sū: sūte sma sutam (Sie gebar einen Sohn); sūṣva putrān bhuvi! (Gebier Söhne auf Erden!)

***cakās:** agnir_iva cakāsti kailāsaḥ (Wie ein Feuer leuchtet der Kailash) – Verb sehr selten!

***jakṣ:** jakṣiti (er ißt) – Extrem rar! Aber als Part./Inf./Abs. jagdha/jagdhvā/jagdhum üblich!

jāgṛ: yā niśā sarveṣāṃ, tasyāṃ jāgarti muniḥ (Wenn es Nacht ist für alle, wacht der Weise); ko supteṣu jāgṛyāt? (Wer könnte über die Schlafenden wachen?); jāgṛhi! (Erwache!)

***daridrā:** Verb »drāti = laufen« sowie Intensiv »dari-drāti = arm sein« sind extrem selten!

śās: gaccha tvam_ayodhyāṃ śādhi rāma! (Gehe du nach Ayodhya und herrsche, oh Rama!); śāstraṃ na śāsti durbuddhim (Ein Lehrbuch belehrt keinen Unbelehrbaren, Anmerkung: Dieser Spruch könnte erfunden sein, aber er ist es nicht, siehe Mahabharata, 2.66.33)

han: jahi śatrūn raṇe! (Töte die Feinde im Kampf!); puṃso ghnanti (Sie töten Menschen)

śī: pṛthivyāṃ śerate śūrāḥ śarair_hatāḥ (Auf der Erde liegen von Pfeilen getötete Krieger); śete bhūmau (Er liegt auf dem Boden); uttiṣṭha mā śeṣva! (Erhebe dich und schlafe nicht!)

i: rājā punar_eti sabhām (Der König geht wieder in das Kabinett); rāmo muniṃ draṣṭūm_etu (Rama sollte gehen, um den Weisen zu sehen); adhīṣva yoga-śāstram! (Studiere Yoga!); kāni śāstrāṇy_adhyaithāḥ? (Welche Bücher hast du gelesen?); paścāt svargam_upaiti saḥ (Danach gelangt er in den Himmel, upa-i); apehi! (Hau ab! apa+ihi); ehi! (Komm her! ā+ihi)

ās: tūṣṇīm_āste svāni karmāṇi cintayan (Da sitzt er still und denkt über seine Taten nach); āsaneṣv_ādhvam! (Setzt euch auf [eure] Plätze!); sukham_āsīta (Er möge bequem sitzen); upāsate mahārājam_indra-prasthe (Sie verehren [PrPl.] den Mogul in Delhi, upa-ās)

***vas:** vaste vāsaḥ (Er trägt ein Gewand) – Im Vedischen üblich, im Sanskrit extrem selten

***vaś:** niḥsvo vaṣṭi śatam (Wer nichts hat, begehrt hundert[fach], niḥ-svaḥ = mittellos, arm)

***vac:** anukūlāḥ kathā vacmi (Ich erzähle erfreuliche Geschichten, anukūla, Adj. = erfreulich, pratikūla = unerfreulich) – Üblich nur als Perfekt (uvāca), Pass. (ucyate) und Part. (ukta)

vid: mama duhitaraṃ tvaṃ viddhi śakuntalām! (Erkenne meine Tochter als Shakuntala!); kaścin_māṃ vetti (Jemand kennt mich); na kaścin_māṃ veda (Keiner kennt mich, Perf.); tad_vidur_budhāḥ (Das wissen die Weisen); nāhaṃ taṃ vedmi nāsau mām (Ich kenne ihn nicht und er mich auch nicht); tac_ca tattvena vedmi vai (Und das weiß ich ganz sicher)

***mṛj:** ātmano duṣkṛtam_apa-mārṣṭi (Die eigene Missetat wischt er weg) – Üblich als Kaus.

dviṣ: balavantaṃ yo dveṣṭi sa mūrkhaḥ (Wer einen Starken haßt [= schädigt], ist ein Narr); parān vṛṇīte, svān dveṣṭi (Andere schätzt er, die Seinen haßt er); dviṣyāt (Möge er hassen)

cakṣ: etad_ācakṣva me, devi! (Das erzähle mir, oh Göttin!); tata ācaṣṭa sā (Darauf sagte sie, a + ācaṣṭa) – Im klassischen Sanskrit wird cakṣ nur mit Präfix verwendet: ā-cakṣ, vyā-cakṣ

***duh:** ahany_ahani saṃ-duhyād_mahīṃ gām_iva buddhimān (Tag für Tag [Lok.] melke der Kluge die Erde wie eine Kuh) – Nur wenige Endungen des Präsensstamms belegbar!

***dih:** Als Präsensstamm ist dih gänzlich unüblich! Üblich ist nur Part. digdha = beschmiert

***lih:** jihvayā leḍhi kṣuram (Mit der Zunge leckt er das Rasiermesser, d.h. Er ist unbesonnen, jihvā = Zunge, kṣuraḥ = [Rasier]messer) – Als 2. Klasse ist nur 3. Pers. Sg. Präs. belegbar!

8.17. Perfekt

Der Stamm besteht aus der reduplizierten Wurzel und wird im Par. und Atm. konjugiert:

Perf. Akt. Par.				Perf. Akt. Atm. (zugleich auch Perf. Pass.)		
-a	-au	-[i]va	-[i]ma	-e	-[i]vahe	-[i]mahe
-[i]tha	-ātha	-athus	-a	-[i]ṣe	-āthe	-[i]dhve
-a	-au	-atus	-us	-e	-āte	-ire

1. Nur die 3 fett gedruckten Endungen haben einen starken Stamm (1. 2. 3. Pers. Sg. Par.), d.h. der Stammvokal wird guniert oder vriddhiert, z.B. rudh, ru-r**o**dh-a, 3. Pers. Sg. Par. (er hemmte) = starker St.; ru-r**u**dh-us, 3. Pers. Pl. Par. (sie hemmten) = schwacher St.
2. Die Endungen va, ma, se [bzw. ṣe], vahe, mahe, dhve haben (mit Ausnahme der Verben **dru**, **śru**, **stu**, **sru** und **kṛ**, **bhṛ**, **vṛ**, **sṛ**) immer den i-Bindevokal. Bei der 3. Pers. Pl. Atm. ist immer ein »i« vor »re« (auch bei dru usw.), so daß man hier einfach »ire« ansetzt. Wz. śru, hören: Sg.: śu-śrāv-a, śu-śro-tha, śu-śrāv-a, Pl.: śu-śru-ma, śu-śruv-a, śu-śruv-us.
3. Wurzeln mit ā-Auslaut (z.B. dā) haben in der 1. und 3. Pers. Sg. Par. die Endung »au« (und in der 2. Pers. Sg. optional die Endung ātha), z.B. dhā: da-dh-au = ich/er setzte.
4. Verbalpräfixe stehen vor dem reduplizierten Stamm, also vor der Reduplikationssilbe. Ein Sonderfall ist das »s« bei saṃs-kṛ, z.B.: saṃ-ca-skāra = »Er machte "Sanskrit"«.
5. Das Atm. ersetzt das fehlende Passiv, z.B. tutude, 1. er schlug, 2. er wurde geschlagen.

8.17.1. Konjugationsbeispiele

P146	**tud**, tutoda, Perf. = schlagen, starker Stamm: tu-tod, schwacher Stamm: tu-tud				
tutod-a	tutud-iva	tutud-ima	tutud-e	tutud-ivahe	tutud-imahe
tutod-itha	tutud-athus	tutud-a	tutud-iṣe	tutud-āthe	tutud-idhve
tutod-a	tutud-atus	tutud-us	tutud-e	tutud-āte	tutud-ire

P147	**dā**, dadau, Perf. = geben, starker Stamm: da-d, schwacher Stamm: da-d				
dad-au	dad-iva	dad-ima	dad-e	dad-ivahe	dad-imahe
dad-itha [dad-ātha]	dad-athus	dad-a	dad-iṣe	dad-āthe	dad-idhve
dad-au	dad-atus	dad-us	dad-e	dad-āte	dad-ire

P148	**nī**, nināya, Perf. = führen, stark: ni-nāy/ni-nay/ni-ne, schwach: ni-ny				
nināy-a [ninay-a]	niny-iva	niny-ima	niny-e	niny-ivahe	niny-imahe
ninay-itha [nine-tha]	niny-athus	niny-a	niny-iṣe	niny-āthe	niny-idhve
nināy-a	niny-atus	niny-us	niny-e	niny-āte	niny-ire

P149	**tan**, tatāna, Perf. = strecken, stark: ta-tān/ta-tan/ten, schwach: ten [unredupliziert!]				
tatān-a [tatan-a]	ten-iva	ten-ima	ten-e	ten-ivahe	ten-imahe
ten-itha [tatan-tha]	ten-athus	ten-a	ten-iṣe	ten-āthe	ten-idhve
tatān-a	ten-atus	ten-us	ten-e	ten-āte	ten-ire

Wz. der Form Konsonant + »a« + Konsonant werden im schwachen Stamm nicht redupliziert und ersetzen »a« durch »e«, falls der Anfangskonsonant beim reduplizierten starken Stamm unverändert bleibt, z.B. t + a + n. Starker Stamm: ta-tān (t bleibt t). Schwacher Stamm: t-e-n.

P150	**gam**, jagāma, Perf. = gehen, stark: ja-gām/ja-gam/ja-gan, schwach: jagm				
jagām-a [jagam-a]	jagm-iva	jagm-ima	jagm-e	jagm-ivahe	jagm-imahe
jagan-tha	jagm-athus	jagm-a	jagm-iṣe	jagm-āthe	jagm-idhve
jagām-a	jagm-atus	jagm-us	jagm-e	jagm-āte	jagm-ire

P151	**vac**, uvāca, Perf. = sagen, stark: uvāc/uvac/uvak, schwach: ūc				
uvāc-a [uvac-a]	ūc-iva	ūc-ima	ūc-e	ūc-ivahe	ūc-imahe
uvac-itha [uvak-tha]	ūc-athus	ūc-a	ūc-iṣe	ūc-āthe	ūc-idhve
uvāc-a	ūc-atus	ūc-us	ūc-e	ūc-āte	ūc-ire

P152	**kṛ**, cakāra, Perf. = tun, stark: ca-kār/ca-kar, schwach: ca-kṛ/ca-kr (kein i-Bindevokal)				
cakā-ra [cakar-a]	cakṛ-va	cakṛ-ma	cakr-e	cakṛ-vahe	cakṛ-mahe
cakar-tha	cakr-athus	cakr-a	cakṛ-ṣe	cakr-āthe	cakṛ-dhve
cakār-a	cakr-atus	cakr-us	cakr-e	cakr-āte	cakr-ire

P153	**bhū**, babhūva, Perf. = sein, einheitlicher Stamm: ba-bhūv				
babhūv-a	babhūv-iva	babhūv-ima	babhūv-e	babhūv-ivahe	babhūv-imahe
babhūv-itha	babhūv-athus	babhūv-a	babhūv-iṣe	babhūv-āthe	babhūv-idhve
babhūv-a	babhūv-atus	babhūv-us	babhūv-e	babhūv-āte	babhūv-ire

P154	**as**, āsa, Perf. = sein, nur Par.		**ah**, āha, Perf. = sagen, nur Par., defektiv		
ās-a	ās-iva	ās-ima	–	–	–
ās-itha	ās-athus	ās-a	āt-tha	āh-athus	–
ās-a	ās-atus	ās-us	āh-a	āh-atus	āh-us

Anm.: Das Defektivum »ah« hat häufig Präsens-Bedeutung: āha = »er sagt« oder »er sagte«. Zu dem nicht-reduplizierten Perfekt »veda« = »er weiß« (Präteritopräsens) siehe P135.

8.17.2. Periphrastisches Perfekt

Von den Verben der Klasse 10 (einschließlich der Kausative und Denominative) wird ein periphrastisches Perfekt gebildet. Man streicht bei der 3. Pers. Sg. die Endung -ati [-ate] ab und fügt dafür **ām** an den Stamm, z.B. cur, coray-ati, 10. = stehlen, coray + ām = corayām. Dieses ām-Wort entspricht funktional dem Akk. eines Subst. der vokalischen ā-Deklination (»corayāṃ cakāra« = »er machte den Diebstahl« = er stahl«). An dieses ām-Wort wird das Perf. von kṛ (Par./Atm.), bhū (Par./Atm.) oder as (nur Par.) angefügt (Zusammenschreibung), z.B. corayāṃ_cakāra, corayāṃ_cakre, corayāṃ_babhūva, corayāṃ_babhūve, corayām_āsa. Das periphr. Perf. wird auch von einigen Verben gebildet, die nicht zur Klasse 10 gehören, z.B. **ās**, āsāṃ_cakre (er saß); **īkṣ**, īkṣāṃ_cakre (er sah); **jāgṛ**, jāgarām_āsa (er erwachte).

8.17.3. Tabelle der dritten Personen der Perfektverben

Das Perfekt ist ein reines Erzähltempus, das fast nur in der 3. Pers. vorkommt (»**Er** tat«), denn in einer Erzählung kommt die 2. Pers. schon allein deshalb fast nie vor, weil sich eine Erzählung an die Leser und nicht an den Täter richtet (»**Du** tatest«). Nach den indischen Grammatikern ist aber auch die Ich-Form (»**Ich** tat«) beim Perfekt untersagt (dafür tritt das Imperfekt ein), so daß das Perfekt in den Originaltexten fast nur in der 3. Pers. belegbar ist; z.B. sind die Endungen -ivahe, -imahe, -idhve, -athus, -āthe im Mahabharata und Ramayana (insgesamt 130 000 Verse) nicht ein einziges Mal belegbar! Da erübrigt sich z.B. die Frage, ob es uvacitha oder uvaktha heißt, denn weder das eine noch das andere war jemals üblich.

Mithin genügt es, wenn man sich mit folgender Tabelle der 3. Personen der Perfektverben vertraut macht, die zu fast allen Perfektverben (viele Verben haben überhaupt kein Perfekt) die **3. Pers. Sg.** (**-a/-au** im Par., **-e** im Atm., beide formgleich mit der unüblichen 1. Pers. Sg.) und die **3. Pers. Pl.** (**-us** im Par., **-ire** im Atm.) aufführen. Die **3. Pers. Du.** bildet man, indem man -us/-ire der 3. Pers. Pl. durch die Dual-Endung (**-atus** im Par., **-āte** im Atm.) ersetzt. Einige Perfektverben werden im Par. **und** im Atm. konjugiert. Hier enthält die Tabelle aus Platzgründen nur die Par.-Endungen. Über die 3. Pers. Pl. kann man die nicht aufgeführten Atm.-Formen selbst bilden, indem man -us durch -ire (Pl.) bzw. -us durch -e (Sg.) ersetzt.

1. Der nicht-aspirierte und nicht-gutturale **erste** Konsonant der Wurzel wird redupliziert:	
cakṣ, ca-cakṣ-e (er sprach), ca-cakṣ-ire	**mud**, mu-mud-e (er frohlockte), mu-mud-ire
car, ca-cār-a (er wanderte), cer-us	**muh**, mu-moh-a (er wurde irre), mu-muh-us
cal, ca-cāl-a (er rührte sich), cel-us	**mṛ**, ma-mār-a (er starb), ma-mr-us
cumb, cu-cumb-a (küßte), cu-cumb-atus, Du.	**mṛj**, ma-mārj-a (er wischte), ma-mṛj-us
jan, ja-jñ-e (wurde geboren), ja-jñ-ire [Pass.]	**yam**, ya-yām-a (er zügelte), yem-us
jap, ja-jāp-a (er rezitierte), jep-us	**yā**, ya-y-au (er ging), ya-y-us
jalp, ja-jalp-a (er murmelte), ja-jalp-us	**yāc**, ya-yāc-e (er bettelte), ya-yāc-ire
jīv, ji-jīv-a (er lebte), ji-jīv-us	**yuj**, yu-yoj-a (er jochte), yu-yuj-us
jṛmbh, ja-jṛmbh-e (er gähnte), ja-jṛmbh-ire	**rakṣ**, ra-rakṣ-a (er beschützte), ra-rakṣ-us
jṝ, ja-jār-a (er alterte), ja-jar-us	**rāj**, ra-rāj-a (er leuchtete), rej-us
jñā, ja-jñ-au [ja-jñ-e] (er wußte), ja-jñ-us [-ire]	**ru**, ru-rāv-a (er heulte), ru-ruv-us
tan, ta-tān-a (er spannte), ten-us	**ruc**, ru-ruc-e (es gefiel), ru-ruc-ire
tap, ta-tāp-a (er verbrannte), tep-us	**rud**, ru-rod-a (er weinte), ru-rud-us
tud, tu-tod-a (er schlug), tu-tud-us	**rudh**, ru-rodh-a (er hemmte), ru-rudh-us
tuṣ, tu-toṣ-a (er erfreute), tu-tuṣ-us	**ruh**, ru-roh-a (er wuchs), ru-ruh-us
tṛp, ta-tarp-a (er war froh), ta-tṛp-us	**lap**, la-lāp-a (er klagte), lep-us (z.B. vi-lepuḥ)
tṝ, ta-tār-a (er setzte über), ter-us [irr.]	**likh**, li-lekh-a (er kratzte), li-likh-us
tyaj, ta-tyāj-a (er verließ), ta-tyaj-us	**vand**, va-vand-e (er begrüßte), va-vand-ire
tras, ta-trās-a (er zitterte), ta-tras-us	**vas**, va-vas-e (er kleidete sich), va-vas-ire
tvar, ta-tvar-e (er eilte), ta-tvar-ire	**vid**, vi-ved-a (er fand), vi-vid-us (vgl. P135)
daṃś, da-daṃś-a (er biß), da-daṃś-us	**viś**, vi-veś-a (er betrat), vi-viś-us
dah, da-dāh-a (er verbrannte), da-dah-us	**vṛ**, va-vāra (er verdeckte), va-vr-us
dā, da-d-au [da-d-e] (er gab), da-d-us [-ire]	**vṛ**, va-vr-e (er wählte), va-vr-ire
diś, di-deś-a (er zeigte), di-diś-us	**vṛt**, va-vṛt-e (er existierte), va-vṛt-ire
dih, di-dih-e (er salbte), di-dih-ire	**vṛdh**, va-vṛdh-e (er wuchs), va-vṛdh-ire
duh, du-doh-a (er molk), du-duh-us	**vṛṣ**, va-varṣ-a (er regnete), va-vṛṣ-us
dṛś, da-darś-a (er zeigte), da-dṛś-us	**vraj**, va-vrāj-a (er schritt), va-vraj-us
dyut, di-dyut-e (er blitzte), di-dyut-ire	**śaṃs**, śa-śaṃs-a (er pries), śa-śaṃs-us
dru, du-drāv-a (er floß), du-druv-us	**śak**, śa-śāk-a (er konnte), śek-us
druh, du-droh-a (er schadete), du-druh-us	**śap**, śa-śāp-a (er fluchte), śep-us
nad, na-nād-a (er tönte), ned-us	**śam**, śa-śām-a (er wurde ruhig), śem-us
nand, na-nand-a (er sorgte), na-nand-us	**śās**, śa-śās-a (er befahl), śa-śās-us
nam, na-nām-a (er begrüßte), nem-us	**śī**, śi-śy-e (er lag), śi-śy-ire (z.B. bhūmau)
naś, na-nāś-a (er ging zugrunde), neś-us	**śuc**, śu-śoc-a (er trauerte), śu-śuc-us
nind, ni-nind-a (er tadelte), ni-nind-us	**śubh**, śu-śubh-e (er glänzte), śu-śubh-ire
nī, ni-nāy-a (er führte), ni-ny-us	**śri**, śi-śrāy-a (er nahm Zuflucht), śi-śriy-us
nṛt, na-nart-a (er tanzte), na-nṛt-us	**śru**, śu-śrāv-a (er hörte), śu-śruv-us
pac, pa-pāc-a (er kochte), pec-us	**śvas**, śa-śvās-a (er schnaufte), śa-śvas-us
pat, pa-pāt-a (er fiel), pet-us	**sa[ñ]j**, sa-sañj-a (er haftete), sa-sa[ñ]j-us
pā, pa-p-au (er trank), pa-p-us	**sad**, sa-sād-a (er saß), sed-us (z.B. ni-ṣeduḥ)
puṣ, pu-poṣ-a (er wuchs), pu-puṣ-us	**sic**, si-ṣec-a (er goß aus), si-ṣic-us
pū, pu-pāv-a (er reinigte), pu-puv-us	**sidh**, si-ṣedh-a (er hielt fern), si-ṣidh-us
pracch, pa-pracch-a (er fragte), pa-pracch-us	**su**, su-ṣāv-a (er preßte aus), su-ṣuv-us
plu, pu-pluv-e (er schwamm), pu-pluv-ire	**sṛ**, sa-sār-a (er bewegte sich), sa-sr-us
bandh, ba-bandh-a (er band), ba-bandh-us	**sṛj**, sa-sarj-a (er erzeugte), sa-sṛj-us
bādh, ba-bādh-e (er quälte), ba-bādh-ire	**sṛp**, sa-sarp-a (er kroch), sa-sṛp-us
budh, bu-budh-e (er erwachte), bu-budh-ire	**smi**, si-ṣmiy-e (er lächelte), si-ṣmiy-ire [-us]
majj, ma-majj-a (er sank), ma-majj-us	**smṛ**, sa-smār-a (er erinnerte), sa-smar-us
mā, ma-m-e (er maß), ma-m-ire	**sru**, su-srāv-a (er floß), su-sruv-us
muc, mu-moc-a (er befreite), mu-muc-us	**svaj**, sa-svaj-e (er umarmte), sa-svaj-ire [-āte]

2. Ein tonloser Konsonant nach Zischlaut wird als dieser **zweite** Konsonant redupliziert:	
skand, ca-skand-a (er hüpfte), ca-skand-us	**stṛ**, ta-stār-a (er streute), ta-star-us [Guna!]
stambh, ta-stambh-a (stützte), ta-stabh-us	**sthā**, ta-sth-au (er stand), ta-sth-us
stu, tu-ṣṭāv-a (er lobte), tu-ṣṭuv-us	**spṛś**, pa-sparś-a (er berührte), pa-spṛś-us
3. Aspirierte Anlaute werden durch die entsprechenden **Nicht-Aspiraten** redupliziert:	
chid, ci-cched-a (er schnitt), ci-cchid-us	**bhañj**, ba-bhañj-a (er brach), ba-bhañj-us
dhā, da-dh-au [da-dh-e] (er setzte), da-dh-us	**bhā**, ba-bh-au (er schien), ba-bh-us
dhāv, da-dhāv-a (er lief), da-dhāv-us [-ire]	**bhāṣ**, ba-bhāṣ-e (er sprach), ba-bhāṣ-ire
dhū, du-dhāv-a (er schüttelte), du-dhuv-us	**bhid**, bi-bhed-a (er spaltete), bi-bhid-us
dhvaṃs, da-dhvaṃs-e (starb), da-dhvaṃs-ire	**bhī**, bi-bhāy-a (er fürchtete sich), bi-bhy-us
dhṛ, da-dhār-a (er trug), da-dhr-us	**bhuj**, bu-bhuj-e (er genoß), bu-bhuj-ire
dhmā, da-dhm-au (er blies), da-dhm-us	**bhū**, ba-bhūv-a (er war), ba-bhūv-us
phal, pa-phāl-a (er reifte), phel-us	**bhṛ**, ba-bhār-a (er trug), ba-bhr-us
bhaj, ba-bhāj-a (er teilte), bhej-us	**bhram**, ba-bhrām-a (wanderte), ba-bhram-us
4. Gutturale werden durch **Palatale** redupliziert (k/kh durch c, g/gh sowie h durch j):	
kam ca-kam-e (er liebte), ca-kam-ire	**khyā**, ca-khy-au (er verkündete), ca-khy-us
kamp, ca-kamp-e (er zitterte), ca-kamp-ire	**gad**, ja-gād-a (er sprach), ja-gad-us
kas, ca-kas-e (er blühte auf), ca-kas-ire	**gam**, ja-gām-a (er ging), ja-gm-us [a entfällt]
kāś, ca-kāś-e (er schien), ca-kāś-ire	**garh**, ja-garh-e (er tadelte), ca-garh-ire
kup, cu-kop-a (er grollte), cu-kup-us	**galbh**, [pra]ja-galbh-e (prahlte), ja-galbh-ire
kṛ, ca-kār-a (er machte), ca-kr-us [regulär]	**gāh**, ja-gāh-e (er tauchte ein), ja-gāh-ire
kṛt, ca-kart-a (er schnitt), ca-kart-us [Guna!]	**guh**, ju-gūh-a (er versteckte), ju-guh-us
kṛṣ, ca-karṣ-a (er pflügte), ca-karṣ-us [Guna!]	**gai**, ja-g-au (er sang), ja-g-us (nanṛtuś_ca)
kṝ, ca-kār-a (er streute), ca-kar-us [Guna!]	**grah**, ja-grāh-a (er griff), ja-gṛh-us [Sampras.]
kḷp, ca-kḷp-e (er war bereit), ca-kḷp-ire	**ghrā**, ja-ghr-au (er roch), ja-ghr-us
krand, ca-krand-a (er jammerte), ca-krand-us	**ci**, ci-kāy-a (er sammelte), ci-ky-us [irr.]
kram, ca-krām-a (er schritt), ca-kram-us	**ji**, jigāy-a [vi-ji-gy-e] (er siegte), ji-gy-us [irr.]
krī, ci-krāy-a (er kaufte), ci-kriy-us	**han**, ja-ghān-a (er tötete), ja-ghn-us [irr.]
krīḍ, ci-krīḍ-a (er spielte), ci-krīḍ-us	**has**, ja-hās-a (er lachte), ja-has-us
krudh, cu-krodh-a (er zürnte), cu-krudh-us	**hā**, ja-h-au (er verließ), ja-h-us
kṣam, ca-kṣam-e (er verzieh), ca-kṣam-ire	**hiṃs**, ji-hiṃs-a (er verletzte), ji-hiṃs-us
kṣip, ci-kṣep-a (er warf), ci-kṣip-us	**hu**, ju-hāv-a (er opferte), ju-huv-us [wie hve!]
kṣubh, cu-kṣobh-a (war erregt), cu-kṣubh-us	**hṛ**, ja-hār-a (er nahm), ja-hr-us
khan, ca-khān-a (er grub), ca-khn-us [a entf.]	**hrī**, ji-hrāy-a (er schämte sich), ji-hriy-us
khād, ca-khād-a (er aß), ca-khād-us	**hve**, ju-hāv-a (er rief), ju-huv-us [wie hu!]
5. Einige Wurzeln mit ya/va werden durch **Samprasarana** (i/u, schwach: ī/ū) redupliziert:	
yaj, i-yāj-a [ī-j-e] (er opferte), ī-j-us [ī-j-ire]	**vas**, u-vās-a (er wohnte), ū-ṣ-us (üblich)
vac, u-vāc-a [ū-c-e] (er sagte), ū-c-us [ū-c-ire]	**vah**, u-vāh-a (er trug), ū-h-us (üblich)
vad, u-vād-a (er sagte), ū-d-us (Vedisch)	**vyadh**, vi-vyādh-a (er tötete), vi-vidh-us
vap, u-vāp-a (er säte), ū-p-us (unüblich)	**svap**, su-ṣvāp-a (er schlief), su-ṣup-us
6. Die wenigen Wurzeln mit **Vokalanlaut** werden irregulär (a teils durch ān) redupliziert:	
arc, ān-arc-a (er verehrte), ān-arc-us	**as**, ās-a (er warf), ās-us
añj, ān-añj-a [ān-aj-e] (er salbte), ān-a[ñ]j-us	**āp**, āp-a (er erlangte), āp-us
aś, ān-aṃś-a (er erlangte), ān-aś-us (Vedisch)	**i**, iy-āy-a (er ging), īy-us
aś, āś-a (er aß), āś-us (Vedisch)	**iṣ**, iy-eṣ-a (er wünschte), īṣ-us
as, ās-a (er war), ās-us	**ṛ**, ār-a (er ging), ār-us (Vedisch)
7. Bei einigen Nur-Atmanepada-Verben ist der Stamm **unredupliziert** in allen Formen:	
pad, ped-e (er geriet), ped-ire	**ram**, rem-e (er vergnügte sich), rem-ire
man, men-e (er dachte), men-ire	**labh**, lebh-e (er erlangte), lebh-ire
rabh, [ā]rebh-e (er fing an), [ā]rebh-ire	

8.18. Der Aorist

Der Aorist als Relikt aus dem Vedischen kommt im klassischen Sanskrit **extrem selten** vor, z.B. nur 6mal in der Bhagavad-Gita, 6mal im Shakuntala-Drama, 7mal im Manu-Gesetzbuch. Wir beschränken uns daher auf eine knappe Darstellung dieser sehr seltenen Konjugation.

Es gibt 7 Aoriste, teils sigmatisch (»Fugen-s«), teils asigmatisch, die mit dem Augment »a« und mit den (teilweise vermengten) Imperfekt-Endungen versehen werden. Aoriste werden teils im Par., teils im Par. und Atm. konjugiert. Das Passiv wird durch das Atm. ersetzt, wobei die 3. Pers. Sg. die spezielle Endung »i« hat, z.B. a-voc-i, Pass. = es wurde gesagt. Aorist, Perf. und Impf. sind austauschbar: abhavat, Impf. = babhūva, Perf. = abhūt, Aor.

P155	Themat. sa-Aorist (Wz. diś, Par.)		Themat. sa-Aorist (Wz. diś, Atm.)		
adik-ṣ-am	adik-ṣ-āva	adik-ṣ-āma	adik-ṣ-i (!)	adik-ṣ-āvahi	adik-ṣ-āmahi
adik-ṣ-as	adik-ṣ-atam	adik-ṣ-ata	adik-ṣ-athās	adik-ṣ-āthām (!)	adik-ṣ-adhvam
adik-ṣ-at	adik-ṣ-atām	adik-ṣ-an	adik-ṣ-ata	adik-ṣ-ātām (!)	adik-ṣ-anta

P156	Athem. s-Aorist (Wz. bhī, Par.)		Athem. s-Aorist (Wz. bhī, Atm.)		
abhai-ṣ-am	abhai-ṣ-va	abhai-ṣ-ma	abhe-ṣ-i	abhe-ṣ-vahi	abhe-ṣ-mahi
abhai-ṣ-īs (!)	abhai-ṣ-ṭam	abhai-ṣ-ṭa	abhe-ṣ-ṭhās	abhe-ṣ-āthām (!)	abhe-ḍhvam (!)
abhai-ṣ-īt (!)	abhai-ṣ-ṭām	abhai-ṣ-us (!)	abhe-ṣ-ṭa	abhe-ṣ-ātām (!)	abhe-ṣ-ata

P157	Athem. iṣ-Aorist (Wz. pū, Par.)		Athem. iṣ-Aorist (Wz. pū, Atm.)		
apāv-iṣ-am	apāv-iṣ-va	apāv-iṣ-ma	apav-iṣ-i	apav-iṣ-vahi	apav-iṣ-mahi
apāv-īs (!)	apāv-iṣ-ṭam	apāv-iṣ-ṭa	apav-iṣ-ṭhās	apav-iṣ-āthām (!)	apav-i-ḍhvam (!)
apāv-īt (!)	apāv-iṣ-ṭām	apāv-iṣ-us (!)	apav-iṣ-ṭa	apav-iṣ-ātām (!)	apav-iṣ-ata

P158	Athem. siṣ-Aorist (Wz. yā, Par.)		Athem. yās-Prekativ = Aor. Opt. (Wz. bhū, Par.)		
ayā-siṣ-am	ayā-siṣ-va	ayā-siṣ-ma	bhū-yās-am	bhū-yās-va	bhū-yās-ma
ayā-s-īs (!)	ayā-siṣ-ṭam	ayā-siṣ-ṭa	bhū-yā-s	bhū-yās-tam	bhū-yās-ta
ayā-s-īt (!)	ayā-siṣ-ṭām	ayā-siṣ-us (!)	bhū-yā-t	bhū-yās-tām	bhū-yās-us

P159	Them. Wz.-a-Aorist (Wz. sic, Par.)		Them. Wurzel-a-Aorist (Wz. sic, Atm.)		
asic-am	asic-āva	asic-āma	asic-e	asic-āvahi	asic-āmahi
asic-as	asic-atam	asic-ata	asic-athās	asic-ethām	asic-adhvam
asic-at	asic-atām	asic-an	asic-ata	asic-etām	asic-anta

P160	Athem. Wz.-Aorist (Wz. bhū, Par.)		Themat. reduplizierter Aorist (Wz. jan, Par.)		
abhūv-am	abhū-va	abhū-ma	ajī-jan-am	ajī-jan-āva	ajī-jan-āma
abhū-s	abhū-tam	abhū-ta	ajī-jan-as	ajī-jan-atam	ajī-jan-ata
abhū-t	abhū-tām	abhūv-an	ajī-jan-at	ajī-jan-atām	ajī-jan-an

Der thematische sa-Aorist (P155) und athematische s-Aorist (P156) schieben zwischen die Wurzel und die thematischen bzw. athematischen Imperfekt-Endungen (siehe Kapitel 8.5.) das sigmatische »s« ein. Der athematische iṣ-Aorist (P157) und siṣ-Aorist (P158) werden ähnlich gebildet. (Man beachte die spezifischen Aorist-Endungen der 2./3. Pers. Sg.: »-īs/-īt« sowie den Wortsandhi: iṣ + dh = i + ḍh). Der themat. Wurzel-a-Aorist (P159) und der athem. Wurzel-Aorist (P160) fügen die Endungen an meist unveränderte Wurzeln, während bei den sigmatischen Aoristen (P155 bis P158) die Wurzeln durch Guna/Vriddhi verstärkt werden. Ferner gibt es noch den reduplizierten Aorist (P160) mit den thematischen Endungen.

Der augmentlose **Prekativ** (P158) ist ein Aorist-Opt., z.B. »kuśalaṃ bhūyāt = alles Gute!«. Mit »mā« (nicht) wird die 2. Pers. Sg. des augmentlosen Aorists als **Imperativ** verwendet, z.B. »mā bhaiṣīḥ = fürchte dich nicht!« (P156), »mā śucaḥ = sorge dich nicht!« (wie P159).

Verzeichnis der in klassischen Sanskrittexten bisweilen vorkommenden Aoriste		
aś, āś-īt (er aß)	**nam**, anaṃ-s-īt (er beugte)	**vadh**, avadh-īt (er tötete)
āp, āp-at (er erlangte)	**naś**, anaś-at (er ging unter)	**vap**, avāp-s-īt (er säte)
iṣ, aiṣ-īt (er wünschte)	**nī**, anai-ṣ-īt (er führte)	**vas**, avāt-s-īt (er wohnte)
kṛ, akār-ṣ-īt (er tat)	**pat**, apa-pt-at (er fiel)	**vah**, avāk-ṣ-īt (er fuhr)
kṛ, akār-i (es wurde getan)	**pā**, apā-t (er trank)	**vid**, aved-īt (er wußte)
kram, akram-īt (er schritt)	**pā**, apā-s-īt (er beschützte)	**vid**, avid-at (er fand)
khyā, akhy-at (er erzählte)	**pracch**, aprāk-ṣ-īt (er fragte)	**viś**, avik-ṣ-at (er betrat)
gam, agam-at (er ging)	**prī**, aprai-ṣ-īt (er erfreute)	**vṛ**, avṛ-ta (er wählte), Atm.
guh, aghuk-ṣ-at (er verbarg)	**budh**, abud-dha (weckte), A.	**vṛt**, avṛt-at (er existierte)
gai, agā-s-īt (er sang)	**bhaj**, abhāk-ṣ-īt (er teilte)	**vṛdh**, avṛdh-at (er wuchs)
grah, agrah-īt (er ergriff)	**bhañj**, abhāṅk-ṣ-īt (er brach)	**vraj**, avrāj-īt (er schritt)
car, acī-car-at (er wanderte)	**bhāṣ**, abhāṣ-iṣ-ṭa (er sprach)	**śaṃs**, aśaṃ-s-īt (er pries)
cur, acūcur-at (er stahl)	**bhī**, abhai-ṣ-īt (er fürchtete)	**śam**, aśī-śam-at (er ruhte)
chid, acchid-at (er schnitt)	**bhū**, abhū-t (er war)	**śak**, aśak-at (er konnte)
jan, ajī-jan-at (zeugte/gebar)	**bhū**, abhāv-i (wurde), Pass.	**śās**, aśiṣ-at (er befahl)
ji, ajai-ṣ-īt (er besiegte)	**majj**, amāṅk-ṣ-īt (versank)	**śī**, aśay-iṣ-ṭa (er lag), Atm.
jīv, ajīv-īt (er lebte)	**mad**, amād-īt (er freute sich)	**śuc**, aśuc-at (er trauerte)
jñā, ajñā-s-īt (er erkannte)	**man**, amaṃ-s-ta (dachte), A.	**śri**, aśi-śriy-at (er begab sich)
jñā, ajñāy-i (er wurde erk.)	**muc**, amū-muc-at (befreite)	**śru**, aśrau-ṣ-īt (er hörte)
tṝ, atār-ṣ-īt (er überquerte)	**mṛ**, amī-mar-at (er starb)	**sa[ñ]j**, asāṅkṣīt (er haftete)
tyaj, atyāk-ṣ-īt (er verließ)	**mṛj**, amārj-īt (er wischte ab)	**sad**, asad-at (er saß)
dah, adhāk-ṣ-īt (es brannte)	**mlai**, amlā-s-īt (er welkte)	**sic**, asic-at (er goß aus)
dā, adā-t (er gab)	**yaj**, ayāk-ṣ-īt (opferte), Par.	**sidh**, asedh-īt (er hielt fern)
div, adev-īt (er spielte)	**yaj**, ayaṣ-ṭa (opferte), Atm.	**sṛj**, asrāk-ṣ-īt (er erzeugte)
diś, adik-ṣ-at (er zeigte)	**yā**, ayā-s-īt (er ging)	**stu**, astāv-īt (er lobpries)
duh, adhuk-ṣ-at (er molk)	**yuj**, ayū-yuj-at (er jochte)	**sthā**, asthā-t (er stand)
dṛś, adrāk-ṣ-īt (er sah)	**rakṣ**, arak-ṣ-īt (er beschützte)	**spṛś**, asprāk-ṣ-īt (er berührte)
dṛś, adarś-at (er sah)	**ram**, araṃ-s-īt (er freute sich)	**smi**, asmay-iṣ-ṭa (er lächelte)
dyut, adyut-at (er blitzte)	**ru**, arū-ruv-at (er brüllte)	**svap**, asvāp-s-īt (er schlief)
dru, adu-druv-at (er rannte)	**rud**, arud-at (er weinte)	**han**, ajī-ghan-at (er tötete)
druh, adruh-at (er schädigte)	**rudh**, arudh-at (er hemmte)	**hā**, ahā-s-īt, ahā-t (er verließ)
dhā, adhā-t (er setzte)	**ruh**, aruk-ṣ-at (er wuchs)	**hiṃs**, ahiṃs-īt (er schädigte)
dhṛ, adī-dhar-at (er trug)	**vac**, avoc-at (er sprach)	**hu**, ahau-ṣ-īt (er opferte)
dhmā, adhmā-s-īt (er blies)	**vad**, avād-īt, avad-īt (sprach)	**hṛ**, ahār-ṣ-īt (er raubte)

8.18.1. Übungssätze zum Aorist

brāhmaṇo dharmasya goptājani (Der Brahmane wurde als Beschützer [goptṛ, goptā, m.] des Rechts geboren; ajani, 3. Pers. Sg. Aor. Pass.); bharatas_tisṛṣu strīṣu nava putrān_ajījanat (Bharata zeugte 9 Söhne mit 3 Frauen; ajījanat, 3. Pers. Sg. Aor.); mā kiṃcid vaco vadīḥ! (Sage kein Wort! vadīḥ, 2. Pers. Sg. Aor. ohne Aug. = Imp.); tad_ahaṃ tubhyaṃ dadāmi yaḥ satyam_avādīḥ (Das gebe ich dir, der du die Wahrheit sagtest; avādīḥ, 2. Pers. Sg. Aor.); kasmād_akārṣīr_vipriyaṃ mama? (Warum tatest du mir Böses? akārṣīḥ, 2. Pers. Sg. Aor.); putra, mā sāhasaṃ kārṣīḥ! (Sohn, tue nichts Unbesonnenes! kārṣīḥ, Aor. ohne Aug. = Imp); mahatyā senayā sārdhaṃ tato yuddham_abhūt punaḥ (Dann fand wieder ein Kampf statt mit einem großen Heer; abhūt, 3. Pers. Sg. Aor., + Verbalsubstantiv = Nominalstil); pāśān nirmucya, gajaṃ mṛtyor_amūmucan (Sie lösten die Fesseln [nir-muc-ya, Abs.] und retteten den Elefanten vor dem Tod; amūmucan, 3. Pers. Pl. Aor.); na bāṣpam_aśakat soḍhuṃ nalaḥ (Nala konnte seine Tränen [Sg.] nicht zurückhalten; aśakat, 3. Pers. Sg. Aor. + Inf. von sah); māvamaṃsthāḥ śakuntalām! (Verachte nicht S.! mā ava-maṃsthāḥ, Aor. Atm. ohne Aug.).

9. Kompositionslehre

»Es gibt in Sanskrit 10 Verbalkomposita und 100.000 Nominalkomposita«. Auch wenn die Zahlen in dieser griffigen Aussage gerundet sind, beschreiben sie genau die Verhältnisse, denn in Sanskrit gibt es sogar noch weit mehr als 100.000 Nominalkomposita, und es gibt kaum einen Originaltext, in dem keine Nominalkomposita vorkommen. Manche Textsorten, z.B. die Sutra-Texte (Yoga-Sutra usw.), bestehen fast nur noch aus einer Aneinanderreihung von Nominalkomposita. Aber auch belletristische Texte, z.B. die Gedichte von Kalidasa, enthalten riesige Komposita, die von Indern als ästhetisch empfunden werden.

Auch die deutsche Sprache kennt weit mehr als 100.000 oftmals riesige Nominalkomposita (Acht-farben-rollen-rotations-offset-maschine, Äthylen-vinyl-azetat-heiß-schmelz-kleb-stoff), doch werden Komposita von Deutschen nicht als ästhetisch empfunden.

9.1. Verbalkomposita

Es gibt nur ein paar Verbalkomposita, d.h. Verben, die mit einem vorangestellten Nomen zusammengefügt werden, z.B. **alam** (genug): kṛ, alaṃ-karoti = er schmückt; **āvis** (offenbar): kṛ, āviṣ-karoti = er offenbart; as, āvir-āsīt = er erschien; **tiras** (quer, abseits): kṛ, tiras-karoti = er beseitigt; bhū, tiro'bhavan = sie verschwanden (keine Leertaste vor dem Avagraha); **namas** (Ehre): kṛ, namas-karoti = er grüßt; **śrad** (Glaube): dhā, śrad-dadhāmi = ich glaube.

Ferner können von den Verben kṛ und bhū (nicht von anderen Verben) Verbalkomposita gebildet werden, indem ein Nomen mit der speziellen Endung »ī« vorangestellt wird, z.B. bahulī-bhū = sich vermehren (bahula, Adj. = viel); vaśī-kṛ = unterwerfen (vaśaḥ = Wille).

9.2. Nominalkomposita

Ein Kompositum (z.B. padmāsanam: Lotussitz) bedeutet oft etwas anderes als die Simplizia. Deshalb benötigt man für die Lektüre von Originaltexten ein großes Sanskrit-Wörterbuch (siehe Seite 432), weil kleinere Sanskrit-Wörterbücher viel zu wenige Komposita enthalten.

Die Simplizia eines Nominalkompositums sind Nomen, meistens Substantive und Adjektive. Ein Kompositum, z.B. padmāsanam, besteht aus einem Nomen als Schlußglied (āsanam) und einem Nomen als Vorderglied (padmam). Das Schlußglied hat die üblichen Endungen, während das Vorderglied ein endungsloser Stamm ist (padma). Bei der vokalischen Dekl. gewinnt man diese Vordergliedstammform, indem man beim Nom. Sg. »s[ḥ]/m« wegläßt, bei der ṛ-Dekl. und der konsonantischen Dekl., indem man beim Instr. Pl. »bhis« wegläßt:

P01–P08: **deva**s, **kanyā**, **vana**m; **kavi**s, **vāri**, **mati**s; **indu**s, **ambu**, **hanu**s; **nadī**, **camū**s; **dhī**s, **bhū**s. P09–P17: **pitṛ**bhis (auch **pitā**), **mātṛ**bhis (auch **mātā**); **marud**bhis, **vāg**bhis, **jagad**bhis; **mano**bhis; **balavad**bhis, **matimad**bhis; **kṛtavad**bhis; **tudat**bhis; **svāmi**bhis, **tapasvi**bhis, **yogi**bhis; **preyo**bhis[**preyas**], **vidvad**bhis; **ātma**bhis, **nāma**bhis; **prāg**bhis.

Bei Pronomen als Vordergliedern nimmt man den lexikalischen Stamm, z.B. **mad**, **tad**.

Zwischen Vorderglied und Schlußglied erfolgt die Zusammenfügung nach Satzsandhiregeln (siehe R01–R42), z.B. padma + āsanam = padmāsanam; śīta + uṣṇaḥ = śītoṣṇaḥ usw.

9.2.1. Dvandva = Kopulativkompositum (deutsche Beispiele: Hemdhose; heißkalt)

Der Dvandva (dvaṃdvaḥ samāsaḥ) ist ein Kompositum von 2 Nomen mit dem Schlußglied im Dual, z.B. vāg-arthau (= vāg_arthaś_ca = Wort und Sinn), oder ein Kompositum mit 2 oder mehr als 2 Gliedern mit dem Schlußglied im Plural, z.B. hasty-aśvāḥ (= hastino 'śvāś_ca = Elefanten und Pferde), oder ein Kollektivkompositum mit 2 oder mehr als 2 Gliedern mit dem Schlußglied als Neutrum Singular, z.B. ahar-niśam, n. (= ahar_niśā ca = Tag und Nacht). Dvandvas können Subst. oder Adj. sein, z.B. śītoṣṇaḥ (= śīta uṣṇaś_ca = kalt und heiß).

9.2.2. Tatpurusha = Kasualdeterminativkompositum (Yogakunde; yogakundig)

Beim Tatpurusha (tat-puruṣaḥ = tasya puruṣaḥ = dessen Mann) vertritt das substantivische Vorderglied jeden obliquen Kasus, meist jedoch den Genitiv. Das Schlußglied kann Subst., Adj. oder Part. sein. Beispiele: deva-dattaḥ (= devena dattaḥ = gottgegeben); yoga-vidyā (= yogasya vidyā = Yogakunde); citta-vṛtti-nirodhaḥ (= cittasya vṛttīnāṃ nirodhaḥ = wörtlich »Geistesregungsunterdrückung«, vgl. »Einkommensteuerdurchführungsverordnung« usw.). Wurzelnomen dienen oft als Tatpurusha-Schlußglieder, z.B. yoga-vid (= yogakundig).

9.2.3. Karmadharaya = Appositionaldeterminativkompositum (Großkönig; Lotusauge)

Beim Karmadharaya (karma-dhārayaḥ) gilt für das Vorderglied semantisch derselbe Kasus wie für das Schlußglied. Damit ist das Vorderglied ein Adjektiv oder eine »wie«-Apposition. Beispiele: sarva-lokeṣu (= sarveṣu lokeṣu = in all diesen Welten); mahā-rājaḥ (= Großkönig); megha-dūtaḥ (nicht meghānāṃ dūtaḥ, sondern megha iva dūtaḥ = ein wolkengleicher Bote, ein Bote wie eine Wolke; Metapher); kamala-netram (Lotusauge = ein Auge wie ein Lotus).

9.2.4. Bahuvrihi = Exozentrisches Possessivkompositum (großköniglich, lotusäugig)

Der Bahuvrihi (bahu-vrīhiḥ [deśaḥ] = die viel Reis habende [Gegend]) ist ein exozentrisches Kompositum, das ein dem Kompositum folgendes Nomen näher bestimmt. Das Schlußglied des Bahuvrihi ist ein Substantiv, das für den Bahuvrihi in ein Adjektiv umgewandelt wird. Der Bahuvrihi wird mit Korrelativsatz umschrieben. Beispiel: kamala-netrā kanyā gāyati = yasyā netre kamale iva, sā kanyā gāyati = deren zwei Augen wie zwei Lotusse sind, dieses Mädchen singt = also auf Deutsch: das lotusäugige Mädchen singt; »netram, Subst.« wurde hier nur zwecks Bildung des Bahuvrihi in das Adjektiv »netra« [hier netrā, f.] verwandelt. Dies bedeutet, daß »netra, Adj.« nur in fine compositi als Bahuvrihi-Adj. verwendet wird. Der Ausdruck "netrā kanyā" = "das äugige Mädchen" wäre weder Sanskrit noch Deutsch.

Wenn das Bahuvrihi-Schlußglied in ein Subst. verwandelt wird, wird der Bahuvrihi in einen Tatpurusha oder Karmadharaya verwandelt, z.B. kamala-netrā, f. Subst. = die Lotusäugige.

Bei Aufzählungen dient »ādiḥ, m. = Anfang« als **usw.-Bahuvrihi**, z.B. »sītādayaḥ kanyāḥ« (= die Mädchen [f. Pl.], anfangend [ādayaḥ, f. Pl.] mit Sita = »die Mädchen Sita usw.«).

9.2.5. Sonderfälle

Unter den mehr als 100.000 Nominalkomposita, die in Großwörterbüchern verzeichnet sind, gibt es unzählige Sonderfälle, von denen wir hier vier Fallgruppen kurz ansprechen:

1. **Dekliniertes Vorderglied:** Insbesondere in älteren Sanskrittexten sind Vorderglieder häufig dekliniert; z.B. wird pāramitaḥ nicht zerlegt in pāra-mitaḥ, sondern in pāram-itaḥ (= wer zum anderen Ufer [pāraḥ] gegangen ist = wer ins Nirvana eingegangen ist).
2. **Gliedervertauschung:** Insbesondere bei dem Karmadharaya werden die Glieder häufig vertauscht; z.B. puruṣa-siṃhaḥ (Löwenmann = siṃha iva puruṣaḥ, nicht "Mannlöwe").
3. **Vordergliedstämme:** Nomen als Vorderglieder haben bisweilen verschiedene Stämme; z.B. heißt es mahā-rājaḥ, aber mahad-bhayam (= große Angst), ferner z.B. maha-senaḥ (Eig., Bahuvrihi: yasya senā mahatī saḥ ... = dessen Heer groß ist, der ...); mātā-pitarau (= Eltern, Dual), aber mātṛ-bandhuḥ (= Verwandter mütterlicherseits) usw. usw.
4. **Adjektivierung:** In welcher Weise ein Substantiv für das Schlußglied eines Bahuvrihi zum Adjektiv umgewandelt wird, kann man nicht in eindeutige Regeln fassen. Deshalb kennzeichnet Monier-Williams die Bahuvrihi-Adjektive durch »ifc« = in fine compositi.

Die Beschreibung dieser und vieler anderer Sonderfälle bei der Fülle der Nominalkomposita ist nicht die Aufgabe einer Grammatik, sondern Aufgabe der großen Sanskritwörterbücher.

9.3. Paraphrasierung (»Dekomponierung«) von Nominalkomposita

Bahuvrihis werden durch Korrelativsätze (yasya ... saḥ), Tatpurushas durch oblique Kasus, Karmadharayas durch Vorderglied-Adjektivierung und Dvandvas durch »ca« paraphrasiert. Zudem werden in paraphrasierten Originaltexten Sandhis zu Pausaformen »desandhisiert«.

kuru-kṣetram = kurūṇām kṣetram = Inder-Land; **arjuna-bhīma-samāḥ śūrāḥ** = arjunena bhīmena ca (Dvandva) samāḥ śūrāḥ = Helden, die mit Bhima und Arjuna vergleichbar sind; **mahā-rathaḥ** = a) mahān rathaḥ = großer Wagen, b) yasya mahān rathaḥ, saḥ = Krieger mit großem Wagen; **samitiṃ-jayaḥ śūraḥ** = samitim jayan śūraḥ = yasya samityām jayaḥ, saḥ = der die Schlacht (f. Akk.) gewinnende Held = für den es Sieg gibt in der Schlacht (Lok.); **nānā-śastra-praharaṇāḥ** (m. Pl.!) **śūrāḥ** = yeṣām nānā (indeklinabel) śastrāṇi praharaṇāṇi ca santi, te śūrāḥ = Helden, die verschiedenartige Hieb- und Stichwaffen (n. Pl.) besitzen; **bhīmābhirakṣitaṃ balam** = bhīmena abhirakṣitam balam = das von Bhima geführte Heer; **kuru-vṛddhaḥ pitā-mahaś_ca** = Alt-Inder (vṛddhaḥ kuruḥ) und Großvater ("mahān pitā"), also Vorder- und Schlußglied vertauscht; **yoddhu-kāmaḥ śūraḥ** = yoddhum icchan śūraḥ = zu kämpfen (Inf.) begehrender = kampfbegieriger Held; **sva-bāndhavāḥ** = sve bāndhavāḥ = die eigenen Verwandten; **sva-janaḥ** = svaḥ janaḥ = eigene Leute (Sg.) = das eigene Volk; **lobhopahata-cetasaḥ** (m. Pl.!) **śūrāḥ** = yeṣām cetaḥ lobhena upahatam, te śūrāḥ = Helden, deren Verstand (cetas, n. Sg.!) von Gier überwältigt ist; **kula-kṣayaḥ** = kulasya kṣayaḥ = Vernichtung der Sippe; **kula-kṣaya-kṛtaḥ doṣaḥ** = kulasya kṣayam kṛtaḥ (kṛtavān) doṣaḥ = das die Vernichtung der Sippe verursacht habende Übel; **varṇa-saṃkaraḥ** = varṇānām saṃkaraḥ = Vermischung der Kasten; **kula-ghnaḥ** = kulasya hantā = Vernichter einer Kaste (»-ghna« kommt nur in fine compositi vor, »hantṛ, hantā, n. = Vernichter« auch selbständig); **śastra-pāṇayaḥ śūrāḥ** = yayoḥ pāṇyoḥ (m. Lok. Du.) śastrāṇi santi, te śūrāḥ = die Helden, in deren Händen Waffen sind = die Handwaffen tragenden Helden; **aśastraḥ śūraḥ** = yasya śastram na asti, saḥ śūraḥ = der Held, der keine Waffe(n) besitzt = der unbewaffnete Held; **aśru-pūrṇe īkṣaṇe** = aśrubhiḥ pūrṇe īkṣaṇe (Du.) = die mit Tränen gefüllten beiden Augen; **aśru-pūrṇekṣaṇaḥ** (m. Sg.) **śūraḥ** = yasya aśrubhiḥ pūrṇe īkṣaṇe staḥ (as, Du.), saḥ śūraḥ = der Held, dessen Augen (Du.) mit Tränen (Pl.) gefüllt sind = der Tränen in den Augen hat; **kaśmalam_an-ārya-juṣṭam** = kaśmalam āryaiḥ (Instr. Pl.) a-juṣṭam = die sich für Edle nicht geziemende Schmach (a-Negation bezieht sich auf Adj. juṣṭa und nicht auf Subst. āryaḥ); **dharma-saṃmūḍha-cetāḥ** (m.!) **śūraḥ** = yasya cetaḥ dharme saṃmūḍham, saḥ śūraḥ = der Krieger, dessen Verstand (n.!) in bezug auf das Recht bzw. die Pflicht (Lok.) verwirrt ist; **dehāntara-prāptiḥ** = anyasya (antarasya, rar!) dehasya prāptiḥ = Erlangung eines anderen Körpers = Reinkarnation (bei dehāntara ist Vorder- mit Schlußglied vertauscht: antara, ifc.); **śītoṣṇa-sukha-duḥkha-dāḥ sparśāḥ** = śītāḥ uṣṇāḥ (Nom.) sparśāḥ sukham duḥkam (Akk.) dadataḥ (P13) sparśāḥ ca = kalte und heiße sowie Freude und Leid bewirkende Kontakte; **tattva-darśinaḥ** = tattvam (Akk.) paśyantaḥ (narāḥ) = »Weisheitsschauer« = Philosophen; **a-vyaktādīni bhūtāni** = ādau a-vyaktāni bhūtāni = die am (Schöpfungs)Anfang (Lok.) nicht manifesten Wesen; **hiraṇya-ratnādīni** = hiraṇyaṃ ratnāni ca = Gold, Juwelen usw. (ādīni); **kṛta-niścayāḥ śūrāḥ** = niścayam kṛtavantaḥ śūrāḥ = yeṣām niścayaḥ kṛtaḥ (Sg.), te śūrāḥ = die Helden, die einen Entschluß (Sg.) gefaßt haben = Helden, deren Entscheidung feststeht; **kopa-samanvitaḥ** = kopena saha = mit Zorn; **vīta-kopaḥ** = kopena vinā = ohne Zorn.

Neue Vokabeln: samitiḥ, f. = Schlacht (Wz. i); sama, Adj. = gleich; nānā, Adv. = verschieden; śastram = Stichwaffe; praharaṇam = Hiebwaffe; abhirakṣita, Part. = geleitet; balam = Heer; yoddhum, Inf. = kämpfen; bāndhavaḥ = Verwandter; upahata, Part. = überwältigt; kṣayaḥ = Vernichtung; saṃkaraḥ = Vermischung; –ghna = –vernichtend (P22); īkṣaṇam = Auge, Blick; kaśmalam = Schmach; juṣṭa, Adj. = geziemend, üblich (+ Instr.); saṃ-mūḍha, Adj. = verwirrt; prāptiḥ, f. = Erlangung; sparśaḥ = Empfindung; –da = –gebend, –gen (wie griech. Suffix); darśin, Adj. = erschauend; a-vyakta, Part. = nicht-offenbart (Wz. vy-añj, P101); –ādi = –usw.; –sam-anvita = mit (sam-anu + ita = mit-gegangen); vīta– = ohne (vi + ita = weg-gegangen).

घटो भग्नः

अनागतवतीं चिन्तामसंभाव्यां करोति यः।
स एव पाण्डुरः शेते सोमशर्मपिता यथा ॥ १ ॥

अस्ति कस्मिंश्चिदधिष्ठाने स्वभावकृपणो नाम ब्राह्मणः। २। तेन भिक्षार्जितैः सक्तुभिर्भुक्तोद्धरितैः कलशः संपूरितः। ३। तं च कलशं नागदन्ते ऽवलम्ब्य तस्याधस्तात्खट्वां निधाय सततमेकदृष्ट्यावलोकयन्रात्रौ चिन्तयामास। ४। सक्तुभिः परिपूर्णो ऽयं तावद्घटो वर्तते। ५। तद्यदि दुर्भिक्षं भविष्यति तदा रूपकाणां शतमस्मिन्नुत्पत्स्यते। ६। ततश्च तेनाजाद्वयमहं ग्रहीष्ये। ७। ततः षण्मासे षण्मासे प्रसववशादजायूथं भविष्यति। ८। ततो ऽजाभिर्गावः। ९। गवां प्रसवात्तदपत्यविक्रयं करिष्यामि। १०। ततो गोभिर्महिष्यः। ११। महिषीभिर्वडवाः। १२। वडवाप्रसवतो मम प्रभूता अश्वा भविष्यन्ति। १३। तेषां विक्रयात्प्रभूतं सुवर्णं भविष्यति। १४। सुवर्णेन चतुःशालं गृहं संपत्स्यते। १५। ततश्च कश्चिन्मम गृहमभ्येत्य प्राप्तवरां रूपाढ्यां कन्यां प्रदास्यति। १६। तस्याः पुत्रो भविष्यति। १७। तस्याहं सोमशर्मा इति नाम करिष्यामि। १८। ततस्तस्मिञ्जानुचलनयोग्ये संजाते ऽहं पुस्तकं गृहीत्वाश्वचलस्थापृष्ठदेशे समुपविश्यावधारयिष्यामि। १९। एतस्मिन्नन्तरे सोमशर्मा मां दृष्ट्वा जनन्या उत्सङ्गाज्जानुप्रचलनपरो ऽश्वानां समीपवर्ती गमिष्यति। २०। ततो ऽहं ब्राह्मणीं कोपादभिधास्यामि। २१। गृह्यतां गृह्यतां बालकः। २२। सापि गृहकर्मव्यग्रतयास्मद्वचनं न श्रोष्यति। २३। ततो ऽहं समुत्थाय पादप्रहारेण तां ताडयिष्यामि। २४। एवं तेन तद्ध्यानावस्थितेन पादप्रहारस्तथा मुक्तः। यथा घटो भग्नः। घटान्तर्वर्तिभिः सक्तुभिश्च पाण्डुरतां गतः॥ २५॥

Aus »Johannes Hertel: The Panchatantra in the recension Panchakhyanaka«, Cambridge 1908, Buch 5, Seite 276 [pañca = 5 (S1930); ākhyānakam = Erzählwerk (Wz. ā-khyā, P107); tantram = Buch (wtl. Gewebe, Wz. tan, P57)].

ghaṭo bhagnaḥ

1. anāgatavatīṃ cintām_asaṃbhāvyāṃ karoti yaḥ
sa eva pāṇḍuraḥ śete soma-śarma-pitā yathā

2. asti kasmiṃścid_adhiṣṭhāne svabhāva-kṛpaṇo nāma brāhmaṇaḥ. **3.** tena bhikṣārjitaiḥ saktubhir_bhuktoddharitaiḥ kalaśaḥ saṃpūritaḥ. **4.** taṃ ca kalaśaṃ nāga-dante 'valambya tasyādhastāt_khaṭvāṃ nidhāya satatam_eka-dṛṣṭyāvalokayan_rātrau cintayām_āsa. **5.** saktubhiḥ paripūrṇo 'yaṃ tāvad_ghaṭo vartate. **6.** tad_yadi durbhikṣaṃ bhaviṣyati tadā rūpakāṇāṃ śatam_asminn_utpatsyate. **7.** tataś_ca tenājā-dvayam_ahaṃ grahīṣye. **8.** tataḥ ṣaṇ-māse ṣaṇ-māse prasava-vaśād_ajā-yūthaṃ bhaviṣyati. **9.** tato 'jābhir_gāvaḥ. **10.** gavāṃ prasavāt_tad_apatya-vikrayaṃ kariṣyāmi. **11.** tato gobhir_mahiṣyaḥ. **12.** mahiṣībhir_vaḍavāḥ. **13.** vaḍavā-prasavato mama prabhūtā aśvā bhaviṣyanti. **14.** teṣāṃ vikrayāt_prabhūtaṃ suvarṇaṃ bhaviṣyati. **15.** suvarṇena catuḥ-śālaṃ gṛhaṃ saṃpatsyate. **16.** tataś_ca kaścin_mama gṛham_abhyetya prāpta-varāṃ rūpāḍhyāṃ kanyāṃ pradāsyati. **17.**

tasyāḥ putro bhaviṣyati. **18.** tasyāhaṃ soma-śarmā iti nāma kariṣyāmi. **19.** tatas_tasmiñ_jānu-calana-yogye saṃjāte 'haṃ pustakaṃ gṛhītvāśva-cala-sthā-pṛṣṭha-deśe samupaviśyāvadhārayiṣyāmi. **20.** etasminn_antare soma-śarmā māṃ dṛṣṭvā jananyā utsaṅgāj_jānu-pracalana-paro 'śvānāṃ samīpa-vartī gamiṣyati. **21.** tato 'haṃ brāhmaṇīṃ kopād_abhidhāsyāmi. **22.** gṛhyatāṃ gṛhyatāṃ bālakaḥ. **23.** sāpi gṛha-karma-vyagratayāsmad_vacanaṃ na śroṣyati. **24.** tato 'haṃ samutthāya pāda-prahāreṇa tāṃ tāḍayiṣyāmi. **25.** evaṃ tena tad_dhyānāvasthitena pāda-prahāras_tathā muktaḥ; yathā ghaṭo bhagnaḥ; ghaṭāntar_vartibhiḥ saktubhiś_ca pāṇḍuratāṃ gataḥ.

Der zerbrochene Topf

1. Wer unvernünft'ge Projekte über die Zukunft spinnet aus,
dem geht's wie Somaśarman's Vater: Er liegt (von Reisbrei) weiß gefärbt.

2. In einem gewissen Orte wohnte ein Brahmane namens Svabhāvakṛpaṇa (»durch seine eigne Natur ein Unglücksvogel«). **3.** Dieser hatte mit dem erbettelten Reisbrei, der ihm nach dem Essen übrig blieb, einen Topf angefüllt. **4.** Diesen Topf hatte er an einen Nagel an der Wand gehängt, darunter seine Bettstelle gestellt und schaute ihn nun in der Nacht, ohne einen Blick davon zu verwenden, an und dachte dabei:

5. »Dieser Topf ist doch über und über voll von Reisbrei. **6.** Wenn nun eine Hungersnot entsteht, dann wird er hundert Silberstücke einbringen. **7.** Dafür werde ich alsdann ein Paar Ziegen kaufen. **8.** Da diese alle sechs Monat Zicklein werfen, so wird daraus eine Herde Ziegen entstehn. **9.** Dann für die Ziegen Rinder! **10.** Sobald die Kühe gekalbt haben, verkaufe ich die Kälber. **11.** Dann für die Rinder Büffel! **12.** Für die Büffel Stuten! **13.** Sobald die Stuten geworfen haben, werde ich viele Pferde besitzen. **14.** Aus dem Verkauf von diesen löse ich viel Gold. **15.** Für das Gold bekomme ich ein Haus mit vier Gebäuden (in einem Viereck). **16.** Dann kommt ein Brahmane in mein Haus und gibt mir ein sehr schönes Mädchen mit großer Mitgift zur Frau. **17.** Die wird einen Sohn gebären. **18.** Dem werd' ich den Namen Somaśarman geben. **19.** Wenn dieser dann alt genug ist, um sich auf meinen Knien zu schaukeln, dann werde ich ein Buch nehmen, mich hinten in den Pferdestall setzen und studieren. **20.** Mittlerweile sieht mich Somaśarman, und begierig, auf meinen Knien zu schaukeln, klettert er von seiner Mutter Schoß und kommt zu mir dicht an die (Hufen der) Pferde. **21.** Dann werde ich, von Zorn erfüllt, der Brahmanin zurufen: **22.** »Nimm das Kind! Nimm das Kind!«. **23.** Sie aber, mit Hausarbeit beschäftigt, hört meinen Ruf nicht. **24.** Dann spring' ich auf und gebe ihr einen Fußtritt.«

25. Indem er so in diese Gedanken versenkt war, stieß er mit dem Fuße so aus, daß der Topf zerbrochen und er selbst von dem Reisbrei, welcher sich im Topfe befand, weiß gefärbt ward.

Aus »Theodor Benfey: Pantschatantra. Fünf Bücher indischer Fabeln, Zweiter Teil«, Leipzig 1859, Seite 345

Neue Vokabeln

1. bhagna, Part. = zerbrochen (Wz. bhañj, P100); an-āgatavat, Adj. = zukünftig; a-saṃbhāvya, Adj. = un-möglich; pāṇḍura, Adj. = weiß; śī, śete (P128); somaḥ = Mond (S1389); śarman, n. = Heil (als Eig. m.); **2.** adhiṣṭhānam = Ort; **3.** arjita, Part. = erlangt (Wz. arj); saktuḥ = Grütze; bhuktam = Essen; uddharita, Part. = geschöpft (Wz. hṛ, S318); kalaśaḥ = Topf; saṃpūrita, Part. = gefüllt (S309); **4.** nāga-dantaḥ = Elefantenzahn; avalambya (S1604); khaṭvā = Bett; eka-dṛṣṭyā, Adv. = konzentriert (dṛṣṭiḥ, f. Instr.); avalokayat, Part. (S1527); cintayām_āsa (S875); **5.** paripūrṇa, Part. = gefüllt; tāvad, Adv. = sehr (S1783); **6.** utpatsyate (S321, Fut.); **7.** ajā-dvayam = Ziegenpaar (S714); grahīṣye (Fut. von grah, P74); **8.** ṣaṇ-māse (S1933, S1169); prasavaḥ = Geburt (S617); vaśāt, Präp. = vaśena, Präp. (S501); ajā-yūtham = Ziegenherde; **9.** gāvaḥ (P18); **10.** apatyam = Kind, Wurf; vikrayaḥ = Verkauf (S1747); **11.** mahiṣī (S959); **12.** vaḍavā = Stute; **13.** prasava-tas = prasavāt = aufgrund der Geburt (»tas« = Ablativ-Suffix); **14.** – ; **15.** catuḥ-śāla, Adj. = vierzimmrig (S63); saṃpatsyate = utpatsyate (vgl. S346); **16.** abhyetya, Abs. = hingegangen zu (abhi + ā + i + tya, P129); varaḥ = Bräutigam, Mitgift; āḍhya, Adj. = reich; pradāsyati (Fut., pra-dā = schenken, P81); **17.** – ; **18.** – ;. **19.** jānu-calanam = Knie-Schaukeln (jānu, S1021; yogya, S1657; saṃjāta, S1442; tasmin ... saṃjāte, Lok. abs.); "aśva-cala-sthā" ist Schreibfehler in Manuskript (Hertel, Seite 292), Konjektur: aśva-śālā = Pferdestall; pṛṣṭha-deśaḥ = Rückseite (S2210); samupaviśya, Abs. (S2089); dhṛ, ava-dhārayati, 10. = studieren (Fut.); **20.** etasminn_antare, Adv. = inzwischen (antara, Adj.) utsaṅgaḥ = Schoß; para, Adj. = gierig (ifc.); vartin, Adj. = befindlich (samīpa-vartin, antar-vartin); **21.** dhā, abhi-dadhāti, 3. = ansprechen (Fut.); **22.** – ; **23.** gṛha-karman, n. = Hausarbeit; vyagratā = Ablenkung (Instr.; agram, S2202; vi + agra + Suffix tā); śroṣyati (S1198); **24.** samutthāya, Abs. = aufgestanden (sam + ud + sthā, S23); pāda-prahāraḥ = Fußtritt; **25.** dhyānam = Gedanke (S719); avasthita, Part. = befindlich; pāṇḍuratā = Weiße; gata (S1613).

Sanskrit-Wörterbücher

Apte, V.S., P.K. Gode und C.G. Karve: The Practical Sanskrit-English Dictionary. Revised and enlarged edition, 3 Bände, Poona 1957, 1768 + 110 Seiten [Großwörterbuch mit Zitaten, teils mit Wörtern aus späterer Literatur, die man weder in PW noch in Pw findet]. Dazu V.S. Apte: The Student's English-Sanskrit Dictionary, Poona 1884, 501 Seiten, Reprint

Böhtlingk, O. und R. Roth, Sanskrit-Wörterbuch in 7 Bänden, Petersburg 1855–1875 [PW], Reprint New Delhi 1990, 4738 Seiten [Größtes Wörterbuch mit abertausenden Zitaten]

Böhtlingk, O., Sanskrit-Wörterbuch in kürzerer Fassung, Petersburg 1879–89 [Pw], Reprint als ein Band, New Delhi 1998, 2127 Seiten [Mehr Stichwörter als PW, aber ohne Zitate]

Cappeller, C.: Sanskrit-Wörterbuch. Nach den Petersburger Wörterbüchern, Straßburg 1887, später Reprints, 541 Seiten [Handliches Kurzwörterbuch in Devanagari, keine Zitate]

Mayrhofer, M.: Kurzgefaßtes etymologisches Wörterbuch des Altindischen, Heidelberg, Band 1: 1956, Band 2: 1963, Band 3: 1976, zus. 2078 Seiten [Gigantische Pionierleistung]. Ferner: Etymologisches Wörterbuch des Altindoarischen, 1986-2001, zus. 2611 Seiten

Monier-Williams, M.: Sanskrit-English Dictionary, Oxford 1899, 1333 Seiten, viele Reprints, [Nach Wurzeln/Stämmen sortiertes Großwörterbuch, basiert auf PW + Pw, keine Zitate]

Mylius, K.: Wörterbuch Sanskrit-Deutsch, Leipzig 1975, 583 Seiten. Dazu: Deutsch-Sanskrit, Leipzig 1988, 322 Seiten, später Reprints [Werk der marxistisch-leninistischen Indologie]

Whitney, W.D.: The Roots, Verb-Forms, and Primary Derivatives of the Sanskrit Language, Leipzig 1885, 250 Seiten, später Reprints [Unentbehrlich als Wurzel-Spezialwörterbuch]

Sanskrit-Grammatiken

Apte, V.S.: The Student's Guide to Sanskrit Composition, 3. neubearb. Auflage, Poona 1890, 420 Seiten, spätere Reprints [Sehr gute Darstellung der Syntax mit zahlreichen Belegen]

Kale, M.R.: A Higher Sanskrit Grammar. For the Use of School and College Students, Bombay 1894, später viele Reprints, 536 Seiten + 27 S. Metrik + 156 S. Wurzelverzeichnis [Umfangreiche Grammatik, teilweise belastet mit unbelegbarem, sprachlichem Material]

Kielhorn, F.: Grammatik der Sanskritsprache, Göttingen 1888, 238 Seiten, spätere Reprints [Reine Formenlehre, teilweise belastet mit unbelegbarem, sprachlichem Material]

MacDonell, A.A.: A Sanskrit Grammar for Students, 3. neubearbeitete Auflage, Oxford 1926, 264 Seiten, spätere Reprints [Sehr gute Formenlehre sowie Satzlehre für Anfänger]

Speijer, J.S.: Sanskrit Syntax, Amsterdam 1886, 402 Seiten. In englischer Sprache (auch als deutsche Übersetzung erschienen) [Gute Darstellung der Syntax, aber zu wenige Belege]

Thumb, A. und R. Hauschild: Handbuch des Sanskrit, Band I, 1: Einleitung und Lautlehre, 348 Seiten, Band I, 2: Formenlehre, 492 Seiten, Heidelberg 1953–1959 [Einzig vollständige sprachvergleichende Grammatik für Indogermanisten. Die noch viel größere Grammatik von Wackernagel blieb unvollendet. Der wichtigste Band zum Verb ist nie erschienen.]

Whitney, W.D.: Sanskrit Grammar. Including Both, the Classical Language and the Older Dialects of Veda and Brahmana, 2. verb. Auflage Leipzig 1888, 551 Seiten [Maßgebliche, auf tatsächliche Sprachbelege gestützte reine Formenlehre für Sanskrit und Vedisch]

Publikationen von Ulrich Stiehl

Bücher

Einführung in die allgemeine Semantik, Bern 1970 (Francke), kartoniert, 137 Seiten (Dalp-Taschenbuch Bd. 396)

Satzwörterbuch des Buch- und Verlagswesens, Dictionary of Book Publishing, Deutsch-Englisch, München 1977 (Saur), gebunden, XX, 538 Seiten (2., unveränderte Auflage 1989)

Die Buchkalkulation, Ein Lehr- und Übungsbuch, Wiesbaden 1980 (Harrassowitz), kart., 128 Seiten (2., erw. Aufl. 1981, kartoniert, 158 Seiten; 3., verb. Aufl. 1983, kart., 158 Seiten; 4., überarb. und erw. Aufl. 1989, geb., 258 Seiten; BoD-Reprint 2017, kartoniert, 260 Seiten)

Der Verlagsbuchhändler, Ein Lehr- und Nachschlagewerk, Hamburg 1980 (Hauswedell), gebunden, 424 Seiten (2., unveränderte Auflage 1985)

Verlagswesen in Schaubildern, BoD-Ausgabe 2017, kart., 132 Seiten, Format 21 x 29,7 cm

Apple Assembler, Heidelberg 1984 (Hüthig), kart. 227 Seiten, mit Diskette (2. Aufl. 1985)

Apple DOS 3.3, Heidelberg 1984 (Hüthig), kart., 203 Seiten, mit Diskette (2., erg. Aufl. 1984; 3., überarb. Aufl. 1986, gleiche Seitenzahl, aber ab Seite 121 andere Beispielprogramme)

Apple ProDOS für Aufsteiger, Band 1, Mit ausführlichen Programmbeispielen, Heidelberg 1984 (Hüthig), kartoniert, 203 Seiten, mit Begleitdiskette (2., ergänzte Aufl. 1985)

Apple ProDOS für Aufsteiger, Band 2, Mit ausführlichen Programmbeispielen, Heidelberg 1985 (Hüthig), kartoniert, 207 Seiten, mit Begleitdiskette

Sanskrit-Kompendium, Lehr-, Übungs- und Nachschlagewerk, Heidelberg 1990, kartoniert, 464 Seiten (2., überarb. und erw. Aufl. 2002, geb., 480 Seiten; 3. überarb. Aufl. 2004, geb., 480 Seiten; 4., überarb. und erw. Auflage 2007, geb., 512 Seiten; 5. durchges. und erw. Aufl. 2011, kart., 512 Seiten; BoD-Reprint 2017, gebunden, 512 Seiten, Großformat 21 x 29,7 cm; Gekürzte Paperback-Ausgabe für Studenten, 2017, 400 Seiten, Kleinformat 15,5 x 22 cm)

Conjunct Consonants in Sanskrit, BoD-Ausgabe 2017, kartoniert, 104 Seiten, 21 x 29,7 cm

Aufsätze

Mehr als 100 Aufsätze in »Börsenblatt«, »Buchmarkt«, »Peeker«, »cp computer persönlich«, »CAL Computer Applications in the Laboratory« und anderen Fachzeitschriften

Computer-Programme

MUM Macro Utilities Master, London 1983 (Heyden), Manual und Diskette (englisch)

DB-Meister, Adreß-, Kartei- und Schemabriefprogramm, Manual und Diskette (deutsch), Heidelberg 1983 (2. Auflage, Heidelberg 1986)

ProDOS-Editor 1.0, Applesoft-Editor unter ProDOS-Betriebssystem, Manual und Diskette, Heidelberg 1984 (Hüthig), Manual und Diskette (deutsch)

INPUT 1.0, A Professional Data Entry Utility, Heidelberg 1983 (Hüthig), Manual und Diskette (englisch); INPUT 2.0, Bildschirm-Maskengenerator, Heidelberg 1984 (Hüthig), 2. Auflage, Manual und Diskette (deutsch)

MMU 1.0, Memory Management Utilities, Heidelberg 1984 (Hüthig), Manual und Diskette (englisch); MMU 2.0, Memory Management Utilities, Heidelberg 1984 (Hüthig), 2. Auflage, Manual und Diskette (deutsch)

Softbreaker, Eine softwaremäßige Interrupt-Utility, Heidelberg 1984 (Hüthig), Manual und Diskette (deutsch)